现代化河南建设理论探索（上册）

河南日报理论部 ◎ 编

XIANDAIHUA HENAN JIANSHE
LILUN TANSUO

郑州大学出版社

图书在版编目(CIP)数据

现代化河南建设理论探索 / 河南日报理论部编. 郑州 : 郑州大学出版社, 2024. 11. -- ISBN 978-7-5773-0583-7

Ⅰ. D676.1-53

中国国家版本馆 CIP 数据核字第 2024QM5341 号

现代化河南建设理论探索

XIANDAIHUA HENAN JIANSHE LILUN TANSUO

策划编辑	刘金兰	封面设计	王　微
责任编辑	闫　习	版式设计	苏永生
责任校对	秦熹微	责任监制	朱亚君

出版发行	郑州大学出版社	地　　址	郑州市大学路 40 号(450052)
出 版 人	卢纪富	网　　址	http://www.zzup.cn
经　　销	全国新华书店	发行电话	0371-66966070
印　　刷	河南日报报业集团大河印刷有限公司		
开　　本	710 mm×1 010 mm　1 / 16		
总 印 张	56	总 字 数	892 千字
版　　次	2024 年 11 月第 1 版	印　　次	2024 年 11 月第 1 次印刷

书　　号	ISBN 978-7-5773-0583-7	总 定 价	168.00 元(全两册)

目 录

权威解读

热点关注

高质量建设现代化河南

文化学术

精神传承

权威解读

奋楫2022，省委经济工作会议告诉我们什么

刘玉梅　王　丹

2021年12月29日至31日，省委十一届二次全会暨省委经济工作会议召开，总结2021年经济工作，定调2022年推进政策，明确提出，稳字当头、稳中求进。稳增长被提到新的高度，“推动经济向更高轨道跃升”成为现实要求。

把稳增长放在更加突出的位置

无论是中央经济工作会议，还是省委经济工作会议，都把“稳字当头、稳中求进”作为今年经济工作的主基调。省委经济工作会议强调，要坚持稳字当头，把稳增长放在更加突出的位置。

2021年，国际形势波诡云谲，不确定性因素陡然增多，百年未有之大变局进一步加剧，河南世所罕见的特大洪涝灾害，反反复复的疫情侵扰肆虐，对经济的冲击与重创前所未有。多种因素下，稳字当头、稳中求进将引导并考验着2022年经济的顶压前行。

省社科院工业经济研究所副所长赵西三分析，省委经济工作会议强调“稳”，至少包括三层涵义：一是经济增速要稳。前三季度，我省生产总值增速低于全国平均水平2.7个百分点，在五个经济大省和中部六省中均处末位，经济增长恢复势头相对偏弱。在“标兵渐远、追兵渐近”的区域竞争态势下，稳住经济增速才能为高质量发展留出空间。省委经济工作会议提出“激活存量，扩大增量，优化常量，抓好变量”，强调的是协调性，结构调整和动能

转换不能“一刀切”，要实现发展质量和发展速度的有机统一。

二是动能转换要稳。中央经济工作会议提出正确认识和把握五个重大理论和实践问题，强调“坚持先立后破、稳扎稳打”，就是要遵循客观规律，避免大起大落，推动新旧动能有序转换。从我省看，房地产、老基建、传统产业的旧动能正在向创新、新基建、新兴产业等新动能转换，但这不是一蹴而就的过程，不能急于求成，尤其是要利用新技术改造提升老基建和传统产业，注重从旧动能里激活新动能。

三是市场主体预期要稳。“预期转弱”是中央经济工作会议的一个重要判断，稳预期是今年做好经济工作的重中之重。2021 年 1 月—11 月，全省固定资产投资同比增长 4.8%，民间投资增长 4.9%，分别低于全国 0.5 个和 2.8 个百分点。赵西三说：“受疫情冲击、消费疲软以及成本上升等影响，企业投资积极性普遍不高，必须增强市场主体预期和信心。”

推动经济向更高轨道跃升

会议强调，做好 2022 年经济工作，要着力夯实稳的基础、强化进的态势，固根基、扬优势、补短板、强弱项，推动经济向更高轨道跃升。

会议明确了 2022 年实施“十大战略”的重点任务，把规划图变成施工图。

落实层面，协同抓好政策创设与政策落地至关重要。

赵西三分析说，省委经济工作会议强调“推动各项政策靠前发力、精准发力、协同发力”，这一点非常重要，因为我们与沿海地区在政策创设上存在差距，创新性和突破性不够，但对于市场主体来说，感受更深的是普惠性和执行力不足，大多数企业享受不了，获得感不强，所以，“要在政策如何更高效落地见效上下功夫，政策要能及时触达到符合条件的企业，精准支持形成新的经济增长点”。

数字化转型已成为当下促进经济复苏、重塑区域竞争新优势的重要抓手，数字化转型的程度已成为判断区域竞争力的战略考量。省委经济工作会议再次强调推进数字化转型，各地各部门应该引起足够重视并加快强力推进，协同抓好优势再造和换道领跑战略。

赵西三分析，当前数字化转型、新消费升级等为传统优势产业换道领跑提供了新支撑，国内很多传统品牌借助新技术、新平台创造第二增长曲线，"我省装备、食品、材料、服装等产业通过数字赋能、品牌重塑、场景融合等再造竞争优势空间广阔，依托传统优势产业培育出来的新兴产业、未来产业更具根植性和竞争力"。

稳增长是今年经济工作的头等大事，从2021年前11个月情况来看，我省固定资产投资增速48%，低于全国0.4个百分点；消费水平仍然偏低，人均消费支出仅为全国的76%左右，针对投资对经济增长贡献率下降、消费水平偏低等问题，今年要牢牢把握扩大内需这个战略基点，充分发挥好投资对经济增长的关键作用，增强消费对经济增长的基础作用。

省宏观经济研究院副院长高亚宾给出具体建议，他说，一方面，抓好重大项目建设。树牢"项目为王"导向，聚焦创新驱动、优势再造、数字化转型、换道领跑、文旅文创融合、以人为核心的新型城镇化、乡村振兴等重大战略以及社会事业和民生短板领域，健全完善重大项目库，强化土地、资金、能耗等项目建设要素保障机制，创新市场化融资方式，全面推行备案类企业投资项目承诺制，落实好"三个一批"，确保重大项目尽快落地见效。

另一方面，抓好消费扩容升级。他说，支持郑州、洛阳建设国际消费中心城市，支持开封、安阳、南阳等城市建设国际文化旅游目的地，加快步行街改造提升，建设一批品牌消费集聚区，发展时尚品牌、文化创意、高档服装、假发制品等首店经济新业态，大力发展夜经济、网红经济。在扩大汽车、家电、旅游、餐饮等传统消费基础上，针对我省网络零售发展滞后的问题，积极引进知名电商企业总部或区域性、功能性总部入驻，培育一批具有重大影响力的本土电子商务企业和互联网品牌。

高质量发展是增强区域竞争力的永恒主题。推动经济实现质的稳步提升和量的合理增长是中央经济工作会议的具体要求，对于河南来说，协同抓好增量升级与存量优化同等必须。

在增量上，要突出创新性、先进性，形成示范带动效应和"鲇鱼效应"，以新要素激活沉淀在各个领域的存量要素，"比如支持国有企业把新版块剥离单独上市，在老基础设施上加载数字模块，等等，让老存量焕发新动能，以增量的升级推动存量的优化，扩大新的增长点”，省社科院原院长谷建全这样建议。

以思想上的清醒引领实践上的坚定

会议要求，深入理解进入新发展阶段需要正确认识和把握的五个重大理论和实践问题，以思想上的清醒引领实践上的坚定。明确要求，推进今年的经济工作，要积极进取、主动作为，早谋划、早部署、早行动，把起步当冲刺、开局当决战，确保开门红、全年红。

今年1月1日起，RCEP（《区域全面经济伙伴关系协定》）对包括中国在内的10个成员国正式生效，标志着覆盖约23亿人口、GDP总和超过26万亿美元的世界上最大自贸区的形成，成员国之间90%以上的货物贸易将最终实现零关税。对我省来说，无疑是一大机遇，在很多行业，如果我省能跟进走入，无疑将促成出口利好。

高亚宾说，这就要求我们在全面实施制度型开放上“发力”。抓紧优化提升贸易质量，强化郑州航空港经济综合实验区开放龙头作用，大力发展枢纽经济，培育壮大智能终端及新型显示、航空制造及维修、生物医药、航空物流、商务金融、会展经济等航空偏好型高端产业。依托开发区、出口加工区等，提升汽车及零部件、农机装备、智能手机、休闲食品、服装鞋帽等产品出口能力。同时，尽快开展RCEP业务培训，指导企业运用好RCEP原产地区域累积规则、协定税率，推动我省更多产品进入国际产业链供应链的中高端和关键环。

他进一步建议，不仅要积极对接RCEP更加开放、自由、统一、透明的经贸规则体系，在商事、投资、贸易、监管等重点领域深入推进制度创新，同时，有必要打造RCEP经贸合作先行示范区。依托开发区、综保区及有条件的专业园区等平台，搭建RCEP经贸合作先行示范区，面向日韩、东盟等国家建立重大外资项目工作专班，聚焦重点产业领域，强化高水平招商引资，构建面向RCEP的跨境产业链供应链价值链。

河南大学黄河文明与可持续发展研究中心教授赵建吉说，还要面向重点区域，加快推动招商引资，在更宽领域深化与发达国家和地区的经贸合作；通过“东引”“西进”“南联”“北通”，强化与长三角、粤港澳、京津冀等地区的战略合作，加快承接产业转移。

“不进则退，慢进亦退，不创新必退”，省委对创新的认知和强调一以贯之。会议指出，要强化企业创新，推动规上工业企业研发活动全覆盖，大力推进技术改造，支持企业引育人才，加快推动创新要素向企业集聚。

目前，我省研发投入强度不高，特别是信息技术、生物医药、新材料等高研发投入的产业规模不大、占比不高，尤其是当前创新要素不足、对高端人才吸引力不强的现状突出存在，重点产业引进创新平台不到位，有可能造成供需错配，凡此种种，都可能深度影响政策落实落地的成色。

赵西三说，把省委经济工作会议强调的“企业创新主体地位”坚定贯彻到位非常关键，要坚持把创新建立在企业主体上，聚焦产业链部署创新链。“用政策引导企业对接国内外创新要素，突出开放创新”，“不求所有、但求所用”，支持企业设立境外、省外研发机构，集聚外部创新资源，为河南产业高质量发展所用。

抓好以人为核心的新型城镇化是强弱项的一个方面。整体来看，我省城镇化率仍然低于全国平均水平8.46个百分点，发展潜力巨大，深入实施中心城市带动和新型城镇化战略，前景依然可期。实施中心城市和都市圈带动，提升新型城镇化质量，依旧是经济运行重点。增长空间在于，提升中心城市和副中心城市承载力、辐射力、带动力。

高亚宾说，要对标国际化、现代化城市标准，落实落细中央经济工作会议提出的“质的提升”，推动郑州国家中心城市当好国家队，强化国际枢纽功能，做大做强“芯屏网端器”全产业链，发展壮大金融、文化创意、总部经济、会展经济等生产性服务业，提升城市建设管理标准，打造品质、时尚、宜居一流的国际化城市。壮大洛阳中原城市群副中心城市，支持南阳副中心城市建设，在产业发展、科技创新、城市建设、公共服务等方面出台专项政策措施，不断提升城市承载力和竞争力。

他提出，提高郑州都市圈在全国城市群中的位势。他认为，加快郑州都市圈提级扩能相当关键。他指出，不仅应制定新一轮“1+8”郑州都市圈发展规划，而且要完善产业发展、基础设施、生态环境、公共服务等一体化发展体制机制，以提升在全国城市群中的竞争优势。他同时认为，对我省而言，发挥好中小城市和县城吸纳农业转移人口的重要作用同等重要。利用都市圈中小城市和县城低成本优势，积极承接中心城市转移出来的产业、服务和人口，强化与中心城市的功能互补和内嵌式关系，以优美、舒适、宜业、宜居的环境，吸引要素集聚，都将可能成为都市圈中的新亮点。

（原文刊发于2022年1月5日《河南日报》第8版）

守住“两条底线” 夯实“压舱石”

张道明 陈明星 何 阳

今年，我国经济发展面临需求收缩、供给冲击、预期转弱三重压力。习近平总书记强调，应对各种风险挑战，必须着眼国家战略需要，稳住农业基本盘、做好“三农”工作，措施要硬，执行力要强，确保稳产保供，确保农业农村稳定发展。

越是环境复杂，风险挑战增多，越是要把“三农”这块“压舱石”夯得实之又实。中央农村工作会议提出，保障好初级产品供给是一个重大战略性问题，要全力抓好粮食生产和重要农产品供给，稳定粮食面积，大力扩大大豆和油料生产，牢牢守住保障国家粮食安全和不发生规模性返贫两条底线。河南作为农业大省、农村人口大省，如何做好初级产品供给，守住“两条底线”？本期我们邀请专家通过对话进行解读。

记者：习近平总书记强调，保障好初级产品供给是一个重大战略性问题，中国人的饭碗任何时候都要牢牢端在自己手中，饭碗主要装中国粮。河南作为农业大省、粮食生产大省，如何保障国家的粮食安全，把中国人的饭碗端牢，扛稳扛牢粮食安全重任？

陈明星：农业是关乎百姓饭碗和亿万农民生计的民生产业，习近平总书记多次强调，要牢牢把住粮食安全主动权，粮食生产年年要抓紧。在外部环境发生深刻变化的复杂形势下，依靠自身力量端牢自己的饭碗，就能为应对各种风险挑战赢得主动。河南粮食产量全国第二、小麦第一，粮食总产已连续 5 年超过 1300 亿斤，把中国人的饭碗端牢需要在拓展新时期粮食安全维度的基础上，打牢种子、耕地等资源要素基础，夯实开新局、应变局、稳大局的“压舱石”。

新时期保障粮食安全，必须强化耕地、种子、水资源等要素资源的高质量保障和种植结构的高效能管控。在耕地上，坚持“18 亿亩耕地必须实至名归，农田就是农田，而且必须是良田”，强化对全省 7844.52 万亩粮食生产功能区和 1031.31 万亩重要农产品生产保护区的保护力度，推进耕地质量提升，以灾后重建为契机，大力推进高标准农田建设，对尚有的中低产田加大改造力度，提升基础设施支撑能力。在种子上，巩固提升小麦、花生供种能力居于全国首位的优势，加强农业种质资源保护开发利用，开展种源关键核心技术联合攻关，着力打造“中原农谷”，加快建设现代种业强省。在水资源上，着力提升利用效率，加强面源污染治理。

张道明：中央农村工作会议要求，全力抓好粮食生产和重要农产品供给，稳定粮食面积，大力扩大大豆和油料生产。河南持续扛稳粮食安全政治责任，必须站在大食物安全观的高度，既要保障主食产品供给安全，还要保障副食产品供给安全，既要考虑人的口粮，还要考虑饲料用粮，在稳定年产 1300 亿斤粮食的前提下，积极扩大大豆油料生产，用大食物安全观统筹推进粮食安全生产，确保粮食和重要农产品供给。

记者：中央农村工作会议强调，要全力抓好粮食生产和重要农产品供给，稳定粮食面积，大力扩大大豆和油料生产。这透露出什么信号？我们该如何理解扩大大豆和油料生产？河南扩种大豆和油料面临哪些问题？

陈明星：中央经济工作会议、中央农村工作会议都提出，要把提高农业综合生产能力放在更加突出的位置，牢牢守住保障国家粮食安全底线，并强调要扩种大豆和油料。未来随着人口增长、消费升级、城镇化推进，粮食供求形势会越来越紧。因此必须把提高农业综合生产能力放在更加突出的位置。河南作为农业大省，不仅粮食产量位居全国第二，而且豆类、油料产量分别位居全国第六、第一，对保障国家粮食安全具有举足轻重的作用。

张道明：河南是黄淮海夏大豆主产省之一，历史上最高年份种植面积高达 2580 万亩。2020 年，全省大豆种植面积 562.8 万亩，总产量 18.7 亿斤，是全省第四大粮食作物。大豆是食用油和动物蛋白饲料的主要来源，全省所产大豆主要以食用为主，大都用于制作豆腐及豆制品等。花生是河南省第一大油料作物。2020年,全省花生种植面积1892.8万亩,总产594.9万吨,分别占全省油料作物面积和产量的79.0%和88.5%,种植面积在20万亩以上的县(市、区)有28个。

当前,我省扩种大豆、油料面临多种因素制约。大豆产业从经济效益看,种植效益比较低。从品种研发看,目前全省种植的大豆以高蛋白品种为主,均是非转基因常规品种,产量偏低。近年来全省所审定的大豆新品种数量虽多,但抗高温、抗洪涝、抗病虫能力普遍较弱,品种同质化严重。从产业链条看,大豆生产主体和加工企业联合不紧密,大豆种植零星分散、品种乱杂,混收混储现象严重,导致大豆成品品质不一,商品性能差,替代进口能力弱。

关于花生。目前保障国家粮食安全是河南的首要政治任务,在国家明确要求粮食播种面积不能减、粮食产量不能降的背景下,全省持续大面积扩种花生存在一定难度。从花生综合机械化率看,目前全省花生耕种收等环节综合机械化率为63.9%,花生播种和收获两大环节机械化水平相对较低。

记者:*满足人民群众日益增长的需求是我们的奋斗目标,扩大大豆和油料生产,河南如何发力?需要采取哪些措施?*

陈明星:“中国人的饭碗任何时候都要牢牢端在自己手中”,决定了新时期的粮食安全不仅是产量规模层面的数量安全、质量安全,也是基于消费者追求高品质生活,对更丰富多样农产品需求的结构安全。在稳定粮食种植面积的同时,我们要优化种植结构,积极推动大豆、玉米兼容发展,同时抓好花生、油菜等油料生产,提高供给的适配性。

张道明:扩种大豆油料需要多措并举。首先,统筹好种粮和扩种大豆油料争地矛盾。一要在玉米、大豆带状复合种植上下功夫。科学筛选适宜全省种植的玉米和大豆品种,依托农民专业合作社、家庭农场等新型农业经营主体,率先开展玉米、大豆带状复合种植试验示范,探索玉米、大豆带状复合种植新模式,逐步推动大豆、玉米兼容发展。二要在“三坡”地资源开发上下功夫。利用全省各地山坡、塘坡、滩坡等闲置土地资源,遴选出具有耐旱、耐瘠特性的花生新品种,依托“三坡”地扩大花生种植面积。

其次,发挥好科技创新和农机装备支撑作用。在大豆扩种上,选育一批高产、稳产、优质、多抗、专用型大豆新品种，广泛推广麦茬免耕覆秸精量播种等技术集成模式，扩大压榨用大豆的种植面积，满足大豆加工企业需求，逐步降低进口数量。在花生扩种上，加快新品种新技术推广步伐，大力发展优质高油、高油酸花生，积极探索花生、玉米轮作模式，不断提高花生单产、质量和效益。在农机装备支撑上，重点研发适应丘陵山区作业的小型机械和智能化农机装备，加快补上大豆油料农机装备这一短板，提高生产效率，降低人工成本。

最后，利用好扶持政策正向激励引导手段。一要将高标准农田建设项目优先向大豆油料扩种区域倾斜，尽快建设一批旱涝保收的大豆油料生产基地，提高抗御自然灾害能力。二要充分考虑平衡大豆油料与小麦玉米的种植收益，持续提高大豆油料种植补贴标准，释放政策信号。三要鼓励大豆油料生产主体与精深加工企业建立订单生产模式，优质优价，同时将国产与进口大豆油料的价格差实行国家补贴，提高加工企业收购国产大豆油料的积极性。

记者：我国脱贫攻坚战取得了全面胜利，中央明确设立5年过渡期，持续巩固拓展脱贫攻坚成果。我省如何守住不发生规模性返贫底线？怎样推进脱贫攻坚成果同乡村振兴有效衔接？

何阳：脱贫攻坚目标任务如期完成，标志着党的“三农”工作重心向全面乡村振兴转移。由于脱贫攻坚与乡村振兴战略在目标任务、目标群体上有所差异，面临着产业发展升级、政策可持续和常态化机制衔接等系列问题。因此，河南省作为农业大省和农村人口大省，要在组织机制、政策体系、产业发展、要素保障等方面优化调整，谋篇布局，打好“四张牌”，推进脱贫攻坚成果同乡村振兴有效衔接。

打好“组织牌”，推动脱贫攻坚与乡村振兴工作有力衔接。组织振兴是乡村振兴的“第一工程”，也是脱贫攻坚同乡村振兴相互支撑、有机衔接的重要保障。面对脱贫攻坚期内形成的组织动员、政策支持、考核督导等一系列机制，需要强化基层党组织建设，发挥统筹协调、聚合引领能力，推动脱贫攻坚与乡村振兴工作执行力衔接。要选优配强基层党组织力量，注重从脱贫攻坚先进个人、先进党员中选派第一书记和乡村振兴骨干，开展分级分类培训,全方位提升组织服务能力,打造一支有作为、能担当的乡村振兴工作队伍。

打好“底线牌”,促进帮扶政策与乡村振兴持续衔接。贫困地区虽然实现了脱贫摘帽,但抵抗风险的能力较弱,特别是面对去年特大洪涝灾害和新冠疫情点状暴发的叠加冲击,易返贫致贫的情况较为突出。截至 2021 年 12 月 22 日,全省识别认定监测对象还有 68.2 万人。对这些易返贫致贫人口要加大帮扶力度,及时提供就业、产业、医疗、社会、扶贫扶志等针对性帮扶。并将帮扶政策纳入乡村振兴战略总体框架内,做到政策不断档、服务不断线,才能有效巩固脱贫攻坚成果,牢牢守住不发生规模性返贫底线。

打好“产业牌”,推进产业发展与产业兴旺有为衔接。受宏观经济压力和新冠疫情影响,当前全省乡村产业发展受阻,企业经营面临困境。需要加大金融扶持政策力度。对符合条件的带贫企业,发放精准扶贫企业贷款,解决资金难题。对符合条件的帮扶对象应贷尽贷,帮助其发展产业。同时要优化奖补政策,对能长期吸纳脱贫劳动力和“三类监测对象”稳定就业的带贫企业、扶贫车间、龙头企业等经营主体,及时进行奖补,进一步提高带贫积极性。

打好“保障牌”,强化基础要素保障与高质量乡村振兴有机衔接。要在巩固脱贫攻坚成果的基础上,强化土地、金融、资金、人才等基础要素保障,夯实乡村振兴之基。

(嘉宾单位:河南省农村社会事业发展服务中心,河南省社会科学院农村发展研究所,中共河南省委党校科学社会主义教研部。河南原文刊发于 2022 年 1 月 9 日《河南日报》第 8 版)

构建融合新格局

程遂营　王笑天

文旅文创融合战略是文旅深度融合发展的必然选择,实施文旅文创融合战略有利于通过文化创意创新,加快将河南厚重的历史文化资源优势转变为发展优势,实现文化旅游高质量融合发展进而促进经济社会高质量发展,推进现代化河南建设,谱写新时代中原更加出彩绚丽篇章。河南构建文旅文创融合发展的新格局,应着力追求深度融合和高质量发展,重点把握如下几个方面。

打造世界文化旅游胜地

河南是中华文化核心区和集大成之地,是华夏儿女的心灵故乡和精神家园。《河南省“十四五”文化旅游融合发展规划》指出,要展示中原地区在中华文明演进中取得的灿烂成就和对世界文明作出的积极贡献,建设一批具有世界影响力的文化旅游目的地。

建设世界文化旅游胜地,关键是要以“创意+科技”激活优秀传统文化、构建文化内容生产体系,核心是要打造具有不可替代性的文化 IP,从而将无形的文化资源转化为具有自主知识产权的文化产品,打造“资源—版权—产品—产业”文旅文创全链条。加速文化资源向文化 IP 转化,打造具有全球影响力乃至世界一流的文化 IP,是将河南传统文化融入现代文化产业的关键一环,有助于充分发挥这些文化 IP 的高附加值属性,助力传统文化的传承和创新。结合省内现有的文化资源,河南下一步应将老家河南(姓氏根亲)、大河文明(天下黄河)、华夏古都(郑州、开封、洛阳、安阳)和中国功夫(少林、太极)作为四大文化IP,做好它们的普世性价值阐释和国际化表达推广工作,将其打造为全球著名的文化IP;同时扩大仰韶、二里头、文字、气象、美学、节气、诗词、典籍等文化IP的国际知名度和影响力,将其打造为具有国际影响力的文化IP,助力世界文化旅游胜地建设。

建设世界文化旅游胜地,要以保护传承弘扬黄河文化为主要方向。河南是黄河的历史地理枢纽,黄河文化在此孕育并发扬光大,实证了中华文明起源和发展的演进历程。因此,河南要以黄河文化地标为核心,以黄河流域生态保护和高质量发展及黄河国家文化公园建设为契机,着力打造具有国际影响力的黄河文化旅游带。具体来看,要以黄河小浪底、郑州花园口、开封东坝头三大文化旅游片区和黄河豫晋陕、冀鲁豫、豫皖苏三大文化旅游协作区为建设重心,以三门峡仰韶—洛阳"五都荟洛"—郑州大嵩山—开封北宋东京城—安阳殷墟世界级大遗址公园走廊建设为纽带,串联隋唐洛阳城、北宋东京城等核心展示园以及洛邑古城等特色展示点和黄河国家博物馆等博物馆群落,推出精品黄河文化旅游线路。

构筑中华文化传承创新中心

构筑中华文化传承创新中心,核心是突出黄河文化在中华文明起源和发展进程中的重要地位,发挥黄河文化对于中华民族根和魂的塑造作用,以保护传承弘扬以黄河文化为代表的历史文化为主线,以黄河国家文化公园重点建设区为载体,延续黄河历史文脉,讲好黄河故事,建设中华文化传承创新中心。所谓"传承",就是要研究阐释以黄河文化为代表的一系列文化的历史内涵与时代价值,突出其在中华文明起源和发展进程中的重要地位,彰显其对于中华民族根和魂的塑造作用,展示中原地区在中华文明演进中取得的灿烂成就和对世界文明作出的积极贡献。所谓"创新",就是要发挥我省历史文化和自然生态资源叠加优势,坚持将创意贯穿到文化旅游融合的各个环节,坚持以科技手段将创意转化为文化旅游产品,推动文化旅游资源、空间、内容、业态、消费、传播、服务等全域深度融合，以改革办法破解制约文化旅游融合发展的深层次矛盾，探索走出一条省域文化旅游融合发展的新路子，形成文化旅游融合的典范。通过坚持创意驱动、美学引领、艺术点亮、科技赋能等手段，着力打造主客共享的文艺精品、消费场景、公共空间，以文化旅游高质量融合发展助推新型城镇化、乡村振兴、绿色发展、数字化转型等重大战略，从而将文旅文创培育成为我省经济社会高质量发展的战略支柱，满足人民群众对文化和旅游的美好生活需要。

构筑中华文化传承创新中心，重点是要持续推进文化高地建设。具体来说，要积极打造以二里头遗址、双槐树遗址、安阳殷墟、龙门石窟、少林寺等重要文物古迹为依托的华夏文明传承创新区，以唐宋文化集中体验地为依托的中华美学试验区，以豫剧等优秀舞台艺术剧目为依托的艺术精品创作高地，以传统媒体与新媒体结合的优秀融媒体作品为依托的时尚国风艺术策源地，以中华神话、中原精神、民间故事等主题动漫创作为依托的动漫产业增长高地，以《禅宗少林·音乐大典》《大宋·东京梦华》《黄帝千古情》《唐宫夜宴》等实景演艺和创意演出品牌为核心的演艺娱乐新高地，以电子图书、AR出版物、融媒体出版物、有声读物、网络文学为依托的数字出版新高地。重视全产业链条延伸，结合高科技手段，引领传统文化创造性转化，深化“互联网+旅游”和文化产业数字化融合创新，推进大数据、物联网、云计算、人工智能、深度学习、AR/VR/MR、卫星遥感、5G网络等现代信息科技在文旅文创产业的科学研究和应用，建设一批融文化体验、文化交流、文化教育于一体的综合文化空间，打造沉浸式文化体验场景，造就虚拟与现实结合的文化旅游线上空间，建设贯通科技、教育、文博、商业、旅游、娱乐的一体化线上文化虚拟平台。

形成中华文化重要标志的集成展示区和品牌体系

河南是黄河国家文化公园重点建设区之一，具有黄河、大运河、长征和长城4大国家文化公园的叠加优势，应充分发挥国家文化公园建设机遇，整合沿线具有突出意义、重大影响和鲜明主题的文物和文化遗产资源，构建以黄河国家文化公园为主的国家文化公园先行区、样板区。要高标准打造黄河国家文化公园重点建设区，构建三门峡—洛阳—郑州—开封—安阳世界级大遗址公园走廊，打造黄河干流和伊洛河、贾鲁河、黄河故道等展示廊道，以都市圈和区域性中心城市为极核，以黄河干支流、故道和山川形胜为骨架，以代表中华文明、象征中华民族的重大黄河文明标识为着力点，形成“一核（郑汴洛）引领、三极（豫晋陕、豫冀鲁、豫皖苏联动发展极）支撑、十带（黄河干支流、黄河故道、沿豫北太行山脉、沿豫西秦岭余脉）”的总体空间布局。要发挥洛阳、开封、郑州三市古都历史资源富集优势和辐射带动作用，依托商丘、卫辉、浚县、道口、五陵等城镇，打造沿通济渠古都发展轴、沿永济渠古城发展轴，展示“隋唐盛迹·运河根脉”品牌形象。要以南阳、平顶山境内楚长城为主体，重点打造楚长城文化和旅游复合廊道，充分体现长城历史文化和生态价值，展示“万里长城·河南开端”品牌形象。要加快推出红二十五军长征步道体验线路和文化展示廊道，展示“北上先锋”品牌形象。

实施文旅文创融合战略，离不开品牌IP建设。将“行走河南·读懂中国”作为河南省文化和旅游的主品牌，有助于加速全省文旅文创产业转型升级，破解文化旅游“有说头、缺看头”“有资源、缺转化”“有建筑、缺场景”“有形态、缺业态”的问题，进而领跑新时代文旅文创融合发展新赛道。叫响“行走河南·读懂中国”这一主品牌，关键是要打破行政区划，推进各地文旅资源跨区域整合和协同开发，并采取线上和线下相结合的思路，积极与各类媒体广泛合作，通过节庆活动策划、精品线路推介等方式，打造中华文化超级IP，让“行走河南·读懂中国”走红全国。具体要重点培育拜祖寻根之旅、大河文明之旅、华夏古都之旅、中国功夫之旅、仰韶文化之旅、中国文字之旅、中华美学之旅、东方智慧之旅、文明交流之旅、中华诗词之旅等10条具有国际范、中国味、中原韵的精品文化线路，面向世界推广黄河、古都、功夫、豫剧、书法、中医、美食、诗词、民居等代表中原特色的文化旅游形象符号。通过打造“行走河南·读懂中国”品牌，探寻东亚现代人类起源和农业起源，彰显中华文明根脉；讲好民族融合、姓氏根亲、元典思想、非遗传承、科技发明、民族精神等故事，铸就中华民族之魂；擦亮黄河、长城、嵩山、王屋山、大别山、丝绸之路、万里茶道等文化名片，铸牢中华民族的人文精神标识，塑造国家人文景观。

塑造郑汴洛国际旅游核心板块

核心城市是都市圈的中心,对文旅文创产业布局起到至关重要的引领作用。目前河南省已确立规划建设"1+8"郑州都市圈和洛阳中原城市群副中心城市的发展战略,然而郑州和洛阳仍处于城镇化快速发展的扩张期,文旅文创产业尚未成为战略性支柱产业,经济运行指标与其他中心城市相比仍有较大差距。如从 GDP 总量来看,2021 年洛阳 GDP 仅 5447 亿元,郑州 GDP 在国家中心城市中仅高于西安;从社会消费品零售总额来看,郑州和洛阳均落后于其他中心城市,表明城市活跃度较差,消费品质和消费水平不高;从旅游业发展水平看,郑州游客接待量不仅落后于其他国家中心城市,甚至不及洛阳。

若要解决上述问题,就必须强化中心城市对文旅文创产业发展的支撑力度。体现在文旅文创融合方面,就是要将全省文化旅游的核心区域——郑汴洛三地联合打造成国际旅游的核心板块。要依托郑汴洛地区丰富的历史文化遗产,以发挥国家中心城市(郑州)、中原城市群副中心城市(洛阳)等的引领作用,以现代立体化交通与综合服务体系为支撑,按照一个产品体系、一个营销体系、一个交通体系进行布局,把郑汴洛联合打造成为具有重要影响力的国际文化旅游之都。要积极建立文化创意驱动"城市更新"机制,加快推进洛阳、郑州联合国全球创意城市建设,重点将郑州国际文化创意产业园建设成为链接全球的文化创新高地,加快规划布局郑汴洛世界级文化创意园区、国际艺术社区、都市文博区、时尚品牌购物区、夜间消费集聚区。

从郑、汴、洛三地发展来看,应支持郑州建设国际旅游集散中心,以《只有河南·戏剧幻城》、方特为核心打造东部片区,以银基旅游度假区为核心打造西南片区,以荥泽古城、黄河天下文化综合体、黄河国家博物馆、大河村国家考古遗址公园等为支撑打造北部片区,以少林寺、三皇寨等为核心打造大嵩山文化旅游区,确立"华夏文明之源、黄河文化之魂"的战略定位。洛阳应充分把握建设国家人文交往中心、"东亚文化之都"和国际消费中心城市的机遇，创新仰韶文化遗址群、隋唐洛阳城、汉魏洛阳故城等大遗址保护利用模式，着重打造龙门、小浪底片区，确立"千年帝都、河洛之心"的战略定位。开封要进一步落实郑开同城化等战略，积极在做优做强清明上河园等景区的基础上扩容提升，做强以宋都古城为核心的宋文化主题旅游区，确立"一城宋韵、千年梦华"的战略定位。

建设国际考古旅游先行区

河南是全国知名的文物大省，是中国考古的核心区和现代考古的肇始地。河南实施文旅文创融合战略，就必须坚持考古先行，依托二里头、殷墟、隋唐洛阳城等国家考古遗址公园，推出甲骨文之旅、夏文化探索之旅、早期中国之旅等专题考古旅游线路。在全国八大古都中，河南独占其四，因此要充分利用郑州、开封、洛阳、安阳四大古都的文物资源禀赋优势，把郑州环嵩山地区、洛阳"五都荟洛"、开封"城摞城"、安阳殷墟及曹操高陵等打造成为国际知名的考古旅游目的地。要坚持"考古+研学"，依托系列夏商都城等考古重要发现和大遗址，以及河南省文物考古研究院新院等科研院所，建设夏商国际考古研究中心和国际考古研学中心，积极筹办国际考古旅游大会，发起成立国际考古研学旅行联盟，并规划建设一批大遗址考古旅游研学基地，编写河南考古通识教材，开发考古研学课程体系。此外，还应在考古资源丰富的地区附近打造爆款类考古文创产品，推出网络游戏、剧本杀、考古乐园等沉浸式考古体验项目。

河南堪称"中国历史的天然博物馆"，全省各类博物馆数量达 340 家，位居全国第三。因此，河南省要发挥博物馆的引领作用，加快构建中原特色博物馆群。要以河南博物院和黄河博物馆为核心，打造中华文明的重要地标、中华文明与世界文明交流平台、世界著名博物馆；发挥郑州、洛阳等核心城市的带动作用，支持郑州建设"百家博物馆"、洛阳打造"东方博物馆之都"；充分依托各地级市博物馆、考古遗址博物馆及其他特色博物馆，积极举办中国博物馆及相关产品与技术博览会，并积极培育考古盲盒、文物手办、国潮美妆服饰、国风玩具学具、古风生活美物等优秀文博产品。

树立非遗传承创新新标杆

非遗作为中华优秀传统文化的重要组成部分,其发展和壮大对于中华传统文化的丰富和发展具有重要意义,也是实现文旅文创融合发展的核心举措之一。目前,河南省拥有国家级非遗项目125项,但相比物质文化,非遗保护传承力度和知名度仍较低。

最好的保护,就是让非遗被更多人知晓、体验并自觉保护。因此,河南省应加大陶瓷、玉雕、汴绣"中原三宝"的宣传与推广工作力度,打响豫剧、豫菜、豫酒(杜康、仰韶)、豫茶(信阳毛尖)、豫药(南阳宛西制药、信阳羚锐制药)等豫字品牌;在钧瓷小镇、汝瓷小镇、三彩小镇、太极拳小镇、洛邑古城等非遗特色小镇,开展非遗展示传习示范馆建设;积极实施非遗传承人研培计划和代表性传承人扶持计划,加大对工艺美术大师、传统工艺非遗传承人的培养力度。要鼓励旅游城市、旅游景区、博物馆等创作一批沉浸式旅游演艺产品,打造集创意研发、加工制造、销售流通、市场服务等为一体的产业链和生产体系。此外,还应将非遗传承与考古相结合,如依托许昌神垕钧瓷小镇、南阳荆紫关镇、开封朱仙镇、洛阳三彩小镇等,发展一批特色小镇;将黄帝故里、老子故里、杜甫故里等名人故里(居)打造成名城、名街、名景。

(作者单位:河南大学文化产业与旅游管理学院。原文刊发于2022年4月15日《河南日报》第6版)

以创意为引擎助推业态升级

程遂营　李　昊

当前,我国经济已由高速增长阶段转向高质量发展阶段,居民的文化消费快速增长,文化创意成为经济增长的内在驱动力,成为文化旅游产业转型升级的强劲动力。《河南省"十四五"文化旅游融合发展规划》提出,"十四五"时期,河南将把传统业态转型升级、优势业态直道冲刺、新兴业态抢滩登陆、未来业态谋篇布局系统贯通起来,全力打造现代文化旅游产业体系。在消费升级的大趋势下,我省实施文旅文创融合战略,应以文化创意为引领,以业态培育为抓手,整合文化、创意、科技、资源、资本等要素,打造文旅文创业态新谱系,在新的历史起点上实现文旅文创融合发展。

传统业态转型:数字赋能、打造文化 IP

推动文旅文创数字化转型。文化科技融合已进入数字文化经济时代,成为建设文化强国的关键路径。大数据、移动互联网等技术在文化旅游领域的应用,加速文化旅游的资源观、时空观、产品观重构,催生更多新业态、新场景和新模式,数字文旅成为文化和旅游业未来的发展方向。以文旅文创数字化为手段,深化文旅融合,是我省传统文旅业态实现转型升级的关键。各地应以文化创意为核心,大力实施数字文旅工程,鼓励各级各类景区、博物馆和文化场馆打造新型、沉浸式数字文化体验产品,建设一批数字景区、数字展览馆、数字博物馆和数字文化馆,打造文旅数字体验新空间。

建设河南省文旅数字创意中心和河南省文化旅游大数据库，将我省古建、古城、大遗址、石窟寺、碑刻铭文、艺术品等重点文物和文化资源全部实现数字化展示。支持各地文博场馆建设数字文创产业，推进大数据、物联网、云计算、人工智能、深度学习、5G 网络、区块链、元宇宙等现代信息科技在文旅文创产业的科学研究和应用，加快驱动文旅文创数字化转型。

以文化创意赋能景区转型升级。创意是文化旅游融合发展的催化剂，以 IP 构建为核心的内容生产方式成为文化产业的发展主流。在文化旅游加速融合的背景下，新文创正孵化出更多中国文化符号。随着“Z 世代”文化消费潮流兴起，对传统文化的时尚化、趣味化、现代化表达提出了更高要求。我省应坚持以推动传统景区转型升级、提质增效为主线，通过发掘在地文化内涵、打造原创文化 IP、引进旅游演艺项目、策划夜间文旅产品等推动传统景区向文化创意旅游景区转型。通过主题文化元素与符号的嵌入，推动自然山水景区转型、历史文化景区升级、现代主题景区再造，提升景区品质。此外，要充分发挥各类文化艺术组织的作用，如鼓励文化艺术协会和演艺机构开展“文化进景区”活动，推动文艺精品进景区，支持旅游景区和文化场所建设驻场演艺场所，推动非遗旅游景区建设。

支持企业跨界创建文化 IP 品牌。跨界融合是文化产业领域近年来最显著的产业特征和发展趋势之一，在经济结构优化、产业转型升级和业态创新方面发挥着重要作用。每一次品牌跨界 IP 联合的“出圈”行动，都会受到大众和媒体的青睐。我省打造文旅文创 IP 应以“行走河南 · 读懂中国”为主题，以打造超级文化 IP 为目标，学习借鉴国内相关省区市先进经验，在全省实施“文化基因解码工程”。按文化传承价值、国际交流价值、艺术欣赏价值、业态整合价值的遴选标准，解码我省优秀的文化“基因”，梳理和建立“文化基因库”，联合企业、高校、科研机构等，打造文化原创 IP 库。文化场馆和文旅企业可以通过科技创新、创意设计、服务体验等多种方式，推动优秀传统文化的创造性转化和创新性发展。博物馆、图书馆、文化馆等各级文化文物单位应充分利用馆藏资源，全面推动文创产品开发。支持文旅和非文旅企业依托传统老字号、风物特产、工艺美术、特色美食，创新开发新产品。鼓励企业跨界融合，推出有文化、高品质、易生产的文创精品，打造文化创意 IP

品牌。

优势业态冲刺：依托文化遗产、博物馆等开发新产品

推出文化遗产旅游新内容。我省是文化资源大省，世界文化遗产、历史文化名城、重点文物保护单位以及馆藏文物、地下文物丰富，而且是唯一一个同时拥有黄河、长城、大运河、长征四大国家文化公园的省份，已被确定为黄河国家文化公园重点建设区之一。我省应以建设国家文化公园、推动黄河流域生态保护和高质量发展为契机，以剧场演艺、实景演艺、动漫、影视节目、剧本杀、网络文学、有声读物、网络游戏等形式丰富文化遗产的表达、感知形式，推进文化遗产的创意开发，打造可知、可观、可感、可玩的文化遗产旅游新产品。此外，应充分发挥我省丰富的非物质文化遗产资源优势，大力推动非物质文化遗产的保护传承。通过广播影视节目制作、动画制作、网络游戏开发、艺术表演、数字转化、工艺美术品制造、艺术陶瓷制造等多种形式，丰富非物质文化遗产内容生产，培育一批非遗旅游景区、非遗旅游小镇、非遗旅游名村和非遗主题民宿，打造一批非遗旅游体验基地。

创新博物馆旅游的内容与形式。博物馆是传统文化资源的高地，承载着更深重的文化复兴责任，同时也是一个地方独一无二的文化 IP。持续创新博物馆发展模式，促进文博产业各门类各要素之间自由流动、重新组合，推进文博旅游产品创意性开发，成为文旅文创融合发展的必然要求。各地博物馆应深入挖掘馆藏资源文化内涵，解码馆藏文物“文化基因”，梳理“文化故事”，增加文物的“可阅读性”，将文化符号应用到文创产品中，运用新技术开发特色文创产品。应用现代科技和文化创意赋予馆藏文物鲜活生命力，让博物馆里的文物、大地上的遗产、古籍里的文字“活”起来。以“文化+创意+科技”创造博物馆旅游新体验，通过虚拟、线上、沉浸、娱乐、综艺等形式拓展博物馆旅游新空间。

培育文化旅游演艺项目。文化是旅游演艺项目的灵魂，缺少文化内涵的演艺项目不仅不能有效传播当地文化，也不能实现可持续发展。我省应发挥《只有河南・戏剧幻城》《大宋・东京梦华》《禅宗少林・音乐大典》等

旅游演艺和夜间精品项目的示范作用,围绕世界级文旅IP,高水平打造一批文化旅游演艺项目,丰富我省文化旅游演艺品牌。各地应立足历史文化底蕴,提炼具有本地特色的文化要素和文化产业要素,通过各种要素的组合和创意加工,创排地域特色鲜明的旅游精品演艺项目。目前,我省的旅游演艺项目主要以主题公园、山水实景、剧场演出为主,侧重于对传统文化或者地域文化的歌舞叙事,个性化、年轻化、时尚化的演艺略显不足,可以鼓励景区、博物馆、民宿、文化街区等,凝练地域文化主题特色,打造情景剧、音乐剧、模仿秀、创意秀、喜剧秀、魔术表演等时尚化旅游演艺项目。

新兴业态抢滩:打造研学游、乡村游等多样化体系

打造研学旅游产业体系。依托旅游景区、自然和文化遗产、考古遗迹、革命遗址、博物馆、文化馆、科技馆、非遗传承基地、文化产业园区、工矿企业、科研机构以及古都古城古镇古村等开展研学旅游,支持有条件的文艺院团开放研学旅游服务。推动研学旅游发展,不仅要依靠文旅产业的发展,更要依靠教育产业和教育事业的融合,还需要高等院校、教育专家、教育机构和学习中心等的参与。打造研学旅游产品应深化教育产业、教育事业与文化旅游产业的深度融合,延长研学旅行产业链,实现跨界融合发展。同时,要积极培育研学旅游市场,重点建设一批研学旅游基地和研学旅游营地,鼓励研学基地设置研学旅游研发中心和授课中心,开发主题研学旅游精品线路,推出特色研学旅游课堂,形成研学旅游课程体系,培养研学旅行导师,加强研学旅行专业人才培养。

实施乡村文化品牌工程。文化创意是乡村创业创新的动力源泉,是乡村旅游差异化发展的关键。乡村文化创意的核心是运用创新思维与文化理念,对乡村生产、乡村生活、乡村生态进行创造性表达,乡村旅游文化创意产品必须兼具本地性、文化性和创意性。我省乡村旅游以太行山、伏牛山、大别山为重点区域,自然山水与特色文化兼具,围绕乡村文化创意可以开发经营的创意产品类型多样、内涵丰富。通过对具有乡土特色的农副产品、手工艺品等的创意化表达,开发与乡村文化相关的衍生品,是满足旅游者差异

化、个性化和时尚化需求的重要途径。我省乡村旅游可依托“文化基因解码”工程，以县为主体、以村为单元，实施乡村文化品牌工程，将市场知识、经营智慧和创意灵感等融入乡村旅游产品设计中，精心培育乡村文化旅游品牌，推进整村运营模式。探索乡创特派员机制，推动文化艺术下乡，支持文艺乡建，建设一批乡创学院，打造一批文创村、艺术村和网红村。此外，推进A级乡村旅游示范村和精品主题民宿建设，重点打造一批特色主题民宿集群，建设乡村驿站和汽车露营地，构建以城乡生态廊道为连接，辐射乡村社区、文化遗址和旅游景区的城乡立体文脉网络。

培育特色夜间旅游产品。夜间经济是文旅深度融合的重要领域，也是激发内需潜力的重要引擎。不同于以本地居民消费为主的城市商业街，夜间文化旅游消费集聚区必须以文化元素为支撑，充分体现当地特色。虽然我省以建业·华谊兄弟电影小镇为代表的夜间旅游项目蓬勃发展，但是仍存在业态不够丰富、产品相对单一等问题。各市县和文旅企业应积极策划夜间主题文旅活动，培育特色精品夜游项目，将文创市集、演艺、娱乐、购物、美食、特色民宿等业态融入夜间旅游，建设具有地域特色的文旅融合夜经济示范区。围绕“景城一体”，重点依托景区、文化产业园区、旧厂房、民宿等，构建灯光秀、电音节、星空露营、露天影院、夜市街区、24小时影院、24小时书店、博物馆之夜等新业态，打造品牌化、创意化、规模化、规范化的夜间文旅集市，争创国家级和省级夜间文化旅游消费集聚区。

推动红色旅游多元融合发展。紧抓历史悠久、人文底蕴深厚、红色遗址遗迹众多的资源禀赋，我省不仅要重点围绕弘扬大别山精神、焦裕禄精神、红旗渠精神等，打造红色旅游精品线路，还要积极推动红色旅游与乡村旅游、生态旅游、体育旅游等业态融合发展。可以通过高新技术的应用和文化创意的融入，打造红色旅游新业态、新场景、新体验，增强红色旅游吸引力、感染力和竞争力。开发红色旅游文创产品根在红色、重在创新，应以大众化、生活化为方向，体现当地的地域文化、民风民俗，打造我省红色旅游文化IP，不断丰富红色旅游文创产品供给。各地应持续开展红色文化“进景区、进场馆、进企业、进校园”活动，重点支持革命老区红色旅游基础设施和公共服务设施建设，推动传统红色旅游产品服务向特色化、品牌化转型，支持打造一批红色旅游文创企业。

未来业态布局:抢抓考古、沉浸式等新奇热点

实施考古旅游战略行动。我省作为中华文明的重要发祥地,是名副其实的文物大省,考古遗产丰富。近年来,以考古活动、考古发现为旅游吸引力的考古旅游日益兴旺,成为我省文化旅游实现换道领跑的重要突破口。考古遗址公园是游客近距离感悟中华文明博大精深的重要场所,已逐渐成为文化旅游“新国潮”。我省应加强国家考古遗址公园建设,推出一批特色考古旅游线路,把郑州、洛阳、开封、安阳打造成国际知名考古旅游目的地。依托考古重要发现和大遗址,建设一批考古旅游研学基地,开展考古科普旅游,打造主题考古研学课程,重点培养一批考古旅游金牌导游和高水平考古研学导师。依托考古资源,打造考古文创 IP 产品,开发仿真考古、考古探险、考古剧本杀等沉浸式考古旅游产品。引进高科技团队和实验室考古新技术,规划建设国际考古学堂、考古方舱等项目,探索实施“考古发掘工地开放周活动”。依托河南省文物

考古研究院新院,规划建设中原国际考古研学中心,筹划召开国际考古旅游研学大会,在河南发起设立“国际考古研学”永久会址。

推动“康养+”多业态融合发展。近年来,随着生活理念的转变以及消费结构的升级,人们对健康的关注度不断提升,康养产业已成为新的经济增长点。康养旅游作为一种新兴旅游业态,将健康疗养、生态旅游、文化体验、休闲度假、体育运动、健康产品、医疗美容等业态聚合起来,具有强大的产业带动能力。随着康养旅游发展的不断深化,康养旅游方式正从养身走向养心,文化成为康养旅游的内核与根基,也是康养旅游高质量发展的重要动力。我省应依托丰富的自然山水、中医药、武术太极、温泉等康养文化资源,大力发展康养旅游产业。各地应充分挖掘特色食疗、药疗、水疗等传统养生文化,结合市场需求及现代生活方式,运用创意化手段,开发具有鲜明文化特色的康养旅游产品。我省应持续推动康养旅游基地建设,支持康养旅游与度假、养生、疗养、中医药、医疗、户外运动、体育休闲等健康产业深度融合。

支持中医药大学和医药企业依托中草药和生态农产品，开发中医药康养产品和药食同源产品。以“康养+”推动景区、度假区、医疗机构、生物制药企业、养生养老机构、疗养中心、教育机构、健康护理用品企业等上下游关联企业开展合作，延长康养旅游产业链。

全方位推进沉浸式旅游发展。随着互联网技术的发展、高科技的应用，沉浸式文化旅游体验成为新常态。沉浸式旅游作为一种伴随着体验经济出现的新兴旅游方式，极大地丰富了游客的旅游体验，正在受到越来越多的关注。数字媒体技术的发展和智能设备的普及为沉浸式旅游发展奠定了技术基础，沉浸式体验作为文化和科技融合的新业态，为文化旅游产品的开发找到了新的价值和发展方向。目前，我省一些文博类景区景点依旧仅仅通过图片和文字叙述配合展示历史古物，游客仅限观赏，难以获得深刻的体验感。各地景区应充分依托现有条件布局沉浸式旅游体验项目，通过数字化、科技化的“沉浸式”手段，创造新的体验场景，增强游客参与度和体验感。此外，我省沉浸式旅游发展应注重以文化元素植入为核心，优化内容生产，突出沉浸式文化体验的故事性、艺术性和游戏性。可以通过推进剧本杀、密室逃脱、实境游戏、教育创作类项目与景区、文博场馆、古城古镇古村深度融合，以创意和科技构建文化场景化体验，打造感知度与参与度并存的沉浸式体验活动。

（作者单位：河南大学文化产业与旅游管理学院。原文刊发于2022年4月20日《河南日报》第10版）

把创新摆在发展的逻辑起点

陈　玲　高亚宾

党的十八大以来，以习近平同志为核心的党中央坚持把创新摆在国家发展全局的核心位置，围绕实施创新驱动发展战略、推动以科技创新为核心的全面创新、建设科技强国，提出一系列新思想、新论断、新要求。习近平总书记多次强调，我国经济已由高速增长阶段转向高质量发展阶段，创新是引领发展的第一动力。“中国要强盛，要复兴，就一定要努力成为世界主要科学中心和创新高地”。这些重要科学论断为创新引领高质量发展指明了方向。十年来，河南深入落实习近平经济思想，完整准确全面贯彻新发展理念，坚持走创新驱动发展道路，引领全省高质量发展；面向2035年实现“两个确保”战略目标，迫切需要全面建成国家创新高地，为现代化河南建设提供核心支撑。

创新成为发展的主旋律和新名片

一直以来，河南省委、省政府坚持把创新摆在发展的核心位置，引领全省高质量发展，交出了一份亮丽答卷。

创新生态体系更加完善。河南省委、省政府举全省之力补短板、提质量、促改革，作出了“将创新发展综合配套改革作为全面深化改革的一号工程”的重大部署，先后打出“实施科技创新和制度创新双轮驱动”“重建重振省科学院”“重塑重构省实验室体系”“推动全省高校‘双一流’建设”“打造人才雁阵”“构建基础研究+技术攻关+成果转化+科技金融+人才支撑的全过程创新生态链”等一系列组合拳，全省创新生态体系和创新氛围全面形成。2021 年，全省研究与试验发展（R&D）经费首次突破 1000 亿元，达到 1018.84 亿元，是 2012 年的 3.28 倍；研发投入强度从 2012 年的 1.05% 上升到 1.73%，其中洛阳（2.83%）、郑州（2.45%）和新乡（2.45%）超过全国平均水平；全省技术合同成交额由 2012 年的 40.2 亿元增长至 608.89 亿元，十年年均增速 31.7%，其中近三年年均增速 61.3%、高于全国平均增速 31.4个百分点。

创新平台支撑更加有力。大力推动重点实验室体系重塑重建，先后建设嵩山、神农种业、黄河、龙门、中原关键金属、龙湖现代免疫、龙子湖新能源、中原食品省实验室 8 家，新建设省中试基地 21 家、省产业研究院 25 家，建成中试线 146 条，初步形成以河南省实验室为核心、优质高端创新资源协同创新的“核心+基地+网络”的创新格局。国家级高新区数量达到 8 家，居全国第 6 位，省级高新区实现了省辖市全覆盖。

创新企业群体更加壮大。坚持把推动规上工业企业研发活动全覆盖作为促进经济转型升级的关键所在。2021 年，全省创新龙头企业达到 116 家、瞪羚企业达到 104 家；高新技术企业数量由 2012 年的 751 家增长到 8387 家，平均增速达到 30.7%；科技型中小企业达到 16583 家，总量居中西部地区首位。全省高新技术产业增加值占规上工业增加值比重，由 2012 年的 21.5% 提高到 2021 年的 45.1%。

创新科技成果更加丰硕。全省先后涌现出一批迭代性颠覆性原创性科技成果，高铁轴承、量子通信、大型盾构、超硬材料、光互连芯片等关键核心技术取得新突破，一大批“河南制造”成为“国之重器”乃至全球具有重要影响力的亮丽名片。比如，用于新冠治疗药物“阿兹夫定”获批上市并率先在河南投产，“郑麦 7698”引领我国优质强筋小麦品种产量迈上亩产 700 公斤的台阶，中铁装备的盾构机产销量连续五年居世界第一，成功研发出全球采高最高、技术指标最高的液压支架，国内首款无人驾驶纯电动拖拉机、国内首台用于高原高寒大直径硬岩掘进盾构机、国内首辆自动驾驶氢燃料客车等。

创新引领现代化河南建设的内在逻辑

从理论逻辑看，推动创新发展是贯彻新发展理念、推动高质量发展的内在要求。根据波特“钻石理论”，国家经济发展分为生产要素导向、投资导向、创新导向和富裕导向四个阶段，当进入创新导向阶段时，企业呈现锐不可当的创新能力，带来了新的技术和组织形式，从而进一步促进了生产力的发展，实现发展方式的重大转变。随着我国经济进入高质量发展阶段，发展方式从要素驱动、投资规模驱动发展为主转向以创新驱动发展为主，关键的驱动力在于创新。新发展理念深刻回答了新形势下实现什么样的发展、怎样实现发展这一重大理论问题，是引领我国高质量发展的指挥棒。在新发展理念中排在首位的就是“创新发展”，就是坚持创新在河南现代化建设全局中的核心地位，用创新促进产业转型升级，引领全省经济高质量发展。

从历史逻辑看，推动创新发展是顺应时代大势、建设现代化河南的必然选择。纵观人类发展史，创新始终是推动一个国家、一个民族向前发展的重要力量。从西方国家发展经验看，一个国家或地区的命运与兴衰，与其在历次科技革命中扮演的角色息息相关，取决于长期的技术进步和科研投入。迄今为止，世界先后发生了以蒸汽机为主导的第一次技术革命、电力为主导的第二次技术革命、信息为主导的第三次技术革命以及正在发生的以互联网、大数据、人工智能、生物科技为代表的新一轮科技革命和产业变革，创新都是创造新需求、引领新方向的根本。英国、法国、德国、美国等先后引领前三次科技革命，占据世界创新前沿，因而受益数十年至数百年；意大利、日本、韩国等国家也抓住机遇，积极创新，先后成为发达国家。与此同时，巴西、阿根廷等拉美国家20世纪80年代以来现代化进程停滞，呈现“中等收入陷阱”，究其原因就是创新出了问题。当前河南生产总值和工业增加值稳居全国第五位，但也面临“标兵渐行渐远、追兵越来越近”、人均生产总值和人均收入低于全国等问题，能否抓住新一轮科技革命和产业变革的机遇，实现新旧动能转换和转型升级，跨越中等收入陷阱，事关“两个确保”目标的成败，而这些唯有靠创新一条路，这是由现代化的发展规律和趋势决定的。

从实践逻辑看,推动创新发展是补短板、增优势、谋长远的基本经验。习近平总书记指出,“抓创新就是抓发展,谋创新就是谋未来”。当今世界,围绕科技制高点和高端人才的竞争空前激烈,已成为国际战略博弈的主战场。美国、中国、欧盟、日本等世界主要经济体都将创新作为国家战略重心,加大基础研究投入力度,吸引高端创新人才,并在人工智能、量子科技、5G/6G、生命科学、新能源新材料等前沿技术领域表现出明显的趋同特征,争先抢滩布局未来技术制高点。国内发达省(市)和地区纷纷发挥各自优势,加大创新投入力度,集聚高层次创新平台,初步形成了京津冀、长三角、粤港澳大湾区为代表的世界级创新集聚区,以及合肥、武汉、成渝等一批国家级创新策源地。党的十八大以来,河南历届省委、省政府深刻认识到创新对于全省发展的重要性和紧迫性,坚持一张蓝图绘到底、一任接着一任干,聚焦建设国家创新高地目标,不断弥补创新短板,把科技创新和人才强省工作向纵深推进,为高质量发展提供了重要支撑。

让创新融入现代化河南建设的各领域全过程

新一轮科技革命和产业变革具有技术进步迅速、更新迭代更快、过程周期缩短、渗透性颠覆性强等特征,这就要求创新必须是持续的、快速的、全方位的,只有持续不断地追逐技术前沿并保持在技术前沿,才能牢牢占据发展制高点,保持经济活力和竞争力,跟上时代发展的步伐。因此,河南必须抢抓此次变革带来的战略性机遇,坚持科技创新和制度创新双轮驱动,打造更优创新创业环境,建设更多创新平台,引育更多高端人才,抢占更多前沿领域,让创新融入现代化河南建设的各领域全过程。

第一,制度为基:完善创新体制机制顶层设计。创新发展是一个系统工程,突出前瞻性、全局性,遵循系统论基本原理,运用系统观念完善制度顶层设计。一是持续深化科技体制改革。遵循科技创新活动规律,深化高校、科研院所科技项目管理体制机制改革,完善科技成果转化激励评价制度,有效破解影响产学研融合的制度藩篱,构建产学研用一体化的科技创新体制,实行重大科技项目“揭榜挂帅”“赛马制”“悬赏制”等制度,让机构、人才、装置、资金、项目充分活跃起来，形成推进科技创新发展的强大合力。二是健全“科技+产业+金融”协同互促的政策体系。健全覆盖科技型企业全生命周期的信贷产品体系，发挥多层次资本市场对科技型企业的直接融资作用，发挥政府引导基金和成果转化基金的带动作用，推动多元化科技型创新创业。三是完善法制保障。落实好国家促进创新的法律法规，发挥好郑洛新国家自主创新示范区条例、河南促进科技成果转化条例、河南科学院发展促进条例等作用，加强知识产权、自主品牌、科研诚信等方面法制建设，营造勇于探索、敢为人先、崇尚创新、宽容失败的创新文化，依法保护企业家和创新创业人才的积极性和合法权益。

第二，人才为本：促进教育科技人才“三链”融合。全面实施创新驱动、科教兴省、人才强省战略，教育是基础，科技是关键，人才是根本。按照经济、社会和科技发展的内在要求，整体谋划、有序推进“教育、科技、人才”一体化全周期发展。教育方面，支持“双一流”高校深化教学改革，更加注重大学生科学精神、创新人格培养，建设高水平研究型大学；引导其他高校科学定位、特色发展，提高学科与产业、专业与就业的契合度，建设更多“双一流”大学；推进职业院校和企业联姻、与产业联盟、同园区联合，深化产教融合，培育更多“大国工匠”。科技方面，既要发挥产业优势，在先进制造、现代种业、战新产业和未来产业等领域，攻克一批“卡脖子”技术，占领发展先机；又要走出“梯度发展论”的误区，在潜在优势领域注重原始创新，加强国家战略需求的基础前沿和高技术研发，打造更多“国之重器”。人才方面，抓住RCEP高标准贸易规则机遇，加快构建国际化人才制度和科研环境，面向全球积极引进外籍院士、两院院士等尖端科技人才，构建“人才—科技成果—财富”的良性循环产出机制，形成高端人才集聚“强磁场”。同时，要根据产业发展需求，加快培养复合型、应用型高技能人才和紧缺急需专业人才，支持各省辖市建设青年友好型城市，加大对青年人才的发现、培养、使用和资助力度，形成人才梯队和雁阵体系。

第三，企业主体：培育壮大各类创新主体。国内外产业和创新发展规律表明，创新型龙头企业作为产业链的“排头兵”“掌舵手”，是引领创新发展的基石；科技型中小企业构成产业集群的“丛林”，是保持创新链动态平衡的关链。一方面，持续壮大创新型龙头企业群，增强全产业链自主可控能力。围绕高端装备、新材料、汽车等优势产业及新能源汽车、生物医药、新型显示和智能终端等新兴产业，支持龙头企业整合创新资源，实现强强联合，打造一批拥有原创性核心技术、有全球影响力的创新型地标企业，提升整个产业链技术掌控能力。积极对接资本市场，推动有实力有意愿的企业挂牌上市，运用资本力量提高企业研发能力。另一方面，加强科技型中小企业培育，将其纳入龙头企业的产业集群和产业链供应链。聚焦新兴产业和未来产业领域，建立“专精特新”和“瞪羚”企业培育目录，筛选一批专业化、特色化、创新型、市场竞争优势突出的中小企业，构建起全生命周期支持体系，推动土地、资本、技术、人才、数据等资源要素向这些企业集聚。引导龙头企业向集群内中小企业开放场景应用、共享生产要素、搭建共性技术平台，支持相关服务型机构重点向中小企业提供融资、创新等服务。

第四，生态支撑：充分发挥创新系统集成合力。美国硅谷、北京中关村等世界级创新高地表明，其形成不是一个或几个孤立的个体或单元，而是一个集“多元、共生、协同、开放”于一体的生态系统。对标国际国内先进地区，我省建设国家创新高地，必须遵循创新发展规律，依据产业园区或平台，推动创新要素和资源高密度集聚，最大限度发挥创新生态系统的集成优势。一是打造创新资源集聚生态圈。以“科创+产业”为抓手，加快郑洛科创走廊建设，加强合作和跨行政区域协调联动，打造世界级产业集群和科技创新策源地。高标准建设中原科技城，争取国家重点实验室、国家重大科技基础设施等国家战略科技力量在豫布局，发挥技术攻关“引擎”作用。高水平培育省级战略科技力量，加强黄河、神农种业等重点实验室建设，高质量建设国家级和省级高新区，提升创新密度，促进创新资源集聚转化。二是构建基于互联网的协同创新生态圈。在数字经济时代，数字化和网络化成为区域协同创新的重要趋势。依托重点行业工业互联网平台、集约化专业化科技服务平台等，加强产业上下游企业之间的协同设计、协同服务、协同供应和协同生产的数字化和智能化，实现创新信息互惠共享、创新目标共同设定和创新行动同步推进。三是形成全方位开放创新生态圈。强化科技开放合作，引导在先进制造技术或工艺领域具有比较优势的企业“走出去”，积极参与国际标准和规则、规范的制定。加强区域间创新合作，在京津冀、长三角、粤港澳大湾区等先进地区建立科技和产业合作园区，拓展“省外创新源、河南应用场”模式，借力“外脑”开展技术联合攻关。

（作者单位：河南省发展战略和产业创新研究院。原文刊发于 2022 年 10 月 14 日《河南日报》第 14 版）

扛稳粮食安全重任的河南践行

陈明星

作为农业大省、粮食大省，十年来，河南始终坚持把粮食生产摆在各项工作重中之重的位置，持续打好粮食生产这张王牌，粮食总产连续5年稳定在1300亿斤以上、小麦产量连续8年稳定在700亿斤以上，河南“国人粮仓”“国人厨房”“世人餐桌”的地位不断提升，为保障国家粮食安全发挥了重要作用。辉煌成就的背后，有着深层的内在实践逻辑和深远的战略意义，并需要顺应高品质生活需求和高水平安全保障，进一步以新担当新作为更好扛稳扛牢粮食安全重任。

国人饭碗装上了优质“河南粮”

河南粮食产量占全国1/10，小麦产量占全国1/4强，在端牢中国人的饭碗上具有举足轻重的地位。习近平总书记指出，河南农业特别是粮食生产取得显著成绩，为保障国家粮食安全、重要农产品有效供给作出了突出贡献，这既是河南的贡献也是河南的奉献。

产量高基点稳定增长，筑牢粮食安全“压舱石”。十年来，全省粮食产量分别于2013年、2017年突破1200亿斤、1300亿斤大关，并在2020年实现在高基点上的新突破，达到1365.16亿斤。2021年，尽管面对夏秋特大洪涝灾害，但粮食产量依然达到1308.84亿斤，连续5年稳定在1300亿斤以上。2012—2021年，全省粮食产量增产129.16亿斤，占同期全国粮食产量增加量的9.1%。2022年，全省夏粮生产克服上年特大洪涝灾害等不利影响，总产再创新高达到762.61亿斤,实现连续8年稳定在700亿斤以上,在特殊之年再次发挥了“中原粮仓”的“压舱石”和“稳定器”作用,全省小麦产量占全国的比重由2012年的26.4%提高到2022年的28.1%,增加1.7个百分点。我省用全国1/16的耕地,生产了全国1/10的粮食、1/4强的小麦,不仅解决了自身1亿人的吃饭问题,每年还向省外调出原粮及其制成品600亿斤左右,是全国五个粮食净调出省份之一,为保障国家粮食安全展现了河南担当。

产能高水平稳步提升,亩均产出持续高企。耕地是粮食生产的“命根子”。2012—2021年,全省粮食作物播种面积从15652万亩增加到16158万亩,增加506.6万亩,年均增加56.3万亩。种子是农业的“芯片”和粮食安全的根基,目前全省主要农作物良种覆盖率超过97%,良种对粮食增产贡献率达到45%;小麦年供种能力36亿斤,约占全国的38%,其中10亿斤销往省外。在科技进步、要素投入等综合保障下,全省粮食单产水平稳步提高,2012—2021年,全省粮食单产由376.8公斤/亩增加到405公斤/亩,2018年以来连续4年稳定在400公斤/亩以上。夏粮单产由2012年的392.1公斤/亩增加到2022年的447.2公斤/亩,秋粮单产也在2020年突破400公斤/亩。

产业高质量延链补链,集聚集群效应显现。近年来,河南持续推进粮食产业“三链同构”,加快食品业转型升级、高质量发展,全省粮油加工转化率达到80%,主食产业化率达到65%,规模以上农产品加工企业6000多家,营业收入1.21万亿元,产业规模居全国第二位,成为我省重要的支柱产业之一。培育出了一批全国最大的肉类、面及面制品、速冻食品、调味品、休闲食品等特色食品产业集群,涌现出双汇、牧原、三全、思念等一批国内外知名企业和享誉海内外品牌,尤其双汇、牧原分别成为中国最大的猪肉加工、生猪养殖基地。河南生产了全国1/2的火腿肠、1/3的方便面、1/4的馒头、3/5的汤圆、7/10的水饺,作为“国人粮仓”“国人厨房”“世人餐桌”的地位不断提升。

粮安天下的实践逻辑

粮食安全关乎国计民生，是国家安全的重要基础，特别是在百年未有之大变局、新冠疫情和气候变化交织叠加的背景下，牢记国之大者、扛稳扛牢粮食安全重任，既有深远的战略意义，也有着内在的实践逻辑。

牢记嘱托，展现新担当新作为。党的十八大以来，习近平总书记先后4次视察河南，对粮食安全、"三农"工作作出重要指示，指出河南农业农村人口比重大，"三农"工作任务繁重，粮食生产这个优势、这张王牌任何时候都不能丢，要牢牢抓住粮食这个核心竞争力，在确保国家粮食安全方面有新担当新作为。习近平总书记对河南"三农"工作特别是粮食安全的重要指示，鼓舞和激励着中原人民多种粮、种好粮。河南牢记重托，把抓好粮食生产作为重大政治责任，全面落实粮食安全、耕地保护党政同责，制定了落实河南粮食安全党政同责规定方案和具体考核办法，省级和地方政府签订耕地保护目标责任书，作为刚性指标实行严格考核、一票否决、终身追责。深入实施"藏粮于地、藏粮于技"战略，着力稳定提升粮食产能、稳住农业基本盘、筑牢"三农"压舱石。

保护产能，着力夯实基础支撑。习近平总书记强调，粮食生产根本在耕地，命脉在水利，出路在科技，动力在政策，这些关键点要一个一个抓落实、抓到位。作为农业大省、粮食大省，河南牢牢守住耕地红线，压实耕地保护党政同责，采取"长牙齿"的硬措施，落实最严格的耕地保护制度，全面开展耕地保卫战专项行动，大力清理整治大棚房、乱占耕地建房等问题，坚决遏制耕地"非农化"、防止"非粮化"，连续23年实现耕地占补平衡，确保耕地主要用于粮食和油料、果蔬等重要农产品生产，高标准农田全部用于粮食生产。着力实施耕地质量保护与提升行动，稳步提升耕地地力，全省耕地质量等级达到4.41，比全国平均水平高0.35。在保护好耕地特别是基本农田的基础上，大规模开展高标准农田建设，加大对农田水利、农机作业配套设施等支持力度和灾后重建力度，稳步提升地力和粮食产能，确保耕地数量不减、质量不降，累计建成高标准农田7580万亩，总面积位居全国第二，同步发展高效节水灌溉2426万亩,越来越多的“望天田”变成了旱涝保收的“高产田”,平均每亩耕地提升粮食产能150斤左右。

创新驱动,重塑粮食生产动能。一是做强种子“芯片”。河南农作物供种能力约占全国1/10,全国小麦推广面积前10位品种中河南占了4个,在玉米、花生、大豆、芝麻、生猪制种供种上优势明显。河南着力实施种质资源保护利用等六大行动,重构重塑实验室体系,组建神农种业实验室,规划建设“中原农谷”,积极推进国家生物育种产业创新中心、国家农机装备创新中心、周口国家农业高新技术产业示范区建设,着力打造现代种业强省,努力把种子这个农业“芯片”牢牢握在自己手里,在打好种业翻身仗上展现河南担当。二是做活转化推广。开展粮食绿色高质高效行动,集成节种、节水、节肥、节药、节能技术,开展试验示范,推进良种良法配套、农机农艺融合。大力推进农业机械化,农业物联网、大数据、绿色防控、智能农机等新技术新装备方兴未艾。全省农业科技进步贡献率达到64.1%,高于全国平均水平2.6个百分点,主要农作物良种覆盖率超过97%、耕种收综合机械化率达到86.3%。三是做优服务体系。加快新型农业经营体系建设,持续推进适度规模经营,规范土地流转,大力发展土地托管等社会化服务,促进小农户和现代农业有机衔接,农民专业合作社、家庭农场分别发展到19.8万家、26.2万家,适度规模经营占家庭承包耕地面积的比重达到69.3%。

产业增值,提升粮食生产质效。以“粮头食尾”“农头工尾”为抓手,树牢“大食物观”,出台《关于坚持三链同构加快推进粮食产业高质量发展的意见》等政策,做强特优农业,不断延伸粮食产业链、提升价值链、打造供应链,持续深化农业供给侧结构性改革。深入推进“四优四化”,大力发展十大优势特色农业,积极推进生产方式绿色化、产品品牌化,2016—2022年,全省优质专用小麦由600万亩发展到1628万亩,占全省小麦面积的19%,订单率在90%以上,每斤价格较普通小麦高0.1元左右,实现了优质优价。在此基础上,着力打造“一县一业”“一村一品”,推动酒业、奶业、中医药业振兴,优势特色农业产值占比达到57.8%,食用菌、花生等产量均位居全国第一。作为生猪养殖和调出大省,2022年上半年全省生猪出栏3222万头、存栏4064万头,分别居全国第一和第二位。在“三链同构”的推动下,农产品加工业已发展成为万亿级产业。

稳产增收,提振抓粮种粮动力。政策是粮食生产的推动力,只有种粮不吃亏、农民能赚钱,扭转“粮食大县、工业小县、财政穷县”的尴尬,激发抓粮和种粮两个积极性,粮食安全才有保障。在实践中,河南全面落实耕地地力保护补贴、农机购置补贴、小麦稻谷最低收购价等惠农政策,完善省级财政奖补政策,加大补贴力度和产粮大县奖补力度,三大主粮完全成本保险政策实现全覆盖,稳住抓粮种粮预期,调动基层政府抓粮和广大农民种粮的积极性。“十三五”期间中央财政支持河南农业专项转移支付资金 945.39 亿元。近 5 年来,全省土地出让收入用于“三农”支出 1435.7 亿元,落实粮油大县奖励资金 292.46 亿元,耕地地力保护、农机购置补贴资金 739.92 亿元。2021 年一些地方遭受特大暴雨灾害,省政府在下达首批 30 亿元中央财力补助资金中,对受灾地区改种种子补助 2.69 亿元,同时,农险兑付 3 亿多元,切实减轻农民负担。2022 年,已发放 106.6 亿元耕地地力保护补贴、27.2 亿元种粮补贴。

筑牢粮食安全多维防火墙

顺应高品质生活需求和高水平安全保障,必须强化从生态、资源到产业的全环节、全要素保障,筑牢粮食安全多维防火墙。譬如,在耕地上,要破解耕地保护、地力提升等问题,大力推进高标准农田建设,增强基础设施支撑能力;在种子上,破解农业种质资源保护开发利用、种源关键核心技术联合攻关等问题,加快建设现代种业强国;在水资源上,破解水资源保护、利用效率提升、污染治理等问题;在种植结构上,积极推动大豆玉米兼容发展,同时抓好花生、油菜等油料生产,提高供给体系的适配性。同时,还要突出重点,提升粮食安全保障能力和水平。

强化主体培育,激发三个积极性。任何一个产业的收益率如果长期低于社会平均利润水平,就难以具备单纯依靠自身力量实现持续健康发展的基础,作为关系国计民生但弱质低效的粮食生产尤其如此。因此,“保证粮食安全,大家都有责任”,特别是要调动和激发地方党委政府重农抓粮、农民务农种粮、工商资本投农营粮的积极性。一是地方党委政府重农抓粮积极性。中央农村工作会议明确强调,主产区、主销区、产销平衡区都要保面积、保产量。但长期以来,三者在粮食生产上呈现利益倒挂现象,2020 年,13 个粮食主产区粮食产量占全国的 78.6%,而地区生产总值仅占全国的 52.5%,一般公共预算收入仅占全国地方一般公共预算收入总和的 46%。为此,既要落实地方粮食安全主体责任,严格实施粮食安全党政同责考核,推动党政同责真正见效,又要强化粮食主产区利益补偿,汇聚起重农抓粮的强大合力。二是农民务农种粮积极性。强化政策保本、保险兜底、经营增效,完善最低收购价制度,稳定和加强对种粮农民的补贴办法,扩大完全成本保险和收入保险试点范围,保障种粮农民合理收益。三是工商资本投农营粮积极性。优化乡村营商环境,鼓励龙头企业等市场主体开展生产托管、订单农业、加工物流、产品营销等涉农涉粮专业化社会化服务。

强化绿色发展,全环节挖掘减损降耗潜力。绿色发展是农业发展观的一场深刻革命,也是增加绿色优质农产品供给、提升粮食安全可持续的必由之路。要着眼挖掘粮食全环节节约减损降耗潜力,深入推进农业农村绿色发展,加快构建节约高效、绿色低碳、科学健康的粮食生产、流通和消费模式。一是推进农业绿色低碳转型。积极发展节地、节水、节肥、节药、节种等节约型生产模式和种养结合等粮食循环经济模式,大力开发节约资源和保护环境的农业技术,重点扶持秸秆还田、改良土壤等农业技术的研发、改进和推广,建立健全以绿色生态为导向的农业补贴制度体系。二是推进粮食减损降耗。牢固树立“减损就是增产”意识,在粮食收割、烘干、储藏、运输、加工等环节,加强工艺改进和农机装备升级,促进良机良田良法良种协同匹配,引导口粮适度加工,加强副产品综合利用。三是推进粮食节约行动。坚持节约优先,实施全面节约战略,增强全民节约意识,营造爱粮节粮、健康消费的新风尚,减少“餐桌上的浪费”。四是提升防灾减灾能力。加大生态林建设力度,发展和应用农业综合防灾减灾新技术,包括干旱、洪涝、低温等重大农业气象灾害或暴发性、毁灭性病虫害的监测预警、评估及控制技术等,加快建设绿色农田、数字农田,提升智能化气象服务能力和突发自然灾害应急处置能力,推进自然灾害防治体系和防治能力现代化。

强化产业赋能,全链条拓展增值空间。“产业强,粮食安。”粮食产业链越坚韧,粮食安全基础就越牢固,因此,扛稳扛牢粮食安全重任,必须坚持“三链同构”,在粮食生产、仓储运输、食品加工、农业装备、农业科技、农产品期货等关键环节协同发力,让粮食生产这张王牌更加闪亮、这个优势更加彰显。一是深化供需协同、产销对接。一方面,强化需求导向、市场导向,积极扩大农业农村投资,推进产业创新、业态创新、产品创新,开发符合不同消费层次个性化、定制化产品;另一方面,积极扩大有效需求,加快完善社会保障和公共服务,着力提振消费信心,为扩大内需、开拓市场释放潜力和活力。二是深化产业融合、提质升级。聚焦粮食产业发展中高端、关键环,推进农业与旅游、教育、文创、康养等产业深度融合和产村产镇融合,建设现代农业产业园、农业产业强镇、优势特色产业集群,促进全产业链首尾相连、上下衔接、前后呼应,实现串珠成线、块状成带,不断提升粮食产业链供应链现代化水平,加快培育粮食系列品牌,打造国家粮食安全产业带。三是深化集群成链、格局重塑。立足县域布局粮食产地初加工、精深加工和综合利用加工,优化县域产业链空间布局,改变农村卖原料、城市搞加工的格局,把产业链主体留在县城,把增值收益更多留在县域,打造以农业为起点的全产业链,形成县城、中心乡镇、中心村层级明显、功能有机衔接的乡村产业结构布局和乡村产业体系。

(作者单位:河南省社会科学院农村发展研究所。原文刊发于 2022 年 10 月 14 日《河南日报》第 15 版)

制造业高质量发展的强劲跃升

赵西三

党的十八大以来，以习近平同志为核心的党中央高度重视制造业发展，作出了建设"制造强国"的重大战略决策，习近平总书记先后4次亲临河南视察指导工作，发表了关于推进制造业高质量发展的系列重要讲话，为河南建设先进制造业强省指明了方向。十年来，河南深入贯彻落实习近平总书记关于推动制造业高质量发展的重要论述，打好产业结构优化升级牌，聚焦高端化、智能化、服务化、绿色化，加快河南制造向河南创造、河南速度向河南质量、河南产品向河南品牌转变，产业体系、产品品质、制造模式均深刻重塑，河南制造迈入高质量发展新轨道。

竞争优势实质性提升

这十年，是河南制造业综合实力提升、新旧动能转换、产业结构优化、产品品质升级、制造模式转型最快的十年，竞争优势实质性提升。

综合实力持续提升。2012年到2021年，河南全部工业增加值从1.29万亿元增长到1.88万亿元，总量稳居全国第五、中西部第一。十年来，越来越多的河南产业产品迈向产业链价值链的中高端、关键环，装备制造、现代食品、电子信息等产业集群稳居全国第一方阵，盾构机、新能源客车、光通信芯片、流感疫苗、现代农机、起重机、超硬材料、铝合金材料、尼龙新材料、智能传感器等产业技术水平和市场占有率均居全国前列，更多河南元素在神舟飞船、复兴号高铁、C919大飞机、蛟龙号、航母等大国重器中展现。龙头企业实力稳步提升，双汇、宇通、中铁工程装备、卫华、一拖等一批基地型、平台型、生态型、链主型企业品牌影响力不断提升，23 家河南企业入围“2022 中国制造业企业 500 强”，30 家企业入选制造业单项冠军企业，374 家企业入选国家专精特新“小巨人”企业。产业体系完整优势更加明显，拥有 41 个工业行业大类中的 40 个、207 个中类中的 197 个，在应对全球产业链调整、新冠肺炎疫情冲击中表现出较强的产业链供应链韧性。

创新能力持续增强。制造业综合实力提升的第一驱动力是产业创新能力的持续增强，河南始终把创新作为制造业高质量发展的逻辑起点，创新平台、创新载体、创新主体、创新人才等持续汇聚，深化产业链与创新链融合，产业创新能力迈上新台阶，新旧动能转换成效明显。从一组数据可以看出创新能力持续增强的轨迹，从 2012 年到 2021 年，研发投入由 299 亿元增加到 1018.84 亿元，研发投入强度由 1.07% 上升到 1.73%，高新技术企业数量由 751 家增加到 8387 家，专利授权量由 26833 件增加到 158038 件。创新载体平台能级持续提升，郑洛新国家自主创新示范区引领作用凸显，沿黄科创带格局呈现，“智慧岛”双创载体全省复制，省级以上企业技术中心由 835 家增加到 1315 家，其中国家级由 59 家增加到 99 家，国家农机装备创新中心、国家生物育种产业创新中心、作物逆境适应与改良国家重点实验室等“国字号”创新平台相继落户河南，嵩山、神农种业、黄河、龙门等 8 家省实验室建设运营，21 家省中试基地、25 家省产业研究院、8 个省产业创新中心陆续组建，大直径硬岩掘进机、光互连芯片、四价流感病毒裂解疫苗、阿兹夫定、无人驾驶拖拉机、重载自动导引运输车等一系列标志性成果引领技术和产业前沿。

赛道转换持续加速。十年来，河南制造新旧赛道转换持续加力，产业结构更加优化，战略性新兴产业、高技术制造业引领作用更加凸显，2013—2021 年全省战略性新兴产业、高技术制造业增加值年均分别增长 13.3%、17.0%，持续高于工业增速，占规上工业比重分别由 2012 年的 10.6%、5.6% 提高到 2021 年的 24%、12%，电子信息、新能源汽车、生物医药等新兴产业加快发展，氢能与储能、量子信息、人工智能等未来产业前瞻布局，国家新一代人工智能创新发展试验区、燃料电池汽车应用示范城市群、国家区块链发展先导区等国家级示范平台陆续落地,第一届量子计算大会在郑州成功举办,华锐光电、超聚变、比亚迪等生态型产业项目陆续布局。传统优势产业迭代升级加快,装备、食品、材料、家居等领域企业不断拓展新赛道,新业态新模式持续涌现,尤其是在食品、家居领域,出现了卫龙、大咖、致欧等全球独角兽,产业业态与产品形态发生巨大变化,传统产业领域的基础优势正在逐步转化为新赛道上的竞争优势。

群链优势持续彰显。河南始终把培育壮大产业集群作为重要抓手,持续提升重点集群、产业链核心竞争力。十年来,河南涌现出一批具有较高产业辨识度的优势产业集群和地方标志性的优势产业链,群链竞争力持续提高,培育出装备制造、食品工业 2 个万亿级产业和 18 个千亿级产业集群,许昌动力谷、漯河食品城、洛阳农机、南阳防爆等优势集群及长垣起重、民权制冷、巩义精铝等特色集群品牌优势更加凸显,优势产业链整体竞争力持续提升。新兴产业集群加速形成,新一代信息技术、生物医药、智能传感器、智能装备、新能源及网联汽车、节能环保等一批战略性新兴产业链快速崛起,郑州信息技术服务和下一代信息网络、平顶山新型功能材料、许昌节能环保等 4 个集群入选国家级战略性新兴产业集群,14 个集群入选国家新型工业化产业示范基地。

先进模式持续渗透。十年来,河南持续推进制造业智能化、服务化、绿色化发展,先进制造模式持续渗透。智能制造加速渗透,一大批企业和项目入选国家智能制造和工业互联网示范项目,培育了一批具有行业先进水平的智能车间、智能工厂和智能制造标杆企业,"1+37"工业互联网平台体系加速构建,天信工业互联网平台入选国家跨行业跨领域工业互联网平台,建成洛阳、许昌、漯河、新乡等 4 个工业互联网标识解析二级节点,"产业大脑+智能工厂"模式初步形成,河南制造已经呈现"数据驱动、平台支撑、智能主导、服务增值"新趋势,制造模式、管理方式、组织形式、工厂形态正在发生巨大变革。服务型制造发展提速,一批企业和平台入选国家服务型制造示范项目,部分龙头企业加快向综合解决方案提供商转型,"制造+服务""产品+服务""装备+平台+服务"等模式快速渗透。绿色制造成效明显,培育了 138 家国家级绿色工厂、62 项国家级绿色设计产品、12 家国家级绿色工业园区、

14 家国家级绿色供应链管理企业，碳捕集与封存、数字减碳等技术在化工、材料等产业领域得到推广运用。

迈向制造强省的实践逻辑

作为内陆传统农业大省，河南制造业高质量发展取得显著成效，加快向制造强省迈进，其实践逻辑值得深入研究。

立足比较优势锻长板。一个区域的产业竞争力建立在更好发挥比较优势的基础上，河南在推进制造业高质量发展中紧扣习近平总书记“以发展优势产业为主导推进产业结构优化升级”的殷殷嘱托，充分放大比较优势，把长板锻造得更长，以优势产业长板带动产业结构优化升级。作为粮食和农业大省，河南突出发展食品产业，多个细分领域全球领先，实现了由“国人粮仓”到“国人厨房”再到“世人餐桌”的持续提升。不仅是食品，河南持续重视优势主导产业的培育，2012 年以来，河南陆续提出聚焦培育六大高成长产业、五大制造等主导产业，形成带动产业升级的主引擎，以长板带全局的成效持续显现，2021 年五大主导产业占规模以上工业增加值比重已经达到 46.1%，引领带动作用凸显。

依托产业载体育集群。十年来，河南突出抓好产业载体建设，围绕产业集聚区建设、先进制造业集群培育等出台了一系列方案、政策、措施，按照“一群多链、聚链成群”思路培育了一大批优势产业集群。河南持续把产业集聚区作为产业转型升级、承接产业转移的主载体，开展分级评价与动态调整，根据发展中出现的问题及时优化，引导产业集聚、要素汇聚、企业共生，稳步推动产业集聚区由企业堆积向产业集群升级，产业项目质量持续提升，集群分工体系逐步构建，孕育出了一批在全国具有较高辨识度和竞争力的优势集群。2022 年 9 月，河南对全省开发区进行了整合提升，明确了 184 个开发区的名称、主导产业、空间布局、发展目标等，发展载体进一步整合，产业空间品质进一步提升，为传统产业迭代升级、新兴产业重点培育、未来产业破冰抢滩提供高质量载体支撑。

打造高端平台汇要素。河南一直把打造高能级创新平台、高水平开放平台、高层次示范平台等作为汇聚高端要素、推动产业升级的重要支撑。鼓励企业创建国家级、省级创新平台以及产学研合作平台，依托高能级创新平台吸引高素质科研团队和高端人才来豫创新创业，探索“平台+人才”模式，引入一批院士及“高精尖缺”人才。陆续创办中国(漯河)食品博览会、中国河南国际投资贸易洽谈会、河南招才引智创新发展大会、世界智能传感器大会等高水平开放平台，吸引产业链上中下游、价值链前中后端企业参加，已成为高端交流、深化合作、共享共赢的重要平台，汇聚高端要素为河南制造业高质量发展服务。在人工智能、燃料电池汽车、区块链等新兴领域争取国家级高层次示范平台，争取国家政策支持和项目布局，同时创建省级未来产业先导区，引导高端要素集聚，加快发展新兴产业和未来产业。

围绕头雁企业延链条。河南一直重视培育头雁企业，发挥企业主体作用，陆续出台了高新技术企业培育方案、制造业头雁企业培育方案等文件，重点打造基地型、平台型、生态型、链主型等头雁企业，引导头雁企业延伸产业链条，以“头雁+产业链”模式带动产业链集聚，实施产业链“双链长”制，引导头雁企业建立产业联盟，搭建上下游企业供需对接平台，探索头雁企业产业链招商模式，协同推动产业链整体竞争力和现代化水平提升。头雁企业带动下漯河食品、洛阳农机装备、许昌电力装备、长垣起重机等优势产业链整体竞争力更强、特色辨识度更高，以头雁企业引领的良好产业生态不断催生孵化新技术、新企业、新业态、新模式，支撑河南在优势产业领域始终保持领先。

聚焦数智赋能促转型。近年来，河南抢抓数字经济发展机遇，持续推进新一代信息技术与制造业深度融合，出台了智能制造和工业互联网发展行动计划和专项政策，分行业分领域开展数字化转型行动，推动依托龙头企业的链式智能化改造，更好发挥数字化在制造业高质量发展中的引领、撬动、赋能作用。引导制造业企业依托消费互联网、工业互联网创新发展路径，培育平台化设计、智能化制造、个性化定制、网络化协同、服务化延伸、数字化管理等新模式。引导中小企业导入轻量化、快部署、易运维的数字化转型方案，推动制造业数字化转型从单点突破、示范试点转向面上展开、体系融合跨越，制造业企业数字化转型、智能化改造的积极性明显提升，为制造业高质量发展、拓展产业新赛道注入了新动力。

培育转型升级新动能

面临新一轮科技革命和产业变革，面对“标兵渐远、追兵渐近”的竞争格局，河南制造仍需加力，加快培育产业转型升级新动能。

在争取国家战略布局上持续加力。未来一段时期，各区域科技创新、新兴产业和未来产业布局方面存在巨大战略机遇，近年来，江苏在类脑芯片、安徽等在量子科技、湖北在集成电路、长沙在先进计算等高端产业布局上纷纷加力，争取国家级创新平台和项目落地，抢占技术与产业发展前沿。河南也要聚焦重点领域实现突破，强化航空港经济综合实验区、国家自创区、自贸区等平台支撑，争取国家级平台、龙头型企业在河南布局，为主导产业发展储备策源项目，在未来区域产业竞争中抢占先机。

在推进新旧赛道转换上持续加力。河南在传统优势产业升级、新兴产业培育上潜力巨大，应加快推动河南更多优势赛道、特色赛道、细分赛道进入产业链的中高端、关键环。拓展新赛道要突出两条主线，一是突出把拓展传统优势产业新赛道作为主攻方向，我省传统产业规模大、占比高，食品、材料、装备、服装、家居等基础优势明显，当前数字技术加速渗透，新消费新国潮崛起，各细分领域均蕴含着新赛道的发展潜力，近年来各省传统优势产业领域围绕新技术、新消费涌现出一大批新产品、新品牌，河南传统优势产业与新技术、新模式结合形成新赛道，把旧赛道上的基础优势转为新赛道上的新优势，更具地方根植性和核心竞争力；二是加快新兴产业和未来产业布局，尤其是在算力服务器、智能网联汽车、新型显示、生物经济、人工智能、元宇宙、区块链等产业领域，加快培育新兴产业发展带、未来产业先导区，抢占发展先机。

在优化集群生态上持续加力。未来区域产业竞争更多表现在集群生态上，沿海地区产业竞争力主要来自围绕高辨识度的优势集群形成了产业生态，催生新技术新企业的内生动力较强。河南尽管已经形成了部分优势集群，但大多数集群存在着聚而不链、断链缺链情况，尚未形成良好的产业生态。河南要依托集群厚植产业生态，推动推进创新链、产业链、供应链、要素链、制度链五链耦合，培育优势集群生态圈，吸引相关产业链价值链集聚，在细分优势领域占据发展前沿。支持优势集群立足实际搭建产业数据平台，打造工业互联网平台和产业大脑，集聚细分产业数据，形成产业知识模型，探索建设产业数据价值化示范先行区，为产业高质量发展赋能。

在培育优质龙头企业上持续加力。龙头企业数量与能级是区域产业竞争力的重要标志，河南23家企业进入中国制造业500强，在5个工业大省中仍居末位、差距较大。一方面要加大头雁企业培育，引导企业整合省内外产业资源做精做强，支持头雁企业牵头设立创新联合体，牵头设立实验室、制造业创新中心、产业研究院、中试基地、工业设计中心等高端创新平台，引领技术创新和产业发展；另一方面要培育壮大"专精特新"企业群，支持"专精特新"企业聚焦细分领域加快产品迭代、品类创造、"五基"突破，做深细分产业领域，打造一批带动产业升级的新产品，进入产业链的中高端、价值链的关键环。

在创新产业招引模式上持续加力。始终坚持把开放合作、招商引资作为推动制造业高质量发展的关键抓手，抢抓当前传统产业布局调整、新兴产业与未来产业布局展开的战略机遇，高度重视平台招商、基金招商、飞地招商、回归招商等新模式，吸引高端产业项目落地。借鉴安徽、江苏、山东等省创办世界制造业大会、世界智能制造大会、世界先进制造业大会的经验，创办国家级大会，引导各地依托优势集群创办细分领域产业大会和发展论坛，提升产业地标名片辨识度和影响力。用好政府引导基金和各类产业基金，创新"基金+招商"模式，敢于在先进制造、未来产业领域进行战略布局。引导国际知名及沿海地区专业园区、创新孵化器等在河南设立科创飞地、产业飞地等，采用集群引进方式培育特色产业园。吸引在外的豫商豫才回乡创新创业，鼓励各地依托驻外办事机构和省外河南商会建立服务站，以商引商、以才引才，吸引更多豫籍人才回归创业。

在打造一流营商环境上持续加力。高端产业与高端要素对软环境更加看重，围绕"万人助万企"活动进一步优化企业服务，提高政策含金量和执行效能，打造市场化、法治化、国际化一流营商环境。一是搭建"秒报秒批"企业服务平台，汇聚国家、省、市、区政策，探索设置“政策计算器”，针对条件明确、标准清晰、数据充分的政策事项，力争实现“秒报秒批”。二是滚动发布“免申即享”政策清单，平台通过数据比对，自动精准推送各类企业可享优惠政策，实现从“企业找政策”到“政策找企业”转变，提升企业获得感。

（作者单位：河南省社会科学院数字经济与工业经济研究所。原文刊发于 2022 年 10 月 14 日《河南日报》第 16 版）

从封闭内陆走向开放前沿

梁　丹

党的十八大以来，河南省委省政府认真贯彻党中央加快开放型经济发展的重要战略部署，经过十年不懈努力，成功实现了由封闭内陆向开放前沿的华丽转身，为全省经济社会高质量发展注入了强大动力。

十年，实现突破性跃升

对外开放主要指标实现较快增长，对全省经济发展带动作用突出。十年间，河南对外开放主要指标都实现了快速增长。2021 年全省货物进出口 1271.00 亿美元，是 2012 年的 2.46 倍，年均增长 10.50%；全省实际利用外资 210.73 亿美元，是 2012 年的 1.74 倍，年均增长 6.34%；全省对外直接投资 13.70 亿美元，是 2012 年的 5.60 倍，年均增长 21.08%。对外开放有效带动了全省经济发展。

"四路"建设使河南联通世界的能力达到前所未有的新高度。"四路"建设取得令人瞩目的成就是过去十年河南对外开放的亮点。郑州机场 2021 年货邮吞吐量突破 70 万吨、跻身全球机场货运 40 强，其中国际货邮量超过 54 万吨、连续五年居全国第 5 位；中欧班列已经形成"8 个口岸出入境、17 条线路直达"的网络，每周"16 去 18 回"满载运行，已经成为全国五个中欧班列集结中心之一；2021 年跨境电商交易额达 2018.3 亿元，业务辐射 196 个国家和地区，连接起一张覆盖世界主要经济体的"云端大网"；铁海联运、河海联运快速提升了通江达海能力，河南联通世界的能力也达到了前所未有的高度。

“五区”开放制度创新取得系列成果，培育了河南今后一个时期高水平开放的潜力和动能。“五区”在高质量完成国家下达制度创新任务的同时，积极开展自主创新和区域间联动创新。截至2021年底，河南自贸试验区已累计形成515项改革创新成果，160项试点任务基本完成，多个领域的制度创新走在全国前列；郑州航空港在开展跨境人民币贷款，首创人民币贸易融资资产跨境转让、国际人才交流合作机制创新等方面取得积极进展；跨境电商综试区首创1210网购保税进口模式并在全国复制推广，全国唯一的跨境电商零售进口药品试点落地运营。“五区”联动发展及创新经验的相互推广复制，进一步激发了各自的功能，增强了对全省高水平开放的带动作用，并进一步培育、蕴含了今后一个时期河南发展更高水平开放的潜力和动能。

各级领导干部经受了开放锻炼，增长了开放本领。过去十年，在推动高水平开放方面，河南各级领导干部不仅经受了锻炼，而且出了彩。沿海地区在干的大事儿河南也在干，甚至在某些方面比一些沿海地区干得还要出色，如中欧班列、如跨境电商。沿海地区没有干的事情，河南也率先开始干，如郑州航空港经济综合实验区，是全国第一个也是唯一一个航空经济发展先行先试区。在大项目引进过程中形成了“河南速度”“郑州速度”。各级领导干部推进更高水平开放的本领和信心进一步增强。

多方力量的汇聚叠加

党和政府的殷切期望及战略支持。党的十八大以来，习近平总书记先后4次视察河南，对河南的对外开放工作多次做出重要讲话和指示，对河南建成连通境内外、辐射东中西的物流通道枢纽，实现跨境电子商务“买全球卖全球”，为丝绸之路经济带建设多作贡献提出殷切希望。2017年6月14日，习近平总书记在会见卢森堡首相贝泰尔时指出，中方支持建设郑州—卢森堡“空中丝绸之路”，对河南“向天寻路”的长期努力给予肯定。2017年5月，李克强总理到河南考察，对河南自贸试验区开封片区实行的“二十二证合一”改革和郑州富士康科技园区的持续发展给予格外关注。党的十八大以来,一系列国家战略在河南叠加落地,也为河南打造内陆开放高地、建设开放强省奠定了重要的战略支撑。

开放带动"主战略"奠定了对外开放实现根本性突破的基础。研究河南对外开放应该有历史的眼光。进入21世纪后,历届省委、省政府领导班子都十分重视对外开放工作。在2003年8月召开的全省第4次对外开放工作会议上,时任省委书记李克强明确指出:思想是行动的先导,没有思想的进一步解放、观念的进一步转变,就没有对外开放的突破和经济的迅速发展,要把开放带动作为加快发展的"主战略",开创河南对外开放新局面。通过开放带动"主战略"的实施,不仅打开了21世纪第一个十年河南对外开放工作的局面,为那一时期全省经济社会发展提供了强大带动力,也奠定了本世纪第二个十年河南对外开放工作在根本上实现突破的基础。

对外开放工作部署的接连提档升级是实现根本性突破的关键。近十年,河南几届省委、省政府领导班子对全省对外开放工作的部署和安排接续实现了三个不同层面的跃升。一是从"主战略"跃升到"基本省策",这是对外开放工作在全省经济社会发展总格局中地位的跃升。随着对外开放"主战略"的实施,全省对外开放工作快速推进。2011年全省外贸进出口总额突破300亿美元,同比增长70%以上;全省实际利用外商直接投资突破100亿美元,同比增长60%;全省实际到位省外资金突破4000亿元,同比增长46%。省委、省政府总结前期工作经验,更加清晰地认识到对外开放是决定河南前途命运的关键抉择,只有继续实施开放带动"主战略",继续把对外开放作为应对复杂局面和破解各种制约最直接、最有效、最综合的战略举措,才能更好地以开放促发展、促改革。2012年省政府工作报告明确提出"对外开放是基本省策,是决定河南前途命运的关键抉择"。将对外开放上升为"基本省策",是河南运用政府力量实现对外开放效应最大化的一大创举,实现了对外开放工作在全省经济社会发展总格局中地位的跃升。二是从"建设内陆开放高地"跃升到"建设开放强省",这是全省对外开放工作目标的跃升。2010年11月通过的《中共河南省委关于制定全省国民经济和社会发展第十二个五年规划的建议》第一次明确提出了"努力打造内陆开放高地"的目标。截至2020年底,内陆开放高地建设取得阶段性成果。2021年4月通过的《河南省国民经济和社会发展第十四个五年规划和二〇三五年远景目标纲要》明确提出了"加快建设开放强省"的目标。2021 年 12 月河南省政府印发的《河南省"十四五"开放型经济新体制和开放强省建设规划》进一步提出了河南建成开放强省的"两步走"目标。从"建设内陆开放高地"到"建设开放强省",全省对外开放工作目标从内陆区域领先跃升到全国范围内领先的新高度。三是从重视商品要素流动型开放跃升到"实施制度型开放战略",这是河南对外开放突出特征的跃升。前期河南的对外开放虽然也强调全方位、多层次、宽领域开放,但主要内容还是商品和要素流动的层面。随着郑州航空港经济综合实验区、中国(河南)自贸试验区、跨境电商试验区的建设,推动开放制度创新开始进入各级领导干部的视野。在 2021 年 9 月召开的省委工作会议上,省委书记楼阳生把"实施制度型开放战略"作为"十大战略"之一正式提出,这既是对中央强调推动制度型开放的积极响应和落实,也是省委下决心推动高水平对外开放的重要举措,是河南对外开放进入了新的发展阶段的特征和标志。

打好基础才有可能"快半拍"抢占先机,这是河南过去十年对外开放的一条宝贵经验。进入 21 世纪以后河南领导干部以解放思想为基础开始了"快半拍"的实践,近十年更是如此。如 2012 年,河南在全国率先聘请招商顾问,郑州被列为国家首批跨境贸易电子商务服务试点城市;2013 年《郑州航空港经济综合实验区发展规划(2013—2015)》获国务院批复,成为国内首个上升为国家战略的航空港经济综合先行区;2017 年郑州航空港又在国内率先获得国家层面对建设郑州—卢森堡"空中丝绸之路"的支持。重大发展机遇对任何一个区域都十分难得,能够"快半拍"抢占先机的关键是前期的"准备"。河南每一次抢占先机都不仅仅是"幸运"或者有"区位优势"那么简单,长期踏实准备、夯实基础才是最终获得发展先机的重要因素。比如郑州航空港和郑州—卢森堡"空中丝绸之路"的建设,就与河南从"十二五"规划开始就坚持实施的航空优先发展战略有密切关系。

以制度型开放战略引领更高水平前行

实施制度型开放战略是这一届省委、省政府做出的重大决策。以该战略引领河南今后一个时期的高水平开放,使河南进入开放强省行列,需要进一步解放思想、提高认识,并以前瞻性的眼光部署具体工作。

厘清“制度型开放”与“全面开放”“更高水平开放”之间的内在逻辑关系。厘清三者之间的关系,对今后一个时期通过实施制度型开放战略促进河南全面开放和更高水平开放具有重要意义。党的十九大提出要推动形成全面开放新格局,重点是要通过主动、双向、全方位、公平、共赢、包容开放形成“全面开放”格局,进一步提高对外开放水平,改善外部经贸环境。2020年以来中央一再强调要推动“更高水平开放”,一方面是强调要提升自主创新能力,解决关键核心技术“卡脖子”难题,融入全球产业链高端;另一方面是强调要通过推动制度型开放,完善国内开放规则制度体系,在国际经贸领域获得更多的制度性话语权。“全面开放”是“更高水平开放”的基础,没有全面开放的实践,推动更高水平开放就没有基础,也难以得到国际社会的广泛认可。“制度型开放”并非对外开放的新阶段,而是“更高水平开放”阶段的主要内容。一个国家具备制度型开放优势才能成为国际经贸规则及相关标准体系的制定者与维护者,才能为融入全球产业链高端提供制度保障。一个地区在开放制度创新领域走在前列,才能更好推动全面开放和更高水平开放。

营造开放制度创新的社会氛围。要发挥制度型开放战略的引领作用,首先,要进一步凝聚各层级的开放创新力量。鼓励省、市、县(区)各级政府、各个试验区、行业协会、龙头企业在开放制度创新方面发挥带动引领作用,把推动开放规则机制创新作为有效应对各种新情况、新难题的有效手段。其次,要更加重视发挥专业研究团队的作用。专业研究团队要重点聚焦河南在开放制度创新方面存在的热点焦点问题,以提高开放制度供给能力为目标,提升专业研究的针对性和时效性。最后,还要有效利用激励机制。对各级政府、试验区、企业、专业团队在开放制度创新方面取得的重大成果,要通过各种渠道宣传报道,同时给予经济上的奖励,从而进一步激发各方面推进开放制度创新的动力。

以前瞻性的眼光积极谋划建立郑州“一带一路”商事纠纷仲裁中心。应借鉴香港和解中心、澳门世界贸易中心仲裁中心、粤港澳调解联盟、深圳国际仲裁院等仲裁调解机构的模式，争取在郑州建立一家区域性、专业化、社会化、国际化的“一带一路”商事纠纷仲裁中心。要尽快形成详细的规划和设计，加强与国家相关专业部门的沟通，争取国家层面的支持。重点结合中西部地区对外开放和融入“一带一路”的行业企业特点，归纳总结商贸纠纷发生、发展的趋势，重点在调解规则、调解程序、调解标准、调解人员组成办法、立案前调解机制、中立第三方评估机制、商事纠纷“一站式”解决机制等方面进行研究和探索。

通过开放制度创新破解河南对外开放焦点难点问题。首先，推动形成开放联动创新大格局。探索以自贸试验区一揽子授权模式推动制度创新成果复制推广，筛选符合条件的园区建设一批自贸试验区开放创新联动区，推动国家级经济技术开发区积极申建海关特殊监管区，支持有条件的省辖市申建跨境电子商务试验区，推动新设一批海关特殊监管区和场所，形成“自贸试验区+开放创新联动区+各类产业园区”的开放联动创新大格局。其次，要通过开放制度创新进一步提高“四路协同”“五区联动”的水平。要在各方面统筹推进，一体化运营，做精“一单制”；要打破各种行政掣肘，提升“四路”“五区”内在贯通程度，实现招商引资、引进人才、产品研发、产业链、供应链、服务链等方面的高度协同；要通过管理创新扩大运输货源的供给范围，通过产业结构优化扩大本地货源的比重，减轻对运费补贴的依赖。最后，以高水平监管保障高水平开放。越是高水平开放越是需要高水平的监管来保障安全。防范化解对外开放风险，关键是要依靠政府综合管理部门和专业监管机构不断创新监管体系，完善监管方式方法，建立高效的跨行业、跨市场监测评估机制；要依靠行业协会加强协调管理，完善重大风险识别预警机制；要依靠企业完善风险管理制度，强化风险意识和风险责任。

（作者单位：中共河南省委党校。原文刊发于 2022 年 10 月 14 日《河南日报》第 17 版）

以人为核心的新型城镇化普惠城乡

王新涛

城镇化是现代化的必由之路。党的十八大以来，河南围绕打好新型城镇化这张牌，制定出台一系列关键改革举措，城镇发展取得历史性成就，城乡结构实现历史性嬗变。站上新的历史起点，奋楫笃行开新局，创新实干谋新篇，深入实施以人为核心的新型城镇化战略，为全面建设社会主义现代化河南、谱写新时代中原更加出彩的绚丽篇章提供有力支撑。

城乡发展翻天覆地

城镇化增速位居全国前列，城市实力显著增强。2021 年，河南城镇常住人口 5579 万人，常住人口城镇化率达到 56.45%，比 2012 年提高 14.46 个百分点，平均每年提高 1.61 个百分点，增幅比同期全国平均水平高 2.84 个百分点。2017 年是河南城镇化进程中具有历史性意义的一年，常住人口城镇化率首次突破 50%，全面跨入城市型社会为主体的社会。2018 年和 2019 年城镇化率连续两年增幅全国第一。随着城镇化的推进，城市规模持续扩大，实力不断增强。2012—2021 年，城市生产总值占全省的比重由 30.7% 提高到 38.9%，城市人均生产总值由 41718 元增长到 75386 元，城市一般公共预算收入由 1077 亿元增长到 2311 亿元。作为人口大省、农业大省，河南新型城镇化发展的速度和规模，为全国“3 个 1 亿人”战略目标的实现作出了应有的贡献。

郑州跻身国家中心城市，站上全国城镇体系塔尖。国家中心城市是全国城市体系的塔尖城市，是承载国家战略意图的重要载体。入列国家中心城市是城市竞争力、影响力的集中体现。2012—2021 年，郑州地区生产总值从 5460.9 亿元增长到 12691 亿元，地方财政一般公共预算收入达到 1223.6亿元，常住人口增至 1274.2 万人，实现了经济总量破万亿、一般公共预算收入破千亿、常住人口破千万的大跨越。特别是郑州航空港经济综合实验区，围绕建设大枢纽、发展大物流、培育大产业、塑造大都市的总体发展思路，枢纽优势、开放优势、产业优势、都市形态加快形成，2021 年郑州机场货邮吞吐量突破 75 万吨，货运规模居全国第六位、跻身全球货运机场 40 强，其中国际地区货邮吞吐量超过 54 万吨，位居全国第五，郑州—卢森堡“空中丝绸之路”核心节点作用更加凸显。郑州航空港经济综合实验区和中心城区同频共振，形成合力，支撑郑州在国家队发挥重要功能。

郑州都市圈实现扩容，重塑“1+8”空间格局。都市圈是城镇化发展到一定阶段、走向高级化的必然选择，是突破行政区划边界约束、更大范围优化资源配置的重要平台。十年间，中原城市群上升为国家级城市群，郑州入列为国家中心城市，为更好推动两大国家战略的落地生根，郑州都市圈由“1+4”拓展为“1+8”，嵌入“城市群—都市圈—中心城市”的城镇化空间格局。扩容后的郑州都市圈，空间面积由 1.59 万平方公里扩展到 5.88 万平方公里，占全省人口比重由接近 20% 提高到 47%，占全省经济总量的比重由 40% 提高到近 60%，高校总数、科研机构、科创产业占全省八成左右。扩容后的郑州都市圈，郑开步入同城化发展新阶段，将兰考纳入郑开同城化，郑许、郑新、郑焦一体化步伐加快推进，洛济融合发展和洛三、洛平、洛焦等联动发展态势显现，高能级的现代化都市圈加快形成，引领中原城市群发展动力更加强劲。

“补短板、强弱项”持续推进，居民生活空间品质稳步提升。围绕“补短板、强弱项”，加快实施公共服务扩容提升、城市更新、韧性城市建设等行动，推动建设一批引领性、牵引性项目，城市教育、医疗、文化等优质公共服务供给更加充足，供水、排水、燃气等市政公用设施体系更加完善，全面实现了乡镇以上和农村热点区域的 5G 网络全覆盖。2012—2021 年，河南城市普通中学由 1031 所增加到 1452 所，医院床位数由 15.79 万张增加到 25.14 万张，排水管道长度由 1.33 万公里增加到 2.43 万公里，道路面积由 1.9 亿平方米增加到 3.55 亿平方米，绿化覆盖面积由 6.38 万公顷增加到 11.86 万公顷。2021 年末，郑州和洛阳轨道交通线路建成长度达到 249.4 公里，实现了从无到有的跨越，洛阳成为中西部地区非省会第一个拥有地铁的城市。城镇综合承载能力的提升，还体现在就业吸纳能力提高上。“一县一省级开发区”布局基本实现，推动农业转移人口就近就地到非农产业就业。

新型城镇化改革不断突破，农业转移人口加快融入城市。河南把有序推进农业转移人口市民化、有效缩小常住人口城镇化率与户籍人口城镇化率的差距作为改革的主攻方向，确保进城农民“进得来”“留得住”“过得好”。全面深化户籍制度改革，放宽农民进城落户条件，基本实现“零门槛”落户。全面实施居住证制度，建立与居住证挂钩的基本公共服务提供机制，将农民工随迁子女义务教育纳入公共教育体系，实现文化体育、法律援助、就业培训、医疗卫生等公共服务与户籍归属地的“脱钩”。同时，新型城镇化改革持续探索，濮阳、长垣农村土地制度改革试点取得积极成效，许昌获批国家城乡融合发展试验区，城乡融合发展程度进一步提升，城乡居民人均可支配收入比值由 2012 年的 2.49 : 1 缩小至 2021 年的 2.12 : 1。

切合河南实际的新型城镇化之路

把握新型城镇化所处的阶段特征，坚持质量并重。常住人口城镇化率达到 50% 是城镇化的拐点。超过 50%，城镇化将进入下半场，由快速吸引农业转移人口进城转为推动农业转移人口完全市民化，由大规模增量建设转为存量提质改造和增量结构调整并重。十年来，河南的城镇化历程，经历了 50% 的历史转折点。但是作为一个人口大省，无论是城镇人口还是乡村人口，都拥有数千万的规模，客观上必然要求河南无论在城镇化的哪个阶段，都要做到既注重提高质量水平，又保持一定速度规模。十年来河南推进新型城镇化取得的历史性成就，关键就在于把自身城镇化的个性特征和城镇化发展的一般规律相结合，坚持质与量并重。目前，河南常住人口城镇化率仍低于全国平均水平 8 个百分点，常住人口城镇化率与户籍城镇化率仍存在极大差距,农村常住人口仍有4000多万,这就要求在接下来的城镇化进程中,还需要坚持质与量双提升,统筹处理好质量、结构、规模、速度、效益、安全的关系。

回应人民群众对美好生活的期待,坚持以人为本。随着经济社会的不断发展和城镇化进程的加速推进,一方面,大量农村人口向城镇转移,导致城镇公共产品供给相对不足,供需矛盾愈加突出;另一方面,居民收入水平不断提高,人民群众的需求层次随之提升,对所居住的城市提出了更高的要求。十年来,正是立足于增进民生福祉这一出发点和落脚点,聚焦衣食住行、教育就业、医疗养老、文化体育、生态环境、社会秩序、城市安全等群众关切的方面,积极回应群众的呼声,加快补齐短板,人民群众在新型城镇化进程中的获得感、幸福感、安全感成色更足。但是,由于目前河南城镇综合承载能力仍然不足,在今后城镇化进程中,仍要时刻坚持把人民满意不满意作为衡量工作的第一标准,真正做到人民城市为人民。

遵循人口向优势地区集聚的态势,坚持龙头带动。近十年,人口、要素向都市圈、向中心城市流动集聚的趋势更加明显。在此背景下,各地纷纷谋求依托中心城市建设都市圈、扩容都市圈,带动区域整体能级提升,力争厚植应对区域竞争的新优势,牢牢把握竞争主动权。河南根据人口资源要素流动的新变化和区域竞争格局的新调整,一方面积极推动郑州国家中心城市建设,努力做强核心增长极;另一方面,充分考虑郑州集聚辐射带动能力相对不足的现实需求,积极谋划重塑郑州都市圈,进而以都市圈来带动城市群,支撑中部崛起。当下,以都市圈、城市群为主体的城镇化推进路径方兴未艾,国家中心城市建设如火如荼,河南仍需持续发力,将中心城市、都市圈打造成为引领城镇化高质量发展的主平台、主载体。

依据城镇化发展动力机制的转换,坚持改革赋能。由于我国的城镇化是世界上规模最大、速度最快的城镇化,各区域板块之间也不平衡、不协调,没有太多现成的经验可供借鉴,出现了顶层设计不够、体制机制不顺等问题,阻碍了新型城镇化的健康发展。十年来,河南因地制宜、积极探索,坚持用改革的办法来破解户籍制度、土地制度、社会保障制度、投融资制度、行政管理体制等方面存在的问题,逐步消除了制约新型城镇化发展的体制机制障碍,增强了新型城镇化的内生动力和活力。这一宝贵经验证明,不管遇到什么样的制度性障碍,只要坚持用改革的办法,就能不断为城镇化实现质量变革、效率变革和动力变革注入新动能。

顺应乡村河南到城镇河南的转型,坚持统筹协调。十年里,河南整体进入城镇河南的新阶段,过半人口进入城镇生活,不仅直接对整个社会的职业结构、消费方式、价值观念、生活方式等产生巨大影响,而且催动了区域结构、城乡结构、城镇体系的调整变化。为应对这些变化,河南树立系统观念,坚持用统筹协调的方法,高扬中心城市"龙头",筑牢县域经济"底盘",打通区域合作"筋脉",实现以新型城镇化来促进城乡区域的协调发展和城镇体系的调整优化。未来,城镇河南的特征将更为明显,结构性矛盾也会呈现出新的形式、新的特征,因此,统筹兼顾方法要贯穿城镇化的全过程。

向更高能级的城镇化跃升

瞄准当好国家队,提升郑州国家中心城市能级。国家中心城市必须具备更强大的能级,将自身的创新、服务、枢纽等功能高效传递到区域。但是,和国家中心城市应具备的能级相比,郑州还有一定的差距。郑州要当好国家队、提升国际化,不能单靠一市之力、凭一域之地,而要加强内外联动、区域协同,以郑开科创走廊、许港产业带、开港产业带为骨架共创郑汴许"黄金三角",推进郑汴许合作发力,打造郑州都市圈和中原城市群的核心引擎。中心城区和航空港经济综合实验区要联动发展,强化科技创新、枢纽开放、教育文化、金融服务等功能。郑开同城化要加快推进,将兰考纳入郑开同城化进程,实现郑州和开封资源要素同筹同用、城市功能聚合互补、产业体系错位布局、公共服务共建共享。郑州和许昌要深度融合,以郑许市域铁路为先导加快构建一体化交通体系,高质量建设许港产业带。

聚焦提升一体化,依托都市圈推动城市群协同发展。都市圈在核心增长极到城市群中起着重要承接作用,是"核心增长极—都市圈—城市群"空间组合的关键一环。推动郑州都市圈一体化发展,要发挥郑汴许核心引擎的引领示范效应,建立健全"重合作、促共赢"的政府协商机制、"重协同、促实施”的规划协调机制、“重分工、促落地”的项目协作机制、“重效率、促顺畅”的要素协同机制、“重便利、促通勤”的交通建管机制等，强化规划共绘、生态共保、交通共联、产业共建、文化共兴、服务共享。要依托都市圈放大中心城市辐射带动作用，开展经济区和行政区适度分离改革，强化跨市域交通对接、功能衔接、产业连接，打造豫西、豫南、豫东和豫北四大城镇协同发展区，推动中原城市群协调有序一体化发展。

发力县域城镇化，完善县城和小城镇载体功能。对于传统农区，县城和小城镇是承接农业转移人口就近就地城镇化的重要载体。推动县域城镇化，要把县域治理“三起来”作为根本遵循，把县城作为县域城镇化的主阵地，聚焦“增体态”“强筋骨”“提品位”，实施公共服务设施、环境卫生设施、市政公用设施、产业培育设施等补短板强弱项工程。加快打造头部带动型、配套基地型、块状集群型、流通贸易型、专精特新型等产业发展模式，增强县城的产业发展能力和就业吸纳能力。要着力增强乡镇的联城带村功能。践行乡镇工作“三结合”，按照适度超前、量力而行的原则，着力弥补交通、市政、通信、防灾减灾等基础设施短板，完善各类基本公共服务和生产生活服务设施，提高乡镇治理能力和服务能力。

着眼高品质生活，建设宜居韧性智慧现代化城市。现代化城市的本质是高品质生活空间。打造高品质生活空间，要坚持高起点规划，统筹好生产、生活、生态空间，加强对空间立体性、平面协调性、风貌整体性、文脉延续性等方面的规划和管控。要坚持高标准建设。积极开展城市体检，深入实施城市更新行动，统筹推进老旧小区、老旧厂区、老旧街区和城中村改造提升，不断提升社区养老、托育、医疗等公共服务水平，加快完善“里子工程”“避险工程”。要坚持高水平管理。树立全周期城市管理理念，注重在科学化、精细化、智能化上下功夫，积极探索“用数据说话、用数据管理、用数据决策、用数据创新”的智慧治理模式。

打通制度性通道，促进市民化和城乡融合发展。随着城镇化进入下半程，改革也步入深水区，更需要下定决心啃硬骨头。要围绕缩小常住人口城镇化率与户籍人口城镇化率的差距，持续深化农业转移人口市民化改革，重点针对存量未落户人口深化户籍制度改革，健全常住地提供基本公共服务制度。要围绕缩小城乡发展差距，推动许昌国家城乡融合发展试验区探索一批可复制、可推广的经验，推进农村集体经营性建设用地入市等单项改革不断创新，加快健全城乡要素双向自由流动的体制机制。要围绕县域城镇化的投融资难题，支持符合条件的企业发行县城新型城镇化建设专项企业债券，盘活国有存量优质资产，规范推广政府和社会资本合作模式，吸引中央企业等参与县城建设。

（作者单位：河南省社会科学院城市与生态文明研究所。原文刊发于2022年10月14日《河南日报》第18版）

中原更加出彩的集成效应与深刻意蕴

喻新安

党的十八大以来的十年，是河南高歌猛进的十年。这十年，中原更加出彩的绚丽画卷渐次展开，环顾当下，中原更加出彩可喜可贺，这是全省上下在以习近平同志为核心的党中央领导下奋发努力的结果，值得自豪和骄傲；展望未来，中原更加出彩只有进行时没有完成时，实现中华民族伟大复兴的中国梦，需要中原有更大的担当，中原更加出彩永远在路上。

万千气象和集成效应

十年来，河南经济社会取得长足进展，实现了由传统农业大省转变为现代经济大省，由传统交通要道转变为现代综合交通枢纽，由传统内陆省份转变为内陆开放高地。中原更加出彩硕果累累，气象万千。

看总量。经济总量连跨4个台阶，实现了3万亿元、4万亿元、5万亿元的跨越，今年将超过6万亿元。看增长。2013—2021年，GDP年均增长7.1%，高于全国0.58个百分点。看结构。三次产业结构由2012年的12.4∶51.9∶35.7升级为2021年的9.5∶41.3∶49.1，实现了由“二三一”到“三二一”的历史性转变。看投资。全省投资年平均增速高于全国平均水平3.7个百分点，投资拉动作用不断增强。看创新。先后建设嵩山、神农种业、黄河、龙门等8家省实验室，25家产业研究院和21个中试基地启动建设，创新正在为中原出彩蓄势储能。看产业。2012—2021年，规上工业增加值从1.54万亿元增长到1.8万亿元，总量稳居全国第五，战略性新兴产业年均增速达13.3%。看消费。2021年社会消费品零售总额达24381.7亿元，是2012年的2.3倍，年均增长9.5%。看开放。进出口总值从2012年的517.5亿美元增加到2021年的1271亿美元，连续10年居中部省份第一。看生态。PM10、PM2.5年均浓度分别累计下降39.4%、41.6%，纳入国家考核的集中式饮用水水源地水质全部达标。看民生。718.6万建档立卡贫困人口全部脱贫，53个贫困县全部摘帽，9536个贫困村全部出列。城乡居民可支配收入年均增长分别达到7.2%、9.2%。

当前世界百年未有之大变局和中华民族伟大复兴全局交互激荡，河南仍处于大有可为的战略机遇期、优势叠加的红利释放期、动能升级的转型关键期。省第十一次党代会以前瞻30年的眼光，作出锚定“两个确保”、实施“十大战略”的重大决策，系统描述和构建了建设现代化河南的愿景及四梁八柱。近一年来，河南各项事业提速晋档，集成效应正在逐步释放。

进一步凸显中原出彩目标的引领性。在中原崛起进程中，曾提出过“人均GDP达到全国平均水平”，建设“四个强省、一个高地、一个家园”等崛起和出彩目标。省第十一次党代会提出，到2035年“确保高质量建设现代化河南、确保高水平实现现代化河南”，体现了拉高标杆争先进位、加压奋进开创新局的指导思想，对全省上下振奋精神、激发动力、挖掘潜能、争创一流，已经和将继续产生强大的引领和鞭策作用。

形成全方位追赶体系化推进格局。“十大战略”高起点、全方位、系统性地勾勒了实现“两个确保”的支撑体系，涵盖了中原出彩的主要行业、领域和发力点。出台的“十大战略”实施方案，瞄准发达地区的先进做法和经验，打破路径依赖，实施一大批变革性、牵引性、标志性举措，做好直道冲刺、弯道超车、换道领跑三篇大文章，在全省形成了全方位追赶体系化推进的工作格局。

极大提升中原更加出彩的动能势能。锚定“两个确保”、实施“十大战略”，对照全国、全球标杆，抓住和用好各种机遇，把谋求出彩的各项目标、任务和要求转化为推动现代化河南建设的具体规划、举措和项目，促进各类要素高效集聚，发展新动能加速汇聚，赶超势能持续积累。河南在抢抓机遇中乘势而上，在攻坚转型中蓄势崛起，在全国的地位进一步彰显，影响进一步扩大,整体态势持续向好。

重塑河南现代产业体系和经济体系。以制造业高质量发展为主攻方向,瞄准产业前沿和技术前沿,以新经济引领产业转型升级,促进产业链、供应链、创新链、要素链深度耦合,推动传统产业改造升级、新兴产业重点培育、未来产业谋篇布局,河南现代产业体系得以重塑。同时,包括市场体系、收入分配体系、城乡一体化体系、绿色发展体系和全面开放体系在内的现代经济体系不断完善。

再造后发赶超持续出彩的比较优势。锚定"两个确保"、实施"十大战略",使得河南区位居中的优势、交通互联的优势、农业和粮食生产的优势、产业门类齐全的优势、人力资源丰富的优势等,通过优势再造得以强化和升华,特别是交通区位优势向枢纽经济优势转变、产业基础优势向产业链供应链优势转变、内需规模优势向供需协同优势转变势头强劲,正加快推动局部优势、单一优势向综合竞争优势转化,前景可期。

优化协同发力协调发展的空间布局。从河南一亿人口这个最大的省情出发,大力推动中心城市"起高峰"、县域经济"成高原"。建立区域协同发展机制,促进东西南北 4 个示范区发展。推进以人为核心的新型城镇化,实施城市基础设施补短板、城市更新提质等"八大行动"。发展壮大中原城市群,促进大中小城市和小城镇协调发展,进而形成了主副引领、四区协同、多点支撑的发展格局。

锚定"两个确保"、实施"十大战略",借鉴国内外现代化经验,把河南放在实现两个百年目标的伟业中定位,放在全国大局中谋划,是河南现代化路径的创造性探索,具有巨大的感召力和凝聚力;顺应了新时代中国走向现代化的历史潮流,揭示了新阶段河南发展振兴的客观规律,反映了亿万人民的共同心声、愿望和诉求,具有坚实的群众基础、社会基础和实践基础;布的是大棋局,打的是组合拳,反映了河南高层决策的创新性、全局性、系统性和前瞻性,体现了"功成不必在我"的境界和"建功必定有我"的担当,具有现实的必要性、紧迫性、可行性;覆盖面之广、穿透性之强、推进力度之大,在中原崛起的历史进程中实属罕见,围绕"两个确保""十大战略"的协同效应、耦合机制正在形成和巩固,必将对河南发展前景产生重大而深远的影响。

丰厚内涵和深刻意蕴

让中原更加出彩,已成为河南各级党委政府和广大人民群众的共同心声和自觉行动。评价中原更加出彩,不仅要关注各种出彩数据和总体效应,更重要的是认识中原更加出彩的深刻意蕴,即揭示中原更加出彩的核心要义、感知中原更加出彩的恢宏场景、洞悉中原更加出彩的奥秘所在。

党中央把脉定向领航赋能。党的十八大以来,习近平总书记先后4次视察河南,谆谆教诲我们:“粮食生产这个优势、这张王牌任何时候都不能丢”;“积极探索富有地域特色的高质量发展新路子”,“让黄河成为造福人民的幸福河”;“抓住促进中部地区崛起战略机遇”,“在中部地区崛起中奋勇争先”;“打好四张牌”,“买全球卖全球”;“积极融入共建‘一带一路’,加快打造内陆开放高地”;“建成连通境内外、辐射东中西的物流通道枢纽,为丝绸之路经济带建设多作贡献”。这些重要指示,为中原更加出彩指明了前进方向、提供了根本遵循、注入了强大动力。十年间,国家先后批准设立郑州航空港经济综合实验区、河南自贸试验区、郑洛新国家自主创新示范区、国家大数据综合试验区,建设郑州国家中心城市、全国重要国际邮件枢纽口岸等,一系列国家战略在中原叠加,为中原更加出彩赋能助力。河南广大干部群众不负重托,心怀“国之大者”、心系“省之要者”,坚定不移贯彻中央大政方针,创造性开展工作,把党中央的各项决策部署落到了实处。

立足省情着眼长远制定发展战略。发展战略影响和决定一个地方的发展方向。河南决策层十分重视立足省情着眼未来,制定引领发展振兴的发展战略,善于把河南发展放在“两个大局”中去考量,放在国家重大战略和区域功能布局中去谋划。河南“十三五”规划提出:力争实现由经济大省向经济强省的跨越,综合实力进入全国第一方阵,成为促进中部崛起的核心支撑和带动全国发展的新空间。河南“十四五”规划提出:到2035年基本建成“四个强省、一个高地、一个家园”的社会主义现代化河南。省第十一次党代会主动抬高坐标、提升目标,在更高的起点上谋求河南服务全国大局肩负的新使命,对河南今后一个时期的发展进行系统谋篇布局,提出锚定“两个确保”、实施“十大战略”，明确了落实国家新阶段“两步走”战略安排的河南路径，使河南的发展思路更加清晰、发展目标更加明确，为现代化河南建设描绘了新蓝图、提出了新要求、明确了着力点、增强了凝聚力，必将推动现代化河南建设提质提速、行稳致远。

把创新摆在现代化建设的核心位置。河南历届省委都十分重视创新发展。省第九次党代会提出：推进科技创新培育核心竞争力，推出更多的“河南创造”；省第十次党代会提出：“奋力建设中西部地区科技创新高地”，要求大力实施创新驱动发展战略，培育发展新动能。省第十一次党代会提出：把创新摆在发展的逻辑起点、现代化建设的核心位置，拉高标杆，变“建设中西部地区科技创新高地”为“建设国家创新高地”。去年以来，积极对接国家战略科技力量体系，重构重塑省实验室体系，新组建 8 家省实验室，推动省重点实验室优化重组；重建重振省科学院，高标准建设中原龙子湖“智慧岛”；加快推进规上工业企业研发活动全覆盖，完善产学研合作机制；系统谋划高校布局、学科学院和专业设置优化调整，量身定做郑州大学、河南大学“双一流”建设方案和支持政策，遴选 7 所高校 11 个学科培育“双一流”创建第二梯队；出台“1+20”人才政策体系，高质量推进“人人持证、技能河南”建设。创新，将为中原更加出彩提供源头活水和不竭动力。

扬长补短厚植优势推动后发赶超。按照省“十三五”规划“切实把厚植优势作为引领发展行动的着眼点和立足点”的要求，启动建设中原科技城，谋划建设黄河实验室，加快建设国家生物育种产业创新中心、国家农机装备创新中心，建成投用国家超算郑州中心。落实省“十四五”规划“围绕弥补短板，实施科教资源引聚突破、营商环境优化、生态治理和生态廊道建设提质，以及基础能力和民生补短板行动”。省第十一次党代会以来，我们注重扬优势，巩固提升已有优势，加快培育新的优势，充分发挥后发优势，实现优势真优、更优、长优；补短板，聚焦“卡脖子”关键核心技术、材料、元器件、成套设备攻关突破，推动在制造业、现代服务业、现代综合交通、绿色低碳高效能源、新型城镇化、乡村振兴、新型基础设施、生态环保、社会事业 9 大重点领域，实施 8000 个左右重大项目；强弱项，一手抓以人为核心的新型城镇化，推动中心城市“起高峰”、创新开放“建高地”、县域经济“成高原”，一手抓乡村振兴,加快农业农村现代化。成效十分明显,社会反响良好。

抢抓机遇主动服务国家发展大局。勇于和善于抢抓机遇,是中原崛起和出彩的重要经验。近年来,河南紧抓构建新发展格局战略机遇,坚决破除路径依赖、资源依赖,把创新驱动、科技进步放在重中之重的位置,加快数字化转型,高位嫁接传统产业,抢滩占先新兴产业,前瞻布局未来产业,努力在国内大循环和国内国际双循环中成为关键环、中高端。紧抓新时代推动中部地区高质量发展政策机遇,把郑州都市圈从“1+4”扩容到“1+8”,不仅拓展了空间,更提升了潜力;谋划实施国家技术转移郑州中心等重大项目,不断完善内外联通、四通八达的铁路网,加快推动区位优势、枢纽优势向枢纽经济优势转变。抓住黄河流域生态保护和高质量发展历史机遇,通过《关于促进黄河流域生态保护和高质量发展的决定》立法,谋划实施黄河实验室、沿黄生态廊道提质工程等重大项目;启动黄河博物馆优化升级、黄河国家博物馆建设;打造黄河黄金文化旅游带,谋划建设黄河国家文化公园。认识机遇的战略性和可塑性,抢抓和善于利用机遇,成就了河南之变和中原更加出彩的骄人业绩。

一届接着一届干一张蓝图绘到底。几届省委都把开放带动作为后发赶超的突破口,紧抓融入“一带一路”建设不放松,集中力量打造航空港区、自贸区等战略平台,锲而不舍推进“四条丝路”建设,创新方式加强招商引资,河南作为功能性口岸数量最多、功能最全内陆省份的地位不断巩固。几届省委都把乡村振兴作为巩固河南农业基础地位的重头戏,高标准建设国家粮食生产核心区,通过深化农业供给侧结构性改革保障粮食安全,重视新型职业农民培育,大力推动生态环境保护与人居环境整治,实现了由“国人粮仓”到“国人厨房”再到“世人餐桌”的嬗变。几届省委都十分重视优化区域布局,一手抓龙头带动、做强中心城市,一手抓整体联动、做强县域经济,郑州辐射带动作用显著增强,洛阳、南阳副中心城市建设全面提速,县域发展突出特色各显其能。正是历届省委接续奋斗,在大的方向上保持一致性、连贯性,同时适应新的情况予以丰富、完善和提升,才保证了河南大局稳定、持续向好。

实践逻辑和宝贵经验

经过亿万干部群众的艰苦奋斗，河南近年发生历史性变化，办成一件件想办的大事要事，交出一份份真金白银的出彩答卷。中原更加出彩，有其内在的逻辑，积累了宝贵的经验，值得总结、继承和发扬。这可以从全省上下锚定“两个确保”、实施“十大战略”的实践过程来审视、认识和思考。

争创一流与善作善成相结合。实施创新驱动、科教兴省、人才强省战略，是河南“第一战略”。“建设国家创新高地”，是“第一战略”的核心任务，体现了争创一流的胆略和要求。为实施“第一战略”，推动国家创新高地建设，省委、省政府采取了一系列牵动性强、连贯性强、带动性强的举措，体现了狠抓落实、善作善成的工作作风。成立省科技创新委员会，加强对战略实施的领导；召开教育科技创新大会暨人才工作会议、创新发展综合配套改革大会，对实施“第一战略”作出全面部署；主动对接国家战略科技力量建设；做强创新平台，重构重塑省实验室体系；壮大创新主体，在全国首例制定《河南省科学院发展促进条例》，打造科技创新策源地；三位一体推进省科学院、中原科技城、国家技术转移郑州中心建设；加强产业研究院和中试基地建设；支持郑州大学、河南大学提质进位；优化高校布局、学科学院和专业设置；部署推进创新发展综合配套改革。

顶层设计与系统推进相结合。就实施换道领跑战略来说，这是河南新时代坚定走自己的路的新认知新实践。坚持顶层设计。摆脱跟跑的思维定式和路径依赖，敢于到全新的赛道上实现发展和赶超，在传统产业上高位嫁接，在新兴产业上抢滩占先，在未来产业上前瞻布局，全面提升产业竞争力。采取系统的推进举措：抢占新赛道，通过实施新技术嫁接、新模式提质、新链条重塑、新空间拓展、新品牌培育、新生态构建工程，使钢铁、有色、轻纺等传统产业焕发新活力，再造新优势。锚定创新关键点，龙门实验室聚焦新材料与智能装备，开展原创性理论和应用技术研究，形成智能装备先进材料、关键基础件、智能系统、成套装备一体化创新链条；中原关键金属实验室致力于关键金属原料安全保障与高端材料自主供应，力争将资源优势转化成发展优势。推动产学研融合，嵩山实验室与豫信电子科技集团有限公司签署战略合作协议，带动了数据科学与先进计算、智联计算网络、地球空间信息科学等领域的研究与成果转化。

全面布局与重点突破相结合。以实施优势再造战略为例。坚持全面布局。在全国率先形成以郑州为中心的“米”字形高铁网，迈入市市通高铁时代，使河南由区位居中到成为全国交通中枢。打造开放互联、衔接高效、智慧绿色、保障有力的现代化多式联运服务体系，以运输链汇集要素链、带动产业链、优化供应链、提升价值链。聚焦新能源商用车、超硬材料、矿山机械、高端轴承等优势产业，打造一批高水平创新平台，培育新的优势支柱产业。坚持重点突破。实施枢纽能级提升、物流提质发展、枢纽偏好型产业培育三大行动，制定《河南省“十四五”现代综合交通运输体系和枢纽经济发展规划》《“十四五”现代物流业发展规划》《加快现代物流强省建设的若干意见》，推动以枢纽经济为牵引的交通运输与经济社会发展深度融合，打造以生产服务型、商贸服务型国家物流枢纽为支撑的现代国际物流中心，构建以“通道+枢纽+网络”为依托的物流运行体系。加快把河南打造成全国乃至全球举足轻重的现代化、国际化、世界级物流枢纽基地。

战略引领与实干重干相结合。以实施乡村振兴战略为例。实施这一战略，既要发挥好战略引领作用，也要注重实干，抓好落实。战略引领方面，印发《关于牢记领袖嘱托扛稳粮食安全重任的意见》，认真落实国家粮食安全战略，把保障重要农产品特别是粮食供给作为实施乡村振兴战略的首要任务。发挥“藏粮于地、藏粮于技”方略引领作用，统筹耕地保护和地力提升、种业振兴和农机装备、农业增效和农民增收，推动神农种业实验室、中原农谷建设，育成小麦品种数量和质量均居全国领先水平。累计建成高标准农田 7580 万亩，优质专用小麦、优质花生种植面积和食用菌、蔬菜、中药材产值均居全国前列，成为全国第一粮食加工大省、第一肉制品生产大省。注重实干重干。推进“多规合一”的实用性村庄规划编制，推动现代化基础设施建设和基本公共服务向农村覆盖，持续实施农村人居环境整治提升行动，推进产业、人才、文化、生态、组织五大振兴。在产业振兴上，推进“一县一业”“一镇一特”“一村一品”，打造“豫农优品”整体品牌。

制度型开放与全面深化改革相结合。制度型开放战略、全面深化改革战略,在“十大战略”体系里属于保障性战略,把这两大战略有机结合起来,能产生集成合力和倍增效应,为其他战略实施打开空间、铺平道路。坚持制度型开放,推动构建稳定透明可预期的开放制度体系,在提升开放平台和开放通道能级、推进投资贸易便利化等领域取得制度创新突破,推动开放载体功能日益完善,贸易投资便利化水平加快提升。河南自贸试验区大胆试大胆闯,在多式联运、商品期货等领域收获 515 项创新成果,其中 14 项被国家借鉴采纳。全面深化改革,推动各项改革举措有机衔接、有效贯通。深化“放管服效”改革,建成贯通省市县乡的一体化政务服务网,推行“一枚印章管审批”和企业投资项目承诺制。推进国资国企改革,加快国资战略性布局优化、国企专业化重组。推进事业单位重塑性改革。推进“一县一省级开发区”改革。深化省财政直管县财政管理改革。围绕“一老一少一青壮”,把民生难点作为改革发力点。

党委管总与各方参与相结合。河南重视健全党的全面领导制度机制,充分发挥省委总揽全省大局的作用,支持省人大常委会、省政府、省政协和省监察委员会、省法院、省检察院依法依章程履行职能,支持群团组织、社会组织和民间力量参与锚定“两个确保”、实施“十大战略”大合唱,形成了党委管总、上下联动、多方参与、各司其职的推进机制。省委坚持抓重,调整规范省委议事协调机构,加强对重大战略、重大改革、重大举措、重大工作的领导;坚持抓要,对要紧要害的事情专班专责、盯住盯牢。成立省委督查委,组建 10 个常设督查组,采取“四不两直”方式,形成闭环落实机制。各级党委(党组)严格执行地方委员会工作条例、党组工作条例等规定,总揽全局、协调各方,认真履职尽责、充分发挥作用。推进全面从严治党,形成风清气正的政治生态。实施强基固本工程,着力解决人、治、物、效问题,持续推进基层减负。开展“能力作风建设年”活动,以能力大提升、作风大转变为现代化河南建设增势赋能。

(作者单位:河南中原创新发展研究院。原文刊发于 2022 年 10 月 14 日《河南日报》第 19 版)

不断开辟马克思主义中国化时代化新境界

张希贤

开辟马克思主义中国化时代化新境界，是党的二十大作出的战略部署。认真学习贯彻党的二十大精神，我们共产党人必须不断推进理论创新、实践创新，认真履行不断谱写马克思主义中国化时代化新篇章的历史责任。

当代中国共产党人的庄严历史责任

不断谱写马克思主义中国化时代化新篇章，不断开辟马克思主义中国化时代化新境界，是当代中国共产党人的庄严历史责任。

中国共产党是马克思主义政党，马克思主义是我们立党立国、兴党兴国的根本指导思想。马克思主义揭示了人类社会发展规律，是认识世界、改造世界的科学真理。马克思主义是发展的学问，是随着实践发展和时代前进而不断发展的学问，其生命力在于发展。如何坚持和发展马克思主义，从理论到实践都需要全世界的马克思主义者进行极为艰巨、极具挑战性的努力。从1921年中国共产党成立以来，中国共产党人把马克思主义写在自己的旗帜上，不断推进马克思主义中国化时代化，用博大胸怀吸收人类创造的一切优秀文明成果，用马克思主义中国化时代化的科学理论引领伟大实践。过去一百年的伟大实践证明，“马克思主义的科学性和真理性在中国得到充分检验，马克思主义的人民性和实践性在中国得到充分贯彻，马克思主义的开放性和时代性在中国得到充分彰显”，“马克思主义中国化时代化不断取得成功，使马克思主义以崭新形象展现在世界上，使世界范围内社会主义和资本主义两种意识形态、两种社会制度的历史演进及其较量发生了有利于社会主义的重大转变”。

马克思主义理论不是教条而是行动指南，必须随着实践的发展而发展，必须中国化才能落地生根、本土化才能深入人心。时代在发展，社会在前进。今天，中国共产党人领导中国人民踏上了第二个百年征程，肩负起全面建设社会主义现代化国家、推进中华民族伟大复兴的历史重任，应对好世界百年未有之大变局的考验，必须坚持中国化时代化的马克思主义的理论指导。面对时代发展要求，中国共产党人一定要肩负起不断开辟马克思主义中国化时代化新境界的庄严历史责任，不断推进理论创新，向前发展当代中国马克思主义、21 世纪马克思主义。

中国共产党人推进伟大事业的根本武器

不断推进马克思主义中国化时代化，是中国共产党人推进伟大事业的根本武器。实践告诉我们，中国共产党为什么能，中国特色社会主义为什么好，归根到底是马克思主义行，是中国化时代化的马克思主义行。一百年来，我们党的所有成功，都是成功推进马克思主义中国化时代化所实现的成功。我们党的所有挫折、教训，都是教条对待马克思主义所导致。不管是革命时期的“左”倾、右倾错误，还是新中国成立后教条对待“斯大林模式”，都是如此。我们党之所以能够领导人民在一次次求索、一次次挫折、一次次开拓中完成中国其他各种政治力量不可能完成的艰巨任务，根本在于始终坚持解放思想、实事求是、与时俱进、求真务实，坚持把马克思主义基本原理同中国具体实际相结合、同中华优秀传统文化相结合，坚持实践是检验真理的唯一标准，坚持一切从实际出发，及时回答时代之问、人民之问，不断推进马克思主义中国化时代化。当我们党成功推进马克思主义中国化，产生毛泽东思想的伟大飞跃后，我们的新民主主义革命就取得了伟大胜利。当我们党推进马克思主义中国化时代化产生新的飞跃——邓小平理论后，我们国家就走上了改革开放新道路。在党的理论创新、理论飞跃的基础上，党的十八大以来，我们党继续进行理论探索和创新，以全新的视野深化对共产党执政规律、社会主义建设规律、人类社会发展规律的认识，取得重大理论创新成果，形成了习近平新时代中国特色社会主义思想。十九大、十九届六中全会提出的“十个明确”“十四个坚持”“十三个方面成就”概括了这一思想的主要内容，必须长期坚持并不断丰富发展。习近平新时代中国特色社会主义思想，科学回答了新时代坚持和发展什么样的中国特色社会主义、怎样坚持和发展中国特色社会主义，建设什么样的社会主义现代化强国、怎样建设社会主义现代化强国，建设什么样的长期执政的马克思主义政党、怎样建设长期执政的马克思主义政党等重大时代课题。这一马克思主义中国化时代化的创新理论，指导全党全国人民胜利完成了第一个百年的伟大历史任务，全面开启了第二个百年新征程。习近平新时代中国特色社会主义思想，是当代中国马克思主义、21 世纪马克思主义，是中华文化和中国精神的时代精华。

全面开启第二个百年新征程，我们必须依据建设社会主义现代化国家的新实践，依据全面从严治党和全面加强党的建设的新实践，依据 14 亿中国人民不断创造美好生活的新实践，依据构建人类命运共同体的新实践及科学应对深层次变迁的世界百年未有之大变局，不断向前发展当代中国马克思主义、21 世纪马克思主义，为党和人民的伟大事业提供能动的理论指导，指导中华民族复兴伟大事业。

对马克思主义世界观和方法论的新发展

习近平新时代中国特色社会主义思想对马克思主义的世界观和方法论实现了新发展。

在马克思主义的理论发展中，历史唯物主义和剩余价值学说是马克思主义的基石。列宁主义的世界观和方法论的核心是辩证唯物主义和历史唯物主义。毛泽东思想活的灵魂是实事求是、群众路线、独立自主，方法论是阶级分析法、调查研究、理论联系实际和从群众中来到群众中去。中国特色社会主义理论体系（包括邓小平理论、“三个代表”重要思想、科学发展观）的世界观和方法论主要是解放思想、发展是硬道理、以人为本。习近平同志在坚持马克思主义世界观方法论的基础上,创造性作出了“两个结合”“六个必须坚持”的论断,实现了马克思主义世界观方法论的新发展。“两个结合”,就是把马克思主义基本原理同中国具体实际相结合、同中华优秀传统文化相结合,坚持运用辩证唯物主义和历史唯物主义,正确回答时代和实践提出的重大问题,保持马克思主义的蓬勃生机和旺盛活力。“六个必须坚持”,就是必须坚持人民至上,必须坚持自信自立,必须坚持守正创新,必须坚持问题导向,必须坚持系统观念,必须坚持胸怀天下。习近平同志提出的“两个结合”“六个必须坚持”,不仅是对习近平新时代中国特色社会主义思想的丰富和发展,更是对马克思主义世界观和方法论的新发展。这一新发展,为新征程上的中国共产党人提供了新的方法论武器,需要我们把这一新的方法论武器创造性地运用到新的实践中。

把立场观点方法运用到实践中

坚持当代中国马克思主义的世界观和方法论,着力用当代中国马克思主义的立场观点方法,不断谱写马克思主义中国化时代化新篇章。

必须坚持人民至上,始终密切联系群众。坚持人民至上,就是坚持和运用历史唯物主义基本原理。人民群众是历史的创造者,要站稳人民立场,坚持以人民为中心的发展思想,把握人民愿望,谋求人民幸福生活,尊重人民创造,集中人民智慧,动员和组织全国亿万人民投入全面建设社会主义现代化强国伟大事业。坚持人民至上,就是践行党的宗旨,践行党的初心使命,始终密切联系群众。党的根基在人民、血脉在人民、力量在人民,人民是党执政兴国的最大底气。民心是最大的政治,江山就是人民、人民就是江山。在实践中贯彻党的群众路线,坚持一切为了人民、一切依靠人民,坚持为人民执政、靠人民执政,坚持发展为了人民、发展依靠人民、发展成果由人民共享,坚定不移走全体人民共同富裕道路。

必须坚持自信自立,独立自主开拓前进道路。坚持自信自立,就是坚持独立自主和道路自信、理论自信、制度自信、文化自信。独立自主是中华民族精神之魂,走自己的路,是党百年奋斗得出的历史结论。坚持独立自主开拓前进道路，把国家和民族发展放在自己力量的基点上，中华民族才有了在独立自主、开拓创新的基点上实现中华民族伟大复兴的勇气、志气和能力，有了全面建成社会主义现代化强国的道路自信、理论自信、制度自信和文化自信，有了发展社会主义的自信自立。我们坚持自信自立，反对盲目尊大、故步自封，弘扬借鉴吸收古今中外的文化方针，既虚心学习国外的有益经验，借鉴吸收国外的文明成果，又不断汲取中华民族五千年文明精华，和我们正在做的新征程伟大事业相结合，不断丰富和发展当代中国马克思主义。

必须坚持守正创新，始终用创新的理论指导实践。守正，就是坚持马克思列宁主义、毛泽东思想、邓小平理论、“三个代表”重要思想、科学发展观，全面贯彻习近平新时代中国特色社会主义思想，坚持中国特色社会主义道路，坚持四项基本原则，坚持改革开放。创新，就是在守正的基础上，在构建新发展格局和推动高质量发展、实施科教兴国战略、发展全过程人民民主、全面依法治国、推进文化自信自强、增进民生福祉、推进绿色发展、全面从严治党等各项事业中推进创新。在伟大实践创新的基础上，进行新经验总结和理论创新，进而用创新的理论指导更进一步的实践创新，从实践到理论，从理论到实践，在理论创新和实践创新的循环往复中，不断谱写马克思主义中国化时代化新篇章。

必须坚持问题导向，以有效解决问题为实践的聚焦点。理论源于实践，实践以问题导向为突破口。因此，推进新征程、实现中华民族伟大复兴事业，必须推进理论创新，而推进理论创新必须坚持以问题导向为实践的突破口、为理论创新的聚焦点。聚焦实践遇到的新问题，聚焦扎实推进共同富裕遇到的新问题，聚焦国家安全、社会稳定遇到的新问题，聚焦世界百年未有之大变局引发的新热点、新趋势，聚焦改革发展稳定存在的深层次问题，聚焦人民群众急难愁盼问题，聚焦党的建设面临的突出问题，不断作出新判断、作出新决策，不断提供新的理论指导，不断提出有效解决问题的新理念新思路新办法。

必须坚持系统观念，为推进党和国家事业提供科学思想方法。推进实践基础上的理论创新，要坚持系统观念，把握好习近平新时代中国特色社会主义思想的世界观和方法论，坚持好、运用好贯穿其中的立场观点方法，在新征程的伟大事业中，不断提高中国共产党人的战略思维、历史思维、辩证思维、系统思维、创新思维、法治思维、底线思维能力，为前瞻性思考、全局性谋划、整体性推进党和国家各项事业提供科学思想方法，为实践创新提供马克思主义的思维方法论，进而使理论创新更加科学。

必须坚持胸怀天下，为人类文明进步贡献智慧和力量。发展马克思主义，不断推进理论创新，要有大视野、大格局。中国共产党人始终胸怀天下，以世界眼光关注人类前途命运，从人类发展大潮流、世界变化大格局、中国发展大历史中，正确认识和处理同外部世界的关系。新征程上，对世界百年未有之大变局不断演进的形势判断，对人类命运共同体发展演进的认识与把握，对世界范围战争、经济、政治风险的判断与把握，对“一带一路”高质量发展的推进，对广大发展中国家的帮助，对中国周边形势、欧洲局势、北美局势及世界各国各地区发展形势趋势的判断与把握，都需要中国共产党人胸怀天下，坚持主持公道、伸张正义，站在历史正确的一边，站在人类进步的一边；需要中国共产党人既通过维护世界和平发展自己，又通过自身发展维护世界和平，同世界上一切进步力量携手前进；需要中国共产党人不断为人类文明进步贡献智慧和力量，同世界各国人民一道，推动历史车轮向着光明的前途前进；需要中国共产党人深刻洞察人类发展进步潮流，积极回应各国人民普遍关切，为解决人类面临的共同问题作出贡献，以海纳百川的宽阔胸襟借鉴吸收人类一切优秀文明成果，推动建设更加美好的世界。胸怀天下，就是要在新征程上，不断推进当代中国马克思主义、21 世纪马克思主义“世界化”，为 21 世纪 20 年代之后的世界发展、人类文明发展，贡献中国共产党人的理论帮助和借鉴。

不断运用党的创新理论指导实践

不断运用党的创新理论指导实践，是不断谱写马克思主义中国化时代化新篇章的落脚点。不断谱写马克思主义中国化时代化新篇章，一是要用党的创新理论指导建设社会主义现代化国家的伟大事业。各级党组织运用党的创新理论，要在充分调研的基础上，作出推动事业发展的创造性决策。

领导班子成员要带头贯彻决策、靠前指挥。基层党组织要发挥战斗堡垒作用,共产党员要积极发挥先锋模范作用,组织广大群众推进实践创新,不断推动事业蒸蒸日上。二是不断用党的创新理论武装全党。对党的创新理论及时学、跟进学、学深悟透,用习近平新时代中国特色社会主义思想凝心铸魂。新征程上全面加强党的思想建设,加强理想信念教育,引导全党牢记党的宗旨、坚定信仰信念、把握历史主动,自觉做共产主义远大理想和中国特色社会主义共同理想的坚定信仰者和忠实实践者。三是用当代中国马克思主义引领新征程上的中国社会思想文化建设。坚持马克思主义在意识形态领域的指导地位,用习近平新时代中国特色社会主义思想引领全社会思想文化和公民道德建设。以党的二十大精神推动全社会对劳动精神、奋斗精神、奉献精神、创造精神、工匠精神、勤俭节约精神的大力弘扬。以伟大建党精神和党的精神谱系推动新征程上的爱国主义、集体主义、社会主义教育,推动公民道德建设,推动公众对新知识、新科技和新本领的学习。以党的二十大精神推进社会法治文化建设,引导全体人民做社会主义法治的忠实崇尚者、自觉遵守者、坚定捍卫者,努力使尊法学法守法用法在全社会蔚然成风。

(作者单位:中共中央党校。原文刊发于 2022 年 10 月 27 日《河南日报》第 10 版)

以中国式现代化全面推进中华民族伟大复兴

金　碚

“以中国式现代化全面推进中华民族伟大复兴”，是党的二十大的一个振奋全国和昭示世界的宣告，是中国共产党中心任务的重要内容。这也是一个明确的方向定位，中国将一往无前地向着伟大目标奋进。

百年探索的认知升华

习近平总书记在二十大报告中论及“新时代新征程中国共产党的使命任务”时明确宣告：“从现在起，中国共产党的中心任务就是团结带领全国各族人民全面建成社会主义现代化强国，实现第二个百年奋斗目标，以中国式现代化全面推进中华民族伟大复兴。”这是对中国现代化进程新的认知表达，是中国现代化特质内涵和实践意义的升华。

中国百年近现代史就是中华民族向往现代化的风雨历程。从爆发辛亥革命，到中国共产党诞生，进而认识中国现代化必须走社会主义道路。1949 年，中国共产党执政肩负使命，开启摆脱贫穷落后、振兴中华的现代化事业。

从新中国成立至今，关于中国现代化经历了三个认知阶段。第一个阶段是“信仰式”现代化认知，即基于对社会发展形态演变规律的马克思主义信仰，并借鉴苏联的计划经济榜样，将中国现代化进程看作社会主义社会战胜和代替资本主义社会的宏大历史叙事。这样的现代化认知主要基于对社会主义社会理想的憧憬和对传统社会主义模式的信奉。

第二个阶段是“追赶式”现代化认知，即承认国民经济的落后和计划经济体制的缺陷，并认可西方国家的现代化成就，决心通过经济体制变革转型，走市场经济发展的世界共同道路，奋起加速赶上西方发达国家的经济发展水平。也就是将中国现阶段的现代化进程归结为赶超过程，以实事求是的精神一心一意发展经济，尽快实现国强民富。这样的现代化认知基于“实践是检验真理的唯一标准”原则所确立的现实主义思维原则，是一个伟大的历史进步。

第三个阶段是“中国式”现代化认知，即在前两个阶段认知与奋斗实践充分结合的基础上，特别是在经济发展所取得的重大成就和成功经验的支持下，自信地认识到，中国实现现代化必须走具有中国特色的道路，以创造人类文明新形态的气魄，实现高水平的社会主义现代化目标。中国所从事和将完成的现代化事业，具有多方面的原创性，而不再只是对理论预言的信奉和对经济发达国家的“追赶”。总之，中国式现代化不是模仿成功先例，而是创造“另一种成功模式”的壮举。可以说，这是对现代化的认知从“必然王国”向“自由王国”的升华，据此迎接中华民族伟大复兴的历史时刻。

中国式现代化特质基于中国具体国情

中国式现代化的认知叙事，不仅是民族主义的，也是国际主义和人类主义的。习近平总书记在二十大报告中指出：“中国式现代化，是中国共产党领导的社会主义现代化，既有各国现代化的共同特征，更有基于自己国情的中国特色。”中国式现代化当然要有人类文明共同的发展方向，具有世界各国实现现代化的共同特征。但另一方面，各国的历史、文化和制度具有不同特质，因此现代化进程也必须基于各自的国情特点。各国的现代化可以相互借鉴，但国情特质各具重大影响，决定各国现代化的具体形态和表现。

中国的国情特质尤其显著，其文明进步的悠久历史和连续传承，世界独一无二。中国实现现代化具有深刻的人文特质和认知内涵。正如习近平总书记在二十大报告中所指出的，中国式现代化是人口规模巨大的现代化，是全体人民共同富裕的现代化，是物质文明和精神文明相协调的现代化，是人与自然和谐共生的现代化，是走和平发展道路的现代化。所以，中华民族伟大复兴必须走中国式现代化道路。中国实现现代化，不仅是一个规模巨大国家的现代化，而且是一个历史悠久的伟大民族的现代复兴。

中国共产党历经百年探索和奋斗，为中华民族复兴作出了巨大贡献，而在新时代新征程中，又将“以中国式现代化全面推进中华民族伟大复兴”作为更伟大和艰巨的使命任务。党的使命本身就体现了中国式现代化的突出特征，并决定了中国式现代化的本质要求。

中国式现代化的本质要求

习近平总书记在二十大报告中指出，“中国式现代化的本质要求是：坚持中国共产党领导，坚持中国特色社会主义，实现高质量发展，发展全过程人民民主，丰富人民精神世界，实现全体人民共同富裕，促进人与自然和谐共生，推动构建人类命运共同体，创造人类文明新形态。”

其中特别需要领会的是，中国式现代化的政治制度和国家性质，具有最大的中国特色，其他绝大多数国家都难以模仿，这就是中国共产党的领导和中国特色社会主义制度。这是中国的历史选择，也是中国式现代化的现实要求。历史反复表明，如果没有中国共产党的领导，不实行中国特色社会主义制度，中国会是“一盘散沙”，中国社会将混乱无序。所以，中国式现代化及其本质要求，也是中国人民和中国社会的要求和选择。有什么样的人民，就会有什么样的领导；什么样的社会文化历史，决定什么样的制度安排。中国式现代化的认知表明，只有中国共产党能行，只有中国特色社会主义制度能行。

中国式现代化的本质要求，全面体现对人民的关切，以人民为中心：人民的全过程民主，人民的精神丰富，人民的共同富裕，人与自然和谐共生，以人为本的高质量发展，创造人类文明新形态，推动构建人类命运共同体。可以说，这是从中华文明的伟大复兴，进而惠及全人类的共同福祉，以创造人类文明新形态的伟大贡献，丰富全人类的文明大世界。人类文明的大世界是多样性的、丰富多彩的，中华文明是其最优秀的成员之一。这是中国式现代化的民族骄傲和国际主义意义。中国共产党归根到底是马克思主义的国际主义政党。所以,中国式现代化的本质要求,不仅是爱国主义的,而且是国际主义的和具有全球视野的。

“两步走”战略安排

中国式现代化,在民族和国家意义上,集中表现为全面建成社会主义现代化强国。中国共产党领导社会主义现代化强国建设,有一个重要特征,就是可以制定并实施经济社会的中长期发展规划,以体现国家建设的历史自觉性和创造能动性。这是世界上绝大多数国家的政治体制所不具备的制度优势和特质。在 20 世纪 50—70 年代,曾经将这一制度优势与计划经济体制相混淆,那是对马克思主义的理论误解。实行改革开放以后,中国从推行计划经济体制转向市场经济,但并未放弃制定经济社会中长期发展规划的制度优势。因此,国家可以制定重大规划和进行战略安排,来确立可行的预期发展目标,并安排规划步骤和实现时间。

基于上述国家特质,按照党中央的精神,国家安排了“两步走”的发展战略,全面建成社会主义现代化强国:从二〇二〇年到二〇三五年基本实现社会主义现代化;从二〇三五年到本世纪中叶把我国建成富强民主文明和谐美丽的社会主义现代化强国。并且强调指出,未来五年是全面建设社会主义现代化国家开局起步的关键时期。

之所以能有把握制定明确时期划分的战略规划,在很大程度上是由于改革开放和经济社会发展的重大成就,特别是 2012 年以来的十年,如期实现全国脱贫目标,全面建成小康社会,开启了中国最具民族自信心的新时代。基于伟大的历史性成就和重大的历史性变革,中国不仅从追赶经济发达国家的“发展中国家”,发展成为世界第二大经济体,在一些方面已居全球前列,而且树立起了基于雄厚国家实力的民族自信心。实现中华民族伟大复兴的百年梦想,成为可以在可预期的时期内实现的誓言。这一誓言在很大程度上已从难以预期的“未知数”,变成了高度置信的“可知数”。因此,作出心中有数的“两步走”战略安排,有了可以“说到做到”的实力底气和相当把握。

当然,要实现全面建成社会主义现代化强国"两步走"战略安排的目标及步骤,还必须经过亿万人民的艰苦奋斗,特别是要有中国共产党的组织能力,以及中国人民和中国社会高度的组织性优势。这突出表现为,具有较强的原则精神和自觉行为。可以说,中国式现代化需要有很大的"组织资本"支持。中国式现代化可望实现,也正是基于坚持中国共产党的领导这一中国特色,即中国特色社会主义的重要特质。

重大原则和精神力量

全面建设社会主义现代化国家,是一项伟大而艰巨的事业,前途光明,任重道远。中国式现代化和中国特色社会主义定能胜利,但困难、挑战、阻力、障碍也必然存在,风险和不确定性难以避免。社会主义现代化国家不是天上掉下来的馅饼,不是唾手可得的果实,更不是免费的午餐,而是必须经过不懈努力,不仅要有强大的物质基础,而且要有强大的精神力量,这是一个需要开拓的新天地。

所以,习近平总书记在二十大报告中告诫全党全国人民,前进路上,必须牢牢把握以下重大原则:坚持和加强党的全面领导,坚持中国特色社会主义道路,坚持以人民为中心的发展思想,坚持深化改革开放,坚持发扬斗争精神。要增强全党全国各族人民的志气、骨气、底气,不信邪、不怕鬼、不怕压,知难而进、迎难而上,统筹发展和安全,全力战胜前进道路上各种困难和挑战,依靠顽强斗争打开事业发展新天地。报告所提出的"五个坚持"原则,即坚持和加强党的全面领导、坚持中国特色社会主义道路、坚持以人民为中心的发展思想、坚持深化改革开放、坚持发扬斗争精神,是中国共产党和中国人民久经检验的基本原则精神。这是中国全面建设社会主义现代化国家基本原则的制度性"基础设施",决定了其制度逻辑的完备性。这也是中国式现代化合理性的基本理论依据,决定了其理论逻辑的自洽性。

把握原则、坚持原则、一以贯之,就能形成强大而持续的精神力量。全党全国各族人民拥有强大而持续的精神力量,就能打开事业发展的新天地,为全面建设社会主义现代化国家奠定坚实可靠的基础。

高质量发展和中国式现代化的理论逻辑

中国式现代化的内涵和要义十分深刻和丰富,对于中国式现代化的进一步理解,对于多方面任务的安排和落实,需要不断进行实践探索、经验总结和理论研究。其中,最重要的关系是:建设社会主义现代化国家是中国式现代化的栋梁筋骨,建设社会主义现代化国家,才能为人民富足和长治久安奠定坚实基础和保障,而高质量发展则是建设社会主义现代化国家物质技术基础的根本道路。

习近平总书记在二十大报告中指出:"高质量发展是全面建设社会主义现代化国家的首要任务。发展是党执政兴国的第一要务。没有坚实的物质技术基础,就不可能全面建成社会主义现代化强国。"所以,必须加快构建新发展格局,着力推动高质量发展,为此必须"构建高水平社会主义市场经济体制",实现共同富裕。这就形成了二十大报告所表达的基本理论逻辑:中国式现代化——社会主义现代化国家——人与自然和谐共生的高质量发展——高水平社会主义市场经济体制——以人民为中心和共同富裕,而高质量发展是关键环节。

中国式现代化的这一基本理论逻辑基于对人类发展历史和世界新格局的深刻认知。当今世界,人类发展仍然处于工业化阶段,工业化阶段区别于其他时期的最重要特征就是,以经济增长为最突出表现的演化发展过程(前工业化和后工业化时期都不会有这样的较快速经济增长表现),发展是硬道理,进而走向高质量发展的新阶段。

按照以往的近现代发展理念,一般认为经由工业化和现代化,人类发展的文明形态会趋于一元化,也就是说,以人类理性为行为动机和利益动力的现代化,将会促使各国最终都走上基本同样的道路,殊途同归,形态趋同。过去,我们较肤浅地理解马克思的理论,也倾向于认为人类文明形态将规范于相同的理性。其实,那并不是马克思的观念。马克思承认世界有多种文明形态共存,他所设想或预言的未来社会是"自由人联合体"世界。

中国实行改革开放之后，中国共产党摆脱观念桎梏和教条约束，一切从中国国情出发，带领人民创造了人类文明新形态，并成为对过往意识形态教条和僵化模式崇拜的第一个幡然彻悟者。即充分认识到，人类对世界的真理性认识，并不意味着可以无视世界的多元化和文明形态的多样性，不可强求社会发展模式的同质化。而必须承认，不同国家和不同民族都可以有各具特色的文明形态、制度特质和历史文化，走适合自己国情的发展道路。这是真正的思想解放。

这样的新理念和思想解放，就是承认人类社会是多样性、多极化的世界，在各国制度体系中，规则并不完全相同，既有共同规则，也有特色规则。那么，各国的制度规则如何相互接轨而成为一体化世界格局呢？这是当代人类面临的极大挑战：规则博弈。中国共产党清晰地认识到：世界可以而且必然是和而不同的全球格局，不同的文明形态、不同的经济体制、不同的行为方式，可以互不排斥地共存于同一个世界，形成人类命运共同体。人类有能力争取实现各类规则的接轨协调，达成多方畅通协议，建设包容性世界新秩序。这就是中国式现代化的底层思维和逻辑自洽基础。

（作者单位：中国社会科学院。原文刊发于2022年10月27日《河南日报》第11版）

创造人类制度文明新形态

李军鹏

中国式现代化的本质要求是:坚持中国共产党领导,坚持中国特色社会主义,实现高质量发展,发展全过程人民民主,丰富人民精神世界,实现全体人民共同富裕,促进人与自然和谐共生,推动构建人类命运共同体,创造人类文明新形态。

中国式现代化的核心是创造人类制度文明新形态

创造人类文明新形态是中国式现代化的本质要求,中国式现代化的实质是要创造人类文明新形态。人类文明新形态的核心是制度文明新形态,因而,创造人类文明新形态的核心是制度文明创新。

从人类制度文明的发展进程来看,制度文明是随着生产力发展与社会进步的进程而不断进化的。随着人类从农业社会进入到工业社会,人类进入了第一次现代化阶段,人类的制度文明实现了从前现代的传统君主政体与专制政府制度向着现代民主政体与宪法政府制度的转变,产生了现代宪法制度、理性官僚制、现代公务员制度、责任政府制度、行政程序法律制度、信息公开制度、社会保障制度与公共服务制度、公共预算与公共财政制度等现代制度形式;自二十世纪七十年代始,人类开始了从工业社会向后工业社会与信息社会的演变,人类进入了第二次现代化或后现代化阶段,创造了现代化制度文明形态,这是人类共同的制度财富,反映了人类的共同价值和现代化的普遍规律。

中国的现代化进程实质上是与人类第一次现代化进程中后期、第二次现代化进程同步的，我国的现代化建设是人类现代化建设的一个重要组成部分。我国的现代化建设既有符合人类现代化普遍规律的一面，又有独具中国特色的特殊性一面。中国式现代化既是对人类现代文明成果的借鉴吸收与扬弃，又是对人类制度文明的创新，中国特色社会主义制度就是人类制度文明史上的重大制度文明创新。中国式现代化是对更加富强民主、更加公正正义、更加共富和谐、更加美丽高质的人类文明新形态的探索，是对超大人口规模国家现代化、共同富裕与公平正义基础上的现代化、物质文明与精神文明协调的现代化、人与自然和谐共生的现代化、和平发展的现代化这一文明新形态的构建与发展，是对现有资本主义制度文明形态的超越。中国式现代化是在“五位一体”总体布局和“四个全面”战略布局基础上展开的，是围绕新时代社会主要矛盾推进的，在不断满足人民日益增长的美好生活需要过程中不断丰富和发展人类文明新形态。

非凡十年全面深化改革和制度文明创新的历史性成就

党的十八大以来的十年中，我国推进全面深化改革，坚持守正创新，持续完善中国特色社会主义制度，在制度文明创新方面取得了历史性成就、发生了历史性变革。党的二十大报告在总结十年来制度文明创新方面的历史性成就时讲到，“我们以巨大的政治勇气全面深化改革，打响改革攻坚战”，“各领域基础性制度性框架基本建立，许多领域实现历史性变革、系统性重塑、整体性重构”，“中国特色社会主义制度更加成熟更加定型，国家治理体系和治理能力现代化水平明显提高。”

十年来，我国全面完善中国特色社会主义制度，取得了制度文明创新的历史性成就。我国系统完善党的领导制度体系，确保党发挥总揽全局、协调各方的领导核心作用；全面完成新一轮党和国家机构改革任务，各领域基础性制度框架基本建立；社会主义民主制度化、规范化、程序化全面推进，社会主义协商民主广泛开展，中国特色社会主义法治体系加快完善；确立和坚持马克思主义在意识形态领域指导地位的根本制度，意识形态领域形势发生了全局性、根本性转变;建成了世界上规模最大的教育体系、社会保障体系、医疗卫生体系,全体人民共同富裕取得新成效;生态文明制度体系更加健全,生态环境保护发生了历史性、转折性、全局性变化;完善国家安全领导体制和法治体系、战略体系、政策体系,健全共建共治共享的社会治理制度,平安中国建设迈向更高水平;坚持党对人民军队绝对领导的根本制度,重构人民军队领导指挥体制、现代军事力量体系、军事政策制度,人民军队体制一新、结构一新、格局一新、面貌一新;坚持思想建党、制度治党、依规治党同向发力,构建了系统完备的党内法规制度体系,管党治党"宽松软"状况得到根本扭转。经过十年的全面深化改革与制度创新,我国新型的人类政党文明、政治文明、经济文明、精神文明、社会文明、生态文明形态日益清晰。党的十八大以来十年的全面深化改革和制度建设实践,进一步推进了人类制度文明新形态的创新和发展。

全面深化改革与制度文明创新的主要任务

新时代新征程中国共产党的使命任务是全面建设社会主义现代化国家。全面建设社会主义现代化国家,必须牢牢把握"坚持深化改革开放"的重大原则,通过改革创新和扩大开放,破解各种深层次体制机制障碍,把我国制度优势转化为国家治理效能,从而更加彰显中国特色社会主义的制度优势。

根据党的二十大安排,未来五年是我国人类制度文明新形态形成的重要时期,要通过制度创新初步形成人类制度文明新形态,主要有如下十大制度建设与创新任务。

第一,围绕加快构建新发展格局、推动高质量发展深化经济体制改革与经济制度创新。我们要构建高水平社会主义市场经济体制,坚持和完善社会主义基本经济制度,毫不动摇巩固和发展公有制经济,毫不动摇鼓励、支持、引导非公有制经济发展,充分发挥市场在资源配置中的决定性作用,完善产权保护、市场准入、公平竞争、社会信用等市场经济基础制度,完善中国特色现代企业制度;要更好发挥政府作用,健全预算制度、现代税收制度和财政转移制度、中央银行制度；推进高水平对外开放，稳步扩大规则、规制、管理、标准等制度型开放，合理缩减外资准入负面清单。针对我国改革发展稳定面临不少深层次矛盾、重点领域改革还有不少硬骨头要啃的问题，我们要坚持社会主义市场经济改革方向，建设高标准市场体系，深化要素市场化改革，建设有效市场和有为政府；完善经济社会政策征求企业与市场主体意见的立法听证制度与决策制度，完善保护民营企业产权和企业家权益的法律制度。针对当前存在的推动高质量发展还有许多卡点和瓶颈的问题，我们要加快建设制造强国、质量强国、数字中国，推动制造业高端化、智能化、绿色化，构建优质高效服务业新体系和现代化基础设施体系。针对当前确保粮食、能源、产业链供应链可靠安全和防范金融风险还需要解决的许多重大问题，我们要全面落实粮食安全党政同责，健全种粮农民收益保障机制和主产区利益补偿机制；要维护能源与产业链供应链安全，提升战略性资源供应保障能力；要加强和完善现代金融监管制度，依法将各类金融活动全部纳入监管，切实防范金融风险。针对当前存在的城乡区域发展差距仍然较大的问题，我们要坚持城乡融合发展，巩固和完善农村基本经营制度、农业支持保护制度，赋予农民更加充分的财产权益；要健全基本公共服务体系，推进城乡区域基本公共服务均等化；要推进区域协调发展，构建优势互补、高质量发展的区域经济布局和国土空间体系，健全主体功能区制度，深化省以下事权财权体制改革。

第二，围绕实施科教兴国战略、强化现代化建设人才支撑深化教育科研体制改革和科教人才制度创新。我们要加快建设高质量教育体系，健全新型举国体制，加快建设世界重要人才中心和创新高地；深化财政科技经费分配使用机制改革，形成支持全面创新的基础制度；深化人才体制机制改革，完善有国际竞争力的人才竞争制度，着力形成人才国际竞争的比较优势。针对当前存在的科技创新能力还不强的问题，要完善科技创新体系，深化科技评价改革，加大科技投入，培育创新文化和科学家精神，营造具有全球竞争力的开放创新生态；要加快推进高水平科技自主自强，打赢关键核心技术攻坚战；实施更加开放的人才政策，加快建设世界重要人才中心和创新高地。

第三，围绕发展全过程人民民主、保障人民当家作主深化政治体制改革和政治制度创新。我们要健全人民当家作主制度体系，坚持和完善我国根本政治制度、基本政治制度、重要政治制度，完善人民代表大会制度，健全人大对行政机关、监察机关、审判机关、检察机关监督制度；要推进协商民主广泛多层制度化发展，坚持和完善中国共产党领导的多党合作和政治协商制度，完善人民政协民主监管和委员联系界别群众制度；要完善基层直接民主制度体系和工作体系，完善办事公开制度，健全以职工代表大会为基本形式的企事业单位民主管理制度；要坚持和完善民族区域自治制度，加强和改进党的民族工作。

第四，围绕坚持全面依法治国、推进法治中国建设深化法治改革和法治创新。我们要完善以宪法为核心的中国特色社会主义法律体系，健全保证宪法全面实施的制度体系，加强重点领域、新兴领域和涉外领域立法，完善和加强备案审查制度，全面落实重大决策程序制度；要严格落实行政执法责任制和责任追究制度，扎实推进依法行政，完善现代政府制度体制，加快建设法治政府、责任政府与服务型政府；要全面准确落实司法责任制，加快建设公正高效权威的社会主义司法制度，加快完善法律公共服务体系，进一步完善公益诉讼制度。

第五，围绕推进文化自信自强、铸就社会主义文化新辉煌深化文化体制改革和文化制度创新。我们要坚持马克思主义在意识形态领域指导地位的根本制度，全面落实意识形态工作责任制，推动理想信念教育常态化制度化；要完善志愿服务制度和工作体系，健全现代公共文化服务体系。针对当前意识形态领域存在的不少挑战，我们要建设具有强大凝聚力和引领力的社会主义意识形态，加快构建中国特色哲学社会科学学科体系、学术体系、话语体系，塑造主流舆论新格局，以国际上听得懂的语言与方式加强国际传播能力建设，切实增强中华文明传播力和影响力。

第六，围绕增进民生福祉、提高人民生活品质深化公共服务改革和民生保障制度创新。针对当前存在的收入分配差距仍然较大的问题，要完善分配制度这一促进共同富裕的基础性制度，稳步提高劳动报酬在初次分配中的比重，持续扩大中等收入群体比重，努力增加低收入者收入，加大税收、社会保障、转移支付等的调节力度，以财富向善为导向发展公益慈善事业；要构建初次分配、再分配、第三次分配协调配套的制度体系，完善按要素分配政策制度，完善个人所得税制度，规范财富积累机制，使财富更多运用于发展实体经济、发展创造就业的服务业、养老金等长期投资领域。针对人民群众在就业、教育、医疗、托育、养老、住房等方面面临的问题，我们要促进高质量就业，健全就业促进机制和就业公共服务体系，支持和规范发展新就业形态，加强灵活就业和新就业形态劳动者权益保障；要建立公平就业的制度体系，健全终身职业技能培训制度，完善促进创业带动就业的保障制度，完善劳动者权益保障制度；要坚持以人民为中心发展教育，加快义务教育优质均衡发展和城乡一体化，完善覆盖全学段学生资助体系；要健全覆盖全民、统筹城乡、公平统一、安全规范、可持续的多层次社会保障体系，完善基本养老保险全国统筹制度，完善大病保险和医疗救助制度，建立长期护理保险制度，促进优质医疗资源扩容和区域均衡布局，深化以公益性为导向的公立医院改革，同时要完善残疾人社会保障制度；要建立生育支持政策体系，政府支持广泛发展普惠性幼儿园，切实降低生育与养育成本。加快建立多主体供给、多渠道保障、租购并举的住房制度，完善公共住房制度与长租房制度，央企、国企中的房地产企业应该承担起保障性住房建设、公共租赁住房建设与运营的主体性责任，为切实解决新市民住房难、租价高的问题作出国企央企新贡献。

第七，围绕推动绿色发展、促进人与自然和谐共生深化生态文明体制改革和生态保护制度创新。针对生态环境保护任务依然艰巨的问题，我们要实行最严格的生态环境保护制度，坚持山水林田湖草沙一体化保护和系统治理，协同推进降碳、减污、扩绿、增长，健全自然资源资产产权制度、生态保护和修复制度、生态环境损害赔偿制度和生态环境损害责任终身追究制，扎实推进生态治理现代化；要实施全面节约战略，完善支持绿色发展的财税、金融、投资、价格政策和标准体系；要深入推进环境污染治理，全面推进中央生态环境保护督察制度；全面实行排污许可制，健全耕地休耕轮作制度，健全国家公园保护制度，完善生态保护补偿制度，健全生态环境执法司法制度；完善碳排放统计核算制度，逐步实施碳排放总量和强度“双控”制度，健全碳排放权市场交易制度，积极稳妥推进碳达峰碳中和。

第八，围绕推进国家安全体系和能力现代化、坚决维护国家安全和社会稳定深化国家安全体制改革和国家安全制度创新。我们要完善高效权威的国家安全领导体制，完善国家安全法治制度体系、战略体系、政策体系、风险监测预警体系、国家应急管理体系，坚定维护国家政权安全、制度安全、意识形态安全；完善公共安全体制机制，健全生物安全监管预警防控制度体系，推动公共安全治理模式向事前预防转型；健全共建共治共享的社会治理制度，推进社会治理现代化。

第九，围绕实现建军一百年奋斗目标、开创国防和军队现代化新局面深化军事体制改革和军事制度创新。我们要坚持党对人民军队的绝对领导这一根本军事制度，健全贯彻军委主席负责制体制机制，健全人民军队党的建设制度体系，推进政治整训常态化制度化；优化军事政策制度，加强依法治军机制建设，完善军官职业化制度、文职人员制度、兵役制度与退役军人保障服务制度，健全国防科技创新和武器装备建设制度，全面推进军事治理现代化。

第十，围绕坚定不移全面从严治党、深入推进新时代党的建设新的伟大工程深化党建制度创新。我们要坚持和加强党中央集中统一领导，健全总揽全局、协调各方的党的领导制度体系，贯彻民主集中制，完善党中央重大决策部署落实机制。针对一些党员、干部缺乏担当精神、形式主义、官僚主义现象依然突出、党风廉政建设和反腐败斗争面临不少顽固性多发性问题、铲除腐败滋生土壤任务依然艰巨的问题，我们要完善党的自我革命制度规范体系，坚持制度治党、依规治党，完善党内法规制度体系，健全党统一领导、全面覆盖、权威高效的监督体系，用好问责利器，完善党政干部问责制度体系；落实党内民主制度，完善领导班子内部监督制度；推动反腐败国家立法，深化金融信贷、公共资源交易、资源开发、工程建设、执法司法、审批监管、财政支出等重点领域制度建设与体制机制改革，持续细化党务公开、政务公开、司法公开、财政支出公开与预决算公开、公共服务领域办事公开制度，推进领导干部个人事项报告制度法治化，从而不断取得更多制度性成果和更大治理效能。

（作者单位：中共中央党校。原文刊发于 2022 年 10 月 27 日《河南日报》第 12 版）

高质量发展是首要任务

陈 耀

党的二十大报告提出，高质量发展是全面建设社会主义现代化国家的首要任务。必须完整、准确、全面贯彻新发展理念，坚持社会主义市场经济改革方向，坚持高水平对外开放，加快构建以国内大循环为主体、国内国际双循环相互促进的新发展格局。并从构建高水平社会主义市场经济体制、建设现代化产业体系、全面推进乡村振兴、促进区域协调发展、推进高水平对外开放等五个方面，为未来经济如何构建新发展格局、推动高质量发展谋篇布局，指明路径方向。学习贯彻党的二十大精神，在经济发展上就是要围绕高质量发展，深刻领会、深入思考，结合实际、运筹帷幄，抓住要点、赢得主动。

深化经济改革，以高水平体制激活发展动力

经济发展的动力来自经济体制的改革，推动我国经济高质量发展，必须构建高水平的社会主义市场经济体制，发挥制度的基础保障作用。所谓“高水平”的社会主义市场经济体制，是一个相对于“系统的完备性和成熟性”而言的概念，2020年5月，中共中央、国务院下发的《关于新时代加快完善社会主义市场经济体制的意见》中指出，我国市场体系还不健全、市场发育还不充分，政府和市场的关系没有完全理顺，还存在市场激励不足、要素流动不畅、资源配置效率不高、微观经济活力不强等问题，推动高质量发展仍存在不少体制机制障碍。因此，要“在更高起点、更高层次、更高目标上推进经济

体制改革及其他各方面体制改革,构建更加系统完备、更加成熟定型的高水平社会主义市场经济体制”。从根本上也可以说,能够把社会主义的制度优越性与市场经济的长处得到最佳结合和最好发挥,能够最大程度地激发经济主体的发展动力和创造力,就是“高水平体制”。

深化与高质量发展相适应的体制改革是一项系统工程。党的二十大报告提出,要坚持和完善社会主义基本经济制度,做到“两个毫不动摇”(毫不动摇巩固和发展公有制经济,毫不动摇鼓励、支持、引导非公有制经济发展),发挥好“两个作用”(充分发挥市场在资源配置中的决定性作用,更好发挥政府作用)。在这些原则的指导下,重点是深化三个方面的改革:一是深化企业改革。企业是经济高质量发展的主体,要推进国资国企改革,发挥好国资国企在关键核心领域的重要支撑作用;着力优化民营企业的发展环境,依法保护民营企业产权和企业家合法权益,建立对中小微企业发展难题的有效扶持机制;要加快培育更多的世界一流企业,提升我国企业的国际竞争力。二是深化“放管服”改革和要素市场化改革,构建全国统一大市场,加强反垄断和反不正当竞争,防止资本无序扩张,建设市场化、法治化、国际化的营商环境。三是健全宏观经济治理体系,加强产业政策、财政政策、货币政策、区域政策等各项宏观政策之间的协调配合,把深化供给侧结构性改革与实施扩大内需战略结合起来,发挥消费对经济发展的基础性作用和投资对优化供给结构的关键作用,增强国内大循环的内生动力;优化税制结构,完善资本市场,加强现代金融监管,守住不发生系统性风险底线。

锚定实体经济,以现代化体系夯实产业根基

党的二十大报告提出,要坚持把发展经济的着力点放在实体经济上;加快建设现代化经济体系,提升产业链供应链韧性和安全水平。锚定“实体经济”,意义重大。习近平总书记深刻总结历史经验和世界发展规律,对此做出了科学论断:“实体经济是一国经济的立身之本,是财富创造的根本源泉,是国家强盛的重要支柱”;“我们这么一个大国要强大,要靠实体经济,不能泡沫化”;要“把实体经济特别是制造业做实做强做优”。2008 年国际金融

危机爆发，一些欧美国家出现产业空心化、失业率升高、收入差距拉大等严重问题，充分证明了经济发展任何时候都不能"脱实向虚"。同时，我们也需要反思西方传统的产业结构演进理论，随着人均国民收入水平的提高，第三产业在国民经济中的比重并不是越高越好，越高越先进；作为实体经济代表的第二和第一产业无论何时都要保持一定的经济比重。特别是在当前国际经济形势复杂变化、逆全球化思潮抬头和新冠疫情的冲击下，我国更需要着力振兴实体经济，加快建设现代化产业体系，增强产业链供应链的稳定和安全，筑牢经济行稳致远、赢得竞争主动的根基。

对于建设现代化产业体系，党的二十大报告提出了重要路径和目标，就是要推进新型工业化，加快建设制造强国、质量强国、航天强国、交通强国、网络强国、数字中国。这六大领域抓住了我国构建现代化产业体系的关键命脉，体现了世界未来产业发展的大趋势和国际竞争的着力点，也是我国经济实现高质量发展必须着力强化和突破的战略要点。基于我国目前产业发展的基础现状，重点需要从五个方面来推进体系建设。一是实施产业基础再造工程和重大技术装备攻关工程，通过智能化、数字化、绿色化、网络化赋能改造，推动制造业不断向中高端迈进；二是着眼长远需求和国际竞争需要，及早布局储备，提升我国战略性资源的供应保障能力；三是加大力度培育发展新一代信息技术、人工智能、生物技术、新能源、新材料、高端装备、绿色环保等战略性新兴产业，支持鼓励发展新技术、新业态、新模式、新场景应用，抢占新产业新技术国际制高点；四是加快发展数字经济，促进数字经济与实体经济深度融合，建设优质高效的现代服务业体系和高效顺畅的流通体系；五是优化基础设施布局、结构、功能和系统集成，建设交通基础设施、科技基础设施、产业基础设施、生态基础设施等现代化基础设施体系，为现代产业发展提供优质硬件支撑。

强弱项补短板，以全面推进乡村振兴保障粮食安全

"全面推进乡村振兴"，首先，是由我国城乡二元结构的特点决定的，目前农业农村发展还很不充分，是全面建设社会主义现代化的短板，也是最艰

巨最繁重的任务所在。习近平总书记从中华民族伟大复兴战略全局的高度,强调“民族要复兴,乡村必振兴”。其次,全面推进乡村振兴也是着眼于构建新发展格局的必然要求,我国农村有近 5 亿人口,把战略基点放在扩大内需上,培育完整的内需体系,农村是最广阔的增量空间。随着农民收入水平提升、农村社会事业发展,会释放出巨大的投资和消费需求。最后,从现实看,农业在国民经济中重要的基础地位任何时候都不能削弱。2020 年以来,应对新冠疫情和部分地区严重自然灾害冲击,我国粮食和重要农副产品供给充裕,对保持经济社会稳定发展功不可没。俗话说“手中有粮,心中不慌”,我国人口众多,粮食供给不能依赖国际市场,推动乡村振兴,稳住农业基本盘,也使我们能够沉着应对国际大变局并对世界稳定发展做出贡献。

全面推进乡村振兴,必须坚持农业农村优先发展,巩固拓展脱贫攻坚成果,加快建设农业强国。中心的任务就是要做好“全面振兴”的大文章,要扎实推动乡村产业、人才、文化、生态、组织振兴,这五个方面的振兴抓住了农村农业发展的关键核心要素,体现了“全面性”的要求。突出的重点就是要全方位夯实粮食安全根基,牢牢守住十八亿亩耕地红线,确保中国人的饭碗牢牢端在自己手中。为此,需要深入实施种业振兴行动,强化农业科技和装备支撑,逐步把永久基本农田全部建成高标准农田,发展设施农业构建多元化食物供给体系;同时,必须健全种粮农民收益保障机制和主产区利益补偿机制,切实从制度上有效保护种粮农民和粮食主产区的生产积极性。促进乡村振兴还要大力培育发展乡村特色产业,拓宽农民增收致富渠道;统筹乡村基础设施和公共服务布局,建设宜居宜业和美乡村;深化农村土地制度改革,赋予农民更加充分的财产权益,鼓励进城农民依法自愿有偿转让承包地。

优化空间布局,以协调性促进区域城乡共同繁荣

推动高质量发展,需要不断优化资源的空间配置,提升区域之间和城乡之间发展的协调性。党的二十大报告从地域空间层面构建了国家区域发展战略体系和战略重点方向,就是要深入实施区域协调发展战略、区域重大战

略、主体功能区战略、新型城镇化战略,优化重大生产力布局,构建优势互补、高质量发展的区域经济布局和国土空间体系。这四大战略相互联系、相辅相成,但各自的目标指向有着明显的差异。区域协调发展战略是一个总体战略,主旨在促进我国经济地带之间均衡发展,缩小区域发展差距;区域重大战略主要着眼于对全国经济高质量发展具有重大影响和带动作用的城市群、都市圈和经济带发展,体现的是经济效率和资源配置的最优化;主体功能区战略是基于资源环境承载力而对国土空间实施有效管控,旨在促进人与自然的和谐共生;新型城镇化战略立足于推进以人为核心的城镇化,并以中心城市为引领形成带动区域发展的增长极。党的十八大以来,我国区域发展的协调性不断增强,特别是地区间基本公共服务均等化和基础设施通达程度显著提升,中心城市及城市群的引擎作用不断增强,特殊类型地区实现振兴发展,国土空间的开发与保护体系基本形成。但也要看到,我国区域发展差距依然较大,中西部非城市化地区和东北老工业基地还面临一些发展难题,北方发展活力整体不如南方,区域经济高质量发展的新动能培育还很不均衡。

新时代新征程的区域发展要更加突出“协调发展”的总体要求,高质量推进实施国家区域发展战略体系,更大力度促进区域城乡共同发展、共同繁荣、共同富裕。一是要兼顾均衡与效率目标,深入实施区域协调发展战略和区域重大战略。发挥区域比较优势,体现区域发展基础和发展阶段,促进西部开发、中部崛起、东北振兴和东部率先发展四大板块更上新台阶,要重视研究提振北方经济活力的新举措;同时进一步增强京津冀、长三角、粤港澳大湾区、长江经济带、黄河生态带等区域重大战略对全国高质量发展的引领带动作用。二是充分考虑资源环境承载能力,健全主体功能区制度,严格管控好禁止开发、限制开发、重点开发和优化开发区域的开发行为,制定差异化政策,分类精准施策。三是推进以人为核心的新型城镇化战略,加快农业转移人口市民化;发挥国家和区域中心城市的作用,推动形成“中心城市—都市圈—城市群—区域”梯次带动、一体化协调发展新格局,转变超大特大城市的发展方式,推进以县城为重要载体的城镇化建设。四是遵循“点线面”和网络布局的规律,优化重大生产力布局,重点优化沿海、沿江、沿边、沿交通干线和沿“一带一路”国际合作走廊布局，做好“陆、海、空、互联网”四维生产力布局的统筹。

畅通国际循环，以高水平开放参与全球治理

推进高水平对外开放是新时代我国构建新发展格局、推动高质量发展的重要举措。改革开放40多年来，从以“引进来”为主到“引进来”“走出去”并重，从加入世界贸易组织到共建“一带一路”，从要素流动型开放向规则制度型开放转变，我国坚持打开国门搞建设促发展，取得举世瞩目的成就，当今中国已经成为世界第二大经济体、制造业第一大国、第一大货物贸易国，利用外资稳居发展中国家首位，对外直接投资位居世界首位，成为世界经济增长的最大动力源。然而，我们面临的国际环境日趋复杂，逆全球化思潮涌动，“脱钩”“断供”等单边行为严重威胁全球产业链供应链安全，在此背景下我国继续高举开放大旗，开放的大门不断扩大，开放的水平也不断提高。实行高水平对外开放，是顺应发展环境变化做出的战略选择，是完善社会主义市场经济体制、以高水平开放促进深层次市场化改革，更好统筹两个市场、两种资源，推动经济转型升级，向全球价值链中高端攀升的内在要求，也是对接国际规则制度，深度融入全球分工体系，推动全球经济治理体系变革的必然要求。

推进高水平开放需要重点在以下方面发力。一是加快推进我国自由贸易试验区等开放平台的制度创新，对标国际高水平经贸规则，加大在市场准入、管理标准、透明度、知识产权保护、监管规则等重要领域的先行先试和压力测试，稳步扩大规则制度型开放，以货物贸易“零关税”、服务贸易“既准入又准营”为方向推进贸易自由化便利化，营造市场化、法治化、国际化一流营商环境。二是依托我国超大规模市场优势，以国内经济大循环吸引国际要素资源，增强国际国内两种资源、两个市场的联动效应，提升贸易投资合作质量和水平。三是发展数字贸易，扩大服务业市场开放和服务贸易发展，加快建设贸易强国。四是优化区域开放布局，巩固东部沿海地区开放先导地位，加快建设西部陆海新通道，提高中西部和东北地区开放水平，引导沿海

内陆沿边开放优势互补,促进区域协同开放。五是推动共建"一带一路"高质量发展,深度参与全球产业分工和合作,维护多元稳定的国际经济格局和经贸关系。

(作者单位:中国社会科学院。原文刊发于2022年10月27日《河南日报》第13版)

深入实施区域经济协调发展

肖金成　安树伟

按照党中央决策部署，把区域高质量协调发展作为新时代中国区域经济发展的主导方向，将区域高质量发展与区域协调发展有机结合起来，持续完善区域协调发展长效机制，在促进区域协调发展的同时促进区域高质量发展。

区域高质量发展对推进中国式现代化建设意义重大

党的二十大报告提出：中国式现代化是中国共产党领导的社会主义现代化，是人口规模巨大的现代化，是全体人民共同富裕的现代化，是物质文明和精神文明相协调的现代化，是人与自然和谐共生的现代化，是走和平发展道路的现代化。

区域经济高质量发展有利于服务支撑全体人民共同富裕目标的实现。推动实现共同富裕目标，既要各地区因地制宜走高质量发展的路子，做大高质量发展的“蛋糕”，更要分好“蛋糕”，努力缩小城乡和区域差距。深入实施区域协调发展战略，根本就是要在推动发展的基础上持续缩小区域、城乡之间的发展差距，在发展中提高平衡性，让不同区域居民共享高质量发展的成果，切实保障不同区域的人民群众对美好生活的向往。

区域经济高质量发展有利于服务支撑中华民族伟大复兴战略目标的实现。京津冀协同发展、长三角一体化发展、粤港澳大湾区建设、长江经济带发展、黄河流域生态保护和高质量发展、成渝地区双城经济圈建设等区域重大战略，是党中央着眼国家发展大局作出的关系中华民族伟大复兴千秋伟业的重大决策。保持战略定力和历史耐心，深化改革开放，深入实施区域重大战略，有利于破解中国特色社会主义伟大事业和现代化进程中面临的一系列重大理论和实践问题，推动加快构建新发展格局，支撑带动全国整体现代化进程。

区域经济高质量发展有利于服务支撑人与自然和谐共生目标的实现。党的二十大明确指出，要坚持可持续发展，坚持节约优先、保护优先、自然恢复为主的方针，像保护眼睛一样保护自然和生态环境，坚定不移走生产发展、生活富裕、生态良好的文明发展道路，实现中华民族永续发展。坚持落实实施主体功能区战略，完善主体功能区制度，就是要尊重自然、顺应自然，要用资源环境承载力的思维来优化全国生产力布局，引导人口分布和资源要素配置，从而更科学更有效地推动实现人与自然和谐共生发展。

区域协调发展是中国特色社会主义的本质要求

通过建设社会主义实现共同富裕，是中国共产党的奋斗目标。早在1955年，毛泽东同志就指出，“使全体农村人民共同富裕起来。”指出，要巩固工农联盟，我们就得领导农民走社会主义道路，使农民群众共同富裕起来，穷的要富裕，所有农民都要富裕，并且富裕的程度要大大地超过现在的富裕农民。1978年12月，邓小平同志提出了“先富带后富、共同富裕”的理论。1988年9月，邓小平同志又提出了“两个大局”的思想，指出，沿海地区要加快对外开放，使这个拥有两亿人口的广大地带较快地先发展起来，从而带动内地更好地发展，这是一个事关大局的问题。内地要顾全这个大局。反过来，发展到一定的时候，又要求沿海拿出更多力量来帮助内地发展，这也是一个大局。那时沿海也要服从这个大局。1992年，邓小平同志进一步指出：“社会主义的本质，是解放生产力，发展生产力，消灭剥削，消除两极分化，最终达到共同富裕。”

区域协调发展战略包括东部地区率先发展战略、西部大开发战略、振兴东北地区等老工业基地战略和促进中部地区崛起战略，以及支持革命老区、民族地区、贫困地区、生态退化地区、资源型地区、老工业基地、边境地区等特殊类型地区加快发展。其中,东部、中部、西部、东北四大区域是从国家战略层面对全国区域发展的统筹安排和总体部署,是国家实施区域协调发展战略的核心组成部分。

党的十八大以来,以习近平同志为核心的党中央把逐步缩小差距、实现全体人民共同富裕摆在更加重要的位置上,就推动区域协调发展作出了一系列重大部署,为共同富裕创造了良好条件。区域协调发展的水平质量稳步提升,不断开创区域协调发展的新境界。中国区域协调发展战略取得了显著、积极的成效,地区比较优势充分发挥,中西部地区呈现出快速增长态势,区域发展的协调性显著增强。2002—2021 年,东部与西部人均地区生产总值之比由 2.57∶1 缩小到 1.67∶1。2012—2020 年,中国区域协调发展指数由 100.0 提高到 118.59。基本公共服务均等化、基础设施通达程度比较均衡、人民基本生活保障水平大体相当等区域协调发展目标都取得了不同程度的进展,东部、中部、西部地区九年义务教育师生比基本持平,基本医疗保障实现全覆盖。东部、中部、西部和东北地区居民人均可支配收入差距明显缩小,低收入群体人均可支配收入增速持续高于全国平均水平。东部产业持续向中西部地区转移,中西部地区就业机会和吸引力不断增加,“十三五”时期中西部地区城镇就业增长对全国的贡献率超过 50%。

但是,区域发展方面还存在一系列问题:第一,区域发展绝对差距仍然较大,尤其是东北地区在全国的经济地位持续下降,近年来南北差距也在不断扩大,区际之间资本要素流动还不够充分,基本公共服务均等化与人民群众需求仍有较大差距。第二,“中部地区”并非一个完整的经济区域,各省之间的经济联系并不紧密。第三,四大区域之间面积悬殊,西部地区面积接近全国的 3/4,西部大开发政策的精准性需要提升。

党的二十大对区域协调发展做了新的部署,推动西部大开发形成新格局,推动东北全面振兴取得新突破,促进中部地区加快崛起,鼓励东部地区加快推进现代化。支持革命老区、民族地区加快发展,加强边疆地区建设,推进兴边富民、稳边固边。促进区域协调发展已上升为推动中国式现代化的重要举措。西部地区要抓重点、补短板、强弱项,提高政策精准性,坚持走生态优先、绿色发展的新路子,形成大保护、大开放、高质量发展的新格局。东北振兴是全面振兴、全方位振兴,需要在体制机制上有更大突破,激发市场主体活力,推动产业结构调整优化,形成对国家重大战略的坚强支撑。中部地区要在供给侧结构性改革和自主创新方面下功夫,加大对外开放力度,不断提高综合实力和竞争力,开创中部崛起新局面,实现高质量发展。东部地区要充分发挥改革开放先行、创新要素聚集、现代制造业领先的优势,提升科技创新能力,在更高层次参与国际经济合作和竞争,在全国率先建立全方位开放型经济体系,加快推进现代化,率先实现高质量发展。

国家区域重大战略以高质量发展为主基调

区域重大战略是指党的十八大以来国家陆续实施的京津冀协同发展、长江经济带发展、粤港澳大湾区建设、长江三角洲区域一体化发展、黄河流域生态保护和高质量发展等区域发展战略,是以关系现代化全局的重要城市群和流域为地域单元,以推进一体化、构建共同体为核心,聚焦区域合作和协同发展,它是中国经济高质量发展的动力源体系。其目标在于开拓高质量发展的重要动力源,提升区域引领带动能力,促进区域间融合互动。

区域重大战略是依据所涉区域自然环境、现实基础、突出矛盾、基本需求等因素“量身定做”的,所体现的战略定位、发展目标、任务举措和政策安排等并不相同。区域重大战略的实施有利于促进经济要素在更大范围内流动与配置,既能减少区域间的掣肘,提高区域经济整体运行的协同性和运行效率,也有利于促进区域内各地区实现优势互补、增强其发展的平衡性和协调性。

2015 年 10 月,中共中央《关于制定国民经济和社会发展第十三个五年规划的建议》提出,形成沿海沿江沿线经济带为主的纵向横向经济轴带;优化发展京津冀、长三角、珠三角三大城市群;推进重点地区一体发展,培育壮大若干重点经济区。从 2014 年 2 月提出京津冀协同发展战略以来,到 2021 年 10 月中共中央、国务院印发《成渝地区双城经济圈建设规划纲要》,先后推出了六个国家区域重大战略。

六个国家区域重大战略可以分为两种类型:一种是以城市群为主体的战略,包括京津冀协同发展、长江三角洲区域一体化发展、粤港澳大湾区建设、成渝地区双城经济圈建设;另一种是流域为主体的战略,包括长江经济带发展、黄河流域生态保护和高质量发展。这些区域重大战略具有跨省域、跨流域、与其他战略叠加的特征,也是一种分类指导的区域发展战略。

京津冀协同发展战略提出以来,京津冀协同发展规划体系基本形成,疏解北京非首都功能积极稳妥有序开展,雄安新区和北京城市副中心规划建设持续推进,交通、生态等领域实现率先突破,公共服务共建共享取得积极进展,协同发展体制机制加快构建。

《长江经济带发展规划纲要》编制完成,提出按照生态优先、流域互动、集约发展的思路,到 2030 年,实现生态环境更加美好、经济发展更具活力、人民生活更加殷实,在全国经济社会发展中发挥更加重要的示范引领和战略支撑作用。

《粤港澳大湾区发展规划纲要》明确了粤港澳大湾区的功能定位,即充满活力的世界级城市群、具有全球影响力的国际科技创新中心、"一带一路"建设的重要支撑、内地与港澳深度合作示范区、宜居宜业宜游的优质生活圈。到 2035 年,宜居宜业宜游的国际一流湾区全面建成。

《长江三角洲区域一体化发展规划纲要》提出了长三角"一极三区一高地"的功能定位,即全国发展强劲活跃增长极、全国高质量发展样板区、率先基本实现现代化引领区、区域一体化发展示范区、新时代改革开放新高地。通过加强长三角中心区与苏北、浙西南、皖北等区域的深层合作,推进都市圈协调联动和同城化发展。到 2025 年,全面建立一体化发展的体制机制,一体化发展取得实质性进展。

《黄河流域生态保护和高质量发展规划纲要》明确了黄河流域的功能定位,即大江大河治理的重要标杆、国家生态安全的重要屏障、高质量发展的重要实验区、中华文化保护传承弘扬的重要承载区。到 2030 年,黄河流域人水关系进一步改善,以城市群为主的动力系统更加强劲,人民群众生活更为宽裕;到 21 世纪中叶,黄河流域在中国建成富强民主文明和谐美丽的社会主义现代化强国中发挥重要支撑作用。

《成渝地区双城经济圈建设规划纲要》明确了成渝地区双城经济圈的战略定位:具有全国影响力的重要经济中心,具有全国影响力的科技创新中心,改革开放新高地,高品质生活宜居地。到 2025 年,成渝地区双城经济圈经济实力、发展活力、国际影响力大幅提升,一体化发展水平明显提高,区域特色进一步彰显,支撑全国高质量发展的作用显著增强。

党的二十大报告提出,推进京津冀协同发展、长江经济带发展、长三角一体化发展,推动黄河流域生态保护和高质量发展。高标准、高质量建设雄安新区,推动成渝地区双城经济圈建设。推进粤港澳大湾区建设,支持香港、澳门更好融入国家发展大局。

实施主体功能区战略,优化国土空间发展格局

坚持和完善主体功能区制度,站在人与自然和谐共生的高度谋划经济社会发展,推动构建优势互补、高质量发展的区域经济布局和国土空间体系。坚持宜水则水、宜山则山,宜粮则粮、宜农则农,宜工则工、宜商则商,发挥不同功能区比较优势,增强中心城市和城市群等经济发展优势区域的经济和人口承载能力,增强其他地区在保障粮食安全、生态安全、边疆安全等方面的功能,促进各类要素合理流动和高效集聚。守住国土保护开发的边界和底线,明确生态红线,构建完善自然保护地体系,完善生物多样性保护网络,在空间上对经济社会活动进行合理规划、引导和界定。

实施新型城镇化战略,加快农业转移人口市民化

城镇化是经济发展的结果,又是经济发展的动力,是现代化的必由之路。要贯彻落实党的二十大精神,坚持以人为本、优化布局、生态文明、传承文化的基本原则,遵循规律,因势利导,扎实推进符合我国基本国情的新型城镇化之路。把促进有能力在城镇稳定就业和生活的常住人口有序实现市民化作为首要任务,支持农业转移人口在城镇落户就业和生活,持续提高城镇人口素质和居民生活质量。提高城市规划建设的科学性,统筹城市布局的经济需要、生活需要、生态需要、安全需要,打造宜居城市、韧性城市、智能

城市,使城市更健康、更安全、更宜居。坚定不移以城市群为主体形态推进城镇化,扎实推进以县城为重要载体的城镇化建设,以城市群、都市圈为依托构建大中小城市和小城镇协调发展的城镇格局。加快建立健全城乡融合发展体制机制和政策体系,促进城乡深度融合发展,加快推动形成工农互促、城乡互补、协调发展、共同繁荣的新型工农城乡关系。

(作者单位:国家发展改革委员会国土开发与地区经济研究所,首都经贸大学。原文刊发于2022年10月27日《河南日报》第14版)

系统强化基础性、战略性支撑

胡明艳　冯鹏志

党的二十大报告中提出，“教育、科技、人才是全面建设社会主义现代化国家的基础性、战略性支撑”。这一重要论述深刻总结党的十八大以来我国教育、科技、人才发展的历史性变革和历史性成就，首次把教育、科技、人才发展作为一个完整的系统进行统筹把握、集中表达和整体阐发，既坚持了教育、科技、人才是全面建设社会主义现代化国家的基础性、战略性支撑，又强调了三者之间的有机联系、协同配合、系统集成；既鲜明地凸显了系统推进教育、科技、人才发展对于我国全面建成社会主义现代化强国的重大意义，更深刻地体现了习近平新时代中国特色社会主义思想的世界观和方法论对统筹我国教育、科技、人才发展的指导作用。

坚持人民至上，站稳根本立场

坚持人民至上，是习近平新时代中国特色社会主义思想的精髓，也是我国全面建设社会主义现代化国家的根本出发点和落脚点。就教育、科技、人才自身所构成的系统来看，教育培养人才，人才支撑科技，科技指向创新，而贯穿其中的始终是为谁办教育、为谁强科技、为谁育人才、为谁搞创新的根本价值取向。与此同时，深刻把握当今科技创新活动的本质属性与特征，也让我们更深刻地看到了坚持人民至上对于推进科技创新以及其他创新所具有的根本性引领作用。

从本质属性来看，20 世纪中叶以来，科技创新活动已经不再是纯粹的知识性探索，而从本质上成为一种改造世界的行为，是创新主体、客体、中介和创新环境之间相互作用的复杂活动系统，涉及人与自然、人与人、人与社会、人与自身的多维价值关系，负载着创新主体既有的价值追求与理想，又不断创造出和实现着新的价值追求。这就深刻地决定了科技创新的价值导向。

从本质特征来看，科技创新虽自成系统，但并不孤立存在，而是社会大系统中的一个子系统，受到其所属社会的政治、经济、法律、道德、文化等多方面因素的制约和影响。我国是中国共产党领导的社会主义国家，中国式现代化是坚持中国共产党领导、坚持马克思主义指导、坚持中国特色社会主义的现代化，人民性是中国共产党、马克思主义和中国特色社会主义的本质属性。这就决定了我们必须以人民至上作为发展教育、科技和人才事业的根本立场。

坚持人民至上，回答了为谁进行科技创新、靠谁开展科技创新、与谁共享科技创新成果的根本问题，为科技创新活动赋予了人民性的灵魂。坚持人民至上，把握人民愿望、尊重人民创造、集中人民智慧，办好人民满意的教育，培养德才兼备的人才，把科技创新牢固地建立在满足人民群众的生产生活需要和发展进步愿望上，让科技创新始终朝着实现人民美好生活向往的正确方向前进。

坚持自信自立，彰显主体担当

历史和实践表明，创新之路坎坷而漫长，时刻伴随风险与艰辛。只有高度自信自立的国家和民族，才能在通往未来的道路上行稳致远。

创新是“中华民族最深沉的民族禀赋”。中华民族曾经创造出了高度发达的农耕文明，为世界贡献了大量科技、思想、文化、制度等领域的创新成果，对世界文明进步产生了深远影响。新中国成立以来，在中国共产党的领导下，经过几代人的接续奋斗，中国拥有了一支世界上规模最大的科技人才队伍，在世界的创新版图上突飞猛进。我国在一些领域已接近或达到世界先进水平，某些领域正由“跟跑者”向“并行者”“领跑者”转变。根据世界知识产权组织发布的 2022 年全球创新指数（GII）排名，中国从 2012 年的第

34 位上升到 2021 年的第 11 位，已经成为国际前沿创新的重要参与者。这正如习近平总书记所指出的那样，“实践证明，我国自主创新事业是大有可为的！我国广大科技工作者是大有作为的！”

当前，全球新一轮科技革命和产业变革深入发展，科技创新正加速推进并深度融合、广泛渗透到人类社会的各个方面，孕育着关键领域实现重大创新突破的新机遇。在这一背景下，广大科技工作者要坚定创新自信，坚定敢为天下先的志向，在独创独有上下功夫，勇于挑战最前沿的科学问题，提出更多原创理论，作出更多原创发现，力争在新的起点上实现更大跨越。

在树立强烈的创新自信的同时，我们也要清醒地看到，科技创新已经成为国际战略竞争博弈的主战场，围绕科技制高点的竞争空前激烈，必须靠自力更生。我国发展到现在这个阶段，科技上愈益面临着被遏制和封锁的趋势，不仅不可能从别人那里拿到关键核心技术，就是想拿到一般的高技术也是很难的。而我国在一些关键领域基础研究积淀不够，一些关键核心技术落后于人、受制于人，也使得“卡脖子”关键技术风险愈发突出。这就要求广大教育、科技、人才事业的工作者必须树立充分的创新自信，主动肩负起时代的责任与使命，坚决打赢关键核心技术攻坚战，加快实现科技自立自强！

坚持守正创新，恪守根本原则

在全面建成社会主义现代化强国、全面推进中华民族伟大复兴的历史进程中，系统推进当代中国的教育、科技、人才发展，是一场前所未有的社会创新进程，而真正的创新是在坚守本源、坚持正道的基础上所展开的开拓创造。面对新时代、新征程、新任务对我国教育、科技和人才发展提出的前所未有的战略要求，只有坚持马克思主义基本原理不动摇，坚持党的全面领导不动摇，坚持中国特色社会主义不动摇，紧跟时代步伐，顺应实践发展，以满腔热忱对待一切新生事物，不断拓展认识的广度和深度，才能为我国教育、科技、人才的发展与创新提供坚强政治保证和强大思想力量。

必须坚持和加强党对教育、科技、人才工作的领导。教育是国之大计、党之大计。习近平总书记在党的二十大报告中指出，“坚持为党育人、为国育才，全面提高人才自主培养质量，着力造就拔尖创新人才，聚天下英才而用之。”我国是中国共产党领导的社会主义国家，这就决定了我们的教育必须努力培养担当民族复兴大任的时代新人，培养德智体美劳全面发展的社会主义建设者和接班人，始终坚持为党育人、为国育才，牢牢把握教育的社会主义方向。

党的领导是我国科技事业发展的坚强保证和强大动力。在革命、建设、改革各个历史时期，党中央都围绕党和国家工作全局，对科技工作及时作出战略部署，引领国家科技实力从量的积累迈向质的飞跃，从点的突破迈向系统能力的提升。新时代推进科技自立自强，必须完善党中央对科技工作统一领导的体制，发挥党的领导政治优势，保证科技创新始终沿着正确方向前进。

党管人才是中国特色社会主义人才制度建设的根本原则。我们党要从全局高度精准地聚焦和审视人才战略方向，有效发挥党在人才工作体系中判大势、谋大局、抓关键的顶层设计功能，通过制定政策、创新机制、改善环境、提供服务，聚天下英才而用之，为强化现代化建设的人才支撑提供了根本保证。

坚持问题导向，聚焦创新路径

问题是创新和发展的起点，也是创新和发展的动力源。只有聆听时代声音，回应时代呼唤，认真研究解决重大而紧迫的问题，才能真正把握住时代脉络，提出解决问题、实现创新和发展的新思路新办法。

推动我国科技事业发展尤其需要坚持问题导向。习近平总书记指出，“现在，我国经济社会发展和民生改善比过去任何时候都更加需要科学技术解决方案，都更加需要增强创新这个第一动力”；广大科技工作者要“坚持面向世界科技前沿、面向经济主战场、面向国家重大需求、面向人民生命健康，不断向科学技术广度和深度进军”，“既要追求知识和真理，也要服务于经济社会发展和广大人民群众”，“要把论文写在祖国的大地上，把科技成果应用在实现现代化的伟大事业中。”相比于西方发达国家，我国的现代化建设具有典型的“时空压缩”特性。我国用几十年的时间走过了西方发达国家几百年的发展历程，有着自己特殊的国情和亟待解决的问题。在这一特殊背景下，广大科技工作者开展科技攻关尤其要坚持问题导向，奔着我国最紧急、最紧迫的问题去，从国家急迫需要和长远需求出发，在关键核心技术上全力攻坚，加快突破一批关键核心技术；在事关发展全局和国家安全的基础核心领域，瞄准科技前沿领域，前瞻部署一批战略性、储备性技术研发项目，走出一条从无到有之路，成为新领域新赛道的开创者和引领者。

在教育和人才工作中，我们同样需要坚持问题导向。尤其要坚持从党中央关心、群众关切、社会关注的问题入手，破立并举，大力破除教育和人才发展体制机制顽障痼疾，把科研人员从不合理的经费管理、人才评价等体制中解放出来，营造有利于激发科技人才创新的生态系统，从而全方位全链条激发创新力量，确保在未来发展中抢占先机。

坚持系统观念，提高统筹能力

唯物辩证法认为，只有用普遍联系的、全面系统的、发展变化的观点观察事物，才能把握事物发展规律。我国正在经历人类历史上前所未有的广泛而深刻的社会变革，任何改革发展往往牵一发而动全身。这就要求我们在推进教育、科技、人才事业的发展过程中，必须坚持系统观念，提高前瞻性思考、全局性谋划、整体性推进能力。

首先，注重打造教育、科技和人才相互支撑的系统循环。在教育、科技、人才构成的“三位一体”中，教育培养人，科技创新则依靠人。人才是第一资源，也是稀缺资源。没有高素质人才队伍，科技创新就失去了最为重要而关键的力量。要造就大批德才兼备高素质人才，就需要搭建起高质量教育体系。只有重视教育的基础作用，不断为党和国家培养出更多更优秀的人才，才能形成一支活力迸发的人才队伍，继而为科技创新提供源源不断的新动能。而高水平的科技发展、活力不断的人才队伍，反过来又会推动教育的高质量发展。可见，坚持创新引领，推动科技教育人才实现融合发展、良性循环，正是推进我国现代化建设的基础性战略要求。

其次，加快完善国家科技创新体系。在这一问题上，健全社会主义市场经济条件下的新型举国体制尤为关键。习近平总书记在党的二十大报告中提出，完善科技创新体系，要健全新型举国体制，强化国家战略科技力量，提升国家创新体系整体效能，形成具有全球竞争力的开放创新生态。历史和实践已经充分证明，我们最大的优势是我国社会主义制度能够集中力量办大事，这是我们成就事业的重要法宝。过去我们取得很多重大科技成果依靠的是这一法宝，今天我们推进包括科技创新在内的各项创新也要依靠这一法宝，形成社会主义市场经济条件下集中力量办大事的新机制。我们要让市场在资源配置中起决定性作用，同时充分发挥国家作为重大科技创新组织者的作用，支持周期长、风险大、难度高、前景好的战略性科学计划和科学工程，抓系统布局、系统组织、跨界集成，把政府、市场、社会等各方面力量拧成一股绳，加强高校、科研院所产学研协同创新，加快建设军民融合创新体系，形成未来整体优势。

坚持胸怀天下，塑造宽广格局

不拒众流，方为江海。教育、科技、人才是我国现代化建设的基础性、战略性支撑，而创新是世界性的、时代性的主题。这就决定了整体推进我国教育、科技、人才发展的创新必须具有全球视野，必须以世界眼光和宽广胸怀对照、借鉴、吸收全人类的优秀文化和创新元素，推动交流、对话与合作。概言之，系统推进我国教育、科技和人才事业发展，需要始终坚持胸怀天下，不断拓宽创新格局。

从教育、科技、人才发展的规律来看，科技知识和知识创新是人类共同的财富。没有一个国家可以成为独立的创新中心或者独享创新成果，国际分工、协同和合作才能最有效地推动人类知识创造。

从人类当前面临的挑战来看，当今世界正在经历百年未有之大变局，全球正面临粮食安全、能源安全、人类健康、气候变化等共同挑战，任何一个国家都不可能孤立地依靠自己的力量解决所有创新难题。

习近平总书记曾多次强调，“自主创新不是闭门造车，不是单打独斗，不是排斥学习先进，不是把自己封闭于世界之外”，“自主创新是开放环境下的创新，绝不能关起门来搞，而是要聚四海之气、借八方之力。”这就表明，在全面建设现代化国家的更高起点和平台上，推进我国的教育发展、人才发展和科技创新，就是要坚持胸怀天下，以全球视野谋划和推动创新，努力打破制约知识、技术、人才等创新要素流动的壁垒，积极融入全球创新网络，扩大国际科技交流合作，加强国际化科研环境建设，使中国科技发展与国际前沿进展形成紧密的联系，全面提高人才自主培养质量。只有最大限度用好全球创新资源，在深度参与全球教育、科技和人才发展的过程中贡献中国智慧，提高我国在全球治理中的影响力和规则制定能力，形成具有全球竞争力的开放创新生态，当代中国才能更好地让创新源泉充分涌流、创新活力充分迸发、创新水平快速提升、创新成效充分展现，从而更加充分地展现教育、科技和人才事业有机联系、协同配合、系统集成发展的高质量和新境界，最终成功实现高水平自立自强目标。

（作者单位：中共中央党校。原文刊发于 2022 年 10 月 27 日《河南日报》第 15 版）

大力发展全过程人民民主

张　超　张志明

全过程人民民主是社会主义民主政治的本质属性,是最广泛、最真实、最管用的民主。发展全过程人民民主,对坚持走中国特色社会主义政治发展道路、全面建设社会主义现代化国家具有深远意义。

人民民主是中国共产党始终高举的旗帜

民主是全人类的共同价值,是中国共产党和中国人民始终不渝坚持的重要理念。自成立之日起,中国共产党就以实现中国人民当家作主和中华民族伟大复兴为己任。整个新民主主义革命,就是一部党领导人民争取民主、反抗压迫和剥削的历史。党把民主的理念贯彻到党的建设、军队建设和根据地政权建设等领域,为民主政治的发展探索出宝贵经验。新中国的成立,实现了中国从几千年封建专制政治向人民民主的伟大飞跃,开启了中国民主发展的新纪元,让人民当家作主从梦想变为现实。进入社会主义革命和建设时期,党领导人民制定颁布新中国第一部宪法,确立人民代表大会制度、中国共产党领导的多党合作和政治协商制度、民族区域自治制度,为人民民主的发展奠定了法律和制度基础。改革开放和社会主义现代化建设新时期,党提出,没有民主就没有社会主义,就没有社会主义的现代化。党领导人民坚定不移推进社会主义民主法治建设,坚持党的领导、人民当家作主、依法治国有机统一,巩固和发展人民代表大会制度,进一步完善中国共产党领导的多党合作和政治协商制度、民族区域自治制度、基层群众自治制度等基本政治制度,人民民主的道路越走越宽广。中国特色社会主义进入新时代,以习近平同志为核心的党中央,坚持和加强党对社会主义民主政治建设的全面领导,健全人民当家作主的制度体系,巩固和发展最广泛的爱国统一战线,发展社会主义协商民主,提出全过程人民民主重大理念并从各方面大力推进,人民民主发展进入历史新时期。

这一过程说明,民主是中国共产党始终坚持的重要价值,人民民主是中国共产党始终高举的旗帜。马克思、恩格斯指出,“无产阶级的运动是绝大多数人的,为绝大多数人谋利益的独立的运动”,“工人阶级一旦取得统治权,就不能继续运用旧的国家机器来进行管理”,必须“以新的真正民主的国家政权来代替”。中国共产党继承了马克思主义的国家观和民主观,领导人民建立工人阶级领导的、以工农联盟为基础的人民民主专政的社会主义国家,在宪法中明确国家的一切权力属于人民,强调人民民主是社会主义的生命,把自由、平等、公正、法治作为社会主义核心价值观的重要内容,为人民民主的落实作出各种制度安排和实践推动,使马克思主义的民主观从理念变成现实。在中国共产党的领导下,中国人民摆脱了帝国主义、封建主义、官僚资本主义的剥削和压迫,真正成为国家、社会和自己命运的主人,人民民主焕发出勃勃生机。

这一过程说明,中国的民主植根于中国的历史文化传统,成长于中国人民的实践探索和智慧创造,是符合中国国情的民主形态。在很长一段时期,在民主话语体系中,西方民主是民主的唯一标准,西方的民主化道路是后发国家走向民主化的不二选择。无论是从世界范围的民主化进程看,还是从中国的民主发展道路看,民主都是多样的,实现民主的道路并非只有一条。西方以竞争性选举为核心的民主,是民主的形态之一,但不是唯一标准。在实现民主的道路上,西方国家内部,英国与美国不同,法国与英美不同,德国与这些国家又不同。中国的民主,本质和核心是人民民主,表现形态是全过程人民民主。中国的民主化道路,是在中国共产党领导下,把党的领导、人民当家作主、依法治国有机统一、一体推进的历史进程。各国的历史文化不同、现实国情不同,民主的形式选择必然不同。照搬照抄其他国家的民主模式,必然导致水土不服、弊病丛生,甚至陷入政治动荡、社会动乱、人民流离失所。

全过程人民民主是社会主义民主政治的本质属性

党的十八大以来,我们深化对民主政治发展规律的认识,提出全过程人民民主的重大理念。全过程人民民主是一个完整的制度链条,包括选举民主、协商民主、社会民主、基层民主、公民民主等民主政治的全部要素,涵盖了民主选举、民主协商、民主决策、民主管理、民主监督等民主过程的一切领域,不仅有完整的制度程序,而且有完整的参与实践,实现了过程民主和成果民主、程序民主和实质民主、直接民主和间接民主、人民民主和国家意志相统一,是全链条、全方位、全覆盖的民主,是最广泛、最真实、最管用的社会主义民主。全过程人民民主,是对民主内涵的丰富和对民主评价标准的完善,是对西方以竞争性选举为核心的选举民主的超越,彰显了中国特色社会主义民主政治的特点和优势。

全过程人民民主是以人民为中心的民主。西方国家的选举民主,实际上是以资本为中心的民主,不但选举过程需要足够的资本作支撑,而且经过选举上台的政府也主要是为少数资本家服务,是资本集团的游戏,是有钱人的"民主"。中国的全过程人民民主坚持以人民为中心,坚持国家一切权力归全体人民平等享有,国家权力不为资本服务,而是为人民服务。人民既广泛参与国家、社会事务和经济文化事业的管理,也在日常生活中广泛充分行使民主权利;既参与民主的过程,也充分享有民主的成果。中国建成世界上规模最大的社会保障体系,基本医疗保险覆盖超过13亿人、基本养老保险覆盖超过10亿人。中国全面建成小康社会,14亿多人民彻底摆脱了绝对贫困,正迈向共同富裕。中国人民的生存权、发展权、健康权得到充分保障,经济、政治、文化、社会、环境等方面权利不断发展。

全过程人民民主是人民享有广泛权利和参与渠道的民主。民众只有在投票时被唤醒、投票后就进入休眠期,这是西方选举民主存在的一个明显弊端。在我国,人民享有广泛的民主权利。包括依法享有选举权和被选举权,享有对国家和社会事务的知情权、参与权、表达权、监督权,享有对任何国家机关和国家工作人员提出批评和建议的权利，享有言论、出版、集会、结社、游行、示威、宗教信仰等自由。在我国，人民参与民主的广度和深度不断拓展。人民既参与国家和社会事务管理，又参与经济和文化事业管理；既参与国家发展顶层设计的意见建议征询，又参与地方公共事务治理；既参与民主选举、民主协商，又参与民主决策、民主管理、民主监督；既通过人大、政协等渠道表达意愿，又通过社会组织、网络等平台表达诉求。广泛持续的民主参与使人民的民主权利得到充分保障，人民的利益诉求得到充分表达和有效实现。

全过程人民民主是能够提升国家治理效能和促进社会和谐稳定的民主。在一些后发国家中，虽然移植了西方民主的形式，但却没有带来国家治理能力的提升和社会的和谐稳定，相反，很多国家出现了治理"失灵"、社会分裂等病症。民主不是装饰品，判断一种民主形式好不好，关键要看它能不能带来"善治"。全过程人民民主，有效调节国家政治关系，发展充满活力的政党关系、民族关系、宗教关系、阶层关系、海内外同胞关系，最大限度避免了牵扯，切实防止了相互掣肘、内耗严重的现象，形成了安定团结的政治局面和集中力量办大事的制度优势。全过程人民民主，实现各方面意志和利益的协调统一，实现各方面在共同思想、共同利益、共同目标基础上的团结一致，人民安居乐业、心情舒畅，社会和谐稳定、生机勃勃。中国用几十年时间走过了西方发达国家几百年走过的工业化历程，在剧烈的社会变革中，没有发生后发国家在现代化进程中容易出现的社会动荡，不仅创造了经济快速发展奇迹，也创造了社会长期稳定奇迹。人民民主既是中国社会进步的推进器，也是中国社会进步的润滑剂。

中国的民主经历了选择、探索、实践与发展的艰辛历程，形成了全过程人民民主这一民主形式，丰富了人类政治文明形态。世界上不存在完全相同的民主制度，也不存在适用于一切国家的民主模式。全过程人民民主是适合中国国情的民主形式，在实践中显现出了巨大的生命力和治理绩效，具有深厚的现实基础和广阔的发展前景。

在推进中国式现代化中继续发展全过程人民民主

党的二十大把发展全过程人民民主确立为中国式现代化的本质要求，并对发展全过程人民民主作出专门部署，进一步凸显了全过程人民民主的重要地位，指明了今后一段时期全过程人民民主的发展方向。

坚持党对发展全过程人民民主的全面领导。中国共产党领导是中国特色社会主义最本质的特征，是全党全国各族人民共同意志和根本利益的体现。全过程人民民主是在党的领导下创立的，也必须在党的领导下不断发展完善，党的全面领导是发展全过程人民民主的根本保证。只有发挥党总揽全局、协调各方的领导作用，发展全过程人民民主才能有正确发展方向，才能有效避免和克服分散主义、本位主义，防止出现议而不决、决而不行。党的十九届六中全会通过的第三个历史决议把“发展全过程人民民主”列为习近平新时代中国特色社会主义思想“十个明确”的重要内容，党的二十大对发展全过程人民民主的重大意义和重要地位、近期目标和长远目标、重点任务和重要举措作出了重要论述和部署。必须以习近平新时代中国特色社会主义思想为指导，全面贯彻党的二十大要求，把党的全面领导贯穿在民主选举、民主协商、民主决策、民主管理和民主监督等全过程，体现到国家政治关系、党群关系、政党关系、民族关系、宗教关系、阶层关系、海内外同胞关系等各领域，保障党关于全过程人民民主发展的理念、方略和目标得到切实贯彻，推动全过程人民民主的价值理念、运行程序、规范要求等不断得到落实。

坚定发展全过程人民民主的政治自觉。评价一个国家政治制度是不是民主的、有效的，主要看全体人民能否依法管理国家事务和社会事务、管理经济和文化事业，人民群众能否畅通表达利益要求，社会各方面能否有效参与国家政治生活，国家决策能否实现科学化、民主化，各方面人才能否通过公平竞争进入国家领导和管理体系，执政党能否依照宪法法律规定实现对国家事务的领导，权力运用能否得到有效制约和监督。全过程人民民主坚持以人民为中心的价值取向，以全面完整的内涵、科学有效的制度安排、深入广泛的参与实践展现了社会主义民主政治的本质，实现了民主发展与政治稳定、社会进步的良性互动，集中体现了中国民主的鲜明特色和显著优势。坚定中国特色社会主义制度自信应当首先坚定对中国特色社会主义政治制度的自信，坚定不移走中国特色社会主义政治发展道路，增强发展全过程人民民主的信心和决心，风雨如磐不动摇。

把握全过程人民民主的着力点。党的二十大把加强人民当家作主制度保障、全面发展协商民主、积极发展基层民主、巩固和发展最广泛的爱国统一战线作为未来一段时间发展全过程人民民主的重点工作，明确了今后全过程人民民主的着力点和主攻方向。在加强人民当家作主制度保障上，要坚持和完善我国根本政治制度、基本政治制度、重要政治制度，拓展民主渠道，丰富民主形式，支持和保证人民通过人民代表大会行使国家权力。深化工会、共青团、妇联等群团组织改革和建设，有效发挥桥梁纽带作用。坚持走中国人权发展道路，推动人权事业全面发展。在全面发展协商民主上，要推进协商民主广泛多层制度化发展，坚持和完善中国共产党领导的多党合作和政治协商制度，完善人民政协民主监督和委员联系界别群众制度机制。在积极发展基层民主上，健全基层党组织领导的基层群众自治机制，完善基层直接民主制度体系和工作体系。全心全意依靠工人阶级，维护职工合法权益。在巩固和发展最广泛的爱国统一战线上，完善大统战工作格局，坚持大团结大联合，动员全体中华儿女围绕实现中华民族伟大复兴中国梦一起来想、一起来干。加强同民主党派和无党派人士的团结合作。以铸牢中华民族共同体意识为主线，加强和改进党的民族工作。坚持我国宗教中国化方向，积极引导宗教与社会主义社会相适应。加强和改进侨务工作，形成共同致力民族复兴的强大力量。

坚持人民的主体地位。尊重人民主体地位，保证人民当家作主，是我们党的一贯主张。发展全过程人民民主，必须坚持国家一切权力属于人民，支持和保证人民依照法律规定，通过各种途径管理国家事务，管理经济和文化事业，管理社会事务。要把体现人民利益、反映人民愿望、维护人民权益、增进人民福祉落实到全过程人民民主建设中，把民主作为满足人民群众对美好生活需要、实现共同富裕的制度保障。全过程人民民主建设离不开人民群众民主素质和能力的提高，必须坚持在实践民主中学习民主、在学习民主中实践民主。要组织、引导人民群众扩大有序政治参与，使他们在贯彻民主制度、行使民主权利中增强主体意识、提高民主素质、培育民主作风、经受民主实践锻炼，不断提高民主素养和民主能力。要加强全过程人民民主建设成果的宣传，及时解答人民群众关注的热点难点问题，正确引导社会舆论，努力形成有利于推进全过程人民民主建设的良好氛围。

（作者单位：中共中央党校。原文刊发于 2022 年 10 月 27 日《河南日报》第 16 版）

开启全面依法治国新征程

吕艳滨

党的二十大明确了中国式现代化的内涵、特色、本质要求以及“两步走”的战略安排,并强调“在法治轨道上全面建设社会主义现代化国家”。回顾过去的五年,党带领全国人民坚持走中国特色社会主义政治发展道路,全面发展全过程人民民主,人民当家作主更为扎实,全面依法治国总体格局基本形成;面向未来,全面依法治国将深入推进,助力发展全过程人民民主,保障人民当家作主,全面建设社会主义现代化国家。

国家治理理念治理方式的重大变革

将法治确立为党领导人民治理国家的基本方略,将全面依法治国明确为中国特色社会主义的本质要求和重要保障,进而确认全面依法治国是国家治理的一场深刻革命,这是中国共产党领导全国人民探索马克思主义中国化、建设中国特色社会主义的必然选择。强调在法治轨道上全面建设社会主义现代化国家,这正是基于对全面依法治国在国家治理中的重要作用的深刻认识所得出的结论,也是国家治理理念与治理方式的重大变革。

全面依法治国是新时代中华民族的伟大共识。随着中国特色社会主义进入新时代,各行各业各个领域都面临着高质量发展的首要任务,如何有效解决人民日益增长的美好生活需要和不平衡不充分的发展之间的矛盾对国家治理提出了新挑战。全面依法治国就是坚持社会主义市场经济平等、自由、正义、效率等的内在价值追求,维护宪法法律权威,保障最广大人民群众的权益,为全面深化改革提供保障。

全面依法治国是党领导全国人民治理国家的重大转变和深刻革命。实现中国式现代化必然要转变传统的国家治理理念和治理模式,全面推进社会主义民主政治制度化、规范化、程序化,要推进各方主体的多方参与、多元共治。全面推进依法治国,将党领导全国各族人民治理国家的大政方针上升为国家意志,确保重大改革于法有据,引导全社会信法用法尊法守法,运用法治思维和法治方式解决现代化道路上遇到的各种问题,这是国家治理体系和治理能力现代化的必然路径。

全面依法治国作为党领导全国各族人民建设中国式现代化的最大共识,是确保各项工作进入制度化、规范化、程序化轨道,为各方主体提供可预期的行为规范和行为准则,也是引领全国上下合力推进全过程人民民主、推动实现共同富裕、践行社会主义核心价值观,提高全社会文明程度的重要路径。因此,党的二十大基于中国式现代化的发展需求,结合过去5年全面依法治国取得的成效和面临的挑战,对未来法治中国建设作出了总体性部署。

将加强党的领导作为根本保障

中国特色社会主义法治的本质和核心是坚持党的领导,这是中国特色社会主义的最本质特征。全面依法治国、建设中国特色社会主义法治国家,是党领导全国各族人民经过长期探索、总结正反两方面经验所作出的重大抉择。推进全面依法治国是推进国家治理体系和治理能力现代化的重要方面,要贯彻新发展理念、构建新发展格局,全面深化改革开放、促进社会发展、保障民生福祉,就需要破解发展过程中遇到的各种困难、调整好各方利益、整合好各方力量,这就必须进一步加强党对全面依法治国的领导。推进全面依法治国还需要不断破解民主科学立法、文明执法、公正司法、全民守法中遇到的突出问题,这也需要发挥党的领导核心和统揽全局的作用,加强全面依法治国的顶层设计、统筹协调、督促落实。推进全面依法治国必须坚持以习近平法治思想为指导。习近平法治思想是对马克思主义法治理论、中国特色社会主义法治理论的新发展和重大理论创新成果,是新时代全面依法治国的根本遵循和行动指南。未来推进全面依法治国,必须进一步全面、深入、系统学习贯彻习近平法治思想,用以指导全面依法治国的生动实践。坚持党对全面依法治国的领导还需要进一步用好党领导全面依法治国的制度和工作机制。中央全面依法治国委员会的成立是实现党对全面依法治国集中领导、高效决策、统一部署的重要机制。近年来,在中央全面依法治国委员会的集中统一领导下,各地方各领域法治建设系统推进,督查评估等手段的应用有效解决了各地法治发展中的动力问题。今后应进一步发挥其在统筹整合各方资源力量,破除深层次体制机制难题,研究解决重大矛盾问题上下功夫。党领导全面依法治国,同样也要在宪法法律范围内活动,依法治国与依规治党有机统一、并行不悖,这也是党领导全面依法治国的必然要求。

将以人民为中心作为出发点落脚点

坚持以人民为中心的发展理念是中国共产党全心全意为人民服务宗旨的集中体现,也是中国特色社会主义的本质决定的。近年来,我国着力加强民生领域的立法,加快推进“放管服”改革,着力优化营商环境,不断提高公共服务水平,教育、医疗、食品安全、养老、环保、社会管理等众多民生领域的法律制度不断健全、政府执法日益规范、各类保障水平逐步提升,立法执法司法积极回应了广大人民群众在民生福祉方面的关切和需求。面对2020年以来突发的新型冠状病毒肺炎疫情,党和国家本着保障全体群众生命健康的原则,组织和动员全社会力量抗击疫情,依法应对突发公共卫生事件的能力和水平逐步提升,充分展示了中国共产党领导的中国特色社会主义以人为本的治理理念。深化司法体制综合配套改革、全面准确落实司法责任制过程中,推行立案登记制、发展智慧司法、加强一体化诉讼服务、加大公共法律服务力度、防范冤假错案、努力保障司法人权等改革举措也都是以人民为中心发展理念的充分集中体现。

努力解决好民生问题是贯彻以人民为中心发展理念的重要体现。习近平总书记在二十大报告中指出,“必须坚持在发展中保障和改善民生,鼓励共同奋斗创造美好生活，不断实现人民对美好生活的向往”，“要实现好、维护好、发展好最广大人民根本利益，紧紧抓住人民最关心最直接最现实的利益问题”，“着力解决好人民群众急难愁盼问题”。报告明确了增进民生福祉、提高人民生活品质的方向，明确了未来一段时间全面依法治国的重点领域，为加强相关领域法治建设提出了更高的要求。

以人民为中心是检验全面依法治国各项工作的重要标准之一。高质量发展是全面建设社会主义现代化国家的首要任务，其最终目的就是满足人民群众日益增长的美好生活需要，体现人民利益至上。建设中国式现代化，必须不断完善中国特色社会主义法治体系，加强立法、打造法治政府、实现公正司法、建设法治社会，而检验其成效不仅要看是否有助于落实推动高质量发展的各项方针政策，更要看其出发点和落脚点是否充分体现了以人民为中心的发展理念、是否符合广大人民群众的根本利益。全面依法治国的成效如何，必然要以在多大程度上落实了以人民为中心的发展理念为其重要的评价标准之一。

这就要求，以人民为中心推进全面依法治国过程中，各级各类党政机关必须把系统准确感知人民群众急难愁盼和全面有效回应群众关切诉求作为工作的重点。各级各类党政机关应用好各类渠道和平台全面汇聚、科学分析、准确把握群众诉求，把其最关心、对其生产生活有重大影响的事项作为一定时期内探寻解决途径、完善修改制度的重点领域和重要方面，确保全面依法治国获得最广泛的支持、认可，并伴随社会主义法律文化的普及宣传，在全社会各界真正形成高度认同和认真遵守中国特色社会主义法治的风气，并有力推动弘扬社会主义法治精神、传承中华优秀传统法律文化。

将全过程人民民主贯穿各个方面

“全过程人民民主是社会主义民主政治的本质属性，是最广泛、最真实、最管用的民主”。全过程人民民主是坚持以人民为中心理念，保障人民当家作主的集中体现。“全过程”“人民”这两大要素决定了中国特色社会主义民主从根本上有别于西方所谓的“民主”，是全体中国人民可以参与的、真正体现和维护人民利益的民主形态。习近平总书记强调:“有事好商量,众人的事情由众人商量,是人民民主的真谛。”全过程人民民主就是要发动广大人民群众有序参与国家政治事务、政府管理和社会治理,深入讨论上到国家大政方针、下到群众急难愁盼,集思广益、海纳百川,求同存异、形成共识,实现共建、共治、共享。

全面依法治国要贯彻以人民为中心的发展理念,必然要将全过程人民民主贯穿始终。发展全过程人民民主,要求在发展中国特色社会主义法治过程中依法保障人民群众有序参与立法、决策、执法、司法,为此,要建立健全重要立法、重大决策公开征集和听取群众意见的机制以及重要管理、重要司法活动接受公众监督的机制,让广大人民群众切实行使好参与权、决策权、监督权。这就要求进一步系统推进和深化立法公开、政务公开、司法公开,以公开促参与、以公开促监督。发展全过程人民民主,要求管理者从根本上转变闭门立法、自行决策等的传统思路和模式,敞开大门,充分听取人民群众基于不同角度提出的意见建议,并将向社会公开不采纳人民群众意见建议的情况及其理由作为立法、决策的法定程序,通过沟通、协商形成共识,让一心为民的初心得到广泛认同和支持。发展全过程人民民主,必须依法拓展民主渠道、丰富民主形式。尤其是广大基层应当进一步加强人大、政协建设,完善基层人大民主监督、基层政协协商议事工作机制,发挥基层人大代表、政协委员联系群众的作用,从解决基层群众身边小事入手,引导人民群众有序参与基层管理,切实提升其当家作主的意识和能力。

将保障全面深化改革作为重要内容

坚持全面深化改革,坚决破除一切不合时宜的思想观念和体制机制弊端,突破利益固化的藩篱,吸收人类文明有益成果,构建系统完备、科学规范、运行有效的制度体系,这是确保中国特色社会主义始终保持活力和优越性的制胜法宝。全面依法治国既要对各项中国特色社会主义法律制度进行不断完善与改革,也要为各领域全面深化改革提供有力有效的法治保障。

党的二十大为下一阶段全面依法治国，实现法治国家、法治政府、法治社会一体建设明确了方向。法治是人类政治文明进步的产物，中国特色社会主义法治是中国共产党领导中国人民吸纳古今中外先进的法治思想和法律制度所形成的，追求先进、不断革新，是其重要特点。在落实以人民为中心的发展理念和发展全过程人民民主过程中，全面依法治国的各个方面都面临着自身高质量发展的需求，都要接受实践的检验，与发展中国式现代化和追求经济社会高质量发展不相符合的法律制度必然要进行修改完善。完善立法工作机制、推动民主科学立法，加强依法行政、建设法治政府，深化司法体制综合配套改革、落实司法责任制，法治建设领域的各项改革深入推进，必将让公权力运行更加有序规范、让各领域人权保障更加切实有效。

建设社会主义法治国家既是目标也是手段。全面依法治国既要保障人权，保护广大人民群众的合法权益，又要为全面深化改革保驾护航。习近平总书记在二十大报告中指出，要坚持社会主义市场经济改革方向。而早在十八届三中全会上，党中央就明确经济体制改革是全面深化改革的重点，核心问题是处理好政府和市场的关系，其关键则在于切实转变政府职能，深化行政体制改革，创新行政管理方式。全面深化改革从根本上就是要逐步革除不利于社会主义市场经济发展的政府管理模式和制度设计，使政府权力运行更有助于激发市场活力，有助于鼓励创新发展。因此，改革必将面对如何对待各种新生事物、如何应对各类新生问题，必将伴随着深刻而复杂的利益调整和矛盾处理，必将涉及对原有制度安排的修改完善和权责体系的优化调整，这些均要在法治的框架内进行。如何处理好法治的统一性、稳定性、权威性、前瞻性等是全面依法治国始终面临的课题。改革开放四十多年的经验早已形成共识，即改革不是无视制度、规避法治的挡箭牌，因此，改革必须于法有据，要在法治轨道上推进改革。全面依法治国必须对瞬息万变的社会发展和各方面的改革需求做出积极快速响应，加快重点领域、新兴领域等的法律法规的立改废，为各项改革设定边界、保驾护航，以进一步解放生产力、切实保障各领域的高质量发展。

二十大的胜利召开为今后一段时期建设中国式现代化指明了方向，也为今后全面依法治国列明了需要重点关注的方面和领域，对各个领域的法治建设做出了部署和安排。相信这必将为中国特色社会主义法治国家建设取得新进展、迈上新阶段提供有力的支撑与保障。

（作者单位：中国社会科学院。原文刊发于 2022 年 10 月 27 日《河南日报》第 17 版）

促进人与自然和谐共生

李宏伟

党的二十大报告提出，大自然是人类赖以生存发展的基本条件。尊重自然、顺应自然、保护自然，是全面建设社会主义现代化国家的内在要求。必须牢固树立和践行绿水青山就是金山银山的理念，站在人与自然和谐共生的高度谋划发展。

中国式现代化的重要特征

党的十九大报告首次明确提出“我们要建设的现代化是人与自然和谐共生的现代化”。2021 年习近平总书记在“七一”重要讲话中强调人与自然和谐共生的现代化是中国式现代化的重要特征。党的二十大将人与自然和谐共生放到了中国式现代化的显著位置。人与自然和谐共生的现代化，是中国式现代化道路和人类文明新形态的重要特征，对全面建设社会主义现代化国家和推动构建人类命运共同体都具有重要意义。

我国仍是发展中国家，仍在工业化、城镇化进程中，全面绿色转型的基础依然薄弱，生态环境保护结构性、根源性、趋势性压力总体上尚未根本缓解。最突出的是“三个没有根本改变”，即以重化工为主的产业结构、以煤为主的能源结构和以公路货运为主的运输结构没有根本改变，污染排放和生态破坏的严峻形势没有根本改变，生态环境事件多发频发的高风险态势没有根本改变。当前，我国重点区域、重点行业污染问题没有得到根本解决，还需要在系统治理、源头治理上进一步发力。进入新时代，我国社会主要矛盾已经转化为人民日益增长的美好生活需要和不平衡不充分的发展之间的矛盾。在生态环境方面，过去老百姓是盼温饱，现在是盼环保；过去是求生存，现在是求生态。在全面进入小康社会以后，人民对优美生态环境的需要日益增长，因此必须坚持生态优先、推动高质量发展，进一步提升人民群众对美好生活的获得感、幸福感和安全感。

推进人与自然和谐共生的现代化，既是对实现什么样的现代化命题的全新思考，也是对实现什么样的现代化相关路径、方式、举措的系统布局。这是以习近平同志为核心的党中央对中国特色社会主义生态文明建设的认识新突破，在更高层次上推动了人类现代化的道路选择和人类文明的发展。

生态文明建设的根本遵循

党的十八大以来，中国共产党将生态文明建设作为“国之大者”，科学回答了为什么建设生态文明、建设什么样的生态文明、怎样建设生态文明的问题，形成了习近平生态文明思想。其核心要义体现为“十个坚持”，即坚持党对生态文明建设的全面领导，坚持生态兴则文明兴，坚持人与自然和谐共生，坚持绿水青山就是金山银山，坚持良好生态环境是最普惠的民生福祉，坚持绿色发展是发展观的深刻革命，坚持统筹山水林田湖草沙系统治理，坚持用最严格制度最严密法治保护生态环境，坚持把建设美丽中国转化为全体人民自觉行动，坚持共谋全球生态文明建设之路。这“十个坚持”深刻回答了新时代生态文明建设的根本保证、历史依据、基本原则、核心理念、宗旨要求、战略路径、系统观念、制度保障、社会力量、全球倡议等一系列重大理论与实践问题，标志着我们党对社会主义生态文明建设的规律性认识达到新的高度，是我们推进人与自然和谐共生现代化的根本遵循。

一是坚持党对生态文明建设的全面领导。党的十八大以来，以习近平同志为核心的党中央，深刻总结人类文明发展规律，将生态文明建设纳入中国特色社会主义“五位一体”总体布局和“四个全面”战略布局，党对生态环境保护的领导得到全面加强。党的十八大通过的《中国共产党章程（修正案）》，把“中国共产党领导人民建设社会主义生态文明”写入党章。党的十九大通过的《中国共产党章程(修正案)》,再次强化“增强绿水青山就是金山银山的意识”。2018 年 3 月 11 日,十三届全国人民代表大会第一次会议通过《中华人民共和国宪法修正案》,生态文明正式写入国家根本法,实现了党的主张、国家意志、人民意愿的高度统一。党的二十大提出全面建成社会主义现代化强国,总的战略安排是分两步走:从二〇二〇年到二〇三五年基本实现社会主义现代化;从二〇三五年到本世纪中叶把我国建成富强民主文明和谐美丽的社会主义现代化强国,明确了美丽中国是社会主义现代化强国目标之一,并将清洁美丽的世界等内容写入党章。党的十八大以来,党从思想、法律、体制、组织、作风上全面发力,全方位、全地域、全过程加强生态环境保护。生态环境保护已经成为各级党委政府的政治责任,各级党委将生态环境保护工作摆上了更加重要位置,发挥了更加重要的作用。

二是坚持生态兴则文明兴。生态环境是人类生存和发展的根基,生态环境变化直接影响文明兴衰演替,生态文明建设是关系到中华民族永续发展的根本大计。人类文明的发展史就是一部人与自然的关系史,生态环境变化直接影响文明兴衰演替。“生态兴则文明兴,生态衰则文明衰”这一论断,对生态与文明关系作出了鲜明阐释,体现了生态环境条件对于人类社会文明生存延续与长远发展的重要性,彰显了中国共产党人对人类文明发展规律、自然规律和经济社会发展规律的深刻认识,发展了马克思主义生态观。党的二十大指出,大自然是人类赖以生存发展的基本条件。尊重自然、顺应自然、保护自然,是全面建设社会主义现代化国家的内在要求。

三是坚持人与自然和谐共生。人与自然是生命共同体,应当坚持节约优先、保护优先、自然恢复为主的方针,像保护眼睛一样保护生态环境,像对待生命一样对待生态环境,让自然生态美景永驻人间,还自然以宁静、和谐、美丽。人与自然是生命共同体是对人与自然关系的全新认识,是解决我国生态环境问题、实现绿色低碳发展要求的认识论基础。人与自然是生命共同体可以从三个层次来理解,即自然界是人类赖以生存和发展的基础,人归根结底是自然的一部分,人与自然是共生关系。

四是坚持绿水青山就是金山银山。这是对经济社会发展与环境保护之间辩证统一关系的全新认识,鲜活概括了有中国气派、中国风格和中国特色的绿色发展战略内涵，为新时代生态文明建设提供了重要的指导思想。“绿水青山就是金山银山”的理念超越了传统的马克思主义生产力观，也超越了西方主流经济学的理论，把生态环境作为与自然资源一样重要的生产力要素来认识，把生态环境作为生产力发展的动力因素来认识。明确指出了“保护生态环境就是保护生产力，改善生态环境就是发展生产力”。

绿水青山既是自然财富、生态财富，又是社会财富、经济财富，体现了绿色财富理念，认为自然资源、生态环境也是财富，而且是更具基础性和本源性的财富。同时，生态环境不仅是财富的自然体现，而且可以增值。保护自然价值和增值自然资本是实现绿水青山就是金山银山的重要前提和关键路径，党的二十大提出要建立生态产品价值实现机制。

五是坚持良好生态环境是最普惠的民生福祉。坚持生态惠民、生态利民、生态为民，重点解决损害群众健康的突出环境问题，不断满足人民日益增长的优美生态环境需要。要自觉把生态纳入民生福祉，拓宽惠民利民富民之道，为人民提供更多优质的公共生态产品。生态产品具有普惠性和公平性，生态环境是人民群众生活的基本条件和社会生产的基本要素，是最广大人民的根本利益所在。良好的生态环境是人民生存与发展的前提和基础，是党和政府必须提供的基本公共服务，生态环境是关系党的使命宗旨的重大政治问题。为实现更公平的发展，党的二十大提出要完善生态保护补偿制度。

六是坚持绿色发展是发展观的深刻革命。习近平总书记在北京世界园艺博览会开幕式上的讲话指出：“杀鸡取卵、竭泽而渔的发展方式走到了尽头，顺应自然、保护生态的绿色发展昭示着未来。”推动绿色发展，就是要正确处理经济发展和生态环境保护的关系，就是要坚持绿水青山就是金山银山的发展理念，把经济活动、人的行为限制在自然资源和生态环境能够承受的限度内，有效防止在开发利用自然上走弯路。

七是坚持统筹山水林田湖草沙系统治理。山水林田湖草沙是生命共同体，体现了马克思主义系统自然观。生态是相互依存的有机链条，人类社会的一切活动都离不开自然界和自然生态系统；生态平衡是整个生态系统维持稳定的重要条件，为人类提供了适宜的环境条件和稳定的物质资源。党的二十大指出，我们要推进美丽中国建设，坚持山水林田湖草沙一体化保护和系统治理，统筹产业结构调整、污染治理、生态保护、应对气候变化，协同推进降碳、减污、扩绿、增长，推进生态优先、节约集约、绿色低碳发展。我们要深刻把握坚持山水林田湖草沙是生命共同体的理论逻辑和实践基础，不断增强运用系统思维，统筹山水林田湖草沙系统治理的思想自觉和行动自觉。

八是坚持用最严格制度最严密法治保护生态环境。当前，我国已经到了加快推进生态文明制度建设的关键期。因此，必须加快推进生态文明领域国家治理体系和治理能力现代化，用最严格制度最严密法治推动生态文明建设。党的十八大以来，我国大力推进生态文明制度建设，相继出台了《生态文明体制改革总体方案》《关于全面推行河长制的意见》等一系列生态环保制度，形成系统完备、科学规范、运行有效的制度体系，各方面的制度更加成熟更加定型。党的二十大进一步指出，要全面实行排污许可制，健全现代环境治理体系。严密防控环境风险。深入推进中央生态环境保护督察。

九是坚持把建设美丽中国转化为全体人民自觉行动。美丽中国共建共享体现了环境保护公众参与这一传统，而且融合了新的现代社会治理模式。民众是受益的主体，也是建设的责任主体。生态文明建设惠及民生，民众是受益的主体，也应当是建设的责任主体。民众是生态环境治理的重要力量，只有充分调动民众的积极性、创造性，让民众全面参与到生态环境保护中来，我国的生态文明建设才有稳固的基础，因而要凝聚起全社会的共识。党的二十大提出，要倡导绿色消费，推动形成绿色低碳的生产方式和生活方式。

十是坚持共谋全球生态文明建设之路。生态文明建设关乎人类未来，建设绿色家园是人类的共同梦想，保护生态环境、应对气候变化需要世界各国同舟共济、共同努力。作为负责任的大国，中国始终从推动构建人类命运共同体的责任担当出发，高度重视应对气候变化，发挥大国表率作用，以绿色发展理念引领和推动应对气候变化的国内行动。党的二十大提出，要积极稳妥推进碳达峰碳中和，积极参与应对气候变化全球治理。

绿色发展的战略部署

党的二十大提出推动绿色发展,促进人与自然和谐共生。报告从四个方面阐明了大力推进生态文明建设的战略部署。

其一,确立发展理念和发展方式上的绿色化转向。这就要求我们加快发展方式绿色转型,实施全面节约战略,发展绿色低碳产业,倡导绿色消费,推动形成绿色低碳的生产方式和生活方式。在现代化的进程中,我们要坚持"绿水青山就是金山银山"的理念,形成以绿色为导向的生态发展观,包括绿色发展观、绿色政绩观、绿色生产方式、绿色生活方式。

其二,在完善环境治理体系现代化的进程中,要深入推进环境污染防治,持续深入打好蓝天、碧水、净土保卫战,基本消除重污染天气,基本消除城市黑臭水体,加强土壤污染源头防控,提升环境基础设施建设水平,推进城乡人居环境整治。坚持系统治理与重点突破相结合。采取行政、经济、技术、法律手段相结合推进环境质量整体提升。

其三,增强生态建设能力,要提升生态系统多样性、稳定性、持续性,加快实施重要生态系统保护和修复重大工程,实施生物多样性保护重大工程,推行草原森林河流湖泊湿地休养生息,实施好长江十年禁渔,健全耕地休耕轮作制度,防治外来物种侵害。

其四,积极参与应对气候变化全球治理。积极稳妥推进碳达峰碳中和,立足我国能源资源禀赋,坚持先立后破,有计划分步骤实施碳达峰行动,深入推进能源革命,加强煤炭清洁高效利用,加快规划建设新型能源体系。作为负责任的大国,中国始终从推动构建人类命运共同体的责任担当出发,高度重视应对气候变化,发挥大国表率作用,以绿色发展理念引领和推动应对气候变化的国内行动。始终把坚持节约资源和保护环境作为基本国策,始终以"绿色发展、循环发展、低碳发展"理念指导应对气候变化的行动。

党的十八大以来,我国生态环境保护发生历史性、转折性、全局性变化,我们的祖国天更蓝、山更绿、水更清。展望未来,人与自然和谐共生的中国式现代化道路必将越走越宽，中国共产党将为中华文明掀开更美的画卷，为中华民族伟大复兴写下新的篇章。

（作者单位：中共中央党校。原文刊发于 2022 年 10 月 27 日《河南日报》第 18 版）

党的自我革命永远在路上

洪向华　张　杨

中国共产党的百年奋斗历史是以伟大自我革命引领伟大社会革命的历史，坚持自我革命是党百年奋斗的重要历史经验之一。全面从严治党永远在路上，新时代党的自我革命面临着更加艰巨复杂的任务，必须不断丰富和发展坚持自我革命的宝贵经验，在新的伟大征程上把党的伟大自我革命进行到底。

坚持自我革命是永葆马克思主义政党本色的本质要求

先进的、正确的马克思主义政党不是天生的，而是在不断自我革命中淬炼而成的。中国共产党敢于自我革命、勇于自我革命、善于自我革命，这既是马克思主义政党的本质属性、内在要求之必然，也是党始终不渝践行初心使命之应然。党的十九届六中全会通过的《中共中央关于党的百年奋斗重大成就和历史经验的决议》明确指出坚持自我革命是我们党百年奋斗的历史经验之一。“勇于自我革命是中国共产党区别于其他政党的显著标志。自我革命精神是党永葆青春活力的强大支撑。”在中国共产党百年的历史发展进程中，正是通过党的自我革命不断缔造着无产阶级政党的时代性与先进性，把我们党锻造成世界上最大的马克思主义政党。

自我革命是马克思主义政党的本质属性，源于马克思主义政党内在批判性的必然要求。中国共产党作为马克思主义执政党，首先具备无产阶级政党的本质属性，即政党自身没有任何私利可求，政党的存在、生命以及价值是为绝大多数人谋利益,“他们不提出任何特殊的原则,用以塑造无产阶级的运动”。这就为中国共产党进行自我革命奠定了前提性基础,即可能性和必然性。只有当一个政党不以维系自身的利益为目的时,才敢于并且能够对自身进行适时革新。同时,马克思主义的否定精神、批判精神以及革命精神是马克思主义政党的重要政治品格。中国共产党自诞生之时起,就明确了自己的阶级属性、政治属性以及奋斗目标。党进行自我革命的勇气和底气,本质上讲渊源于无产阶级政党的这一阶级属性。在马克思主义关于革命的话语语境下,革命不但表现在摧毁旧社会,更在于创造一个新社会。革命的创造性是无产阶级政党获得群众持续性支持、推动政党自身发展以及社会发展与进步的内在动力。无产阶级政党所领导的革命实践活动所出现的问题、所犯的错误,政党本身都应当积极回应、自觉批判、主动求变,而绝不应盲目无视或是蓄意遮掩。历史实践也证明了马克思主义政党是具备自我批判、自我革命精神的政党,不仅善于直面政党发展过程中的错误,而且勇于进行政党的自我革命,从错误的实践中汲取经验教训,从而能够更好地服务于无产阶级革命、服务于人民群众。我们要始终牢记坚持自我革命是党百年奋斗至关重要的一条经验,自我革命精神是党永葆青春活力的强大支撑,只要我们不断清除一切损害党的先进性和纯洁性的因素,不断清除一切侵蚀党的健康肌体的病毒,就一定能够确保党不变质、不变色、不变味,确保党在新时代坚持和发展中国特色社会主义的历史进程中始终成为坚强领导核心。

以自我革命精神夯实新时代党的马克思主义政党本色

打铁必须自身硬,办好中国的事情,关键在党,关键在党要管党、全面从严治党。2022 年 1 月 11 日,习近平总书记在省部级主要领导干部学习贯彻党的十九届六中全会精神专题研讨班开班式上深刻指出:“在百年奋斗历程中,党领导人民取得一个又一个伟大成就、战胜一个又一个艰难险阻,历经千锤百炼仍朝气蓬勃,得到人民群众支持和拥护,原因就在于党敢于直面自身存在的问题,勇于自我革命,始终保持先进性和纯洁性,不断增强创造力、凝聚力、战斗力，永葆马克思主义政党本色。”“在新的历史条件下，要永葆党的马克思主义政党本色，关键还得靠我们党自己。”当代中国正在经历人类历史上最为宏大而独特的实践创新，改革发展稳定任务之重、矛盾风险挑战之多、治国理政考验之大都前所未有，世界百年未有之大变局深刻变化前所未有，对新时代条件下确保党的马克思主义政党本色提出了大量亟待回答的理论和实践课题。

只有勇于自我革命才能赢得历史主动，才能确保党在新时代坚持和发展中国特色社会主义的历史进程中始终成为坚强领导核心。习近平总书记强调指出，腐败是党内各种不良因素长期积累、持续发酵的体现，反腐败就是同各种弱化党的先进性、损害党的纯洁性的病原体作斗争。这种斗争极其复杂、极其艰难，容不得丝毫退让妥协，必须始终保持正视问题的勇气和刀刃向内的坚定，坚决割除毒瘤、清除毒源、肃清流毒，以党永不变质确保红色江山永不变色。进入新时代，我们就推进反腐败斗争提出一系列新理念新思想新战略，把全面从严治党纳入“四个全面”战略布局，探索出依靠自我革命跳出历史周期率的有效途径。党通过前所未有的反腐倡廉斗争，赢得了保持同人民群众的血肉联系、人民衷心拥护的历史主动，赢得了全党高度团结统一、走在时代前列、带领人民实现中华民族伟大复兴的历史主动。因此，在奋进新征程中，我们要始终警惕在为谁执政、为谁用权、为谁谋利这个根本问题上，我们的头脑要特别清醒、立场要特别坚定。全党同志都要明大德、守公德、严私德，清清白白做人、干干净净做事，做到克己奉公、以俭修身，永葆清正廉洁的政治本色。自我革命关键要有正视问题的自觉和刀刃向内的勇气。当前，反腐败斗争取得了压倒性胜利并全面巩固，但全党同志要永葆自我革命精神，增强全面从严治党永远在路上的政治自觉，决不能滋生已经严到位的厌倦情绪。党风廉政建设和反腐败斗争永远在路上，一刻也不能放松，要以抓铁有痕、踏石留印的坚韧和执着，继续打好党风廉政建设和反腐败斗争这场攻坚战、持久战。不论谁出问题，党纪国法决不饶恕，使党在新时代的革命性锻造中更加坚强有力，马克思主义政党本色更加彰显。

发扬党百年自我革命经验,走好新的赶考之路

自我革命是以习近平同志为核心的党中央在总结党的百年奋斗尤其是党的十八大以来新的实践基础上,所给出的跳出治乱兴衰历史周期率的第二个答案。习近平总书记在省部级主要领导干部"学习习近平总书记重要讲话精神,迎接党的二十大"专题研讨班上强调:"我们党是世界上最大的马克思主义执政党,要巩固长期执政地位、始终赢得人民衷心拥护,必须永葆'赶考'的清醒和坚定。"科学总结百年历史,中国共产党始终注重加强自身建设,在实践中充分证明,坚持自我革命,进行党要管党、全面从严治党,是党永葆生机活力、走好新的"赶考"征程的必由之路。持之以恒推进全面从严治党,深入推动新时代党的建设新的伟大工程,就要切实强化管党治党,以"赶考"的清醒和坚定答好全面从严治党的"重点题",不断深化中国共产党对中国特色社会主义发展规律的认识,将党的建设与推进社会主义现代化建设内在统一起来,确保党始终成为中国特色社会主义事业的坚强领导核心。

一要坚持旗帜鲜明讲政治,坚决维护党中央权威和党的团结统一。旗帜鲜明讲政治,既是马克思主义执政党的本质特征,也是党始终坚持自我革命、不改旗易帜的根本力量与内在驱动。党之所以能够始终以自我修复能力不断推进党的建设,关键在于始终做到全党与中央保持高度一致。进入新时代,我们党确立了习近平同志党中央的核心、全党的核心地位,一方面在组织决策上形成了核心集体,另一方面在政党组织中形成了核心人物,既能够满足当前中国所处的全面深化改革时代亟须领导核心集体和领导核心人物,又能够确保党的自我革命始终具有主心骨与核心力量,以更好为党的自我革命推动社会革命奠定坚实的政治基础。因此,新时代推进党的自我革命需要与坚决做到"两个维护"相统一,把党的自我革命寓于践行"两个维护"的一切实践活动中,以巩固马克思主义执政党的社会革命本领。

二要坚持人民至上,着力解决群众身边腐败问题。人民立场是中国共产党的根本政治立场,是中国共产党作为马克思主义执政党进行自我革命

的题中应有之义。党自我革命的最终价值指向是人民群众，体现了党的自我革命的人民至上性。“人民至上”是中国共产党作为马克思主义执政党的最高政治哲学，体现了中国共产党的宗旨原则，体现了科学社会主义的基本立场以及马克思主义的理论品格。当前，党进行自我革命，必须严查围绕在群众身边的“微腐败”，绝不能以其恶小而忽视之，不能因其微小而轻视之。习近平总书记在十九届中央纪委五次全会上强调：“要持续整治群众身边腐败和作风问题，让群众在反腐‘拍蝇’中增强获得感。”新时代党的自我革命必须紧紧扭住保持党同人民群众血肉联系这个关键，站稳立场关，坚持人民至上，持续整治发生在群众身边的腐败和作风问题，让群众在反腐“拍蝇”中增强获得感，以全面从严治党新成效赢得群众信赖和支持，不断夯实党长期执政的政治根基。

三要完善党的自我革命制度规范体系。党的自我革命需要牢牢把握权力腐败治理的制度性保障，这是党百年来坚持自我革命的一条重要理论与实践总结。党的自我革命是一项长期性工作，需要以事关全局性、根本性、稳定性的制度保障作为其长效机制。2020 年 1 月，习近平总书记在十九届中央纪委四次全会上强调指出：“要以严格的执纪执法增强制度刚性，推动形成不断完备的制度体系、严格有效的监督体系。”党的十八大以来，以习近平同志为核心的党中央明确提出要把对权力监督的核心主体转向党自身。因为，中国共产党只有自己敢于并勇于对自身权力进行监督和制约，并形成在党的统一领导下全方位、全时空的监督格局与监督体系，才能在根本上扫除权力监督的死角。要坚持制度治党、依规治党，以党章为根本，以民主集中制为核心，完善党内法规制度体系，增强党内法规权威性和执行力，形成坚持真理、修正错误，发现问题、纠正偏差的机制。要健全党统一领导、全面覆盖、权威高效的监督体系，加强对权力运行的制约和监督。在全面深化改革的背景下，我国实现了国家监察委员会同中央纪委合署办公，把国家反腐败与党内反腐败统一起来，实现对所有行使公权力者监督与制约的全覆盖，没有任何党员可以处在党的监督之外。践行与落实党和国家监督体系，以党内监督为主导，促进各类监督贯通协调，实现自上而下的监督与自下而上的监督相结合。要推进政治监督具体化、精准化、常态化，增强对“一把手”

和领导班子监督实效。要发挥政治巡视利剑作用,加强巡视整改和成果运行。要落实全面从严治党政治责任,用好问责利器,不断增强党自我净化、自我完善、自我革新、自我提高的能力,为稳定、持续和深入开展党的自我革命,永葆党的马克思主义政党本色、走好新的赶考之路提供坚定的制度保障和制度依据。

(作者单位:中共中央党校,中国纪检监察学院。原文刊发于2022年10月27日《河南日报》第19版)

新征程上大力推进党的自我革命

杨金海　张　倩

坚持自我革命是中国共产党百年奋斗的宝贵经验之一，也是我们党始终保持先进性和纯洁性，不断推进伟大事业发展的根本政治保证。在新征程上，我们要更加充分地认识党的自我革命的重要意义，大力弘扬自我革命精神，推动党的自我革命持续深入发展。

充分认识党的自我革命内涵与要义

勇于自我革命、善于自我革命是中国共产党最鲜明的品格，也是我们党始终保持健康肌体的有力武器。

自我革命的本质是刀刃向内，割除我们党自身的顽瘴痼疾。只有不断进行自我革命，才能带领亿万人民不断推动社会革命。自我革命的内涵十分丰富，主要包括自我净化、自我完善、自我革新、自我提高四个方面。自我净化是不断清除党的肌体的各种疾病，特别是割除在长期执政条件下滋生的腐败毒瘤；自我完善是强弱项、补短板，不断完善党的自我革命的各项制度；自我革新强调要与时俱进，不断突破思想和体制机制的束缚，推动党的事业创新发展；自我提高强调党员干部要在自我革命中发挥历史主动性和自觉性，不断改造主观世界。

这四个方面是自我革命的基本内涵，也是推动党的自我革命的基本任务和基本途径。大力推动党的自我革命不仅要了解自我革命是什么，还要清楚我们党为什么要坚持自我革命，充分认识党的自我革命的伟大意义。

坚持自我革命是贯彻党的宗旨、体现党的先进性的根本要求,也是确保党始终成为领导人民干事创业最可靠、最坚强的主心骨的根本方法。中国共产党的百年历史,是一部带领人民筚路蓝缕、披荆斩棘,不断取得胜利,实现站起来、富起来、强起来的奋斗史。中华民族复兴道路上经历的每一次困难、取得的每一项成就都离不开具有先进性的中国共产党的正确领导。但是党的先进性不是一成不变的,而是在自我革命的伟大实践中淬炼而成的。不论在革命战争年代,还是在和平建设时期,我们党都能够不断进行自我革命,开展了延安整风、社会主义教育运动、反腐倡廉等一系列学习教育和纪律整顿活动,确保了我们党始终代表人民的根本利益,始终成为革命、建设和改革事业的先锋队和主心骨。特别是党的十八大以来,党面临着比以往更为复杂的执政环境和执政考验。以习近平同志为核心的党中央带领全党开展了史无前例的反腐败斗争,反腐败斗争取得压倒性胜利并全面巩固,确保了我们党的先进性,确保了社会主义红色江山不变质、不变色、不变味。历史和现实充分证明,只有加强自我革命,我们党才能赢得人民信任,不断增强引领力、凝聚力、战斗力,团结和带领人民推进伟大事业,实现伟大梦想。

坚持自我革命是跳出政权治乱兴衰历史周期率的必由之路。七十多年前在与黄炎培会谈的“窑洞对”中,毛泽东给出了破解治乱兴衰历史周期率的第一个答案——让人民起来监督政府、人人起来负责。习近平总书记在党的十九届六中全会和党的二十大报告中两次明确提出我们党已经给出了破解历史周期率的第二个答案,这就是坚持自我革命。作为一个长期执政的百年大党,如何长期保持初心不改、本色不变,如何巩固和提升执政能力,是始终需要回答的重大时代课题。习近平总书记不止一次地强调,马克思主义政党夺取政权不容易,巩固政权更不容易。苏联的解体、印度国大党的分裂、墨西哥革命制度党执政权的丧失等等,历史上许多长期执政的大党老党之所以最终走向人亡政息的不归路,原因固然很多,但有一点是共同的,就是在长期执政中,思想变质、斗志变弱、迷失自我,失去领导国家和人民的先进性。“前事不忘,后事之师”。我们党坚持自我革命,就是要始终保持居安思危的忧患意识,始终保持“赶考之路”的清醒头脑,以确保党的先进性。

这就为巩固党的长期执政地位找到了根本方法，也为破解世界政党治理难题给出了中国方案。

坚持自我革命是引领伟大社会革命不断向前推进的必然要求。习近平总书记多次强调“以伟大自我革命引领伟大社会革命”。这就指明了自我革命和社会革命的辩证关系，深化了对自我革命意义的认识。历史证明，只有坚持我们党的自我革命，才能在领导人民进行伟大的社会革命中把握正确方向，赢得历史主动，为社会革命胜利提供坚强的领导保障和组织保障。正是在我们党的自我革命的引领下，我国社会革命取得了巨大成就，中国社会发生了翻天覆地的巨大变化。今天，我国已经全面建成小康社会，我国的经济、政治、文化、社会、生态环境等各个领域的面貌也焕然一新，我们党领导人民实现了第一个百年奋斗目标，正在向全面建成社会主义现代化强国的第二个百年奋斗目标迈进。习近平总书记在党的二十大报告中再次强调：“全面建设社会主义现代化国家、全面推进中华民族伟大复兴，关键在党。”未来五年是全面建设社会主义现代化国家开局起步的关键时期，社会革命发展的新阶段、新任务、新目标对党的自我革命提出了新的更高要求。处在新的历史方位，我们党必须大力推动自我革命，方能发挥对新的社会革命的引领作用。

新时代党的自我革命伟大实践与成就

进入新时代以来，我们党的自我革命取得了巨大成就，积累了丰富经验，需要认真总结历史，继续开拓前进。

通过自我革命，党的领导水平和执政能力全面加强。十年前，我们党面临着严重的“四大危险”，即精神懈怠危险、能力不足危险、脱离群众危险、消极腐败危险；与此相应，形式主义、官僚主义、享乐主义和奢靡之风屡禁不止，人民群众深恶痛绝。经过十年的自我革命，从中央八项规定的出台到各项法规体系的完善，从聚焦反腐败斗争到全面彻底的整党治党，目前已经集中解决了党内长期积累的突出矛盾和问题，管党治党宽松软的情况得到根本扭转，党风政风社风焕然一新，风清气正的政治生态正在形成。在自我革命的实践中,我们党充分展现了直面问题的勇气、彻底解决问题的决心。自我革命的成果得到了党内外群众的高度认可和衷心拥护。通过自我革命,密切了党群关系和干群关系,提高了党科学执政、民主执政、依法执政的水平,党的政治领导力、思想引领力、群众组织力、社会号召力显著增强。

通过自我革命,反腐败斗争取得压倒性胜利并持续巩固。开展党风廉政建设和反腐败斗争既是自我革命的重中之重,也是自我革命取得的最伟大成就。习近平总书记把反腐败斗争提高到关系党的生死存亡的高度来认识,不止一次地强调:“如果任凭腐败问题愈演愈烈,最终必然亡党亡国。”十年来,我们党以壮士断腕、刮骨疗毒的决心开展了前所未有的反腐败斗争,“打虎”“拍蝇”“猎狐”三管齐下,始终保持零容忍、无禁区的反腐败高压态势,及时清理了党内腐败分子,大大提升了党的队伍纯洁性。反腐败斗争取得的压倒性胜利从根本上化解了党长期执政的最大隐患和威胁,顺应了人民群众的期待,凝聚了党心民心。经过十年奋斗,我们党已经构建起一套不敢腐、不能腐、不想腐的有效机制,极大提高了党的拒腐防变和抵御风险的能力,走出了一条行之有效的中国特色反腐败道路。

通过自我革命,党培养了一支德才兼备的高素质干部队伍。领导干部是我们党的队伍中的“关键少数”,既是自我革命的中坚力量,也是自我革命的重点对象。以往我们的干部队伍存在着活力不足、工作方法不佳、年龄结构不合理等问题,直接影响了党和国家政策的执行效果。近年来,随着自我革命的深入推进,我们党形成了一套完整的选拔干部、培养干部、管理干部的标准与方法,在秉持与时俱进、吐故纳新原则的基础上,培养了一批符合新时代党的发展需要、符合社会主义现代化建设要求的干部队伍。目前,党的队伍结构进一步优化,极大提高了干部队伍革命化、年轻化、知识化、专业化程度,一批政治上靠得住、工作上有本事、作风上过得硬的干部通过严格的选拔与考验走上了工作岗位,成为领导中国特色社会主义事业的中坚力量。

通过自我革命,纪检监察工作规范化、法治化、正规化程度大幅度提升。党的十八大以来,以习近平同志为核心的党中央为完善监督制约机制,围绕着纪检监察工作进行了一系列法规制度和工作方式的改革,这是党的自我革命的重大创新成果，为推进自我革命提供了坚实的制度保障。十年来，我们党先后出台了《中国共产党纪律处分条例》《中国共产党问责条例》《中国共产党纪律检查委员会工作条例》等一系列法规条例，大大提高了党的自我革命的法治化水平。与此同时，针对以往党内存在的监督不全面、不深入等问题，建立和完善了巡视制度、督查制度、监察制度等，从根本上解决了许多具有顽固性、隐匿性的隐患与问题，把党的制度建设提高到一个新水平。

持续强化以党的自我革命引领社会革命

在新征程上，党的伟大事业在不断前进，中国特色社会主义现代化建设的任务艰巨而繁重，为确保党的纯洁性、先进性，必须继续大力推动党的自我革命，以党的自我革命引领社会革命。

首先，要坚持和加强党中央的集中统一领导，这是推动党的自我革命的总要求。“党政军民学，东西南北中，党是领导一切的。”党的二十大特别强调党的领导的全面性、系统性、整体性。坚持党的集中统一领导，不仅要体现在社会主义现代化事业中，也要体现在党的自我革命中。大力推动党的自我革命，最重要的就是坚持民主集中制。一方面，要坚持党的集中统一领导，深刻领悟“两个确立”的决定性意义，自觉做到“两个维护”，保证党的自我革命在党中央和各级党组织的领导下有序进行；另一方面，要充分发扬民主，发挥广大党员干部和人民群众的积极性，形成推动自我革命的强大合力，确保党的自我革命始终做到一切为了人民、一切依靠人民。

其次，深化理想信念教育，这是推动党的自我革命的精神动力。党的自我革命是要解决问题的，而解决问题最关键的就是要找到问题产生的源头。我们党内存在的许多突出问题，包括腐败问题、作风问题、工作懈怠问题等从根本上来说都是思想上出了问题，即忘记了共产党人的初心使命，忘记了共产主义远大理想和中国特色社会主义共同理想。思想是行动的先导，思想不正，行动必然会出问题。所以，推动党的自我革命必须在全党继续开展理想信念教育。当前，要在全党集中力量开展党的二十大精神的学习教育，同时，要深入持久地开展马克思主义基本理论、中国特色社会主义理论、习近平新时代中国特色社会主义思想的学习教育，努力用科学的理想信念武装全党。

再次，完善党的自我革命制度体系，这是推动党的自我革命的制度保障。党的自我革命不仅要靠个人主动，更要靠组织推动。这就要求必须形成一套完整、严格、系统的制度体系。在党的自我革命制度体系建设中，党内法规建设处于十分重要的地位。经过长期努力，我们已经形成了比较完善的党内法规体系，接下来的重点是在“四梁八柱”的基础上“添砖加瓦”，尤其是要加强党内法规与具体工作的适配性，提升法规的可操作性，做好党内法规的贯彻与落实工作。推动自我革命，要特别注意做好监督环节的工作。在做好传统的党内监督和党外监督工作基础上，要善于利用新的巡视、督办、审计等监督手段，探索各种新的监督模式和监督平台，如网络监督、媒体监督等，以更加有效的方式完善监督制约机制，保证党的路线、方针、政策及时有效地得到贯彻落实。

最后，持续开展反腐败斗争，这是推动党的自我革命的重点。党的二十大报告中明确指出，“反腐败是最彻底的自我革命”。这就从根本上指出了反腐败斗争之于党和国家发展的重要性，之于自我革命的决定性意义。腐败问题是党内最难解决的顽瘴痼疾，既是少数人错误思想的产物，又是各种利益关系相互作用的结果，具有复杂性、隐蔽性。这就要求我们，在推动自我革命中，要进一步创新反腐败的方式方法，重点关注问题线索集中、群众反映强烈、社会影响恶劣的腐败问题，利用跨国追逃、反腐败国际合作、社会各界监督等多种手段，坚决打赢反腐败斗争的攻坚战和持久战。同时，要进一步筑牢防止腐败的长效机制，加强对党员干部的教育，从根本上遏制腐败之风，不断营造风清气正的政治生态，努力把我国的政治文明提升到一个崭新的境界。

（作者单位：清华大学马克思主义学院。原文刊发于 2022 年 11 月 8 日《河南日报》第 5 版）

准确把握共同富裕的科学内涵

张占仓

在党的二十大报告中，先后多次提到共同富裕。我们如何在全面建设社会主义现代化国家、全面推进中华民族伟大复兴的新征程中准确把握共同富裕的科学内涵，事关下一步我们经济社会高质量发展的大局。

从对过去10年工作总结中去理解。在总结过去10年社会发展成就时，党的二十大报告提出“共同富裕取得新成效”。这个新成效主要是指我们深入贯彻以人民为中心的发展思想，全社会的公共服务体系改善，人均预期寿命增加，全球最大的教育体系、社会保障体系、医疗卫生体系建成等。这些成果让人民群众获得感、幸福感、安全感大为提升，加上我们脱贫攻坚成果惠及普通民众，这就是共同富裕取得新成效。

从中国式现代化特征上去理解。党的二十大报告提出，中国式现代化是共同富裕的现代化。共同富裕是中国特色社会主义的本质要求，也是一个长期的历史过程。在这个过程中需要我们仍然牢牢把握发展是党执政兴国的第一要务，因为没有坚实的物质技术基础，就不可能全面建成社会主义现代化强国。而当下高质量发展是全面建设社会主义现代化国家的首要任务。要有效推进高质量发展，就必须完整、准确、全面贯彻新发展理念，坚持社会主义市场经济改革方向，坚持和完善社会主义基本经济制度，毫不动摇巩固和发展公有制经济，毫不动摇鼓励、支持、引导非公有制经济发展，充分发挥市场在资源配置中的决定性作用，更好发挥政府作用。中国式现代化的共同富裕，就是在社会主义市场经济体制不断改革完善之中逐步推进，并且是一个长期的历史过程。

从二〇三五年我国发展的总体目标中去理解。党的二十大报告提出，到二〇三五年，我国发展的经济实力、科技实力、综合国力大幅跃升，人均国内生产总值迈上新的大台阶，达到中等发达国家水平，全体人民共同富裕取得更为明显的实质性进展。这就告诉我们，未来大幅提升我国经济实力等任务是第一位的，与发展是党执政兴国的第一要务、高质量发展是全面建设社会主义现代化国家的首要任务的说法一脉相承。只有经济实力能够持续较快地提升，我们在全球的地位才能够不断提高与巩固，广大老百姓的日子也才会过得越来越好，人民群众向往美好生活的愿望才能够一步一步如期实现。其中，包含着共同富裕取得更为明显的实质性进展。

从完善分配制度去理解。党的二十大报告提出，分配制度是促进共同富裕的基础性制度。坚持按劳分配为主体、多种分配方式并存，构建初次分配、再分配、第三次分配协调配套的制度体系。首先，按劳分配是我们分配制度的主体，也是全社会分配制度的立足点。国内外实践证明，按劳分配是大部分国家最基本的分配制度，是全社会财富资源合理配置的基础。因为按劳分配能够最大限度地调动全社会成员通过劳动创造财富的积极性，也最符合经济学原理中“劳动是财富之父”的经典论点，最能够在全社会建立与强化勤劳致富的共同价值观。所以，按劳分配制度是我们长期坚持的基本分配制度，这一点不会改变，不劳而获不可能得到一个健康发展社会的普遍认可。党的二十大报告中也明确指出“坚持多劳多得，鼓励勤劳致富”，大家完全可以放心大胆地勤劳致富。其次，也要多种分配形式并存。比如，对于贫困地区予以支持，对于临时性困难群众给予阶段性地帮扶，对于社会上的老弱病残者进行福利性的援助，对于发生重大自然灾害地区群众的基本生活给予及时资助，等等。这既是我们社会主义体制的内在优势，也是一个正常发展国家的社会公共责任，目的是维护全社会的长期稳定发展，对国家整体利益有利。再次，构建初次分配、再分配、第三次分配协调配套的制度体系。第三次分配，在发达国家与我们国家早就存在，主要由社会高收入人群在自愿的基础上，以募集、捐赠和资助等慈善公益方式对社会资源和社会财富进行分配，对于急需社会财富资助的对象或群体进行定期或不定期的资助，是对初次分配和再分配的有益补充，有利于缩小社会收入差距，实现更合理、更加公平的收入资源配置。其前提是在高收入人群自愿的基础上进行，不是强制性的社会活动，更不是打富济贫，所以第三次分配不会扰乱社会财富秩序，更不会因为共同富裕就影响民营经济健康发展。我们是社会主义市场经济体制，全社会90%以上的市场主体是民营企业。没有民营经济的持续活跃与健康稳定发展，就无法持续推进全国经济的高质量发展，无法完成全面建设社会主义现代化国家的历史重任。

从经济学理论层面去理解。发展中国家走向现代化过程中，从经济学角度来讲，比较理想的社会形态是“橄榄型”社会结构，就是中等收入群体占绝大多数、高收入者和低收入者都相对较少，类似橄榄球的形状，两头小、中间大，这种结构容易形成长期稳定发展的社会形态。一般认为，中等收入者约占70%，高收入者与低收入者各占15%比较理想。目前，以发达经济体为主的经合组织成员国，中等收入群体占比为61%，高收入者与低收入者合计占39%，他们仍在努力提高中等收入者的比重。如果参照借鉴该经济学理论模型，逐步推进我们共同富裕进程，目前我们最大的短板是中等收入者占比偏低。按照国家统计局数据分析，我们中等收入者约4.1亿人，约占总人口的29.1%，与理论上我们国家中等收入占比达到70%的目标距离较远。因此，下一步促进共同富裕最紧迫的任务，是提高中等收入者在全社会的占比，而这一部分人员主要是小微民营企业主、企业管理者、科教文卫领域的专业技术人员、公共服务部门职工与高级技工等，大多受过高等教育，比较重视生活质量，是社会消费市场的主体。从这一层意义上看，共同富裕水平的提高会更加有利于全社会的和谐与稳定。

（作者系河南省委咨询组研究员、河南省社会科学院原院长。原文刊发于2022年11月16日《河南日报》第6版）

郑-卢空中丝绸之路怎么看如何强

——访中国区域经济学会副会长兼秘书长陈耀

刘玉梅

郑-卢丝路为什么会吸引高度关注与参与

记者:“空中丝绸之路”是扩大对外开放,拓展国际市场的重要抓手和平台,上月中旬的郑州-卢森堡“空中丝绸之路”国际合作论坛上,500 多位中外嘉宾参会,一系列成果丰硕。“做大做强”的论坛主题强劲地拉升更多人的热情和关注,提振着信心和期待。您怎么看待郑-卢空中丝路的作用和价值?

陈耀:首先,“空中丝路”是内陆型高水平开放的开拓性探索。河南郑州是典型的中原内陆地区,郑-卢空中丝绸之路对内陆型开放开辟了一个新的路子,是一项富有战略性眼光的开拓性探索。对我国内陆地区而言,对外开放的最大短板是不沿海、不靠边,对国际市场国际要素资源的利用深受限制,郑-卢空中丝绸之路的开通就打破了这种限制,使内陆的产品能够高效快捷地辐射到欧亚大陆。中央对该路线的设计与部署,特别是习近平总书记对丝绸之路的关心、支持与指示要求,充分体现出决策的高瞻远瞩,对郑州乃至全国的高水平开放,都具有重要的战略意义和全局性意义。

其次,搭建了中欧互联互通的空中桥梁。郑-卢空中丝绸之路是国家“一带一路”建设的重要组成部分,它的做大做强,其意义不仅仅对郑州商贸物流的促进拉动,更可能产生对整个河南乃至周边省份发展的巨大辐射带动效应，对于打开更加广阔的贸易空间，促进更高水平的扩大开放，都是一项极具战略性的举措。在中欧货运班列的基础上，扩大中欧航空运输的发展，无疑将成为对完善中欧互联互通方式，进一步推进中欧乃至国际更广阔地域经济、社会、文化乃至人文互通互鉴的重要抓手和平台。

再次，发挥着稳定全球产业链供应链的重要功能。郑-卢空中丝绸之路，不仅只是点对点的商贸往来，它对于向欧亚乃至美洲大陆辐射，形成全球空中货运网络，提供了一个重要通道引擎。尤其在美国对中国贸易科技封锁、脱钩断供以及逆全球化思潮背景下，对加强中欧扩大开放合作，稳定和保障全球产业链供应链安全都将发挥举足轻重的作用。

最后，使内陆地区对外交流的便利性成为可能。两千多年前的丝绸之路把中国与中亚西亚欧洲连接起来，驼队的跋涉毕竟受限很多。而今的空中丝绸之路，使得中国与国际的交流更加快捷便利，地球村的概念更加凸显。这种便捷化不仅改变了我们的经济活动方式，促进本地产业结构的优化升级，同时改变了经济活动的地理空间，特别是像郑州这样典型的内陆地区，对外交流的便利性成为可能。空中丝绸之路不仅会重塑以往的经济格局，更可有效弥补区域经济活动的非均衡性。对于郑州乃至我们国家跟国际贸易、文化、经济交流意义重大。海洋文明时代，经济贸易活动主要聚集在沿海洋200公里的地域空间内，70%的工业和交通在沿海地区，经济繁盛区大多偏居沿海一隅。空中丝绸之路让内陆地区与世界通联不再受地域阻隔，“买全球，卖全球”与沿海沿边地区拥有了同等的可能。

有哪些不可或缺的关键和重点需要锻造

记者：与沿海沿边的空港相比，内陆空港的做大做强，除了共同的规则外，还应通过“人有我优”的特殊优长吸引更多有效要素聚集，请问具体应该是哪些关键要素？请介绍一下可资借鉴的范式。

陈耀：孟菲斯就是一个很好的范式。从1993年到2009年，孟菲斯国际机场在货物运输量方面是世界最大货运机场。2010年，被香港国际机场赶超排在第二，但依然是全美最大的货运机场。作为联邦快递主要的全球枢纽机场,孟菲斯国际机场要处理极大数量的航空货物运输。从孟菲斯出发的直达联邦快递目的地包括横跨美洲的很多美国城市,加上阿拉斯加安克雷奇、夏威夷檀香山,以及众多加拿大、墨西哥还有加勒比海城市。而跨洲际方面,直达地包括科隆、迪拜、巴黎、伦敦、坎皮纳斯、首尔、东京等。同时,孟菲斯又是全球最大的超级转运中心,FedEx 94% 的货物要通过孟菲斯超级转运中心进行处理。超级转运中心向全球 220 个国家和地区提供服务。每个月有超过 5000 架次航班通过孟菲斯超级转运中心,连接 FedEx 服务的每一个市场。

FedEx 为什么选择孟菲斯机场? 原因不外乎几个方面:第一,优越的地理位置。孟菲斯处于美国国内航线网络的中心,著名的俄亥俄快递中枢带上,东西兼顾,南北适中,两小时以内的航程几乎覆盖了全美所有大中城市。第二,便利的交通枢纽优势,以其为中心的高速公路、铁路网四通八达,4 个小时的车程可到达美国中南部的大多数城市,可满足“端到端、门到门”的服务。第三,良好的气候条件,不受飓风、暴风雪或结冰天气等恶劣气候条件的影响。第四,多式联运资源丰富。孟菲斯机场附近美国第四大内河港口-孟菲斯港口;5 条一级铁路汇聚的铁路枢纽,支持空铁、空路、铁海区域多式联运的发展,使孟菲斯国际机场有条件发展成为大型货运枢纽。第五,政府的大力支持。孟菲斯市政府通过低息贷款、减免税收,并提供机场发展所需的大量土地,助力企业发展。第六,充足的劳动力。孟菲斯拥有充足的劳动力供给,为物流业提供了人力保障。

这些要素条件对作为内陆空港的郑州不无借鉴意义,关键在于硬件的进一步打造和软件的关键性建设。要坚持系统思维,统筹国内国际两个大局,两种资源,两个市场,相互促进,协同联动,更好发挥政府、市场和社会积极性;聚焦重点国家、重点项目,携手高端产业、优质企业集聚;着力锻长板、补短板、优化整体布局;坚持深化合作、互利共赢理念,培育和打造高端合作伙伴,锻造持续地创新能力、专业化的人才吸纳、供应链管理能力以及现代服务业集聚能力等,都是不可或缺的关键和重点。

机遇和挑战是什么

记者：您认为应该怎样抢抓机遇？怎样实现突破？

陈耀：一方面，“十四五”及今后相当长时期，航空物流运输参与共建“一带一路”仍处于重要战略机遇期，核心任务是大力推进建设“空中丝绸之路”，共建“一带一路”倡议深入人心，成为推动人类命运共同体的重要实践平台。高水平建设“空中丝绸之路”成为构建国内国际双循环新发展格局、高质量建设“一带一路”的重要抓手，将促进我国航空运输国际通达性、服务高效性、网络可靠性和产业协同性不断增强，推动我国各地区更好融入“一带一路”，更高水平对外开放，增进共建国家互联互通、人文交流，助推全球经济加快复苏，融合联动发展，都具有非常意义，这些内外部因素，都将是进一步做大做强的有利条件。

中国民航局和国家发改委联合发布的《“十四五”时期推进“空中丝绸之路”建设高质量发展实施方案》对空中丝绸之路建设做出重要部署，明确指出，推进“空中丝绸之路”建设是共建“一带一路”的重要内容，是构建完善陆海天网“四位一体”互联互通布局的重要环节，也是新时代民航强国战略的重要举措。制定了比较具体的目标、任务和布局要求。并提出郑州、武汉等区域航空枢纽建设加快推进，尤其特别提出，做大做强中卢货运航线“空中丝路”，更好发挥示范引领作用的具体要求，这些都将是难得的历史机遇和重大政策支持。

另一方面，进入新发展阶段，贯彻新发展格局，构建新发展格局，面临着艰巨复杂的任务和挑战。从外部环境来看，百年变局和世纪疫情交替影响，世界进入动荡变革期，逆全球化思潮及脱钩、断链风险加剧，我国经济发展面临需求收缩、供给冲击、预期转弱三重压力，“空中丝绸之路”建设外部环境更趋复杂严峻。从郑州自身来看，近两年，郑州机场连续跻身全球货运机场40强，并升级为4F机场，年货邮吞吐量保障能力提升至110万吨，国际航空货运枢纽发展空间广阔。但从整体而言，郑州机场国际航空货运起步时间不长，规模也还不大，要在国际上形成具有较大影响力和竞争力的航空货运机场,年货运吞吐量至少要达到300万吨以上。由此来看,距离还是不小的,追赶的空间也还比较大。

要实现做大做强的目标要求,必须抓紧优化完善航空枢纽格局,加强航线网络互联互通,推动“硬联通”迈上新台阶,这是基础和抓手。同时,加强政策对接和标准联通,积极参与多边国际民航治理,加快“软联通”实现新突破,这是做大做强的通则和保障。有几个方面需要着力提升,包括体制机制、营商环境、空运技术、运营管理等需要多方面配合,联手打造。

未来需要怎样优化布局

记者:《“十四五”时期推进“空中丝绸之路”建设高质量发展实施方案》明确要求,要着力锻长板、补短板、优布局建设“空中丝绸之路”,您认为郑州“空中丝路”的长与短在哪里?应该怎样优化布局?关键的着力点在哪里?

陈耀:推进做大做强,几个方面的要素不可或缺,即吸纳货物的能力、大的基地航空运输能力、更多的国际航线。目前来看,郑州机场这些方面相对不足,扩能的空间还较大。

硬件要素方面的锻造主要着力点如下:提升高端产业的集聚能力。以航空物流为保障,吸引跨国公司、战略性新兴产业、先进制造、现代服务业等在周边区域集中布局,形成适应航空运输的高端产业集群和产业生态。

聚集货量规模和扩大货物运能。吸引诸如FedEx、马士基等更多一流品牌的跨国物流企业落地郑州,以及国内大牌物流公司、电商企业落户郑州。目前来看,郑州机场不仅基地航空公司不足,大型知名物流企业也相对缺乏。适应国际化“双枢纽”建设的需要,还要通过改善营商环境和出台优惠政策,吸引大的航空运输公司和物流公司落户,这是扩大运能的一个重要途径。

多元化布局临空经济,增强产业链供应链的稳定性。重视扩大临空经济。目前郑州机场货运主要依托富士康等少数企业,但是,单一依靠富士康作为一个主力产品远远不够,还必须建立多元化的货物来源产业。必须及早培育和吸纳更多临空偏好型产业,具有高时效性、高附加值、高科技含量特性的产品，比如冷链食品、鲜花等保鲜产业，精密制造、生物医药、数字终端等产品。同时，发挥郑州国家中心城市的吸引力和集聚力，把更多高端要素资源和高品质产业招引郑州落地。

积极推进数字赋能。使得货运更便捷、更有效、可追溯，产品的品质、质量更有保证。以跨境产业链发展，带动产业的数字化转型。

完善航空口岸功能，打造国际化中转能力。要扩大全球的航空货运的辐射面，不只是辐射到东南亚、东北亚，还有拉美、非洲等国家，这就需要比较完备的功能性口岸，包括建立功能齐全的中转仓、集拼分拨能力和高效率的清关服务，同时需要深度融入国际航空物流网络，能通过多式联运覆盖广域市场。

积极争取在郑设立领事馆。随着郑-卢空中丝绸之路的开通，相应的配套措施必须相应完善，其中签证服务是其中一个重要方面，适应便捷化要求，建立领事馆很有必要。一者河南本身是人口大省，郑州区位居中，覆盖半径较大，一小时半径可能覆盖几亿人口，有必要建立领事馆，以便中欧之间交流，中卢之间往来更加便捷。

软件要素方面的培育应聚焦在如下领域：加快“软联通”实现新突破。加强政策对接和标准联通，积极参与多边国际航空治理，不仅要进行产能合作，而且要输出中国规则、中国标准，参与全球治理，包括货流、跨国结算、快递等都应探索编制一套空中货运标准。

服务能力的提升。改善营商环境，提升服务意识，提高服务效能。引进培育大型服务企业，包括中介、金融、保险、审计、会计、法律等服务企业，对接国际标准，引进跨国公司，高标准引入高端服务业集聚。

争取国家层面的政策支持。国际商贸、物流往来往往政策上的约束较多，郑-卢“空中丝绸之路”主要是货物运输，政策支持很关键。郑州要打造国际消费中心城市，这将对跨国航空物流带来有力的促进，依托郑州航空港枢纽优势，建设国际消费中心，应该积极争取国家服务业扩大开放试点，通过试点可以争取进口消费品免税政策，把包括国际奢侈品在内的品牌产品通过免税店落地郑州，从而带动国际消费中心城市建设。

争取国家服务业扩大开放试点。8 月底，国新办第二十二届中国国际投资贸易洽谈会发布会上，商务部部长助理郭婷婷表示，将推动增设服务业扩大开放综合试点地区，出台更多的改革创新试点举措，复制推广新一批试点成果，推动全国服务业领域的制度开放。郑州作为国际消费中心城市，应抓住机遇，争取这一重大利好政策落地。

（作者单位：河南日报。原文刊发于 2022 年 12 月 8 日《河南日报》第 6 版）

多措并举　全方位支持民营经济发展

耿明斋

疫情三年，叠加俄乌冲突，国际环境恶化，使得“需求收缩，供给冲击，预期转弱”的态势持续发酵，经济增长动力明显受损，民营经济在经济发展中的重要性进一步凸显。党的二十大、中央经济工作会议、省委经济工作会议及民营经济大会等，接连释放出支持民营经济发展的强烈信号。随着后疫情时代的到来和经济复苏步伐加快，河南应该抓住机遇，创造性地贯彻中央和省委系列会议精神，多措并举，全方位支持民营经济发展，为实现“两个确保”的战略目标提供重要支撑。

为民营经济发展提供公平竞争环境

避免歧视和政策摇摆。中国市场化取向改革四十年有余，民营企业是市场经济的天然主体，民营经济是经济发展的生力军，早已成为共识，各种数据也证明民营经济是整个国民经济的主要组成部分，中央也一直三令五申支持民营经济发展，按常理说，对民营经济发展认识上不应该再成为问题。但是，由于各种各样的原因，在实践中，对民营经济的错误认识和歧视性行为从未真正根除，政策执行上也常有摇摆。现代经济的核心是效率，效率的源泉是资本积累和创新，利润是积累与创新的回报和动力，企业和企业家尤其是民营企业家是所有这一切活动的化身和担当者，没有企业和企业家的这系列行为，财富增长、国家税收、民众就业等所有与经济及社会发展相关的结果都不可能产生，至少是大打折扣。歧视和摇摆的原因还有一层，就是把"共同富裕"等社会目标与企业和企业家收益与财富占有混为一谈。事实上,国际上也不乏将发展激励和社会公平处理的都比较好,激励和发展处在高水平,社会收入差距处在低水平的案例,这也是我们努力的方向。

最大限度地拆除壁垒,放宽进入限制。市场经济是法制经济,按照市场在资源配置中起决定性作用的制度设计,各类市场主体,不问权属性质,都有进入相关经济社会活动领域公平竞争与合法经营的机会。改革开放以来,我们陆续放开了大多数经济活动领域,但至今仍有一些领域对民营经济进入存在诸多限制,如我们所熟知的金融和能源资源领域,尤其是政府主导提供的公共基础设施建设和教育、医疗等公共服务领域。正确的做法应该是在加强法治的前提下,给各类市场主体以公平进入的机会,以法律约束代替行政约束,在保证效率的同时,最大限度地保护公共利益。

为各类民间组织提供良好生存成长环境。近年来,在国家政策导向下,各类民间智库、研究机构、科技机构等以"民办非企"、商会、协会等民间组织机构的形式迅速成长起来,成为创新创业和社会服务领域一道亮丽的风景线。但这些民间组织的生存成长也有不少约束和烦恼。一是在注册和主管监管环节,相关部门为减少麻烦,规避可能的风险,往往以堵代管,民间组织"出生难"、"过坎难"现象比较突出;二是在运行环节,民间组织获取项目、奖项,申报职称等方面往往既缺信息渠道,也无申请、申报途径。民间组织是新兴的市场主体类型,是民营经济的重要组成部分,有着旺盛的生命力和巨大的发展潜力,政府和社会有责任为其提供更加良好的生存生长环境。

鼓励支持优秀人才创新创业

中国经济进入高质量发展阶段以后,动力机制逐渐由投资驱动和资源依赖转向创新引领和技术依赖,经济结构随之发生深刻变化。高新技术产业异军突起,能源资源类产业则有收缩趋势。河南属于资源依赖程度偏高,创新能力偏弱的省份,近年来经济持续增长遇到了较大困难。新一届省委、省政府提出"两个确保"的战略目标,布局"十大战略",把创新引领放在首位。但在催生和培育高新技术企业方面,还是鼓励和支持优秀人才创新创业。

鼓励和支持体制内存量人才将自己的职务发明成果产业化。典型模式是基础研究在大学或研究院所的实验室,应用研究及成果转化在地方产业园区的中试基地平台。这样,一头是体制内机构,职责是突破方向选择和成果初期培育,一头是体制外市场,职责是成果转化和产业化,两者相互支撑,相得益彰。实践证明,这是非常有效的激励创新和推动创新成果产业化方式,我们在济源、驻马店等地见证了无数个这种成功的案例。这种模式在体制机制上需要解决的问题有三个:一是要明确界定知识产权归属,允许发明人享有职务发明成果的大部甚至全部权益;二是允许发明人同时拥有体制内研究人员和体制外市场主体双重身份;三是允许发明者及其合伙人合法分享成果产业化收益。

引进高端人才到本地创新创业,尤其是引进豫籍人才。河南虽不是人才强省,但由于人口基数大,广义上确实是名副其实的人才大省。一段时间以来,由于省内缺乏才干施展平台空间,豫籍人才大量流失省外乃至世界各地。地方各级政府如果善于抓住机遇,积极获取相关信息,适时出手,引进此类人才,给予合适的创新创业条件和空间配置,他们就能大显身手,助推高新技术企业丛生式生长。在开封科技园区成功创新创业的郝国梁博士,开封人,曾在牛津大学跟随世界顶尖科学家做博士后研究,掌握心脏电生理领域前沿科技,并拥有多项发明成果。几年前,怀揣报效家乡之心回开封创业,在几任市委、市政府主要领导鼎力支持下,迅速开花结果。现在,郝国梁博士主持的斯高研究院不仅成为国内外各高水平大学和高端研究机构心脏电生理实验室设备的供应商,也在新药研发领域斩获颇丰,成为依靠自主研发和市场实现良性发展的知名高科技企业。

支持引导中小微企业丛生式成长

作为后发内陆地区,比如典型农区的河南,工业化该走什么样的道路?近年来,随着县域内产业发展,一种新的产业空间组织形态逐渐显现出了强大的生命力,就是龙头企业核心功能在县城,分支加工环节延伸到乡间。这样既可以吸纳大量闲散劳动力就近实现非农就业，也可以向乡间直接传播工业文明，从而推动农业农村现代化和乡村振兴。实际上，这些散落状态的小微企业，是民营经济成长发育的重要源泉。它们最突出的特点和最大竞争力是低成本，劳动力成本低和资源成本低，很多民营经济的参天大树都是从此类小微企业发育而来的。长垣市的卫材、起重产业集群如此，长葛的众多产业集群也是如此。即使是现在的环境条件，仍然不乏适合此类小微企业成长的土壤。我们在商丘虞城县、夏邑县和驻马店平舆县等地，看到了很多此类小微企业在局部空间形成聚集发展的案例。所以，我们的各级政府，尤其是县级政府，应该在土地使用、闲散劳动力就业、民间金融发展和资金供给等方面出台相应政策措施，鼓励和支持小微民营企业在局部空间丛生式聚集成长。

（作者系中原经济发展研究院首席专家。原文刊发于 2022 年 12 月 29 日《河南日报》第 5 版）

热点关注

推动郑州向国际消费中心城市迈进

杨兰桥

国际消费中心城市是现代国际化大都市的核心功能之一，是消费资源和消费业态的聚集地，更是一国乃至全球消费市场的制高点，具有很强的消费引领和带动作用。今年的政府工作报告提出，着力打造消费市场新地标，支持郑州、洛阳建设国际消费中心城市。郑州要以此为契机，准确把握国际消费中心城市建设内涵特征，紧紧依托我省超大规模市场优势和内需潜力，通过全面促进消费和创造高质量供给等方式来站稳新一轮城市竞争的“新赛道”。

国际消费中心城市的基本特征

拥有较强的经济实力。作为在消费领域代表国家参与国际竞争的国际消费中心城市，必须具备较强的经济实力、产业基础和人口集聚能力，拥有足够的集聚力、带动力、影响力和辐射力，对于促进形成强大的内需市场、消费市场具有基础性支撑作用。

拥有发达的服务体系。国际消费中心城市更加注重服务业的地位和作用，即依托发达的服务业和具有国际影响力的标志性商圈，在满足本国消费者国际化、高品质、时尚性消费需求的同时，还能广泛吸引和汇聚世界各地的消费者，为其提供高质量、多样化、有特色、便捷性的消费业态。

拥有便捷的链接能力。国际消费中心城市必须有发达的交通、信息和物流设施，可以打通生产、消费、分配、流通等各个环节的“任督二脉”，将全球范围内的消费和供给市场紧密连接起来,进而产生较强的溢出效应。

拥有良好的营商环境。良好的营商环境、优越的自然景观和人文景观、完善的国际标准型市政设施和公共服务以及安全韧性的城市发展环境,同样是国际消费中心城市的重要表现。也就是说,国际消费中心城市同时还是典型的居民和游客友好型、"温度型"的人文之城。

拥有引领的创新基因。凭借在全球城市网络中的枢纽地位,国际消费中心城市依靠技术创新推动消费从低端到高端跃升、从数量到质量协同、从国内到国际统筹、从过度依赖资源能源投入消耗到依靠技术创新和人才驱动深刻转变,进而引领生产方式、消费方式、思维方式的全方位渗透和革新。

郑州与国际消费中心城市尚有距离

消费能级和外来消费吸引力不足。受新冠疫情影响,2020 年郑州社会消费品零售总额 5076 亿元,而同期的上海、北京、广州、深圳、重庆、成都分别达到 15933 亿元、13716 亿元、9219 亿元、8665 亿元、11787 亿元、8119 亿元,差距比较明显,消费层次不高,消费结构不优,新消费活跃度不够。从入境旅游和旅游外汇收入情况看,郑州与上海、北京、广州、天津、重庆等率先开展培育建设的国际消费中心城市的差距不小。

特色商圈国际影响力知名度不够。一个城市的标志性商圈,往往是这个城市消费市场的最大亮点。目前,郑州的二七商圈等在国内小有名气,大卫城、正弘城、熙地港等商业综合体是郑州消费市场的重要地标,但从商圈特色、规模数量、业态结构、品牌集聚度、本土品牌国际知名度等方面看,郑州商圈业态创新不足,场景融合不够,国际知名度较低,整体吸引力有限。

国际著名品牌吸纳力和消费引领力不强。在第一财经发布的《2020 年城市商业魅力排行榜》中,北上广深位居前四,15 个新一线城市依次为成都、重庆、杭州、武汉、西安、天津、苏州、南京、郑州、长沙、东莞、沈阳、青岛、合肥和佛山,郑州仅排第 9 位,国际著名品牌吸纳力和消费引领力不强。

明确建设国际消费中心城市主攻方向

突出特色资源优势,培育国际消费新亮点。要以优势重组、功能重造、空间重塑、业态重构为导向,实施国际消费中心城市空间带动战略,发挥郑州的黄河文化、功夫文化、古都文化、寻根文化等优势,规划实施一批全面展示这些独特文化魅力的"现象级"、IP 集群式重大项目,谋划实施诸如国际功夫大会、全球寻根大会、国际古都论坛、世界电子商务大会等高端论坛,做大做强郑州枢纽经济,加速把特色资源优势转化为消费优势,打造郑州消费新地标,培育国际消费新亮点。

推动消费融合创新,拓展国际消费新业态。积极抢抓消费新模式新业态不断涌现的新机遇,借力"老家河南""行走河南、读懂中国""夜商都""醉美·夜郑州""少林功夫"等品牌,着力发展数字经济、首店经济、假日经济、网红经济、夜间经济等消费新业态,促进购物、餐饮、休闲、旅游、文化等传统商贸行业与工业、农业、康养、生态等新产业模式跨界合作,加速线上线下消费场景融合,建设数字展示平台,丰富"直播+"服务生态,积极推介汽车、手机、时装等时尚消费品全球首发首秀首展,使郑州成为国内消费时尚发源地和传播中心。

集聚优质消费资源,形成国际消费新高地。要通过聚力打造二七、高铁东站两大国际化核心商圈,强力培育花园路、金水路、北龙湖、中央文化区等高端商业中心,着力提升德化步行街、紫荆山路城市商业大街、农科路酒吧街、健康路体育夜市街等一批商都文化、豫菜文化、时尚文化、网红文化消费街区,培育提升郑州商都遗址博物馆、二砂文创园、芝麻街 1958 双创园等精品工程,谋划推动一批高端消费区建设,打造集国际消费目的地和标志性城市景观于一体的世界级地标性商圈,培育郑州"现象级"消费。同时,积极强化国际消费通道建设,实施国际消费供应链体系建设,深化国际消费货物和服务贸易,大力引进知名品牌"首店"、旗舰店、体验店和连锁店,打造国际消费品牌展会。建设开放型消费平台,支持中小企业发展国际贸易,重点引进一批具有高端要素配置能力的总部型企业和国际国内一线品牌,形成国际消费新高地,打造国际商业新地标。

营造良好消费环境,塑造国际消费新优势。以深化供给侧结构性改革、营造国际化营商环境等为重点,积极构建引导消费的政策生态体系,营造优越的国际消费环境。要优化细化市场政策,鼓励商家应用新技术、新产品、新模式,大力举办国际消费类展会,积极开展“郑在消费”全球推介活动,提升城市消费竞争力。大力发展“免税经济”“退税经济”,落实免税店相关政策,优化市内免税店布局,探索“消费+登机预办”一体化试点,加快形成内陆免税购物新高地。搭建数字化商业网点公共服务系统,健全消费诚信、消费者保护和维权制度,培养国际化服务人才,加强知识产权、商品质量、食品安全、市场秩序综合监管和治理,营造安全放心的消费市场环境。

(作者单位:河南省社会科学院。原文刊发于2022年1月19日《河南日报》第9版)

统筹五大关系　加快都市圈提级扩能

易雪琴

高水平规划建设涵盖“1+8”省辖市、总面积5.88万平方公里、常住人口4670万的郑州都市圈，是河南省委、省政府顺应区域经济发展规律、适应构建新发展格局需要对区域布局作出的重大调整。现代化都市圈建设不是简单的新一轮空间扩张或是一定空间边界下的政策叠加，而是在一定时空关系下对各种要素资源的创新性配置。高水平规划建设郑州都市圈，应统筹好规划建设中的几个关系，加快都市圈提级扩能，充分释放都市圈建设的结构性潜能，形成更加强劲的增长动力和核心引擎，有力支撑引领现代化河南建设和中部地区高质量发展。

协调“画圈”与“建圈”的步伐

都市圈的形成和发展是各种要素资源相互作用后“有机生长”的过程，这个过程离不开科学规划的指引。然而，不同发展阶段的都市圈，其发展目标和面临需要协调解决的重点问题有所不同，相应规划和建设的重点内容也有所不同。建设郑州都市圈，应把握好规划与建设的节奏。

现阶段，应从经济社会发展阶段、城镇联系密度和范围、产业分工协作程度、基础设施保障能力等方面着手，对郑州都市圈发展阶段进行重新评估，科学判断都市圈亟待解决的重点问题，以此为基础制定新一轮“1+8”郑州都市圈规划，有针对性地设定都市圈发展的目标和主题，并伴随都市圈的建设发展滚动修订调整规划，及时解决因边界问题产生的区域性矛盾或空白性难题。与此同时,充分考虑各个城市的现实基础、发展潜力和“组圈”预期,通过弥合性、协同性指引明确其功能定位、共同任务,鼓励不同成员之间在产业发展、基础设施、载体平台、重大项目、体制机制等方面率先开展更为务实的区域合作与共建,加快形成都市圈发展内生动力。

化解“强中心”与“去中心”的矛盾

长期以来,核心城市凭借着政策力量的加持和区域资源的集聚实现加速扩张,但以“大城市病”为表象的内部结构性矛盾越发突出,有些呈现出“未强先病”的特征。与之对应的是,外围地区由于缺乏合理预期或足够的正向激励,区域合作动力不足,容易出现“大树底下不长草”现象。因此,建设郑州都市圈,应摒弃“先集聚后辐射”的传统理念和“聚集不经济”的路径依赖,通过“强中心”与“去中心”并举,推动实现区域结构调整和再平衡,提升区域发展的质量、效率和可持续性。

“强中心”,就要聚焦提升“一核一副”的核心功能和高端要素资源配置能力,加快推动郑州打造创新、先进制造业、开放、人才“四个高地”和洛阳提升发展能级,从而实现从“只集聚”到“有辐射”、从“弱核牵引”到“强核引领”的转变。“去中心”,就要通过“泛中心化”构建核心、节点、基层之间的传导机制和“反磁力”机制,强化与中心城市的功能互补和内嵌式关系,积极承接产业、服务和人口的转移,打造若干层次不同、功能有别的“新兴增长中心”“次中心”“微中心”,增强区域整体功能和一体化效应,实现“大树底下好乘凉”。

适应“转移”到“转型”的变化

随着国内外环境发生深刻变化,建设创新型、数字型、生态型都市圈已成为新发展阶段都市圈建设的新要求。因此,建设郑州都市圈,需适应新要求新变化,通过发展模式的转型推动各主体找准在都市圈中的生态位,实现区域产业链、供应链、价值链、创新链、生态链等的“近域重组”,从而打造更具创新力、竞争力、抗风险能力和更加绿色低碳的都市圈。

首先，应坚持优势互补、合理分工，加快打造郑开、洛巩、许港等都市圈产业带，推动产业链式集群发展，培育发展数字经济，解决好因产业同构化、重复建设、恶性竞争等问题产生的要素资源的内耗和外流。其次，充分发挥郑州、洛阳的创新优势，打造区域关键共性技术创新平台，推动创新活动向外围圈层扩散与整合，同时鼓励外围地区提升技术消化转化能力和市场匹配能力，并积极承接与产业配套的创新活动，打造一批科技创新走廊、集群和矩阵。最后，加快都市圈绿色低碳转型发展，统筹区域绿色基础设施、韧性安全基础设施等建设，打造绿色生态韧性的节点、区块和网络，增强都市圈整体的可持续发展能力。

缩小“内层”与“外层”的落差

在多数都市圈的发展历程中，教育文化、医疗卫生、生活服务、公共交通等优质公共资源供给在空间上呈现核心城市高度集聚、圈层化明显递减的特征，加重了核心城市的“城市病”，而外围圈层则因为配套服务落差明显，对人口、产业的吸引力不足，进而导致发展滞后。因此，建设郑州都市圈，应在加快产业转型升级的同时，提升都市圈内外圈层城市功能的一体化、同城化水平。

一方面，应以交通互联为先导，打造以轨道交通为骨干的高效通勤圈，提升区域交通一体化供给覆盖率和层次性，构建交通快速换乘空间和无缝接驳体系，加快“一张”“一卡”“一票”等跨区域交通运营管理模式创新，推动交通网络从“互联互通”向“直连直通”转变，不断破解都市圈要素流动的时空紧约束。另一方面，应以民生改善为根本，打破传统上以行政区划和行政等级为基础的公共资源配置机制，加强区域基本公共服务标准和制度衔接，深化政务服务联通互认，推动都市圈优质公共资源共建共享、公共服务互利共惠，不断缩小都市圈城市、城乡之间的公共服务供给落差，真正实现“共享一个圈”。

搭建“权力导向”与“利益导向”的治理组合

都市圈的建设发展是跨行政边界、多利益主体空间单元的治理模式创新的过程。单靠传统金字塔式行政区划下的治理模式，既无法满足成员的差异化发展目标，也不利于降低治理成本。因此，建设郑州都市圈，应引导各城市从单打独斗的属地经济竞争中走出来，在“权力”与“利益”的平衡中寻求政府、市场、社会等多元力量的共同作用，打造都市圈利益共同体。

一方面，应加快建立完善由省级领导、省直部门及“1+8”城市主政者共同组成的都市圈治理架构，并赋予其解决都市圈建设重大问题的资源和权力，构建多中心、多层级责任嵌套的治理运行机制，形成权力承接、协调及转化的灵活调整的关系，保障都市圈规划顺利落地实施。另一方面，应在产业协同、生态共治、设施共建、服务一体、税收共享等方面建立良好的利益交换机制和交换网络，确保各主体的利益与成本对等、政策在各主体之间一视同仁，逐步形成都市圈互惠共生的合理预期和合作动力。

（作者单位：河南省社会科学院。原文刊发于2022年1月21日《河南日报》第7版）

点燃数字引擎　做强数字经济

付小颖

近日,《求是》杂志发表习近平总书记重要文章《不断做强做优做大我国数字经济》,文章强调,“要站在统筹中华民族伟大复兴战略全局和世界百年未有之大变局的高度,统筹国内国际两个大局、发展安全两件大事,充分发挥海量数据和丰富应用场景优势,促进数字技术与实体经济深度融合,赋能传统产业转型升级,催生新产业新业态新模式,不断做强做优做大我国数字经济。”

从世情来看,随着新一轮科技革命和产业革命的浪潮席卷而来,数字经济对各国 GDP 贡献普遍超过 50% ,人类社会正全面步入数字时代。2020 年我国数字经济规模达 39.2 万亿元,GDP 占比达 38.6% 。但在数字核心技术、数字人才培养、数字基础设施建设等方面也存在明显短板。如何找准着力点,充分释放数字动能,点燃数字引擎,推动数字经济更好服务和融入新发展格局,带动经济社会数字化转型,实现高质量发展仍是当务之急。

数字经济发展面临的主要问题

当前我国数字经济发展,虽然在增强经济发展韧性、助推经济发展质量方面取得了显著成效,但是一些发展痛点和短板也是切实存在的,这也是新发展阶段需要着力解决的问题。

一是诸多领域存在发展不均衡。具体表现在:区域发展不均衡。我国区域数字经济发展路径同质化现象严重,区域间对关键资源的争夺又进一步加剧了数字经济发展的不均衡状态;生产和消费领域发展不均衡。当前,大量资本争相涌入低技术含量的生活服务领域,在相对冷门的生产领域,则存在着重视不够、投入不足等问题,在资源和技术方面普遍缺乏深耕,制约了数字经济向纵深领域发展;三产之间发展不均衡。当前各地数字经济发展普遍存在"虚热实冷"问题,相较于服务业,工业、农业领域数字化转型相对滞后。

二是数据化不平衡导致融合发展失序和垄断式发展。一方面,传统企业数字化转型面临新旧动能转换动力不足、支撑不够、融合发展失序等问题,转型升级过程中壁垒重重。另一方面,具有先天数据优势的互联网头部企业利用数字经济的监管滞后等缝隙,凭借数据垄断优势在部分领域造成了"强者恒强""赢者通吃"的发展态势,严重挤占了传统企业和个体经营者市场份额,导致民生领域问题频现,新贫富分化加剧、数字弱势群体出现等社会问题。

三是数据资源使用效率有待提升。作为当前社会发展的重要资源与基础,数据的开放与共享程度是衡量一个地方数字化转型进度和数字治理水平的关键指标。当前,我国数据资源使用和共享总体仍处于较低水平,各地方、各领域"数据孤岛"频现。在制度建设层面,数据开放共享相关政策文件缺乏明确的标准规范;在思想观念层面,对于数据开放共享的作用和意义认识不到位,存在不会用、不想用、没得用等问题。信息安全隐忧、数据权属、数据定价等方面的界限不明、规则不清,也大大阻碍了数据红利的释放和数据资源使用效率的提升。

四是数字经济治理能力亟须跟进。数字经济高质量发展离不开有效的数字治理。数据治理是推动数字经济健康、有序发展的重要手段。随着数字经济的迅猛发展,部分行业和领域内市场垄断、无序扩张、野蛮生长等问题逐渐暴露,一系列治理难题也随之浮现。

发展数字经济的几个侧重

发展数字经济是一项系统工程,涵盖产业生态、数据要素、技术创新、平台企业创新、制度构建等诸多内容。推动数字经济高质量健康发展，在加强顶层设计的同时，也要积极构建和完善各种标准、制度体系和发展环境。

全面提升数字经济与实体经济融合发展水平。首先，大力实施数字产业化和产业数字化“双轮驱动”。以市场需求为导向，多举措提升数字技术与服务业、制造业、农业跨界融合的广度与深度，打造一批面向不同应用场景的新模式与新业态。其次，充分发挥新一代数字技术对经济发展的放大、叠加和倍增作用。紧抓产业数字化和数字产业化机遇，推动数字技术在制造业、农业等生产领域的创新融合，开拓高效益、广覆盖、融合度好、特色鲜明的数字赋能新路径。鼓励企业将数字技术应用到产业升级和数智化转型的各个环节。

推动数字基础设施和数字服务体系建设。首先，加强数字经济基础设施建设。以大数据中心、云计算平台、物联网为代表的新型数字基础设施是推动政府、大中小企业、金融系统实现数智化转型的关键所在，也是加快电力、能源等传统基础设施数智化改造，奠定产业数字化转型基础的重要一环。其次，重点领域以用促业推动数实融合发展。找准数字经济与实体经济融合发展的着力点，因地制宜选取优势产业，遴选龙头企业打造具有数字基因的示范项目，以数字化转型方式重塑行业和产业新优势，通过打造试点示范项目，提供可复制推广的实施路径，引导和支持中小微企业走好数字化转型之路。

提升数据要素流通和利用效率。首先，制定规则营造生态提升数据要素流动效率。充分发挥新一代数字技术的赋能作用，推动数据权属明晰化，合理划分数据所有权、归集权、使用权、管理权，对个人数据、政府数据、商业数据等公开共享的合法性、规范性进行分类界定和保护。提升数据归集统筹和管理能力，消除数据使用方在数据安全和隐私保护等方面的顾虑，加速数据要素流动率和数据红利释放效率。其次，要加大数字人才的引育力度。以推动数字经济高质量发展为导向，建立健全数字经济高端、跨界人才的引育机制。鼓励以校企合作等形式，培育兼具数字化思维和能力、熟悉行业业务模式及流程的跨界通用型人才。加强完善高端人才的引培力度和评价等体制机制。

推动数字经济治理现代化进程。近年来,《中国制造 2025》《中华人民共和国电子商务法》《网络安全法》等法律法规和政策文件相继出台,我国在数字治理领域呈现出全面规范化趋势。伴随着新一代数字技术的持续迭代演进,数字经济治理也正从单轮驱动向双轮驱动转型,并向着全要素、全产业链、全价值链的数智化方向前进。通过激发数字活力、释放数字红利、深化数字经济供给侧结构性改革等举措,能够松绑数字经济发展束缚,以用户需求为导向,推动从业务产品到组织管理的全方位、全流程创新。通过构建全方位、全天候的数智化感知响应系统和治理体系,可以提升预判精准化和决策科学化水平,根治长期以来在数字经济治理过程中存在的缺位、错位、越位等痼疾,系统化推进数字经济和实体经济深度融合发展,构建协同稳定可持续发展的数字经济新生态,进而推动实现全要素生产效能的指数级发展。

(作者单位:中共河南省委党校。原文刊发于 2022 年 1 月 27 日《河南日报》第 6 版)

优化"揭榜挂帅" 激发创新活力

郑广建

"揭榜挂帅"是科技自立自强的迫切需求,是深化科技管理机制改革的关键举措,可以有效激发市场主体创新活力。2016 年 4 月,习近平总书记在网络安全和信息化工作座谈会上提出"揭榜挂帅",此后,工信部以及广东、上海、山东、湖北、贵州等省(市)纷纷开展重点创新任务、重大科技项目的"揭榜挂帅"工作。目前,全国 20 多个省(市)开始试行"揭榜挂帅",模式逐渐规范统一,但多数地区尚处于起步探索阶段,主要集中在前期方案和榜单征集、发榜等环节,部分省(市)完成揭榜对接但尚未行至成果验收阶段,全国正处于边探索边完善阶段。

以需求为导向激发创新活力

"揭榜挂帅"也被称为科技悬赏制,张榜需要攻关的科研项目,谁有本事谁就揭榜,能者上、智者上、谁有本事谁上,通过聚焦技术需求,通过市场机制来检验成效,是"以成败论英雄"的新型科研管理机制和组织模式。

"揭榜挂帅"实质是以需求为导向,以解决问题成效为衡量标准,有效破除"唯论文"倾向,使科研成果可以解决真问题。"揭榜挂帅"具有需求明确、导向清晰、参与面广等特点,是一种高效破解难题和用市场竞争来激发创新活力的一种机制。

从科技部与广东、湖北等地的实施情况来看,"揭榜挂帅"流程基本规范统一,大致分为四个步骤:一是需求征集,由政府通过多种途径进行需求征集，发榜方填报揭榜制项目需求。二是需求论证，由科技主管部门或委托第三方专业机构组织专家对征集到的项目需求进行论证，重点遴选出影响力大、带动作用强、应用面广的关键核心技术或科技成果，并编制榜单对外发布。三是揭榜立项，不设揭榜门槛，公开向国内外进行榜单发布，对实施方案进行可行性评估，符合条件的揭榜方与需求方及科技主管部门签署"军令状"，并对外发布揭榜公告。四是验收奖惩，项目验收将通过现场验收、用户和第三方测评等方式，在真实应用场景下开展严格考核验收。

"揭榜挂帅"实现了从竞争拿项目到竞争出成果、从谋求发论文到解决真问题、从论资排辈到不拘一格的三大突破。"揭榜挂帅"在团队遴选方面，能以更加开放姿态选拔人才，打破科研"小圈子"；在资源配置方面，从学术驱动转变为需求驱动，将问题导向、需求导向落到实处；在考核评价方面，充分激发各类创新主体攻坚克难的积极性，真正做到奖优罚劣。

多种方式推进"揭榜挂帅"

从开展目的看，主要包括企业技术需求类和共性关键技术突破类等两类。企业技术需求类主要以解决本地企业技术需求为导向，主要特点是发布榜单数目较多，且配套较为完备的人才政策，通过政府搭建对接桥梁，实现技术和人才要素聚集。共性关键技术突破类主要聚焦制约本地产业转型升级的痛点问题，通过寻求全球智力帮助，以疏通产业发展堵点。

从榜单征集方式看，主要包括公开征集筛选、层层上报汇总筛选、政府自主决定等三类。公开征集筛选即政府直接通过媒体等平台面向本地企业、高校和科研院所公开发布榜单征集公告，并交由指定平台进行项目征集筛选。层层上报即政府作为主导方，各级主责部门负责项目征集，层层上报后汇总筛选。政府自主决定型主要用于解决应急类、公益类的重大技术需求。

从揭榜方式看，主要包括"一对一"和"赛马"制等两类。当前多数省份采取"一对一"的揭榜方式，同时鼓励揭榜单位组建创新联合体共同攻关，而针对需求方无法确定唯一合作对象的情况，部分地区注明揭榜方可为

2—3 家,实行“赛马”制。值得注意的是,共性关键技术突破类一般是聚焦特定行业的“卡脖子”技术难题,实施周期内项目数较少,一般在 10 个以下,基于重要性和应急性可以采取“赛马”揭榜以保证成功率。

从组织实施看,主要有科技、工信、卫健、人社等部门牵头,与财政部门共同制定。“揭榜挂帅”一般是由各地科技主管部门负责,部分地区的工信、卫健、人社部门也分别从各自发展需求出发,开展“揭榜挂帅”。榜单资助金额一般以项目研发投入的 20%—40%,同时设置“里程碑”节点考核,分 2—3 期拨付,技术攻关类的拨付对象为需求方,成果转化类拨付对象为揭榜方,项目实施周期一般不超过 3 年。

探索可复制的制度化模式

顶层设计逐步加强。自 2016 年习近平总书记首次提出要探索“揭榜挂帅”,2018 年,工信部印发《新一代人工智能产业创新重点任务揭榜工作方案》,“十四五”规划纲要提出要改革重大科技项目立项和组织管理方式,实行“揭榜挂帅”“赛马”等制度,健全奖补结合的资金支持机制。2021 年,科技部制定了“揭榜挂帅”榜单模板,标志着我国重大科研项目正式开始实施“揭榜挂帅”,迈出深化科研项目管理改革重要一步。

部分地区持续探索。2016 年,贵州、湖北、广东等地开始探索,为全国广泛开展提供了实践经验和制度参考。2017 年,武汉市东湖高新区发布“新黄金十条”初步显现“揭榜挂帅”雏形。2018 年,广东省科技厅发布《关于征集适合揭榜制的重大科技项目需求的通知》,此后,湖北、山东、山西、云南等众多省份与广东的“揭榜挂帅”制度保持高度一致。2020 年 6 月,浙江省人才服务平台发布了首批“揭榜挂帅”省级榜单,随后宁波、绍兴、金华等市在省级政策指导下,积极开展“揭榜挂帅”,发布榜单数千项。

我省目前存在的问题

体制机制不完善。由于我省“揭榜挂帅”制度处于起步探索期,以前科研管理、项目管理、项目申报等还存在管理惯性,导致各个部门各自为战,科技、工信、发改、卫健等都在发布自己部门的榜单,还没有形成合力,财政部门在配合的过程中由于没有专项资金,或者资金有限而存在一定的协调难度,而企业也存在热情度有限、资金支持有限等问题。目前仅有国家和省级层面以及郑州、洛阳等省辖市出了几期榜单,省内大部分省辖市和县区还暂时没有启动此项工作,还没有形成工作合力。同时,还存在退出机制不完善、保险机制缺失等问题。

市场化程度不高。当前我省的技术攻关类和成果转化类目的榜单内容还太少,比如,2021 年第一期榜单中技术攻关类仅有 77 项,成果转化类仅有 36 项,技术攻关类企业的投入资金有限,很难吸引有实力的研发机构参与揭榜;而成果转化类项目要求揭榜企业的配套设施高、投入资金大,省内企业很难满足揭榜条件。

相关配套政策不配套。高校和研究机构的科研管理制度轻转化重论文的思想暂时还没有完全转变,在职称评定、人才考核等方面还不能充分调动科研人员参与"揭榜挂帅"积极性。同时,烦琐的财务报销制度,职务发明的所有权和使用期还没有有效分离,严苛的财务审计形式等,都对科研人员参与"揭榜挂帅"造成一定程度的影响。

具体操作存在难题。我省"揭榜挂帅"还没有形成可供借鉴、制度化的经验和模式,存在需求征集难,张榜的范围和形式难以把握,揭榜积极性和参与度还不太高;监督考核和评估存在不确定性,难以全过程、全链条把控。

优化"揭榜挂帅"对策建议

加强部门协同。强化国家省市县四级协同,根据职责和经济社会发展的需求,科学制定各级"揭榜挂帅"的着力点,形成四级政策体系。同时,在每个层级加强部门间的协调,整合科技、发改、工信等部门的需求和资源,建立联动有效、资源有效配置的部门间协同机制。

完善具体工作流程。建立遴选题目、张榜途径、中期考核、资金拨付、项目验收、风险补偿、保险服务等全流程、全链条的优化程序。采取委托第三方专业机构对目标进展、阶段任务、资金使用等情况进行管理,实施"周报月访”联系机制、“一对一”服务机制，通过常态化需求摸排和全流程跟踪服务，确保项目攻关顺利进行，建立“黑名单”制度将严重不良信用记录记入“黑名单”。

加大支持引导力度。加大资金投入力度，各级财政设立“揭榜挂帅”专项资金。改革科研管理配套政策，从人才评价、人才激励等方面入手，鼓励研发人员积极参与“揭榜挂帅”。做好科研项目的分类实施，尤其在“揭榜挂帅”项目管理方面，明确“揭榜挂帅”和传统科研项目的核心区别，避免在实际操作层面“换汤不换药”。综合运用经费“包干制”“赛马制”“里程碑”考核等创新机制，充分发挥“揭榜挂帅”对现行科研管理机制的补充完善和创新示范作用，真正做到降低准入门槛、收紧成果验收环节，实现从入口竞争到出口竞争的良性循环。

注重发挥以榜引帅作用。“揭榜挂帅”除了要用好“帅”解决“榜”的问题之外，更应该发挥“榜”对“帅”的吸引和集聚作用。在开展“揭榜挂帅”同时，探索与当地人才计划、创新平台建设计划等进行联动，加深加固产业需求与人才引进的绑定关系，为延续合作夯实基础，建立“人才、技术、项目、平台”四位一体的“揭榜挂帅”模式，实现创新要素的优化配置。

（作者单位：河南省人民政府发展研究中心。原文刊发于2022年2月10日《河南日报》第6版）

强化“物流拉动”的实现路径

宋　伟

省委常委会会议把强化物流拉动作为推动经济平稳健康发展的重要举措，是结合我省特点与优势作出的战略抉择，具有重要的现实意义，全省上下应当全面理解、扎实推进。

使区位交通优势转化为强大的要素集聚与整合能力

强化“物流拉动”是立足我省优势加快推动经济高质量发展的战略抉择。从需求角度看，整个社会的最终需求均可以归结为投资、消费、净出口三种需求，故用支出法统计 GDP 是投资、消费、净出口这三种需求之和，所以常把投资、消费、净出口比喻为拉动经济增长的“三驾马车”。我省提出“物流拉动”，并不是在投资、消费、净出口之外新增另外一种需求，而是立足我省实际强调对物流的重视，希望尽快把我省区位交通优势转化为枢纽经济优势，使区位交通优势转化为强大的要素集聚与整合能力，以及基于要素集聚与整合能力的强大辐射带动能力，成为拉动投资、消费、出口增长的强大动力。所以，强化“物流拉动”是进一步深化优势再造战略、为“三驾马车”注入强劲动能的重要举措，对于推动全省经济平稳健康发展具有重要意义。

强化“物流拉动”对提升我省在新发展格局中的战略地位具有重要意义。构建以国内大循环为主体、国内国际双循环相互促进的新发展格局是中国经济发展的大战略。新发展格局的关键是循环，即通过推动生产要素更加顺畅地流动提高经济运行效率、开拓经济发展空间。便捷顺畅的物流是经济循环的重要基础，而作为沟通南北、连贯东西的交通要冲，我省具有极佳的区位交通优势，通过强化“物流拉动”加快将区位交通优势转化为物流优势，提高我省在国内国际双循环中的物流枢纽地位，对提升我省在新发展格局中的战略地位具有重要意义。

强化“物流拉动”有助于尽快将我省区位交通优势转化为物流产业优势。对于区域发展来说，区位交通优势不仅要体现“通”，更要体现“停”。因为货物仅仅从一个区域“通过”的经济意义有限，只有“停”下来进行集散交易，才能促进本地仓储、货物集散、运输、市场交易与金融结算等物流及相关产业的发展，给本地带来较大的经济意义。我省近年来一直在努力提升交通枢纽优势并取得了巨大成就，“通”的能力大大提高，但“停”下来的经济潜力却未充分挖掘。如郑州虽然是全国最重要的综合交通枢纽之一，但尚未产生具有较大影响力的本土物流企业，顺丰、圆通、中通、申通、百世、天天等国内知名快递企业，以及淘宝、京东、拼多多等全国重点电商平台大多未在郑州设立总部和区域性总部，物流枢纽地位及物流相关产业发展提升空间很大。强化“物流拉动”就是强调我省区位交通优势特别是郑州的综合交通枢纽优势不能停留在“通”的层面，而要尽快将其转化为物流及相关产业优势，转化为促进我省投资、消费、出口的力量，为全省经济发展作出更大贡献。

强化“物流拉动”有助于加快将我省区位交通优势转化为产业发展优势。区位交通优势要体现“停”，更要体现“产”，即将物流能力转化为本地生产能力，使区位交通优势真正成为支撑本地产业发展与转型升级的产业优势。如近年来重点打造的航空枢纽、中欧班列（郑州）等大大提高了我省的国际货运能力，我省航空货运已经傲视中西部并带动进出口快速增长，但进出港货物中从省外集货的比例偏高而本地生产的比例偏低，尚未充分转化为我省产业发展优势。强化“物流拉动”就是强调要从“通”到“停”再到“产”，在尽快将我省的区位交通优势转化为国内国际物流优势的基础上，与我省劳动力优势、市场优势和产业基础优势紧密结合，进一步成为推动全省产业发展与转型升级的强大力量。

采取有力措施扎实推进“物流拉动”

强力推进物流体系建设，打造全国乃至全球举足轻重的现代化、国际化、标准化物流枢纽。

加快提升国内国际物流能力。加快提升航空货运能力，努力提高周口等内河港口的通江达海能力，开发高铁快速货运功能，进一步挖掘中欧班列潜力，与公路交通紧密衔接，打造国内国际多式联运体系。在持续丰富国际航线、改造提升机场货站容量、优化机场货运设施连接、提升货运体系智慧化水平的同时，加快机场三期工程北货运区及飞行区建设，尽快形成物流能力。优化机场、高铁货运场站、公铁联运中心及区域性快运货物收发点布局，研发与推广适合货机、高铁及货运汽车通用的内陆“集装箱”，提高物流效率，同时提高冷链物流能力。

加快培养物流市场主体。物流产业具有强大的规模效应，国内外物流巨头和电商巨头已经成为决定区域物流枢纽地位的关键力量。针对我省物流主体相对较弱现状，应下大力气引进国内外一流物流和电商巨头在郑州建设基地公司、区域总部或超级分拨中心，鼓励支持本地物流企业与阿里、京东、拼多多等电商巨头合作，利用物联网与大数据技术构建综合性数字化物流平台，以物流信息数字化与互通互享为抓手将本地分散的物流公司整合起来、形成合力，或以股份合作等形式将本地物流公司整合为一家本土航母型超级物流公司。在郑州航空港规划建设大型智慧化仓储与分拨中心，交由引进或者本地重组的大型物流公司运营，大力发展专业为联邦快递、顺丰、四通一达等国内外大型“三方物流”公司提供全方位服务的“第四方物流”业务。

加快商品组织、市场交易、物流金融等物流相关产业发展，提高物流产业附加值。

充分利用我省自贸试验区、跨境电商综合试验区积累的有益经验与国际邮件枢纽口岸的政策优势，探索以线上线下相结合方式打造电子产品、药品、医疗器械、生鲜等各类“物流敏感”产品的 B2B、B2C 交易平台与交易网络,发展为物流企业和货主提供资金融通、结算、保险等服务的物流金融业务,梳理这些产业发展面临的政策瓶颈,利用先行先试权寻求突破,打造安全、方便、快捷、低成本的交易和金融服务体系,吸引更多商品与服务提供商入驻。

加快谋划建设内陆航空型自贸港,争取国家支持郑州建设低关税乃至零关税的“境内关外”封闭型自由贸易港。申请人民币、美元及其他国际货币并行结算试点,丰富国际金融服务。利用新一代信息技术打造高度智能化的电子通关系统,简化通关流程、降低通关成本、提高通关效率,使郑州从质和量两个方面成为“买全球、卖全球”的国际商都。

利用物流优势加快提升相关“物流敏感”商品与服务的生产与供应能力,全面拓展“物流拉动”效应。

立足航空物流、药品口岸和综合交通优势,完善服务体系,利用全球智能手机制造中心地位,引进与培育零部件生产与维修服务企业在全省合理布局,打造全球电子产品零部件研发、生产、集散、交易及产品维修中心,形成一流电子信息产业生态。引进西门子、迈瑞等国内外医疗器械巨头及瑞辉、中国医药等国内外制药巨头在郑州设立研发基地、生产基地、集散与检测中心,打造全球生物制药、医疗器械生产、集散、检测中心及快速医疗服务中心,形成一流生物制药与医疗产业。

各地应因地制宜,充分利用我省综合交通和物流优势,进一步明晰自身定位、明确重点产业,加强供需对接,连接上下游、贯通产学研,力求在细分行业细分市场实现“专精特新”,成为全国全球产业链的重要环节和优质供应商。

(作者单位:中共河南省委党校。原文刊发于2022年3月31日《河南日报》第8版)

以优势特色产业引领农业提质增效

秦小玲

河南在保障粮食安全的基础上，把优势特色农业的发展摆上了重要位置，从“四优四化”到“六化”和十大优势特色产业的打造，以及“五十百”重点产业集群产业链的培育，加快优势特色农业发展已经成为新时期河南全面实施乡村振兴战略，支撑“两个确保”战略目标实现的重要举措。

伴随着农业现代化的发展和消费结构升级，优势特色农业市场化程度较高、产业属性更强，是全面实施乡村振兴战略背景下，发展乡村富民产业，实现农民在农业内部更充分就业和农业经营收入不断增长的重要方向；也是面对内外部复杂因素及新发展格局背景下，实现农民持续增收、重塑农业竞争力的必然选择。

农业供给侧结构性改革以来，河南以十大优势农产品生产基地建设为抓手，积极调整种养结构，优势特色农产品生产取得较大成就。目前，优质小麦、优质花生、食用菌等产量全国第一，优质草畜、蔬菜和中药材规模位居全国前列，信阳毛尖、灵宝苹果等11个特色农产品基地，被认定为国家级特色农产品优势区。同时，依托于生产优势，以“一县一业、一镇一特、一村一品”为抓手，以全产业链思维打造优势特色农业重点产业链和产业集群。延津优质小麦全产业链、泌阳夏南牛全产业链和信阳浉河区茶叶全产业链入选全国农业全产业链典型县，肉制品产业入选全国农业全产业链重点链，强筋小麦、豫西南肉牛、怀药、伏牛山香菇入选全国优势特色产业集群。

进一步分析全省发展态势较好的优势特色农业产业发展情况，有以下主要特点：一是依托于自身的资源优势。从延津的小麦，到西峡的香菇、再到泌阳的夏南牛等,有平原农区,有丘陵山区,有粮食作物,亦有经济作物和畜禽产品,无不是依托并深挖自身的农业资源优势,为全省不同地区、不同特色农产品的发展提供了借鉴和参考。二是全产业链打造。涵盖从良种繁育、标准化种植、生产性服务、加工、仓储、流通、休闲观光等一二三产的各个环节。如,正阳县以花生产业为主导,依托于现代农业产业园建设,发展了良种繁育、花生种植、机械制造、农产品加工、电商物流、文化展览等相关产业。三是注重品牌建设。信阳毛尖、焦作怀药、平舆白芝麻等,形成了一批特色农产品知名品牌。特别是延津在塑造优质小麦产品品牌时,将克明、鲁花等企业品牌下的产品品牌与延津小麦区域品牌进行双标营销,互相支撑,打造区域品牌、企业品牌、产品品牌共生的完整品牌体系,为全省特色农产品生产优势地区品牌打造提供了借鉴。四是技术创新发挥了关键作用。优质强弱筋小麦、泌阳夏南牛、正阳花生等都是在发展过程中通过良种技术攻关迎来了产业发展的契机。

面对新形势,对标新要求,也要看到我省优势特色农业的发展仍然呈现小、散、弱的特点,产业体系不健全,价值链处于中低端。当前,涵盖畜禽、果蔬、食用菌等特色农产品的种源关键核心技术攻关被纳入全省十大战略之首创新驱动、科教兴省、人才强省战略的范畴,要紧紧把握这个机遇期,深入推进农业供给侧结构性改革,按照乡村经济多元化和农业全产业链发展的思路,加快优势特色农业的发展,以优势特色产业引领农业提质增效。

持续深挖优势特色农产品资源优势。我省农业生产条件不尽相同,优势特色农产品种类繁多。要立足于多样化资源禀赋优势,在十大优势特色产业基础上,全面、细致梳理全省优势特色农产品及产业发展状况,按照“一群多链、聚链成群”的思路,对各个产业链的关键环节、薄弱环节全面梳理并对症下药,扩大产业规模。并按照产业链的关联度,引导集群发展,把“小品种”发展成为“大产业”。

以加工业为核心引领延链聚链。在优势特色农业全产业链打造过程中,农产品是基础,加工是核心动力。我省优势特色农业的发展很大程度上还停留在生产优势。以花生为例,作为优质花生第一生产大省,约三分之二的产量用于外调,仍属于花生原料输出省份。因此,要重点通过培育、引进加工业龙头企业，切实发挥加工企业的带动作用，并提高精深加工的比例。一方面形成“以尾促头”倒逼体制，强化生产环节的组织化、标准化、绿色化程度；另一方面要在加工业的基础上延伸生产性服务业等第三产业，将生产优势转化为产业优势，引领特色产业价值链增值。

以品牌建设带动价值提升。农产品具有鲜明的地域性，推进区域农产品公用品牌建设，是提质增效的有效手段。在打造“豫农优品”公用品牌的基础上，重点以绿色食品、有机农产品、农产品地理标志的认定和农产品质量安全县、特色农产品优势区等创建为抓手，培育一批特色农产品区域公用品牌。加强加工类优势品牌的打造与保护，集中力量培育、扶持、发展一批优势特色产业品牌。

以平台载体建设融链强链。高端平台载体具有集聚先进生产要素，凝结“条”“块”发展合力，推动“三链”协同提升、有效衔接的重要作用。一方面，要加大力度对国家级现代农业产业园、优势特色产业集群、农业产业强镇等载体平台的建设，对照国家标准构建相应的省、市、县梯次培育体系。另一方面，要强化对现有平台载体的管理，有针对性地对现有平台载体改造提升、拓展功能，多元化开发、多层次利用、多环节增值，在园区内率先实现农业现代化，在重点产业链和产业集群内率先建成完善的供应链体系，充分发挥现有载体平台的辐射带动和示范引领作用。

（作者单位：河南省人民政府发展研究中心。原文刊发于 2022 年 4 月 7 日《河南日报》第 5 版）

稳经济先要稳住实体经济

喻晓雯

当前，我们正处于决定全年经济走势的关键节点，应该把稳增长放在更加突出的位置，其中首先要稳住实体经济，唯此才能保就业、保民生、防风险、保护中国经济韧性，保持经济运行在合理区间。

稳定实体经济，需要真金白银的投入，需要守土尽责抓落实。

5月25日，国务院召开全国稳住经济大盘电视电话会议。强调扎实推动稳经济各项政策落地见效，保市场主体保就业保民生，确保经济运行在合理区间。

稳经济先要稳住实体经济。首先是因为实体经济的发展，直接关系到我国国民经济的发展与国际竞争力的提高。当前，在我国工业全部22个大类中，纺织品、电力装备、交通工具等7大类行业规模名列全球第一，我国已成为全球制造业第一大国，实体经济已经成为我国经济发展、在国际经济竞争中赢得主动的根基，不容有失。其次，我国实体经济总体还未实现由“大”到“强”的转变，发展质量和效益还不高，在全球价值链中的地位堪忧，特别是高品质、个性化、高复杂性、高附加值产品供给能力不足，钢铁、石化、建材等行业的低水平产能过剩问题突出并长期存在，新兴技术和产业领域全球竞争的制高点掌控不足。再次，当前我国实体经济发展遇到突出困难，形势较为严峻。

稳住实体经济，要求各相关方提高政治站位，增强大局意识和责任意识，将党中央、国务院的决策部署落实到位，加大对实体经济支持力度，全力以赴稳住经济基本盘。

加大工业投资力度

要优化要素保障，立足当前，着眼长远，围绕大项目、好项目落地，强化土地、资金等要素保障，加快推进项目建设。对企业、项目实行动态调整，积极引导企业加大技术改造投资力度，通过对关键环节、核心技术等环节的技改投入，激活现有的存量，创造潜在的增量。重点支持企业实施一批有利于增强自主创新能力的科技型投资项目、一批产业链延伸型投资项目、一批提高生产效益的技改型投资项目、一批探索新业态新经营方式的总部经济型投资项目、一批“走出去”的购并型投资项目，切实做大做强工业项目基本盘。

确保资金投向实体经济

推进金融创新，通过优化信贷存量，加大对战略性新兴产业、现代服务业、传统产业改造升级和小微企业的支持力度。按照国务院常务会议精神，将今年普惠小微贷款支持工具额度和支持比例增加一倍。对中小微企业和个体工商户贷款、货车车贷、暂时遇困个人房贷消费贷，支持银行年内延期还本付息，帮助市场主体渡过难关。进一步深化金融领域的市场化改革，塑造平等的市场经济竞争主体。增强宏观政策的针对性和时效性，继续减税降费、减租降息，确保各项纾困措施直达基层、直接惠及市场主体。

推进实体经济转型升级

调整优化结构，围绕延伸拓展产业链，加大对新兴产业重大关键技术研发、重大产业创新发展工程、重大创新成果产业化、重大应用示范工程的支持力度，以促进产业结构升级。着力培育一批新兴产业龙头企业和国内有影响力的产业基地。鼓励企业特别是行业龙头企业开展兼并重组，做大做强。鼓励实体企业基于互联网技术和平台，将传统的能源、资源消耗投入增长模式转型升级为以依靠技术、产品质量、品牌、管理和营销为导向的创新驱动模式。以传统优势产业和战略性新兴产业为重点，依托龙头企业，大力推进产业链培育，夯实实体经济基础。

打造实体经济核心竞争力

坚持科技创新，实施财政奖励、税收抵减等措施，鼓励企业加大科研投入。建立重大科技攻关项目，鼓励企业与科研单位合作，建立产学研技术平台。支持企业参与重大科技创新，鼓励企业引进、消化、吸收、转化和创新高新技术，完善成果转化机制，使科技创新更好地为实体经济发展提供支持。坚持创新发展、绿色发展，聚焦主责主业，加大研发投入和"卡脖子"技术创新，增强创新发展动能，加快产业数字化、国际化转型，瞄准发展质量与活力的一系列创新，让实体经济"骨骼"更强健，"肌肉"更结实，厚植核心竞争力。

着力稳产业链和供应链

着力构建大中小企业相互依存、相互促进、共同发展的良好生态，不断增强国民经济发展韧性和产业链供应链稳定性。更好地发挥保持产业链供应链稳定布局协调机制的作用，着力破除产业链突出的瓶颈制约。充分发挥中央企业基础支撑作用，加强生产要素保障，积极落实降费提质要求，为中小企业提供精准、高效、便捷的服务和充足、可靠、优质的供给。进一步优化复工达产政策，落实好餐饮、零售、旅游、民航、公路水路铁路运输等特困行业有关纾困扶持措施。对用水、用电、用气等实施阳光服务，加快实现缴费、保修等"一网通办"。积极建云建平台，大力推进"云采购""云签约""云结算""云物流"，努力让信息多跑路，尽可能节约中小企业"脚底"成本。

引导民间资本进入实体经济

优化投资结构，支持民间投资进入铁路、市政、能源、金融、社会事业等领域。营造民企与国企间平等使用生产要素、公平参与市场竞争、同等受到法律保护的环境，加快垄断行业改革，建立公平、规范、透明的市场准入标准。鼓励和支持民间资本进入垄断性行业和战略性新兴产业领域，拓宽实体企业的发展空间。深化"放管服"改革，破除制度性壁垒，在为资本设置

“红绿灯”、依法加强对资本的有效监管的前提下，要注意保护企业家精神，激发劳动者创业积极性，充分考虑、尊重和实现微观主体的获得感、幸福感和安全感。

（作者单位：河南财政金融学院。原文刊发于2022年5月27日《河南日报》第10版）

建设文化创意城市的路径思考

宋朝丽

文化创意城市是与传统城市相对而言的。工业文明时代以资本、土地和人口为生产要素的城市发展模式，在信息时代正在被以智慧、知识、技术、文化和创新为驱动力的文化创意模式所取代。“十四五”期间，河南提出将文旅文创产业打造成战略性支柱产业，建设一批文化创意城市，是一种制度性创新和地域生产力结构优化的前瞻性探索，是河南作为中华文明集中展示地的必然担当。

文化创意是城市发展的主动力

创意城市的概念最早是指意大利佛罗伦萨这样以手工艺和艺术创造而闻名的欧洲小城。20 世纪 90 年代，随着传统工业城市和港口城市经济基础的衰退，英国布莱尔政府开始重视创意在区域经济发展中的战略潜力，提出发展“创意产业”，并将创意的内涵从单纯的文化艺术范畴，扩展到所有科技创新、数字化、信息化等知识经济形态。随后，纽约、东京、新加坡等经济发展水平较高的地区纷纷制定创意城市、创意国家的发展目标。

创意产业以其高度融合性、产业链长、就业面宽、自主创业机会多等特点，成为发达国家谋求创新发展的新赛道，占据全球产业价值链的高端环节。2019 年创意产业为英国直接贡献了约 1159 亿英镑的总增加值，伦敦每 6 个工作岗位就有一个来自创意产业。数据表明，创意经济正在成为世界经济中最具活力的增长点。

随着创意城市运动的开展，全球涌现出了爱丁堡、爱尔兰、海德堡、名古屋等大批知名创意城市。联合国在 2004 年成立“创意城市网络”，致力于发挥全球创意产业对经济和社会的推动作用，倡导全球文化多样性，截至 2021 年已吸纳全球 100 多个国家的 295 个城市加入，中国的北京、上海、深圳、成都、杭州等 16 个城市已加入该网络。从国内外经验来看，当第三产业在 GDP 中的占比超过 50%、居民消费恩格尔系数降到 30% 以下，城市发展就会进入“文化转向”时代，文化创意成为城市发展的主动力。2021 年，河南省第三产业 GDP 占比达到 49.1%，2020 年河南城镇居民恩格尔系数为 27%，意味着“文化转向”将成为“十四五”时期我省经济发展的标志性特征，河南到了以文化创新驱动经济增长方式转变的关键节点。

两大核心多点布局全面开花

“两大核心”是指重点打造郑州都市圈文化创意区和洛阳副中心城市文化创意区。郑州都市圈以郑州中心城区、航空港区为核心区，以开封、新乡、焦作、许昌为门户区，依托国际文化创意产业园片区、河南博物院片区、郑开科创走廊、沿黄河文化旅游带和环嵩山文化旅游带，建设中华文化传承创新中心和世界文化旅游目的地。洛阳都市圈以洛阳为中心，包括济源、焦作（孟州）、平顶山（汝州、鲁山）、三门峡（义马、渑池、卢氏），辐射豫西北地区，依托仰韶文化遗址群、隋唐洛阳城、汉魏洛阳城等大遗址，建设国际人文交流中心和国际文化消费中心城市。

“多点布局”是指各地市可以依托自身特色资源，发挥文化资源优势，打造文化创意节点城市，做到“一城一特色”，相互赋能，各有千秋，形成“共生同进”的创意城市群。

“全面开花”是指依托河南域内星罗棋布的历史文化古镇，打造风格迥异、特色鲜明的文旅文创名镇（城）。包括荥泽古城、浚县古城、卫辉古城、道口古镇、朱仙镇等，都可以依托自身历史文化资源，通过科技和创意赋能，打造享誉世界的文旅文创名镇。

锻造城市文化品格　注重人才培育产权保护

突出文化个性魅力。作为人类社会文明与智慧的结晶，每个城市都有独特的历史文化传统和发展轨迹，都有自身独特的文化品格。英国创意城市专家兰德利认为，任何城市都可以成为创意城市。在经济全球化时代，城市竞争必须依靠自身独特的个性。河南作为中华文明的集中展示地，很多城市都有自身独特的文化个性，我们应解码城市文化基因，锻造城市文化品格，这是建设文化创意城市的根基所在。

培育城市创意阶层。文化创意城市发展最根本的问题是人的问题。总体上看，河南目前创意阶层人才集聚水平相对不高，创意人才群体增长缓慢。“十四五”期间，河南将在郑州、洛阳等城市及周边地区，规划布局世界级文化创意园区、国际艺术社区，建设一批艺术村落、作家村落，吸引国内外知名艺术家、设计师、文化名人等群体入驻。依托陶瓷产业、玉石产业等，建设2—3个文化创意人才“豫漂”聚落，为创意阶层提供就业创业便利。与清华大学、郑州大学、河南大学、省文物考古研究院等省内外高校和科研机构联合成立文旅文创实验室，培育本土创意人才。

打造城市新型文创空间。文化创意产业是倾向于集聚的，不仅因为这样可以提高知名度，降低风险，而且因为文化创意生产的性质要求学习、共享、匹配、合作。相比较区位交通、产业薪资等传统的城市竞争优势，创意阶层更倾向于选择在审美品位高、文化氛围浓厚的城市集聚，因此文化创意城市需要为居民提供更高品质的生活空间。在文创空间建设上，河南将采取系列举措：利用黄河、大运河、长征、长城四大国家文化公园在河南的叠加优势，为线形文化遗产打造展示空间；实施文创产业园区提升工程，提升开封宋都古城文化产业园区、郑州国际文化创意产业园、龙门文化旅游园区、登封“天地之中”文化旅游园区等园区的综合服务能力和产业集聚能力；推动文化场馆、文博单位、景区园区、主题公园、城市街区等进行场景创新等，营造城市文创新场景，引领潮流时尚消费。

打造特色节庆文化品牌。很多文化创意城市在保护传承文化的同时，都注重通过节庆和重大活动来扩大城市影响力和知名度,塑造城市品牌。“十四五”时期,河南将继续办好黄帝故里拜祖大典、中国(郑州)国际少林武术节、中国(开封)菊花文化节、中国(洛阳)牡丹文化节、中国(焦作)国际太极拳交流大赛等在全球有影响力的节庆品牌;筹办世界大河文明论坛、国家文化公园论坛等,提升国际旅游城市市长论坛、世界古都论坛的规格和影响力,办好三门峡黄河文化旅游节、黄河国际论坛、黄河文化论坛等活动。

注重原创知识产权保护。创意经济的核心是知识产权。为此,我们要高度重视文化旅游领域的知识产权服务,“十四五”时期将设立文旅文创知识产权快速维权中心、文旅文创知识产权巡回法庭,开辟文化旅游内容版权保护、登记、交易、质押、融资等“绿色”通道,并依托自贸试验区,打造线上线下结合的文化旅游知识产权一体化服务平台,利用区块链等技术,实现文化旅游知识产权确权、维权、交易、运营、融资一站式服务。

(作者单位:河南牧业经济学院。原文刊发于2022年5月27日《河南日报》第10版)

乡村旅居地应该承载情怀文化与品质

郑　鹏

《河南省"十四五"文化旅游融合发展规划》提出以太行山、伏牛山、大别山为重点区域，按照文化引领、艺术点亮、美学提升、消费驱动的原则，加快布局精品民宿、乡村酒店、艺术聚落等人文体验空间，打造一批彰显中原文化底蕴、承载现代生活方式的乡村旅居目的地，助推乡村振兴。

发展乡村旅游是丰富我省旅游产业业态、激活内循环经济的重要内容。以大别山、伏牛山、太行山为代表的"三山"地区是我省发展乡村生态度假旅游的主战场，其旅游接待人次、旅游综合收入占全省三分之一。同时，发展乡村旅游也是扩大农民就业、促进农民增收，实现乡村振兴的重要路径。

以"诗意栖居"理念注入乡村旅游发展

"诗意栖居"是在哲学语境下用来探讨旅游及其本质的。它源自海德格尔的"栖居"思想，是一种从现象学视角解释人的存在和人地关系的方法论和世界观。该理念已在旅游学、建筑学、人类聚居学等领域得到拓展和应用。随着大众旅游方式向多元化、休闲化转向，在后现代理念下，传统意义上旅游与生活并立的二元观正在改变，二者的界限逐渐模糊。"居住生活"和"休闲度假"融为一体的旅居现象契合了人们日益增长的美好生活需要。尤其在疫情防控常态化的背景下，以短时间、近距离、高频次为特点的"微度假"正成为旅游消费者的出行新需求和出游新趋势。这也使得乡村旅游的内涵与范畴超越了早期以农家乐和农业观光为核心的主题，而成为包含生态、康养、度假、运动、非遗以及红色传承、研学科考等在内的总体概念。乡村旅居就是在这个总框架下逐渐孵化演变的，它超越了传统大众化的风景区或度假区导向。消费者追求乡村环境所产生的“天地神人”自然和谐和“田园牧歌”精神向往，并以此来缓解焦虑、逃避现实。

打造乡村旅居目的地，应全面认识“旅游地就是生活的总和”，建设充满人文情怀的社会环境、主客共享的旅游场域、生活方式型的消费空间。在“诗意栖居”理念的统领下，乡村旅游发展应关照旅游者的旅居诉求，甚至满足其来乡村开展生产、生活等方面的需要。为此，应建立全面共享的公共服务体系，包括自驾车、公交车、自行车、房车、驿站、露营地、标识系统等交通服务体系，乡村书房、文化场馆、娱乐设施、夜市集会、旅游景区等文旅消费体系，Wi-Fi 全覆盖、网络全免费等通信设施体系，星级厕所、便捷医疗等卫生服务体系。进而持续开展“民宿走县进村”“文化走进民宿”等活动，重点打造“黄河民宿”“嵩山民宿”“太行民宿”“河洛民宿”“伏牛山居”等民宿集群，评选一批星级民宿，建设以民宿为核心的微型度假综合体。

以中原文化底蕴强化“老家河南”IP

作为黄河文化核心区、中华文明发源地，河南是华夏儿女的心灵故乡和精神家园。可以说，中原文化就是中国文化的典型和化身，中原文化就是中华文明的缩影和写照，“河南之于中国，正如中国之于世界”。在“行走河南·读懂中国”的总品牌下，承载着厚重中原文化的广大乡村地区是强化“老家河南”超级 IP 影响力的重要场所。河南省拥有国家级传统村落 205 个、省级传统村落 807 个，国家级乡村旅游重点村 31 个、省级乡村旅游特色村 449 个。

根据《河南省“十四五”文化旅游融合发展规划》，在打造 450 个 A 级乡村旅游示范村、5000 家精品民宿的过程中，要基于中原文化底蕴，挖掘本地资源优势，彰显乡村独特魅力，打造河南优势品牌。例如，在太行山区主要打造石板民宿、悬崖客栈、乡村酒店、度假院落、主题农庄等精品民宿，优先布局登山、滑翔、滑雪、攀岩、户外探险等山地体育旅游项目。在伏牛山区着重打造中医药养生、有机农业、绿色膳食为主的复合型康养旅游乡村。在大别山区分别依托特色农业资源、餐饮文化优势、红色教育基因,差异打造农业旅游、美食旅游和红色旅游。围绕“老家河南”超级IP,打造以乡村空间为载体、以优美环境为依托、以传统文化为内涵、以差异主题为产品的乡村旅居目的地,凝练乡村旅游发展新模式、树立乡村旅游发展新标杆,推动乡村旅游新升级。

以现代生活方式提升乡村旅游品质

乡村旅游与其他旅游活动的本质区别在于乡村性,但乡村性不是“老旧土”的代名词。应以发展的眼光去看待乡村和乡村性,乡村需要振兴,乡村性也同时在重构。乡村居民享有追求现代化、科技化、便利化生活的权利。现代居住生活方式也有助于他们认同并愿意留在乡村社区。这也是解决乡村空心化问题的一种手段。乡村旅游开发不应去迎合所谓衣锦还乡人士口中的“乡愁”,而强迫乡村居民保留落后的生活方式。这是对乡愁和乡村性的曲解,绝不能以城市的“傲慢与偏见”去狭义地概念化乡村,去限制乡村的发展。诚然,也不能照搬城市模式、破坏乡村风貌而建造大广场、大公园、大牌坊、大道路,应避免乡村城市化、乡村公园化的建设倾向。另一方面,现代性的生活场景同时也能为游客创造“诗意栖居”的体验。保持建筑外观传统性的同时,在建筑内部融入现代性;传承非物质文化遗产的同时,以科技手段植入时尚要素,从而使消费者达到外在乡土感与内在都市感相平衡的居住感受和旅游体验。乡村旅居目的地发展应摒弃单纯以城市带动乡村的模式以及过度迎合城市居民的旅游舞台化倾向,而要综合考量内生需求和外生驱动,通过城乡互促,依赖村民与市民的空间共享、社区再造和新乡居生活方式而实现。

(作者单位:郑州大学旅游管理学院。原文刊发于2022年5月27日《河南日报》第10版)

高标准推进冷链物流设施建设

于晓胜

随着经济的发展，城乡居民对生活品质的要求不断提高，对果蔬、肉类、乳制品、水产品等生鲜农产品的消费需求显著增长。日前，《乡村建设行动实施方案》发布，把实施农产品仓储保鲜冷链物流设施建设工程作为重点任务之一，提出建设农产品冷藏保鲜设施、完善国家骨干冷链物流基地布局建设、健全县乡村三级物流配送体系等多项要求。围绕这一话题，我们特邀专家进行解读阐释。

优化农产品冷链流通体系的切实之举

记者：中共中央办公厅、国务院办公厅印发的《乡村建设行动实施方案》对加快农产品仓储保鲜冷链物流设施建设作出了部署。如何理解农产品仓储保鲜冷链物流设施这一概念？加快推进这项设施建设，对促进“三农”发展、推进乡村振兴有什么深远意义？

于晓胜：冷链（cold-chain，GB/T 18354—2021 物流术语），是指根据物品特性，从生产到消费的过程中使物品始终处于保持其品质所需温度环境的物流技术与组织系统。对于农产品而言，从田头到餐桌的每一个环节，均需要温度护航。其温度从果蔬、花卉、乳制品等的冷藏区间（0 ~ 10 ℃），到肉类、冷饮等的冰温保鲜区间（-2 ~ 0 ℃），再到速冻食品、低温水产品的冷冻区间（-18 ℃以下），全程保证质量安全，减少腐烂损耗。

农产品仓储保鲜冷链物流设施是实现全程冷链的重要载体，主要通过通风贮藏库、机械冷库、气调贮藏库、预冷及配套设施设备建设，实现农产品在采收预冷、产后贮藏、加工、集散等环节始终处于适宜温度控制环境，能够有效降低农产品损耗，保持农产品品质。

农产品仓储保鲜冷链物流设施衔接农业生产，服务居民消费，既是现代农业发展的重大牵引性工程，也是保障民生、促进消费升级的重要法宝，加快这项设施建设的意义重大而深远。

补齐城乡冷链物流基础设施短板，助力乡村振兴。打造产地预冷、田头市场、贮藏保鲜设施体系，能够提高农产品产后商品化处理水平，补齐"最初一公里"短板。健全销地冷链分拨配送设施体系，能够优化城乡冷链物流存量设施布局，完善县乡村三级物流网络，打通"最后一公里"堵点。

优化农产品冷链流通体系，增加农民收入。农产品仓储保鲜冷链物流设施形成农产品流通的"蓄水池"，能够延长农产品保鲜期，降低农产品产后损耗。依托田头市场，拓展电子商务、农超对接、新鲜直供等销售渠道，能够实现择期、错峰、跨季销售，提升农产品附加值。

推动农产品消费升级，促进农业增效。高质量农产品上行，能够满足消费者对质优物美农产品的需求，拓展农产品仓储保鲜冷链物流设施功能，培育田头市场、田头工厂、集散基地建设，提升农业组织化、标准化和信息化水平，放大产业规模和外溢效应。

我省农产品冷链物流设施不断完善

记者：完善冷链物流服务体系是"十四五"时期我省物流业发展的重要内容，请您介绍一下我省农产品冷藏保鲜和冷链物流设施建设的情况。

于晓胜：加快农产品仓储保鲜冷链物流设施建设是推进农业农村现代化的一项基础性工作，河南立足省情，科学谋划、积极探索、开拓创新、服务产业发展，初步形成了集中连片、多点开花的农产品仓储保鲜冷链物流设施网络。

冷链规模稳定增长。2021 年，全省蔬菜、肉类、乳制品、水果等主要冷链产品产量为 9742.27 万吨，重点行业冷链物流总额达到 2266 亿元，增长

10%，冷链物流货运量达到7056万吨，增长12%。速冻食品、鲜肉及肉制品分别占全国产量的七成和一成左右，向省外输出比例分别在60%和50%左右，冷链流通规模位居中西部前列。

冷链物流网络初步形成。郑州国家骨干冷链物流基地和一批冷链物流专业园区加速发展，标准化、智能化冷库建设应用水平稳步提升，建成投用肉类、水果、冰鲜水产品、食用水生动物等冷链产品指定口岸，"一中心、多节点、全覆盖"的冷链物流网络初步形成。初步估算，截至2021年底，全省冷库总容量超过1100万立方米，同比增长15%，冷藏车保有量突破2.3万辆，增长12%。累计建成121个县级电商公共服务中心、2.3万多个农村电商服务站点，物流服务网点覆盖全部乡镇，行政村快递服务覆盖率达到90%。

设施建设持续推进。按照"产地初加工、产地冷库、农产品仓储保鲜冷链物流设施"循序渐进推动设施建设，取得一系列成效。积极推动农产品产地初加工补助政策规范有效实施，截至2019年，累计投资20多亿元，相继在79个县(市)实施冷链物流建设，共建设产地初加工冷链设施6627个，烘干能力41.89万吨。2020年省财政共安排近6000万元、市县级财政投入近5亿元资金支持全省农产品流通体系建设，撬动社会资本投入10亿元以上，在大型水果批发市场开展冷链物流设施建设。2021年高质量建设农产品仓储保鲜冷链物流设施，截至2021年底，全省立项项目1765个，中央财政投入3.9798亿元，带动社会资本投入约15亿元，完工1692个，建成库容约86万立方米。

冷链流通率和设施质量仍有待提升

记者：在冷链设施和冷链物流方面，我省存在哪些短板和不足？

于晓胜：长期以来，农产品流通呈现跨地域、反季节的特征，"卖难买贵""腐损浪费"等问题干扰着农业生产，损害了消费者和农民的利益。我省农产品冷链设施总量明显不足，"断链""缺链"现象普遍存在，农产品仓储保鲜冷链物流设施建设面临诸多困境。

设施结构性矛盾突出。城乡农产品仓储保鲜冷链物流设施建设不均衡,部分地区存在同质化低价竞争、低水平重复建设现象,不同品类间冷链水平差异明显。肉类仓储保鲜冷链物流设施多,果蔬类设施少;城市经营性设施多,产地加工型设施少;大中型设施多,批发零售终端设施少;自建自用设施多,专业第三方社会化设施少。

农产品冷链流通率低。生鲜农产品产后预冷技术和低温环境下的分等分级、包装加工等商品化处理手段普及率较低。运输环节温度控制手段原始粗放,初级农产品流通大多仍以常温物流或自然物流形式为主,70%以上果蔬未进行预冷就进入流通环节,冷链运输过程中断链情况时有发生,产品质量安全还存在隐患。果蔬等农副产品在采摘、运输、储存等环节的损失率在25%—30%,损腐浪费现象严重。

设施建设质量不高。农产品仓储保鲜冷链物流设施实施主体实力较弱,融资能力不强,项目建设缓慢。大部分没有设施项目建设经验,缺乏政府或者第三方监理的顶层设计,不重视设施及配套设备质量。农产品产后分拣、加工、包装、仓储、预冷等商品化处理设备购置率不高,尚未建立统一的运营规范标准,数字化装备配备不足,信息化发展水平较低,运营效率、利用率不高。设施周边产地市场发展滞后,农产品供求信息不对称,产销衔接还不够紧密。

以高标准建设确保全省冷链物流全程不断链

记者:按照《乡村建设行动实施方案》的要求,推进我省农产品仓储保鲜冷链物流设施建设,保证居民吃到新鲜可口的农产品,应着力做好哪些方面的工作?

于晓胜:确保全省冷链物流全程不断链,高标准、高质量推进农产品仓储保鲜冷链物流设施建设科学布局、顺利实施,必须坚持惠及民生、注重实效、协同推进、集群发展的原则,着力做好八个方面的工作:

着力推进农村产业集群建设。大力发展乡村产业,聚焦优势产业,突出集群成链。聚焦鲜活农产品主产区、特色农产品优势区、区域公用品牌覆盖区、脱贫地区以及“互联网+”农产品出村进城试点县,持续推进农产品产地冷藏保鲜设施集中连片建设。在产业规模大、附加值高、冷链物流需求集中、冷链设施利用率高的特色农产品产地，鼓励龙头企业、产地批发市场和农民专业合作组织改造、扩建或新建具有分拣、加工、包装等功能的农产品仓储保鲜冷链物流设施。紧密衔接周边设施网络，以市场为导向推进农产品产地冷藏保鲜设施集群集聚建设，推进农产品仓储保鲜冷链物流设施共享共用，协同推进田头市场建设，发挥规模效应，促进区域内分散的冷藏保鲜设施资源合理配置。

着力拓展设施综合服务功能。拓展一体化服务，积极发展“新型农业经营主体+田头市场+批发市场”等模式，推动形成集中仓储、共同配送、仓配一体等新机制，满足城乡居民个性化、高品质生活需要。拓展新鲜直供服务，大力发展生鲜电商、蔬果宅配、前置仓、产地仓等新型流通业态，推行直销配送、共同配送，提升农产品短链流通能力。拓展农商互联服务，鼓励农产品优势产区企业到集散地区域设立交易配送专区，支持销地和集散地企业到产地建立集配中心，推广“移动冷库+集配中心（物流园区）”“互联网+移动冷库租赁”“生产+仓储+保鲜+销售”等新模式。拓展线上线下融合功能，就近建设改造产地预冷仓，对接批发市场、加工企业和电商平台等，发展流通加工、电子商务等功能，培育品牌连接农产品生产基地、仓储保鲜冷链设施和消费大市场，线上线下结合做好产地与销地冷链衔接。

着力增强商品化处理能力。鼓励农产品仓储保鲜冷链物流设施配备清洗、分拣、烘干、分级、包装等设备，提高农产品商品化率，提升产地商品化处理能力。鼓励在产地就近建设改造集配中心、产地仓等设施，建立衔接农村与城市、城市与城市间流通的跨地区农产品物流中心，探索引入产地移动型、共享型商品化处理设施，增强错峰销售能力，提高农产品附加值，把产业链增值收益留给农民。

着力优化基础设施结构。加快建设产地预冷设施，鼓励果蔬种植、畜禽屠宰企业选购适用型的冷水预冷、冷风预冷、真空预冷或混合预冷设备，解决产地源头预冷普遍缺失问题。优化设施建设方向和服务品类，探索支持建设一批生猪、水产等储存需求较大的冷链设施。完善末端设施建设，充分发挥供销合作社系统网点密集、渠道下沉的优势，依托供销社基层网点、电商服务站、农民合作社等资源,大力推广智能化移动式预冷库的应用,打通冷链“最初一公里”。探索建设具有集中采购和跨区域配送能力的冷链中转基地,支持农产品批发市场、农贸市场等各类农产品流通企业设立农产品销售专柜、专区、专档,拓宽和稳定营销渠道。探索“一点多能、一网多用、深度融合”的农村客货邮融合发展新模式,健全三级农村物流网络,促进农产品出村进城。

着力完善冷链物流设施网络。建设郑州国际冷链物流中心。依托郑州新郑国际机场、郑州国际陆港,开通加密国际冷链航线,拓展中欧班列(郑州)冷藏集装箱铁路线网和腹地范围,提升进口肉类、水果、冰鲜水产品等口岸功能,完善多功能、标准化、国际化的农产品冷链物流设施,建设国际航空和铁路冷链物流枢纽。拓展提升郑州国家骨干冷链物流基地功能,加强与产销冷链集配中心功能对接和业务联通。建设区域性农产品冷链物流基地。支持国家物流枢纽、区域物流枢纽承载城市依托交通区位优势、食品加工生产龙头企业、特色优势农产品生产基地和大型批发市场,规划建设农产品冷链物流园区,打造全国重要的特色农产品冷链物流基地,形成一批跨区域、广辐射的农产品冷链物流集散分拨中心。健全城乡冷链物流网络。推动各地建设城市智慧冷链物流系统,改造建设农产品冷链自提柜、储藏柜等终端配送设施。开展冷链下乡,加强县乡冷链设施供给,在重点农贸市场建设一批标准化冷链集配中心。结合产业扶贫,集中建设一批果蔬茶、肉蛋奶等特色产业生产存储、中转冷藏保鲜设施,助力贫困户增产增收。

着力构建智慧设施平台。建设“河南省农产品仓储保鲜冷链物流设施公共服务信息平台”,引导扶持平台社会化公益性运营,实现资源发布、交易撮合、在线交易、车联网、保险金融等服务,实现农产品仓储保鲜冷链物流设施资源整合。鼓励运营企业推进信息化建设或信息系统的升级再造,并规范统一各信息系统之间标准接口,鼓励运营企业间信息资源共享,实现信息资源对称。提升农产品仓储保鲜冷链物流设施资源利用率,提高冷链物流运营效率。

着力完善设施项目推进机制。尽快出台项目建设实施标准和技术方案,进一步完善和规范施工单位备案管理制度,明确施工单位的基本资质、材料采购、设备购置等最低要求,设置科学的评价标准。成立由政府主管部门、监理机构、行业专家等组成的项目监管小组,全过程监管项目材料质量、工程设计、设备查验等,加大项目监管力度。严把项目补助核定关,依据实施方案确定的分类分级补助标准核定库型库容。制定激励机制,调动新型经营主体建设的自觉性、主动性和积极性,使财政资金流向主体较强、市场急需的地方,打造样板工程。健全项目运营评价机制,建立投产后定期跟踪考核制度,确保农产品仓储保鲜冷链物流设施功能先进、运转安全、效益良好,实现全程可监管、可追溯、可视化。

着力强化设施统计监测。建立农产品仓储保鲜冷链物流设施统计监测制度,加强农产品仓储保鲜冷链物流设施日常运行监测和分析研判。依托互联网、物联网、大数据、云计算等先进技术,开展农产品仓储保鲜冷链物流大数据统计监测,实时监测全省农产品仓储保鲜冷链物流设施资源分布、货量流向、物流效率、物流价格等数据,确保统计时效性和准确性。推动农产品仓储保鲜冷链物流设施运营企业监测全覆盖,强化农产品冷链运输全过程跟踪监测。推进与行业协会、第三方机构等的合作,加强行业发展预测和研究分析。建立政府协调指导、行业落实推动、企业广泛参与的工作机制,加强对统计分析工作的组织协调。

(嘉宾单位:河南牧业经济学院物流与电商学院。原文刊发于2022年6月8日《河南日报》第7版)

稳市场主体释放发展潜能

赵　早

受疫情反复和国际不确定性因素的交织影响，当前各类市场主体面临着前所未有的经营困难和生存压力。稳住经济大盘，首先在稳住市场主体方面显得十分必要而紧迫。稳市场主体，要在“稳”的基础上，进一步“激发”活力，使广大市场主体不仅能够正常生存，还要充满活力，实现更大发展。

市场主体是经济的力量载体，是经济活动的主要参与者，就业机会的主要提供者，也是技术进步的主要推动者，稳住市场主体是保证经济正常运转和社会大局总体稳定的基本前提。面对疫情冲击，今年以来河南把稳市场主体作为促进经济健康运行的着力点，出台了助企纾困“1+3”系列政策措施，全省经济有序恢复，市场主体数量持续增长。截至4月份，全省实有市场主体877.2万户，同比增长8.8%，总量连续6年居全国第5位、中部六省第1位。但是，受疫情反复和国际不确定性因素的交织影响，当前各类市场主体仍面临着前所未有的压力和困难，特别是不少中小微企业正面临着严峻的生存挑战。此时，加大力度稳住市场主体显得十分必要而紧迫。

稳市场主体，当务之急是“助企纾困”，想尽一切办法让各类市场主体特别是中小微企业生存下来。

首先，用足用好一揽子政策措施。今年5月国务院印发《扎实稳住经济的一揽子政策措施》，在财政、货币金融、稳投资促消费等六个方面提出33项措施，对持续合理降低市场主体的税费负担、优化复工达产政策、激发投资活力作出具体部署，并要求各地区各部门靠前发力、适当加力，确保政策措施落实到位。随后，河南省出台《贯彻落实稳住经济一揽子政策措施实施方案》,明确了河南省稳经济促发展的任务书和时间表,并提出按照“能出尽出、顶格执行、精准直达”的要求,不断丰富政策工具箱,完善政策直达机制,让政策更快捷、更通畅、更精准地传递到各类市场主体。

其次,不断强化助企纾困政策的针对性与有效性。省委省政府认真贯彻党中央、国务院决策部署,结合河南实际,制定出全省高效统筹疫情防控和经济社会发展的“1+1+N”工作体系,分行业、分层级建立保生产经营、保物流畅通、保政策助力、保防疫安全“四保”企业(项目)白名单,通过精准施策帮助白名单企业纾困解难。在具体实施过程中,强调坚持问题导向,结合“万人助万企”活动,逐行业、逐企业、逐项目走访,逐链条、逐环节、逐产品分析,摸实情、找痛点,针对不同行业、不同规模市场主体的需求,给予能够直接产生效果、具有可操作性的纾困政策。特别是对于受疫情冲击严重的餐饮、零售、旅游等行业,除了追加必要的普惠性纾困措施之外,还要识别出最具就业创造潜力的困难主体,优先支持,提出针对性帮扶措施。

再次,多措并举拓展市场主体发展空间。市场主体若要在危机中实现及时突围,既需要帮扶政策,也需要相应的发展空间。为此,一要坚持“项目为王”,发挥重大项目的牵引和撬动作用。重大项目是经济增长的压舱石,在一系列优质重大项目带动下,投资形势持续向好不仅会对稳定经济基本盘发挥积极作用,也有利于带动市场主体参与大项目、大工程,助力其快速实现复工复产,逐步增加投资。二要鼓励市场主体进行数字化转型,提高危机应对能力。疫情加剧外部环境的不可预测性,传统市场主体,尤其是倚重于线下、业务单一、盈利能力弱的中小微企业遭受的冲击最大。当前应加快研究支持平台经济规范健康发展具体措施,稳定平台主体及其共生中小微企业的发展预期,以平台主体发展带动中小微企业纾困。

除此之外,还需要提升科学精准高效处置突发疫情的能力。疫情防控是一个整体系统工程,当前,河南在推行常态化 48 小时免费核酸检测+场所码全覆盖+交通卡口无感通行等措施的基础上,还需不断完善疫情常态化防控体系建设,努力做到应急状态下企业不停产、项目不停工、商贸不停业、物流不停运,最大限度降低对市场主体的影响,稳定市场主体预期。另一方面,市场主体在严格遵守疫情防控政策的前提下,也要积极制定应急预案,健全应急处置机制，加强防疫物资储备，确保生产稳定、连贯运行。

稳市场主体，在“保住”的基础上，须进一步“激发”，使广大市场主体不仅能够正常生存，还要充满活力，实现更大发展。其中，构建一流营商环境和强化产业配套支撑是持续激发市场主体活力的两个重要着力点。

营商环境是市场主体面临的制度性条件，是他们生存发展的土壤。一流的营商环境有利于降低市场主体的成本、增强投资激励和激发创新动力。构建一流营商环境首先要进一步推动“放管服”改革。“放”即简政放权，降低市场准入门槛；“管”即创新监管，促进市场公平竞争；“服”即高效服务，提升市场效率。概括地说，就是要给市场主体打造一个“审批最少、流程最优、体制最顺、机制最活、效率最高、服务最好”的发展环境。构建一流营商环境要加快推进社会信用体系建设，对违法失信者“依法严惩”，对合法守信者“无事不扰”。政府要带头讲诚信、守契约，打造亲商安商的发展环境，严格兑现招商承诺，坚决杜绝“新官不理旧账”等失信行为，推动河南在招商引资、招才引智上实现新突破。构建一流营商环境要深入实施“万人助万企”活动，把解决市场主体难以解决的问题作为突破口，通堵点、消痛点、补断点，健全全生命周期动态服务机制，坚定市场主体发展信心。构建一流营商环境还需要公正的法治环境，只有有法可依、有法必依，才能形成公平竞争的市场秩序，提升市场主体的安全感。

产业配套设施是稳住经济大盘的重要支撑。构建高质量的产业基础设施、产业链生态体系和生产要素保障机制有助于市场主体提高生产效率、加速转型升级、增加预期收益，达到激发市场主体活力的目的。首先，应按照“适度超前、整体优化、协同融合”原则，加快数字化基础设施建设，构建工业互联网平台体系，为市场主体发展壮大和数字化转型升级提供有力支撑。其次，强化产业链发展思维，针对河南主导产业与新兴产业的发展需求，大力补链强链延链，特别是在关键零部件、先进材料、技术研发等薄弱环节加大投入力度，带动全产业链优化升级，形成关联主体共生、互生、再生的产业生态。此外，市场主体的发展离不开人才、资金等生产要素。实施好各项人才工程，编制重点人才引进目录，探索充分体现知识、技术等创新要素价值的收入分配机制，完善保障措施，最广泛地集聚人才；鼓励商业银行以及其他金融机构，围绕河南新兴产业链的各个环节，设计相应的金融服务产品，因地制宜发展产业链金融，满足产业链上各市场主体的融资需求。

围绕稳市场主体，河南已经出台组合式助企纾困政策并形成规模。今后，一方面要根据实际情况，尊重市场发展规律，持续动态调整优化助企纾困政策；另一方面则要在政策推进上下功夫，保证各项措施落地见效，推动市场主体恢复活力、扩产增效，为稳住经济大盘奠定坚实基础。

（作者单位：中共河南省委党校经济学教研部。原文刊发于2022年6月15日《河南日报》第9版）

多措并举放大消费主引擎作用

高亚宾　冯书晨

消费是最终需求,也是生产的最终目的和动力。近年来,消费对经济增长的贡献稳步提升,已成为国民经济稳定恢复的主要动力。2021 年最终消费支出对我国经济增长贡献率达到 65.4%,拉动 GDP 增长 5.3 个百分点。受疫情等超预期因素影响,前四个月,我省社会消费品零售总额同比增长 1.1%,但 4 月份下降 6%,其中通信器材、汽车、家具、餐饮消费降幅较大,分别下降 35.1%、17.7%、10%、9%。面对经济下行压力,必须充分发挥消费作为拉动经济增长主引擎作用,多措并举、长短结合,进一步激发消费活力,不断扩大消费规模,持续升级消费结构,为稳定经济运行提供重要动力支撑。

提升重点领域消费,推进实物消费提档升级

今年以来特别是 4 月下旬以来,为稳定经济平稳运行,各地纷纷密集发布一系列促消费措施,加快释放消费潜力。实物消费不仅是居民消费的重要内容,而且对经济循环的牵引带动作用突出。推动实物消费提质升级要从供需两端发力,扩大有效供给,提高供给质量,努力实现更高水平的供需动态平衡。一方面,创新消费方式,激活消费潜力。坚持省市县联动、政企联合、线上线下结合,鼓励各地结合地区消费特点,利用节假日、重大活动等关键节点,举办汽车、家具、家电、装修装潢等各类产品展销会、团购会,统筹有序发放汽车、家电、食品、服装等各类消费券,扩大实体消费规模。在汽

车、消费电子产品等领域，持续落实国家乘用车车辆购置税减免政策、新能源汽车补贴政策，实施家电下乡、汽车下乡补贴政策，推进充电桩（站）等配套设施建设。支持食品、家具、服装等企业数字化发展，将传统经营方式与大数据、云计算等现代信息技术相结合，利用电商平台升级营销模式。另一方面，增加优质供给，引领创造更多消费新需求。适应智能化、绿色化、时尚化、个性化等消费新趋势，支持汽车、电器、电子设备等生产企业，研发生产更多具有自主知识产权、引领科技和消费潮流、应用前景广阔的新产品新设备。支持食品企业与文化旅游、商务会展等深度融合，运用先进适用技术创新传统工艺，提升质量水平。大力发展绿色低碳等新型消费，推广使用节能、环保产品。

培育消费新增长点，加快发展新业态新模式

在常态化疫情防控背景下，线上购物、直播带货、外卖跑腿、智能无人售货等新业态新模式，顺应了疫情防控的需要和居民的消费需求，已成为新的消费热点。一是提振服务消费信心。在全省开展服务消费促进活动，鼓励电商平台出台阶段性费率优惠措施，减免或降低网店年租、推广运营等费用。对受疫情冲击严重的住宿餐饮、批发零售、文化旅游等行业，鼓励金融机构加大信贷支持力度，支持有条件的地方给予贷款贴息。深入开展“河南人游河南 · 河南人爱河南”文化旅游惠民消费活动，省市联动发放文旅消费券，叫响“行走河南 · 读懂中国”品牌。二是创新服务消费新模式。培育壮大智慧零售、智慧家政、智慧体育、“互联网+医疗健康”等服务消费新业态。引导实体零售企业加快发展“网上菜场”“网上餐厅”“网上超市”，创新发展社群营销、直播带货、“云逛街”等新模式。依托自贸区、博物馆等平台，做大做强工艺美术、精品演艺、实景游戏、考古盲盒、数字文博等文创产业，推动更多数字文创产品“出圈”。支持龙头企业开展消费领域“元宇宙”，在文旅、特色农产品等领域，打造体验式、沉浸式消费新模式。

建设国际消费中心城市,打造时尚消费集聚中心

国际消费中心城市是现代国际化大都市的核心功能之一,是消费资源的集聚地,具有很强的消费引领和带动作用。我省拥有1亿人口的市场规模,“四条丝路”建设更加完善,紧抓国际国内双循环机遇,郑州作为国家中心城市,建设国际消费中心城市具有较好基础。一方面,打造时尚品牌消费目的地。支持郑州全力建设国际消费中心城市,鼓励国际知名商业企业设立全球性、全国性和区域性的品牌首店、旗舰店、体验店,鼓励品牌商开设直营门店,形成国内外高端品牌集聚效应。依托航空港区、自贸区等,建设免税商店集聚区,发展免税经济。依托城市步行街、文化街区等,挖掘城市文化元素,争创一批国家级、省级步行街和夜间大型旅游消费集聚区,叫响夜经济品牌,形成国内外游客旅游、购物、娱乐的打卡地。另一方面,积极发展平台经济集聚区。尽快出台平台经济发展专项政策,支持知名电商企业、快递物流企业、航空货运企业等在郑州或郑州都市圈设立区域性、功能性总部以及销售公司、结算中心和区域中心仓、分拨仓、前置仓。在公共服务领域培育一批平台型企业,加快开展在线教育、在线办公等线上服务。

营造安全放心消费环境,不断释放消费潜力

营造安全放心的消费环境,建立健全“敢消费、愿消费”的制度,是更好激发市场活力、释放消费潜力、推动消费扩容升级的必然要求。一是打造诚信消费市场。建立主要行业、特色产业、新兴领域和重点场所放心消费创建标准,创建一批放心消费示范点、示范商圈、示范城市。建立消费领域信用体系,加强消费领域信用信息采集、归集、公示,为消费者集中查询提供便利。发挥经营异常名录、严重违法失信“黑名单”等制度作用,督促经营者自觉承担主体责任。二是发挥品牌引领作用。培育发展“河南名优”品牌,定期发布“河南名优”品牌目录,以特色品牌促进品质消费。促进农产品转型提质,引导和支持各地开展绿色、地理标志农产品认证,提升农产品品质和附加值。推进质量强省、品牌强省建设,健全消费品质量标准体系。三是提

升消费环境治理能力。完善线上线下一体融合的产品质量安全监测监管和服务追溯体系,建立放心消费测评指标体系,绘制微信端“放心消费地图”,广泛开展消费后评价,畅通消费维权渠道,营造安全放心的消费市场环境。

（作者单位:河南省宏观经济研究院。原文刊发于2022年6月15日《河南日报》第9版）

让传统村落在活化中助力乡村振兴

陈兴义

意义　传统村落的价值多元且不可替代

记者：中共中央办公厅、国务院办公厅印发的《乡村建设行动实施方案》提出“六大原则”和“十五项任务”，强调要注重保护、体现特色。传承保护传统村落民居和优秀乡土文化，突出地域特色和乡村特点，保留具有本土特色和乡土气息的乡村风貌。请您就传承优秀乡村文化，推进乡村振兴，谈谈保护传统村落的重要意义。

陈兴义：中国传统村落，一般指落村时间较早，建筑环境、建筑风貌、村落选址未有大的变动，具有独特的民俗民风。入选中国传统村落有一定的条件，即历史文化积淀较为深厚、选址格局肌理保存较完整、传统建筑具有一定保护价值、非物质文化遗产传承良好、村落活态保护基础好等。传统村落的价值是多元且不可替代的。传统村落传承着中华民族的历史记忆、生产生活智慧、文化艺术结晶和民族地域特色，也是世界文化遗产的重要组成部分。全国55项世界文化和自然遗产大都与传统村落的密集区高度契合，1300多项国家级非遗和7000多项省市县级非遗，绝大部分都在传统村落里。做好传统村落的保护工作对传承文化、加强生态文明建设、推进乡村振兴等具有重要意义。另外，现代人需要亲近自然的生活，相对简单的社会关系和稳定的心理预期，也就是我们常说的“乡愁”，而传统村落，有优美的自然风光和厚重的文化底蕴，是留住乡愁的主要承载地。

问题　趋同化　空心化　拆旧建新

记者：今年是开展传统村落保护工作10周年，请您给我们介绍一下相关情况。

陈兴义：传统村落被称为“活着的文物、有生命的历史”。从2012年至今，全国共有6819个村落进入传统村落保护目录，实施了挂牌保护。目前，我省共有国家级传统村落205个（共5批次），省级传统村落1021个（共6批次）。传统村落不仅是传统建筑的遗存，也是乡村生产生活的载体，更是传统农耕文明多重形态的合体。

记者：对于这些传统村落的保护，目前存在的主要问题有哪些？

陈兴义：首先我们需要强调一点，保护传统村落绝不是原封不动。村落进入当代，生产和生活都要现代化；村民有享受现代文明和科技带来的便利的权利。我们应在保护中发展，在发展中保护，从静态保护向活态传承转变。这种转变是为了更好地保护。以保护为前提的利用，不仅促进了村落的发展，也推动了文化传承。

目前传统村落保护工作存在的主要问题：“拆旧建新”，一些地方忽视传统村落的原生态系统保护，热衷于在原址上弃旧建新，严重破坏了村落历史文脉的延续性。“趋同化”，在部分已经活化的传统村落中，存在品牌意识缺乏、业态单一、“千村一面”的现象。冯骥才先生5年前总结的传统村落发展的“十大雷同”问题，今天仍然存在。“空心化”，伴随着城市化的迅速推进、村落的转型撤并，农民的易地脱贫以及传统生产生活方式的变革，传统村落中的人口尤其是青壮年劳力不断外流，造成常住人口大量减少，出现“人走房空”现象，并由人口空心化逐渐演化为人口、土地、产业和基础设施空心化。“城市化”，城市审美介入农村，把传统村落发展得像城市一样，追求高大上，乡村特色不复存在，乡村风貌破坏殆尽。侧重经济效益，忽视对非物质文化遗产的投入。

对策　做好科学保护与文化传承　因村施策　因地制宜

记者：《河南省“十四五”乡村振兴和农业农村现代化规划》提出，要注重挖掘本地优秀传统文化、地域特征、气候资源、风貌特色，加强乡村传统村落和特色风貌保护，您对保护、活化传统村落还有哪些好的建议？

陈兴义：传统村落的活化，应该是将现代的生产和生活需求融入传统乡村风貌之中，用心保护乡村的自然环境和人文风貌，使自然环境、人文风情、村庄形态和产业发展相得益彰。所以首先要做好科学保护。科学保护的目的是协调传统村落周边自然环境与人文环境的关系，确保在可承受范围内活化。科学保护是从事物的性质、特征、规律、独特性和知识体系出发，从实际出发，制定一整套严格的标准、方法、要求和保护机制与制度。只有建立起科学保护的体系，并行之有效，才能使传统村落的生命长久，魅力永存，让子孙后代永远记住乡愁。

做好文化传承。传统村落保护的核心是传统文化。传统文化的保护首先要有文化自觉、文化自信。现在出现的“乡村趋同化”现象，就是一种典型的文化不自信，看不到自己村落文化的价值。一个乡村、一个地区最值得珍惜的资源就是它的文化印记，这也是活化传统村落最应该倚重和发扬的优势资源。传统村落的发展应该围绕这些独特的优势资源做文章，在坚守中求发展，要做到“既见新村又见乡音，既见新貌又留古韵”。其次，尊重村民的主体地位。村民与置身于其中的村落是一个整体，他们是村落文化的创造者，也是村落文化的承载者，只有他们才能真正保护、传承这个村落特有的民俗、信仰、技艺、人文环境等文化遗产，也只有他们才能真正理解这些文化遗产的意义与价值。因此，要采取得力措施满足村民的生活、精神需求，使其交通便利、居住舒适、环境美好、就业有道、生活无忧。再次，以文化产业赋能乡村人文资源和自然资源保护利用，促进一二三产业融合发展，这也是传承优秀传统乡土文化的有效途径。千年古村落寨卜昌村是晋冀鲁豫野战军第九纵队的诞生地，通过让传统文化“充满”古田园，让红色历史“入驻”古民居，让“党建精神”串联古村落的方式，经过两年的建设，寨卜昌村已成为河南省红色教育基地，焦作市首批社会资源旅游访问点。最后，物化和可视化非物质文化遗产，下大力气保护非遗传承人，形成老艺人肯教、年轻人肯学的社会氛围。

旅游仍然是当下传统村落最现实的发展手段。随着人们生活的进一步改善,人们更加向往乡村游。要避免“趋同化”,就要强化规划设计引领,因村施策,因地制宜,进行高品质引导。发展旅游不能追求收益最大化,更不能为了招徕游人任意编造和添加与村落历史文化无关的“景点”。应坚持“去景区化、去商业化、去公园化、去城镇化”的旅游开发原则,既让本地群众保持自然的乡村生活状态,能够参与旅游服务各个环节,保持本地生态景观、田园风光、农耕文化、乡村生活,又让游客体验清新自然真诚淳朴的乡村风貌,留住了乡愁,在景区、游客、本地老百姓之间取得多赢。

找准传统村落连片发展定位。之前单个传统村落保护的方式是基础型保护,起到了延缓破坏的作用。开展以地市级为单位的传统村落连片示范区保护利用工作,则是站在发展的角度去考虑,易于融合更多的资金、更加系统全面地对重点地区开展保护,为传统村落保护发展走出一条新的路子。片区里的传统村落有意识地进行差异化打造,功能、风貌、产业重新定位。如在甲村游览,乙村住宿,丙村购物,一定要把连片区域的传统村落走完才能完成整个旅游活动,而不是只去一个村就不用去其他村子。

打造品牌,活化传统村落。“品牌”是具有经济价值的无形资产,通过对理念、行为、视觉、听觉四方面进行标准化、规则化,使之具备特有性、价值性、长期性、认知性的一种识别系统总称。产品的品牌需要先经历营销定位、名称创意、标志设计、价值梳理、文案创造,最后再进行包装设计。这样的产品才具有生命力,才能真正让区域资源转化成产业。通过对资源挖掘、文化注入、产品设计,以及叫响口号、设计符号,同时协助成立公司,引导走向市场,可有效推动传统村落活化。以太行山北麓的石头村落九渡村为例,在打响“太行石头村,豫北小桂林”的全域旅游品牌后,民俗旅游、餐饮住宿、水上游乐、土特产品加工销售等旅游相关产业逐步形成,游客人数逐年增加,年接待游客达到4万—6万人次,户均收入在万元以上。

发展旅游业的同时,还应重视整体产业结构的均衡配置,挖掘培育其他特色产业,比如特色种养业、生态农业、特色手工业,与旅游业形成均衡互补格局,避免对某一产业形成过度依赖。

(嘉宾单位:河南理工大学中原传统村落建筑文化艺术研究中心。原文刊发于2022年7月3日《河南日报》第4版)

河南传统村落布局特征及保护原则

李广锋

河南作为中国农耕文明的重要发祥地之一。截至目前，五批次共计入选205个国家级传统村落。这些传统村落，是河南农耕文明的精华和重要遗产。它们的入选，印证了河南几千年的农耕文明史，其中多个传统村落保存有全国重点文物保护单位等高水准、重量级历史遗迹。传统村落是不可复制、不可再生的历史文化空间资源，对经济、社会、文化发展和科学研究都具有重要意义。

时间维度下的传统村落格局

不同历史时期的河南传统村落，在空间特征分布上有很大的差异。河南的205个国家级传统村落中，形成于元代以前的有75个，形成于明代的有79个，形成于清代的有51个。元代及以前，河南传统村落的空间分布呈现一心一带的格局，“一个核心”为中原腹地的嵩山文化区，“一带”是豫晋边界的太行山、王屋山地区；明代时期，河南传统村落的基本格局形成，传统村落分布向豫北太行山和豫中嵩山地区集中，豫北和豫中两个核心集聚已经形成，豫南大别山地区组团已见雏形；至清代，传统村落的三个核心集聚组团基本形成，豫南大别山组团的传统村落集聚加强。清代时期，传统村落很少向豫中嵩山区增加，重点偏向山西交界的太行山地区和湖北交界地大别山地区。这可能是清代后期至近代长期战乱，传统村落向能隐蔽的山区，且具有交通方便的文化特色山区集聚。而豫中地域分区中，不断遭受兵燹之灾，位于山区、平原交错地带，历来是战乱、兵家必争之地。《郏县志》中记载“郏县地当孔道邑处冲繁，值满清入关之后，遭明季兵燹”，村落遭受到了巨大的破坏。

传统村落空间集聚特征形成原因

河南省传统村落三大集聚片区中，豫北集聚核心区的分布特征有三个：第一，南太行的林州传统村落多是依山而建，接近谷底，造就了浓厚地域特色的石头村落，如漏子头、草庙村、朝阳村等；第二，淇县、辉县和卫辉三县交界区域，整个村落形态粗犷，地域材料使用丰富，如狮豹头村、纣王殿村、水磨村等；第三，新乡、濮阳交会之处，距离京畿之地相对较近，交通便利，开明乡绅在村落建设中起主导作用，且豫北南太行占“太行八陉”中的三个，如“白陉官道”等，因此豫北片区传统村落的形成与交通要道分不开。

豫中集聚核心区分布特征比较集中，主要在郏县、宝丰、汝州和禹州等区域。该区域位于环嵩山地域带，自古以来是村落形成的密集区域、中华文明起源和文化大融合的核心区域之一。嵩山以其山体大小适中，山中夹有较广的低丘与盆地，地貌以平原、浅山为主、水网发达，黄土台地广布等而利于人类生存。

豫南集聚区主要位于信阳的光山、新县、商城县，处于南北地理的分界地带。历史上豫南部分地区隶属湖北省，如信阳的新县南部分别归属湖北省黄安县（今红安县）与麻城市，信阳是河南及北方通往武汉及南方的重要通道，地缘关系密切。在明清时期“江西填湖广，湖广填四川”，人口大迁徙运动在我国轰轰烈烈地展开，之后清政府强迫浙江、福建、广东等地居民内迁，以达到隔离沿海人民与郑成功及其他反清力量联系的目的，这也造成了两湖等地客家人的大量分布，信阳也是这次迁徙运动的影响区域。此外，清末武汉开埠也是豫南传统村落增加的重要原因之一。因此豫南传统村落的传统文化与景观因子与豫中和豫北迥然不同，是“一个南北文化的过渡地带，兼容南北文化”，受到天中文化和楚文化的综合影响。

保护的基本原则及思路

基于类型和地域特性进行有序开发。豫南地区的传统村落大都分布在大别山深处等现代交通条件极不便利的地区,有的甚至位于山顶,并且呈现大面积荒废的趋势,但风景优美秀丽,红色资源丰富;豫西的窑洞传统村落也面临类似境况;豫中离中心城市较近,有地理优势,但破坏严重;豫北地区善于利用石材建造房屋,形成了具有浓郁地域特色的石头建筑群。传统村落建筑整体布局多是因山就势,层次错落,完美结合所处自然环境,处处彰显着非凡的劳动智慧。河南的传统村落地域特征明显侧重点各不相同,还有的传统村落物质遗产衰落但非物质遗产灿烂,例如,温县的太极之乡陈家沟。因此对传统村落的旅游需要进行深入特色分析,并不是所有传统村落都适合搞乡村旅游等活化活动。应根据不同类型的传统村落制定不同的保护策略与措施,尽量做到因地制宜。

培育典型样板发挥引导示范效应。从传统村落中遴选具有典型性和示范性的村落,倾力打造高质量的乡村旅游示范基地,针对不同地域特色,注重文化内涵,形成和扩大传统村落乡村旅游品牌的带动辐射效能。乡村旅游是传统村落"活化"的有效方法之一,它对乡村商业活动、民居修复、乡愁文化传承等都具有不可替代的作用,例如焦作的"老家莫沟"。特别是在当前国家特色小镇与乡村振兴大战略背景下,乡村旅游成为传统村落延续生命活力的良好助推剂。但在乡村旅游开发建设活动中,应控制好"度",防止古民居、庙、塔、寺、观等历史文化元素遭到破坏,量力而行,慎重而为。

以模式化取得保护实效。一些不具备乡村旅游开发条件或不宜进行大规模旅游开发的传统村落,应采取适当的保护措施。针对河南传统村落具体实际,可采取三类保护模式:社区营建式,抢救性修复与文博遗址展示式,复合式。第一,社区营建式。主要是指恢复传统村落的历史记忆,唤起原住村民的主动保护意识并留下来继续居住,可采取旧村更新或保留旧村、新建新社区的方法,最终目的是使社区活化,从而实现传统村落保护起到综合保护的效应。第二,抢救性修复与文博遗址展示式。对保留有典型传统民居或有一定规模文化遗址的传统村落,可采取此类模式,进行抢救性修复与文博展示,主要目的在于文化宣传、文博教育与科普、科学研究等,而非营利性的乡村旅游。第三,复合式。对本来基础较好的传统村落,可以采取复合式的保护模式,将乡村旅游、社区营建、文博展示结合起来。

以底线思维和可持续思维延续文化命脉。在乡村旅游开发建设活动中,应坚持两点,一是底线思维。应防止"拆真文化、建假文化"现象出现,也就是坚持物质遗产的原真性。二是可持续思维。传统村落最大的价值,就是其承载的地域文化内涵。无论何种保护模式,脱离掉文化,都很难实现可持续的保护与发展。对传统村落所承载的地域文化进行合理的挖掘与修复,是传统村落保护的根本和命脉。而古民居等物质要素仅仅是地域文化空间的载体,应合理看待。不等于有了古民居,传统村落就能够得到妥善保护与利用。

(作者单位:郑州航空工业管理学院。原文刊发于 2022 年 7 月 3 日《河南日报》第 4 版)

以系统思维破解增收难题

张　锟

农民增收始终是“三农”工作的核心问题。改革开放以来的经济发展和社会进步,使得广大农民群众的职业特征、工作空间、生产条件、收入来源等都发生了很大变化,农民增收的时代课题具有较为复杂的特性。

精准施策,解决不同类型农民增收问题

农民,原指长时期从事农业生产的人,是一种职业称谓,正如《谷梁传·成公元年》述记:“古者有四民。有士民,有农民,有工民,有商民。即士农工商四民。”新中国成立初期,农民的称谓体现了长期从事农业生产的职业特征,但1958年开始的户籍登记制度逐渐使得农民的概念增加了户籍身份的特性。在当前的社会条件下,作为职业的农民一般是指尚未在城市落户的农村户籍人口,既包括长期生活在农村从事农业生产的职业农民,也包括已经不再从事或者不再长期从事农业生产的其他职业的户籍人口。大体可以分成如下几种类型:一是一直生活在农村、长期从事农业生产劳动的年迈人口,二是长期生活在农村的职业农民和兼业人口,三是长期进城务工的农村户籍人员即所谓的“农民工”,四是户籍未必在农村的新型土地经营和农业生产经营人员。

基于上述分类,增加农民收入应该分别考虑年迈户籍农村人口、兼业户籍劳动人口、进城务工人口和从事农村土地经营及农业社会化服务的经营人员等四类人员如何增收的问题。对于农村年迈户籍人员,他们的收入来

源主要依赖于自雇型工资性收入和自营型经营性收入,影响他们收入增加的主要原因在于他们劳动能力和生产经营能力的下降。对于农村适龄的兼业户籍劳动人口,他们的收入来源主要依赖于自雇型工资性收入、自营型经营性收入和他雇型工资性收入,影响他们收入增加的原因主要在于土地经营的单位要素投入产出较低和就地就近兼业机会的缺失。对于长期进城务工并在城市常住的"农民工"而言,影响他们收入的增加主要原因在于职业的稳定性和社会福利的共享程度。对于以农村新型经营组织为载体,从事规模化、集约化、社会化经营服务的经营管理者,影响他们收入增加的主要原因在于要素使用的交易成本过高、现代生产技术推广和新型经营方式的转换。

基于以上分析,我们需要针对不同情况,采取差异化措施,精准施策,逐一加以解决。针对农村年迈户籍人员,他们的收入应通过国家养老保障制度的完善,以转移性托底性收入为主、以财产性收入为辅,使他们获得的收入不低于农村最低基本生活保障的标准。针对农村适龄的兼业户籍劳动人口,应通过机制转换为他们转换经营方式、增强生产技术能力、增加就业机会创造条件,同时增加经营性收入、工资性收入。针对在城市里的"农民工",他们的收入增加除了通过严格落实有关法律法规确保他们稳定且不断提升的工资性收入以外,还要以各种补贴的方式增加公共服务性收入,以避免因工作间断、空间转场、技能学习、职业转换、子女教育、返乡探亲等造成收入大幅下降。针对农村新型经营管理者,主要通过畅通土地等要素资产经营权流转渠道、建构科学完善的经营体系、提供现代化生产技术、指导其转换经营方式,不断降低生产经营成本,提高效益。

改革创新,不断优化完善农民增收机制

围绕农民增收问题,应从如下几个方面着力,不断优化不同人群的收入结构,有差别地增加农民的工资性收入、经营性收入、财产性收入和转移性收入,不断缩小城乡居民收入差距。

加快乡村产业创新发展,提高资源产出效益。增加农民收入,创新产业

发展是前提，既要持续巩固农业基础地位，增加小麦、玉米、稻谷、大豆等粮食数量产出，又要不断优化种养结构和产品结构，加快发展新型业态，延长产业链、增加附加值，总体提升资源投入产出效益。要通过加强科技支撑和机制转换，继续实施高标准农田建设，不断提升耕地质量，持续提高种植产量；全面提升设施农业发展水平，提升单位土地产出效益；要加快发展肉牛、奶牛、中药材等高效农业，建设特色农产品基地，提升优质品牌效益；积极发展现代农业产业园，打造县域优势特色产业集群和农业产业强镇；积极发展休闲康养、乡村旅游、电子商务、数字物流等新产业新业态，为农民增收打造宽厚产业基础。

加大乡村人口扶持力度，促进农民有效就业。随着我国经济社会的不断进步，以农业为基础的产业模式、结构和生产技术都发生了很大变化，对劳动人口就业的技术能力、知识水平都提出了新的要求，如何促进农村年迈人口之外的乡村劳动人口就业，以诚实劳动不断增加收入，是破解农民增收难题的关键。既需要加大对他们的技能培育力度，又需要为他们创造更多的创新创业机会。要加快推进“人人持证、技能河南”建设，推动基层和社会企业组织农村职业农民、进城转移就业人员多途径参加技能人才培训，以技能薪酬为手段激励从业人员不断提升工作能力。要大力培训农业生产经营者和农村集体经济组织负责人，积极鼓励他们创新经营方式，吸纳更多农户和劳动力参与合作经济，架起小农户与现代农业经营组织有效衔接的桥梁。要强化就业服务，将就业服务延伸至行政村，为农民工和用人单位搭建就业服务供需平台，为农民工、高校毕业生、科技人员、退役军人等返乡入乡创业人员提供创业指导、政策咨询、信贷融资等服务。

系统深化各项制度改革，完善农民增收机制。在创新乡村产业发展、确保农民稳定就业的基础上，通过深化和完善农村土地制度改革、社会保障制度改革和薪酬及福利制度改革，建立农民稳定增收的保障机制，逐渐缩小城乡居民收入差距。要深化农村承包地“三权分置”改革，促进土地经营权以出租、入股或其他方式流转，增加农民土地经营权收益。要积极鼓励农村集体经济组织充分发挥土地所有者权利代表的作用，积极参与集体经营性建设用地入市改革，推动土地经营和农业生产的规模化、集约化，推动农村集体资产的企业化经营和股份制改造，发展壮大新型农村集体经济。要积极鼓励国有平台、社会企业、金融机构与农村集体经济组织、农民专业合作社及农户进行多种形式的经营合作，让农民分享增值收益。

（作者单位：河南农业大学乡村振兴研究院。原文刊发于 2022 年 7 月 10 日《河南日报》第 4 版）

让“沉睡”资产变增收“活水”

李国英

财产性收入是农民收入重要来源之一。近日，省政府出台的《关于持续增加农民收入的指导意见》提出，持续增加农民收入，实现“十四五”期间河南省农民收入接近全国平均水平目标。随着新型城镇化的快速发展，我省农村居民收入来源日趋多元化，财产性收入也呈现出从无到有、从少到多的发展趋势。

健全稳农增收机制

增加农民财产性收入，要从顶层设计的角度，把“资源变资产”“资金变股金”“农民变股东”改革与农村产权制度改革、集体经济发展捆在一起抓，不断发展壮大新型农村集体经济，拓展农村居民财产性收入渠道。

首先，要从机制体制上确保农民收入持续增长。农村居民只有依靠制度化的资产组织和资源配置进行市场化运作，才能取得财产性收入，所以必须为运作主体提供相关的法律依据和保障。

其次，资产必须通过高效率的经营管理，产生较好的效益，才能保障其为农民的财产性收入提供可靠的源泉。良好的市场机制和环境下，资产经营组织在市场化机制下高效地进行交易、合作、置换、变现等经济活动，进而达到增进农民财产性收入与促进农业农村发展的目标。

最后，建立健全涉农财政资金向农村集体经营性资产转化机制，全面消除集体经济空壳村，增强村集体经济实力。各级财政投入到农村的发展类、扶持类资金要按政策量化为村集体或农民持有的股金,入股到经营主体,或参与保底分红,或股份合作开发经营,营造依托股权活资产、兴产业、富农民的制度环境。

盘活乡村"沉睡"资产

我省农村集体产权制度改革开始于2015年,截至2020年10月,改革任务基本完成,目前工作重心已转移至探索发展新型农村集体经济的有效途径和实现模式方面。未来随着农村集体产权制度改革,农村集体经济组织产权关系的进一步明晰,新型农村集体经济的发展在促进广大农民增加财产性收入、实现共同富裕方面将发挥重要作用。

当前,我省大多数农村集体经济组织拥有一定数量的土地、林地等资源性资产和村办企业、小水电等经营性资产,这些集体资产属于农民集体成员所有,维护、利用好这些资源,可多渠道增加农村居民的财产性收入,在防止两极分化和缩小城乡收入差距方面发挥重要作用。

创新集体经营性资产增长的市场化投资途径。依靠制度化的资产组织和资源配置进行市场化运作,按照"宜农则农、宜工则工、宜商则商"的发展思路,合理确定经营性资产的发展定位与发展战略。

创新集体资产运营模式,探索乡村资源价值最大化。鼓励村集体以入股、租赁和流转等方式依法合理开发利用村域内土地、森林、旅游资源,发展林下经济、文旅融合等特色优势产业,让农民分享大市场、全产业链的增值收益。

按股公平分配经营性收益。保障农民获得股份性财产收入最终要落实在农民按股分配,形成更加普惠的收益分配方式上。这需要健全农村集体经营性资产评估制度、严格的民事责任追究制度以及加强村民公开监督等。

深化农村土地制度改革

截至2021年年底,我省城乡居民人均可支配收入比为2.12∶1,这种差距在很大程度上是由财产性收入差距造成的。只有在缩小土地征收范围、相应扩大农村集体经营性建设用地入市范围的同时，赋予农村居民土地使用权、宅基地等完整的用益物权和担保物权，才能拓宽农民获得财产性收入渠道。

引导土地经营权有序流转，让农民享受土地确权的制度红利。要从法律和制度层面确认和保障农民土地、房屋、资金、集体资产等完整财产权利，健全农村土地流转市场，稳慎推进农村宅基地改革及农村房屋租赁、转让、抵押、担保等，允许农民以多种形式流转土地承包经营权。改革农村征地制度，健全兼顾国家、集体和个人的土地增值收益分配长效机制，依法依规提高农民财产性收入。

整合土地经营权交易网络，建立统一有效的产权交易平台。目前，我省部分地区农村土地产权不清晰，导致农民难以利用土地获得相应的财产性收入。要建立城乡统一的建设用地市场体系，完善农村要素市场化配置机制，为交易双方提供更多的信息，降低由于信息不对称产生的交易成本。

进一步规范土地管理制度。加快建立城乡统一建设用地市场同价保障机制。以国土空间用途管制为依据，借鉴国有建设用地的经验，科学管理农村集体经营性建设用地使用权。

探索土地金融实施路径

保障农民财产性收入的增长，必须依赖与农民财产权相匹配的金融支撑。探索开展农村承包土地经营权抵押贷款、担保融资，推广农村集体经营性建设用地使用权抵押、土地增减挂钩项目贷款等融资模式，逐步完善贷款风险补偿和缓释机制，才能够有效盘活农村资源、资产，不断促进农民增收。

农地金融创新需要政府参与并提供政策扶持。目前，我省大部分土地经营权抵押融资采取组合抵押担保模式。为降低交易成本，激活土地经营权抵押市场，可以考虑采取政府和市场共同治理的模式来实现土地经营权抵押融资。在防范风险、权属清晰和保证农民有稳定住所的前提下，探索开展农民住房财产权抵押贷款试点，加强金融产品和服务方式创新，支持实现农民住房财产权。同时，推进农村金融供给侧结构性改革，鼓励部分金融机构发展土地金融业务,拓展农村场景金融,加强与土地评估、农业保险、农业担保机构的合作,建立有效的金融风险防范和补偿机制。通过以上措施,有效释放农村土地要素和农村宅基地的金融杠杆潜能,推动农村“资产”向“资金”转变。

(作者单位:河南省社会科学院农村发展研究所。原文刊发于 2022 年 7 月 10 日《河南日报》第 4 版)

以高铁经济引领产业转型发展

刘　珂　谢新悦

2022年6月20日，济郑高铁濮阳至郑州段、郑州航空港站开通，全国首个“米”字形高铁网率先在河南建成。以郑州为中心，1小时覆盖全省省辖市，2小时连通京津冀及周边省会城市，4至6小时通达长三角、粤港澳、成渝等全国主要经济区，形成了覆盖中部、辐射全国的高铁出行圈。高铁的建设和运行重塑了区域时空格局，推动了区域一体化发展，催生了具有时代意义的高铁经济。有效利用并发挥高铁网络新优势，大力发展高铁经济，将为高质量建设现代化河南注入新动能。

高铁经济及其多重效应

高铁经济是指依托高速铁路的综合优势，使资本、人力、技术、信息等生产要素，以及消费群体、消费资料等消费要素，在高速铁路沿线流动落地集聚并实现合理配置和优化发展的一种新型经济形态。高铁经济的发展对区域经济的影响及效应是多重的。从积极效应看，主要体现在以下几个方面：一是区域经济增长效应。高铁网络的运行将大大提高城市的通达性，有效改善营商环境，进而推动生产要素的流通和集聚，带动投资扩大产业发展，促进区域经济增长。二是产业结构优化效应。高铁的运行带动了房地产、会展、交通运输、物流业、金融、商业、旅游、康养、娱乐等产业的发展，产业间相互联系产生乘数效应，推进第三产业实现量的扩张和质的跃升，加快沿线经济区域产业结构转型升级。三是同城共振效应。高铁网络扩大了各城市和区域间的开放程度，高铁沿线城市产业通过重新布局，逐渐连接成为高铁经济带，有助于扩大地区间的产业分工，促进资源的优化配置，提升国内市场的统一性，促进沿线经济区域协调均衡发展。

但如果不能统筹发展好高铁经济，高铁的开通对一个城市或区域则会产生一定的消极效应。一是虹吸效应。高速铁路带来的流动便利性，使生产要素在不同城市和区域之间加速流动，资金、人才、信息、技术将向经济发展好、营商环境优的城市和区域流动和集聚，这些区域将集聚更多的优质资源，形成更强的增长极。反之，资源禀赋不足、经济发展较慢的城市和区域则面临着资金、人才、技术等生产要素资源流失的风险，将进一步拉大区域之间的差距。二是过道效应。如果生产要素仅在高铁沿线经过，未在沿线集聚并投入生产过程，就难以发挥对沿线地区经济发展的促进作用。如果本地产业和产品承载力吸附力不足的话，高铁的便利可能导致本地产业发展和产品销量的下滑，“二次消费”“三次消费”可能缩水，出现“增客流不增效益”的情况。三是冲击效应。高铁弱化了地域限制和时空阻隔，各城市和区域之间依托高铁抓机遇、求发展的竞争愈演愈烈，同业同质竞争出现白热化的局面，原有市场、资源乃至产业将会被挤占或者受到冲击，可能会出现总部或生产基地外迁现象，造成产业“空心化”。

围绕高铁经济优化产业布局

发展壮大高铁经济，赋能河南高质量发展，要从以下几个方面着力：

做好顶层设计。要从战略层面思考和研究高铁经济为河南特别是郑州市经济社会发展带来哪些影响、面临哪些机遇，我省发展高铁经济的突破点、关键点、发力点在哪些方面，高铁与产业如何衔接等。

打造高铁商务区、铁路综合体。以车站为核心，结合地区特色，开发站内资源、站外毗邻地区资源和城市关联产业资源。布局地下商业中心，增加客流量，刺激旅客消费欲望，打造风格独特的交通枢纽型商业功能区。发展便捷、高效、舒适的交通接驳系统。结合既有站点，合理布局站前广场，综合配置长途客运站、公交首末站、出租车停靠点、社会停车场等交通设施，建设良好的车行、骑行和步行环境，优化交通集疏运网络。

借力高铁网络，优化产业空间布局。充分发挥高铁枢纽的牵引力、内聚力和辐射力，推动资本、人力、技术、市场等要素资源高效配置、深度融合、协同发力，优化经济发展环境，提升市场竞争能力，加快产业转型升级步伐。依托高速铁路带来的“同城效应”，加快产业梯度转移，有效推动区域内产业分工，促进沿线地区产业错位互补协调发展。形成以郑州为中心，连贯南北、承东启西的轴带发展格局，根据各地资源禀赋、产业基础与发展实际，规划培育一批成规模、成体系的新兴产业集群，细化产业分工，优化产业布局，构建错位互补、链式协同、有序竞争的产业体系，有效带动传统产业转型发展。整合高铁沿线先进生产要素，重点依托郑州、洛阳、新乡、平顶山、安阳、南阳、焦作、信阳等 8 家国家高新区和国家新一代人工智能创新发展试验区等国家级平台，培育新一代信息技术、高端装备、新材料、生物医药、智能网联及新能源汽车、新能源、节能环保等新兴产业。发挥高铁网络优势，谋篇布局氢能与储能、量子信息、类脑智能、未来网络、生命健康、前沿新材料等未来产业。

依托高铁枢纽，提升现代服务能级。以集聚发展为导向，以做大总量、优化结构、提升竞争力为核心，重点发展与高铁匹配的新兴服务业，构建多业态融合的现代服务业体系。利用高铁的速度优势，集聚优质生产要素，打造现代服务业引领区。坚持传统与新兴、线上与线下、生产与生活并重，大力培育总部经济、商业贸易、高端居住、现代物流、电子商务、会展、旅游、科技服务等业态，加快规划建设一批商业街区、城市综合体和重大服务业项目，推动物流、人流、资金流、信息流加速涌动，促进现代服务业与现代制造业有机融合，实现客流增长、要素集聚和经济发展的良性互动。

大力发展商贸物流业。依托现有高铁线路，主动对接商贸物流业顶级企业，选拔培育一批龙头项目，给予政策支持，建立深度对接合作机制。对接国内外市场，增强商贸物流新动能。借助 E 贸易核心功能集聚区物流功能，接轨国内外市场，促进物流降本增效。聚焦重点项目建设，打造商贸物流综合服务平台。利用交通区位优势，形成“通道+枢纽+网络+平台+主体”的现代高铁物流运作体系，以智能物流仓储为基础，建设集物流、商贸、居住、制造于一体的商贸物流园区,打造综合枢纽和物流中心。

引导差异发展。由于高铁发展所导致的虹吸效应,如果城市之间同质化发展,必然导致中小城市优质要素流失,为避免这种状况,就需要引导沿线城市实施差异化发展战略。

推动区域合作。郑州可以通过高铁的便利条件,积极融入“一带一路”建设,加强与长三角、珠三角、京津冀等城市群的合作与交流,引进发达国家、发达地区的科教资源、高科技产业、高端人才等,不断提升郑州建设国家中心城市的积聚力、辐射力、竞争力、创新力和影响力。

(作者单位:郑州轻工业大学经管学院。原文刊发于 2022 年 7 月 20 日《河南日报》第 7 版)

新发展格局下航空经济如何实现高质量发展

金　真　朱镇远

航空经济是以航空枢纽为依托,以现代综合交通运输体系为支撑,以提供高时效、高质量、高附加值产品和服务并参与国际市场分工为特征,吸引航空运输业、高端制造业和现代服务业集聚发展而形成的一种新的经济形态。其从航空活动到航空产业再到航空经济的概念演进而来,是国民经济发展的产物,是对航空规律认识的深化,也是对国际航空运输实践的提炼。

航空经济作为由前沿技术和与之相适应的现代经济组织形式支撑的新型经济形态,具有如下特征:第一,开放性和全球性;第二,高时效性;第三,高附加值与高技术性;第四,圈层性与网络性;第五,运行高度协调性。在"双循环"发展格局下,航空经济部分特征的内涵和重点发生了变化:第一,开放成为必由之路,安全和发展统筹;第二,效率成为价值导向,规模速度到质量效率,效能产业体系、极核与扩散效应不断增强;第三,创新成为第一动力,高效益与创新性并存;第四,共享成为根本目的;第五,协调成为内生特点,空陆海联运、区域协同一体化。

河南航空经济要实现高质量发展,需要提高航空枢纽竞争力,提升枢纽能级,具体应做好以下关键几点:

"空中丝绸之路"做深做实

增强枢纽的开放性,统筹安全与发展。通过不断丰富"空中丝路"豫卢合作的内涵与外延,强化"双枢纽"战略功能,完善航空客货运输网络,打造东进、西扩、南至的空中物流大通道，打造具有全球影响力的国际航空物流中心和全球航空网络的重要节点，打造多层次、立体化的航空开放合作平台。通过推进“空中丝绸之路”示范工程，提升郑州—卢森堡“空中丝绸之路”品牌优势，设立河南“空中丝绸之路”基金，支持符合条件的中资金融机构利用卢森堡欧盟单一牌照制度优势加快欧洲网点布局。谋划举办“空中丝绸之路”国际合作（郑州）峰会、“空中丝绸之路”国际产能合作博览会，吸引“空中丝绸之路”国际合作联盟或分支机构落户河南。以优化营商环境作为推动经济高质量发展的基本前提，努力构建安全可靠、便捷高效、绿色集约、互惠包容的“空中丝绸之路”。

完善枢纽基础设施体系

以建设综合交通枢纽为切入点，形成人流、货流、商流、信息流和资金流的聚集环境条件，完善航空物流枢纽发展枢纽经济。通过加快推进机场三期工程及其他配套工程设施建设，探索空铁联运，加快总结郑州机场海外货站试点和空空中转试点经验，提升机场航空货运服务能级，提高机场综合运行保障效率。加快补齐河南客运基地航空公司短板，推进机场运行管理信息化、自动化和智能化发展，通过加快支线机场发展，建立机场联盟，努力提供和谐优质服务。

以打造航空港区“超级枢纽工程”战略枢纽为重点，将交通枢纽纳入更广阔的范围、更全局的视野统筹规划建设，以驱动和黏合国内国际两个循环为动力，推动建设面向新型产业链和供应链的国际大通道，提高全球性航空运输资源、产业链与供应链的配置能力，构建功能合理、高效协同的枢纽网络体系，最大范围和最大深度地发挥交通枢纽对经济要素资源的集聚和辐射作用。

通道优势转为产业优势、贸易优势

做大做强航空物流等优势产业，高质量发展航空高端制造业和航空金融、航空会展等现代服务业，推动生产服务型物流枢纽与制造业的联动发展，推动商贸服务型物流枢纽与商贸集聚区的联动融合，将通道优势变为产业优势和贸易优势。构建以航空物流为基础、航空关联产业为支撑、航空衍生产业为补充的枢纽经济产业体系，通过枢纽经济产业与供应链服务、成本、效率、品质双向匹配推动发展，创新发展新业态新模式，培育新型产业集群。

创新引领高水平对外开放

建立省级主导、市级主责、分类管人、直通管事、聚焦主业、差异考核的航空港实验区管理架构，打造航空经济体制机制改革创新体系。加快构建以企业为主体、市场为导向、产学研紧密结合的开放型航空经济创新体系，统筹各地航空产业载体平台联动，重点强化航空产业、航空物流、航空都市等功能。在人事薪酬、投融资体制改革等方面大胆创新，打造市场化、法治化、国际化营商环境，建设航空港经济发展先行区。进一步壮大航空科技教育规模，完善河南航空经济技术学科专业布局，打造航空人才培育基地，加快航空科技创新，打造航空资源开发与人才集聚新高地。优化口岸营商环境，促进口岸监管模式创新和通关便利化。全力做强创新新引擎，开展机场建设、空域管理等重大技术创新研究，加快5G等新技术研发应用，提升现有机场通航保障能力和服务国内大循环水平，探索开展航空领域综合改革试点，全面塑造改革创新驱动航空经济发展新优势。

空港枢纽成为区域增长的极核

依托航空枢纽速度经济、流量经济、网络经济优势，将集聚区域高端人口和产业的主导力量，通过区域一体化进程的不断推进，促进空港枢纽辐射和集聚效应不断放大，促进空港枢纽与区域要素和能量的自由流动，促进航空城从临空效率性向枢纽效能性转变，一核引领、六区联动、多园协同。依托交通枢纽、物流枢纽、产业枢纽资源要素集聚载体，以聚流、引流、驻流和辐射为特征，进一步提高企业创新动力和政府组织能力，通过技术变革、制度创新、组织更新，优化城市、区域经济要素的时空配置，重塑产业空间分工体系和供应链服务体系，精准配置交通、物流等基础设施网络，全面提升城市、区域经济运行质量效率。并以提升双循环规模和能力为方向，从全球分工体系与国家发展战略角度精准定位，优化调整国内、国际辐射方式，选择科学的机场、铁路场站、陆港间联动模式，实现从单一城市、机场的竞争走向城市群、机场群协同共赢的转变，实现沿海开放与内陆开放的广泛互动，构建统筹有力、竞争有序、分工合作的协同发展新格局。

（作者单位：郑州航空工业管理学院。原文刊发于2022年7月20日《河南日报》第7版）

陆港经济提质增效的路径思考

李武军

陆港是我省对外联系的门户和重要节点。建设枢纽经济高地，应充分发挥陆港功能，不断增强陆港核心竞争力和其对枢纽经济的牵引力、内聚力和辐射力。

高质量规划建设全省陆港体系

随着“米”字形高铁综合运输大通道的初步建成，全省各地抢抓交通枢纽网络能级提升机遇，大力实施优势再造战略和制度型开放战略，更加重视陆港项目建设。

智慧化引领，加快全省陆港基础设施建设。充分运用大数据、云计算、物联网、区块链等信息技术，着力发展智慧交通、智慧场站、智慧监管、智慧报验，健全一站式国际物流单证作业、保税物流和国际集装箱运输服务功能，全面提高货物集结、查验、装卸、报关、联运等的便利化。

强化高效绿色，拓展陆港对外联接通道。一是扩展“陆上丝绸之路”通道。依托中欧班列郑州集结中心和国际陆港新节点，拓展欧洲、中亚、东盟、日韩俄等线路和境外集疏网络。二是加强“海上丝绸之路”连接。优化东向、南向为主的铁海联运通道布局，强化内河与海港连接，完善通海合作机制，提升去回程运输组织能力，打造无缝对接的通江达海新通道，高效融入“海上丝绸之路”。三是推动“网上丝绸之路”升级。拓展“跨境电商+空港+陆港+邮政快递”运营模式，打造国际性跨境电商与多元化贸易中心。四是延伸“空中丝绸之路”服务，加强郑州陆港与空港的连接。

构建全省大物流产业发展格局

陆港具有铁路公路货运通道和枢纽的资源优势，也有发展多式联运的组织协调优势，是构建全省大物流格局的重要引擎。要积极开展货运组织创新、技术创新和管理创新，拓展物流发展空间，形成大物流产业发展新格局。

高效联动，高水平推动全产业链发展。遵循现代供应链发展规律，整合要素资源，加强省内外铁路、公路、水运、航空、邮政、港口、口岸、综保区等各方面衔接，统筹利用物流通道、物流枢纽、物流园区、物流信息平台，运用“互联网”“物联网”，发展云物流、智慧物流、智能物流等新模式。在横向上积极拓展，在纵向上垂直整合，发展物流新业态，加快形成集多式联运、园区运营、跨境电商、综合保税、制造服务为一体的现代物流产业新体系。

强化链接，发展大物流产业。适应构建新发展格局内陆与沿海地区联动发展需要，发挥全省陆港集群化优势，就近组织资源要素，以铁海联运、河海联运为重点，形成紧密衔接、双向均衡、规模化运行的东向陆海联运走廊。依托“米”字形运输通道，加强与长三角地区、粤港澳大湾区、京津冀地区、成渝地区以及西北、东北地区等的物流链接。加强内陆港共建，扩大“点对点”直达货运服务规模。开发“一站式”多式联运服务产品，加快发展铁、公、空、水组合联运模式，积极探索多式联运标准规则，推动“一单制”发展和联运提单物权化。大力发展数字化新型物流业态，推动物流业立体联网、内外互通、多式联运、有机接驳，构建联通全国、沟通世界的立体式、全景式大物流格局。

联通城乡，联接全域发展货运一体化。统筹城乡一体化大物流体系发展，加快城乡物流配送一体化进程；实施省级农村物流服务品牌培育工程，推广“货运班线”等服务模式和冷链仓储运输模式，打造“农特产品直通车”。统筹交通、邮政、快递、供销和商务等资源，建设“多站合一”的农村物流站点，提高物流配送效率。

加快供应链产业链优化升级

陆港能够整合资源要素,推动区位、交通、商业、市场、人力等要素资源高效配置。要以大物流完善供应链、以大物流接续产业链,提高陆港对区域经济发展的黏合力,形成以陆港为牵引的枢纽大产业发展格局,打造经济增长极。

生产+生活,加快现代服务业发展。依托物流业大发展,推动商贸金融、创新服务、文化创意、技术咨询等产业聚集,建设生产性服务业生态圈。培育“吃住行游购娱养”一体化产业链,引导健康服务、养老育幼等产业聚集,完善生活性服务业配套。

服务+制造,推动先进制造业发展。发挥物流业为制造业完善供应链、接续产业链的作用,推动制造业在更大范围进行生产组织、产业创新,发展产业集群。以省级开发区为重点,推进制造业供应链管理优化升级,全面提升产业竞争力。

陆港+城市,打造枢纽经济增长极。按照“产城互动”“产城融合”发展思路,统筹推进规划布局、土地开发、枢纽建设、产业对接,实现枢纽、城市和产业有机融合。发展大宗货物集结运输,推动铁路集装箱中心站片区重点发展高端产业、高端商务等。推动洛阳、南阳、周口、信阳、漯河等地统筹布局港口、产业、城市和人口,处理好生产、生活和生态空间关系,高质量推进临港城市功能区开发,实现港产城深度融合发展。

完善陆港市场化运行机制

陆港是现代物流的高级组织形态,既是一个地区对外联络的平台,也是市场参与主体,要顺应建设全国统一大市场的要求,对接国际贸易和投资通行规则,构建稳定透明可预期的陆港市场化运行体制机制,增强活力,提升动力,提高核心竞争力。

建立健全陆港管理体制。运用市场理念和法治化手段,搭建市场化平台。积极引入国内外战略合作伙伴,组建股份制陆港管理运营公司,健全现代企业制度，增强国有企业竞争力和抗风险能力。完善市场化机制，建设专业化、市场化、国际化管理团队。

创新投融资开发模式。探索以市场化方式设立陆港发展产业基金，运用股票、地方债和企业债等，多渠道提升资金保障能力。拓宽社会资本参与陆港投融资途径，创新利益分配和风险分担机制，鼓励社会资本参与路、站、场、枢纽经济承载平台等项目投资、建设和运营。

培育强有力市场主体。引导交通物流企业通过战略联盟、资本合作、资源共享等市场化方式，打造合作共同体，积极向综合物流服务商、现代供应链运营商转型发展。引进一批国内外知名物流企业在豫设立区域性和功能性总部，支持第三方物流企业与大型工商企业、专业市场等加强合作，推动生产制造、现代流通和现代物流融合发展。围绕国际物流、冷链物流、即时物流、供应链等，培育全国领军型、特色标杆型、新兴成长型物流企业。

（作者单位：河南省发展战略和产业创新研究院。原文刊发于2022年7月20日《河南日报》第7版）

加快发展壮大本土平台经济

胡美林

河南人口数量多、经济总量大，人流、物流、信息流活跃，面向居民生活、企业生产等发展平台经济具有较好的基础条件。经过多年发展，河南平台经济主体规模不断壮大，培育形成了以UU跑腿、中钢网、酒便利、锅圈食汇等为代表的特色平台经济企业群体。但总的来看，河南本土平台经济头部企业少、规模总量小，平台“引流”“驻流”能力不强，省内庞大的网上零售消费“流量”并没有转化为经济“留量”，在畅通产业链供应链、赋能产业数字化转型方面的作用还未充分发挥出来。对此，要抢抓国家推动平台经济规范健康发展的新机遇，发挥河南平台经济特色优势、市场需求优势和应用场景优势，结合“四个拉动”“五链耦合”工作部署，围绕平台经济与实体经济互促共进、做大总量与做优特色有机统一、外部引进与本土培育双线发力、平台供给与本土需求精准适配，加快发展壮大本土平台经济市场主体，推动平台“流量”向经济“留量”转变。

坚持引育并重，集聚发展总部型平台经济。突出本土化、总部化，针对本土企业引流能力弱、头部企业留量经济少的问题，着力加强内培外引，加快集聚发展平台经济市场主体，特别是要在增强平台经济总部功能方面聚焦聚力，不断提升省内平台资源整合、税收沉淀、产业带动等能力。一方面，要强化梯度培育大力扶持本土优质企业。谋划实施平台企业梯度培育工程，立足“抓早抓小”扶持一批需求潜力大、商业模式新的草根型、个性化初创企业，瞄准“专精特新”培育壮大UU跑腿等本土特色优势企业，着力构建“雏鹰—瞪羚—独角兽”平台企业梯度培育体系。另一方面，要围绕增强总部功能大力招引平台头部企业。瞄准生活服务、生产服务、科技创新、公共服务等领域的平台头部企业开展精准招商,研究制定支持平台企业发展总部经济专项政策,统筹采取“一事一议”“一企一策”等措施,积极争取国内外平台头部企业在我省设立区域性总部、功能性总部以及区域采购中心、运营中心、结算中心等,推动更多平台头部企业深耕中原、扎根河南,以集聚发展平台总部经济沉淀税收、拉动就业。

聚焦特色发展,抢滩占先细分平台新赛道。突出特色化、专业化,适应平台经济发展新趋势、新需求,坚持立足河南、服务全国、面向世界,在先发优势领域、新兴消费领域等细分赛道聚焦发力,以局部领域率先突围带动全省平台经济扩量提质。重点发挥我省在同城即时配送(UU 跑腿)、预制食材供应(锅圈食汇)等细分领域的基础优势,支持相关企业挖掘市场潜力、拓展省外市场,努力发展成为行业领军型平台企业。发挥我省在跨境电商领域的先发优势和试点优势,加快培育壮大省级跨境网购平台,延伸拓展研发、保税加工、跨境物流等相关产业链环节,高效整合贸易端、产业端,加快构建面向全球的跨境电商供应链和产业链,推动以贸促工、以工强贸、工贸联动。发挥我省交通物流枢纽优势,以郑州空港型、洛阳生产服务型等国家物流枢纽为依托,以冷链物流、航空物流、快递物流等特色物流为重点,谋划建设集物流信息发布、在线交易、数据交换等功能于一体的专业化物流信息服务平台,巩固提升我省物流资源整合调配能力,助力全省枢纽经济发展。

注重供需衔接,增强本土需求匹配度。突出垂直化、行业化,发挥我省产业基础优势和规模优势,以供需信息匹配为关键,以提升产业链上下游协调配套、推动产学研用一体化发展为重点,推动构建重点产业链供需服务平台,纵向整合行业上下游资源,实现全产业链信息流、资金流、物流的精准导入和无缝衔接,提升重点产业本地配套率和科研成果本地转化率。面向制造业数字化、网络化、智能化需求,针对我省工业互联网平台赋能数字化转型不足、制造业中小企业“不会转”“不能转”“不敢转”等突出问题,加快推进“1+N+N”工业互联网平台体系构建(培育建设 1 个跨行业、跨领域综合性平台,N 个细分行业、特定领域平台,N 个优势产业集群平台),为制造业企业发展平台化设计、智能化制造、网络化协同、个性化定制、服务化延伸、数字化管理等提供有力支撑。面向农业农村数字化转型,针对农业粗放生产经营、农村电商“工业品下行易、农产品上行难”等突出问题,着力加强农业物联网平台和数字化营销平台建设,因地制宜推广“直播平台+农产品品牌”“生鲜电子商务+冷链宅配”“中央厨房+食材冷链配送”等服务新模式,不断提升农业种养殖精细化、高效化水平,畅通农产品线上销售渠道。面向重点项目建设需要,与“万人助万企”“三个一批”活动相结合,探索搭建项目物料供需对接服务平台,推动项目施工单位与省内优质建材企业建立长期供需合作关系,进一步降低供需双方综合成本。

创新场景应用,拓展平台经济发展空间。突出示范性、引领性,围绕技术转化、功能迭代、应用落地、普及推广,谋划开展平台经济应用场景“揭榜挂帅”行动,推动地方政府和平台企业合力打造一批技术先进性强、实践应用效果好、复制推广度高的标志性场景,形成需求牵引供给、供给创造需求的良好态势。在生活服务领域,重点围绕智慧社区、智慧教育、智慧医疗、智慧养老等打造一批典型应用场景。在产业发展领域,重点围绕制造业智能转型升级需求,加强5G、人工智能、工业互联网等新一代信息技术应用,打造一批5G+机器视觉、5G+远程控制等“5G+工业互联网平台”典型应用场景。在城市治理领域,支持建设城市信息模型(City Information Modeling,简称CIM)基础平台,加快布局智慧交通、智慧园区、智慧安防等应用场景,通过开放场景,拓展平台企业技术应用和服务空间,在实际验证应用中促进服务快速迭代、功能不断优化、加速推向市场。

强化政策支持,激发市场主体动力活力。突出规范化、便利化,坚持有效市场和有为政府相结合,建立健全新型监管机制,支持、规范、引导平台经济健康发展。针对平台经济行业属性特点,优化完善准入条件、审批流程和服务,创新登记注册模式,提升平台经济发展便利化水平。充分发挥河南省数字经济政府引导基金等相关基金引导撬动作用,吸引市场化投资机构发起平台经济子基金或定向投资平台经济重点企业和项目,鼓励种子、风险、天使投资等机构参与本土平台企业融资。引导和支持平台企业加强与省内外高等院校、科研院所合作,推动在豫设立新型研发机构或产业研究院,加快提升本土平台企业核心竞争力。适应平台经济跨行业、跨区域的特点,加强监管部门协同和区域协同，着力提高监管效能，积极营造公平竞争、规范有序的市场环境。

（作者单位：河南省项目推进中心。原文刊发于2022年7月22日《河南日报》第5版）

“头雁”效应引领产业生态

赵西三

当前,区域产业竞争更多表现在产业生态的竞争,所谓产业生态指的是某个产业在特定地域范围内形成的产业网络体系,集聚了支撑这个产业成长的创新、配套、服务、数据等全要素,体现了一种新的产业发展模式。龙头企业在产业生态构建中发挥着引领作用,“头雁+生态圈”成为区域产业发展新模式。河南大型龙头企业数量偏少,超百亿企业仅有53家,尤其缺乏平台型、生态型、赋能型企业集团,带动引领力不够,制约了产业生态的形成和优势产业链整体竞争力的提升。

近年来,河南高度重视头雁企业培育,出台了头雁企业综合评价管理办法和培育方案,开展了年度头雁企业申报工作,形成了漯河食品、洛阳农机装备、许昌电力装备、长垣起重机等具有地标性的优势产业生态圈,以头雁企业引领的良好产业生态支撑该领域在技术创新、企业孵化和产品迭代上始终保持领先。面向未来,河南需要进一步发挥头雁企业引领作用,带动形成包括创新系统、配套系统、服务系统和数据系统的高品质产业生态圈,推动河南更多优势赛道、特色赛道、细分赛道进入国内大循环和国内国际双循环的中高端、关键环。

以头雁企业引领优化创新生态

创新生态不优是产业生态构建的最大瓶颈,河南创新生态亟待优化提升,头雁企业在创新生态构建中发挥着核心作用。一是支持头雁企业牵头设立创新联合体，鼓励头雁企业与配套企业协同研发，组建“体系化、任务型、开放式”创新联合体，带动产业链中小企业参与联合创新活动，打造“头雁企业+中小微企业”创新生态网络，推动产业链上下游、大中小企业协同创新。二是支持头雁企业设立实验室、制造业创新中心、产业研究院、新型研发机构、中试基地、工业设计中心等高端创新平台，依托平台吸引集聚一流创新团队和人才，聚焦细分领域协同攻关“卡脖子”突出问题、“无人区”前沿技术，围绕基础零部件、基础元器件、基础材料、基础工艺、基础软件等环节，支持头雁企业牵头上下游企业、研发机构协同实施“一条龙”应用计划，促进创新产品先试首用、迭代升级。三是鼓励头雁企业设立产学研合作平台，支持头雁企业链接全球全国高端创新要素，形成跨区域、跨领域、多主体协同的创新合作伙伴关系，充分利用揭榜挂帅、赛马制、首席科学家制等科研组织方式，支持头雁企业依托产学研合作平台开展产业链关键共性技术协同研发，补齐一批技术短板，带动优势产业链整体升级。

以头雁企业引领优化配套生态

高效能的产业配套生态系统是沿海地区产业竞争力强的核心支撑，河南许多企业的核心配套都在沿海地区，配套半径大，增加了成本，降低了效率。一是围绕头雁企业补链延链强链，以头雁企业吸引关键配套落地，推行产业链“双长制”，探索头雁企业产业链招商模式，明确产业链龙头企业清单、核心配套企业清单、关键技术产品攻关清单、域外头部企业清单、域外科研机构和科研团队清单、域外重点优势集群清单等，提升精准招商度，提高本地配套率，强化本地供应链竞争力。二是支持头雁的配套企业裂变，促进配套环节分离，鼓励头雁企业向配套企业延伸管理链、创新链、供应链，支持配套企业提高专业化、模块化配套能力，打造一批“专精特新”企业，支持头雁企业聚焦优势行业领域搭建数字化供应链平台，促进配套企业线上集聚、高效对接，构建大中小微企业融通联动的产业配套生态体系。三是引导头雁企业联合建立配套产业园，支持关键配套相似的头雁企业联合建立配套产业园，吸引域外配套企业落地，促进本地配套企业集聚，探索头雁企业与配套企业开展研发提前介入、协同研发、共享制造等新模式，构建更具竞争力的区域产业分工协作网络。

以头雁企业引领优化服务生态

生产性服务业规模小、能级低是制约我省产业生态优化的瓶颈之一。近年来，我省部分头雁企业积极向研发设计、综合服务等两端高附加值环节延伸，制造业服务化初见成效，应依托头雁企业加快构建制造服务业生态圈，提升河南制造附加值和价值链地位。一是支持头雁企业把研发设计、综合服务等生产性服务环节独立出来，搭建科创服务、工业设计、共享制造、智能服务、电子商务等生产性服务平台，带动提升生产性服务业能级，集聚高端服务要素，构建高品质服务生态圈，为广大中小企业提供专业化、定制化、平台化服务，带动中小企业向价值链高端环节延伸。二是引导头雁企业聚焦细分领域联合或独自设立投资基金、并购基金、风投基金等，支持头雁企业联合政府投资基金和专业创投机构设立特色优势产业子基金，聚焦细分产业赛道以“产业知识+产业资本”战略投资模式孵化新企业新业态，优化金融服务生态，投早投小投高投新，赋能产业链上的初创企业成长，形成“参天大树”与“灌木丛”共生发展格局。

以头雁企业引领优化数字生态

数字时代背景下产业发展呈现软件定义、数据驱动、平台支撑、智能主导的新趋势，产业数据的汇聚、分析、封装和复用能力成为区域产业生态的新构成要素，河南在产业数据上与沿海发达地区存在差距。一是支持头雁企业牵头搭建工业互联网平台，繁荣平台应用生态，打造细分领域产业大脑，探索“产业大脑+智能工厂”模式，推广头雁企业带动的链式数字化升级和智能化改造，推动重点行业数据采集、汇聚、沉淀和复用，支持头雁企业依托工业互联网平台开发行业知识模型，为行业创新发展赋能。二是鼓励头雁企业利用云计算、大数据、互联网等数字技术搭建工业大数据平台，支持头雁企业带动优势产业链上下游企业开放数据，加强合作，共建安全可信的工业数据空间,引导中小微企业上云上平台,提升深度用云用数能力,实现上中下游、产供销协同,支持头雁企业构建数据驱动、精准匹配、可信交互的产业链协同平台,打造云上“虚拟”产业集群,构建新型产业生态,带动发展数据驱动的制造新模式新业态。支持头雁企业牵头建立产业数据价值评估机制、流通机制、应用体系与安全体系。

(作者单位:河南省社会科学院数字经济与工业经济研究所。原文刊发于 2022 年 7 月 29 日《河南日报》第 5 版)

构建新雁阵产业集群发展格局

高亚宾

近年来，我省新能源客车、智能手机、大型盾构机、特高压输变电设备、宇航服头盔面窗等一大批“河南制造”已经成为在全国乃至全球具有重要影响力的亮丽名片，究其原因主要是拥有一批优秀的头雁企业。国内外产业集群发展规律表明，提升产业集群竞争力，龙头企业是实施主体，更是“头雁”。在数字经济时代，必须激活市场主体活力，充分激发头雁企业引领效应，带动中小企业群雁创新发展，形成基于数字化的新雁阵生态体系，才能有效提升集群新优势，为推动制造业高质量发展、建设先进制造业强省提供坚实支撑。

强化头雁引领，提升龙头企业创新力影响力

头雁企业作为产业的龙头，在整个产业链中处于核心位置，一个产业内头雁企业越多则产业越强。2021—2022 年，河南省先后认定制造业头雁企业 171 家，2022 年进入拟重点培育头雁企业名录 116 家，主要位于装备制造、电子信息、食品制造、新能源新材料、生物医药、化工以及智能装备等产业领域。一是推动技术创新。创新是企业调结构的最大变量和高质量发展最大的增量。充分发挥头雁企业创新主体作用，聚焦主业，专注创新和质量提升，重点围绕关键技术、关键零部件、关键材料等“卡脖子”领域，采取产学研联合攻关、建立全球化研发网络等方式，努力突破前沿引领技术，不断推动新产品迭代升级。二是推动标准创新。加强知识产权保护，促进创新成

果产业化应用,加快构建以自主知识产权技术为核心的先进标准体系。支持头雁企业围绕战略性新产业和未来产业开展标准研究,加快前瞻性、先导性关键技术标准布局,发展新业态新技术产业链标准,促进产业化推广。引导省内高校和研究机构开展未来技术标准化研究,为标准制定提供支撑。三是推动管理创新。把上市作为聚要素、优治理、塑品牌的重要途径,实施头雁企业上市行动,引导头雁企业积极对接资本市场,推动有实力有意愿的企业挂牌上市,运用资本力量提高企业研发能力和产业化水平,提升企业管理现代化水平。

带动群雁高飞,提升全产业链带动力

产业集群蕴含的竞争力主要是集合竞争力。世界各国产业集群发展实践表明,在产业集群形成过程中,中小企业一直发挥着主要作用,他们通过服务大企业或者聚焦某一领域深耕细作,在激烈竞争的国际市场上找准了自身定位,占据了较大市场份额。一是加强"专精特新"群雁培育。厚植"专精特新"中小企业培育和发展沃土,对推动土地、资本、技术、人才、数据等要素资源向这些企业集聚,加快培育主营业务突出、竞争能力强、成长性好、专注于细分市场、具有较强创新能力的专精特新"小巨人"企业。具有发展潜力的初创型企业早发现、早培育,通过头雁企业持股、企业经营咨询、政府定向采购、基金扶持等多种方式,解决这些企业的发展难题。二是强化产业链上下游联动。将"专精特新"中小企业培育发展纳入以头雁企业为引领的先进制造业集群和战略性新兴产业集群,引导头雁企业向集群内中小企业开放场景应用、共享生产要素、搭建共性技术平台,支持相关服务型机构重点向中小企业提供融资、创新等服务。支持头雁企业、高校、科研院所等与中小企业广泛开展产学研合作,在更多细分产品领域形成在全球市场、技术等方面领先的单项冠军,培育一批行业"隐形冠军"。三是提升新兴产业集群雁阵规模和层次。2022 年省政府首批认定了新能源及智能网联汽车产业集群、智能制造装备产业集群、生物医药产业集群等 15 个战略性新兴产业集群,要紧抓"一带一路"深度发展和 RCEP 新机遇,鼓励产业内头雁企业"走出去”发展，实施兼并重组，鼓励瞄准产业链关键环节和核心技术，实施高端并购、强强联合，加速全球产业链关键资源整合，提升产业集群发展层次。

构建生态体系，提升产业集群竞争力

日本经济学家赤松最早提出雁阵理论，即不同发展水平的国家或地区拥有的产业层次不同，发展水平高的国家或地区会将低端产业转移至发展水平低的国家或地区。比如，20世纪90年代以来，欧美、日本等发达地区、国家及亚洲“四小龙”将劳动密集型产业和一部分资本技术密集型产业转移到中国、墨西哥和部分东南亚国家，近年来我国劳动密集型产业逐步转移至东盟和印度。

进入数字经济时代，随着5G、大数据、人工智能、数字孪生等技术深度应用，对土地、资源、劳动力等传统产业要素的依赖程度不断降低，使得产业链供应链能够突破传统雁阵的空间约束，逐渐形成数字化、全链条、本地化或就近区域化的新雁阵生态系统。一方面，完善提升工业互联网平台。借鉴美国、德国等发达国家世界级产业集群发展经验，依托头雁企业加快工业互联网平台建设，引导中小企业全面融入工业互联网的应用场景和产业生态，以自主可控的云计算、区块链等数字技术为驱动力，以数据为关键要素，构建新雁阵产业生态系统。积极推动产业集群内企业数字化改造，通过数字化赋能，对产业链、价值链各环节进行解构与升级，共同抵御市场竞争风险。另一方面，营造充满活力的集群创新生态。产业集群离不开政府、机构、企业、民间组织等多主体的良性创新互动。以信用体系为基础，以上下游、左右岸互动联系为纽带，推动头雁企业、中小企业、高校和科研机构、金融机构等各主体之间的创新竞争与合作，加快知识与技术交流，降低集群内企业创新成本；在集群内形成一批技术创新服务中心、信息服务中心等，发展风险投资、科技金融、智力服务等，激励企业创造新模式新产品新品牌，不断提升产业集群整体竞争力。

（作者单位：河南省宏观经济研究院。原文刊发于2022年7月29日《河南日报》第5版）

奏响新时代“黄河大合唱”

完世伟　崔理想

黄河是中华民族的母亲河。黄河流域生态保护和高质量发展，是习近平总书记亲自谋划、亲自部署、亲自推动的重大国家战略，是事关中华民族伟大复兴的千秋大计。2019 年 9 月，习近平总书记在郑州主持召开黄河流域生态保护和高质量发展座谈会并发表重要讲话，强调黄河流域生态保护和高质量发展是重大国家战略，让黄河成为造福人民的幸福河。三年来，河南始终把落实这个国家战略作为重大政治任务，坚持生态优先、绿色发展，在黄河流域生态保护和高质量发展伟大实践中贡献了河南力量、彰显了河南担当。在锚定“两个确保”新征程上，我们必须以习近平新时代中国特色社会主义思想为根本遵循，不断深化对推进黄河流域生态保护和高质量发展的战略认识，书写黄河流域生态保护和高质量发展河南新篇章。

牢记殷殷嘱托　深刻领悟“国之大者”战略意义

习近平新时代中国特色社会主义思想的生动体现。黄河流域是中华民族的主要发祥地、国家重要生态安全屏障、国家经济版图重要组成部分和社会主义现代化强国建设的重要区域。黄河流域生态保护和高质量发展战略是习近平新时代中国特色社会主义思想在黄河流域的生动实践。党的十八大以来，习近平总书记多次考察沿黄省区，就黄河流域生态保护和高质量发展发表重要讲话、作出重要指示批示，深刻阐述了推动黄河全流域高质量发展的一系列重大理论和实践问题，提出了一系列推动黄河流域生态保护和高质量发展的新思想、新部署、新要求，体现出习近平总书记以黄河国家战略谋千秋大计的恢宏视野、谋永续发展的非凡智慧、谋民族复兴的强烈担当，体现出习近平总书记对黄河流域生态保护和高质量发展与建设美丽中国、实现中华民族永续发展内在逻辑的深邃思考，为我们贯彻落实黄河流域生态保护和高质量发展战略指明了前进方向，提供了根本遵循。

事关中华民族伟大复兴的千秋大计。黄河是中华民族的母亲河，滋养了肥沃的华夏大地，孕育了古老而伟大的中华文明，但黄河也是全世界泥沙含量最高、治理难度最大、水害严重的河流之一。黄河流域是我国重要的生态安全屏障，也是人口活动和经济发展的重要区域，在国家发展大局和社会主义现代化建设全局中具有举足轻重的战略地位。推进黄河流域生态保护和高质量发展，有利于协调黄河水沙关系，缓解水资源供需矛盾，抵御自然灾害风险，保障黄河岁岁安澜；有利于践行“绿水青山就是金山银山”理念，助力碳达峰碳中和工作，提高生态系统质量，加快建设美丽中国；有利于加强全流域协同合作，加快推进高质量发展，缩小南北方发展差距，扎实推进共同富裕；有利于保护传承弘扬黄河文化，彰显中华文明，增进民族团结，增强文化自信，从而进一步彰显中国特色社会主义制度优势，为全球大江大河治理贡献中国智慧。

奏响“奋勇争先更加出彩”新时代乐章的根本遵循。河南是千年治黄的主战场、沿黄经济的集聚区、黄河文化的孕育地和黄河流域生态屏障的支撑带，在黄河流域生态保护和高质量发展全局中具有重要地位。党的十八大以来，习近平总书记4次视察河南，寄予河南“在中部地区崛起中奋勇争先，谱写新时代中原更加出彩的绚丽篇章”的殷切期望。作为黄河中下游省份和黄河流域生态保护和高质量发展战略的首倡之地，河南肩负着重要职责和特殊使命。深入贯彻实施黄河流域生态保护和高质量发展战略，有利于高水平建设大河治理和生态保护示范区，提升黄河生态系统功能；有利于加快转变发展方式，培育黄河流域高质量发展增长极；有利于发挥中原城市群龙头作用，开创区域协调发展新局面；有利于统筹陆空联动，打造黄河流域对外开放新高地；有利于保护传承弘扬中原文化，奏响新时代“黄河大合唱”，进而在全面落实重大国家战略、服务全国发展大局中走在前列、发挥更大作用。

扛稳政治责任　奋力书写出彩“河南答卷”

三年来，河南上下牢记习近平总书记殷殷嘱托，以习近平新时代中国特色社会主义思想和习近平总书记视察河南重要讲话精神为指导，坚定扛稳政治责任，坚持生态优先、绿色发展，量水而行、节水优先，因地制宜、分类施策，统筹谋划、协同推进，规划引领、项目为王，在推动黄河流域生态保护和高质量发展上踔厉笃行、奋勇争先，确保各项重点任务在豫落地落实，交出了一份出彩的“河南答卷”。

坚持生态环境保护为先，奋力打造“生态河”。河南在全流域率先推行“河长+检察长”制改革，扎实开展“携手清四乱、保护母亲河”专项行动、黄河流域生产建设项目水土保持专项整治行动，高效推进“百千万”黄河生态保护治理试点工程，为黄河河道行洪安全、黄河水质稳定达标、黄河生态环境改善等提供了有力保障。高质量打造生态廊道，加快黄河沿线湿地修复与建设。对重点河流实施“一河一策”整治，持续推进入河排污口、黑臭水体、工业废水、城乡污水等综合治理。2021 年，黄河（河南段）右岸 710 公里生态廊道实现全线贯通，流域造林 10.7 万亩，河南黄河流域大气 PM10、PM2.5 平均浓度同比分别下降 7.9%、14.8%，流域内 35 个国考断面中Ⅰ～Ⅲ类水质断面占比 88.2%，土壤环境质量保持稳定。今年 4 月底，《黄河流域（豫鲁段）横向生态保护补偿协议》期满一年。河南赢得了这份“对赌”协议，并获得山东的 1.26 亿元生态补偿金，“对赌”协议的获胜彰显了河南黄河流域生态环境保护的新成效。

坚持确保长治久安为基，奋力打造“安澜河”。河南紧紧抓住水沙关系调节这个“牛鼻子”，将黄河安澜作为底线任务，着力完善水沙调控体系、防洪体系及机制。统筹开展黄河防洪堤内堤外双线作战，建成标准化堤防 501 公里，圆满完成滩区居民 30 万人迁建任务，成功应对黄河干流 3 次编号洪水，基本完成黄河下游“十四五”防洪、贯孟堤扩建和引黄涵闸改建等工程前置条件。统筹实施小浪底调水调沙、河道和滩区综合提升治理工程等系列举措，有效减缓黄河下游泥沙淤积，确保黄河沿岸安全。同时，加快数字黄河建设。2021 年 10 月，黄河实验室揭牌成立。加快建成数字孪生黄河，为黄河保护治理装上“最强大脑”，成为黄河实验室的“招牌”动作，将为黄河“预报、预警、预演、预案”提供智力支持。“数字孪生小浪底”建设已全面展开，投运小浪底智慧集控中心和小浪底数据中心，能够满足防汛调度会商及大坝安全会商需求。

坚持“四水四定”为要，奋力打造“生命河”。河南深化对水资源这个最大刚性约束的认识，正视日益突出的水资源供需矛盾，全方位落实“四水四定”，把“推进水资源节约集约利用”作为关键抓手，统筹推进节约用水和科学配水，大力推进农业节水增效、工业节水减排、城镇节水降损，加快推进节水工程建设，着力打好黄河流域深度节水控水攻坚战，流域各地水资源节约集约利用成效显著。如 2020 年郑州率先在全省范围内实现县域节水型社会全覆盖；2021 年洛阳完成引黄入洛等引水补源工程 12 项，年引水量 20.1 亿立方米，节水灌溉面积稳定在 103.5 万亩，再生水回用率达到 30%；2020 年焦作获得“省级节水型城市”称号，并着手争创国家节水型城市；濮阳持续推进引黄入冀补淀工程等 4 条引黄干渠和 3 处引黄调蓄工程建设，改造提升渠村、彭楼等 9 处大中型灌区，有效灌溉面积达到 341 万亩。

坚持高质量发展为本，奋力打造“幸福河”。河南贯彻新发展理念，聚焦高质量发展主题，加紧推动流域经济社会发展质量变革、动力变革、效率变革。推动绿色低碳转型。2021 年流域内累计创建绿色园区、绿色工厂等国家级绿色制造试点示范 150 个。统筹发挥流域地区比较优势，促进各类要素合理流动。2021 年光力半导体智能制造产业基地、新能源汽车等 517 个外省入豫项目在流域地区布局实施。坚持创新驱动发展，嵩山、神农种业、黄河、龙门、中原、龙湖等 6 个省实验室挂牌运行，25 家产业研究院和 21 个中试基地启动建设，一体谋划省科学院、中原科技城融合发展，“创新”正为黄河流域高质量发展蓄势储能。坚定不移推进改革开放，“四路协同”联动成的“新路”，成为连接黄河流域和“一带一路”的黄金通道。流域各地“百城提质”工作扎实开展，城市功能不断完善，经济和人口承载能力有效提升。坚定不移把乡村振兴战略落到广袤的中原大地上，扛稳粮食安全重任，打赢脱贫攻坚战,让流域人民过上更好生活。

坚持传承弘扬文化为魂,奋力打造“文脉河”。河南聚焦扛牢弘扬黄河文化责任,加强黄河文化时代价值挖掘,致力于让黄河文化“活”起来、“潮”起来,在传承中创新,在创新中弘扬,讲好新时代河南“黄河故事”,成果精彩纷呈、影响深远。既有长期立足于中原文化根基的《梨园春》《武林风》《华豫之门》等河南卫视三大品牌栏目,也有近两年《唐宫夜宴》《元宵奇妙夜》《清明奇妙游》等一批河南文化节目的出圈出彩。同时,文旅文创融合战略的深入实施,黄河国家文化公园、黄河文化遗产保护廊道、黄河黄金文化旅游带等一大批传承黄河文脉的载体项目加快推进,还有世界大河文明论坛、世界古都论坛、黄河文化论坛等国际文化交流活动的积极筹办,又将进一步增进共同参与保护传承弘扬黄河文化的思想共识和行动自觉,凝聚黄河流域生态保护和高质量发展的强大合力。

保持战略定力　接续推动重大国家战略落地见效

推动黄河流域生态保护和高质量发展,非一日之功。在现代化河南建设新征程中,要以习近平新时代中国特色社会主义思想和习近平总书记视察河南重要讲话精神为指导,以功成不必在我、功成必定有我的境界,保持历史耐心和战略定力,一张蓝图绘到底,一茬接着一茬干,凝心聚力、埋头苦干、奋勇争先,更加有力地推动重大国家战略在豫落地见效,在新时代“黄河大合唱”中奋力续写中原更加出彩的绚丽篇章。

增强底线思维,在保障黄河安澜上筑牢新防线。突出兴利除患,增强忧患意识,立足防大汛、抢大险、抗大灾,强化预报、预判、预警、预案、预演“五预”有机衔接,强化灾害应对体系和能力建设。紧紧抓住水沙关系调节这个“牛鼻子”,健全水沙调控体系。以工程性治水为治本之策,实施河道和滩区综合提升治理工程,补齐防灾基础设施短板,提高堤防防洪标准、河道行洪能力及风险防控能力。全力守护人民群众生命安全,确保黄河安全度汛、岁岁安澜、长治久安。

落实“四水四定”,在节约集约用水上迈出新步伐。实行最严格的水资源管理制度，坚持节水优先，细化实化以水定城、以水定地、以水定人、以水定产举措。全面实施深度节水控水行动，推进农业节水增效、工业节水减排、城镇节水降损，倡导生活节约用水，推广建筑节水设计，持续推进“四水同治”“五水综改”，用好地表水、压采地下水、调控天上水、多用再生水，提升水资源配置效率，变水瓶颈为水支撑水保障，实现用水方式由粗放低效向节约集约的根本转变。

统筹保护治理，在改善生态环境上取得新成效。深刻、完整、全面贯彻新时代治黄基本方略，坚持山水林田湖草沙综合治理、系统治理、源头治理。强化环境污染系统治理，统筹推进农业面源污染、工业污染、城乡生活污染防治和矿山生态环境综合整治。抓好中央生态环保督察涉及黄河流域反馈问题整改，深入开展河湖“清四乱”专项行动，高效推进“百千万”黄河生态保护治理试点工程，持续推进黄河生态廊道建设与沿线湿地修复，让母亲河更加健康、更加美丽。

强化创新驱动，在加快转型发展上实现新突破。坚持以科技创新为动力，以绿色低碳为导向，推动流域经济发展质量变革、效率变革、动力变革，加快改造升级传统产业、重点培育新兴产业、谋篇布局未来产业，建设特色优势现代产业体系。加快建设数字黄河、智慧黄河，以数字化、智能化赋能黄河保护治理能力提升。加强区域协同发展，以郑州都市圈建设为核心引擎，完善都市圈一体化发展体制机制，促进基础联通、产业贯通、创新融通、要素畅通，增强核心竞争力。

文旅文创融合，在弘扬黄河文化上彰显新作为。深入研究黄河文化，明晰定义定位、把准内涵外延、找准载体平台，充分彰显黄河文化地域特点和无限魅力。抓好文化遗产保护、文化资源利用、文化业态创新、文化产业培育、文化品牌打造，培育“三座城三百里三千年”等具有国际影响力的黄河文化旅游带、“行走河南 · 读懂中国”等具有国际影响力的旅游品牌、“黄河之礼”等具有河南特色的文旅文创消费品牌，为黄河流域生态保护和高质量发展持续凝聚精神力量。

（作者单位：河南省社会科学院经济研究所。原文刊发于 2022 年 9 月 17 日《河南日报》第 6 版）

增强国内大循环内生动力和可靠性的着力点

李剑力

党的二十大提出:“把实施扩大内需战略同深化供给侧结构性改革有机结合起来,增强国内大循环内生动力和可靠性,提升国际循环质量和水平。”这对构建新发展格局、推动高质量发展提出了更高标准和具体要求。河南作为国内大循环的组成部分和重要联结,自觉增强国内大循环内生动力和可靠性,是锚定“两个确保”推进中国式现代化的河南担当和贡献。

增强国内大循环内生动力和可靠性具有重要的现实意义

增强国内大循环内生动力和可靠性是构建新发展格局的重要内容。加快构建以国内大循环为主体、国内国际双循环相互促进的新发展格局,是一项事关我国发展全局的重大战略任务。构建新发展格局的关键在于经济循环的畅通无阻,最本质的特征是实现高水平的自立自强。做大做强国内大市场,并依托我国强大市场优势,打造国际经济合作及竞争新优势。

增强国内大循环内生动力和可靠性是推动高质量发展的重要选择。当前我国社会主要矛盾是人民日益增长的美好生活需要和不平衡不充分的发展之间的矛盾。不平衡不充分的问题就是发展质量不高的结果和表现。我国虽然有 14 亿人口的市场规模优势,但仍有巨大潜力可以挖掘,存在着诸多“卡脖子”问题,内循环内生动力不足,产业链供应链的韧性不强,抵御外部风险的能力不高,所以,必须把发展质量摆在更加突出的位置,切实增强国内大循环内生动力和可靠性,构建高水平的新发展格局,推动实现高质量发展。

增强国内大循环内生动力和可靠性是推动中国式现代化的重要途径。中国式现代化既有各国现代化的共同特征,更有基于自己国情的中国特色。从其内涵和本质要求看,实现中国式现代化必须完整、准确、全面贯彻新发展理念,构建新发展格局,走好高质量发展之路。无疑,国内大循环内生动力和可靠性的有效增强,高质量发展将会更加牢靠,中国式现代化道路也会更加顺畅。

增强国内大循环内生动力和可靠性是河南实现“两个确保”的重要举措。目前河南经济总量超过5万亿元,有1亿人口的市场规模,2000多万中等收入群体,产业基础比较扎实,发展水平不断提高,但发展不平衡不充分问题仍然突出,科技创新能力不强,产业链供应链不稳,城乡区域发展和收入分配差距较大等,所以,实现“两个确保”目标任务非常艰巨。河南只有抢抓机遇,主动增强国内大循环内生动力和可靠性,打造出更多内外循环战略支点和重要联结,才能更好推动全面融入新发展格局,顺利实现“两个确保”战略目标。

扬长补短,努力增强国内大循环内生动力和可靠性

应着眼实现我国高水平的自立自强,坚持目标导向和问题导向,把实施扩大内需战略同深化供给侧结构性改革有机结合起来,发挥优势,补齐短板,加快增强国内大循环内生动力和可靠性,为高质量建设现代化河南赢得主动和先机。

一是扬优势,培育强大内需市场,激发提升内需潜力。河南拥有巨大的人口市场规模优势,消费规模扩大和结构升级的空间广阔,投资潜力巨大。要立足投资引领带动,聚焦“两新一重”、基本公共服务等重点领域,进一步发挥投资对优化供给结构的关键作用;立足满足基本消费,聚焦消费新业态、新模式等升级方向,进一步发挥消费对经济增长的基础性作用;进一步完善落实就业优先政策和收入分配制度,不断提升我省居民收入水平和消费能力,充分释放高质量发展的内生动力。

二是锻长板,发挥区位优势,打造循环重要节点。河南地处连接东西、贯通南北的战略枢纽位置,米字形高铁网已经形成,“四条丝绸之路”日益完善,实验区、自贸区、跨境电商综试区、功能性口岸等多层次开放平台体系基本形成。应进一步优化交通枢纽和现代物流体系,提高“四路协同”“五区联动”的水平,发挥“传送泵”枢纽作用,加速国内外人流物流信息流等循环畅通,依托强大内需市场链接国际循环,打造国际合作和竞争新优势。

三是打王牌,提升粮食产能,扛稳粮食安全重任。要提高政治站位,立足打造全国重要的粮食生产核心区,落实好强农惠农政策,持续抓好高标准农田建设,推动藏粮于地、藏粮于技,抓住耕地和种子两个要害,深耕市场和加工两大领域,激发抓粮和种粮两个积极性,夯实粮食安全根基,确保国家粮食安全。

四是调结构,建设现代产业体系,提升供给能力和水平。河南虽然产业体系比较完备,但结构仍不合理,处于产业链价值链的低端。应以提升产业基础能力和产业链现代化水平为导向,立足产业基础和规模优势,推动材料、装备、汽车、食品等传统产业转型升级,培育壮大信息技术、生物医药、新能源、功能材料等新兴产业,前瞻布局量子信息、类脑智能、氢能与储能等未来产业,推动创新链、产业链、供应链、要素链、制度链深度融合,加快建设制造业强省、服务业强省、农业强省、文化强省、生态强省、网络强省,大力提升产业链供应链韧性和安全水平。

五是补短板,完善科技创新体制机制,增强自主创新能力。目前河南区域创新能力综合效用值居全国第 14 位,创新资源要素水平较低,科技创新整体实力不强,引领带动能力不足。必须深入实施创新驱动、科教兴省、人才强省这个“第一战略”,加快补齐创新能力短板。进一步深化科技创新体制机制改革,加强“政产学研用金”深度融合,打造一流创新生态,大力培育引进高层次人才,激发创新创业活力,加快建设国家创新高地和全国重要人才中心。要聚焦关键核心技术,重点突破一批基础零部件、基础材料、基础工艺、产业技术基础等短板,争取实现一些领域创新链、产业链的自主可控。

六是强主体,培育壮大市场主体,提升经济增长内生动力。与发达地区相比,河南市场主体数量不多、规模不大、创新能力不高、竞争力不强、带动力不足,必须加快改变这一弱势。要多措并举扩大市场主体规模,优化各类市场主体结构,完善市场主体梯度培育机制,形成“微成长、个转企、小升规、规做精、优上市”的企业发展格局。大力培育“专精特新”中小企业,发展壮大龙头企业、平台企业、高新技术企业、“独角兽”企业,形成大中小企业优势互补、协作发展的企业生态,丰富和提升经济增长内生动力。

七是优环境,打造一流营商环境,激活畅通国民经济循环动力。要对标国际一流和国际通行惯例,对标对表先进地区经验,坚持需求导向、问题导向和目标导向,着力打造市场化、法治化、国际化的一流营商环境。进一步深化要素市场化配置改革,推进要素市场制度建设,清除要素自由流动的体制机制障碍,提高土地、劳动力、资本、技术、数据等资源配置效率和全要素生产率;加强法治河南建设,完善产权保护制度,依法保护企业家各项合法权益;深化“放管服”改革,优化完善市场准入条件,营造公平、开放、透明的市场环境;常态化开展“万人助万企”活动,纾解痛点堵点,久久为功,善作善成,通过全面优化营商环境,加快畅通国民经济循环,激发市场主体创新创业活力。

(作者单位:中共河南省委党校决策咨询部。原文刊发于2022年11月23日《河南日报》第7版)

加快建设现代化产业体系

李红见

习近平总书记在党的二十大报告指出,“建设现代化产业体系。坚持把发展经济的着力点放在实体经济上,推进新型工业化,加快建设制造强国、质量强国、航天强国、交通强国、网络强国、数字中国”。河南应依托区域资源禀赋和区位优势,抓住新发展格局下的战略机遇,坚持把制造业高质量发展作为主攻方向,巩固提升优势产业,大力培育发展战略性新兴产业,谋篇布局未来产业,加快建设创新引领、协同发展的现代化产业体系。

充分认识建设现代化产业体系的战略意义

对河南来说,加快建设现代化产业体系,是主动融入新发展格局、全面推进现代化河南建设的必然选择。一是主动融入新发展格局的现实需要。河南加快构建现代化产业体系,提升产业基础能力和产业集群发展竞争力,增强产业链供应链的自主可控能力,统筹利用供给创造作用和需求侧牵引作用,可以提高供需之间的匹配度,实现经济更高水平动态平衡。二是推动河南高质量发展转型的必然要求。产业作为强省之基、兴省之本,推动高质量发展,需要加快要素驱动转向创新驱动,把制造业高质量发展作为主攻方向,巩固优势产业领先地位,提升战略性新兴产业竞争力,加快建设优质高效创新的现代化产业体系。三是打造区域竞争优势的迫切需要。产业是体现区域竞争力的重要指标,现代化产业体系是区域竞争“胜负手”。河南作为新兴工业大省应加大自主创新力度,打通“断点”和“堵点”,打造完整而有韧性的产业链供应链,加快建设现代化产业体系,抢占未来产业竞争制高点,保持区域竞争优势,担当引领中部地区发展的主力军。四是推进现代化河南建设的重大举措。全面建设现代化河南,必须紧紧抓住产业现代化这个关键,夯实现代化产业体系这个物质技术基础。

全面理解建设现代化产业体系的时代内涵

现代化产业体系是开放的,不是封闭的。打造完整而有韧性的产业链供应链、促进循环畅通、实现高水平的自立自强,不是区域内的自我封闭,而是应更好运用内外两个市场和两种资源,更好融入全国、全球产业分工体系,打造更大范围、更宽领域、更深层次上的开放产业体系。现代化产业体系是多维度的,不是孤立的、片面的。现代化产业体系有先进性的一般要求,但也不仅局限于“高精尖”“高大上”,应基于资源禀赋、区位条件、发展阶段、发展环境等方面现实情况,体现出区域性特征和差异性。建设现代化产业体系,应该体现三次产业结构的优化,体现城乡及区域间产业分工的合理布局,体现各类产业集聚协同发展等。现代化产业体系是动态的,不是静态的。现代化产业体系会随着经济发展、技术演进而不断调整,会随着技术前沿的推进而不断迈向更高的水平。

把握建设现代化产业体系的战略内涵,河南应坚持现代化发展逻辑和发展导向。一是坚持规划引领。建设现代化产业体系是一个系统性工程,应贯彻落实好全省整体规划及专项规划的相关部署,进一步明确河南现代化产业体系发展目标、重点任务、推进举措等,以宏观规划牵引现代产业集聚、规模、协同发展。二是突出科技创新。更加重视科技创新,聚焦关键核心技术攻关,推动创新链产业链人才链深度融合,以科技创新持续驱动产业发展与升级。三是发挥好政府和市场协同作用。充分发挥市场在资源配置中的决定性作用,更好发挥政府宏观引导、服务保障作用,统筹谋划,精准聚焦、靶向用力培育壮大重点产业链条。四是重视企业主体作用。加快梯度培育,促进各类企业融通发展。发挥行业产业龙头企业“链主”引领示范作用,重点培育产业链核心企业,推动培育专精特新“小巨人”企业和制造业单项冠军企业，形成大中小企业协同发展的产业集群。五是坚持数字赋能。抢抓数字化发展机遇，加快推进数字产业化和产业数字化，促进数字经济和实体经济深度融合，加快数字赋能产业转型升级，打造高能级现代化产业体系。

当前阶段，河南应深入贯彻落实党的二十大精神与重大决策部署，围绕省委确定的“两个确保”和“十大战略”，加快实施换道领跑战略，构建现代化产业体系，力争在新一轮产业竞争中抢占先机、赢得优势，确保在新发展格局中成为中高端、关键环节的重要支撑。

巩固提升特色优势产业。河南应立足区域产业基础和比较优势，推进传统产业链群转型升级，引导传统优势产业与新技术、新工艺、新模式融合发展，推动优势产业向高端化、智能化、绿色化发展转型。推动河南特色优势产业向重点区域集中布局，加快集聚成势，进一步巩固领先地位。

培育发展战略性新兴产业。发挥河南超大规模市场优势和内需潜力，精准聚焦、找准定位、错位发展，加快培育新的比较优势、竞争优势。根据战略性新兴产业的发展阶段和特点，抢抓机遇，明确重点发展方向和发展任务，实施战略性新兴产业跨越发展工程，加快细分领域建链延链补链强链，培育形成一批具有核心竞争力、品牌影响力高的新兴产业链群和龙头企业，提高行业话语权，构建具有战略性、全局性和河南特色的新兴产业生态体系。

前瞻布局未来产业。立足河南科技发展基础，紧密跟踪国际科技前沿，加强前沿技术多路径探索、交叉融合和颠覆性技术源头供给，以“现有产业未来化”和“未来技术产业化”为重点，编制未来产业布局规划，构建未来产业基础研究和前沿创新平台，引导尖端人才、资本等向重点产业集聚，聚焦攻关未来产业关键技术，不断筑牢未来产业技术底座，贯通未来产业科技研发、孵化、转化等关键链条，争创国家未来产业先导试验区。

构建现代服务业体系。加快发展现代服务业，推动现代服务业同先进制造业、现代农业深度融合。推动生产性服务业向专业化和价值链高端延伸，推动生活性服务业向高品质和多样化发展。完善现代服务产业政策体系，大力培育服务领域领军企业和知名品牌，发展壮大现代服务业新业态，优化服务业发展环境,尽快打造符合区域发展需要、具有鲜明特色的现代服务业体系。

构建现代化基础设施体系。立足全面建设现代化河南,优化基础设施布局、结构、功能和系统集成,加强交通、能源、水利等网络型基础设施建设,加快5G网络、数据中心、人工智能、工业互联网、物联网等新型基础设施建设,加强先进信息、科技、物流等支撑产业升级的基础设施建设,为现代化产业体系提供基础支撑和保障。

(作者单位:河南省社会科学院创新发展研究所。原文刊发于2022年11月23日《河南日报》第7版)

加快推动数字经济和实体经济深度融合

赵章红

党的二十大报告提出“加快发展数字经济，促进数字经济和实体经济深度融合，打造具有国际竞争力的数字产业集群”。前不久召开的河南省委十一届四次全会也指出，要抓住构建新发展格局战略机遇，深入实施数字化转型战略。实体经济是一国经济的立身之本，国家强盛的重要支柱。数字经济的崛起与繁荣，赋予了经济社会发展的“新领域、新赛道”和“新动能、新优势”。高质量发展是全面建设社会主义现代化国家的首要任务，在实现高质量发展的过程中，促进数字经济与实体经济深度融合，打造具有国际竞争力的数字产业集群，将有助于加快构筑国家竞争新优势，实现宏观经济稳定增长和经济结构转型升级，促进实现高质量发展。

建设现代产业体系，推动绿色发展协调发展

助力建设现代化产业体系。数字经济是以数据资源为关键要素，以现代信息网络为主要载体，以信息通信技术融合应用、全要素数字化转型为重要推动力，促进公平与效率更加统一的新经济形态。数字经济的底层核心技术包括半导体、信息技术、通信技术和智能硬件，前沿数字技术则以人工智能、区块链、云计算、大数据为代表，它们正通过工程化和产业化的方式，全面融合渗透到传统产业中去，帮助传统产业进行全方位全链条改造，推动传统农业、工业和服务业的转型升级，重构市场结构和生态，催生新产业、新业态和新模式，显著提高全要素生产率，降低市场摩擦，提升市场效率，为经

济增长提供新动能。

畅通经济循环。数字经济和实体经济的深度融合,是助力打通生产、分配、流通、消费各个环节的重要手段,可以推动产业链上下游企业的整合,有利于生产要素和资源的快速流动和高水平融合,帮助市场主体重构组织模式,突破地理空间限制,从而畅通国内外经济循环。

推动区域协调发展。数字技术正在持续打破空间限制、引导各类要素充分流动,这为形成强大数字经济新动能、推动区域协调发展提供了难得的契机。例如,工业互联网正在代替消费互联网成为数字经济新的"风口"。工业互联网将制造企业整体转化为离散的模块化工厂,这些模块化工厂之间能够快速传递需求、产品、物流、库存等信息,并将以往在实体市场中匹配的过程转移至虚拟空间直接进行决策,这样一来就大大降低了对物理距离和信息沟通交流场所的依赖,有利于模块化工厂扩大区域布局,数字经济和实体经济融合为后发地区、企业提供了"变道超车"的新机遇。

推动生产方式绿色化。数字经济的特点是"去物质化""轻资产",这对减少社会经济活动的物质消耗量,进而减少生产这些物质的能源消耗大有益处。推动数字经济与实体经济深度融合,是推动生产方式绿色化的重要路径,会带来更大的节能减排效果,从而更好地促进绿色发展,助力实现经济高质量发展。

强短板补弱项

我省根据国家数字经济发展战略要求,相继实施多项战略举措,不断推进实体经济数字化转型,强化数字经济为实体经济赋能,数字经济和实体经济融合发展成效显著,但仍存在一些问题:数字领域科技创新能力不强,共性关键技术原创性较少,数字经济实体经济跨界复合融通人才匮乏;传统农业生产经营与数字经济渗透融合程度低,数字红利不充分;先进制造业融促机制不健全,生产环节全链条数字化程度较低等。面对党的二十大报告提出的关于数字经济发展新要求,针对我省在数字经济和实体经济融合中的主要问题,我省应多策并举不断强短板补弱项,为高质量建设现代化河南、高水平实现现代化河南奠定坚实的经济基础。

加强基础研究,强化科技支撑。技术创新是数字经济和实体经济融合发展的原动力,鼓励研发机构和科研人员全力推动数字经济关键核心技术攻关,使其在基础研究和应用研究领域取得新突破,不仅需要发挥有效市场调节作用,更需要发挥有为政府宏观调控作用。一是主动前瞻战略布局。对于一些周期长、风险大、难度高、前景好的战略性核心技术和科研项目,产业部门应系统布局、系统组织,集中优势资源,最大限度地激发各类创新主体的潜能、释放各类创新主体的活力。二是加大资金支持力度。根据产业链条的动态变化适时调整产业政策,不断创新资金支持方式,例如通过建立风险投资机制持续提供创新资金支持以及利用政府采购方式助力技术创新发展,确保企业资金流动性不断增强。三是持续强化引育人才。将培养高水平信息技术领域的专业人才,作为城市化经济发展的重点规划目标,如引进 AI、大数据分析、通信、虚拟现实、元宇宙等科技型人才,构建超前人才战略体系,储备一批数字经济领域以及数实融合跨界复合融通高端人才,大力引才、育才、留才、用才。

发挥数字优势,建设智慧农业。河南作为农业大省,农业生产特别是粮食生产对全国影响举足轻重。发挥粮食生产优势,立足打造全国重要粮食生产核心区,推动藏粮于地、藏粮于技,稳步提升粮食产能,需要进一步鼓励引导数字技术在农业生产全过程应用,实现降本增收。一是建设小麦、玉米、花生等大田作物物联网技术应用示范基地,加大实施农业智能化示范应用,发展数字田园、智慧养殖、数字种业等高端农业,提高农业生产数字化水平。二是加强农业大数据综合应用,推进农业单品种生产、加工、流通等环节全产业链数据采集,建设智慧农业数据库,建成农产品全产业链数据控制中心,实现重点区域农业大数据的建设和共享。也可借鉴国外数字农业的数据平台经验,由政府拨专款建设农业数据库,并配备专人加强监管,为数字农业发展建好大数据平台,开展数据分析预判,指导农业精准生产。三是加快农机装备数字化改造,推动 5G、北斗导航、智能监控等系统在农机上装载应用。扩大物联网、新一代人工智能、区块链等信息技术在农业生产中的应用范围,指导农业生产者使用新一代数字信息技术进行农业生产经营、农作物植保、病虫害防治、农机作业等。

加快转型升级，赋能先进制造。我省作为制造大省，工业产品产量位居全国前列，培育出了两个万亿级产业和19个千亿级产业集群，加快制造生产全流程数字化转型，已经成为数字经济和实体经济融合发展的关键所在。一是以数字技术提升传统企业生产和运营管理水平，对生产进行全方位全链条改造，支持企业加快推进线上营销、远程协作、数字化办公、智能生产线等应用，持续推进云化、轻量化、低成本工业软件的探索，大幅降低数字化转型的技术难度和成本，加速转型步伐。二是加速打通企业内部研发、制造、管理等环节的数据流通体系，发展智能装备与系统，推动建立生产管控一体化、数据全生命周期管理等模式，在更大范围实现智能辅助决策与全流程系统性提升，推进制造业智能化改造。三是打造系统多层次的工业互联网平台体系，培育数据驱动型制造业，形成数据资源集中、专业分工细化、协同合作高效的制造业生态体系，通过数字化转型，使制造业实现提质增效，发挥引领示范作用。

（作者单位：河南省獬豸智能技术研究院。原文刊发于2022年12月14日《河南日报》第7版）

高质量建设现代化河南

让创新成为新时代河南最鲜明的标识

李剑力　张宏峰　刘殿敏

省长王凯在政府工作报告中指出，加快创新驱动发展是2022年的10项重点工作之一。其中，创新科研体制机制、加快科技成果转化，大力引育创新人才等是重中之重。我省在以上关键环节存在的问题有哪些？又如何实现关键环节的突破？本报理论部特邀请有关专家进行解读。

机制　推行“揭榜挂帅”“赛马制”

尊重规律充分授权允许自由探索

主持人：创新是发展的逻辑起点，处于现代化建设的核心位置。河南创新驱动发展虽然取得一定成绩，但与发达地区相比还存在一定差距，这其中，在创新的关键一环——机制体制上，我省还存在着科技成果转化机制不完善、创新成果保护不力等问题，还没有形成“政产学研用”互促共进的创新链条。那么，如何优化创新体制机制？政府工作报告里提到，实施自由探索型和任务导向型科技项目分类评价试点，请专家结合这部分内容做具体阐释。

李剑力：我们应在重塑科技管理体制机制，推进创新资源“一体化”配置上下功夫。以落实国家《科技体制改革三年攻坚方案（2021—2023年）》为主线，从改革科研立项和组织管理方式、健全科研评价机制、突出科研的整体协调性上持续发力，加快科技管理职能转变，努力解决基础研究“最先一公里”和成果转化、市场应用“最后一公里”有机衔接问题，推行“揭榜挂帅”

“赛马制”的项目组织机制,强化创新生态的评估和考核。

自由探索型和任务导向型分类评价试点,实质是深化科研领域放权赋能改革。基础研究和应用研究是两种不同性质和目的的科研活动,我们应尊重其各自规律,向科研单位和科研人员充分授权。要实现基础研究和原始创新领域的重要突破,就必须给予科研人员更大的自由度。允许自由探索、宽容失败,让科研人员敢于去“碰”那些周期长、失败次数多的课题,而不再只盯着“短平快”项目。设置“自由探索型”科研项目,就是取消科研项目申报的“名额分配”和“指定方向”,对研究者“不限项”“不限领域”,实行各科研单位自由竞争,研究者自由探索。同时,为有效解决某些特定领域问题、满足特定目标要求,还必须提高应用研究的针对性、有效性。设置“任务导向型”科研项目,就是有目的地列出一些领域性、方向性的科研课题,支持更专业的人干更专业的事,拿出更专业的研究成果。

另外,我们还应加强创委会职能,完善创新生态政策法规体系。尽快成立市县两级创委会,建立全省由上到下的创新委员会体系,强化创委会统揽我省科创全局的体制机制,加强科技局和科协基层组织建设,增强其服务创新主体的能力。在近期我省密集出台的相关政策基础上,完善创新生态建设的地方性法规,借鉴先进地区做法,进一步丰富和细化我省构建一流创新生态建设的政策体系。另外我还想强调一点,就是畅通投融资渠道,创新投融资机制。借鉴安徽合肥投融资经验,大幅增加我省现有政府创投基金规模,放宽创投基金限制,鼓励创投基金积极投资。同时,应积极引进民营创投龙头入驻河南或者开设分支,构筑多元化创新投融资机制,解决我省创投企业的资金发展瓶颈问题。

人才　加大引育力度

不拘一格用人,“不求所有,但求所用”,“不求常在,但求常来”

主持人:科技的竞争、产业的发展,归根结底是人才的竞争,谁拥有了人才,谁就拥有了先进的技术和管理,谁就能在激烈的竞争中抢占先机。河南要建设国家创新高地,实施创新驱动发展,关键在人才。我们在引育人才方面应采取哪些有力的措施？

李剑力：一是要加大人才引进力度。着眼于国际国内一流高端创新人才和我省急需高层次人才，加大人才尤其是人才团队的引进力度，简化程序，缩短时间，破除人才引进障碍；转变过去以河南薪酬体系引进人才的思路，对标当地的人才市场薪酬，对高层次人才给出更具吸引力的薪酬待遇；实施精准化人才服务支持措施，千方百计为高端人才来豫工作营造好的创新氛围；实施豫籍人才回流计划，利用精英人才的家国情怀，探索实施豫籍创新人才回流计划或其他合作方式。二是要做好对内人才培育。搞好创新人才梯队建设，建立创新人才动态选拔和培养机制，对于有创新能力和创新潜力的人才，通过搭平台、建团队、优激励等方式给予细化支持，进行育苗式投资；采取创新主体申报，政府出资择优进行出国出省培训进修、职称绿色通道等方式对优秀创新人才进行重点培育。

主持人：政府工作报告里提到，加大柔性用才、项目引才力度。请专家就此做具体阐释。

刘殿敏：对高层次人才，要“不求所有，但求所用”，“不求常在，但求常来”。在引才方式上，既可以长期聘用，也可以短期合作；既可以扎根落户，也可以常来常往；既可以固定服务，也可以兼职服务。柔性用才必须坚持以人为本，不拘一格，用人所长，人岗相适，促使人尽其才，才尽其用。同时要做好“创新借脑”工程。对于北上广深等人才集聚度高的地区，因家庭生活、工作环境、子女入学等主客观因素来豫工作确有困难的高端创新人才，可以由政府或者企业为投资主体，在当地设置研发机构或者与相关人才及团队签订合作协议，在不改变其身份地位、工作环境等情况下，探索高端人才团队异地为河南服务的模式；发挥河南省驻京办、驻沪办等驻外机构优势，使其承担起为河南发现人才、吸引人才的责任和使命，利用驻外办楼宇等资源为人才异地服务河南提供办公等便利；对于我省重大创新科研课题，要以开放的视野向全国和全球进行发布，善于借助外脑为河南重点创新工程助力，“不为我所有，但为我所用”。

转化 畅通最后一公里

打好政策服务平台建设等组合拳

主持人:省委书记楼阳生在首批省产业研究院、中试基地揭牌仪式上强调:建好科技创新链条“关键环”,打通成果转化“最后一公里”。就是要求我们做好“驱动”这个“下半篇文章”,打通从基础研究、应用研究到产业化的通道,把创新优势快速转化为产业优势和经济优势。政府工作报告也明确提出,加快成果就地转化。请张所长介绍一下我省在这方面的情况。

张宏峰:在新发展格局下,加快现代化河南高质量发展,最终要靠创新成果的转化和应用。从河南的情况来看,科技成果转移转化方面还有五大瓶颈:多数科技成果不成熟——需要评价筛选;多数企业需求不精准——需要梳理挖掘;成果转化过程不持续——需要撮合;转化路径不科学——需要设计;转化资源不到位——需要整合。

主持人:解决这些问题的方法有哪些?

张宏峰:政策支撑要跟上。《中华人民共和国促进科技成果转化法》修订后,我省也相应制定了《河南省促进科技成果转化条例》等一系列有关科技成果转化的政策文件。应该说支持科技成果转化的政策体系已经形成,制约科技成果转化的制度缺失、体制机制障碍等基本得到解决。下一步的工作重点:一要加大政策宣讲力度。科技政策文件的发文部门多,难以全面收集整理,需要将中央及其有关部门、地方及其有关部门出台的与科技成果转化有关的政策文件汇编成册,并定期更新和发布。同时,组建科技成果转化政策宣讲团,分赴所属高校、科研院所、科技企业和社会组织提供政策解读、培训辅导等服务。二要建立政策咨询机制。科技成果转化政策涉及面广,表述规范,专业性强。相关人员在学习理解科技成果转化政策时,难免会遇到这样或那样的困难或障碍。应当在相关部门统一建立咨询机制,通过电话、网络、微信、邮件等途径,接受高校、科研院所和科技企业、社会组织,以及科技人员、技术经纪人等的咨询。三要建立协同落实机制。科技成果转化涉及研究、开发、商品化、产业化等多个环节,涉及政产学研金等多个主体。应在科技口设立跨部门的科技成果转化政策协调服务机构，设立科技成果转化政策“一站式”服务窗口，并指定专门的机构承担具体的协调服务工作，协调解决科技成果转化中的政策落实问题。

专业服务要跟上。相关部门和企业应设立科技成果转化服务机构，制订科技成果转化的规章制度，优化科技成果转化流程，协调各相关职能部门之间的关系。并引入一批中介服务和管理机构，为企业和科研人员提供相关咨询等公共技术和管理服务。并着眼需求导向和问题导向，做好需求侧企业的创新和技术需求挖掘工作，通过技术需求数字画像，对接科研院所和高校等机构；对技术成果这一供给侧，做好科技成果市场成熟度评价和价值评估，通过技术加金融手段，通过技术转移转化和绿色金融两套风控体系，为科技成果转化项目落地提供方案设计、过程促进、资源配置等系列服务，打通技术商品化、产业化、资本化的实现路径。围绕满足科技成果转移转化各类人才需求的目标，做好人才队伍建设。建设一支政治素质高、业务能力强的专业化高水平转移转化人才队伍；打造一支能够促进科技成果资本化和产业化的高效运用人才队伍；培养一支理工、管理、法律等学科背景的复合型高素质公共服务人才队伍；培养和选拔一支拥有国际视野，具有丰富国际交流经验和处理国际事务能力的国际化人才队伍。

平台资本要跟上。国家技术转移郑州中心拟建设国际国内技术转移、全省产业集聚区技术转移、创新成果展示和发布、科技资源共享、科技综合服务、技术交易、科技金融、新兴产业研发等八大公共服务平台，打造集科技研发、技术交易、成果转化、对外交流合作等功能为一体的综合型科技服务中心。最近我们在跟踪绿色技术银行上海总部的发展状况，研究发现这是一个由科技部牵头，国家 19 个部委和上海市联合组建，致力于绿色低碳循环可持续发展，聚焦于绿色技术转移转化的综合性服务平台。上海绿色技术银行的技术信息集成、成果交易转化、绿色金融服务三大功能平台，通过科学的模式实现了技术要素的跨界融合，资源要素的全面整合，服务要素的开放联合，创新要素的多元集合，在科技成果转移转化方面走出了一条好路子。我省引入绿色技术银行恰逢其时，势在有为。

布局落子要跟上。念好“五字”真经：跨、拆、扫、补、填，即：跨越科技经济融合的路径峡谷；拆除技术跨界融合的渠道篱笆；扫清资源要素配置的市场障碍；补齐缺失的专业系统服务平台；填平科技成果转化的风险陷阱。河南省要依托龙头企业、重点园区、高校院所建立一批开放型中试基地，力争实现重点产业集群全覆盖。要依托郑洛新国家自创区争创国家科技成果转移转化示范区，支持高校和科研院所加大科技成果转移转化力度。要加快国家技术转移郑州中心建设，推进中心有序高效运营，支撑引领全省技术成果转移转化。

监测评估要跟上。建立科技成果转移转化监测评估机制，可以发现政策设计、政策落实中的问题，进而完善政策、优化政策落实流程。各级科技、教育及其他行业管理部门应督促所属的高校、科研院所将科技成果转化政策的落实情况纳入年度考核，各级党委纳入落实"两个责任制"的检查范围。审计部门在对高校、科研院所进行经济责任审计和其他审计时，将科技成果转化政策的落实情况纳入审计范围。各级党委及有关部门对所属的高校、科研院所、企业集团进行巡视或巡察时，也将科技成果转化政策的落实情况纳入巡视、巡查的范围。

（嘉宾单位：中共河南省委党校决策咨询部、河南省科技发展战略研究所、郑州西亚斯学院。原文刊发于2022年1月14日《河南日报》第12版）

释放创新潜能　提高科技硬实力

郑广建

塑优平台主体　提升科技创新水平

主持：去年，嵩山、神农种业、黄河三大省实验室挂牌运营，是我省创新发展历程中的大事。今年在建设创新平台、培育创新主体等方面，我省还将如何发力？

郑广建：国家实验室、大科学装置等国家战略科技力量是参与国际竞争、提供原始创新的重要载体和平台，是体现国家意志、实现科技创新自立自强的坚强保障。我省要抢抓国家战略科技力量新一轮布局的历史机遇，加快深入融入国家战略科技力量体系。

重构重塑省实验室体系。在我省16个国家重点实验室、240个省级重点实验室的基础上，以优势学科为基础、社会重大需求为导向完善省实验室体系，力争创建国家实验室或国家实验室基地，高质量建设和运营已经挂牌的嵩山、神农种业、黄河等3家省实验室，省、市、县（区）、校、院、企联动谋划建设龙门、中原关键金属、现代免疫、食品等新一批省实验室，争取更多大科学装置在我省落地生根，同时，优化整个省重点实验室，打造国家战略科技的河南力量。

提升高校和科研院所创新能效。实施“双一流”创建工程，进一步提升郑州大学和河南大学等“双一流”的含金量和影响力，支持省内其他高校和优势学科进入“双一流”序列，培育一批“双一流”高校和学科，增加创新源头供给和人才供给。优化科研院所布局,探索建立现代院所制度,重建重振省科学院,做优做强省农科院。支持国内外一流大院大所大企在我省设立分支机构,探索在创新资源密集地区组建研发机构,建立“科创飞地”,鼓励企业在国内外设立研发中心、创新孵化中心。

企业是技术创新决策、研发投入、科研组织、成果转化的主体。要强化企业创新主体地位,持续深入推动“万人助万企”活动。

加大创新型企业培育力度。通过实施创新龙头企业树标引领行动、高新技术企业倍增计划、科技型中小企业“春笋”计划等,建立创新型企业梯次培育机制,加快形成一批“专精特新”、“瞪羚”、单项冠军企业。鼓励符合条件的企业申报高新技术企业,对新获批的高新技术企业按照规定给予奖励。推动和支持创新型企业上市。

支持企业加大科技创新投入力度。推动规上工业企业研发活动全覆盖,支持企业全程参与重大战略科技,支持龙头企业或产业链领航企业牵头组建“体系化、任务型、开放式”的创新联合体、重点实验室、工程(技术)研究中心、企业技术中心,设立博士后科研工作站,通过开展专业化协作、联合攻关,在细分领域掌握一批关键核心技术和产品。完善国有企业经营业绩考核办法,加大创新转型考核权重。支持科技型中小企业利用重大科研基础设施和大型科研仪器共享平台等服务平台开展研发活动。

实施“创新企业家”培育工程。加强企业家队伍建设,针对产业界需求和企业家素质提升要求,开展菜单式、管家式的企业家培训和培育,通过崛起一批企业家来带动科技创新。

引育并举 打造全国重要人才中心

主持:人才是创新中最活跃、最积极的要素,我省应如何打造真正满足我省创新需求的创新人才和创新团队?

郑广建:我省要坚持引育并举、刚柔结合、以用为本,围绕人才培养、引进、评价、待遇、使用、激励等关键环节,加快人才政策迭代,完善“全生命周期”服务体系,营造“热带雨林式”生态环境,努力打造人才汇聚新高地、人才创业优选地、人才活力迸发地。

加快人才集聚。围绕创新创业全链条，遵循人才成长和科研活动规律，靶向“高精尖缺”创新创业人才团队，打造一流科技领军人才和创新团队，灵活运用揭榜挂帅、乡情引才、以才引才等方式吸引集聚高层次人才和团队。加大柔性用才和项目引才力度，推行“候鸟式”聘任、“双休日”专家等用才方式。建立高端人才举荐制度，打造“中原英才计划”等中原人才系列品牌。

强化高层次领军人才和团队培养。制定全省两院院士梯次培养计划，打造院士后备队，优化领军人才发现机制和项目团队遴选机制，对领军人才实行人才梯队配套、科研条件配套、管理机制配套的特殊政策。调整优化省重大人才工程，加强与重大科技计划、各级人才计划衔接协同。

大力培养青年科技创新人才。加强青年创新人才培育和人才战略储备，通过“人才+项目+基金”“一事一议，按需支持”等方式为中青年优秀人才成长开辟绿色通道，鼓励和支持青年科研工作者参与国家和省市重大研发计划。

实施“卓越工程师”行动。加快实施“技能河南”行动，通过在生产一线历练一批敬业奉献、具有突出技术创新能力、善于解决复杂工程问题的工程师队伍，打造河南卓越工程师品牌。

增强科技成果转移转化能效

主持：推动科技成果转移转化，能够更好地发挥科技对产业升级和经济发展的促进作用。在这一方面，我省有哪些新的举措？

郑广建：当前，创新成果直接转化为现实生产力和经济效益的周期明显缩短，产业升级对科技成果转化的要求也更加迫切。要打通从科技强到产业强、经济强、国家强的通道，促进更多国内一流、国际领先的科研成果在我省转化为产品、形成产业。

建立健全科技成果转移转化机制。支持科研事业单位、成果完成人、技术转移机构共享职务科技成果所有权或长期使用权。完善以企业需求为导向、重大应用场景为驱动的科技项目形成机制，提升企业等技术需求方在项目凝练和设计中的参与度。建立健全科技成果常态化路演制度,推广科技成果市场化定价机制,探索科技成果转化贷款风险补偿试点,开展知识产权非资产化试点改革。

完善科技成果转移转化服务体系。构建跨区域、跨领域的技术转移转化联盟,实现创新技术成果转化服务网络全覆盖。建立和完善技术交易市场,完善技术交易功能,为科技成果交易提供便利。鼓励高等院校、科研院所、新型研发机构、行业协会、企业和个人等在技术交易市场开展科技成果交易和转化。鼓励企业、科研机构和高等院校以及其他组织和个人参与产品、服务的国际标准、国家标准、行业标准和地方标准的研究、制定和依法采用。以省科学院入驻为契机,高质量运营国家技术转移郑州中心,探索建设“楼上楼下”创新创业综合体,建立科技成果“沿途下蛋”高效转化机制。

支持服务中介机构、中试基地、概念验证中心、检验检测认证机构等建设。通过服务中介机构和技术经理人队伍为科技创新提供技术转移、评价评估、挂牌竞拍、展览展示、认证认可、专利代理、科技信息、法律服务等专业化服务。通过专业性和综合性中试基地为科技成果实现工业化、商品化、规模化提供投产前试验或者试生产服务。通过概念验证中心为实验阶段的科技成果提供技术概念验证、商业化开发等服务。通过检验检测认证机构建立布局合理、公正权威、公平竞争、服务优质的检验检测认证服务体系,形成一批具有核心竞争力的检验检测认证产业集群。

深化科技管理服务改革

主持:深化科技体制机制改革是推进科技创新的关键一环,在制度和体制机制保障上,我省该怎么做?

郑广建:创新是一个系统工程,创新链、产业链、资金链、政策链相互交织、相互支撑,科技创新和制度创新两个轮子一起转才能发挥协同作用。

深化科研项目和经费改革。建立健全“需求众筹+全面揭榜+科学评审+里程碑管理+绩效评价”管理链条。改革重大科技项目立项和组织管理方式,实行定向组织、并行支持、揭榜挂帅、赛马机制等制度。全面深化“三评”

改革,坚定放权赋能,深入推进首席专家负责制、项目经费使用包干制和里程碑式关键节点管理。完善和简化项目过程管理,对同一项目同一年度的监督、检查、评估等结果互通互认,探索推进一个项目周期“最多查一次”改革。深化科研项目单位的经费管理改革,优化财务报销流程,减轻科研人员的非科研负担,提升服务科研人员的质量和水平。

强化财政金融赋能科技创新。持续加大财政科技投入力度,发挥对全社会创新投入的放大、示范、增效作用。完善金融支持创新体系,打造产业基金引领、社会资本参与、市场化运作的科技创新基金体系。支持金融机构金融创新,完善天使投资、创业投资、知识产权质押、科技贷款等,鼓励发展科技项目研发保险、知识产权保险、科技创新人才保险等新型科技保险,支持企业登陆科创板、创业板等资本市场。支持金融机构与省内重大科研创新平台深化合作。充分发挥三只省级科创类政府投资基金引导作用。推广新型科技保险业态业务。

优化科技创新用地保障。优先保障重大科技项目建设用地,重点支持重大科技基础设施、省实验室、省新型研发机构等重点科技创新项目建设。支持高校、科研机构围绕优势专业领域,利用自有物业、闲置楼宇建设众创空间、科技企业孵化器和加速器。探索在公益性科研机构、事业单位的科研和办公设施用地之外,用于研发总部、众创空间、孵化器以及产品创新设计等功能用途的营利性科研机构和企业项目用地适用于科研设计用地(A36)新模式。

(嘉宾单位:河南省发展研究中心。原文刊发于2022年2月18日《河南日报》第7版)

聚合升级传统优势　提升经济发展能级

高亚宾

传统优势弱化　亟待重组再造

主持:您怎么认识我省在交通区位、产业基础、内需规模等方面形成的比较优势?在新发展格局下,这些传统优势逐渐弱化表现在哪些方面?

高亚宾:河南承东启西、连南贯北,全国"十纵十横"综合运输大通道中有五个经过河南,以郑州为中心的米字形高铁网基本建成,郑州1.5小时航空圈、4小时高铁圈覆盖全国主要经济区,以民航为先导、高铁为骨架、高速公路为支撑的现代综合交通体系逐步完善,东接长三角、北连京津冀、南通粤港澳、西牵成渝的战略枢纽地位更加突出。

我省是工业大省,全省工业规模总量稳居全国第5位、中西部地区第1位,工业门类齐全、体系完备,拥有40个行业大类、197个行业中类,制造业占规模以上工业比重超过85%。装备制造、食品制造、新型材料制造、电子制造、汽车制造等五大主导产业优势突出,建成了装备制造、食品2个万亿级产业集群,战略性新兴产业发展迅速。

全省常住人口接近9937万人、居全国第三位;拥有超过6500万劳动年龄人口、2000多万中等收入群体。全省常住人口城镇化率仍低于全国8.46个百分点,未来15年全省将有700多万农村人口向城镇转移、超过2200万的中等收入群体消费迭代升级。同时,我省交通、公共服务等基础设施建设还存在不少短板。综上所述,我省扩大消费总量和有效投资的空间广阔。

尽管我省交通区位优越、产业基础坚实、市场规模庞大，但是面对构建新发展格局的新任务新要求，这些比较优势尚未实现组合发挥、倍增放大。枢纽经济尚未形成规模，交通枢纽“流量”大于“留量”，枢纽偏好型产业规模小、产业链不健全、市场竞争力弱。产业基础优势尚未转化为产业链整体优势，制造业整体上仍处于产业链前端、价值链低端。内需潜力尚未充分释放，消费潜力与人口大省地位不相匹配。因此，要进一步深挖、扩展和转化原有优势，进行优势重组、整合、再造，尽快实现传统优势向综合竞争优势转换，推动经济发展能级跃升。

壮大产业集群　做强枢纽经济

主持：我省交通便利、四通八达，但过而不驻、流而不聚的问题明显。解决物流产业、枢纽经济方面的堵点，应在哪些方面着力？

高亚宾：要研究制定河南枢纽经济高质量发展规划或方案，针对航空经济、高铁经济、陆港经济、港口经济等不同领域，分别制定行动计划，培育壮大枢纽产业集群，构建层级合理、功能清晰、分工协作的枢纽经济发展格局。

加强物流枢纽建设，促进“流量”变“留量”。突出国家物流枢纽龙头带动作用，支持郑州打造以空港型、陆港型、生产服务型和商贸服务型国家物流枢纽为支撑的现代国际物流中心，规划建设临空经济示范区、临空经济产业基地等，打造国际国内双循环战略节点。强化洛阳、安阳、商丘、南阳、信阳等城市国家物流枢纽节点支撑，建设一批国家级物流枢纽经济示范区，推动物流枢纽从物流要素集聚中心向全产业链资源配置中心转变。

大力发展“枢纽+”，促进“集聚”变“集群”。坚持“双招双引”，因地制宜发展“枢纽+先进制造业”“枢纽+生产性服务业”“枢纽+物流+商贸”“枢纽+文旅”等，培育一批枢纽偏好型产业集群。依托空港型枢纽构建临空产业集群，支持郑州航空港区培育壮大高端制造、航空物流、现代服务业等主导产业，积极发展互联网金融、互联网贸易、信息服务、技术服务，加快商务会展、科技研发、人力资源等总部布局，打造具有国际竞争力的临空经济高地。依托郑州、安阳等通用航空产业综合示范区，积极发展航空会展、航空运动等产业，打造一批特色通航小镇。依托高铁枢纽构建现代服务业产业集群，充分发挥高铁优势，支持郑州、洛阳、南阳等城市大力发展总部经济和楼宇经济，集聚发展商贸金融、电子商务、文化创意、信息技术咨询等产业，构建高铁高端商务商业圈。依托铁路口岸构建陆港经济产业集群，加快中欧班列郑州集结中心和郑州国际陆港新节点建设，大力发展跨境电商、国际贸易、国际运邮等高附加值产业，在中欧班列（郑州）沿线国家布局建设一批经贸产业合作园区，发展跨境货物加工与转口贸易。依托港口枢纽构建临港产业集群，充分发挥周口港“公铁水空”立体交通优势，大力发展粮食物流、大件物流、集装箱物流，积极培育快递物流、保税物流、冷链物流等，做大做强农副产品加工业。

深化开放合作，促进“交通圈”变“经济圈”。依托综合交通枢纽带来的时空变化，推动我省枢纽型经济区与“一带一路”沿线国家和地区及京津冀、长三角、粤港澳大湾区等国内主要经济区的战略合作与互动发展，主动加强与大型企业、科研单位和大专院校的对接，共同建设一批经济合作园区、“产业飞地”“创新飞地”等，承接技术辐射和产业转移，拓展开放合作空间。

强化产城融合，促进“物流节点城市”变“枢纽城市”。着眼城市发展需求织密枢纽网络，以基础设施建设为先导，完善枢纽综合服务功能，扩大枢纽辐射范围。依托枢纽调整优化产业布局，明确区域功能定位，建立紧密产业、关联产业和配套产业清单，在产业引进上严格把关。依托枢纽和产业来提升城市化质量和水平，发挥枢纽的纽带作用，优化城市发展布局，完善区域内生产和生活服务设施，加快周边旧城更新改造，打造城市功能化新区，吸引更多资源要素集聚。

促进五链深度耦合　推动制造业优化升级

主持：我省制造业高端供给不足，核心竞争力不强。如何锻长板、补短板，让“河南制造”在国内大循环和国内国际双循环中成为关键环、中高端？

高亚宾：当前，区域竞争已经成为产业链和产业生态体系的竞争，要深入推进产业链链长和产业联盟会长“双长制”，促进产业链、创新链、供应链、要素链、制度链深度耦合，加快产业基础高级化、产业链现代化。

推动制造业高质量发展，打造具有“链主”地位的产业链。坚持把制造业高质量发展作为主攻方向，推动产业链、创新链、供应链、要素链、制度链深度耦合，既要做强优势产业基础，又要增强对产业链的掌控能力。依托我省装备制造、食品制造、电子信息、汽车制造和新材料五大优势产业，推动龙头企业在研发设计、技术创新、生产管理、品牌建设等方面取得突破，打造若干具有产业生态主导力和链主地位的“头部”企业。加快新一代信息技术、高端装备、智能网联及新能源汽车、新能源、生物医药及高性能医疗器械、节能环保等新兴产业发展，聚焦关键材料、核心零部件等细分领域，在新兴产业链中培育一批“单项冠军”“独角兽”“瞪羚”企业。围绕氢能、新一代人工智能、量子信息、类脑智能、未来网络、生命健康等未来产业领域，抢滩布局“新赛道”，聚焦进口替代或填补国内空白的前沿领域，加快建设未来产业孵化器、加速器等各类众创空间，快速精准地实现布局。

发展壮大生产性服务业，促进与先进制造业协同发展。加快发展创新研发、工业设计、数据服务、现代物流、电子商务、检验检测、工业软件、金融等生产性服务业，推动生产性服务业向专业化和价值链高端延伸，引导生产性服务业企业发挥创意设计、数据分析、服务流量等优势，加强与制造业融合发展，大力发展服务型制造新模式。鼓励科技服务、电子商务、物流快递等企业延伸价值链，搭建工业设计、共享制造、供应链管理等专业服务平台，构建若干以平台型企业为主导的生态圈，为制造业企业提供专业化、定制化、平台化服务。

发展数字经济，赋能提升产业数字化水平。发挥数字经济牵引、赋能、撬动作用，促进数字经济在产业领域的深度融合应用，全面提升数智赋能，提升产业竞争力。在工业领域，加快制定重点企业、重点行业数字化转型路线图，实施“上云用数赋智”行动，打造一批数字园区、数字工厂，促进产业链供应链数字化增智，实现精准固链补链强链。在物流、文旅、金融、商贸、会展等服务业领域，通过植入数字化培育新业态新模式，提高服务效率。

加快开发区建设，谋划布局标志性产业链。按照“一县（市）一省级开发区”要求,加强开发区规划编制,促进开发区调整产业结构、强化核心功能、提升发展质量,引导每个开发区聚焦1—2个主导产业,打造一批标志性产业链。鼓励有条件的开发区谋划战略性新兴产业或未来产业园区。支持开发区以数字化改革为牵引,率先实施“科技大脑+未来实验室”改革新范式,加快数字园区建设,支持探索新型治理模式。

对接投资消费需求　培育完整内需体系

主持:我省人口多、消费市场大,但仍存在供需结构性错配问题。应从哪些方面发力,把我省的内需潜力充分释放出来?

高亚宾:要实施扩大内需战略,发挥我省强大的市场优势,加快培育完整内需体系,积极开发符合市场需求的新产品新业态新模式,努力形成需求牵引供给、供给创造需求的更高水平动态平衡。

从短板领域着手,持续扩大有效投资。针对我省新基建、新型城镇化、重大基础设施、科技创新、新兴产业发展、公共服务等短板领域以及灾后恢复重建的重点领域,创新投融资模式,充分发挥地方政府债券的撬动作用,提高各类投资基金使用效率,提前谋划储备项目,发挥有效投资的带动作用。

从供给端发力,加快中高端产品开发和品牌培育。深度挖掘用户需求,支持企业在产品开发、外观设计等方面加强创新,推进个性化定制、柔性化生产,增加重大装备、汽车和零部件、新型材料、智能产品、时尚消费品、绿色产品供给。对照国际最高标准,开展“质量标杆进企业”活动,加强产品质量全过程管控。实施品牌战略,创建品牌示范企业,引导企业走“专精特新”之路,打造一批在细分市场具有全国或全球竞争力的“单项冠军”,培育一批国家和省级名牌产品、优质产品以及中小企业名牌产品。

从需求端提质,培育消费新业态新模式。支持郑州、洛阳打造国际消费中心城市,积极在文化创意、服装、假发等时尚领域发展首店经济等新业态。加快布局数字化消费网络,推动互联网消费和实体店消费相结合,推广“互联网+消费”。积极发展在线教育、互联网医疗、便捷化线上办公等线上服务新模式，探索发展智慧超市、智慧商店、智慧餐厅、智慧体验馆等新零售。大力发展旅游、非遗产品、食品、时尚精品等定制服务。扩大电商、快递、品牌商超农村覆盖面，激发农村消费潜力。依托城市步行街、文化街区、有条件的景区等，推出音乐节、美食节、露天电影节、艺术节等夜间消费主题活动，争创国家级、省级步行街和夜间旅游消费集聚区，叫响夜经济品牌。

从制度上创新，建立健全促进消费的发展环境。积极落实国家深化收入分配改革的政策措施，打通收入分配、财富增长与消费之间的循环堵点，持续提高居民收入水平，建立促进消费的长效机制。加强信用体系建设，完善线上线下一体融合的产品质量安全监测监管和服务追溯体系，畅通消费维权渠道，营造安全放心的消费市场环境。大力发展服务型消费，放宽服务消费领域市场准入。落实带薪休假制度，扩大节假日消费。探索推进全省居住证“一证通认”制度，健全财政转移支付、城镇新增建设用地规模与农业转移人口市民化挂钩机制，保障进城落户农民合法权益，使农民向往进城、放心进城。

（嘉宾单位：河南省宏观经济研究院。原文刊发于2022年2月24日《河南日报》第7版）

转型推进　提速数字赋能

赵西三

全景式变革与重塑

记者：数字化正以不可逆转的趋势改变人类社会，数据正成为驱动经济社会发展的新的生产要素。请介绍一下您所理解的数字化与数字化转型。

赵西三：伴随着新一代信息技术的突飞猛进和数字新型基础设施的快速完善，数字经济发展迈入了深度融合、广泛赋能的新阶段，数据资源在链接服务国内大循环和国内国际双循环中的引领型、功能型、关键型要素地位持续提升，数字化正以不可逆转的趋势改变人类社会，数字化转型成为先进地区持续强化引领优势、后发地区加快实现换道赶超的关键战略举措。面向未来，数字化转型不是可选题而是必选题，河南作为地处内陆地区的经济大省，更应通过加快数字化转型，改变时空距离，重塑竞争优势，实现换道领跑。

数字化是信息技术发展的高级阶段。2015 年以来，云计算、大数据、人工智能等新一代信息技术日趋成熟，人类社会加快从 IT（Information Technology，即信息技术）向 DT（Data Technology，即数据技术）转型，巨量数据持续积累，数据流升级为引导物理世界运转的智能流，重构生产力和生产关系，数据价值化逐渐体现出来，为各行各业和各类组织进行赋能。

数字化转型可以分为狭义的数字化转型和广义的数字化转型。狭义的数字化转型，指的是利用数字技术对业务场景进行数字化改造，将物理世界中巨量、动态的数据、信息转变形成全面感知、无缝连接、高度智能的数字世界,并通过构建相关数据模型进行处理和分析,进而优化再造物理世界的业务流程、管理模式、治理方式,达到提高效率、节约成本的作用。广义的数字化转型,指的是数字技术对经济社会运行方式进行系统化、整体性、重塑式的变革,人类社会进入全感知、全连接、全场景、全智能的数字时代,生产、生活和治理方式全面改变。

整体生态尚未形成

记者:目前,我省数字化转型状况如何,在全国处于什么位置?

赵西三:"十三五"期间,我省数字经济发展活力显著增强,数字经济年均增速超过14%,对GDP增长的年均贡献率超过50%。2020年,全省数字经济总体规模接近1.6万亿元,同比增长8.1%,排名全国第10位,占生产总值比重为29.1%左右,低于全国38.6%的平均水平。

产业数字化主导作用突出,在数字经济中占据主导地位,但从三次产业渗透率来看,2020年,河南一产、二产、三产数字化渗透率低于全国平均水平。

从区域发展格局来看,呈现极化状态。郑州优势凸显,2020年数字经济总量接近5000亿元,占地区生产总值比重超过40%,超过全国平均水平1.4个百分点,是全省唯一超过全国平均水平的城市,洛阳数字经济总量超过1600亿元,占地区生产总值比重超过30%,其他城市均未达到1000亿元。

整体而言,河南数字化转型处在单点应用向局部优化的阶段,尚未摆脱"转型陷阱",整体的数字化转型生态尚未形成,尤其缺乏数字化服务机构、数字化支撑平台和数字化复合人才。同时,企业和政府在数字化转型中存在"技术至上"误区,对理念转变、流程重构、数据打通等底层支撑关注不够,缺乏系统的数字化响应机制。

分行业、分企业、分领域、分区域设计路径

记者:数字化转型无论从国内外区域竞争形势倒逼,还是省里的具体部

署来看，都已进入实质性推进阶段，在具体操作层面，您有什么建议？

赵西三：首先要做好布局，可借鉴先进地区经验，分行业、分企业、分领域、分区域探索不同的数字化转型路径。

整体路径：顶层设计、痛点切入、小步快跑、持续迭代。优先推进“痛点”“堵点”的数字化改造，及时取得降本增效成效，降低数字化转型的切入难度，也为流程、人员、组织适应数字化留出进化空间，为数字化解决方案预留扩展接口，小步快跑，持续迭代升级，不断获得阶段性成果，组织数字化能力在转型中逐步提升，最终实现全链条贯通，对整合组织体系进行重塑。

产业路径：分类引导、一业一策、一群一策、生态重构。装备、汽车、电子等离散型产业主要围绕个性化定制、服务化延伸、研发设计协同、制造共享等方面开展数字化改造；化工、医药、建材等流程型产业主要围绕在线检测、设备健康管理、能源智慧管理等方面开展数字化转型；食品、服装、家居等消费类产业主要围绕市场推广、消费数据挖掘、新品开发等方面开展数字化转型。依托优势产业集群引进培育工业互联网平台，打造数字化产业集群，推动企业从信息、资源上平台逐步向管理上平台、业务上平台、数据上平台升级，带动全产业链数字化改造，形成产业集群数字化生态，以数字化推进优势集群和特色产业链生态重构，从而提升河南优势产业链整体竞争力。

企业路径：大中企业培育平台、中小微企业链接生态。大型企业和中型优质企业可以凭借“链主”带动力和数字化投资实力，在内部数字化改造基础上打造综合级或行业级工业互联网平台，培育产业链生态，带动供应链上下游企业开展链式数字化改造，让更多关联企业、行业数据在平台集聚，形成数据模型和产业知识，封装成工业 APP 和微服务，为中小微企业提供数字化服务。中小微企业通过链接大中企业的平台生态，导入轻量化、易部署、低成本的数字化转型方案，节约改造成本，降低转型难度，倒逼企业导入精益制造、优化业务流程和管理架构，提高数字化转型成功率，同时，接入平台也就意味着贡献了数据，为产业链提供了知识积累，有利于形成产业数字生态。

区域路径：中心引领、平台集中、空间扩散、场景下沉。突出郑州、洛阳在全省数字化转型中的引领带动作用，吸引更多域外数字化服务企业和平台落地，支持各地龙头企业培育的行业级工业互联网平台在郑州、洛阳集聚，培育形成数字生态载体，创建具有国际影响力的郑洛数字经济创新发展试验区。同时，通过产业链、供应链、价值链向周边扩散，支持数字化服务企业和平台围绕产业数字化、智慧城市、数字乡村、数字治理等重点领域，在市、县开发数字化场景，推广数字化方案，带动市域、县域数字化转型，支持创建省级数字经济发展示范县（市、区）。当前及未来一段时期，数字化场景下沉成为新趋势，为各地加快数字化转型带来新机遇。

重点突破带动全面转型

记者：具体落实落地，从哪些方面实现突破？

赵西三：围绕“强创新、优生态、布场景、树标杆、筑基础、提素养”，形成推动数字化转型合力，实现重点突破，带动全面转型。

强创新，强化数字赋能策源。围绕数字产业化和数据价值化，培育创新型数字核心产业，提高数字赋能策源力。一是引进培育数字经济核心产业，坚持“一软、一硬”双路突破，重点发展数据分析、软件服务、人工智能、网络安全、工业互联网等新兴数字产业，以及智能传感器、先进计算、半导体等电子核心产业，打造全国重要的智能传感器、网络安全产业集群和人工智能创新应用发展高地。二是持续开展数字化转型“揭榜挂帅”活动，突破一批数字化转型“卡脖子”共性技术，增强数字赋能策源力。三是前瞻布局未来产业，在量子计算、6G、未来网络、类脑科技、区块链等领域积极布局，力争在细分领域实现重点突破。

优生态，集聚链接数字要素。突出国家大数据综合试验区建设引领，集聚数字化转型服务资源，优化数字化赋能生态体系。一是链接外部资源，鉴于当前本省数字化资源不足，支持企业对接消费互联网、工业互联网平台资源，引导企业利用平台数据模型和微服务方案加快数字化转型，鼓励企业与发达地区数字化服务商合作引入轻量化数字化改造方案。二是扩展数字化转型服务资源池，持续丰富智能制造服务商、云服务商等资源池，引导域外数字化转型服务企业和平台在河南设立分支机构。三是构建数据资源池，构建政企数据高度融通的数据资源池，实现政务、工业、农业、交通、教育、医疗、金融、文旅等重点领域数据有序汇聚和安全调用。四是引进培育数字人才，大力引进数字化人才，引导本地高等院校、职业院校扩展数字化相关专业和学科。

布场景，推动转型方案落地。围绕产业数字化、数字化治理、数据价值化，定期发布场景机会清单。一是发布产业数字化场景机会清单，围绕制造业、物流、文旅、医疗、养老、设施农业等行业，聚焦研发设计、生产制造、经营管理、运维服务、节能减排等关键环节数字化需求，征集数字化应用场景定期发布，为数字化服务企业和平台提供落地机会。二是发布“城市大脑”场景机会清单，围绕智慧交通、应急管理、平安社区、环境治理、消防监测等定期发布智慧城市建设机会清单，为省内外数字化服务企业提供公平机会，举办智慧城市创新大赛，支持中小微企业依托智慧城市平台开展数据挖掘服务。三是发布数字乡村建设场景清单，依托数字乡村示范县创建，围绕城乡信息一体化、乡村产业数字化、乡村治理数字化、农民生活数字化、乡村数字产业化发展等，定期发布机会清单，引导数字化服务企业和平台下沉。

树标杆，形成示范引领效应。重点围绕产业数字化、数字化治理、数据价值化等打造一批带动性强的标杆项目，形成示范引领效应。一是打造“产业大脑”，支持龙头企业、产业集群、互联网平台打造“产业大脑”，实现行业数据、企业数据、公共服务数据等在线集聚，形成行业模型和产业知识，构建“产业大脑+智能工厂”发展格局。二是打造“城市大脑”，支持8个智慧城市试点打造“城市大脑”中枢平台，推进部门业务和数据上平台，推广“一脑、一网、一码、一端、一生态”五位一体的城市大脑“郑州模式”。三是打造数字化转型企业和集群标杆，分行业分类别每年选树产业数字化转型标杆项目，总结一批数字化转型落地路径与典型应用场景案例，为全省企业提供数字化转型案例参考。推进企业“上云上平台”，培育一批企业深度用云用数示范标杆。支持开发区建设智慧园区，打造一批智能集群标杆。

筑基础，完善数字基础设施。抢抓“新基建”机遇，把数字新型基础设施建设作为数字化转型的“催化剂”，推进郑州国家级互联网骨干直联点、郑汴洛互联网国际专用通道等关键枢纽设施扩容布局，建成全国重要的信息通信枢纽和信息集散中心，为数字化转型提供基础支撑。一是加快5G布局，加快5G网络建设和宽带网络改造，完善5G产业生态体系，突破一批“5G+集成应用”关键技术。二是统筹布局算力基础设施，争取国家工业互联网大数据分中心、国家北斗导航位置服务数据中心和一批国家级行业大数据中心布局，力争在能源、农业种业、交通物流、卫生健康、文旅文创等领域布局国家级行业数据中心。三是完善工业互联网平台体系，加快建设国家级工业互联网平台应用创新推广中心（郑州），推动洛阳、漯河、许昌等工业互联网标识解析体系二级节点应用推广，打造一批“5G+工业互联网”应用场景。四是加强传统基础设施数字化改造，利用传感器、物联网、大数据等技术对交通、能源、生态、工业等传统基础设施进行数字化、网络化、智能化改造升级，推动新旧基础设施数字融合。

提素养，提升数字驾驭能力。依托数字生活、数字学习、数字工作、数字创新四大场景，提升全民数字化适应力、胜任力、创造力，提升企业、政府工作人员和社会大众的数字素养和数据驾驭能力。一是开展企业家数字素养培训，把数字化转型作为“一把手”工程，增强企业家推动数字化转型的能力。二是开展产业工人数字化培训，开展面向生产全环节的数字技能培训，培养数字领域高水平大国工匠，提升数字化生产能力。三是提升领导干部和公务员数字思维能力和专业素养，强化领导干部和公务员数字化培训，增强推进数字化转型的本领与能力。

（嘉宾单位：河南省社会科学院。原文刊发于2022年2月25日《河南日报》第11版）

在换道领跑中实现新跨越

李晓沛　闫道锦　张　中

加快传统产业提质发展　筑牢制造业发展基本盘

传统优势产业是区域经济发展的基础,是新产业新动能形成的发端。河南省是能源原材料大省,2020年五大传统产业和六大高耗能行业规模以上企业分别为8469个、5750个,分别占全省的46.2%、35.8%,工业投资分别占全省的44.6%、34.3%。突出五大传统产业和六大高耗能行业发展基础优势,加强与前沿技术、跨界创新、颠覆模式对接链接,打造一批布局结构优、规模体量大、延伸配套性好、支撑带动性强的千亿、万亿级支柱产业集群,加速推进传统产业脱胎换骨发展。

以科技赋能推动传统优势产业向中高端延伸。支持食品、装备制造、材料、化工和轻工纺织产业发展新技术新工艺新材料新设备新业态新模式,推动制造模式新变革和"材料+装备+品牌"提升,构建产业间链式发展、区域间相互合作的协同发展机制,高位嫁接发展"新制造"。一要建设高能级的产业创新体系。加快建设制造业创新中心、技术创新中心或创新联合体,更大力度紧盯"独到性原创技术"研发方向努力,推动基础材料延链发展高端"新材料"、传统装备转型发展智能"新装备"、汽车产业拓展智能网联"新赛道",轻纺食品打造现代时尚"新品牌"。二要建设高质量的强企群链共生体系。实施集群强链提升行动,全力打造装备制造、绿色食品、新型材料、电子信息、节能环保、现代轻纺和绿色建材万亿级产业集群、汽车制造、生物医药和现代化工5000亿级产业集群，增强产业链完整性、稳定性、前沿性、创新性和高端性。强化龙头企业引领产业转型升级，做大做强主导产业头部企业，培育一批具有产业链主导力“链主”企业、专注于细分领域的“小巨人”企业和优质中小企业、单项冠军（上市公司）企业。三要推动传统优势产业由集聚发展向集群跃升发展。实施产业集群产城融合示范工程，推动产业集群建设与中原城市群、郑州都市圈、洛阳副中心城市、南阳副中心城市建设有机结合，加快形成以产促城、以城兴产、产城融合的发展态势，谋划建设一大批创新引领、要素富集、空间集约、宜居宜业的产业生态综合体。

以新技改推动六大高耗能产业绿色化智能化服务化升级发展。实施新一轮智能制造、绿色制造和服务型制造示范应用工程，改造升级煤炭、化工等产业现有设施、工艺条件及生产服务，推动规模以上制造业企业技术改造全覆盖。一是推动制造业“向智”转型。坚持以新一代信息技术赋能制造业高质量发展，持续推动智能车间、智能工厂建设，支持企业开展“哑设备”改造、建设工业互联网平台、构建产品、设备和产线的数字孪生模型，发展数字化设计、精益生产、可视化管理、智能物流等试点应用。二是推动制造业绿色低碳转型。锚定实现碳达峰、碳中和目标，完善节能降耗的市场化机制，积极布局绿色工厂、绿色工业园区、绿色供应链管理企业，大力发展绿色技术、绿色设计、绿色工艺、绿色产品，建设装备制造、食品加工等碳中和试点园区（工厂），构建全生命周期的绿色供应链管理体系。三是推动制造业服务化转型。引导制造业企业向附加值高的服务环节延伸，发展总集成总承包、精准化定制服务、全生命周期运维等，实现由产品制造向提供整体解决方案转变。鼓励骨干服务企业发展反向制造、反向整合，与制造业企业联合打造网络化协同生产服务体系。四是设立省级重大工业技改项目库。牢树“项目为王”鲜明理念，在“三个一批”项目库基础上增设重大工业技改项目库，参照“三个一批”项目管理办法，每年筛选一批重大工业技改项目，建立“一企一档”，加强项目督导管理。对入库的工业技改项目在全省范围内进行土地、环境、能耗等指标平衡，确保入库项目早开工、早落地、早见效。

以老工业城市和资源型地区转型探索传统产业发展“新模式”。老工业城市和资源型城市传统产业比重偏高，经济转型压力较大，河南省拥有9个老工业城市、15 个资源型城市,数量均居全国前列。加快推动老工业城市传统产业转型升级和工业遗产保护利用,分类推进资源型地区接续替代产业培育和生态环境恢复治理,持续探索形成可复制推广的老工业城市和资源型地区产业转型升级新模式,示范引领全省传统产业转型升级。一要推动老工业城市振兴发展。立足老工业城市产业基础优势,加快制造业竞争优势重构,做精做强支柱产业,培育发展战略性新兴产业,做实做强做优实体经济,促进老工业城市整体转型。二要推动资源型地区创新发展。鼓励资源型地区分类探索特色转型道路,加快构建绿色高效的资源开发模式,争创可持续发展示范区和转型创新试验区。重点提高资源枯竭城市转型发展质量,促进资源富集地区创新发展,大力培育发展资源精深加工产业和高附加值、高技术含量新兴产业,引进建设一批特色创新平台、产业创新集群和区域创业创新中心,实现发展动能根本性转换。三要高水平建设产业转型升级示范区。深入落实产业转型升级示范区建设方案,加快示范区创新平台建设,增强制造业竞争力,建设特色产业园区,促进产城融合发展,引领带动老工业城市和资源型地区高质量转型发展。

推动新兴产业抢滩占先　做强做实新动能"底盘"

战略性新兴产业对经济社会全局和长远发展具有重大引领带动作用,成长潜力巨大。坚持以战略性新兴产业培育壮大为"一号工程",瞄准行业制高点、市场需求以及国家战略需求,加强顶层设计和政策引导,制定战略性新兴产业供应链全景图,抢先抢"新"布局一大批战略性、前沿性、引领性的项目,培育一大批高附加值、高技术含量、市场占有率高的本土品牌和拳头产品,形成一批具有核心竞争力、品牌影响力高的新兴产业链群和龙头企业,增强核心竞争力、品牌影响力和行业话语权。

以提升产业基础能力做优做强战略性新兴优势主导产业。聚焦新一代信息技术、生物技术、新材料、节能环保等优势主导产业,大力建链延链补链强链,加快引进培育一批头部企业和拥有核心技术的零部件企业,提升产业链水平和自主可控能力,全面增强品牌影响力和市场竞争力,突出打造一批布局结构优、规模体量大、延伸配套性好、支撑带动性强的主导产业集群。一方面，要打造新一代信息技术产业高地。提升集成电路、新型显示和智能终端、基础元器件等信息领域制造能力，完善5G、物联网、工业互联网、移动网络等信息基础设施，全面增强信息安全保障能力，推动专用软件、大数据、人工智能、区块链等和实体经济深度融合。另一方面，要夯实先进新材料产业基础。顺应新材料高性能化、多功能化、绿色化发展趋势，加强新材料基础研究、应用技术研究和产业化的统筹衔接，加快突破一批重点应用领域核心关键和共性技术，大力发展电子功能材料、高性能化工材料、先进金属材料、无机非金属新材料，建设从研发、设计、转化、生产到应用的全链条产业体系，推动新材料产业链向中高端发展，建成具有全国重要竞争力和影响力的新材料产业基地，打造材料强省。

以创新突破和融合应用培育壮大高成长战略性新兴产业。加强关键装备的突破应用和数字科技的融合赋能，促进新兴技术加速向高端装备、新能源、智能及新能源汽车等领域广泛渗透，持续提升产业能级和综合优势，培育形成具有更强创新力、更高附加值的新业态新模式。一是增强高端装备核心竞争力。支持首台（套）重大技术装备的研制应用，推动智能制造装备高端化发展，提升高端工程装备的发展水平，促进农业装备全产业链协同发展，增强优势高端装备的核心竞争力。二是提升新能源产业支撑能力。加快推动太阳能高质量发展，推进风能装备产业链更加完备，大力培育发展氢能产业，积极发展生物质能和地热能，推进多种形式新能源规模化、产业化发展，促进全省能源结构优化调整，加快构建低碳高效能源支撑体系。三是提高新能源及智能网联汽车产业链协同配套能力。顺应汽车产业电动化、网联化、智能化、共享化的趋势，强化技术创新、示范应用，全面推进智能及新能源汽车产业发展，优化布局加氢站、充（换）电站等能源基础设施，推进交通标志标识等道路基础设施数字化改造升级，培育汽车与能源、交通等融合发展新业态，建设全国重要的智能及新能源汽车产业基地。

以赋能生产制造全面转型培育壮大新兴服务业。聚焦战略性新兴产业转型升级和居民消费升级需要，大力发展新兴服务业，持续创造生产和消费新需求。一是提升科技服务水平。创新科技服务模式和商业模式，大力发展知识产权、科技咨询、技术转移转化等科技服务，培育发展在线技术市场和在线科技服务，增强重大科技成果转移转化的效率效益。二是强化金融科技应用。以科技力量赋能数字金融为核心，加强大数据、人工智能、区块链等新兴技术等在金融领域的融合创新，加快金融科技在交易结算、产品创新等领域广泛应用，持续推进金融科技数字化转型，提升金融业服务实体经济的效率效益。三是提升创意服务水平。大力推进5G、AI、大数据等新技术深度应用，打造一批智能设计云平台，加大原创知识产权开发和技术应用研究。大力发展专业化设计及相关定制、加工服务，鼓励建立专业化、开放型的工业设计企业，推动工业设计、服装设计、文化艺术品创意设计等企业与工业企业深度合作，构建多领域、全方位的新型数字设计体系。

引导未来产业前瞻布局　下好发展“先手棋”

未来产业是由重大科技创新推动、代表未来科技和产业发展方向、未来对经济社会具有支撑引领作用、当前处于萌芽或产业化初期的前瞻性新兴产业。紧密跟踪世界科技前沿，结合全省产业基础和未来产业技术成熟度，围绕“优中培精”“有中育新”“无中生有”三大路径，突破发展量子信息、氢能与储能、类脑智能、未来网络等未来产业，培育形成一批引领能力强、经济效益好、具备核心竞争力的未来产业链群，争创国家未来产业先导试验区。

倍增发展引领型产业。立足具有一定基础、能够抢抓机遇率先布局的量子科学和氢能及储能领域，培育一批初步具备国际引领作用的龙头企业和创新平台，开展应用基础研究和未来技术应用场景建设，加强前沿技术多路径探索、交叉融合和颠覆性技术源头供给，推动“优势产业→未来产业”“优势技术→转化孵化→未来产业”转变，实现现有产业未来化和未来技术产业化，抢占产业发展制高点。一是在氢能与新型储能领域，支持高校、科研院所、企业加快建设重点实验室、前沿交叉研究平台，支持龙头企业布局建设省级重点实验室、工程研究中心等创新平台，积极开展氢能应用基础研究和前沿技术研究，扎实推动氢能技术发展和规模化应用，推进发展多元化制氢模式，大力发展高压氢气存储材料与核心设备生产产业，布局高密度固体储氢新材料的开发和产业化，逐步完善制氢、储（运）氢、加氢及配套设施网络。二是在量子信息领域，依托信息工程大学、河南科技大学等超前布局量子算法、量子调控、量子精密测量等基础应用研究，加快推进河南省量子信息技术创新中心以及量子通信、量子计算重大研究测试平台等建设，积极开展“经典+量子”超融合计算系统关键技术及应用研究，集中突破量子芯片、量子编程、量子精密测量、量子计算机以及相关材料和装置制备关键技术。

突破发展先导型产业。结合河南产业基础和技术成熟度，加快释放类脑智能和未来信息网络的产业潜能，快速壮大产业规模，在产业链、创新链上占据一定位置、突出河南元素。一是在类脑智能领域，加强类脑芯片、超导芯片、石墨烯存储等新原理组件研发，加快构建未来人工智能架构，抢先打造类脑智能生态系统。推动建设多模态网络赋能的数字孪生技术研究与系统研制、脑机交互与混合智能关键技术研究等重点项目。二是在未来网络领域，瞄准第六代移动通信技术（6G）、碳基芯片、空天信息、虚拟（增强）现实等细分领域，超前谋划建立未来信息网络技术研发、生产制造和示范推广、应用服务等发展体系，重点推进量子芯片、量子编程、量子软件以及相关材料和装置制备关键技术研发，深度参与国家6G技术专项，研究部署一批科技攻关项目。建立未来信息网络技术研发、生产制造和示范推广、应用服务等发展体系。加快建立面向产业的区块链基础技术研发检测平台，构建覆盖全省主要城市的自主可控区块链应用服务平台。

培育发展潜力型产业。紧盯前沿核心领域发展动态，主动布局一批代表前沿科技和产业变革方向的潜力型产业，超前部署发展生命健康科学和前沿新材料，加快新技术产业化进程，打造新赛道，领跑新转型。一方面，在生命健康科学领域实现新发展。努力突破生命信息解读、生物合成、基因编辑、靶向递送、脑科学等关键技术。加快重组蛋白药物、新型疫苗、细胞和免疫治疗等新产品研发和产业化，推动智慧诊疗、养老科技、生物安全治理等重点领域应用示范。另一方面，在前沿新材料领域实现新突破。开展智能仿生材料、液态金属、电磁功能复合材料等前瞻性研究，谋划建设一批前沿新材料中试验证基地和应用示范平台，推动新材料应用验证和示范推广。

加快突破先进金属材料、高性能纤维、人工晶体、石墨烯储能电池等关键技术，推动以新一代材料形成新一代技术装备、新一代技术和新一代工程。

（作者单位：河南省项目推进中心。原文刊发于2022年3月7日《河南日报》第8版）

以绿色低碳为导向　增强可持续发展能力

张占仓

加快发展绿色能源　促进能源结构低碳转型

主持：河南作为全国能源原材料基地，能源生产和消费结构偏煤。请问在推进绿色低碳转型发展中，如何减少煤炭占比、加快发展绿色能源，提升能源安全绿色保障水平？

张占仓：河南是全国能源原材料基地，而传统能源以煤炭生产和燃煤发电为主。这种发展基础导致河南省能源消费比较依赖煤炭，以煤为主的“高碳型”能源消费结构使煤炭在能源消费结构中居主导地位。与全国相比，河南煤炭消费比重偏高。2020 年，全省能源消费总量中，煤炭消费占比 67% 左右，高出全国约 10 个百分点；非化石能源消费占比 11% 左右，较全国平均水平约低 5 个百分点。因此，在能源生产与消费中亟待减少煤炭占比、加快发展绿色能源。

据调查分析，我省拥有丰富的非化石能源，特别是可再生能源，现在已开发的可再生资源量不到技术上可开发资源量的十分之一，进一步开发利用潜力巨大。因此，下一步需要持续加力，以加快发电行业减碳进程为突破口，为碳达峰创造条件。统筹规划，打好“减煤、稳油、增气、引电、扩新”的组合拳，把新能源作为能源消费增量的主体，加快推进 66 个整县屋顶光伏试点、沿黄地区百万千瓦级风电基地和郑州等 4 个千万平方米地热能供暖示范区建设，推动“十四五”期间非化石能源消费占比年均提高 1 个百分点以上。

需要特别强调的是，能源生产与消费在碳达峰碳中和中占有特别重要的地位，而我国能源体制与机制又比较特殊。全面提升能源安全绿色保障水平，要深化能源体制机制改革，全面推进电力市场化改革，加快培育发展配售电环节的独立市场主体，完善中长期市场、现货市场和辅助服务市场有效衔接机制，稳步扩大市场化交易规模。推进电网体制改革，明确以消纳可再生能源为主的增量配电网、微电网和分布式电源的市场主体地位。加快形成以储能和调峰能力为基础支撑的新增电力装机发展机制。完善电力等能源品种价格市场化形成机制。从有利于节能的角度深化电价改革，理顺输配电价结构，全面放开竞争性环节电价，激励有市场竞争能力的相关新企业脱颖而出。推进煤炭、油气等市场化改革，加快完善能源统一市场，用市场高效配置资源的力量推动全省绿色低碳转型发展。

壮大绿色产业　推进工业绿色升级

主持：建立健全绿色低碳循环发展经济体系，发展壮大绿色产业、推进产业绿色转型升级是重点，请问在这方面有哪些举措和路径？

张占仓：通过全省产业结构调整与科技创新，大力发展以重大技术突破和重大发展需求为基础、对经济社会全局和长远发展具有重大引领带动作用、知识和技术密集、物质资源消耗少、成长潜力大、综合效益好的战略性新兴产业，包括新一代信息技术、高端装备制造、新材料、生物、新能源汽车、新能源、节能环保、数字创意产业和相关服务业等，为全省经济高质量发展注入强大的技术创新动力。同时，通过技术创新与配套技术升级改造，加快传统制造业高端化、智能化、绿色化发展。在遏制“两高”项目盲目发展的同时，实施较大规模的钢铁、煤化工、水泥、铝加工、玻璃、耐火材料等高耗能行业绿色化改造，实现“十四五”期间万元 GDP 能耗年均降低 3.2% 以上。持续推进绿色制造体系建设，到 2025 年，新创建绿色工厂 300 家、绿色工业园区 15 个、绿色供应链管理企业 20 家，绿色工业占比明显增加。

全面推进建筑业绿色化进程，促进城乡建设绿色低碳发展。扩大绿色建筑标准执行范围，推广绿色建造方式，深化可再生能源建筑应用，提高建筑终端电气化水平，到 2025 年，城镇新建建筑 100% 执行绿色建筑标准，新建公共机构建筑、新建厂房房顶光伏覆盖率力争达到 50%，城镇建筑可再生能源替代率达到 8% 以上。开展绿色社区、绿色建筑创建行动，到 2025 年，全省城镇新建建筑全面执行绿色建筑标准。

加快农业绿色发展。创建农业绿色发展先行区，推进“三品一标”标准化基地建设。发展生态循环农业，开展种养结合循环农业试点工作，实施秸秆综合利用提升行动，建设 30 个秸秆综合利用示范县。

提高服务业绿色发展水平。促进商贸企业绿色升级，培育一批绿色流通主体。

调整运输结构　加快做强绿色交通

主持：河南区位交通优势明显，请问如何完善调整运输结构，提升交通基础设施绿色发展水平，加快做强绿色交通？

张占仓：积极调整运输结构，推进多式联运重点工程建设，加快发展公铁、铁水、空陆等联运模式。深入实施铁路专用线进企入园“653”工程（统筹推进 61 个铁路专用线重大项目，新建线路约 500 公里，工程总投资约 300 亿元），完善铁路专用线集疏运体系。

加强物流运输组织管理，探索多式联运“一单制”，深化郑州新郑国际机场航空电子货运试点工作。推广绿色低碳运输工具，淘汰更新或改造老旧车船，在港口和机场服务、城市物流配送、邮政快递等领域优先使用新能源或清洁能源汽车。

加快港口岸电设施建设，支持机场开展辅助动力装置替代设备建设和应用。支持物流企业构建数字化运营平台，鼓励发展智慧仓储、智慧运输，推动建立标准化托盘循环共用制度。

加快发展新能源汽车，优化公交和轨道交通技术体系，大力倡导居民自行车、共享单车等绿色出行，发展交通设施与可再生能源相结合，支持和鼓励城镇居民更多地使用电动汽车。

创新应用绿色技术　为绿色低碳发展赋能

主持：技术创新作为实施绿色低碳转型发展战略的关键一环，请问这方面该如何发力，构建绿色技术创新体系？

张占仓：组织开展绿色技术创新攻关行动，围绕节能降碳、清洁能源、废弃物资源化利用等领域组织实施一批重大科技项目。培育建设一批绿色技术创新中心、绿色技术创新示范基地。强化企业创新主体地位，支持企业牵头联合高校、科研院所、产业园区等建立市场化运行的绿色技术创新联合体，鼓励企业牵头或参与财政资金支持的绿色技术研发项目、市场导向明确的绿色技术创新项目，大力推广应用绿色创新技术与产品。对于现在已经受到广泛关注的发电效率提高3倍以上的“新型高效发电机”项目，要以非凡之力，站位革命性改善全省燃煤发电碳排放量特别大的历史高度，认真组织产业化推广应用，既大幅度降低发电成本，又大幅度减少燃煤数量，对全国燃煤发电领域碳减排都有可能产生革命性影响。

倡导绿色生活方式　促进人与自然和谐共生

主持：人们日常的吃住行与碳排放息息相关，请问该如何倡导绿色生活方式、鼓励绿色消费，促进形成绿色低碳循环发展的消费体系？

张占仓：推进“光盘行动”，坚决制止餐饮浪费行为。推进生活垃圾分类收集和资源化利用，到2025年，城市生活垃圾回收利用率达到35%。推进塑料污染全链条治理、过度包装治理，加快快递包装绿色转型，到2025年，电商快件基本实现不再二次包装，可循环快递包装应用规模达到50万个。优先发展公共交通，有序发展共享交通，积极引导绿色出行。深入开展爱国卫生运动。开展绿色生活创建活动。伴随技术进步，风力发电、太阳能发电可以试验自产直销模式，并与储能技术相结合，培育一批电力“产销者”。按照现有的技术条件与运行成本，家庭和企业不仅是电力的消耗者，还可以是能源的生产者，比如用自己的房子生产能源，不仅增加当地能源的自给率、独立性、安全性，还能缓解高比例可再生能源对大电网的冲击。其实，现在不少地方的发电扶贫项目,已经具备了这样的建立电力“产销者”的条件,可以鼓励进一步加快这方面的试验,探索新形势下新的绿色低碳生产与生活模式。

(嘉宾系河南省社会科学院原院长。原文刊发于2022年3月14日《河南日报》第8版)

全力提高农业综合生产能力

胡冰川　高保中　陈明星

保障粮食安全的战略之策

主持:3 月 6 日,习近平总书记在参加全国政协联组会时强调,把提高农业综合生产能力放在更加突出的位置。对这样的要求,请解读一下其中深意。

胡冰川:党的十九大报告提出,中国特色社会主义进入新时代,我国社会主要矛盾已经转化为人民日益增长的美好生活需要和不平衡不充分的发展之间的矛盾。在新时代,我国“三农”工作的重心发生了历史性转移,进入全面推进乡村振兴、加快农业农村现代化新阶段。提高农业综合生产能力,是中国特色社会主义新时代的必然要求。在这次全国政协联组会上,习近平总书记提出把提高农业综合生产能力放在更加突出的位置,明确了要把保障粮食等重要农产品供给作为首要任务,既保数量,又保多样、保质量,以国内稳产保供的确定性来应对外部环境的不确定性的鲜明导向。

践行总体国家安全观的根本需要。以习近平同志为核心的党中央创造性地提出总体国家安全观,提出统筹发展和安全两件大事。农业安全是总体国家安全的基础,而粮食安全是农业安全的核心。党中央提出了“确保谷物基本自给、口粮绝对安全”的新粮食安全观,确立了新时代“以我为主、立足国内、确保产能、适度进口、科技支撑”的国家粮食安全战略。把提高农业综合生产能力放在更加突出的位置,是践行总体国家安全观的重要体现和根本需要。

应对国际不稳定形势的迫切需要。当前,国际形势中的不稳定、不确定因素对我国粮食安全造成较大冲击,国际资本可能通过正当或不正当手段对我国粮食生产、收购、储存、加工、运输和销售等全产业链进行渗透,形成对我国粮食市场定价权、粮食生产专利技术的垄断风险和对我国粮食全产业链的控制风险,造成我国粮食生产结构扭曲、消费结构失衡、储备结构失调、价值链低端锁定、宏观调控效果削弱、价格波动加剧以及粮食“能源化”导致的价格高企。应对这种威胁的根本途径是把提高农业综合生产能力放在更加突出的位置,持续提升我国粮食的有效供给能力。

构建新发展格局的战略需要。我国正在加快构建以国内大循环为主体、国内国际双循环相互促进的新发展格局。构建农业新发展格局,是构建新发展格局的关键一环。把提高农业综合生产能力放在更加突出的位置,不仅可实现口粮绝对安全、谷物基本自给,还能达到食物保障可靠,使我国食物自给率保持在一个合理水平上,为我国加快形成新发展格局提供战略基础支撑。而适度进口则可缓解国内资源、环境压力,集中力量确保基本口粮、谷物和食物安全。

更好满足人民群众食物消费需求的基本需要。随着人民生活水平的快速提高,人民群众对食物消费需求日益多元化,对食物的需求更多地从吃得饱转向吃得好、吃得放心、吃得健康。习近平总书记指出,要树立大食物观,从更好满足人民美好生活需要出发,掌握人民群众食物结构变化趋势,在确保粮食供给的同时,保障肉类、蔬菜、水果、水产品等各类食物有效供给。把提高农业综合生产能力放在更加突出的位置,全方位挖掘食物供给潜力,开发丰富多样的食物品种,实现各类食物供求平衡,才能更好满足人民群众日益多元化的食物消费需求。

实现农业农村现代化和持续拓展农民增收渠道的长远需要。推进农业农村现代化,是我国全面建设社会主义现代化国家的重大任务。在“三农”工作新阶段,持续拓展农民收入渠道成为保障农民稳定增收的主要途径。把提高农业综合生产能力放在更加突出的位置,持续稳固农业发展基础,更好保障重要农产品有效供应,明显提升农业质量效益,才能加快实现农业农村现代化;才能向高质量农产品、向产业链、向降成本要收入,促进农户经营性收入结构性改变;才能促进农民就地就近就业创业,增加农民工资性收入;才能唤醒农村大量的“沉睡”资源,激活农民财产性收入。

推进一二三产业融合和形成新型工农城乡关系的客观需要。城乡融合发展的提出,标志着构建中国特色社会主义工农城乡关系进入新的历史时期。加快形成工农互促、城乡互补、协调发展、共同繁荣的新型工农城乡关系,客观上要求把提高农业综合生产能力放在更加突出的位置。这有利于完善利益联结机制,把以农业农村资源为依托的二三产业尽量留在农村,延伸农业全产业链;促进乡村旅游、电子商务等现代服务业发展;加快破除城乡分割体制弊病,加快打通城乡要素双向流动的制度性通道,实现城乡融合发展。

推进大农业提质增效

主持:提高农业综合生产能力,应把握什么样的理念和路径?

高保中:我认为,提高农业综合生产能力应把握好以下几个路径:

提升农业科技创新能力。通过创新资源合理配置机制,有效促进科技与农业更加紧密地结合,推进农业发展由要素驱动向创新驱动转变,才能从根本上有效提升农业综合生产能力。用工业反哺农业、用现代科学技术提升农业、用现代科学方法经营农业、用现代化服务体系服务农业、用现代科学文化知识打造职业化农民,是新时代提升农业综合生产能力的根本路径。

推动农业资源拓展和有效利用。加强耕地质量建设与保护,统筹推进地力保护与提升,夯实农业生产基础,是提升农业综合生产能力的保障。顺应人民群众食物结构变化趋势,树立大食物观,从耕地资源向整个国土资源拓展,从传统农作物和畜禽资源向更丰富的生物资源拓展,发展生物科技、生物产业,是新时代提高农业综合生产能力的基础。

转变农业经营方式。随着农村人口流动的积累、土地流转的加快和现代耕作方式的普及,土地适度规模经营成为有效提高农业生产效率和效益的关键。由此,我国农村经济逐渐向以专业化、社会化为主要特征的市场经济演进,从而需要创新农业经营主体,在农户与市场之间架起桥梁,提供产前、产中到产后的"一条龙"服务。农业经营方式的转变,成为新时代提高农业综合生产能力的关键。

提升绿色优质农产品有效供给。随着收入水平的不断提高,人民群众对食物的要求由数量转向质量,对农产品品质和安全提出了更高要求,农产品供给中的结构性矛盾凸显。回归种养结合的永续农业发展理念,用现代农业科学技术、社会化组织体系构建种植养殖主体紧密衔接的高效生态农业发展模式,不断提升绿色优质农产品的有效供给,成为新时代提高农业综合生产能力的核心。

胡冰川:提高农业综合生产能力,还要把握好另外两个路径:

完善农业农村基础设施。农业农村传统基础设施仍然是强化农业基础、提升农业综合生产能力的重要保障。同时,随着新一代信息技术在农村的普及、与农业的深入融合和对传统产业的数字化改造,新型基础设施正成为促进农业农村现代化的新动能。推动农业生产、经营、管理、服务等全产业链智能化转型升级,成为新时代提高农业综合生产能力的重点。

引领新一轮农业科技革命和产业变革。生物技术和信息技术主导的新一轮农业科技革命和产业变革正在兴起。光合作用优化改良、生物固碳、基因编辑、合成生物学、工厂化农业生产、3D 打印等技术正在成为新一轮农业科技革命的先兆热点和突破方向,在交叉融合过程中逐渐在生物种业、作物高效精准栽培、地力提升、食品安全等众多领域普及,推动传统农业向高效智慧方向发展,这给新时代提高农业综合生产能力带来了新空间。

彰显农业大省优势

主持:河南是农业大省、粮食生产大省,扛稳粮食安全重任寄托着习近平总书记的殷殷嘱托。把提高农业综合生产能力放在更加突出的位置,意味着确保粮食安全对河南来说不仅是一种责任,更是一种新的机遇。那么,推进下一步河南农业发展,应从哪些方面着力?

高保中:把这种新机遇转化为新优势,河南应展现更多更强担当。

在农业与科技互促中打造国家创新高地和重要人才中心。充分发挥河南在农业和农业科技上的优势，把创新摆在农业发展的逻辑起点、现代化农业建设的核心位置，在农业领域实施创新驱动、科教兴省、人才强省战略，加快建设国家生物育种产业创新中心，加快发展神农种业实验室，谋划建设“中原农谷”。积极推进种业振兴行动实施方案，巩固发挥河南在小麦、玉米、花生等领域的育种优势，集中优势资源打好种业翻身仗，打造现代种业强省。在农业领域打造一流创新生态样板，在农业与科技互促中建设国家创新高地、重要人才中心，走好农业创新驱动发展之路。

在向整个国土资源拓展中将丰富的生物资源优势转化为经济发展优势。积极践行大食物观，将粮食安全上升到全方位开发食物资源、不断丰富食物品种、保障各类食物供求平衡、满足多元化食物消费需求的高度。在严守耕地保护红线的同时，从耕地资源向整个国土资源拓展，宜粮则粮、宜经则经、宜牧则牧、宜渔则渔、宜林则林，在推动农业转型升级中不断优化现代农业生产结构。要向森林要食物，向江河湖海要食物，向设施农业要食物，同时要从传统农作物和畜禽资源向更丰富的生物资源拓展，将河南丰富的生物资源优势转化为产业优势、产品优势、市场优势、品牌优势和竞争优势。

在“五链融合”中实现农业对一二三产业融合的引领。坚持“粮头食尾加工中、农头工尾服务通”导向，形成以粮食生产为基础、农产品精深加工为主体、食品供给为目的的一体化生产体系和以农业为源头、工业为落脚点、服务业贯通始终的完整产业体系，形成“大粮食”“大产业”“大市场”“大流通”的农业发展格局。着力延伸产业链、打通要素链、提升价值链、优化供应链、做强创新链，实现“五链融合”发展，打造以农业为发端的全产业链模式，推动农业创新发展、转型升级、提质增效。通过以农业为引领的一二三产业融合发展，将河南的农业优势转化为全产业优势，将河南从农业大省转变为农业强省。

在农业经营方式转变中持续拓宽农民收入渠道。完善农业支持政策与农业生产利益补偿和正向激励机制，增加农民农业经营性收入。规范土地流转，实现农业适度规模经营，把规模化与工业化、信息化、智能化紧密结合，大力发展精细农业。培育新型农业经营主体，形成家庭农场、农民合作社、农业龙头企业、农业社会化服务等多种形式的农业规模经营。加快完善土地托管服务，不断健全农业社会化服务体系，实现农民和现代农业发展有机衔接。强化新型职业农民培育，让新型职业农民领办或创办新型农业经营主体、社会化服务组织，不断提高农业综合收益。促进农民就地就近就业创业和农民工返乡创业，增加农民财产性收入。

在新型基础设施普及中夯实农业农村现代化根基。在扎实开展重点领域农村传统基础设施建设基础上，促进信息技术与农机农艺融合应用，大力发展智慧农业。加强农民数字素养与技能培训。以数字技术赋能乡村公共服务，推动“互联网+政务服务”向乡村延伸覆盖。着眼解决实际问题，拓展农业农村大数据应用场景，持续开展数字乡村试点，加强农村信息基础设施建设，夯实数字农业发展基础。

在绿色高端发展中将扛稳粮食安全重任转变为现代高效农业发展的动力和保障。顺应人民群众食物结构变化趋势，以绿色高端发展为导向，树牢大食物观、大农业观、大生态观、大市场观，加快从传统粗放农业向现代精细农业转变，以“四优四化”为重点，加快优势特色农业发展。构建农业绿色发展增值链，实施农业绿色品牌战略，培育具有河南特色和国际竞争力的农产品区域公用品牌、企业品牌和产品品牌，塑造“绿色河南”形象。借助互联网、直播平台、电子商务等渠道，建立从田间地头到厨房餐桌的直销通道，形成“大产业+新平台+新主体”发展模式。

陈明星：河南作为农业大省，粮食产量位居全国第二，小麦、花生产量均占全国的1/4，生猪存栏、出栏、调出量均居全国前列。河南提高农业综合生产能力，就要树立大食物观，进一步彰显农业大省优势，着力推进基础设施建设、种业发展、农村产业融合、农民增收，提升粮食核心竞争力、优势特色农业发展质量效益和竞争力。一是强化大食物观。以大食物观推进大农业发展，稳口粮、稳玉米、扩大豆、扩油料，发展林业、渔业、设施农业、生物产业等，推进高标准农田建设，创新种业发展。二是稳定粮食和重要农产品供给。扛稳粮食安全重任，持续稳定生猪生产，大力发展肉牛奶牛，巩固提升油料产能，切实稳定蔬菜生产。三是大力发展优势特色农业。以十大优势特色农产品生产基地为依托，深化“三链同构”推进农业全产业链发展，建设现代食品产业集群。

（作者单位：中国社会科学院农村发展研究所农产品贸易与政策研究室、河南大学中原发展研究院、河南省社会科学院农村发展研究所。原文刊发于2022年3月18日《河南日报》第6版）

以规制创新提升开放能级

赵建吉

加速制度创新

持续推进商事制度集成化改革。进一步推动企业从注册到注销的全链条、集成化、系统化改革，加快推行“证照分离”改革全覆盖，在更大范围和更多行业推动“照后减证”和简化审批，建立简约高效、公正透明、宽进严管的行业准营规则。创新落实市场准入负面清单管理模式，依托一体化政务服务平台，进一步梳理清单所列事项措施的管理权限、审批流程、办理要件等，实现清单事项“一目了然、一网通办”，不断提升市场准入透明度和便捷性。

进一步完善投资管理制度。贯彻落实外商投资法及其实施条例，清理、修改、废止与外商投资法不符的地方性法律、法规、规定等。深入实施准入前国民待遇加负面清单管理制度，对外资准入负面清单内除禁止类或限制类的外资企业准入，持续优化备案管理与信息报告制度。深化投资项目从选址、核准（备案）、设计审查、施工许可到竣工验收的审批全流程改革、格式化审批，简化优化审批程序。对开发区内的工业和现代物流业等备案类企业投资项目，开展企业投资项目承诺制试点。

不断提升贸易便利化水平。继续优化通关一体化流程，持续高质量推进海关“提前申报”和“两步申报”，着力构建高效便捷、灵活开放的申报制度，巩固压缩货物进出口整体通关时间成效，提升企业应用率和改革获得感。推动国际贸易"单一窗口"功能由口岸通关执法向口岸物流、贸易服务等全链条拓展，为申报人提供进出口货物申报、运输工具申报、税费支付、贸易许可和原产地证书申领等全流程电子化服务，推广跨境电商、贸易融资、信用保险、出口退税、智慧物流等地方特色应用。在进一步提升通关环节与流程一体化水平基础上，统筹协调海关跨业务领域一体化改革，重点推动关区跨现场的协同治理与发展。

创建高标准经贸规则

推动跨境电商创新发展。积极参与跨境电商国际规则研究制定，完善跨境电商信息系统建设、通关监管、金融、物流、财税、外汇等制度，研究制定符合跨境电商发展的国际通用规则，争取列入国际贸易谈判内容。积极开展与"一带一路"沿线国家合作，加强跨境电子商务国际认证和监管等双边、多边合作，推动建立全球跨境电商标准体系。完善跨境电商监管服务体系，加强对跨境电商零售出口业务的正面监管，完善跨境电商质量安全监控和质量追溯体系，复制推广跨境电商退货中心仓模式。完善跨境电商配套税汇制度，加强与商务部、财政部、海关总署、税务总局等国家有关部委对接，将我省跨境电商 B2B 监管试点税收制度纳入制度型开放具体举措，明确增值税、出口退税、企业所得税征收、收结汇等配套支持政策，在河南先行先试。

围绕 RCEP 等双多边协定开展制度创新。以高标准国际经贸规则倒逼体制机制改革，开展探索试验。做好规则对接，对照 RCEP 等协定条款，完善管理机制和流程，尽快清理纠正与国际规则不符的规定和做法，做好地方法律与国际规则的有序对接。落实服务贸易开放承诺，推动金融服务、电信服务、制造业研发、管理咨询、养老服务、专业设计等服务领域开放承诺落地。

探索服务贸易创新举措。跟进全国版《跨境服务贸易特别管理措施（负面清单）》出台，推动服务贸易管理模式变革。探索分层次逐步取消或放宽跨境交付、境外消费、自然人移动等模式的服务贸易限制措施。建立资金跨境自由流动管理制度,支持服务贸易企业积极选择人民币进行计价结算,加快推进人民币在服务贸易领域的跨境使用。

优化营商环境

营造高效便捷的政务环境。加快建立便捷高效的一体化政务服务平台,推进数据资源互联互通,打破信息孤岛和数据壁垒,推动企业和群众办事线上"一网通办"、线下"只进一扇门"、现场办理"最多跑一次"。依法依规持续精简行政权力事项,取消、下放、合并实施一批行政权力事项。深入推进一章通批、证照合一、一照多址、一证通用、税收分成等举措,探索开展"无证明"试点,全面推行投资审批事项清单制,实现清单之外无审批。

营造公平公正的法治环境。贯彻落实《关于规范政商交往行为构建亲清政商关系的若干意见》,坚持正面清单引导与负面清单约束并重。全面落实准入前国民待遇加负面清单管理制度。外商投资企业设立不再实行审批、备案管理,实行"非禁即入"。坚决打破针对民间投资的隐性门槛,推进投资自由化、便利化。强化知识产权保护。完善知识产权保护制度,健全商业标志权益、商业秘密、著作权、地理标志、植物新品种等地方保护制度。加大知识产权执法力度,开展关键领域、重点环节、重点市场知识产权执法活动,依法严厉打击侵犯知识产权违法犯罪行为。

营造诚实守约的信用环境。加强项目投资、政府采购、招标投标、社会管理等重点领域政务诚信建设,对依法作出的政策承诺和签订的各类合同认真履约和兑现。完善法人和非法人组织统一社会信用代码制度,以统一社会信用代码为标识,整合形成完整的市场主体信用记录,并通过"信用河南"网站、国家企业信用信息公示系统(河南)等渠道依法依规向社会公开。建立信用联合惩戒机制,通过信用信息共享平台,推进失信被执行人信息与公安、税务、市场监督等部门以及有关人民团体、社会组织、企事业单位公共信用信息实现资源共享。将失信被执行人名单信息嵌入各联合惩戒单位管理、审批工作系统中,实现对失信被执行人名单信息的自动比对、自动监督、自动惩戒。增强公众诚信意识,通过开展专题座谈会、成果展、征信宣传进企业进社区等多种形式活动,加强诚信文化的宣传普及,提高诚信意识,弘扬诚信文化,宣传诚实守信的先进典型。

(作者单位:河南大学黄河文明与可持续发展研究中心。原文刊发于2022年3月21日《河南日报》第6版)

技能河南　笃行不怠

高亚宾　李红见

技术工人队伍是支撑中国制造、中国创造的重要力量。去年年底，省委十一届二次全体(扩大)会议暨省委经济工作会议就建设“十个河南”作出部署，“技能河南”建设被放在“十个河南”建设中的首位。“技能河南”建设目前状况如何，未来该如何推进，有哪些重点、难点。对此，本报特组织专题探讨。

事关全局

记者：去年10月15日，省委召开全省高质量推进“人人持证、技能河南”建设动员部署电视电话会议。目前，我省各地、各部门都在积极推进“技能河南”建设。请谈一下当下“技能河南”建设的重要性、必要性。

高亚宾：在我省提出的“十大战略”中，“创新驱动、科教兴省、人才强省战略”居首位。培养技能人才是我省未来实现产业升级的基础，显得更加迫切、更加重要、更加事关全局。

建设“技能河南”是推动我省人口数量红利向素质红利转变的内在要求。从劳动力供给侧看，我省是传统劳动力大省，目前劳动适龄人口约有5700万，但技能人才仅有900多万，占比15.8%，低于全国平均水平6.9个百分点，而高技能人才只有226万、占技能人才比重仅25.1%，分别低于广东8.3个百分点、上海9.9个百分点，也低于全国平均水平。庞大的劳动力队伍使我们享受相当长一段时期的人口数量红利，但整体素质偏低也直接制约了劳动生产率的提高,这在新发展阶段将会更加凸显。要想充分挖掘人口素质红利,就必须造就一支高素质的劳动者队伍,以人才第一资源激发创新第一动力。

是推动我省产业结构转型升级的迫切要求。从劳动力需求侧看,我省劳动力市场“技工荒”和“求职难”两个问题长期并存,一方面,市场主体急需的技能人才供不应求,另一方面,缺乏技能尤其是紧缺技能的劳动力找不到理想的工作。我省正在着力构建现代产业体系,加快推动传统产业改造升级、新兴产业重点培育、未来产业谋篇布局,对劳动力素质结构和技能水平都提出了新的更高要求。实施“技能河南”建设、加快提升劳动者技能素质,是主动适应产业升级需要的先手棋,既是当务之急、也是长远之计,将有效缓解劳动力供需失衡、激发经济发展潜能,极大提升区域竞争力。

是促进就业增收、实现共同富裕的必然选择。从劳动者自身角度看,一般而言,劳动技能水平越高、经验越丰富、市场上越稀缺,就业率和收入水平就越高。2021 年,我省居民人均可支配收入 26811 元,只有全国平均水平的 76.32%、上海的 34.36%、浙江的 46.59%、江苏的 56.45%,技能人才占劳动人口比重偏低是重要的制约因素之一。对于我省而言,居民人均可支配收入要在“十四五”末达到或超过全国平均水平、增幅与经济增长同步,关键在于通过提升劳动者技能水平和整体素质增加其工资性收入和经营性收入。让更多劳动者实现一技在身、一证在手、一条致富路在脚下铺就,不仅能更好地推动劳动者技能就业、技能增收、技能致富,也能更好地推进共同富裕、促进人的全面发展。

李红见:目前河南发展已经处于新的起点,区位交通优势、人力资源优势进一步显现,内需市场日益活跃,产业体系更加完备,产业结构不断优化,工业经济运行态势良好,在全国区域发展大局中的战略地位越来越重要,具备了向高质量发展转型的基础。推动技能河南建设,大规模开展职业技能培训,提升劳动力整体技能素质,推动人口“数量红利”向“人才红利”转变,主动适应产业升级发展需要,是河南高质量发展的内在要求。

现阶段,我国外围宏观经济形势日益复杂,区域疫情冲击影响仍将持续,国内经济发展短期性、阶段性波动加大,整个劳动力市场正常运行秩序和供需稳定受到影响，社会整体就业压力加大，供需错配导致的结构性矛盾凸显。特殊时期，河南人力资源尤其是农村劳动力的人力资本短板进一步显现。这也将是未来较长一段时期内，河南就业工作最需要关注的难题之一。当前，随着技术进步日益加快、“无接触经济”的活跃，机器人、人工智能等新技术应用明显加速，由此带来的就业替代步伐加快。尤其是以农民工群体较多从事的传统制造业劳动密集型岗位，相当部分低技能、重复性、常规性操作类岗位将会被替代。此外，技术进步会影响整个劳动力市场运行，改变劳动力市场需求结构，增加对技能人才的需求，进一步加剧技能人才短缺问题。劳动力市场上，技能劳动者的求人倍率长期保持在1.5以上，高级技工的求人倍率甚至超过2，技能人才短缺呈现常态化趋势。对此，开展技能河南建设，利用好疫情防控的“窗口期”，大规模开展职业技能培训，利于全面提升劳动者技能水平和就业能力、优化劳动力资源配置、减缓就业总量压力和缓解就业结构性矛盾。

进展成效

记者：今年二月份，我省在《2022年高质量推进“人人持证、技能河南”建设工作方案》中提出“全年完成职业技能培训300万人次以上，补贴性职业技能培训125万人次，新增技能人才240万人，新培养高技能人才80万人”的目标。目前“技能河南”建设的整体状况如何？

李红见：多年来，河南省委省政府高度重视职业培训工作，通过部省共建合作，将河南全民技能振兴工程作为一项战略工程、民生工程强力推进，各方面工作取得明显进展。

省委、省政府推动“人人持证、技能河南”建设，河南职业技能培训工作进入了转型升级、高质量发展新阶段。全省各级各部门把“技能河南”建设作为全局性重点工作，一系列相关建设工作进入快车道。2021年全年开展各类职业技能培训399.3万人次，完成年度目标的133.1%，新增技能人员取证112.5万本，持证率55.6%。

当前，“技能河南”建设的发展基础进一步巩固和提升。一是政策支持体系更加完善。人社部门积极发挥牵头职能，出台全省年度建设工作方案，36 家成员单位主动作为、迅速行动，全部出台具体工作方案，其中多家单位同时出台配套政策。各地市也结合区域产业优势、资源禀赋以及地方发展规划，出台相应的扶持政策。二是人力资源品牌建设全面推进。省级层面出台了《河南省人力资源品牌建设的实施意见》，统筹推进 10 个省级、100 个区域级人力资源品牌建设。各成员单位结合自身业务，重点开展“康养照护”“河南电商”“豫农技工”等专项人力资源品牌建设行动。各地市开展具有地域特色的人力资源品牌建设行动。如“开封康养照护”“漯河食品”“鄢陵花木”“遂平家政”“平舆防水”等品牌建设都在积极推动。三是技能评价取证结构进一步优化。落实“月月评”制度，加强定量分析研判，及时调整培训、评价方向。分产业、行业、专业对培训取证结构进行分析，引导、推动技能培训评价向更加注重质量结构转变。

未来目标

记者：目前，与先进省市水平相比，我省技能人才尤其是高技能人才总量及比例仍有不小的差距。未来，怎样进一步打造？

高亚宾：大力发展职业教育、培养技能人才，从中央到各省市都提出了许多具体的目标和举措。总的来看，建成“技能河南”，应该体现出以下几个特征。一是技能人才规模及比例达到更高水平。“技能河南”建设的基本要求是培养一支具有相当规模的技能人才队伍、技能人才特别是高技能人才在从业人员中具有较高的比例。目前，广东、江苏、浙江等省技能人才规模均在千万级，高技能人才占技能人才的比重普遍在 32% 以上。要达到先进地区水平，我省必须采取超常规举措，加大技能人才引进和培养力度，开展大规模职业教育和技能培训、取证工作，基本实现从业人员“人人持证”，普遍提升劳动者技能水平和创新创业创造能力。二是技能人才结构与产业需求匹配度达到更优层次。数字赋能下，产业转型升级创造了许多新的岗位，而新兴岗位又催生了新的要求、造成了新的人才缺口。技能人才终究要为产业发展服务，要实现技能人才与产业升级同步发展，就要聚焦全省重点产业发展方向，摸清产业技能人才资源底数，精准引进培育紧缺技能人才，满足先进制造业、现代服务业、战略新兴产业、未来产业等领域高技能人才需求，促进人才链与产业链高度衔接，使技能人才求人倍率保持在合理水平，实现技能人才结构优化与经济转型升级、产业结构调整高度契合。三是技能人才发展体制机制更加完善。德国以企业需求为导向、以“企业——职业学校”双元制的学徒工职业教育为基础，打造集人才培养、考核评价、立法司法等于一体的技能人才全链条发展体系，为其制造业持续不引领世界发展方向提供了基础保障。国内先进地区技能人才发展战略也正在朝系统化、生态化的方向探索实践。建设“技能河南”，需要系统谋划具有河南特色的思路和举措，推进技能人才工作模式创新、发展机制创新、政策集成创新，实现服务保障机制更加健全、人才发展空间更加广阔、“技能河南”发展环境更加优化。

从何着力

记者：为推动“技能河南”建设，我省陆续提出了很多具体措施，全省各地也在积极推进。保证目标落实，应该在哪些方面发力？重点在哪？需要规避哪些问题？

高亚宾：建设“技能河南”，要紧紧围绕我省产业转型升级需要，系统、精准开展技能人才培养，积极营造“技能河南”良好氛围，努力打造一支规模宏大、结构合理、技能精湛、素质优良，基本能够满足我省经济社会高质量发展需要的技能人才队伍。

一是加快构建符合河南实际的技能人才培育体系。紧扣重点行业、重点领域以及重大战略对高素质技能人才的实际需要，加快构建产教训融合、政企社协同的技能人才培育体系，助力河南建设技能人才高地。根据产业地图绘制高技能人才地图，编制发布紧缺高技能人才需求目录，科学制定技能人才引进和培养方案，对于重点领域急需紧缺工种，开展订单式、项目制培养，扩大培养规模、提升培养层次、丰富培养方式。锚定优势产业链、重点产业集群，结合企业实际有针对性地加强职业技能培训，积极推动企业在岗职工全员就业培训、在岗培训，全面推进企业新型学徒制培训，推广菜单式、套餐式培训，强化实操训练，打造培训品牌和精品项目，依托技工教育资源，提高培训质量。

二是加快打造适应河南需求的技能人才载体平台。发挥好企业、院校、公共就业训练中心、社会培训机构等培训主体作用，打造宽领域多层次全方位技能人才载体平台体系。强化技工院校主渠道和主阵地功能，深化校企合作、产教融合，以名校名师名专业为抓手，提升技工院校办学层次，打造技工院校品牌，提升整体办学水平，推动河南技工院校改革创新先行区建设。依托行业重点企业和高水平技工院校，持续建设一批国家级省级高技能人才培训基地、技能大师工作室、专项公共实训基地、校企联合实训中心和产教融合示范园区。以全国技能大赛集训基地建设为抓手，健全职业技能竞赛体系，强化技能大赛参赛选手选拔、集训、保障、服务机制，实现以赛促学、以赛促训、以赛强能。持续开展“互联网+职业技能培训”，加强技能人才在线培训平台管理，优化资源供给、提高培训质量。

三是加快培育彰显河南特色的人力资源品牌谱系。围绕产业优势和发展需求，重点打造“河南护工”“河南码农”“豫农技工”“河南建工”“河南织女”“物流豫工”“河南跑男”“豫菜师傅”“豫匠工坊”“河南电商”“珠宝豫人”等省级人力资源品牌，持续丰富品牌内涵、提升品牌价值、扩大品牌影响。充分挖掘各地资源优势，因地制宜、突出特色，推进“一县一品牌”建设，积极培育“杞县砂锅”“林州建工”“长垣厨师”等一批区域人力资源品牌。建立人力资源品牌动态数据库，研究制定品牌宣传方案，充分借助各类媒体平台加强报道、逐步推广，实现品牌规模效应放大和影响力扩容，助力“技能河南”建设。

四是加快完善支撑河南建设的技能人才发展生态。持续优化“技能河南”建设环境、强化政策供给，不断培优系统完备、规范高效、健康可持续的技能人才发展生态。积极完善省级层面职业培训法规及配套政策体系，加快建成全国有影响力的职业培训法治先行区。健全高技能人才激励机制，配套出台技能人才就业创业扶持、奖补、服务等保障政策，激发技能人才干事创业活力。完善政府主导、企业参与、社会支持的多层次职业技能等级评价认定体系。探索建立郑州都市圈技能人才评价互通机制，推动技能人才评价技术资源协同开发、成果共用。聚焦新经济、新业态、新职业、新工种发展新形势，建立技能人才评价快速响应机制。加快建立完善技能人才合作交流机制，在省、市、校、企层面建立长期稳定合作关系，加强相关领域的跨省跨国交流学习。完善"河南工匠"等技能人才荣誉称号的遴选表彰机制，积极营造崇尚劳模精神、劳动精神、工匠精神的良好社会风尚。

李红见：目前，全面推进技能河南建设还应处理好一些关键问题。

一是政府和市场协同问题。职业技能培训服务具有准公共产品的性质，这项工作如果完全靠政府推动会出现成本过高、活力不足等问题，完全靠市场来调节会出现失灵或偏离问题。政府在统筹规划、政策支持、运作推进、保障服务、监督管理和可持续发展等方面应发挥宏观引领作用。积极引入市场机制，用市场化运作方式优化资源配置，调动参训人员、培训机构等参与主体的积极性，提升技能河南建设的活力。如何更好发挥好市场和政府各自优势和协同合力作用，需要持续关注。

二是培训项目与区域发展深度融合发展问题。省级层面更多的是全局性、统筹性安排，而地方开展培训时应从提升区域人力资源素质、促进社会充分就业高质量就业的战略高度来思考，不能"为了培训而培训"。在培训规划设计、培训基地建设、培训品牌打造上，应充分考虑区域资源禀赋、区位优势、产业特点，与区域发展水平、整体发展规划、产业发展迫切需要实现深度融合。

三是项目实务与经验模式相互促进问题。各部门各区域在职业技能培训方面已经做了大量工作，也形成了很多好的做法，但没有形成社会影响力，也没有得以推广用以指导实践。分析原因，可能是因为各部门事务性工作过多，对这种经验研究关注不够，缺少系统性梳理和理论总结，对典型案例挖掘不深，没有提炼形成相对稳定成熟的路径模式。

四是培训转化和舆论营造良性互动问题。现阶段，技能人才的社会认同感有所改善，但崇尚技能、崇尚"工匠精神"整体社会氛围没有根本改善。技能人才成功案例带动舆论环境改善，进而带动更多人参与技能培训的良性互动不够。

具体措施上,一是做好职业培训统筹规划。技能河南建设是一项系统性工程,应在摸清底数的基础上,认真研判技能河南建设的发展形势,统筹长远工作与当前工作,统筹安排好各项重点工作。二是提升职业培训基础能力。坚持做大总量与调优结构并重,整合各类培训资源,推进培训基础建设和能力提升,加强培训机构师资建设,创新培训模式,构建层级合理、定位明晰、布局科学的建设体系,打造区域性有影响力的技能培训基地和培训品牌。三是提升培训质量和效果。紧密对接本区域创新链、产业链、供应链,分析预判就业市场需求变化,及时调整、合理设置培训项目,更新培训内容,分类开展有针对性的相关培训,切实保障培训效果。四是进一步营造良好社会氛围。不断创新宣传形式,进一步加大宣传表彰力度,弘扬工匠精神,在人才评定、职称评审、重大表彰等方面适度倾斜,提升技能人才的社会认可度、尊崇感,积极营造尊重劳动、尊重技能人才、更加有利于技能人才成长与发展的良好社会环境。

(嘉宾单位:河南省宏观经济研究院、河南省社会科学院创新发展研究所。原文刊发于2022年8月19日《河南日报》第25版)

最是书香能致远

张 宇 张先飞

阅读是获取知识、启智增慧、培养道德的重要途径,事关文化传承、文明进步。要把书香河南建设作为提高全民文化素质、提高社会文明程度的重要抓手,发挥我省丰富历史文化资源优势,精心打造载体平台,构建覆盖广泛、方便快捷的服务网络,让全民阅读触手可及、蔚然成风。

让更多的人读书、读好书

记者:张宇老师,作为一位著名的河南籍作家,您对深厚的中原文化有着独到的理解,我们省提出“书香河南”建设有着什么样的意义和价值,请您谈谈看法?

张宇:书香河南,我理解就是在说文字、书籍、中原文化和中华文明。作为一名作家,作为一个河南人,中原地区是中华文明的摇篮,中原文化一定程度上就代表着中国传统文化,这些就足以让我感到骄傲了。

距今大约4000至5000年前,中国就已经有了文字。到商、周时期文字逐渐定型。从现存的甲骨刻辞、青铜器铭文和早期石刻文字看,殷周时期是中国初期书籍发展的历史阶段。甲骨是龟甲和兽骨的合称。殷人乃至于西周人,都很重视占卜。在征伐、狩猎、畜牧、农事及灾害、疾病、祭祀时等,通常都要求神问卜。甲骨便是用于占卜的工具。占卜完毕,把占卜的时间、卜人的姓名、问卜的事项、占卜的结果及事后应验的情况等,用文字记刻在卜兆的附近。这种文字称为甲骨文,也称甲骨刻辞或卜辞。“中原文化殷创始，观此胜于读古书。”这是郭沫若先生在安阳殷墟欣赏过几千年前的文物之后发出的感慨。

在我的记忆里，中华民族漫长的历史文化进程中，能称之为“文化灯塔”的是洛书和河图。“洛”是指洛河，“河”是指黄河，在黄河与洛河交汇的流域，“居天下之中”的地方，古代人民创造了灿烂的物质文明与精神文明。洛书河图是华夏文化的源头活水，两幅图案玄奥神妙，博大精深。在洛书和河图出现两三千年左右以后，同在中原地区又出现了更加伟大的文化成果《周易》。《周易》是中国传统思想文化中自然哲学与人文实践的理论根源，是古代汉民族思想、智慧的结晶，被誉为群经之首。它可以被称之为中华文明的百科全书，内容极其丰富，对中国几千年来的政治、经济、文化等各个领域都产生了极其深刻的影响。

“书香河南”还让我想起了我们的一位老乡——老子。“道可道，非常道”，老子的《道德经》传承后世，不仅在中国，甚至在世界上也产生了广泛的影响。德国的思想家卡尔·雅思贝尔斯于1949年发表了《历史的起源与目标》一书，提出了轴心时代的说法，他指出公元前800年至公元前200年之间，中国、印度、西方相互独立地完成了结构相似的文明革命，在这一段时期，上述地区出现了孔子、老子，释迦牟尼，苏格拉底、柏拉图、亚里士多德等左右人类文明发展进程的先行者，开创了它们各自发展的新起点。这些人的理论对当今社会的文化生活仍然具有重要而深远的影响。

记者：张宇老师，您对中国优秀传统文化的厚爱我们感同身受，那么您认为读书和文化传承的关系应该是怎样的呢？

张宇：书籍，是文化的重要载体；读书，是传承文化的重要方式。

文化，是人类认知世界的智慧结晶，是一种潜移默化的持续濡染。它与各项规章制度有关，却又超越具体制度，有着恒久的生命力。文化是一个民族在其历史发展过程中逐渐积累起来并获得广泛认同的标记，是有别于世界其他民族的独特精神标识，是民族得以延续的精神基因。一个国家、民族的优秀传统文化，是民族的魂魄，是凝聚力的根本，也是国家强盛的精神力量。文化存，则民族存；文化亡，则民族亡。

对于每个现实生活中的人来说，文化之于其生存和发展具有先在性。

每个现实生活中的人自出生起，其思维方式、行为方式、价值观念等就潜移默化地被本民族文化影响和塑造，并逐渐表现出本民族的特色。而也正是在这一作用之下，使每个人具有本民族的精神文化心理，成为本民族的一分子。中国人之所以能称之为中国人，关键在于我们是在中华文化的熏陶和浸润中成长起来的。每一个时代、每一位作家，每一本书都可以反映民族风貌、展现时代思潮，既是社会的风向标和晴雨表，也持续塑造着一个民族的文化品格和精神气象。文化的本质是文以载道，以文化人。文化建设可以教化人民，提高人民的素质。古人说“三日不读书面目可憎”。

“求木之长者，必固其根本；欲流之远者，必浚其泉源”。中华优秀传统文化是中华民族的精神命脉，是涵养社会主义核心价值观的重要源泉，也是我们在世界文化激荡中站稳脚跟的坚实根基。中华民族在其发展过程中积淀了博大精深的优秀传统文化，它是中华民族的“根”与“魂”，是中华儿女安身立命的根本，是中华民族的精神命脉。所以说，“书香河南”建设的关键要落实在传承中华经典著作，传承中华优秀传统文化上面。

苏联教育家苏霍姆林斯基说，孩子的阅读开始得越早，阅读同他全部精神生活越能有机地发生联系，阅读时思维过程就越复杂，阅读对智力发展就越有裨益。阅读是人类获取知识、启智增慧、培养道德的重要途径，可以让人得到思想启发、树立崇高理想、涵养浩然正气。习近平总书记说，“中华民族自古提倡阅读，讲究格物致知、诚意正心，传承中华民族生生不息的精神，塑造中国人民自信自强的品格。”中国人自古以来崇尚读书，“人家不必论贫富，惟有读书声最高”，“忠厚传家久，诗书继世长”。在中国，耕读传家的传统也深入人心、绵延不绝。孔子五十读《易》“韦编三绝”，陶渊明“每有会意，便欣然忘食”，李白“片言苟会心，掩卷忽而笑”——

我是一个作家，懂得以文化人的作用。我也是一位读者，也深知阅读是最有效的文化传承方式之一。书香河南，文化灯塔。让更多人读书、读好书，懂得读书，是我们的职责和使命。

保障全民阅读的实现

记者：阅读是最有效的文化传承。要把书香河南建设作为提高全民文化素质、提高社会文明程度的重要抓手,具体的落实措施您有哪些建议呢?

张先飞:开卷有益、读书增智,阅读是一个国家精神发育的基本途径,是建设学习大国的重要内容。倡导人们爱读书、读好书、善读书,是传承优秀传统文化、弘扬社会主义核心价值观、增强全社会向上向善力量的有效途径。

因此,我认为书香河南建设应该是一项覆盖全社会的系统工程。首先,我们要厘清建设书香河南的目的、意义和价值,然后再来探讨其实施原则及手段。

自鸦片战争以来,重塑民族精神成为每一时代国人的中心任务,他们均将对书籍的阅读作为最为重要的手段之一,阅读是提高民族素质的基础路径。

思想引领的源头就是"阅读"。欧洲的文艺复兴和启蒙运动,在工业革命、法国大革命之前,都是思想发动的过程,它们从文化开始,与宗教改革、科学革命、浪漫主义等融合,促进了西方整体社会的进步,特别是科学技术的进步。文艺复兴和启蒙运动创造了那个时代的核心价值观,带来了一个创新的时代。这个创新的时代,是通过欧洲印刷业的发展、民众阅读学习能力的提高、教育的发展以及知识迅速向大众传播和普及作为基础来实现的,而这些无一不与阅读有关。

犹太民族被称为"书的民族"。他们的父母引导孩子进行海量阅读是一种国民行动。在每个犹太人家里,当孩子稍微懂事时,母亲就会翻开《圣经》,滴一点蜂蜜在上面,让不识字的孩子去吻,这仪式是让孩子懂得:书是甜的,真正的知识是甜蜜的,并且是一种智慧。犹太人父母从小就会给孩子灌输,"智慧比财富和地位更重要,学者远比富翁和国王伟大"的观念。

当今世界,不少欧美发达国家都出台了促进阅读的法律和规划,推动了社会各界对阅读教育的关注,保障了全民阅读的实现。比如,美国1998年出台《卓越阅读法案》(REA),2002年出台《不让一个孩子落后法案》,保障青少年阅读。俄罗斯、日本、西班牙等国家也将保障阅读融入法律和政策体系之中:俄罗斯2006年颁布了《国家支持与发展阅读纲要》,2012年出台《民族阅读大纲》;日本2001年出台了《关于推进儿童读书活动的法律》、2005年出台了《文字印刷文化振兴法案》；西班牙2007年出台了《阅读、图书和图书馆法》。这些国家都在以法律和政策的形式推进全民阅读。

随着时代的发展，文化的进步，我们也发现我国在引导国民阅读以促进社会教育的再发展、快速提高国民素质方面还有待完善和加强。究其原因，还是在宣传与引导方面缺乏持续性的整体布局，最终往往流于形式。书香河南建设必须完全落在实处，不仅要切实取得实际效果，并且要建立起长效机制。要从遵循全民性、专业性、阶段性、全局性等方面入手。

“全民性”原则。书香河南建设是要求覆盖全体民众，包括专家学者，因为各类专家学者实际只是某一特殊领域的精深研究者，当他们面对广泛的文化领域时，也是所知有限的普通民众。

“专业性”标准。书香河南是一项范围广大的文化活动。“全民性”与以“普及”为起点的方针，并不意味着简单与粗陋，也并不只是为让更多民众能够粗通文墨或略具常识，而是从文化传承和文明进步的更高角度出发。其理论基础是马克思提出的所有人类的人格精神普遍完善的理想观念，认为只要经过持续的教育活动，每个人都有能力成为知识齐备、精神高尚、人格完善的理想之“人”。基于此，我们在设计建设书香河南的整体计划时，一开始就应该树立极高的标准，以培养完善的理想的“人”作为目的。为完成“专业性”目标，一方面，引入各类行业中卓有成绩的重要专业代表和资深研究者的加盟是关键性的智力保证；另一方面，国家相关部门建立以这些专家学者为智库的总委员会以及各专业的分委员会，则是关键性的制度保证机制。他们不仅要全方位参与订立出系统实施计划和“专业性”评价标准，而且还要参与主持并负责总体评估、全面协调建设书香河南的整体工作。

“阶段性”规划。为实现培养完善的理想的“人”的崇高目标，必须做好从“普及”到“提高”的“阶段性”的规划，这是由知识学习、思想培养与人格成长从低到高逐渐积累的基本规律所决定的。需要按照民众年龄的不同层次、关于某一专业领域的知识水准和公民思想素养的不同做出“阶段性”的划分，在不同的阶段之内自然需要提供不同层次的读物，这些读物的“专业性”水准逐层递进，由低而高，从浅显到深入，以至达到专业精深的程度，其中虽有深、浅层次的区分，但绝无雅、俗与文、野的本质差别。关于“阶段性”

原则的贯彻,不能忽略成人群体,使得成人丧失了更多的学习机会,尤其使教育程度较低的成人群体。

“全局性”视野。进行全面统筹的安排,务必使建设书香河南的实践活动真正落实到全社会的每一个层面以及每一个社会细胞当中。在实施规划中,“分类别”,划分出各类层次,如年龄层次、知识水平层次、工作领域与社会身份的层次、社会群体与社会阶层的层次以及性别、民族等差别。“分专业”,涉及社会科学、自然科学、理工类、文学艺术、生活知识等全方位知识领域。“分阶段”,依照“普及”与“提高”关系的理论认知,划分出从浅显到深入,再到专业精深的过程中层级上升的不同阶段。另外,立足中华、兼及海外、文化传播的“全球性”也要考虑兼顾。对于较为贫困、偏远地区的特殊情况,也更要重点关注,以全民阅读为切入点加大对当地的文化投入。

步步规划,步步落实,立足全民阅读,书香浸润,才能把优秀文化的传承、社会文明的进步真正落到实处,走向深远。

（嘉宾单位:河南省作家协会、河南大学。原文刊发于2022年8月22日《河南日报》第6版）

加速布局“设计河南”新赛道

刘宛康　梁留科　裴学胜

在我们的生活中，以创新创意创造为核心的设计无处不在，设计能够推动产业升级、城乡面貌提升、文化繁荣，成为激活经济社会发展的新动能。从去年省第十一次党代会提出“设计河南”一词，到今年省里召开“设计河南”建设专题协商座谈会，“设计河南”建设正在加速布局、有序推进。

以设计驱动发展　赋能现代化河南建设

主持人：如何理解“设计河南”的内涵？我省将设计上升到战略层面是出于什么样的考虑？“设计河南”的推进，对现代化河南建设有什么重大意义？

刘宛康：“设计河南”一词于2021年10月首次出现在河南省第十一次党代会报告中。“设计河南”是以工业设计、工业软件设计、建筑设计、创意设计产业等为主导，通过强化顶层设计，采取“设计+品牌”“设计+科技”“设计+文化”等发展模式，实施设计驱动创新发展战略，通过链接前沿科技，融入创新创意内容，优化河南产业结构，用设计创新的成果反映河南文化、科技、社会等方面的优秀品质，塑造品牌形象，提升竞争优势，推动现代化河南高质量发展。

纵观国内外“设计+地名”的提法大多出自出版商、展览机构、行业协会与地方政府等，是一个地方或区域的设计行业发展到一定阶段后，由行业的局部设计上升到社会整体设计的结果。通过对社会整体设计的规划引导，从而推动整个地方或区域设计水平的提升,实现区域经济、社会各方面协调发展。

“设计河南”的提出具有划时代的意义,这不仅是河南省历史上首次将设计上升至战略层面,也是国内外第一个由省级层面提出“设计+省份”的发展目标。这是省委以前瞻性思维作出的战略决策,意义重大,影响深远。

梁留科:从宏观层面和战略角度来看,“设计河南”的推进对现代化河南建设具有非凡意义。

习近平总书记在河南考察时指出,推动中国制造向中国创造转变、中国速度向中国质量转变、中国产品向中国品牌转变。实现“三个转变”,根本出路在于科技创新和设计创新。“设计河南”的强力推进,是落实习近平总书记重要讲话精神的有力举措和具体行动。

“设计河南”是我省把握新发展阶段、贯彻新发展理念、构建新发展格局的重要着力点。推进“设计河南”建设,以设计创新作为突破口,绘制并实施“设计河南”的发展蓝图,把省第十一次党代会的“规划图”变成“施工图”,将为锚定“两个确保”、实施“十大战略”奠定坚实基础。

当前,人类正在从工业革命、科技革命进入创意革命的时代,创新创意创造成为时代发展的主旋律。设计作为科技成果产业化和创造满足使用者需求的商品和服务的科学创新方法,已经成为世界各国提升综合竞争力的战略工具和重要抓手,有 20 多个国家将发展设计产业纳入国家战略。纵观全国各地,经济发达省份无一不是设计大省,北京、上海、深圳、武汉入选“设计之都”,北京、上海、广东、江苏、山东、浙江等省市拥有的设计单位和设计成果遥遥领先,一些二、三线城市如哈尔滨、烟台等也开始提出建设“设计之都”的目标。前面标兵越走越快,后面追兵越来越近。“设计河南”的提出和推进,是省委审时度势的战略考量、科学决策,也为中国发展作出河南贡献。

裴学胜:从产业发展角度来看,“设计河南”的推进对河南经济社会高质量发展具有巨大的推动作用。

当前,西方发达国家已进入后工业化时代,2015 年我国第三产业在国民经济中的比例首次超过50%，并呈逐年上升趋势。2021年我省三次产业结构比例为9.5∶41.3∶49.1，第三产业占比早已超过第二产业。第三产业特别是现代服务业已成为经济增长的主力，是我国拉动内需、构建“双循环”新发展格局的重要支撑，也是未来区域经济竞争的焦点。“设计河南”的推进，紧紧抓住设计产业这一绿色低耗、高知识型、高附加值的高端服务业，规划现代化河南建设的新赛道，实现换道领跑，将为经济社会发展激发新活力、增添新动能。

我省经济总量居全国第五位，但三次产业大而不强，设计支撑乏力是制约我省经济高质量发展的重要因素。推进“设计河南”建设，能够集聚机构、人才、资本等设计产业要素，实现设计突破，从产业链最前端推进供给侧结构性改革，提升现代服务业水平，将有力补齐发展短板，推动全省经济转型升级，提升发展质量效益和核心竞争力。

我省是人口大省，文化资源丰富，市场潜力巨大，区位优势显著。推进“设计河南”建设，能够唤醒公众设计意识，促进原有资源、价值重构，让设计与庞大内需嫁接起来，推动我省更多产品产业成为国内大循环和国内国际双循环关键环和中高端，进一步激发我省发展优势，释放经济增长潜力，加快构建现代创新体系、现代产业体系、现代城乡体系，为经济社会高质量发展提供强力支撑。

工业设计取得突破　创意设计异军突起

主持人：目前，“设计河南”具有怎样的基础，在哪些设计领域具有优势？

刘宛康：我省在工业设计、建筑设计的部分领域具有优势。工业设计取得突破，特别是商用客车、重大装备等设计能力实现跨越式提升，进入国内第一方阵。近5年，获得重大国际奖项33项、国家级奖项20项。其中，中铁装备“超大直径常压刀盘泥水平衡盾构机”荣获2020年中国优秀工业设计金奖；宇通公司“小宇2.0”巴士荣获2021德国红点大奖；大信家居是国内行业唯一获得德国红点奖、中国红星奖、金勾奖、TIA原创设计大奖及十佳设计园区的企业；服装设计在女裤行业形成集聚效应，支撑郑州女裤占据全国市场的半壁江山;建筑设计行业拥有2位中国工程院院士、18位全国工程勘察设计大师,有一批有较强影响力的头部企业,黄河勘测规划设计研究院等3家企业进入全国建筑设计百强行列,多项研发成果荣获国家级奖项。

梁留科:我省文化积淀深厚、文化资源丰富,为工业设计、创意设计提供了丰富的素材,也为高端人才的集聚提供了强大的文化吸引力。近年来,我省深入挖掘传统文化资源,紧密结合现代信息技术,把握社会审美和文化消费时尚,各类创意产品呈现爆发式增长,“设计河南”与文旅融合的碰撞产生了耀眼的光芒。其中,河南卫视“唐宫夜宴”及节日“奇妙游”系列节目频频“出圈”,河南博物院考古盲盒受到热捧。“只有河南 · 戏剧幻城”“银基动物王国”等文创项目,国家动漫产业发展(河南)基地、洛阳国家级文化和科技融合示范基地、建业电影小镇等一批文化创意园区崭露头角。

我省高校设计教育初步发展,目前有52所高校开设设计类本科专业189个,107所高校开设专科层次设计类专业496个,9所高校开设设计类硕士学位点21个,共有在校生17万多人,每年毕业生超4万人。河南工业大学设计艺术学院是全省唯一的工业设计博士学位授予点,河南科技大学工业设计在全国排第12位。部分河南籍或在河南工作的人才通过在知名高校学习和多年设计实践,成长为国内设计领域的领军人物。

规划政策先行　推进关键领域突破

主持人:我省在一些设计领域已经有了较好的基础和优势,那么推进“设计河南”建设,让设计更好地为产业赋能,应如何谋划布局、综合施策?

刘宛康:“设计河南”建设涉及领域广,是一项系统工程,需要汇聚政府、企业、社会等各方力量,坚定不移地创新发展。

推进“设计河南”建设,提高认识、转变观念很重要。要通过教育宣传,引导全省上下深刻认识“设计河南”建设的重要意义和发展路径,培育设计意识,强化设计理念,形成浓厚氛围。加强各级党委、领导对“设计河南”的认识和理解,通过媒体的报道普及设计知识,广泛宣传设计活动、设计机构、设计人物、设计作品，培养全社会重视设计、应用设计的意识。同时，应依托文博系统，联合设计企业，建设“设计博物馆”，在有关展览场馆开辟设计专区，常态化展示中原设计文化、优秀设计成果，促进文化繁荣。

推进“设计河南”建设，关键要制定规划、完善政策。一是科学制定设计产业发展规划。充分发挥“设计河南”建设工作专班作用，建立健全领导机制、协调机制、推进机制，形成党委领导、政府主导、企业高校科研单位协同参与，上下协调、整体联动的良好态势。立足我省实际，科学规划“设计河南”建设布局。编制《“设计河南”建设发展规划（2022—2035）》和河南省“十四五”工业设计、工业软件、建筑设计、创意设计等专项发展规划，制订科技创新设计、农业农村设计行动方案、计划，明确时间表、路线图、任务书。二是出台系统化的产业政策。精准制订“设计河南”建设方案、指导意见等，重点在设计产业生态培育、人才柔性引育、职称评审认定、财税支持优惠、成果转化扩大等方面出台支持激励措施，设计机构享受科技创新相关扶持政策，激发企业内生动力。支持重点设计机构绿色化、数字化转型，建立设计产业发展基金，加大资金支持力度。三是加强统计考核。建立设计产业发展统计指标体系，建立“设计河南”评价指标体系、量化发展成果，将其纳入对部门和市县政府的创新绩效考核，推动“设计河南”建设分步实施和渐进落实。

裴学胜：具体到各个设计领域，要大力推进有针对性的举措，实现重点突破。把工业设计、工业软件作为重中之重。一是提升工业设计能力。提升装备制造、食品、新型材料、电子、汽车等主导产业的设计能力，壮大新兴产业、布局未来产业的工业设计能力，推动规上工业企业研发设计活动全覆盖，支持设计机构争创国家级、省级工业设计中心、工业设计研究院，培育“专精特新”工业设计企业，着力加强制造业产业链关键环节设计创新能力，从根本上树立“全产业链设计创新”的理念，推动设计融入企业战略规划、产品研发、生产制造、营销服务和商业运营全周期，提升工业设计竞争力。二是加快工业软件成长。主动布局高端工业软件研发所需的大实验室、大研发平台，打造良好工业互联网生态，依托郑州大学、解放军信息工程大学等院校聚焦聚力建设一流软件学院，推动校企联合，在工业软件部分领域打造优势,加快工业企业智能化改造,以数字技术引领设计业、制造业变革。

对于科技创新设计、建筑设计等重点领域,要找准关键点、着力点。一是强化设计对科技创新的引领作用。推进创新体制机制设计,完善科技创新体系设计,优化科技创新路径设计,构建一流创新生态。加大科技创新过程中的设计介入、设计转化力度,开展前沿技术研究与设计跨界融合,加大重大装置、重点实验室建设,促进基础研究和设计应用融通发展。二是推动建筑设计提质增效。实施建筑设计领军企业培育工程,适应工程总承包发展趋势,整合建筑设计上下游企业,以绿色建筑、超低能耗建筑、装配式建筑、智慧建筑设计为重点,统筹推进建筑设计行业全产业链发展,提升全过程工程咨询能力。三是支持文旅创意设计率先突破。建设高端文旅设计示范区和高能级文旅设计中心、设计研究院和设计引领示范企业,支持文化旅游企业发掘传统文化资源,谋划打造郑汴洛文旅设计产业走廊,形成文旅设计产业发展高地。引入先进技术、先进理念、先进方案,打造精品工程,培育知名品牌,推动文旅创意设计服务爆发式增长。四是打造农业农村设计强省。成立省级农业设计研究中心,培育农业农村设计人才和机构,推动城市设计资源下乡,促进农业产业园区设计全覆盖。加强农业机械化、农业生物技术和农业数字化的设计应用,优化农产品及生产过程设计,对农事活动进行艺术化设计。开展特色乡村设计,加快推进城乡融合,以设计巩固提升农业大省优势地位。

提升设计企业能级　加大人才培养力度

主持人:企业和人才是“设计河南”建设的主体力量,如何在设计企业培育和设计人才培养方面发力,进一步提升我省设计行业的实力和竞争力?

刘宛康:打造“设计河南”建设强有力的设计主体,就要加快设计企业培育和设计人才培养。在设计企业培育方面,一是夯实基础。强化设计理论、基础数据、共性技术、规范标准等基础研究,发挥新材料、新技术、新工艺支撑作用,支持企业自主开发设计软件和工具。加快人工智能、云计算、大数据、虚拟现实等技术应用推广,推动设计过程数字化、智能化、协同化,提升设计效率,优化设计方案。二是优化机制。围绕国家、地方的重大需求,建立"揭榜挂帅"机制,鼓励企业与专家团队联合开展重大设计项目攻关,激发设计要素活力。三是加强引导。以建筑设计为先行示范,建立健全设计成果数字化交付体系,完善设计成果数字化交付标准,完善公共建筑招投标对BIM 技术的应用要求,倒逼设计企业加快数字化转型。四是打造"设计河南"整体品牌。深化设计在社会各领域的渗透融合应用,把文化作为设计的"根"和"魂",加强河南优秀历史文化资源的挖掘、保护、传承、创新,体现代表本地特色的标志元素。逐步树立具有设计产业支撑的河南制造、河南文化、河南服务等"设计河南"品牌形象。五是培育企业品牌。坚持国际视野、对标一流,大力引进国内外知名设计公司和科研院所来豫设立研发设计机构、分支机构或共建设计研究中心,采取"一事一议"的方式给予专项支持。鼓励省内设计企业与国内外知名设计企业联合竞标,参与重大规划、重大项目,以市场换技术,提升省内设计企业的水平。以建筑设计、工业设计、装备制造等优势领域为重点,组织引导同业重组,培育若干个在国内有影响力的领军设计企业,鼓励设计优势企业打造跨界融合的产业集团和产业联盟,做强品牌。支持省内规模以上设计公司到省外设立分公司,开展工业设计、城市设计、乡村风貌设计、文旅创意设计等示范工程评审,推行设计示范企业认证制度,建立设计龙头企业白名单并制定针对性扶持政策。

梁留科:在设计人才培养方面,一是加快构建设计人才引育留用全链条工作机制和政策体系,将设计人才纳入高层次人才引进培养范围,激励优秀人才脱颖而出。吸引优秀设计人才来豫回豫创办设计机构或分支机构、设计院所。加强与本地走出去的设计院所联系,鼓励引导回流,扩大留守机构规模层级。二是加强设计教育和学科建设。鼓励中小学开展设计思维和创新意识启蒙教育。鼓励高校加强设计学科建设,积极发展设计专业研究生教育。加强与国际知名设计院校合作与交流,支持郑州大学、河南大学艺术设计,河南农业大学农业农村设计,河南科技大学工业设计,河南工业大学、郑州轻工业大学产品设计,华北水利水电大学建筑工程设计等,建设一流专业或一流设计学院。三是强化个人品牌,健全设计人才再教育机制。支持设计人员创办工作室、开通微博或公众号,支持参选国家级设计大师,组织评选省级、市级设计大师、十佳设计师、设计产业推动人物等活动。设立省级政府设计奖,分门别类对各个设计领域的优秀成果、优秀人物予以表彰,对获得国内外重要设计奖项的机构和个人给予重奖。支持行业协会、龙头企业利用行业企业资源建立创意设计教育实训基地,完善产学研合作培养人才模式,加大力度培育本土人才。聘请国内外知名设计师,加强设计从业人员职业培训,形成设计人才梯队,培育一流设计大师,打造设计人才集聚的创新高地。

加快平台园区建设　打造产业良好生态

主持人:如何通过政策推动、体制机制创新、平台搭建等,构建"设计河南"建设的良好生态?

裴学胜:"设计河南"建设良好生态的构建依赖于政府、企业、行业组织及个人等多方力量的共同协作。政府通过顶层设计进行政策推动、体制机制创新,营造设计产业发展的良好环境,企业通过重视设计、应用设计构建设计产业的发展基础,个人通过欣赏设计、享用设计培养应用设计的社会意识。同时,还要加强知识产权保护,鼓励企业、个人进行设计类知识产权申请登记、应用推广,打击设计领域侵权、假冒、盗版等违法行为,营造良好的法治环境。

梁留科:在构筑平台方面,需要进一步扩大载体。一是加快搭建产业平台。构建省级工业设计、创意设计、建筑装饰设计、农业设计等设计公共服务平台和产业协同创新的开放平台,利用平台设计新产品、优化新体验、展示新成果、塑造新品牌。强化设计机构与金融机构的对接,促进行业内部信息沟通,提供设计工具、设计标准、柔性试制、检验检测、人才实训等服务。围绕全产业链提升产业服务质量,优化设计产业发展生态。二是高标准建设设计产业园区。构建设计产业发展空间布局,鼓励各地依托特色产业打造设计产业园区,打造服务型设计示范城市,引导设计企业集聚发展。发挥郑州国家中心城市龙头带动作用,支持郑州、洛阳梯次创建世界"设计之都"。三是发挥省市设计行业协会、联盟等组织的桥梁纽带作用,强化行业规范和行业自律,鼓励行业组织利用自身资源,组织开展设计进企业、信息沟通、设计研究等活动。四是积极举办承办国际设计论坛、全国性设计峰会、重要设计赛事等,每年举办省级设计大会,加强设计领域交流。

(嘉宾单位:河南省政协提案委员会、洛阳师范学院、河南科技大学。原文刊发于2022年8月24日《河南日报》第11版)

高水平建设法治河南

李宏伟　陈胜强

法治是国家治理体系和治理能力的重要依托。去年年底召开的省第十一次党代会提出“建设更高水平的法治河南”。省委十一届二次全体（扩大）会议暨省委经济工作会议将法治河南建设列入“十个河南”建设部署之中。我省为何要大力推进法治河南建设，这项举措对我省发展有何重要意义，难点在哪里，如何高水平建设法治河南。对此，本报组织专题探讨。

意义

全面依法治国的必然要求　省域治理现代化的有力保障

记者：去年出台的河南省“十四五”规划纲要中写入“全面推进依法治省”，省第十一次党代会又进一步提出“建设更高水平的法治河南”。进入新发展阶段，我省为什么要提出建设更高水平的法治河南，请谈一谈这对我省今后发展有何重要意义？

李宏伟：法治是治国理政的基本方式。随着现在改革开放进程的不断加深，人民群众对公平正义的追求更加迫切。新时代的法治建设必须努力让人民群众在每一项法律制度、每一个执法决定、每一宗司法案件中都感受到公平正义。通过法治建设，使人民群众管理经济社会各项事业的权利能得到有效保障，使公共权力的配置和行使受到有效制约和约束，也就是最大程度地约束和规范公权力，最大程度地保护公民的合法权益。

法治河南建设是中央全面推进依法治国建设法治中国的要求。社会主义市场经济的提出、建立和完善,对法治建设提出了非常高的要求。社会主义市场经济,必须是法治经济。否则,我国不可能建立和完善社会主义市场经济。党的十八大以来,以习近平同志为核心的党中央,把全面依法治国纳入到“四个全面”战略布局,坚持依法治国、依法执政、依法行政共同推进,坚持法治国家、法治政府、法治社会一体建设,统筹推进法律规范体系、法治实施体系、法治监督体系、法治保障体系、党内法规体系建设。

是现阶段全面深化改革和经济社会转型升级的要求。党的十八大以来,我国经济社会发展进入了新常态,新常态则要求一些重大改革与发展的路径和政策选择都要于法有据。法治不仅是我国这一轮改革与发展的条件,而且是潜在的丰厚资源,更是决定的制度性因素。区域法治提升的不仅仅是区域经济的法律品质,更是区域经济的核心竞争力。

能进一步提升河南的综合竞争力。随着我国市场经济体制的完善和市场主体诉求的升级变化,省域的制度影响力、复制力和发展动力已从传统的劳动、资本、土地等生产要素逐步向制度创新和法治环境转变;从过去依靠资金、管理、人才等基本要素的竞争逐步向全面资源的竞争转变。法治的权威和法治环境的优劣,已成为地区竞争的关键要素。通过法治河南建设,可以将省委省政府重大战略部署和战略举措法治化,依靠法治来整合和优化区域利益发展格局。通过法治河南建设,最大程度地实现发展规划和政策的法治化、管理体制机制的法治化、可持续发展保障和实现机制的法治化,进而提升河南的综合竞争力。

能进一步提升各级党员干部深化改革、推动发展、化解矛盾和维护稳定的能力和水平。当前,面对新形势,各级党员干部只有增强尊法学法守法用法意识,善于运用法治方式、在法治化的环境中开展工作,才能战胜各种风险和困难。法治河南建设有助于引导各级党员干部注重法治思维,用法治方式来谋划和推动工作、处理干群关系、化解社会矛盾纠纷,使他们成为法治河南建设的重要组织者、有力推动者、具体实践者,进而提升党员干部在实际工作中解决复杂问题、谋划与推动发展的能力和水平。

陈胜强:法治河南建设是推进我省省域治理现代化的应有之义。全面依法治省是解决我省经济社会发展面临的一系列发展问题,增强社会活力、促进社会公平正义、维护社会和谐稳定的根本要求。省域治理现代化有治理体系现代化和治理能力现代化两个维度,法治均是有机构成和坚实支撑。其根由在于,法治具有固根本、稳预期、利长远的保障作用。河南法治建设“一规划两方案”坚持问题导向和目标导向相结合,着力解决法治河南建设中影响高质量发展的突出障碍、影响群众利益和社会稳定的突出问题、领导干部在法治建设方面的明显短板等问题,为推进省域治理现代化提供有力保障。

法治河南建设也是为了夯实“两个确保”和“十大战略”的法治根基。习近平总书记指出,把握新发展阶段、贯彻新发展理念、构建新发展格局,离不开法治的引领和保障。锚定“两个确保”、实施“十大战略”,需要夯实制度根基,而法治是制度体系及其实施的核心环节。法治是最好的营商环境,法治河南建设对打造市场化、法治化、现代化的河南营商环境具有支撑作用;法治建设能够促进生产力发展,法治河南建设是解决我省不平衡不充分、不协调不适应问题的破解之道。

难点

建设法治政府　优化法治环境　补齐短板弱项

记者:*法治河南建设自提出以来,在我省不断推进,取得了显著成效,但还存在一些短板弱项。请谈一谈法治河南建设的难点在哪里?我省的法治环境还存在哪些问题?*

李宏伟:法治河南建设的难点在于法治政府建设。习近平总书记强调,法治政府建设是全面推进依法治国的重点任务和主体工程,是推进国家治理体系和治理能力现代化的重要支撑。要率先突破,用法治给行政权力定规矩、划界限,规范行政决策程序,加快转变政府职能。建设法治政府,我们必须恪守法定职责必须为、法无授权不可为的执法原则,增强依法行政意识,坚持以法治的理念、法治的体制、法治的程序开展依法行政工作。法治河南建设关键在政府,必须坚持以人民为中心的新发展理念,以最广大人民群众根本利益为坐标,聚焦人民群众对美好生活的向往,以人民群众满意为根本落脚点，不断增强人民群众对法治政府建设的获得感、满意度。

法治河南建设还需要繁荣法治文化。由于中原地区长期受传统农耕文明的影响，讲人情多、讲血缘地缘亲缘多，讲法律少、讲规则少、讲程序少，一些地方的法治文化建设任重道远。当前弘扬社会主义法治文化，一是要继承我国优秀传统文化中的法治元素，切实把法治文化作为重要的“软实力”来培育，使法治文化能够成为区域资源最佳组合、效益最佳发挥、利益最佳分配的基础性条件。二是要大胆吸收借鉴其他国家或地区的先进法治文化，使敬畏法治、规则意识、权利本位、权力制约和监督、公平正义等规矩意识逐步形成。我们需要通过法治河南建设，形成法治文化，确立法治的权威和信仰，让法治成为河南人民的自愿自觉行动。

法治环境是社会主义市场经济的重要保障，是关系到营商环境的重要内容。法治为营商环境提供稳定、公平、透明和可预期的保障，进而保障经济活动的稳定运行。营商环境首先是一种致力于市场主体平等保护和公平竞争的法治环境。党的十八大以来，河南全面落实依法治国基本方略，以法治化营商环境持续优化为抓手，为优化营商环境提供法治保障，激发市场主体活力。但我们还须清醒地认识到，同社会主义市场经济快速发展的要求相比，与国内先进省份相比，法治河南建设水平仍需进一步提高。尤其是其中的制度建设、社会信用、执法规范、产权保护、权益救济等方面。一是制度建设还不够完善；二是社会信用建设需要进一步强化；三是行政执法不规范现象依然存在；四是涉企案件的司法救济还需完善。法治河南环境建设还有很大的上升空间。

陈胜强：目前，随着法治河南建设的逐步推进，法治环境不断改善。但我们也要清醒认识到，法治河南建设仍存在不平衡、不协调、不适应等短板弱项，这也是法治河南建设的难点。

不平衡主要表现在法治政府建设与法治河南、法治社会建设的节奏不同步。习近平总书记指出，全面推进依法治国，必须统筹兼顾、把握重点，整体谋划，在共同推进上着力，在一体建设上用劲。法治河南、法治政府、法治社会是一个有机整体，三者相辅相成，需要一体建设。法治政府建设是全面依法治省的重点任务和主体工程，目前已取得一定进展。法治河南、法治社会建设与之相比，在建设步伐上还有差距，仍需按照法治河南建设“一规划两方案”的部署统筹推进。

不协调主要表现在法治河南建设的制度体系与实施体系匹配度不高。我省目前已基本形成一套行之有效的法规规章制度体系，为全面依法治省奠定坚实基础。对标党的十八届四中全会提出的中国特色社会主义法治体系各项要求，我省在高效的法治实施体系方面还有较大差距，诸如如何在省域内全面贯彻实施宪法、如何把政府活动全面纳入法治轨道、如何深化司法体制综合配套改革等。一分部署，九分落实。法治河南建设“一规划两方案”已经发布，压实责任、狠抓落实是重点和难点。

不适应主要表现在法治河南建设与新发展阶段、新发展理念、新发展格局契合度不够。我省与全国一道全面建成小康社会，开启了全面建设社会主义现代化河南的新征程。理念是行动的先导。进入新发展阶段，需要贯彻新发展理念，构建以国内大循环为主体、国内国际双循环互相促进的新发展格局。这就要求法治河南建设“围绕中心、服务大局”，做到立法主动适应改革、政府活动全面纳入法治轨道、司法活动守护社会公平正义、全民守法社会氛围形成、权力制约与监督机制高效运行。与新发展阶段、新发展理念、新发展格局提出的各项要求相比，我省法治建设的引领和保障作用还有不小差距，还需着力解决好立法、执法、司法、守法等领域的突出问题和矛盾。

确保正确方向

坚持党的领导　坚持法治道路　坚持理论指导　坚持法治思维

记者：方向指引道路，在法治河南建设中我们必须坚持正确的方向。请谈一谈在具体推进落实中，我们该如何确保法治河南建设的正确方向，确保高水平推进法治河南建设？

李宏伟：确保法治河南建设的正确方向，一是要坚持党的领导。习近平总书记指出：“党的领导是中国特色社会主义法治之魂。”只有在党的领导下依法治国、厉行法治，人民当家作主才能充分实现，国家和社会生活法治化才能有序推进。习近平总书记提出的“十一个坚持”中，首要的就是坚持党对全面依法治国的领导，充分表明党的领导在全面依法治国中的统领性、全局性、决定性地位。为建设更高水平的法治河南夯实法治基础，就必须始终坚持中国共产党的全面领导。要实现党在科学立法、严格执法、公正司法、全民守法等方面的领导，把党的领导贯彻到全面依法治省全过程和各方面，充分发挥党总揽全局、协调各方的领导核心作用，更加有力地推动党的决策部署贯彻落实，确保法治河南建设的正确方向。

二是要坚持法治道路。中国国情决定了中国必须走中国特色社会主义道路。社会主义法治是解决社会主义革命、建设和改革时期重大问题的实事求是的法治观，源自实践，并指导实践。中国特色社会主义法治道路本质上是中国特色社会主义道路在法治领域的具体体现。习近平总书记指出，中国特色社会主义法治道路，是社会主义法治建设成就和经验的集中体现，是建设社会主义法治国家的唯一正确道路。建设更高水平法治河南必须坚持依法治国、依法执政、依法行政共同推进，坚持在法治轨道上统筹社会力量、平衡社会利益、调节社会关系、规范社会行为、化解社会矛盾，以良法促发展、保善治。坚定维护宪法尊严和权威，一体推进法治河南、法治政府、法治社会建设，在法治轨道上推动省域治理现代化。

三是要坚持理论指导。建设更高水平的法治河南夯实法治基础，必须坚持以习近平法治思想为引领。目前，我省正处于开启全面建设社会主义现代化河南新征程的重要时刻。战略机遇的叠加期、蓄势跃升的突破期、调整转型的攻坚期、风险挑战的凸显期等阶段性特征明显，人民群众在民主、法治、公平、正义、安全、环境等方面的要求日益增长，需要更好发挥法治固根本、稳预期、利长远的保障作用。锚定“两个确保”，建设更高水平法治河南就必须坚持以习近平法治思想为根本遵循和行动指南，全省上下必须把深入学习宣传贯彻习近平法治思想作为一项重要政治任务，持续推动广大干部群众深刻领会蕴含其中的马克思主义立场观点方法，全面准确把握精神实质、丰富内涵和核心要义，自觉坚守法治、主动谋划法治、深入厉行法治，切实把这一科学思想转化为法治建设的实际成效，转化为建设更高水平法治河南的生动实践。

四是要坚持法治思维。法治思维是增强党员干部履职尽责科学性、预见性、主动性的有效路径。习近平总书记强调,领导干部必须带头尊崇法治、敬畏法律,了解法律、掌握法律,遵纪守法、捍卫法治,厉行法治、依法办事,不断提高运用法治思维和法治方式深化改革、推动发展、化解矛盾、维护稳定的能力,做尊法学法守法用法的模范,以实际行动带动全社会尊法学法守法用法。为建设更高水平的法治河南,要始终坚持法治思维。要提高和强化党员干部法治思维和法治素养,建立党员干部应知应会法律法规清单制度,推动党员干部做尊法学法守法用法的模范。把法治素养和依法履职情况作为重要内容纳入干部考核评价体系。推动党员干部认真学习宪法、学习同自己所担负工作密切相关的法律法规。

关键

提升立法质量　建设法治政府
深化司法体制综合配套改革　推进守法普法

记者:从去年到现在,我省先后出台了《法治河南建设规划(2021—2025年)》《河南省法治社会建设实施方案(2021—2025年)》《河南省法治政府建设实施方案(2021—2025年)》等文件,对推进法治河南建设做了具体部署,请谈一谈在这一系列规划中,有哪些实施要点与关键环节?

陈胜强:这三个文件的出台正是对标了中央法治建设"一规划两纲要",结合我省实际,整体谋划、系统推动,绘制出建设更高水平法治河南的"规划图"。

根据"规划图"一体推进是法治河南建设的内在要求。全面依法治省是一个系统工程,其中,法治河南是目标,法治政府是主体,法治社会是基础。法治河南、法治政府、法治社会一体推进,是学习贯彻习近平法治思想的题中应有之义,是我省法治建设的必然要求。省第十一次党代会提出,一体推进法治河南、法治政府、法治社会建设,在法治轨道上推动省域治理现代化。我省"一规划两方案"将统筹推进法治河南、法治政府、法治社会建设作为建设更高水平法治河南的主要原则。

切实提升立法质量是法治河南建设的关键。习近平总书记指出:“人民群众对立法的期盼,已经不是有没有,而是好不好、管用不管用、能不能解决实际问题;不是什么法都能治国,不是什么法都能治好国;越是强调法治,越是要提高立法质量。”在强调坚定维护宪法尊严和权威基础上,省第十一次党代会和“一规划两方案”围绕提升立法质量和效率,作出再安排、再部署:一是要完善党委领导、人大主导、政府依托、各方参与的地方立法工作格局。二是要发挥人大及其常委会作用,围绕生态保护、新型城镇化、科技创新等重点领域、新兴领域提升立法质效。三是要切实维护法制统一,做好改、废、释、纂“后半篇文章”,做到重大改革于法有据,立法主动适应改革。四是健全地方立法工作机制,发挥人大立法基层联系点、立法基地、立法专家库作用,创新开展“小切口”“小快灵”立法,强化对设区的市立法工作的指导。

全面建设法治政府是法治河南建设的主体。习近平总书记强调,法治政府建设对法治国家、法治社会建设具有示范带动作用,要率先突破。法治政府建设是建设更高水平法治河南的重点任务和主体工程。省第十一次党代会提出,全面建设法治政府,完善依法行政决策机制,严格规范公正文明执法,构建职责明确、依法行政的政府治理体系。《法治河南建设规划(2021—2025 年)》《河南省法治政府建设实施方案(2021—2025 年)》从依法全面履行政府职能、健全依法行政制度体系、完善依法行政决策机制、深化行政执法体制改革、坚持严格规范公正文明执法、健全行政权力制约和监督保障体系、健全法治政府建设科技保障体系等方面作出部署,要求全面建设职能科学、权责法定、执法严明、公正公开、智能高效、廉洁诚信、人民满意的法治政府。

深化司法体制综合配套改革是法治河南建设的重点。促进社会公平正义是司法工作的核心价值追求,是司法体制综合配套改革的目标遵循。省第十一次党代会提出,深化司法体制综合配套改革,提高法律监督水平,促进公正司法。《法治河南建设规划(2021—2025 年)》《河南省法治社会建设实施方案(2021—2025 年)》从优化审判职权配置、全面落实司法责任制、深化诉讼制度机制改革、落实执行体制改革部署、加强人权司法保护等方面作出安排,强调“让审理者裁判,由裁判者负责”“谁办案谁负责、谁决定谁负责”，要求构建权责明晰、监管有效、保障有力的执法司法责任体系，不断促进社会公平正义。

深入推进守法普法是法治河南建设的基础。法律的根基在于人民发自内心的拥护，法律的伟力在于人民出自真诚的信仰。全面推进依法治省，必须坚持全民守法；推进全民守法，必须深入推进守法普法。省第十一次党代会提出，实施“八五”普法规划，推动全社会尊法学法守法用法。《法治河南建设规划（2021—2025年）》《河南省法治社会建设实施方案（2021—2025年）》从深刻学习领会习近平法治思想、维护宪法权威、提升全民法治素养、弘扬社会主义法治文化、全民落实普法责任制等方面作出规划，培育全社会法治信仰，引导我省人民做社会主义法治的重视崇尚者、自觉遵守者、坚定捍卫者。

（嘉宾单位：河南省社会科学院法学研究所、河南大学监察制度研究中心。原文刊发于2022年9月25日《河南日报》第6版）

以标准河南建设推动高质量发展

郑文超　张宏峰　梅星星　刘　祺

标准是人类文明进步的成果，标准决定质量，只有高标准才有高质量。在我省锚定“两个确保”、实施“十大战略”、建设国家创新高地的关键时期，更需要加快标准河南建设。为此，我们邀请有关专家对这一重要目标任务进行理论阐释。

标准就是质量　就是核心竞争力　就是话语权　就是高效能治理

记者：省委、省政府印发的《关于全面实施标准化战略加快建设标准河南的意见》对标准河南建设作出了全面部署，请介绍一下什么是标准河南及其重要意义。

郑文超：何为标准？标是尺度，准是准则，标准就是一种公认的尺度和准则。标准是经济活动和社会发展的技术支撑，标准化在推进国家治理体系和治理能力现代化中发挥着基础性、引领性作用。人无规矩则不立，国无标准则不兴。习近平总书记指出，标准决定质量，有什么样的标准，就有什么样的质量，只有高标准才有高质量。中共中央、国务院印发《国家标准化发展纲要》，进一步将标准化提升到党和国家事业发展全局的战略高度。加快建设标准河南，既是贯彻落实习近平总书记关于标准化工作重要指示精神的具体行动，也是锚定“两个确保”、实施“十大战略”的有力支撑。

建设标准河南，就是要形成一批高质量的河南标准，通过全域化的标准实施推广，提升全省标准化整体水平，加快构建市场规范有标可循、公共利益有标可量、社会治理有标可依的新格局。标准河南建设对提升我省优势产业、优势企业的核心竞争力，增加产业发展的话语权与主导权，助力高技术创新、引领产业高质量发展、促进高水平开放、支撑高效能治理、保障高品质生活等方面具有积极作用和重要意义。

记者：刚才郑局长从宏观层面介绍了标准河南建设的重要意义，我省作为农业大省，农业农村标准化是实现农业农村现代化的一项综合性技术基础工作，是实施乡村振兴战略的重要支撑，也是标准河南建设的题中应有之义。请谈谈农业农村标准化的重要作用。

梅星星：农业农村标准化是指农业生产经营活动要以市场为导向，将农业的科技成果和生产实践相结合，建立健全规范化的工艺流程和衡量标准。其意义体现在以下几方面：

一是固本夯基。在环境资源约束下，实现农业产业标准化，能有效减少农业产业不同环节产品损耗，确保米袋子、菜篮子、肉案子安全充盈。二是提升农产品市场竞争力。实现农业产业标准化，既能有效推动农业科技进步，提升农业全要素生产率，又能促使相关标准协调、配套，有力支撑河南农业品牌建设。三是增强农业供给侧结构性改革的适应性。实现农业产业标准化，既能突出市场化导向，优化农业产业结构和发展方式，又能兼顾生产者、经营者和消费者利益，改善市场供需关系。

记者：标准化建设也是创新驱动发展的重要支撑。农业、工业和服务业等方面的创新，实则都是标准化的生动实践。那么，标准化对科技创新的推动作用具体体现在哪些方面？

张宏峰：标准化是推动科技创新的关键抓手。实现规范运作的创新环境，是标准化工作的核心要素。标准的“制定—实施—修订”过程，恰恰是科技的“创新—应用—再创新”过程。同时，标准化是消化吸收新技术的捷径，新技术的标准化不仅是促使企业利益最大化的重要手段，也是促进新技术推广的最佳途径。

对关键核心技术的选择简化作用。标准化意味着尽量简单化。特别是关键核心技术的研发、交易、开放、安全、产权归属等环节都需要明确、统一的标准和规范来指导。历史经验表明,每次工业革命都会涌现大量创新技术,对相同的问题给出不同路径的解决方案。标准化就是在众多创新方案中加以选择,只保留最经济的、最合理的、最高效的、最符合目标的最佳方案。

对科技成果产业化的规范提升作用。当前各个行业经济活动紧密结合,产业前后有着极高的关联度,协同创新需要功能协同、空间协同、区域协同和人文协同,而这些都需要标准化作为协同平台和制度载体。标准化有力推进产业跨界融合,起到放大、叠加、倍增作用,有助于产业突破发展瓶颈。

对科技产品规模化生产的协调管理作用。科技型企业通过建立生产任务的过程标准、输出标准、工作人员的技能标准,协调包括人与设备和工具,人与劳动对象,以及人与人之间的关系,发出标准化指令,督促生产资料和生产关系之间互相调整和适应,快速提高工作效率。

记者:标准化建设不仅仅是在经济领域,推动行政管理和社会治理标准化建设也是实施标准化战略的一项重要内容,它的重要意义体现在哪些方面?

刘祺:明确政府改革的目标路径。党的十九大报告提出,建设人民满意的服务型政府,实现这一行政体制改革的重要目标,就要将标准化的理念、原则、方法引入到各级政府部门,突出改革的整体性、规范性,以标准化为手段,深化机构改革,转变政府职能,提高干部履职能力,从经验治理迈向科学治理、制度治理。

为政府创新提供科学依据,克服创新过程的"碎片化"。局部创新后的试点经验复制推广阶段,容易出现因各地标准不一、口径不同带来创新"碎片化"问题。借助标准化的方法和工具,可实现政府创新举措的规范化和行政资源配置的更优化。

量化治理效能的评判指标,超越治理结果的"模糊性"。现代政府治理是一种目标导向的精细化治理模式,标准化能够为政府治理提供统一的评估基准和标杆,运用科学合理的评价指标评判政府治理目标完成度、受众群体满意度以及公共价值实现情况,为有效把握行政资源的投入产出效果提供依据。

发出河南声音　贡献河南力量　不断创新推广方式

记者：刚才通过几位老师的介绍，我们了解到，标准是创新和竞争的重要手段，是高效治理的重要途径。请介绍一下我省标准建设的具体情况。

郑文超：在全省各级党委、政府的重视支持下，我省标准化工作取得了明显成效。一是标准国际化进程明显加快，在国际标准舞台发出了河南声音。2006年，我省专家担任国际电工委员会技术委员会主席，实现了我国该领域零的突破；2022年国际标准化组织轴承分技术委员会落户河南，实现了我省制造业领域零的突破；牵头制定修订国际标准21项，位居全国前列。二是参与国家标准能力显著增强，为标准国家队贡献了河南力量。在矿山装备、电力装备、超硬材料、农机装备、耐火材料等优势领域，承担39个全国标准化技术委员会，我省参与制定修订国家标准比例达到8.9%，其中2022年达到16.4%。三是标准示范推广方式不断创新，为标准实施提供了河南样板。先后创建了全国第一个农业综合标准化示范市、第一个循环经济综合标准化试点市、第一个先进装备制造业标准化试点市、第一个行政审批标准化试点市，农业标准化示范县数量居全国第一。四是标准化技术体系更加完善，为出彩中原提供标准支撑。成立了25个省级标准化技术委员会，发布1374项省地方标准，《高标准粮田建设标准》《绿色矿山建设规范》《政务服务"一网通办"前提下"最多跑一次"工作规范》等标准的发布实施，规范了管理、保护了环境、服务了发展。

健全体系　推动全域发展　加快引育标准人才　强化政策保障

记者：加快推进标准河南建设，要紧紧围绕《关于全面实施标准化战略加快建设标准河南的意见》确定的各项目标任务，重点把握的方面有哪些？

郑文超：健全标准体系，推动标准实施。一方面通过"揭榜挂帅"等形式推动重点领域地方标准制定，提高标准质量，发展团体标准，升级企业标准，有效增加标准供给；另一方面通过项目带动，开展对标达标提升行动，建设一批标准化示范试点项目和技术标准创新企业,推动标准实施,提高标准化水平。

聚焦重点领域,推动全域发展。实施乡村振兴标准化强农工程,以标准化助力乡村振兴战略;实施制造业标准化领航工程,以标准领航传统产业、新兴产业和未来产业发展;实施城乡建设标准化提质工程,服务以人为核心的新型城镇化战略;实施服务业标准化提升工程,助力文旅文创融合和现代服务业发展;实施基本公共服务标准化建设工程,促进基本公共服务标准化、均等化、便捷化;实施社会治理标准化强基工程,高效推进法治河南、平安河南建设;实施绿色低碳标准化引领工程,支撑碳达峰碳中和,推动生产生活方式绿色转型。

推动改革创新,夯实工作基础。实施河南标准"走出去"工程,争取制定一批高质量的国际标准、国家标准、行业标准,提升"河南标准"影响力和话语权。实施标准化创新发展工程,推进标准化技术组织建设,健全科技与标准化联动机制,推动技术专利化、专利标准化、标准产业化。实施标准化人才培育工程,建立标准化人才激励机制,培养标准化技术技能人才,培育标准化专业服务机构,发展标准化服务业。

加强组织领导,强化政策保障。发挥标准河南建设工作专班和省实施标准化战略工作领导小组作用,统筹推进标准河南建设和标准化战略实施。健全标准化激励机制,对标准制定、标准化项目建设、标准化人才培养等重点工作给予政策支持。

农业产业标准化应在四大领域实现突破

记者:刚才郑局长谈到了推进标准河南建设重点把握的方面,具体到农业农村标准化这一领域,我们的切入点在哪里?

梅星星:未来河南农业产业标准化水平的提升应该基于"产前+产中+产后+农业保障"的全产业链脉络,全局谋划和系统性把握农业生产保障、生产经营、加工流通、标准化组织管理等四大领域。

农业生产保障领域:一是严格执行《高标准农田建设通则》国家标准,依标建设确保“产地”安全。二是抓好产地环境标准。严格土壤质量标准、农业投入品使用计量标准、地下水质量和畜禽养殖业污染防治标准;严格加工贮运过程化学添加剂和包装物使用标准。三是强化“农机农技农艺”标准建设。在优质小麦、优质花生、优质草畜、优质林果等主导产业优先修订并实施生产技术规程,并加快制定修订十大优势特色农业基地建设标准。四是规范农业社会化服务标准。以农业生产薄弱环节和服务小农户为重点,以农业科技信息服务、土地托管、农机跨区作业服务规范等标准制定修订为突破口,逐渐延伸到现代农业大产业社会化服务各个环节。

生产领域:一是强化产出端标准化管理。深化实施食用农产品产地准出制度,探索实施食用农产品合格证制度,强化产品身份标识化、产业全程数字化管理。二是加强动植物病害防控标准体系建设。完善动物疫情监测、流行病学调查实验室、疫情应急指挥体系,规划畜禽、水产等不同主产区域的疫情监测排查、信息报告、疫病强制免疫等工作;健全植物病虫疫情监测预警标准体系,规范迁飞性、流行性、暴发性重大病虫区域性联防联控流程。三是提升农业投入品风险监测标准。提高监测农田土壤、地表水及地下水农药污染等设施的智能化装备水平。

加工流通领域:一是推进河南省农业生产经营主体名录库建设,健全农产品质量安全信用档案制度,深化实施食用农产品市场准入制度,严格产品合格证制度。二是分行业、分品种筛选农产品品质核心指标,建立品质评价方法标准,推动农产品分等分级和包装标识。三是利用 AI、高清影像识别等现代化技术,健全“横向到边、纵向到底、全程无死角”的产品追溯体系。四是重点打造区域品牌、企业品牌、产品品牌“三大品牌”体系,通过品牌溢价激励各方主体贯彻标准化的能动性。

标准化组织管理领域:一是健全农业产业标准化标准体系。重点从河南省十大优势特色农业产业突破,构建“产前+产中+产后+农业保障”的全产业链标准体系。二是健全农业产业标准化组织实施体系。搭建“市场向导+生产经营主体自检+政府部门监督+产业技术联盟等第三方监督”的农业产业标准组织管理架构;突出市场主导、政府引导。三是完善标准监督管理体系。形成农业产业标准化监督“一张网”,强化“双随机”抽查和网格内巡检。四是突出标准化试点示范。鼓励有条件的县市区先行先试,树立标准化标杆。

坚持标准化与创新发展双向助推　深化合作

记者:要走好创新驱动高质量发展之路,必须在标准化建设上顺势而动、抢位布局、加速赶超。请张主任谈谈具体的实现路径。

张宏峰:强化标准化战略意识。深刻认识标准化战略的重要性,聚焦国家创新高地建设,把标准化作为顶层设计的重要内容,找准着力点,推动技术、成果、信息、资金和人才等标准化创新要素高效配置和深度融合;构建跨区域的标准化领导小组,集聚和整合国家区域创新中心的政府、企业、行业协会、高等院校和研究机构等各方资源优势,注重区域协同推进标准化,完善共同治理,提升区域标准化的技术水平和国际影响力。

制定标准化的标准。加强标准与法律法规、政策措施的衔接配套,发挥标准对法律法规的技术支撑和必要补充作用,形成制度和规则合力。在制定政策措施时积极引用标准、应用标准,开展宏观调控、产业推进、行业管理、市场准入和质量监管。建立标准分类监督机制,依据法定职责,对地方标准、团体标准、企业标准的制定进行指导和监督,对标准的实施进行监督检查,注重事后监督和实效评估。建立标准创新奖励制度,对在标准化工作中作出显著成绩的单位和个人按照规定给予表彰和奖励。对创造显著经济社会效益的标准创新成果,纳入科学技术奖励范围。

加强标准化人才队伍建设。着眼创新驱动高质量发展的新要求,将标准化专业人才培养纳入人才发展规划,加大标准化人才队伍系统培育力度。鼓励高等院校等开设标准化专业课程和制定研究生培养计划。支持高等院校、职业技术学校、标准化院所与企业合作建立标准化人才培训基地。着力培养一批具有主导发言权的国际标准化高层次人才、优势和特色产业领域标准化专家,打造标准化智库。

深化标准化交流与合作。建立跨行业、跨部门、跨领域的协同发展机制,搭建标准化合作平台,开展标准化专家交流、科研合作。主动参与国际和国家标准组织技术机构的相关工作，并承担有关职务，协力推动、共同制定一批国际、国家标准。加强标准信息交换，加快推动我省标准“走出去”。

坚持标准化与创新发展双向助推。按照技术专利化、专利标准化、标准产业化要求，建立技术创新、专利保护与标准推广支撑机制。引导、服务、保障企业根据市场需求开展自主技术创新研发，对创新技术与成果依法申请专利进行保护，支持企业将拥有自主知识产权的关键技术纳入企业标准或者团体标准。推动专利与标准相结合，标准合理采用新技术，形成拥有自主知识产权的高水平标准体系，促进创新技术转化为高标准的产品与服务，实现技术创新、标准研制和产业协调发展。推动企业标准化创新服务平台建设，推动一批具有领跑者水平的标准制定修订，引领新兴产业发展和发挥辐射作用。紧贴发展需求，建立面向未来、服务产业、重点突出、统筹兼顾的标准化体系，支撑创新发展。

深化认识　协调多元关系

记者：中共中央、国务院印发的《国家标准化发展纲要》明确指出，发挥标准化在推进国家治理体系和治理能力现代化中的基础性、战略性作用，加快形成推动高质量发展的标准体系。根据这一要求，我们需要在哪些方面持续用力？

刘祺：树立政府治理标准化意识。注重标准化理念、知识、方法等内容的宣传和培训，深化各级政府部门及其工作人员对政府治理标准化的认识。加强标准化人才队伍建设，尤其是基层治理标准化方面的人才培育。将标准化工作纳入政府绩效考核，推动转变观念理念。增加交流学习，总结先行先试地区的有益经验，内化为改革创新的实际行动，提高本地区标准化建设水平。

完善政府治理标准化立法。法治是标准化体系建设的顶层设计，法律法规能够为政府治理标准化工作保驾护航，确保标准体系建设和标准化改革在法治轨道内有序进行。应加强立法部门与政府职能部门协作，注重政府改革创新举措的标准化审查。推动标准化改革与相关法律法规“立改废释”工作的有机衔接，做好标准化法修订工作，开展地方性立法工作，明确部门职责，公开地方标准，鼓励探索创新。

健全标准化治理的制度体系。标准是政府治理现代化的评判依据，现代化政府治理是标准的有效落实。推进政府治理标准化必须坚持标准制度体系建设与标准化改革工作同步推进，使标准制度体系与政府改革创新融会贯通。应立足本土实际，考虑地区差异，加快政府治理各领域相关标准的制定，力争实现“事事有标准可依、人人按标准履职”。

协调标准化治理的多元关系。公共事务治理中的相关主体应形成合作关系网络，这就需要有一套明确的、权威的社会规范，塑造网络结构、协调各方关系。因此，应建立标准化治理工作协调推进的领导机制，构建标准规范体系，厘定主体间权责，明确主体角色分工，为多元主体协作共治提供基本遵循，助力实现跨地区、跨层级、跨部门、跨系统的标准化管理与服务。

（作者单位：河南省市场监督管理局、河南省科技平台服务中心、河南牧业经济学院经济与贸易学院、中共河南省委党校。原文刊发于2022年9月27日《河南日报》第7版）

文化学术

节之大者与家国情怀

彭恒礼

中国的传统节日，五十六个民族加在一起，足有一千四百个之多。汉族人口比重最大，所以汉族节日传承者众，显示度最高。倘算上那些如今大多数人已不过的节日，如中和、上祀、寒食等，汉族地区节日数量大致在二十四五个（仅指全民性节日，不包括地域性节日）。其中影响最大者，自然是春节。

节之大者

之所以如此说，理由有四。

第一，节日时间最长。从法定节日角度看，大年三十放假，正月初七（初八）上班，时间长度在一周左右。但法定节日概念出现得较晚，春节的历史要比法定节假日的出现早得多。春节在国人心目中属民俗节日范畴，倘以民俗节日论，春节开启的时间较早。民谚云"腊八祭灶，年下来到"，这里的"年下"指的就是春节，俗称"过年"。腊八（农历十二月初八）、祭灶（农历十二月二十三日或二十四日）是春节开启的两个重要节点。若以腊八为起点，则春节在农历腊月初就已到来；若以祭灶为起点，则新年来到前，春节已运行一周有余。一般认为，元宵节（正月十五或正月十六）标志着春节的结束，但在黄河中下游地区，过去还有一个"填仓节"，又名"添仓节""天仓节"，时间在正月十九或正月二十五（不同地方填仓日期不同，一般黄河中游地区以正月十九为填仓日，下游以正月二十五为填仓日），主要祭祀火神或农神，祈求农业丰收。按旧例，“填仓节”过罢，春节庆祝活动才告结束。由是观之，春节时间当在32天至47天之间。一个半月，时间之长，不仅国内绝无仅有，放眼全球恐怕也无出其右。

第二，分布范围最广。春节分布范围绝不局限于中国版图以内，早在隋唐之前就已溢出国门，实现国际化了。

第三，节日历史悠久。春节的名称出现较晚，在1913年才有这个说法。但春节作为农历新年之实，在汉代就已确立。汉崔寔《四民月令》描述当时人们过春节的情景：

正月之朔，是谓正旦，躬率妻孥，洁祀祖迩。及祀日，进酒降神毕，乃室家尊卑，无大无小，以次列于先祖之前。子妇曾孙，各上椒柏酒于家长，称觞举寿，欣欣如也。

大年初一，家人团圆围坐在一起，其乐融融，欣欣如也的场景，是两千年前中国人过春节的景象。这番景象放在今天，也毫无违和感。从汉朝算起，春节已有两千多年的历史。

第四，春节是中国节日海外影响最大者。至迟在隋唐，春节就已走出国门，成为邻国的节日。最早接受春节的是与我国接壤的朝鲜、越南等国，载体是中国历法和典章制度（其实历法也属于典章制度）。据《隋书》载，朝鲜半岛的百济国“行宋《元嘉历》，以建寅月为岁首”。《元嘉历》是南北朝时南朝宋通行的历法，后传入百济，成为朝鲜半岛的历法。朝鲜官修史书《高丽史·历志》也说：“夫治历明时，历代帝王莫不重之。周衰，历官失纪，散在诸国，于是我国自有历。”由此可知朝鲜半岛在周代以后就有历法，继承的是周代的历法。唐时朝鲜曾多次派人到中国求取历书。朝鲜史学家金富轼所著《三国史记》载，公元624年，高句丽“遣使如唐，请颁历”。公元674年，新罗“入唐宿卫大奈麻德福传学历术还，用新历法”。用中国历法，必然接受中国人的时间概念和时间方案，于是春节、中秋节至今仍是朝鲜半岛最隆重的传统节日。

日本大约是在钦明天皇十四年（553年）获得了中国历书，先后使用过中国的《元嘉历》、《麟德历》（在日本叫作《仪凤历》）、《大衍历》、《五纪历》、《宣明历》，直到1873年由于“明治维新”才改用西历，但春节习俗一直保留至今。其他国家如马来西亚、新加坡等,春节文化影响至今仍发挥着效力。

家国庆典

人们通常认为,春节是与家和团圆有关的节日。但其本质是迎春。迎春之所以重要,是因为农历是按黄河流域的气候特征编订的。《尚书·尧典》记载:"乃命羲和,钦若昊天,历象日月星辰,敬授人时。"这是关于我国古代制定历法的最早记载。尧统治的区域位于黄河中游,2005年列为中国十大考古发现之首的陶寺遗址,出土了最早的观象台,有人据此猜测陶寺可能是尧的都城。黄河流域冬季气温低,不适合农耕,整个冬季,人们靠储备的存粮生存。存粮有定数,如果冬季过于漫长,就会发生粮荒。历史上常有黄河流域发生春荒的记载,原因就在于此。立春节气温度回升,粮食生产得以恢复,这就是立春重要的原因。

从历史上看,古代岁首不一定都放在立春前后。殷商的岁首定在十二月寒冬,周朝定在十一月冬至前后,秦时以十月初冬为岁首。可见确定岁首带有很强的主观性。汉朝建立以后仍沿用秦朝的历法,直到汉武帝时期,进行历法改革,颁布《太初历》,新年才确定在立春前后。这一制度安排从本质上看是由农耕文明的生产周期所决定。

无论古代还是现代,农耕都不是一家一户之事,是关乎国家运命的大事。定立春为岁首带有强烈的礼制色彩,春节的制特点至少体现在以下几个方面:

迎春礼。迎春礼至迟在东汉已出现,《后汉书·祭祀志》载:"立春之日,迎春于东郊,祭青帝句芒,车骑服饰皆青,歌'青阳',八佾舞云翘之舞。"由此可知,迎春礼在汉代已形成。《后汉书·祭祀志》中记载的迎春礼乃天子之礼,即由天子或天子委派的大臣主持的国家祀典,其地点在都城洛阳的东郊,去城八里,筑坛三尺为之。《月令章句》解释,"东郊去邑八里,因木数也。"也就是说,之所以选择东郊去邑八里筑坛,是因为古人的五行观念。五行中的"木",对应数字为八;选择东郊,是因为"木"属东方;车骑和服饰均为青色,是因为青色是植物(木)的颜色。立春之日首都以外的地方也要举行迎春礼,《后汉书·祭祀志》载:“县邑……立春之日,皆青幡帻,迎春于东郭外。”可见迎春礼在汉代是从中央到地方普遍举行的祀典,是春节期间的国之大事。

祈福礼。新年伊始,万象更新,人人都希望新年交好运,弭灾,增寿,添子添福。祈福的对象依然是天——抽象化或具象化的天。祈福仪式自“祭灶”始。祭灶表面祭祀灶君,实则向天(玉皇)祈福,灶君不过是老天爷安插在人间的摄像头,它记录人间善恶,集中向天汇报。第二次祈福是在大年初一凌晨,过去许多人家设“天地棚”,供天地全神,晨起第一要务就是祭拜天地以求福报。第三次是在大年初五或初六,俗称“破五”“送穷”,祭祀对象为财神,财运即福。第四次是在正月十五,俗传这天是“天官下降”的日子,古人认为“天官赐福”,既然送福气的人都到家门口来了,焉有不接之理?人们去三官庙烧香或去灯场接福。最后一次是在正月十九(有的地方是正月二十五),俗称“天仓”,向天祈谷,求丰收。

祭祖礼。祭祖是春节期间宗族内部的一项重大典礼。大家族的祭祖仪式极其隆重,《红楼梦》第五十三回《宁国府除夕祭宗祠》,对此有详尽描述。宗祠祭祖常于除夕举行,筹备工作从进入腊月开始,鲁迅小说《祝福》描写了民国时期江南地区的春节祭祖礼。祥林嫂之所以精神崩溃,就是因为族人拒绝她参与祭祖礼。宗法社会,个体存在只有依附宗族才有意义,人生最高目标不过就是“光宗耀祖”,位列宗祠。祭祖礼一年只有一次,意义重大,因此中国人无论离家多远,都要在除夕之前赶回家过年。

春节家国化与古代社会家国一体化的结构特点有关。古代,国是家天下,普天之下莫非王土,帝王既是政治领袖又是家长。春节期间的节庆活动,始于小家,随着节日活动的逐次展开延伸至大家(家族),最后扩展到整个社会(国家)。家国化和仪式感才是春节文化的核心。

神圣与挑战

一系列庄严而神圣的仪式,让人们对春节高度关注,充满虔敬。当下不少人认为“年味儿变淡了”,表面看是虔敬之心的弱化,实质是与春节的仪式感、神圣性消退有关。造成这种现象的主要原因,是不断加深的现代化进程。这种进程,颠覆和重塑了原有的知识结构、风俗习惯、生产和生活方式。现代性带来的冲击让春节神圣性遭遇挑战。

知识体系的重构。农业时代的知识体系被工业化时代的知识体系取代,天从神秘莫测的权威演化为领空和大气层,春节从仪礼时间变成“黄金周”;阴阳五行的知识体系从大众变得小众;“迎春礼”在消失多年后以文创产品的方式向游客表演。

乡村的城市化进程。中国的广大农村正经历大规模的城市化过程,乡民变市民,乡村变社区,身份改变的同时,乡土社会的人际关系面临解体。许多村民(重要是中青年人和低龄儿童)长期生活在外域,只在春节等少数时段返乡,成为住在本地的“外来者”,传统社会的亲缘与地缘关系发生动摇。

生活的商品化。计划经济时代,生产者与消费者之间的界限清晰而明确,但在商品经济高度发达的年代,生产与消费的界限变得模糊。我们管陌生的顾客叫“亲”,春节最热闹的地方不是家庭和社区,而是商品消费场所;最频繁的应酬不是发生在血缘和亲缘之间,而是发生在商业伙伴之间,基于商品交换基础上的社会交往挤占了原本属于血缘和亲情的节日时空。

社交便利化。春节是社交的重要场域,随着互联网发展和移动终端普及,社会沟通成本大幅降低。以前,社交要耗费大量时间、精力和体力,据《东京梦华录》载,宋代春节,“士庶自早互相庆贺”,城内熙熙攘攘,街上往来尽是拜年的人群。这样的场景如今不复存在,现代社会人们通常采用微信拜年,社交便利的同时也带来人情的廉价和仪式感的减弱。

重塑与回归

春节,作为千百年来国人心中最为隆重的节俗,在新的时代场景下,依然有必要延续心中的神圣。

在传统仪礼的基础上扩大春节的核心内涵。春节习俗的两大核心,一是祈福,二是敬祖。这两大核心均可与新时代的社会文化诉求对接。传统的春节祈福和敬祖主要以家庭或宗族为单位,祈“己”之福,敬“己”之祖。我们可以尝试把“祈福”和“敬祖”由“家”扩展为“国”,由“宗族”扩展为“民族”,在传统祭祀的基础上增加国家祈福仪典和祭祀人文始祖的内容。

春节作为全体中国人的神圣时间,全民性是其重要表征。乡土社会的春节主要由会社和宗族承担组织民众的职能。市场经济条件下,如何有效地动员和组织民众确实是面临的新问题。思路有两个:一个是利用现有的群众性社团组织。如文联,有各级各类文艺家协会等,政府需要对其加大支持力度,帮助其具备动员能力,担负起组织民众的职责。另一思路是利用现代教育体系,在中小学广泛开展乡土文化活动,一方面可以培养少年儿童才艺,另一方面,增进下一代对传统文化的了解,培养对传统节日的感情和兴趣。

(作者单位:河南大学。原文刊发于2022年2月5日《河南日报》第8版)

行走河南何以读懂中国

阎铁成

文旅文创融合是省委提出的“十大战略”之一，其中的一项内容就是塑造“行走河南·读懂中国”文化品牌，这是贯彻习近平总书记讲好中国故事弘扬传承中华文明的重要部署，是对河南文化遗产在中华文明中的价值和地位高屋建瓴的精准把握，对于推进河南文化遗产的保护和文旅事业的发展意义重大。

览 壮美山河 读懂中国沧海桑田

在中国960万平方公里的土地中，河南是最古老的一片土地，25亿年前，当地球表面还沉浸在苍茫浩瀚大海中的时候，嵩山就古陆崛起，横空出世，不仅成为中国而且成为欧亚大陆板块中最先露出海平面的陆地。经过25亿年前的“嵩阳运动”、18亿年前的“中岳运动”、5.4亿年前的“少林运动”等，嵩山巍然挺立，层峦叠嶂，形成了地质学上的太古代、元古代、古生代、中生代、新生代“五世同堂”的壮美景观，书写了一部石头版的地球发展史。

岁月荏苒，沧海桑田，大自然的鬼斧神工造就了今日雄浑壮丽的河南山河。这里有高山，有大川，有丘陵，有平原，几乎汇聚了中国地形地貌上的所有形态。中岳、太行、伏牛、大别，既有北方崇山的雄浑，也有南方峻岭的秀美，更有深厚的历史文化。黄河、淮河、长江、海河等中国最重要的大川都流经河南，它们冲积沃野，滋养两岸，哺育了中华民族，创立了辉煌文明。黄淮、华北是中国最重要的平原,一望无垠的辽阔沃土是中国最重要的粮仓。

行走河南,在嵩山、云台、伏牛、王屋等世界地质公园,可以读懂河南名山怎样肩并三山五岳挺起了中华民族的脊梁,在黄河、海河、淮河、长江等岸边,可以读懂这些大川怎样携手万条江河孕育了中华民族。

探　万年遗址　读懂中国先民怎样形成

河南优越的自然环境,为人类的诞生和发展提供了得天独厚的条件,河南发现的数千处旧石器遗址,展现了中华先民由原始人向现代人迈进的完整历程。

在南召杏花山可以看中更新世时代人类生活遗址,在栾川孙家洞可以观中更新世时代人类化石,在卢氏猿人山可以探10 万年前人类生活的洞穴,在许昌灵井可以寻8 万至10 万年前的人类留下的遗存。此外,在三门峡水磨沟和会兴沟、洛阳北窑、荥阳织机洞、栾川七里坪、舞阳大岗等旧石器时期遗址中也保存着丰富多彩的远古人类生活遗存,再现了远古人类生活、进化、发展、创业的场景。特别是在郑州老奶奶庙和赵庄遗址、鲁山仙人洞遗址可以探寻3 万至5 万年前人类生活的营地,一层层居住面、一堆堆篝火,一件件化石,还有那先民们进行祈祷的石堆与大象头骨,清晰地了解中国先民由原始人向现代人嬗变的经典历程。

行走河南这些万年遗址,可以读懂中国现代人不是外来的,是中华大地土生土长的,中国是世界现代人类的重要发源地。

走　氏族村落　读懂中国文明如何奠基

中华文明一万五千年前开始孕育,五千年前开始形成。在这漫长的历史进程中,文明的成长从来没有在河南中断过,布满河南大地的数万处遗址展现了中华文明波澜壮阔的发展史诗。

这里有1 万至9000 年前的李家沟文化,有9000 至7000 年前的裴李岗文化,有7000 至5000 年前的仰韶文化,有5000 至4000 年前的龙山文化,有4000 年前古国时代迈向王国时代的王城岗夏文化,这环环相扣、层层相叠的文化发展链条向人们展示着，由旧石器到新石器，由游牧穴居到聚落城池，由农业形成到行业分工，由城邦国家到一统王朝，河南是完整经历并参与创造了中华文明萌芽、发展、成熟完整进程的地区。尽管在这一过程中其他地区也创造了辉煌的红山、良渚、海岱、大地湾、大溪等文化，但这些文化最后都融进了以河南为中心的中原文化中，形成"一统天下"的新的文明体系。正因为这一新的文明体系是在以河南为中心的地区实现凤凰涅槃的，所以，人们才将这个"一统天下"的新文明体系，以河南所在的"中原"地域冠名，称为"中华文明"。

行走河南，在新密李家沟文化园、新郑裴李岗文化园、舞阳贾湖文化园、渑池仰韶村文化园、郑州大河村文化园、三门峡庙底沟博物馆、新郑黄帝故里、偃师二里头博物馆，可以一览中华文明从孕育到形成的完整过程，可以读懂中华民族怎样筚路蓝缕创造了五千年生生不息的中华文明。

行　千年古都　读懂中国历史怎样辉煌

大一统中国历经夏、商、周、秦、汉、隋、唐、宋、元、明、清十一个大的历史时期，绵绵四千余载，是世界古文明中唯一一个文明没有中断的国家，而这一伟大发展历程的开端是从河南起步的，并且走向了辉煌。

公元前 21 世纪，中国历史上第一个大一统国家——夏王朝在郑州王城岗诞生，拉开了中国大一统国家文明时代的帷幕，公元前 16 世纪，中国历史上第二个王朝国家商代在郑州建国立都，将中国青铜文明推向高峰。公元前 11 世纪，周王朝建立洛阳城，开始了长达 800 年的统治，形成了传承至今的皇皇文明。公元 25 年，东汉帝国在洛水之阳建立国都，作为东汉以及其后的曹魏、西晋、北魏 500 余年的都城，汉魏洛阳城面积达 100 平方公里，成为中国古代最庞大的都城。公元 604 年，隋帝国在洛阳另建新都，唐代继之，开启隋唐盛世。公元 960 年，在开封建都的北宋更是将中国古代文明推向登峰造极，四大发明有三个在宋代，最早的纸币出现在宋代，最美的瓷器烧制在宋代，最美的画作在宋代，儒学在宋代走向高峰，东京城也成为当时世界上规模最大的城市，创造了不可复制的古代城市辉煌。在中国王国、帝国时代

4000 多年发展史中，有 3000 年是以河南为中心的，在中国大一统的 11 个朝代中，有 7 个是在河南建都的，中国八大古都河南有郑州、洛阳、安阳、开封四个。

行走河南，一个个王都遗墟依然高耸，一处处遐迩胜地有迹可循，透过王城岗“禹都阳城”、新寨“启都黄台”、二里头“桀都斟寻”、郑州“商汤亳都”、安阳“殷商之墟”、洛阳“东周王城”、郑州“郑韩故城”、三门峡“虢国故都”、信阳城阳城、洛阳“汉魏故城”、洛阳“隋唐故城”、开封“东京故城”，透过启母阙、羑里城、周公测景台、郑庄公墓、战国长城、汉霸二王城、刘秀墓、官渡古战场、曹操墓、虎牢关、应天门、隋唐大运河、柴荣墓、赵匡胤墓、赵普墓、寇准墓、包拯墓等，可以饱览从公元前 2100 年到公元 1100 年皇皇三千年中国历史最辉煌的成就，读懂一统中国何以历经战火而坚不可摧，中华民族何以历经磨难而坚韧不拔，中华文明何以历经风雨而青春常在。

观　天地之中　读懂中国何以中国

“中国”为什么叫中国，因为她形成于中原地区，中原地区为什么叫中原，源自这个地区人们形成的“天地之中”古老宇宙观。

在人类社会发展进程中，由于生产、生活的需要，“时空”是最早需要认识和确立的概念，河南嵩山地区的人们在实践中形成了“天圆、地方、身在中央”的宇宙观，进而将自己所在的地方确定为“天地之中”，并且，以自己所在为基准点观测天象，总结制定出对农业生产有重要指导意义的农时历法。在与周边地区文明的竞争发展中，嵩山地区文明的先进性日益凸显，他们制定的历法被周边人们所接受，他们的宇宙观得到其他地区人们的认同，他们“天地之中”的区位得到天下人们的确认。尽管嵩山地区以外的一些地区也曾探寻和自称过“天中”“地中”，但天下最终只认同嵩山地区为“天地之中”，将这里称为中土、中原、中州，将建立在这里的国家称为中土之国、中原之国、中央之国，简称“中国”。

“中国”概念在 3000 年前已很清晰，西周青铜器“何尊”就记述，人们将嵩山地区称为“中国”。战国时期，范雎在为秦王谋划兼并天下之策时说得更明白:“今夫韩魏中国之处而天下之枢也,王其欲霸,必亲中国以为天下枢。”将位居嵩山地区周边的韩国、魏国称为“中国”。显然,这个时期人们不仅有了“中国”概念,而且,明确了其所在,即以今天郑州嵩山为中心、东起开封、西到洛阳的区域。“中国”一词既指建立在这个区域的某一个具体国家,也泛指建立在这里的其他国家。嵩山人的古老宇宙观自此开始转变为地理概念,地理上的“最早中国”由此诞生。随着夏、商、周王朝在中原地区的连续建都和一统天下,他们被尊为中央王朝,地理上的“最早中国”概念再演变为政治概念,将夏、商、周以及继承了其政治衣钵的后世国家以“中”来命名,称为“中国”“中央政权”,政治上的“中国”就此形成。

行走河南,徜徉郑州“天地之中”历史建筑群世界文化遗产,可以读懂中国先民测天量地的智慧,可以读懂中国先民由宇宙观衍生的中道思想,可以读懂今天无处不在的仍然指导我们生活的“中文化”,可以读懂今日中国何以中国。

品　文化遗产　读懂中国文化山高水长

悠久的历史为河南大地留下了不可胜数的文化遗存,它们是中华文明的标志,展示着中华民族的辉煌创造。

在巩义伏羲台、孟津龙马负图寺、鹿邑老子故里、灵宝函谷关、夏邑孔子还乡祠、民权庄子故里、鲁山墨子故里、登封管仲故里、圃田列子墓祠、新郑子产墓、新郑邓析故里、荥阳申不害故里、巩义苏秦故里、新郑韩非故里、洛阳贾谊故里、巩义桑弘羊故里、伊川二程故里、伊川邵雍墓、焦作许衡墓祠、洛阳白马寺、巩义慈云寺、登封中岳庙、登封嵩阳书院等处,可以仰望中国古代思想史上的一座座高峰。

在溱洧河畔、淇河之滨、漯河许慎墓祠、尉氏蔡邕故里、通许曹植墓、中牟潘安故园、开封鼓吹台、巩义杜甫故里、孟州韩愈墓祠、新郑白居易故里、荥阳刘禹锡墓园、宜阳李贺故里、荥阳李商隐墓园、伊川范仲淹墓园、新郑欧阳修墓园、光山司马光故里、郏县三苏墓祠等处,可以品味中国文学史上一篇篇璀璨华章。

在新郑裴李岗文化园、安阳殷墟、永城梁王墓、南阳汉画像石馆、登封汉三阙、新密打虎亭汉墓、洛阳龙门石窟、巩义石窟寺、偃师颜真卿墓、禹州吴道子故里、巩义北宋皇陵、登封少林寺、孟津王铎故里、洛阳古代艺术馆、郑州许昌平顶山南阳的群山之中等处,可以欣赏中国艺术发展历程中的雕塑、岩画、绘画、书法等一座座丰碑。

在新密古城寨、郑州小双桥、登封汉三阙、登封嵩岳寺塔、登封法王寺隋塔、临颍小商桥、安阳修定寺塔、济源济渎庙、开封铁塔与繁塔、汝州风穴寺、登封初祖庵、登封观星台、登封会善寺、登封中岳庙、登封嵩阳书院、巩义康百万庄园、社旗山陕会馆、内乡县衙、新郑考院、安阳马氏庄园等处,可以领略中国建筑中所有类型、所有形制的典范。

在郑州大河村遗址、荥阳青台遗址、新密岐伯山、南乐仓颉墓、汤阴扁鹊墓、南阳张衡墓、南阳张仲景墓、巩义嵇含墓、巩义窑遗址、新郑李诫墓、禹州钧窑遗址、宝丰汝窑遗址、沁阳朱载堉故里等处,可以感知中国天文、丝绸、文字、医药、建筑、音乐等方面的伟大创造。

行走河南,可以读懂中华文化何以博大精深,何以瑰丽辉煌,何以魅力四射,何以生命绵长。

瞻　英雄圣地　读懂中国精神万古千秋

中华民族在开创历史伟业的进程中,遇到无数艰难险阻,但一路披荆斩棘,奋勇向前,形成了以爱国主义为核心的创造精神、奋斗精神、团结精神、梦想精神,而河南是这些伟大精神的重要诞生地。

在郑州列子故里和济源王屋山,可以领略列子塑造愚公奋斗精神的深远意义。在夏邑木兰祠、汤阴岳飞故里、中牟史可法故里,可以领略中华民族每一位成员殷殷的家国情怀。在郑州二七纪念堂,可以领略中国共产党为建立平等社会而领导的伟大革命和中国工人阶级无私无畏的斗争精神。在信阳鄂豫皖革命根据地、扶沟吉鸿昌故里、确山杨靖宇故里、豫西抗日根据地,可以领略中国共产党人革命理想高于天的伟大抱负。在林州红旗渠、黄河三门峡、黄河小浪底、黄河将军坝、南水北调工程,可以领略中华民族改天换地的豪迈气概。在兰考焦裕禄纪念馆、新乡史来贺纪念馆、辉县郑永和纪念馆、许昌杨水才墓园、林州杨贵墓园,可以领略中国共产党人一心为民、鞠躬尽瘁的伟大风范。

行走河南,这些令人崇敬的圣地,能激发人们的家国情怀,这种情怀会汇聚成不可抗拒的伟大力量,推动我们的民族和国家迈向灿烂的明天。

游 文旅新镇 读懂中国发展步履铿锵

新中国成立七十年,山河祖国发生了历史性巨变,河南是巨变中的精彩一页。

在郑州郑东新区、洛阳洛南新区等可以领略中国城市飞速发展的风采。在信阳郝堂、田铺大塆、西河大塆、百战坪,郑州米村、方顶、海上桥、袁桥、竹林,开封张庄,商丘王公庄,洛阳重渡沟、天桥沟、卫坡,鹤壁桑园,孟州莫沟、一斗水,三门峡地坑窑院、寺河山等,可以感受中国传统村落日新月异的变化。在郑州新郑机场、郑州东站等可以领略中国交通发展的巨大魅力,在中铁盾构、宇通客车、郑州煤机、中国一拖、三全食品等可以领略中国制造的豪迈气概。在开封清园、启封园,郑州方特、电影小镇、只有河南、禅宗少林音乐大典、黄帝千古情,洛邑古城,驻马店皇家驿站,新乡同盟古镇等可以感受崭新文旅体验。在河南博物院、黄河博物馆、河南地质博物馆、郑州博物馆、洛阳博物馆、信阳博物馆、新乡博物馆、中国文字博物馆等,可以沉醉技术革命带来的历史精华全新的感知感受。

行走河南,可以读懂中国的历史巨变,可以读懂历史巨变中人们焕然一新的精神风貌,可以读懂新精神风貌为中华民族凝聚的强大动力,可以读懂强大动力带来的中华文明传承涅槃的崭新明天。

(作者系郑州市文物局原局长。原文刊发于 2022 年 4 月 6 日《河南日报》第 6 版)

河南在中华文明探源工程中的地位

王 巍

中共中央政治局5月27日下午就深化中华文明探源工程进行第三十九次集体学习，中共中央总书记习近平在主持学习时强调，要深入了解中华文明五千多年的发展史，把中国文明历史研究引向深入，推动全党全社会增强历史自觉、坚定文化自信。习近平总书记这次重要讲话明确了“中华文明探源工程”重大的政治意义、深远的历史意义和紧迫的现实意义，为“中华文明探源工程”指明了方向。

中华民族和华夏文明的重要发祥地

河南地处中原腹地，平原沃野、名山大川，交相辉映。优渥的自然地理环境造就了河南灿烂的文明史，是我国现代考古学的诞生地，是中华民族和华夏文明的重要发祥地。自1921年渑池仰韶村遗址发掘至今，中国考古学已走过百年历程。习近平总书记在致仰韶文化发现和中国现代考古学诞生100周年的贺信中指出，100年来，几代考古人筚路蓝缕、不懈努力，取得一系列重大考古发现，展现了中华文明起源、发展脉络、灿烂成就和对世界文明的重大贡献，为更好认识源远流长、博大精深的中华文明发挥了重要作用。在这100年的历程中，河南的考古机构和队伍逐步形成并不断壮大，河南各地重要考古发现不胜枚举，从旧石器时代的栾川孙家洞遗址、荥阳织机洞遗址、郑州老奶奶庙遗址到新石器时代的新郑裴李岗遗址、三门峡庙底沟遗址、巩义双槐树遗址乃至夏商周三代的偃师二里头、郑州商城、安阳殷墟等都邑遗址。河南的这一系列重大考古发现实证了不断裂的中华文明史，承载着中国百万年的人类史、一万年的文化史和五千年的文明史。

2002 年春，国家科技攻关项目——“中华文明起源与早期发展综合研究”（简称“探源工程”）立项。作为我国一项迄今为止规模最大的综合性多学科参与研究人文科学重大问题的国家级研究项目，“中华文明探源工程”秉持“多学科、多角度、全方位”的理念，对河南灵宝西坡遗址、山西襄汾陶寺遗址、河南登封王城岗遗址、河南新密新砦遗址、河南偃师二里头遗址以及河南郑州大师姑遗址等中原地区 6 座规模大、等级高的中心性城邑实施重点研究，其中位于河南的就有 5 处。中原地区成为“中华文明探源工程”的重点研究区域之一，这与河南多年的研究基础、大量的考古资料以及灿烂的历史文化密切相关：一是夏商周断代工程就是选择了河南地区，有一定的研究基础；二是中原地区考古工作起步最早，新中国成立 70 多年来积累了大量的考古资料，考古学文化谱系的研究较为充分，考古学文化发展的脉络较为清晰，有关文明起源的研究基础也比较好；三是该地区是夏商王朝的诞生地，流传下来较多的古史传说和历史文献，可以“从已知推未知”，从已经确凿无疑的文明向上追溯，这些都为探源工程的顺利实施提供了便利条件。河南的考古工作者在这个大型系统工程中先后负责并参与了“中华文明探源工程预研究——登封王城岗遗址周围龙山文化遗址的调查”等 13 个子课题的研究，成为该项目的中坚力量。

通过对黄河流域、长江流域和辽河流域距今 9000 到 4000 年的中心性遗址及其所在地区的考古调查和重点发掘，我们对各区域文明化进程有了较为清晰的认识，为在全国范围内全面实施探源工程打下了坚实基础。摸索出一条多学科结合、开展中华文明起源研究的机制和技术路线，对距今 5500 到 4000 年期间，各区域文明之间的交流互动、汇聚融合、最终形成以中原地区为中心的历史格局的过程，有了更细致的了解。

打破了国际遗传学界一直宣称的“夏娃理论”

通过对河南荥阳织机洞遗址、郑州老奶奶庙遗址等多个距今 6 万到 3 万年的遗址开展考古发掘，获得了丰富的人类活动遗迹和遗物，弥补了中国较为缺乏该时期遗址发掘成果的薄弱环节，打破了国际遗传学界一直宣称的“夏娃理论”。

新密李家沟遗址代表的李家沟文化，是目前发现的黄河中游地区最早的新石器时代文化，年代大约距今 10000 到 9000 年之间。在中国，栽培农业、磨制石器和陶器出现的时间大约都发生在距今 10000 年的时期。根据最新的考古发现与研究，中国北方的粟和黍这两种作物，以及长江流域的稻，是在世界上最早开始种植的区域，而黄河中游的河南地区很可能就是这三种农作物在世界的起源地之一。人类在这段时间主要使用打制石器，制作的箭头等工具都十分精致，同时开始出现磨制石器以及陶器，但陶器制作比较粗糙，里面夹有沙子，厚度大约 1 厘米，在约 10 平方米的遗址范围内发现了 100 多片。陶器和农业的出现是定居产生的直接现象，李家沟遗址的发现表明距今 10000 年的河南就已经开始出现了初步定居的情况。

距今约 9000 到 7000 年，即中原地区的裴李岗文化时期，农业发展，人口增加，已经开始种植水稻，饲养家猪，制作陶器、石器和骨器。氏族内部出现掌握刻画文字和骨笛制作技能的人，如河南舞阳贾湖遗址出土的距今 8000 多年、用鹤类尺骨做的骨笛，反映了中国古代先民极高的艺术水准。墓葬中出土的部分龟甲底部刻有与商代甲骨文相似的符号，为研究甲骨文的起源提供了珍贵资料，但该时期尚未出现明显的社会分化。新郑唐户遗址发现达 30 万平方米的聚落，之前发现的一般只是 10 万平方米那么大。这里已经发现的房址有 65 座，聚落内还发现了排水系统等。当然这 65 座房址的年代有早有晚，不一定都是在同时期建造的。无论如何，该时期聚落面积的扩大，表明中原地区新石器时代从农业开始出现到裴李岗文化时期有了一个初步的发展。

早期国家出现，进入区域文明社会

距今约 7000 年，仰韶文化在黄河中游一带形成以山西翼城枣园为代表的仰韶文化初期和以西安半坡为代表的仰韶文化早期，大致范围在豫陕晋相邻地区。中原地区成为中华文明的核心经历了一个逐步发展的过程。距今6000年左右开始,三门峡庙底沟遗址代表的黄河中游地区庙底沟文化向周围地区扩散,至距今5300年前后,其影响力南达长江中游,北抵河套,东到黄河下游,西至黄河上游地区,第一次出现了以中原地区为中心的一个文化圈,可称之为文化上早期中国的雏形。恰在这一时期,在中原地区的河南灵宝铸鼎原一带,出现了上百万平方米的大型聚落集中的现象。这一现象发生的时间和地域,与古史传说中黄帝炎帝集团的兴起和活动范围恰相吻合,当非偶然。

距今约5800到5400年,以河南灵宝铸鼎原遗址群为代表,中原地区出现明显社会分化。铸鼎原遗址群发现了数个面积达百万平方米左右的超大型聚落和一批中小型聚落,反映当时人口出现显著增长并集中的现象。遗址群中有数个面积在数十万平方米的大型遗址,周围有宽达10米的围沟环绕。遗址中心部位有大型建筑址,应是首领居住和举行仪式的场所。壕沟外侧发现有公共墓地,其中一座墓葬,根据规模和随葬器物来看,墓主人可能是军事首领。10余件随葬陶器为低温烧制,显然不是实用器,而是专用于陪葬的明器,这是全国范围内迄今所见年代较早的明器。值得注意的是,这座墓葬的规模虽凌驾于其他墓葬之上,但随葬品并不丰富,这与同时期长江下游大型墓葬中出土近百件随葬品的情况形成鲜明对比。我们认为,中原地区在文明起源过程中,是以首领居址规模和墓葬规模彰显地位,并非以占有和随葬大量财富来显示尊贵。还有一种可能是,当时中原地区的社会分化还处于初级阶段,统治阶层尚未占有大量社会财富。

距今约5500到5000年期间,豫西地区的铸鼎原遗址群衰落,在河南中部的郑州地区出现了双槐树、青台、汪沟等数个大中型聚落云集的现象,暗示这一时期中原地区的政治中心由河南西部转移至河南中部。近年发现的巩义双槐树遗址是该时期河南中部规模最大、等级最高的聚落,应是当时中原地区的政治中心。双槐树遗址内侧壕沟深4.5—6米,宽6—8米;中间壕沟深9.5米,宽23米;外侧壕沟宽17.2米,深9.8米;三重环壕,防御色彩十分浓厚,最内侧发现成组的大型建筑,其布局呈现中轴线理念的端倪,这与铸鼎原西坡遗址4座大型建筑基址围绕广场分布的格局迥然有别。高等级建筑群位于正中,几座建筑沿同一方向分布,贯穿中轴线,前后递进。最前面的两座大型建筑基址以中轴线为中心,东西并排,已经初步显现出中国古代都城宫室布局特点,有学者认为是后代宫室制度的滥觞。双槐树遗址发现的公共墓地,墓主人头向一致,成排分布。房址集中分布和几处公共墓地的存在表明,当时的社会仍然以血缘关系为纽带。值得注意的是,这几座规模较大的墓葬中随葬品并不丰富,只有少量装饰品。这与铸鼎原遗址群的情况如出一辙,也许仍然延续着以居址和墓葬规模彰显身份的传统。在遗址内发现的形状似蚕一样的野兽头骨,该形状很像蚕要吐丝时的状态,表明当时中原地区的人们除了从事农业之外,可能还养蚕缫丝。双槐树遗址反映的情况表明,距今5300年前,中原地区的社会分化更加明显。

在距今约5000年,社会分化加剧,形成了集军事权力与祭祀权力于一身的王者及其地位显赫的家族,出现了早期国家,进入区域文明社会。中原地区文明化进程进入加速发展的时期,社会分化加剧,带有防御性的城址开始出现。在郑州地区发现了黄河流域中原地区最早的城址——西山城址。西山城址平面近圆形,上百万平方米,城外有壕沟环绕,形成了三重防御体系,年代约距今5300到4800年。西山古城正处在传统的圆形环壕聚落向城墙环绕的方形城址的过渡阶段,且具有明显的军事防御色彩和浓厚的杀婴祭祀信仰。

中华文明多元一体的格局逐渐形成

超大型聚落的进一步发展就是早期国家,与此同时,核心聚落便演化成国家的政治中心——都邑。根据“国家是文明社会的概括”这一马克思主义经典论述,早期国家的诞生就意味着踏入了文明大门。经过多方面发掘研究,我们认为,距今5000到4000年,各地区进入文明社会,周围地区先进文化因素向中原地区汇聚,中华文明多元一体的格局逐渐形成。

中华文明多元一体格局的演进机制和过程可分为两个阶段。夏王朝建立之前(距今约4000年),中原各地陆续进入龙山时代晚期,人口普遍增长,聚落规模扩大,发现若干新的区域性中心,如登封王城岗遗址、禹州瓦店遗址、新密古城寨遗址、郾城郝家台遗址、淮阳平粮台遗址等，出现了分布最集中的中原城址群。与此同时各区域间的文化交流和人群迁徙更加频繁，新的文明要素不断汇聚，社会发展持续积蓄力量。距今约3800年前后，偃师二里头遗址已基本可以确定为夏王朝晚期的都城遗址。从这一时期以及更早之前的一些时候，中原地区已经确切地形成了更为成熟的文明形态，并向四方辐辏文化影响力，成为中华文明总进程的核心与引领者。这一时期的关键遗址包括登封王城岗遗址、禹州瓦店遗址、偃师二里头遗址、郑州大师姑遗址、淮阳时庄遗址等。其中的登封王城岗遗址被部分学者推断为“禹都阳城”，禹州瓦店遗址作为河南龙山文化晚期为主的大型都邑遗址，文献记载“启居阳翟”“夏启有钧台之享”的地望在禹州，瓦店遗址可能与此有关。

二里头遗址是同时期全国范围内规模最大的都邑性遗址。在二里头遗址中部，发现了面积达10万平方米的宫城，城内发现多座体现中轴线理念、呈左右对称布局的宫殿。在宫城以南，发现了生产铜器和绿松石器等高等级产品的手工业作坊区，说明这一时期的王权已经完全控制了高等级手工业制品的原料、生产、分配，为礼乐制度提供了物质基础。二里头文化是中原地区文明中心地位的确立期。在二里头遗址，很多初见于陶寺、石峁等夏代之前的都邑性遗址的礼仪性用具，如玉璋、玉刀、石磬、铜铃等，得以规范化、制度化，形成华夏风格和文化内涵的礼器制度。突出例证是，这些礼仪用具在黄河上游和下游、长江上中下游地区、华南地区甚至远至越南北部都有发现。夏王朝独创的一整套礼仪制度对周围各地区施加了强烈的辐射，形成了中国历史上第一次“王朝气象”。这表明夏代后期，中原王朝的实力显著增强，对中原地区之外广大地区的影响力明显加强，这与前述夏王朝建立之前各地先进文化因素向中原地区汇聚的状况形成鲜明对照，应当是中华文明从多元走向一体，从各地独具特色的区域文明——古国文明和邦国文明阶段，逐渐融入以夏、商、周王朝为中心的王国文明阶段这一历史性转变过程的具体体现。

河南史前考古学文化与考古工作的双重贡献

在中华文明形成过程中，河南地区大量的史前考古学文化与河南的考古工作者都做出了巨大的贡献。为揭示出中华文明这种“多元一体”的历史过程，增进中华民族的凝聚力具有重要意义。在上述一系列重大考古发现的基础上，“中华文明探源工程”开展多学科综合研究，对各个区域的文明化进程、环境背景、生业形态、社会分化、相互交流、中华文明多元一体格局的形成过程、模式与机制、道路与特点进行多学科综合研究。最终冲破西方“文明三要素”（冶金术、文字和城市）的桎梏，根据中国的材料，兼顾其他古老文明的特点，提出了判断进入文明社会标准的“中国方案”即：生产发展，人口增加，出现城市；社会分工和社会分化不断加剧，出现阶级；权力不断强化，出现王权和国家。以国家的出现作为进入文明社会的标志。按照这一标准，探源工程提出，在距今5100到4300年前，一些文化和社会发展较快的地区相继出现了早期国家，跨入了文明阶段；提出了在距今5500年前，在黄河中下游、长江中下游和辽河流域等地的社会上层之间，形成密切交流，形成了对龙的崇拜、以玉为贵的理念，以某几类珍贵物品彰显持有者尊贵身份的礼制。

除积极开展考古发掘与研究工作，河南还积极投身于“中华文明探源工程”科技成果转化的工作中。庙底沟考古遗址公园、二里头考古遗址公园、大河村遗址博物馆、贾湖遗址博物馆等一批集大遗址保护、展示与利用为一体的考古遗址公园或遗址博物馆已经建成开放，黄河国家考古遗址公园、黄河国家博物馆等展示城市形象的特色文化地标也即将和社会公众见面，这一系列“文化圣地”，是“中华文明探源工程”成果宣传的重要平台和教育及文化旅游的主要基地，更是展示河南灿烂文化、辉煌历史的“金色名片”，展现了河南在“中华文明探源工程”科技成果转化工作中争做开拓者，勇当领头雁的责任担当。

一部河南史，半部华夏史，河南的考古发现与研究为“中华文明探源工程”的顺利实施提供了重要的材料与学术支撑，展现了中华文明起源发展历程；实证了中华5000年文明；为提出进入文明社会标志的“中国方案”，为探索世界各地文明起源作出了中国学者的贡献；揭示了中华文明的丰富内涵，再现各地文明演进的情景；展现了中华文明起源与发展的脉络——早期中国的形成与发展等。河南作为“中华文明探源工程”的中坚力量，围绕仰韶文化、河南龙山文化、二里头文化三个阶段的考古学文化，逐步建立起各考古学文化的年代序列，明晰了各考古学文化在中华文明起源过程中的文化定位。并以此为基础，担负起“中华文明探源工程”的重要任务，持续深化中华文明探源研究，为建立中国特色、中国风格、中国气派的文明研究学科体系、学术体系、话语体系提出了河南方案、贡献了河南力量！

（作者单位：中国社会科学院。原文刊发于2022年6月24日《河南日报》第6版）

中华文明探源工程的河南贡献

方燕明

中华文明源远流长、博大精深，是中华民族独特的精神标识，是当代中国文化的根基，是维系全世界华人的精神纽带，也是中国文化创新的宝藏。河南，大河之南，上古文明开源之地，五千年华夏文明在此发源。从符号到文字，从祖规到礼制，聚落壮大成为王朝都邑，点亮了中华民族走向早期国家的文明之光。正是一代代河南考古人筚路蓝缕、艰苦卓绝，用一铲铲泥土、一滴滴汗水，解封了中华民族关于祖先的记忆，见证了中华文明的起源与繁盛。

2002 年春，国家科技攻关项目——“中华文明起源与早期发展综合研究”（简称“探源工程”）立项。这是一项迄今为止中国规模最大的多学科参与研究人文科学重大问题的国家级综合性研究项目，到今年整整 20 周年。这 20 年间，探源工程在科技部和国家文物局等部门的支持下，在参加探源工程的近 400 位学者的共同努力下，取得了显著成果。“中华文明探源工程”秉持“多学科、多角度、全方位”的理念，围绕公元前 3500 年到公元前 1500 年期间的浙江余杭良渚、山西襄汾陶寺、陕西神木石峁、河南偃师二里头等 4 处都邑性遗址和黄河流域、长江流域、辽河流域的其他中心性遗址实施重点发掘，并对这些遗址周边的聚落群开展大规模考古调查。

20 年来，河南考古人立足聚落考古开展多学科综合研究，通过人与生态环境、植物和动物考古、体质人类学、古 DNA 分析、稳定同位素分析等学科交叉研究，进行实验考古、环境与资源调查、石器制作技术实验等，对中原核心区的文明化进程、环境背景、生业形态、社会分化、相互交流融合、精神与文化、中华文明多元一体格局的形成过程、模式与机制、道路与特点进行研究。

中华文明探源从河南开始

河南地处中原,是华夏文明的主要发祥地,中国现代考古学从河南起步,中华文明探源从河南开始。河南文物考古工作者倍感责任重大、使命光荣。

中华文明探源工程(2002 年至今)涉及的时间和空间范围广,研究内容复杂,参与的单位和学科多,项目的组织和实施难度较大。在项目正式实施之前,开展了为期两年(2002—2003 年)的国家科技攻关计划“中华文明探源工程预研究”。预研究的总体目标是制定中华文明探源研究的总体思路及技术路线,为进一步开展华夏文明孕育的过程和华夏早期国家形成等研究奠定基础。而地域范围则放在华夏集团的中心区——河南中西部和山西南部,时间范围定在公元前 3000 年—公元前 2000 年,即考古学上的龙山时代,大体相当于古史传说中的五帝时期。预研究共设置了 9 个课题,包括年代测定、古环境研究、文字与刻符研究、上古天象与历法研究和中外古代文明起源的比较研究等课题。预研究选定豫西晋南地区龙山文化至二里头文化时期的核心遗址开展工作。在“聚落结构反映的文明形态”课题中几个专题的考古工作包括:山西襄汾陶寺遗址、河南登封王城岗遗址、新密古城寨遗址、新密新砦遗址等 4 处。其中有 3 项在河南,成为中华文明探源工程预研究的亮点。

2004—2005 年:探源工程第一期。探源工程(一)设置了公元前 2500—公元前 1500 年中原地区相关考古学文化分期谱系的精确测年、自然环境研究、聚落形态所反映的社会结构研究、经济和技术发展状况研究、文明形态研究等 5 个课题。重点围绕豫西晋南地区龙山文化至二里头文化时期,对夏文化分布范围和华夏文明起源问题开展工作。其目标是多学科结合,全方位、多角度、多层次地研究中华文明的起源与早期发展的过程、背景、原因、特点与机制。“公元前 2500—公元前 1500 年中原地区文明形态研究”课题确定河南灵宝西坡、山西襄汾陶寺、河南登封王城岗、新密新砦、偃师二里头、荥阳大师姑等6处遗址为重点发掘和研究的中心性聚落,其中有5项在河南。

2006—2008年:探源工程第二期。探源工程(二)将研究的空间范围扩展至整个长江、黄河和西辽河流域,时间范围扩展至公元前3500年至公元前1500年,时间上起自仰韶文化,终至夏末商初。探源工程(二)设置了公元前3500—公元前1500年各地区考古学文化谱系的精确测年、自然环境的变化、经济技术的发展、社会与精神文化的发展4个课题。这一阶段的研究在年代学方面作出了突出成绩,提出系列样品测年方法,将整个黄河、长江流域的新石器时代晚期至青铜时代早期的考古学年代框架进行了更新,龙山文化的整体年代下限下移了200年。在探源工程前期相关研究成果的基础上,探源工程(二)采用科技手段,进行考古调查、钻探与关键遗址关键点必要的小规模试掘。深化公元前3500年—公元前1500年间中心聚落,如灵宝铸鼎原(西坡)、襄汾陶寺、登封王城岗、禹州瓦店、偃师二里头等聚落形态的研究,通过对这些中心聚落的大型建筑、贵族墓地的布局及其变化的考察,探索中心聚落内部的社会结构及其变迁。除上述遗址外,也对郑州西山遗址、巩义花地嘴遗址等进行了研究。

2010—2012年:探源工程第三期。重点从围绕中华文明起源与早期发展的多学科研究,扩展至中华文明探源工程中现代科技应用与支撑研究、文物保护与展示关键技术研究等方面。探源工程(三)课题设置有所调整,包括年代学和环境课题、区域聚落与居民研究课题、中华文明形成和早期发展的整体研究课题。还包括生业、经济与技术研究课题,以及冶金考古、植物考古、石器研究等子课题。与河南相关的遗址考古大体同上期。

2013—2015年:探源工程第四期。探源工程(四)项目设置延续上一阶段的方案,既包括中华文明起源与早期发展的多学科研究,也包括文物保护与展示关键技术研究,时空范围进一步扩展至整个黄河、长江、西辽河流域和边疆地区。探源工程(四)"中华文明起源过程中区域聚落与民居研究"涉及河南的项目有:灵宝西坡遗址综合研究、以邓州八里岗遗址为中心的白河流域史前聚落研究、禹州瓦店与登封王城岗遗址综合研究、以新密新砦遗址为中心的聚落考古研究等4项。

2020年以来：探源工程第五期。探源工程（五）项目进行了整体上的结构调整，研究的重点转到区域文明化进程方面。设置了北方长城地带、中原和海岱地区、长江流域等3个中国早期文明起源关键区域的综合研究课题。并继续采用多学科支撑联合攻关的模式，设置年代学、古环境和人地关系、生业、资源与技术、古代人群与分子生物学等相关课题。中华文明起源进程的整体性研究也有所进展。与河南考古相关的有巩义双槐树遗址、新密新砦遗址、偃师二里头遗址。

不同文化时期的考古成果

河南考古涉及的中华文明探源工程的工作收获颇丰，按年代和文化大体可分为：仰韶文化、龙山文化、新砦期、二里头文化。

（一）仰韶文化时期

公元前3500—公元前3000年为仰韶文化中、晚期，探源工程选择灵宝西坡、郑州西山、邓州八里岗等重要遗址进行研究。

灵宝西坡遗址作为仰韶文化中期的重要聚落，自2000年以来经多次发掘，因大型房址、壕沟、墓地、大型墓葬和成批玉器的发现引起学术界的重视。在已发现的20多座墓葬中，6座墓随葬有玉器，出土玉器10多件，有钺和环两类，其中钺9件、环1件。灵宝铸鼎原一带正是仰韶文化庙底沟类型分布的核心区，古代文献中五帝之一的黄帝在这一带留下许多传说。李伯谦教授指出：仰韶古国走的是军权、王权的道路，这个道路的典型就是西坡遗址。

邓州八里岗遗址的考古发掘时间较早，为仰韶文化中期聚落，该遗址为南北各一排房屋，排房长约100米，在两排房屋之间的广场上发现墓地。由排房和墓地构成的聚落保存得十分完整，为学界了解仰韶时期不同等级的聚落布局和结构提供了难得的材料。

郑州西山城址是仰韶文化大河村类型中的重要聚落，该城址的夯筑技术十分发达，有版筑痕迹。西山城址的发现，为研究仰韶文化晚期中原地区的文化面貌、社会形态、早期城址的发展等提供了重要资料。

(二)龙山文化时期

公元前2900—公元前1900年为河南地区的龙山时代,以登封王城岗、禹州瓦店、新密古城寨等遗址为代表。

登封王城岗城址位于登封市告成镇八方村东侧的土岗上,当地群众称"王城岗"。遗址面积50多万平方米,以龙山文化中晚期遗存为主,兼有裴李岗文化、仰韶文化、二里头文化与商周文化的遗址。王城岗最先发现的城垣建筑是遗址东北部的两座小型城址。龙山晚期两座小城东西并列,西城保存较好,面积不足1万平方米,东城大部分被五渡河冲毁。进入新世纪以来,又发现了面积超过30万平方米的龙山晚期大型城址。王城岗大城城墙外有壕沟,城内发现大型夯土建筑和十多座"奠基坑",这些"奠基坑"内发现埋有多具人骨。在王城岗小城内发现一片龙山晚期的青铜器残片和一片刻写了文字的陶片。此外,王城岗遗址还出土了玉石琮、绿松石器、白陶器和蛋壳陶等特殊的手工业制品。这些高等级器物由于原料不易获得或制作技术复杂,其生产、流通和使用应为社会上层所垄断。发掘者认为王城岗小城可能与夏"鲧作城"有关,而大城可能与夏"禹都阳城"有关。王城岗遗址所处的颍河上游的登封盆地,迄今已发现了10多处与王城岗龙山晚期城址同时期的遗址,构成了王城岗聚落群,大中小型聚落呈金字塔式分布,其中几万平方米以下的聚落占绝大多数。因此,面积达34.8万平方米的王城岗城址应为龙山时期颍河上游的中心聚落。

禹州瓦店遗址位于颍河右岸一西北—东南向的台地上,面积达100余万平方米,是目前所知河南境内的大型龙山文化遗址,也是龙山时期颍河中游的中心聚落。在遗址西北部发现大型环壕长达上千米,其防御是由人工壕沟与天然河流共同构成的。在瓦店西北环壕范围内,在其中部偏南处发现大型夯土建筑基址,平面呈"回"字形,面积达800多平方米,在夯土基址中发现用于奠基或祭祀的数十具人牲、数具动物牺牲以及其他与祭祀活动相关的遗迹。发掘者认为该夯土建筑应该是龙山晚期的祭祀遗迹,是文献"国之大事,在祀与戎"的真实写照。瓦店遗址以发现大型壕沟与祭祀遗存、陶列觚、刻画符号、白陶或黑陶(又称蛋壳陶)或灰陶的成套酒器、玉器、大卜骨等为代表，表明瓦店遗址在龙山晚期的颍河流域占有重要的经济文化地位。文献记载夏人在今豫西地区活动甚多，特别是文献中的夏禹、启的记载大多与禹州有关，而且这个地区在古代多有称为夏地者。《史记·货殖列传》："颍川、南阳，夏人之居也。"《集解》引徐广曰："禹居阳翟。"《左传·昭公四年》云："夏启有钧台之享。"杜预注："启，禹子也。河南阳翟县南有钧台陂，盖启享诸侯于此。"瓦店遗址或与禹之阳翟、启有钧台之享有关。

登封王城岗、禹州瓦店、新密古城寨城址均为王湾三期文化晚期，而王湾三期文化晚期遗存是探索早期夏文化的重要对象。在夏文化研究中，虽然存在许多问题，但已取得不少共识和获得重要进展，如历史上的夏代是信史，夏代的物质文化遗存应该到考古学文化中王湾三期文化晚期和二里头文化中去寻找，夏商周断代工程推定夏代始年为公元前 2070 年，其积年为公元前 2070—公元前 1600 年。

（三）新砦期

公元前 1900—公元前 1800 年为新砦期，主要遗存有新密新砦、巩义花地嘴遗址等。

新密新砦城址、巩义花地嘴遗址是介于王湾三期文化与二里头文化之间的文化遗存，学界认为是龙山文化最晚的遗存，或认为是二里头文化最早的遗存。由王湾三期文化晚期发展到二里头文化早期，新砦期遗存是重要的一环和连接点。新砦城址以多重环壕、城内的大型建筑以及具有东方特征的器物组合等为代表。有学者认为新砦城址可能为夏启之居黄台。花地嘴遗址以新砦期遗存为主，丰富了学界对新砦期遗存的认识。新砦期遗存的性质很可能即为李伯谦教授所说是"后羿代夏"之反映。

（四）二里头文化时期

公元前 1800—公元前 1600 年为二里头文化时期，以偃师二里头遗址、荥阳大师姑遗址为代表。

二里头文化在中国早期国家和文明形成的研究中占有重要地位，是探索夏文化的重要对象。二里头遗址位于河南偃师市，遗址规模宏大、布局严谨，现存面积约 300 万平方米，是国家夏商周断代工程和中华文明探源工程认定的夏代中晚期都城遗址。以二里头遗址为代表的二里头文化，是中华文明总进程的核心与引领者，开启了夏商周三代文明。这里发现的迄今所知中国最早的大型宫殿建筑群、最早的青铜礼器群、最早的铸铜作坊等，为学术界所瞩目。二里头遗址地处古代文献所记载的夏王朝的中心区域，二里头文化的年代也大体在夏王朝的纪年范围内，二里头文化是目前学术界公认的夏文化的主体遗存，二里头遗址当为夏都斟鄩之地，是夏代中晚期的都邑，是迄今可确认的中国最早的王都遗址之一。同时，二里头遗址也是探索夏、商王朝分界的关键性遗址。

荥阳大师姑城址是属于二里头文化的一座城址，发掘者认为大师姑城址很有可能是夏王朝设置在东境的一处军事重镇，有可能是韦或顾之一。有学者认为从商汤伐夏进军路线来看，大师姑城址很有可能是昆吾城，昆吾是夏代己姓方国。汤灭韦、顾、昆吾之后，接着讨伐夏桀，夏王朝遂灭亡。

在新时期历史推进中承担更重要角色

河南是中华文明起源、形成与发展的重要地区之一，公元前3500—公元前1500年是中华文明起源、形成与发展的重要阶段。

在中共中央政治局就深化中华文明探源工程进行第三十九次集体学习时，王巍教授对中华文明探源工程进行了讲解，提出探源工程应冲破“文明三要素”（冶金术、文字和城市）的桎梏，根据中国的材料，兼顾其他古老文明的特点，提出了判断进入文明社会标准的中国方案，即：生产发展，人口增加，出现城市；社会分工和社会分化不断加剧，出现阶级；权力不断强化，出现王权和国家；以国家的出现作为进入文明社会的标志。

按照这一标准，探源工程提出，在距今5100年到4300年前，一些文化和社会发展较快的地区相继出现了早期国家，跨入了文明阶段；并提出在距今5500年前，在黄河中下游、长江中下游和辽河流域等地的社会上层之间，形成了密切交流，形成了对龙的崇拜、以玉为贵的理念，形成了以某几类珍贵物品彰显持有者尊贵身份的礼制。

河南考古为中华文明探源工程提出的判断文明社会标准的中国方案提

供了重要的材料和支撑。譬如仰韶文化庙底沟类型主要分布的豫西地区，其时社会分工和社会分化不断加剧，出现阶级，出现王权，形成以西坡为代表的仰韶古国和以双槐树为代表的河洛古国；譬如王湾三期文化晚期的环嵩山地区，以王城岗、瓦店、古城寨、新砦城址为代表，其时生产发展，人口增加，出现城市；譬如偃师二里头遗址为夏王朝中晚期都城，二里头文化是夏文化的主体遗存，其时权力不断强化，出现王权和国家——夏王朝，二里头早期国家的出现成为进入文明社会的标志。

河南作为中国现代考古学的摇篮和中华文明起源的核心地区之一，从考古学一诞生就肩负着探索中华文明起源的伟大使命。河南考古成果实证了中华文明起源、形成、发展的重要时空节点。

习近平总书记在重要讲话中指出，中华文明探源工程成绩显著，但仍然任重而道远，必须继续推进、不断深化。探源工程取得的成果还是初步的和阶段性的，还有许多历史之谜等待破解，还有许多重大问题需要通过实证和研究达成共识。河南将在新时期的历史推进中承担重要角色，在新时代继承大河文明的源远流长，展望华夏气魄的雄姿英发，也将在浩浩长空中继续绽放出新的中华文明之光。

（作者单位：河南省文物考古研究院。原文刊发于2022年6月24日《河南日报》第7版）

中原腹地承载中华文明主根主脉

侯卫东

以郑州—洛阳为核心的中原腹地，自中国历史上第一个王朝夏王朝建立之始，长期作为正统王朝或大一统王朝的都城所在地。以商王朝最后一座都城安阳殷都为代表的晚期商文明，是中华文明早期发展关键阶段的一个高峰，也是中华文明探源研究最重要的基点。

从安阳殷都往前追溯，是以郑州商城和偃师商城为代表的早期商文明，再往前追溯就是以夏王朝晚期都城偃师二里头为代表的晚期夏文化。二里头夏都代表的广域王权国家，是中华文明早期发展史上的一个里程碑，总结了此前一千多年的文明成就并进一步升华，成为中华文明总进程的核心与引领者。

以中原腹地为都城和核心活动区域的夏商文明，既是中华文明早期发展阶段的集大成者，也是中华文明主根主脉上最关键的阶段，具有承上启下的重大意义。中华文明连续绵延五千年，最关键的是以中原腹地为核心的夏商文明连接的中华文明主根主脉连续不断。从二里头等遗址的考古发现和研究看，夏王朝晚期已经基本奠定了中华文明的底色，历史文献也表明古人认为有一个始于夏王朝的主根和主脉。中华文明的主根主脉至少在二里头夏都代表的夏王朝晚期已基本形成，后经商文明的继承与发展，逐渐巩固强化为以中原王朝为主根主脉的中华文明。

中华文明的主根主脉是怎样形成的？中原腹地在这个过程中处于什么样的地位？这些都是考古学和历史学等人文社会科学关注的重大课题，也是社会公众非常关心的话题。

“早期中华文明的胚胎”出现

距今5800年前后，以三门峡庙底沟和灵宝北阳平遗址群为代表的庙底沟文化，可以确定为中华文明起源阶段的核心文化，其关键遗址包括灵宝北阳平、西坡、三门峡庙底沟、渑池仰韶村等。距今5400到5100年，中原地区庙底沟文化风格的彩陶向周围的扩散达到了黄河两岸、大江南北的主要地区，不仅掀起了中国史前的艺术浪潮，还促进了各地区的一体化进程。

距今5300年前后的仰韶时代晚期，位于河洛之间的巩义双槐树遗址，面积不小于117万平方米，是郑州地区目前发现的该时期规模最大的聚落。双槐树仰韶时代晚期聚落有三重环壕，一、二号院落建立在大型版筑夯土基址上，房屋建筑形成一个类似中轴线的布局，显然是经过整体规划之后建造的贵族居所。龙山时代晚期的新密古城寨廊庑式建筑基址及偃师二里头夏都的一、二号宫殿等中国古代大型建筑，从布局理念上与双槐树一脉相承。双槐树的建筑布局理念甚至和后世几千年的中国古代王朝宫殿的布局也有相似之处。

巩义双槐树遗址并不是孤立存在的，在其附近密集地分布着仰韶时代晚期聚落，一些关键遗址包括郑州西山古城以及郑州大河村、荥阳青台、汪沟等环壕聚落，这一系列考古材料实证了河洛地区在5300年前后这一关键节点的强大文化影响力，表明在5300年前后以巩义双槐树遗址为中心的仰韶文化中晚期文明是当之无愧的中华文明的主根主脉，是“早期中华文明的胚胎”。双槐树遗址为研究距今5300年前后中原地区文明发展进程提供了关键材料，著名考古学家李伯谦、王巍等将其命名为“河洛古国”，相当于黄帝时代在中原地区活动的中心聚落。距今5300年以来，中华大地各地区陆续进入了文明阶段。长江下游的良渚文化、西辽河流域的红山文化、江淮地区的凌家滩文化、江汉地区的屈家岭文化、海岱地区的大汶口文化和中原腹地的仰韶文化都进入了文明社会，各地区的文明模式异中有同，总体上呈现多元并存、上层互动的局面。高度发达的玉礼器和陶礼器似乎是各地区的显著特征，有了相对稳定的器物组合，可能已经形成了早期的礼制文化，而中原腹地在相当长的时间内看不出有明显的玉礼器和陶礼器的景观。在当时并行的文明模式中，无论突出宗教“神权”、世俗“王权”还是武力“军权”，还是两者并重或三者并重，从物化形式上来看，其他地区的物质文明都表现得非常发达，以至于有不少学者有“四周高、中原低”的“文明洼地”之叹。通过对三门峡和郑州地区仰韶时代晚期遗址群的考古发掘和深入研究，逐步揭示了中原地区在初始文明阶段以世俗“王权”为核心的独特模式，形成“质朴”“尚中”“务实”的理念，并被此后中华文明的发展进程证明为是一种可持续的发展模式。

以中原为中心的历史趋势凸现

距今4500年前后，有一股各地文化因素纷纷汇聚中原腹地的潮流。例如东方海岱地区的大汶口—龙山文化传统西进至中原腹地，南方江汉地区的屈家岭—石家河文化传统北上至中原腹地，还有其他四面八方的文化因素零星地出现在中原腹地，给人以“八方诸侯会中原”之感，甚至呈现出一种“逐鹿中原”的恢弘之势。形成这种周边文化及其代表的人群几乎同时向中原腹地流动局面的原因，值得高度重视。到底是周边地区各个“古国”挺进中原“争霸天下”呢？还是周边地区的人群“仰慕华夏”而来呢？或者是周边地区的人群在面临生存危机和发展压力时到中原腹地寻求生机呢？这些问题需要通过进一步的考古发掘和研究，并结合历史文献和气候环境的研究，才能得出接近真相的认识。这个阶段也正是以中原为中心的历史趋势逐渐出现的关键时期，把其背后的历史原因弄清楚了，对理解“何以中原”、对认识为什么中国历史上的第一个王朝在中原腹地诞生，具有重大学术意义。

距今4000年前后，中原腹地陆续进入龙山时代晚期。中华大地的文明格局和天下体系发生了重大变化，各政治实体开始大范围整合，形成若干大的政治实体。在周边地区的早期文明纷纷衰落的背景下，中原腹地持续发展，最终形成中华文明的主根主脉。某种意义上说，周边地区的衰落，促进了中原腹地的崛起。在汇聚融合各地优秀文化基因的基础上，中原地区的聚落规模扩大，形成很多新的区域性中心，如登封王城岗、禹州瓦店、新密古城寨、郾城郝家台、淮阳平粮台等古城，出现了分布密度很高的中原风格古城群，为中国第一个王朝——夏王朝的建立奠定了坚实的基础。淮阳平粮台是中原地区龙山时代晚期布局最方正、规划最严整的古城，已按照中轴干道对称的格局营建城内设施，使用陶水管布设完备的排水系统。平粮台古城方正规矩、中轴对称的营造理念和建筑秩序，成为后世中国古代城市营造规划的一个指导原则，开历史之先河，在城市发展史上具有里程碑式的意义。

龙山时代晚期中原腹地这一股营造古城的风潮，也伴随着人口的普遍增长，这种人口的增长方式一方面与农业的进一步发展有关，另一方面也和多元文化传统体现的外来人口涌入中原腹地有直接关系。一些学者结合历史文献考证，将登封王城岗古城指认为“禹都阳城”，将禹州瓦店古城指认为“启居阳翟”“夏启有钧台之享”的地望。种种迹象都将中原腹地龙山时代晚期与夏王朝的建立联系起来，群城并起和多元共存的政治文化景观表明当时处于一个急剧变革的时期，与第一个王朝建立前后各种政治势力和文化观念相互碰撞和激荡的图景比较拟合。

夏文化成为中华文明长期传承的强韧基因

中华文明初始阶段经过千年的实践和探索，在距今 4000 年前后，终于选择了中原地区的发展模式和统治策略。中原腹地处于天下之中的区位，既便于交通八方，又属于四战之地，中原地区崇尚世俗“王权”和武力“军权”、利用宗教“神权”的统治策略，也应当是一个历史的选择，这是最合理最有利的一种选择。

在新石器时代各个传统核心区衰落的背景下，距今 3800 年前后，中原腹地的二里头文化崛起并开启了中国历史的新纪元。偃师二里头可以确定为夏王朝晚期都城遗址，其面积约 300 万平方米，10 万平方米左右的宫城布局严整，包含东、西两组中轴线布局的四合院式宫室建筑。二里头夏都的营造理念、布局规划和宫室建筑继承了中原腹地龙山时代的文化传统，并传之后世，奠定了古代“中国”的都城营造基础。与二里头夏都的鼎盛相呼应，中原腹地二里头文化晚期的高规格城邑和基层聚落分布密集，例如新郑望京楼、郑州大师姑、东赵、辉县孟庄等城邑。中原腹地在夏王朝晚期呈现出以二里头都邑为中心、周围有密集的中小型城邑拱卫的政治文化景观，并且二里头文化的辐射范围超过了此前任何文化，实现了广域王权国家的有效运转。

中国人自古以来就对大禹、禹迹和夏王朝有浓厚的兴趣，夏王朝给后世留下了丰厚的文化遗产，最重要的是早期王朝的一系列国家制度、政治经验、工程技术和文明成就，对后世产生了广泛而深远的影响。二里头都邑的网格状“里坊式”布局对商王朝都邑及后世都有直接影响，二里头都邑四合院式的宫室建筑，坐北朝南、中轴对称、多进院落的布局，以及由此形成的宫室制度，经商周时期的传承发展，其核心理念一直为后世王朝所遵循。二里头都邑创造的青铜容器铸造技术，发现的成组青铜礼器群，形成了基本的礼器组合和青铜礼器制度，为此后商周王朝继承并进一步发展，禹铸“九鼎”成为后世王朝深刻的历史文化记忆，“九鼎”成为中国古代国家王权的象征。

郑州商城是商王朝早期王都，其代表的二里岗文化是早期商文化；偃师商城与郑州商城是同时并存的两座王都。郑州商城内城约 300 万平方米、外城不少于 1000 万平方米，是商王朝早期规模最大、规格最高的王都，文化面貌呈现出四方来聚的多元风格。郑州商城继承了二里头都邑的核心政治与文化遗产，如城市规划、宫室制度、建筑技术、铜器铸造技术及相关理念等，也即文献中的“殷因于夏礼”，同时又在郑州商城王畿区域内进行大范围的文化整合与社会重组，迎来以郑州商城为中心的早期“商文明”时代。

商文明对夏文化的继承与发展，开启了中华文明主根主脉传承的新阶段，夏文化成为中华文明长期传承的文化基因。商王朝早期都城和四方的城邑继承了很多夏王朝的政治遗产和文化基因，并有很多新的发展，开启了中国古代核心文化和都城文明一脉相承的历史传统。此后三千余年的中华文明进程中，夏王朝的政治遗产和文化基因一直被传承和发展。

夏商都城文明成为根脉文化泽及久远

安阳殷都作为商王朝晚期的都城，其所发现的数十万计的甲骨卜辞、宫殿宗庙建筑基址、祭祀场所、大型王陵等考古遗存，不仅实证了商王朝的历史是信史，更将中国的文字史向前提早了500多年。中国现代汉字正是经甲骨文、金文、篆书、隶书、行书、楷书演化而来，前后一脉相承，真实地记录了中华文明发展的光辉历程。安阳殷都的数十座大型宫殿宗庙建筑基址，规模宏大、布局严整、依次排列，沿袭夏王朝及商王朝早期都城规划的理念并进一步优化，体现了中国古代宫殿建筑“前朝后寝、左祖右社”的格局。殷墟遗址出土的大量青铜器，包括礼器、兵器、乐器、生活用具等，将夏及早商的青铜冶铸技术进一步发展创新，形成以青铜礼器与兵器为主的青铜文明，将中国的青铜时代推向顶峰，在中国的历史长河中意义重大、影响深远。

西周王朝的东部行政中心成周位于洛阳瀍河两岸，是西周时期的东都，是周王朝经略天下的重要政治、经济、文化中心。成周之名见于周初青铜器何尊铭文“唯王初迁宅于成周”的记载，把洛阳作为天下的“中域”或“中国”。从区位选择到都城营造，成周都继承了此前夏商王朝的政治遗产和文化传统。《逸周书》记载：“（成周）城方千七百二十丈，郛方七十里。南系于洛水，北因于郏山，以为天下之大凑”，表明成周范围非常广大。《周礼·考工记》：“匠人营国，方九里，旁三门。国中九经九纬，经涂九轨。左祖右社，面朝背市。”之记载，不仅反映了成周王城布局和都城设计思想，更是中国早期都城营造理念的写照，并影响此后历代王朝的城市营建。

东周时期周天子从西土迁到洛阳王城，王城的布局是内城外郭、宫殿区中轴对称，继续承载着中华文明主根主脉的重任。

东汉至北魏的帝都洛阳城，继承并发展了前代的规划理念，形成了一些新风尚，引领了此后都城规划的潮流。北魏在东汉北宫基础上营建的太极殿，与廊庑、宫院、宫门等附属建筑共同构成东西约340米、南北约310米的大型宫院；纵深近15里的铜驼街是全城的中心大道和中轴线，两侧分布重要中央官署，在全城形成棋盘式道路网。北魏洛阳城代表的单一宫城制更是改变了中国古代都城的空间布局，并直接影响隋唐洛阳城等都城的规划布局，如迄今发掘所见最早的宫城门阙阊阖门，开启了隋唐洛阳宫城正门应天门乃至故宫午门门前置双阙的先河。北魏宣武帝时期开创的整齐划一的里坊布局，也为隋代的大兴城、唐代的长安城和洛阳城的城市营建开创了先例。

隋唐洛阳城由宫城、皇城、郭城以及东城、含嘉仓城、圆璧城和曜仪城等小城构成，全城共109坊。其都城选址沿袭西周初年周公择都的选址理念，将都城选在伊、洛盆地的“天下之中”。城内纵横交错、宽窄相配的街道，以及由街道分割成众多的里坊，形成棋盘式的城市布局，隋唐洛阳城最重要的街道定鼎门大街是全城的主干道，这些便是对汉魏洛阳城都城规划理念的继承与发展。其中代表古代城门最高建制的应天门，双向三出阙，东西两边共计十二出阙，此种建制对北宋东京城的宣德门和明清故宫的午门影响深远。

北宋东京城由皇城、内城、外城三部分组成重城式布局，明确的中轴线从州桥到御街一直纵贯到大内，总体上还是继承了中华文明的主根主脉，并进行了创新发展。北宋东京城在城市管理上打破里坊的限制，施行开放的街巷，沿街为市，沿巷作居，坊市结合，开创了一套新的城市新格局，并以此促进了北宋经济社会的发展。金中都的规划理念便直接来自北宋东京城，元大都继承了金中都的城市基础并参考了《周礼·考工记》的理想规划，明清北京城的规划和营造理念继承了元大都，这样就把明清北京城与中原王朝的主脉紧密地联系到一起了。

纵观中国古代历朝历代的都城选址与营建理念，中原地区自仰韶时代的“河洛古国”到北宋时期的东京城，其城市规划理念一脉相承，不断地进行传承创新，形成一套独特的城市规划理念，成为中华文明重要的根脉文化并泽及久远。以安阳殷都、西周成周、东周王城、汉魏洛阳故城、隋唐洛阳城、北宋东京城为代表的都城文明成为中华文明主根主脉赓续发展的关键节点。

习近平总书记在主持中共中央政治局第三十九次集体学习时强调“中华优秀传统文化是中华文明的智慧结晶和精华所在，是中华民族的根和魂，是我们在世界文化激荡中站稳脚跟的根基”，要求“进一步回答好中华文明起源、形成、发展的基本图景、内在机制以及各区域文明演进路径等重大问题。”以郑州——洛阳为中心的中原腹地，因其独特的自然地理环境，自仰韶时代起就对中华文明的起源、形成与发展产生着深远的影响，夏、商、周三代皆以中原为王都,更是对中华文明的早期发展起到关键甚至决定作用。因此,广大历史和考古工作者更要潜心研究、逐本探源,做好中原腹地的考古发掘与历史研究工作,更好地阐释中原腹地在中华文明主根主脉形成过程中的关键作用,进一步增强历史自觉、坚定文化自信!

(作者单位:河南大学黄河文明与可持续发展研究中心。原文刊发于2022 年 6 月 24 日《河南日报》第 8 版)

中原文物，见证五千年中华文明

张得水　刘丁辉

河南地处中原，是中华文明的主要发祥地。从仰韶文化点燃中华文明第一缕曙光，到夏都二里头遗址揭开王国时代的神秘面纱，再到秦汉帝国大一统的完成和唐宋经济文化助推中华文明达到历史时期的巅峰，王朝、都城、文字、文物等华夏文明的各类载体和结晶，成为支撑五千多年中华文明起源、形成、发展并延绵至今的物质和精神坐标。

构筑中华文化的主源主根

习近平总书记在河南视察时用“伸手一摸就是春秋文化，两脚一踩就是秦砖汉瓦”，形象又精准地讲出了河南深厚的历史底蕴和丰富的文物资源。中原文化是中华文化的主源主根，中原文明发展史，就是中华文明史的缩影。

中华文明探源工程成果表明，距今5800年前后，黄河、长江中下游以及西辽河等区域出现了文明起源迹象。分布于黄河中游的仰韶文化开始了社会复杂化发展并步入文明化进程，在中国同时期的史前文化中处于领先地位，以灵宝北阳平、西坡为中心的仰韶文化中期聚落群是这一时期大型中心聚落数量最多、分布最密集、文明化程度最高的区域，并以此为中心向外强势扩张影响，以花瓣纹为代表的仰韶文化彩陶纹饰出现在东临大海、西至甘青、南越长江、北抵阴山的广袤区域中，在面积达数十万平方公里范围内的文化面貌呈现出空前的一致性，是中国历史上第一次文化上的大整合、大一统,成为中华文明的主要源头。距今5300年前后,以郑州大河村、巩义双槐树等遗址为代表的河南中部仰韶文化晚期聚落群走向强大。巩义双槐树遗址作为这一时期黄河流域都邑性质的中心聚落,发现有近乎沿中轴线布局的大型建筑群基址和防御色彩浓厚的三重环壕,呈现出古国文明形态。距今3800年前后,中原地区在交流与互动中汇聚融合了各地先进的文化因素,完成了中华文明从多元到一体的历史进程,最终形成以夏都二里头遗址为标志的中华文明的成熟形态——国家文明——夏王朝,并向四方辐射文化影响力,以玉牙璋、青铜容器等为物质载体的礼仪制度对周边地区产生了巨大的辐射力,最远传播至两广乃至越南,反映了在东亚数千公里范围内对夏王朝礼制和政权的接受与认同,这是中国历史上第一次文化上的"国家认同"。逮至商周,"三代之居"皆在河洛之间,以中原为中心的中华文化具备了前所未有的凝聚力和向心力,确立了中原地区作为中华文明主根、主脉的中心地位。

见证中华文明不间断发展

习近平总书记指出:"中华文明是世界上唯一自古延续至今、从未中断的文明。"所谓"未中断",是指作为同一个"民族"、同一片"国土"、同一支"文化"的"未中断"。河南的一个个考古发现,一件件历史文物,有力证实了中华文明在本土起源并且在吸收借鉴其他文明的过程中独立发展,一万年文化史、五千多年文明史一脉相承、未曾中断。

距今6万到3万年前的旧石器时代晚期,环嵩山区域密集分布的数百处遗址是中国及东亚地区人类演化及其文化发展,尤其是从现代人出现到农业起源阶段一系列重大变化开始的重要证据。距今1万年前后的新密李家沟遗址,展现了中原地区从旧石器到新石器时代的过渡,这里发现的黄河中游地区最早的新石器时代陶器,开启了华夏先民由狩猎采集向定居农业社会发展的历史进程。距今9000—7000年的裴李岗文化,粟作、稻作农业并存,定居生活稳定,贾湖遗址还发现有骨笛、契刻龟甲符号等在文化史上具有标志性意义的遗存。距今7000—5000年的仰韶文化,是中国境内延续时间最长、分布地域最广的史前文化，从灵宝铸鼎塬到巩义双槐树，绚丽的彩陶，等级分明的聚落群，规模宏大的房子，是这个时期的显著标志。距今5000—4000年的中原龙山文化，是中国各地区文明的竞相发展和激烈碰撞时期，这一时期的中原城邦林立，有着同时期分布最集中的城址群。距今4000年左右夏王朝建立，拉开了中国统一王朝国家历史的大幕，中原龙山文化晚期是夏文化的早期遗存，登封王城岗遗址被认为是夏代的“禹都阳城”，禹州瓦店遗址有可能与“夏居阳翟”有关，偃师二里头遗址就是夏王朝晚期的都城。二里头遗址发现了宫城和大型宫殿，生产铜器和绿松石器等高等级产品的手工业作坊区，还有玉璋、铜爵、铜鼎等礼仪性用器，具有华夏风格和文化内涵的礼器制度和以二里头文化为中心的中国早期文明秩序正式确立。公元前3600年开始，以郑州商城、安阳殷墟两座王都为标志的商文明，将中国青铜文化推向顶峰，杜岭方鼎、后母戊鼎是商王使用的祭祀礼器，也是当时的国之重器，从商代开始，鼎成了最具代表性的礼器，成为国家政权、社稷秩序的象征物，也是最具代表性的“中国精神价值符号”之一。公元前1046年周王朝建立，选取“天下之中”的洛阳作为东都成周，“中国”之名由此开始。周王朝全面继承了夏商王朝的政治遗产和文化传统，并在此基础上创造出以青铜礼器为载体的礼乐制度，在中原及周边形成了一个长期的、共同的信仰体系——“中国”。总之，从文化发展轨迹来看，中原地区文化序列前后相继，持续发展，构成了一个完整的、不间断的历史链条。

富含中华文明开放包容特征

大量研究成果表明，中华文明是土生土长的，是在自身基础上起源、形成的。中华文明也是开放包容的，在其漫长的形成和发展过程中，中华文明内部及其与外部文明之间的交流从未中断。中原地区联结着我国及东亚大陆的南北与东西，从人类起源开始，就是人类与文化向南北与东西方向迁徙交流的中心和枢纽，还是中华文明跨区域“内循环”的辐辏之地，中国各大区域文明在中原地区实现了碰撞和融合。早在旧石器时代，环嵩山区域就是东亚大陆南北石器工业的交汇地带。新石器时代，各种文明要素加速流动，中原地区占据天下之中的地利优势，是四方文明交往沟通的必经之地，新的文明要素不断汇聚融合在中原。来自东北红山文化和东南崧泽文化的玉礼器出现在中原各地，南阳黄山遗址发现的玉石器制作遗存和具备礼器性质的玉钺、玉琮，也是南北文化交流融合发展的成果。以玉为美、龙的信仰、祖先崇拜等文化观念先后从各地汇聚至中原地区，并在以中原为中心的交流互动中，成为中华大地共同的信仰。二里头遗址发现的镶嵌绿松石铜牌饰集中体现了龙山时代以来文化互动与融合的成果，其工艺、原料、纹饰、用途等要素分别来自西亚、长江流域、黄河下游等不同的国家和地区，在汇集到二里头文化后创造性地融合为一体，而后又伴随着二里头文化的对外文化扩张，陆续传播到了西北甘青地区、内蒙古中南部、四川三星堆等地，这些地方都发现有类似的铜牌饰和纹饰等文化元素，甚至还影响了后来的商代青铜器。这种汇聚—融合—传播的独特模式，是二里头文化兼具海纳百川、强势辐射和文化认同等特点的生动写照，也是中华文明孕育出多元一体、兼容并蓄等文化特征的可溯之源。中原地区还是中华文明对外文化交流的中转站，以中原为中心的早期中西文化交流，成为后来丝绸之路诞生的重要基础。距今5000多年以来，起源于中国的稻、粟、黍和丝绸等各地先进文化要素汇聚中原后辗转传播到西方各地，来自西亚等地的绵羊、山羊、黄牛、马、小麦和青铜器技术等先后传入黄河上游地区，并在中原地区消化吸收，成为中华文明的组成部分。青铜时代，夏商周王朝的青铜容器铸造技术和牙璋、玉璧等礼器、礼制，分别从中原出发，广泛传播影响至东北亚朝鲜、日本和东南亚越南等地，有力促进了这些地区文明的起步发展和对中华文化的广泛认同。

蕴含中华文明创新发展理念

创新是中华文明发展进程中的永恒主题。中原地区在漆器、丝绸、青铜器、瓷器、生铁和制钢技术等方面具有鲜明的独创性和引领性。荥阳青台、汪沟遗址发现了我国最早的丝绸实物，最近又在巩义双槐树遗址发现了一枚同时期用野猪獠牙雕刻、造型与现代家蚕极为相似的蚕，距今5000多年，这几件文物使嫘祖“育蚕取丝、造机杼作衣”的传说得到实证，也说明中原地区是中国的丝绸之源。中原地区还是瓷器的故乡，在夏代晚期的二里头遗址已经发现有原始瓷器，郑州商城出土的商代早期原始青瓷具备了瓷器的基本特质，是中国瓷器生产的鼻祖。中原地区是青铜冶铸技术中国化的桥头堡，也是中国青铜文明的策源地，经西北地区传来的冶金术，大约在距今4300年前进入中原，登封王城岗遗址发现了距今约4100年前的青铜容器残片，二里头遗址发现的青铜爵和鼎，说明夏代开始将复杂的分范合铸技术用于青铜礼容器的制作，完成青铜冶铸技术的中国化过程，到了商代晚期已经能够制作如后母戊鼎那样宏大厚重的青铜重器，还有鸮尊那般惟妙惟肖、精美绝伦的青铜精品。三门峡虢国墓地虢季墓中发现的玉柄铁剑，距今2800多年，是我国发现最早的人工冶铁制品。中原地区是中国文字的诞生地，从舞阳贾湖遗址发现的裴李岗文化时期的甲骨契刻符号，到郑州二里岗、小双桥遗址的商代早期刻辞和朱书文字实物，历经几千年的发展演变，中国最早的成熟文字系统出现在商代晚期的殷墟甲骨文中，安阳殷墟已发掘出土15万多片甲骨，发现甲骨文单字4500多个，可完全释读的有1000多字。甲骨文的发现，证明中华文明的记录从甲骨文开始至现代汉字一脉相承，是见证中华民族生生不息的重要标识。中原地区还是中国天文学和“天下之中”理念的发祥地。濮阳西水坡遗址墓葬中用蚌壳摆塑的龙虎图像、郑州大河村遗址彩陶上的天文图像、青台和双槐树遗址用陶罐摆成的“北斗九星”，说明距今五六千年的仰韶文化时期，中原先民就开始观察和记录日月星辰的运转和天体的变化；从《颛顼历》《夏小正》对早期天文历法发展成就的总结，到商代干支纪日法，再到西周初年周公到洛阳测景，将天文历法与“择中建都”“天人合一”等治国的理论与实践相结合，构成中华文明发展史上重要的文化基因。中原地区还是中国早期礼制形成和发展的主要地区，登封王城岗、新密新砦遗址发现了玉石琮、白陶器、青铜容器等高等级的礼制用器，到二里头遗址已发展出宫城、多座体现中轴线理念、并呈左右对称布局的宫殿、成组青铜礼器群，初步形成了具有华夏风格的礼制。礼乐制度在商周时期确立，明确了以大型宫庙建筑、墓葬、祭祀等作为礼乐制度的主要载体，并创造性地将代表当时最先进生产力的青铜容器与等级制度相结合,以青铜容器祭祀祖先神灵、区分长幼尊卑,以青铜兵器强力维持秩序,构建了一个等级分明的礼乐体系,并通过青铜器等把政治理念和礼乐制度传播到周围广大地区。礼乐制度的建立,奠定了后世文化思想的根基,对中国传统文化影响深远。

(作者单位:河南博物院。原文刊发于 2022 年 8 月 3 日《河南日报》第 7 版)

世界记忆名录中的甲骨文遗产

宋镇豪

甲骨文出土于中国河南省安阳殷墟遗址，属于公元前 14 世纪至公元前 11 世纪殷商王都内王室及贵族人群的占卜刻辞与记事刻辞，刻辞载体主要是牛肩胛骨和龟甲，也包括其他动物的骨骼。甲骨文与敦煌南北朝至唐宋时期纸质写本文书、西域汉晋简牍、清内阁大库明清档案，被誉为中国近代学术史上的四大新发现。甲骨文是中国最早的成文古典文献遗产，传承着真正的中国基因，可以据以追索中国上古史的未知，窥探三千年前殷商社会生活场景，增强历史信度，丰富历史内涵，延伸历史轴线。甲骨文是生生不息汉字和汉语的鼻祖，也是寻绎中国思想之渊薮、中国精神之缘起、中国信仰之源头、中国传统文化特质与品格之由来、中国艺术美学之发轫的最真实素材。

据以寻绎中华文明由来的汉字鼻祖

甲骨文是世界人类社会发展进程中的五大自源古典文字之一，堪与西亚两河流域发现的距今 5500 年左右的泥版楔形文字、北非尼罗河口发现的距今 5000 年前的古埃及碑铭体圣书文字及后来衍变出的纸草僧侣草体文字、公元前 2000 年前后的古印度印章文字、美洲民族公元初期发明的玛雅文字等交相辉映。

甲骨文申报“世界记忆名录”，学界期盼已久。早在 2006 年 8 月在河南安阳“庆祝殷墟申遗成功及 YH127 坑发现 79 周年国际学术研讨会”上，专家学者就吁请国家立项,启动甲骨文申报世界文化遗产。2010 年 5 月 21 日,全国古籍保护中心办公室正式确定国家档案局为申报归口管理单位,适时启动申报程序。同年 8 月底,在台湾的史语所也主办了“甲骨文与文化记忆论坛”。国家图书馆则组织专家学者多次研讨申报甲骨文列入“国家珍贵古籍名录”以及有关标准制定和实施办法。随着国家有序提交的全局性安排,在教育部等相关部委的积极推动下,甲骨文申报“世界记忆名录”于 2016 年正式提交,2017 年 10 月 30 日通过联合国教科文组织终审,成功入选,11 月 27 日收到入选通知与相关证书。

中国社会科学院、国家图书馆、故宫博物院、南京博物院等 11 家甲骨文藏品成功入选联合国教科文组织“世界记忆名录”真正确认了甲骨文遗产的世界意义和国际地位,肯定了甲骨文对东亚古典文化和社会发展产生过的悠远影响,对甲骨文的保护与传承具有重要推进作用,其实也意味着流散海内外各处所有殷墟出土的甲骨文,都应归属于世界记忆遗产。

我们已经知道,甲骨文是研究汉字原初构形与汉语言语法最早形态的重要素材。甲骨文的单字量约 4000 多个,其中约 1300 个见于现代汉语字典,其余 2000 多个大都为消逝的人名、地名和祭祀名等,但其词性词义大都可据文例语境而基本得知。甲骨文语言是汉语的母语,内部有一个比较规范的表意语音系统,形声字就已占到 40% 以上,成为中国秦汉以后汉藏语系的重要源头。由于甲骨文的发现,使汉语言学的原初形态和汉语语法的早期特点已经由很难讲清,变得可资精细厘析。甲骨文的文辞体式,有比较健全成熟的一个自成体系的语言、语素、词汇、句法和语法范畴,与现代汉语语法构成一脉相承,现代汉语语法的词类,如名词、代词、动词、形容词、数词、量词、副词、介词、连词、助词、语气词、疑问词等,在甲骨文中已经基本具备。

探知殷商文化的丰富史料

甲骨文时代属于商王国后期,历时商王盘庚迁殷至帝辛凡 8 世 12 王共 273 年,出自 3000 多年前殷商王朝特殊人群之手,包括商王、贵妇、王室成员、卜官、贵族、各方巫师、地方要员等。这些人群以特有的占卜文例形式

（通称甲骨卜辞）或记事文例形式（通称记事刻辞），在龟甲兽骨上写刻下贯以他们的思维方式、行为方式、信仰追求的居常生活事象，记下了真实存在的商王室谱系，记下了大量的神名、先王先妣名、贵显人物名、诸侯方国君长名、部落族长名、外交使者名与神话传说人物等，揭示出王位继承法与婚姻亲属制的特点，王事与臣属活动的政治景观，重大事件中的人物思想情感表现，商王与诸侯方国的关系，官僚机构与职官的职掌，社会生活中权贵与平民、奴仆的阶级结构，经济产业的管理者与手工业劳动者的等级关系，不同族群的宗教意识观念，军事战争中的武官、军队组织、武器装备和攻防行事，丧葬祭祀中人殉人祭者的身份、社会地位及其与墓主的关系，使商代成为有出土古文字记载的信史时代，填补了史书的缺载。

甲骨文中记下的商王国政治疆域地理架构以及相应的内外服制度，可资了解当时社会的阶级分层、政体架构和国家管理形式，最高统治者是商王，商王之下有一批内服辅政官员，统领着一个较大的官僚集团，为商王提供咨询和负责处理具体事务。其中卜官集团，负责为商王提供宗教祭祀方面的决策参考，利用神灵力量影响政事裁决。地方族落或基层地缘组织总数有数百个，由各个宗族的族长负责最基层的管理。在法律刑罚方面，有一套墨、劓、刵、刖、椓的“五刑”系统。商王朝周边方国多达上百个，方国君长是商王朝外服官构成的主体，有的方国与商王朝时敌时友，军事征伐的记载甚多。商王朝的武装力量构成体制，分为王室军队、诸侯方国军队及“兵农合一”的非常设“族兵”三大类。

甲骨文中有不少风霜雨雪的气象及水旱虫灾的记录，还记下了流星雨以及发生于公元前1200年前后的5次日食，是古气候与古天文学研究的重要资料。还有许多野生动植物及猎获象群的记录，可资研究黄河中下游地区自然生态与历史地理环境的变迁。甲骨文中把一年分为春、秋两季，实行一套适合农业定居生活的以太阴纪月、太阳纪年的阴阳合历，平年十二月，闰年十三月，有大小月之分，如单月称“小月”（山东博物馆藏8.110.17）、“小一月”（《符》1）、“小三月”（《东北师大》13）、“小五月”（《合集》21637）、“小生七月”（《合集》7791）等，与今称偶月为小月恰相反。闰月的安排采用年终或年中置闰，以调节太阳年与朔望月的关系。有表示一天内不同时段的“旦”“大食”“昼”“小食”“昃”“市日”“暮”“昏”“爇”“住”“夙”等“时称”单位词。由甲骨文并结合殷墟考古发现知道，当时的粮食作物种类有粟、粱、黍、麦、稻、大豆等所谓“六谷”。为求农作物丰收，有祭风宁风、止雨御涝、祈雨焚巫尪御旱灾及宁息蝗灾等农业祭祀行事。当时社会的宗教分野，主要分为最上层上帝、中层天地间祖先神和自然神祇、最下层鬼魅世界三大信仰系统。对先王先妣的祖先祭尤为隆重，可分特祭、临时祭、合祭和周祭四类。

甲骨文中还有名类繁多的建筑称名，四合院宫殿建制合居住、祭祀、行政为一体，宫室与池苑相辅相成，已开后世宫廷与皇家园林相系的先河。有称为“右学”“大学”的年轻子弟就教的学府，是中国传统“学在官府”的最早源头。甲骨文记有20多种乐器名，10多种不同祭歌名，不同形式的武舞与文舞名，乐师“多万”和众多舞臣的专事分工，反映了当时器乐与音乐、舞蹈的发达状态。还有50余种病患记录，如以现代医学分科则分属之内科、外科、口腔科、传染病科等，有关疾病的治疗、药物、针灸等数者兼备。甲骨文中还有“疾人”“乍疫”“疾年其殟”等最早关于瘟疫的记载，反映了当时人们对疫病的群体性、季节性和突发性特征，以至发生、传播及危害性已有一定程度的认知。又有“御疫”“御众”、殴驱疫鬼、“宁疾”以求消除疠疫等消极的巫术行事，也有隔离防疫、禁止谣传、熏燎消毒、药物医防、饮食保健、洒扫居室、清洁环境卫生乃至必要的刑罚惩处等理性、积极的防控办法。在疠疫瘟疾猖獗之际，人们并非束手无策，而是通过国家行政、社会群防、运动保健等方式，抵御疫病侵害，形成了许多预防疠疫传播的社会风尚和习俗，其内容涉及环境学、营养学、药物学、卫生保健学、心理学、体育学等方方面面。

甲骨文也为现代书法艺术界提供了舒展才华的新天地，甲骨文书体造型与行文走笔具有的高起点、合规度、具变宜的书法要素，先声正源而导流后世书艺，其刀笔、结体、章法三大要素，显出早熟性的特色，直接或间接影响着晚后书学的流变，成为中国书法艺术的滥觞，体现出中华民族的美学原则和共同心理，即平和稳重的审美观，强弱均衡、节奏有序的心理意识，对中国社会和中国文化发展影响深远。人们在观赏文物旧迹，上追殷商神韵之际，立意于艺术构思，在真、草、篆、隶、行等传统书法艺术形式上别开生面，创立现代书艺新门类，为书坛文苑添彩增辉。

甲骨文遗产研究、保护措施建议

河南是甲骨文的故乡，除安阳外，在郑州、洛阳等地均有出土，更应有所作为。近百多年来河南出了许多知名学者，奠定了甲骨学与殷商文化研究的基石。新时期党和国家高度重视甲骨等古文字与古文明的探索，国家有关部门启动了“古文字与中华文明传承发展工程”，河南也是置身其间。现在大环境有这样的机遇，河南具备得天独厚的条件和优势，应该要研究制定一个全省甲骨文与殷商文化研究的纲要和配套实施的细则，聚集全省专业力量，将此做大做强。希望在有关部门的组织筹划下，落实人、财、物以确保计划的实施；要有远期规划和近期目标，按部就班，有序推进。

要重视甲骨文全息性整理研究，“清清家底”，就河南来说，国家有关单位所藏非考古发掘品计 1500 片左右，而民间收藏情况的摸底调查，不容忽视，可能有上万片以上，需要政策上的支持和引导。

要重视和扶持权威的、接地气的、有计算机专业技术支撑的可持续发展的甲骨文大数据信息处理共享平台的构建，但要节省财力，避免重复建设。由安阳师范学院甲骨文信息处理教育部重点实验室主持运行的长期工程项目“殷契文渊”，是当今真正公益性服务的甲骨文大数据平台，已建设多年，在学界有一定影响，大力扶持必能有更大成就。

要重视“绝学”“冷门”学科考评体制的创新，有利于专业人才的培养与合理使用。甲骨等古文字研究是慢工出细活的工作，一些大型的、工程性项目的研究，需要长久专注，不能追求成果产出“短平快”，否则就很难出学术精品，也很难培养、吸纳高水平、有奉献精神的学者。新形势下，要重视解决当前存在的一些实际问题，建立正向、合理的有利于冷门学科发展的学术考评机制。

（作者单位：中国社会科学院。原文刊发于 2022 年 9 月 13 日《河南日报》第 5 版）

郑州小双桥遗址早商文字发现的意义

袁广阔

小双桥遗址位于郑州市西北郊石佛乡小双桥村与于庄村之间的台地上，遗址总面积约600万平方米。在小双桥遗址的诸多考古发现中，文字资料最为重要，遗址内发现的朱书文字是目前夏商时期发现的第一批早于殷墟甲骨文和青铜器铭文的书写文字，它的发现为重新认识郑州商城在20世纪50年代发现牛肋骨上的“甲骨文”的价值以及商代前期的文明发达程度都具有重要意义。

当时文字发展早已脱离原始状态

小双桥的文字主要出土于宫殿建筑附近祭祀坑内，依据祭祀坑中包含物的不同，可初步区分为人牲祭祀坑及牛头坑等多种类型。有朱书文字的陶缸多出土于牛头坑、牛角坑和其他类型的祭祀坑中，说明器物上的文字与祭祀活动关系密切。目前发现的文字有朱书陶文和刻画陶文两类。

朱书陶文。小双桥遗址出土的朱书文字保存完好，字迹较清晰。发掘者宋国定指出，陶文书写使用了朱砂并可能掺入了黏合剂，质量较高。朱书陶文多书写于陶缸或大口尊上，依据目前发现的文字内容可分为三类。数目字类：二、三、七等。象形文字或徽记类：朱书文字中象形文字占有很大比例。如帚、匕、旬、天、东、父（尹）等。较多的是人体象形字、器物象形字等；徽记类包括族名、方国名等。祭祀短语类：该类文字数量多，应是用于记录祭祀内容的。但因陶器破碎，保留的文字多为片段，但大多可以与甲骨金文相比较印证和释读。

刻画陶文。1995年以来的4次考古发掘中，小双桥遗址出土了不少刻画陶文，共有50件。陶文一般是烧后刻于陶器的口沿面、陶豆底部、缸口沿外侧、盆口沿面、罐腹部等。内容可以分为数字类，如一、二、三等；象形类如天、目、矢、竹叶形等。一般一器一字，少数有4个字的。

小双桥陶器上的文字数量不大，但类别丰富，包括数字、象形符文字、短语等。其文字特征是象形字特点突出，如帚、匕、旬、天、东等。小双桥出土的陶文和安阳出土的陶器上的刻画文字一致，简化特点明显，如陶豆上刻画的天字是由朱书的天字简化而来。小双桥文字构形虽然古朴，但书写得刚劲有力。正如古文字学会会长黄德宽所说："小双桥的文字线条简练匀称，结体自然，行笔流畅，考虑到是用软笔书写，可以推断书写者已相当纯熟地掌握了书写技巧，表明当时文字发展和书写的整体水平较高，早已脱离原始状态。"

朱书文字为辨识史前文字提供了线索

从字形、笔画、结构及表现手法分析，小双桥遗址发现的文字资料与甲骨文、金文应是属于同一体系的商代文字，且时代明显早于殷墟时期的甲骨文和金文，是中国古代文字早期发展过程中的一个重要阶段。

小双桥遗址文字资料的发现，为二里岗甲骨文的真实性提供了有力依据。1953年，考古工作者在郑州商城二里岗发掘出土了两片刻着文字的动物骨骼。其中一片牛肋骨十分引人注目，骨的两端残缺。《郑州二里岗》发掘报告释读出其上的11个字，"乙丑贞：从受……七月又乇土羊"。但由于数量少，出土地层单位不明确，该骨辞的年代归属争议较大。陈梦家等不少学者认为可能为殷墟时期，而参与当时发掘工作的裴明相认为年代较早，李学勤、郑杰祥等学者则认定该甲骨应属早商二里岗期。

从考古材料看，郑州商城在相当于小双桥阶段的白家庄期，文化遗存分布范围有所缩小，遗迹、遗物数量也在减少。而此时小双桥遗址兴起，即此时"仲丁迁隞"已经完成。小双桥遗址出土的陶器、青铜器等与郑州商城一脉相承,器类、器形联系紧密。种种迹象均表明,郑州商城作为都城废弃后,小双桥遗址开始兴起和繁荣,两者在年代上前后衔接。小双桥遗址发现的朱书陶文,则为二里岗卜辞的真实性提供了重要旁证。郑州商城二里岗遗址出土牛肋骨上的卜辞应略早于小双桥遗址。但小双桥遗址文字资料的出土地层单位明确,年代也更为接近,一定程度上弥补了郑州商城二里岗甲骨文缺乏出土地层的不足,为其真实性提供了有力支撑,"甲骨文"和朱书文字二者相互印证,将晚商文字大幅度的提前到商代前期。

小双桥遗址的文字中已经出现了简化字,表明商代前期文字已经为成熟文字时代。以小双桥遗址出土的"天""东"等字形为例。天,殷墟甲骨文和金文中的"天",是一个人(天神)的形象。小双桥早商遗址发现的"天"为人形,曲蹲,身材瘦长,手臂较短,字形与甲骨文天字相同。东,甲骨文、金文的"东"字,像一个两头束扎的大口袋。"东"的本义是指口袋中所装之物,也就是今天所说的"东西",后来借用为方位名词,作"东方"讲。小双桥遗址出土"东",形象为束扎的口袋,腹部略鼓,形体较瘦,束捆的经线为一条,而纬线还有三条。到了殷墟晚期,"东"字形象中的经线、纬线只剩一条,同现在的繁体字"东"几乎一致。

此外,小双桥的朱书文字还包括族名、方国名等,但陶文明显线条简练,可以看出文字形体已经开始简化。郭沫若先生早在 1959 年就提出,殷人已在进行汉字的简化,汉字体系的发展在殷墟文化之前必然已走过漫长而成熟的历程。小双桥陶器上的朱书文字与晚商金文特征一致,郑州商城牛肋骨刻辞与晚商甲骨文特征一致,二者相互印证。可以说,在郑州商城和小双桥为代表的商前期,繁体与简化字已经并行,表明此时已经进入成熟文字阶段。

小双桥遗址的朱书文字为辨识史前文字提供了线索。史前时期的朱书文字最典型的例子是陶寺文化陶文,有学者认为是"文邑"或"文尧"二字。陶文是用朱砂写于一件陶扁壶器物表面。目前出土朱书文字最多的遗址是安阳殷墟,如后冈、小屯南地、刘家庄南、花园庄东地等都有发现,朱书文字多以陶器、玉戈、玉柄形器、甲骨为载体,内容多为记祭祀、天文、狩猎、军事相关。

小双桥遗址的朱书陶文主要发现在祭祀的陶礼器上，这种在祭器或卜骨上朱书祭祀内容的文化传统在商代前后相袭。郑州小双桥遗址发现较多的朱书文字，年代介于陶寺与晚商之间。陶寺发现的陶文显然具备了和商代朱书文字相同的特征，陶寺文化的朱书陶文不仅是文字而且为商代祭祀礼器书写文字（祭辞）找到了源头。甲骨文和民族学研究表明早期文字的使用者当是少数具有沟通神灵资格的帝王与巫师。因此，冯时指出："文字在早期社会中其实是被极少数人垄断的用以沟通人神意旨的工具，它的作用只是人神意旨表述的载体……早期文字的这种以朱砂填饰或径以朱砂书写的做法无疑显示了文字本应具有的巫术性质，涂朱设色不过是借文字实现通神的需要而已。"

中华文明是世界上唯一没有间断过的文明，这与汉字这一重要载体一直没有间断紧密相关。郑州商城、小双桥遗址文字遗存的不断发现，展示出中国文字并非肇始于殷墟商代晚期遗址发现的金文与甲骨文，而应溯源至新石器时代。山西陶寺、浙江良渚、山东丁公等遗址的陶器、玉石器上发现的文字资料，表明在龙山时代我国文字已经产生和发展，并在商代前期具备成熟文字的特征，开始"有册有典"，走向规范和辉煌！

（作者单位：首都师范大学历史学院。原文刊发于2022年9月13日《河南日报》第5版）

中原地区：中华文明形成的核心地带

周书灿

中国是世界四大文明古国之一，历史文化源远流长。考古学家指出，中国旧石器时代文化从100万年的更新世早期开始，就在一个相对封闭的环境中，沿着一条与欧亚大陆西侧不同的道路向前发展着。具有鲜明土著性、高度连续性和复杂多元性特点的中国旧石器时代文化，直接构成中国古代文化的根和连续发展的中原地区新石器时代文化的源头。值得注意的是，以黄河流域为中心的文化遗存，有着长期的传统和突出的特征。由裴李岗文化和磁山文化发展而来的仰韶文化、河南龙山文化构成中原文化的主体，它们一脉相承，并在交流融合中不断影响周围地区的文化发展，终于产生了夏商周的阶级和国家，在我国历史上掀开了新的一页。中原地区在中华文明和中华民族共同体形成过程中所处核心地位和所发挥主导作用，已基本上成为中外学术界绝大多数学者的一致共识。

李家沟遗址　填补了旧、新石器时代过渡空白

在新密李家沟遗址发现之前，一般认为，中原地区新石器时代早期文化可以追溯至距今8000年左右的裴李岗文化。裴李岗文化遗址主要分布在豫西山地东部边缘的丘陵地带，以及豫中、豫南的黄淮平原地区，其中以新郑、新密、长葛、许昌、汝州、郏陵、舞阳等地较为集中。裴李岗文化的发现，为研究中国农业、陶器、纺织、建筑的起源和发展提供了重要的资料。此前，考古工作者曾认为，裴李岗文化可能来源于灵井文化，但随着2009年秋至

2010年春,北京大学考古文博学院与郑州市文物考古研究院对河南新密李家沟遗址进行联合发掘,发现距今10500年至8600年左右连续的史前文化堆积,清楚地展示了旧石器时代晚期的石片石器文化、细石器文化再到李家沟文化以及裴李岗文化的连续发展过程,中原地区新石器时代早期文化的根和裴李岗文化的源流已逐渐清晰。

李家沟遗址的发现,从地层堆积、工具组合、栖居形态到生计方式等多角度提供了中原地区旧、新石器时代过渡进程的重要信息,较清楚地揭示了该地区史前居民从流动性较强、以狩猎大型食草类动物为主要对象的旧石器时代,逐渐过渡到具有相对稳定的栖居形态、以植物性食物与狩猎并重的新石器时代的演化历史,展示了本地区这一阶段历史发展的特殊性,填补了旧石器时代晚期文化和新石器时代裴李岗文化之间的缺环与空白,为认识该地区我国旧、新石器过渡和中原地区从旧石器时代之末向新石器时代发展的历史进程等学术课题提供了十分重要的考古学证据。

石固遗址　彻底推翻仰韶文化西来说

石固遗址于1972年冬,当地农民在生产劳动中发现。1978年至1980年,河南省文物研究所对遗址进行发掘。这是一处包含有裴李岗文化的新石器时代遗址。考古工作者根据四个探方的地层叠压关系,并对地层所包含陶器对比研究,将石固遗址裴李岗文化与仰韶文化的堆积,分为八期。其中I至IV期为石固遗址裴李岗文化,V至VIII期为仰韶文化。考古工作者注意到,石固文化III、IV期,特别是IV期的文化内涵与裴李岗、莪沟北岗之间的差异比较明显,从地层叠压关系和陶器特征看,石固III、IV期文化应该是裴李岗文化继续发展的结果。这种现象大大缩小了裴李岗文化与仰韶文化在年代上的距离。

石固遗址的III、IV期与仰韶文化早期之间存在着较多的共性。考古工作者通过比较石固遗址裴李岗文化内涵与仰韶文化早期内涵后,有较充分的根据认为,中原地区的仰韶文化渊源于裴李岗文化,是在石固裴李岗文化的基础上发展起来的。

自仰韶遗址发现和仰韶文化确认后，中外学术界曾先后提出过仰韶文化西来说、西来文化三次波动假说等。20 世纪 40 年代，齐家坪遗址发现后，夏鼐先生从年代学方面获得坚实的证据，彻底推翻了安特生的仰韶文化西来说。石固遗址仰韶文化和裴李岗地层的叠压关系，不仅为中原地区裴李岗、仰韶文化的连续发展关系提供了重要的考古学证据，而且对仰韶文化西来说起到了釜底抽薪的作用。

庙底沟与三里桥　开河南龙山文化之先声

自 20 世纪 50 年代后期，考古工作者相继对庙底沟和三里桥新石器时代遗址进行发掘后，确认了承袭仰韶文化若干因素，开“河南龙山文化”之先声的庙底沟二期文化。考古学家认为，庙底沟二期文化属于仰韶文化和河南龙山文化之间的过渡阶段。解决了由仰韶向龙山的过渡，等于阐明了中国古代文明的起源问题。此前，有的学者称，仰韶文化之中孕育了诸多华夏文明的核心基因，仰韶文化在中原地区的发生、发展和繁荣壮大的过程也正是华夏民族从“农业起源”到“城市革命”的早期文明化进程。也有学者称，仰韶文化是生命力最强的中国史前文化之一，中国古代文明的主根，庙底沟文化的冲击波，为后来中国古代文明的形成奠定了基础。越来越多的考古资料表明，自远古时期经裴李岗文化、仰韶文化、河南龙山文化，黄河流域的古代文化一直处于连续发展状态。目前，学术界普遍赞同，我国龙山时代中原地区居民创造的河南龙山文化，孕育发展了中国文明初期的青铜文化，是夏商周青铜文明赖以根植的土壤和生长、发育的源泉。

就目前所掌握的考古学材料看，中原地区以外，如长江流域、珠江流域、燕山南北、辽河流域等的新石器时代文化，虽然不少地区的新石器时代的文化，大多在受到周邻文化尤其中原地区新石器时代广泛影响的背景下独立向前发展，迄中原龙山时代早中期，祖国各地一度形成了各具特色的强势文化。但就目前所掌握的考古学材料看，中原地区以外全国大范围区域内的新石器时代文化，普遍呈现出源头不清，缺环尚多，自身的发展序列还连贯不起来的现象。惟有中原地区河南龙山文化的发展却呈现出鲜明的连续性特点。

新砦期　龙山文化向二里头文化演进

夏朝是我国历史上第一个奴隶制国家。夏朝的建立,昭示着中华大地上漫长的新石器时代的终结和青铜文明时代的到来。夏朝的建立,标志着中华文明的核心要素已经具备,开启了中国乃至东亚地区青铜文明的新时代。目前考古学界几近异口同声地赞同,二里头文化就是学术界长期探寻的夏文化。

新砦遗址试掘后,发掘者发现新砦遗址出土的陶器具有二里头文化早期的特征,但有的陶器还保留有一些龙山文化的色彩,因此是属于河南龙山文化晚期和二里头文化早期的遗存。发掘者赵芝荃先生曾先后指出,新砦期二里头文化"把河南龙山文化晚期与二里头文化一期基本连接起来了。如果打破人为的考古资料命名的界限,就会发现河南龙山文化晚期、新砦期文化和二里头文化一期一脉相传,文化面貌比较相似"。此后,他认为应将"新砦遗址的二里头文化早期文化"从二里头早期文化中区别出来,另立一期,称为新砦文化,但他依然坚持新砦期遗存作为二里头文化主要来源的认识,并且处于河南龙山文化发展到二里头文化之间的过渡阶段。

应该强调的,由于材料有限,迄今为止,学术界对新砦期文化性质归属问题的认识,还存在不少分歧。尽管如此,目前学术界基本认可河南龙山文化—新砦期—二里头文化的演进道路。考古学界普遍认为,河南龙山文化经过新砦期,发展为二里头文化,这一考古学现象和古代文献所记,大禹治水成功后,中原地区建立起我国历史上第一个奴隶制国家夏朝,在广袤的中华大地上,位于黄河中游的中原地区最先进入文明时代的历史事实,是完全一致的。

独特的历史地位和作用

新中国成立后,随着黄河流域新石器时代考古工作的逐渐展开,日益丰富的新石器时代田野考古资料为中国史前文化本土连续发展说提供了重要的证据支持。迄20世纪90年代,以安志敏先生为代表的考古学家积极主张的中国文明起源黄河流域中心说,一度对中国考古学术界产生巨大而深刻的影响。此后,积极主张用考古学区系类型说对中国古文化进行重新认识的苏秉琦先生,反对“过分夸大中原文化、贬低周边古文化的”的倾向,其提出的中国文明起源的“条块说”“满天星斗说”,并对传统的黄河流域中心说提出了激烈的挑战。此后,严文明先生讲到,近年来关于中国文明起源地的考古学研究中,位于江浙地区的良渚文化和燕辽地区的红山文化成为大家关注的焦点,同时在海岱地区、两湖地区、川西平原乃至陇东山地也都有十分重要的发现而为大家所瞩目。相比之下,一向被人们特别关注的中原,特别是作为中原核心的伊洛——郑州地区,反而显得不那么突出。这种情况使得许多人对于中国文明究竟是不是从中原发源产生了怀疑,于是多元论或多元一体论,应运而生。但如果走到另一个极端,以为中原在中国文明发生期仅仅处于无足轻重的地位,那也决不符合事实。严文明特别强调,中原不但有特殊优越的地理位置,而且有十分丰厚的文化底蕴。要探讨夏商周文明的原始,固然不能局限于中原地区的史前文化。有必要拓宽视野,看看周边文化发生过什么影响,起过什么样的作用。而更重要的是要看中原地区的史前文化究竟是如何在与周边文化发生这样那样的关系的情况下一步一步地走向文明时代。因此,从某种意义上讲,严文明关于中国文明起源的重瓣花朵理论及此后学术界明确提出的以黄河流域为中心的多元一体理论,均对中国文明起源的黄河流域中心说与“满天星斗说”两种“对立”的观点进行了纠偏与疏通,已越来越接近中国文明起源的历史真相。

在广袤的中华大地上,新石器时期不同文化在相互传播和借鉴、吸收过程中进行着直接或间接的碰撞与交流,从而为中国古代多元一体的中华文明和中华民族共同体格局奠定了悠久的史前期基础。迄今为止,越来越多的学者已普遍赞同,中国的文明中心只有一个,即广义的中原地区。在中华文明和中华民族共同体的形成和发展过程中,中原地区具有独特的历史地位和作用。

中国进入文明社会的夏商周三代,“皆在河洛之间”,从夏后氏、商王为天下诸侯之长,到周天子为天下之君再到秦汉大一统局面的出现,中国古代的政治、经济、文化中心，一直在广义的中原地区。无论是西周青铜器铭文中所说“宅兹中国”的王城雒邑，还是司马迁在《史记·货殖列传》中所说的“建都各千百岁”，包括今中原地区大部的河东、河内、河南“三河”地区，均长期被视为“天下之中”，这并非历史的偶然。

（作者单位：苏州大学社会学院。原文刊发于 2022 年 12 月 31 日《河南日报》第 7 版）

碰撞与辐射:夏商西周时期的中原与周边

赵东升

近年来区域文明的发现和研究在中华大地遍地开花,极大促进了中国社会复杂化和文明化进程的研究。由此也引来学术界对以往的学术观点的反思并产生了新的争论,比如谁才是“最早的中国”? 区域文明自何处来? 又往何处去? 为何最终是中原文明确定了领导地位? 它又是如何实现的? 这些问题本质是关于中华文明的形成过程问题。

“多元”向“一体”过渡标志应是中原王朝的建立

目前,国内学者在论及中国文明进程时,往往从“满天星斗”“多元一体”的理论出发,认为各区域文明在发展过程中,都会不由自主地向中原“辐辏”,并且这种“辐辏”的时间越来越早,因此出现了“最早的中国”“最初的中国”“文化上最早的中国”“政治上最早的中国”等不同的概念。实则“文明”作为一个综合体,不应过分拆解,他的最终表现应该就是最早广域王权国家的建立,而这个国家无疑应该就是煤山文化—新砦二期文化—二里头文化为代表的夏王朝。

其实,对于“多元一体”格局,历史学界、民族学界和考古学界已有着长期的争论,安志敏先生为代表的学者强调“中原中心论”,苏秉琦先生为代表的学者主张“满天星斗说”。后来又有严文明先生的“重瓣花朵”学说和张光直先生的“相互作用圈”理论。20 世纪 80 年代后期,由以上的学说与民族学理论相结合而形成的中华文明多元一体格局成为当前学者主要遵循的理论。但对于史前时代是否存在中原中心,“多元”和“一体”的内涵、时间界限和互动关系仍然进行着长期的讨论,其中以赵辉先生“辐辏中原”的观点为代表,他认为,以中原为中心的历史趋势的肇始应该是公元前2500—公元前2000年间。“中原中心论”固然有些绝对化,“满天星斗说”又太强调独特性,“多元一体格局”虽然较为恰当的归纳了各地从不同的社会复杂化之路向中华一统局面的总体进程,但因为强调多元向一体的过渡是因为周边族群向中原的主动汇聚,而较为忽略中原对地方的浸染“迫使”他们向中原“汇聚”,尤其是忽视了青铜时代中原王朝对地方经略步骤和统治策略的调整过程和原因而稍嫌片面。因此,也就造成了“多元”和“一体”的内涵和转变时间的歧见。赵辉先生曾有两篇文章分别将这一肇始时间推定为公元前3000—公元前2500年和公元前2500—公元前2000年,可能正是对“多元”向“一体”过渡原因的认识不明确所致。笔者认为,这个过渡的标志应该是中原王朝的建立,可参考的标准是中原文明礼制因素在华夏集团以外地区的出现,这可以煤山文化在豫南和鄂北对石家河文化的取代和禹会—斗鸡台文化在淮北地区的出现等为标志,甚至在长江以南地区也广泛发现了煤山文化的因素。以中原王朝的建立为界标,前面称之为各区域(多元的)社会复杂化过程,后面称之为一体的礼制中原化进程。虽然,新石器时代中原族群与邻近族群有文化上的交流与互动,但都不具有礼制的涵义,不具备地缘政治意义上的国家意识,因此,也就不存在向中原辐辏的主动意识。

因此,区域文明的复杂化和中原文明的进入都是中原化进程的“因”,中原礼仪文明大一统是中原化进程的“果”。“多元一体”除了应该强调地方文明对中原文明的客观贡献之外,更应该强调中原文化和中原王朝的主观意愿。与其说中原文明对周边区域文明充满了“吸引力”,促使后者主动向中原辐辏,不如说周边区域文明在中原文明的“压迫”下“不得不”为中原文明进程“助力”。因此中华文明最初在中原的建立和发展是中原与周边区域多种文明体碰撞融合的结果,更是中原文明主动辐射促成的。认识到这点,将利于厘清中原和地方的关系,利于客观上认知中华文明大一统的基础和本质。

以中原为核心的文明体系形成的动力机制

探讨夏商西周时期的中原与周边的问题,除了认识到中原王朝的主导作用之外,也要关注区域文化传统对中原王朝经略步骤和统治策略的影响,因为中原王朝为了实现政治和礼制统治的目的,也在不断在适应地方传统的基础上去调整经略步骤和统治策略,从而造成不同的王朝之间的政策既有继承,也有创新。随着中原文化和中原文明的传播,在意识形态领域,周边部族逐渐采用中原王朝的礼仪制度作为社会的整合手段,以规范社会的等级秩序和社会的正常运转,此即为"中原化"的实质。中原以外的各族群正是在中原势力的介入和自身发展的基础上逐步完成中原化进程、最终实现"一体"格局的。

"多元一体"格局确立后的30多年来,中国各区域的考古工作得到了全面开展,获得了数量众多的考古新材料,考古学文化谱系大体上得以建立。这为我们从考古学的角度,并结合传世文献、甲骨、金文及关于族属、环境、古代矿产资源的研究成果,尽可能全面的复原青铜时代文化的演进过程及其与夏商西周王朝的互动关系提供了可能。

龙山—二里头时期中国大陆文化和社会地缘关系的改变引起了中国史前文化格局的彻底改变,开始形成青铜时代的全球化进程。伴随着这些区域文明的同时衰落,融合了西域青铜基因的中原文明却"异军突起",并开始了向外扩张的过程。初期的扩张只是为了确立在中原的主导地位,如同文献所记载的"征三苗""夷夏之争"等事件,华夏族只是将东夷和苗蛮赶出中原地区而已。这也许正是煤山文化—新砦二期文化在远离中原的区域只是"昙花一现"的原因,但毕竟华夏族开始与边缘地区建立起了真正的联系,尤其是与从未"交流"过的南方"百越集团"建立起了联盟关系,共同挤压中间的"三苗集团"和"东夷集团",成为华夏集团在更大范围内确立地位的关键,华夏集团从而也成为一些民族集团口耳相传的族群先祖,由此建立起了中华民族的最初记忆。

循着夏人的脚步,商人改变了策略,以强大的力量为依托,攻城略地、建立据点、掠夺资源,文明的互动开始增强。商王朝建立之初即大规模向长江中下游地区扩张,直接促成了长江流域商代青铜文明的产生和发展。但由于商王朝疆域的内缩及对周边控制力量的减弱,长江流域的土著青铜文化迅速发展,区域性文化中心得以形成。此时,南方青铜文化明显承袭二里岗时期所形成的一些传统,同时又接受了以安阳殷墟为中心的中原晚商文化的新因素。周边各支青铜文化在中原商王朝礼制的强烈影响下,不仅进行着物质文化的融合与统一,而且还是思想观念上的融合与统一,为西周集中统一的政治格局的形成奠定了基础。

西周王朝没有商人巨大的军事优势,他们只能在地方实行分封制、执行钟鸣鼎食的等级制、传播周礼。“启以周政,疆以戎索”的本质并不是西周王朝主动为之的行为,而是受制于区域文明数千年的文化传统不得已的做法。但这种做法,却起到了武力所不能起到的作用。到西周晚期,随着分封制下的地方诸侯国的势力巩固及扩张,一个以中原为政治核心的文明体系渐趋形成。

如果把夏王朝跨民族集团的经略称为“联系和影响”,那么商王朝的经略可称之为“联盟和控制”,而西周王朝的经略则称为“分封和渗透”了。它们体现出中原与周边的碰撞与辐射越来越频繁,“中原化”进程的程度越来越深,到秦帝国建立时,即基本完成了现代意义上“一体”的中华文明的构建。

(作者单位:南京大学历史学院。原文刊发于 2022 年 12 月 31 日《河南日报》第 7 版)

精神传承

亿万人民心中永不磨灭的丰碑

辛世俊

1922 年 8 月 16 日，焦裕禄出生在山东博山县崮山村一个贫苦农民家庭。“裕禄”这个名字是爷爷起的，“富裕”“厚禄”寄托着焦家人对富足生活的希望，但这个名字并没有使焦裕禄及其家庭摆脱悲惨的命运。中国共产党使焦裕禄走上了革命道路并成长为一个县委书记。焦裕禄只走完了 42 年的人生路，但他的名字却永远镌刻在中国共产党的历史中，他的精神也永远成为中国共产党的宝贵精神财富。在焦裕禄同志诞辰 100 周年之际，重温焦裕禄的事迹，弘扬焦裕禄精神，对于实现中华民族伟大复兴的中国梦、推进中国特色社会主义伟业具有十分重要的意义。

焦裕禄精神形成的社会历史条件

时代是思想之母，实践是理论之源。任何伟大的精神都具有深厚的时代要求、文化土壤和实践基础。焦裕禄精神产生于社会主义革命和建设时期，中国共产党执政以后，如何不忘初心、牢记使命，始终保持共产党人的奋斗精神和为人民服务的宗旨，是党面临的重要课题。焦裕禄作为兰考县委书记，向党和人民交出了一份优异的答卷。理解焦裕禄和焦裕禄精神，都不能离开社会主义革命和建设时期的伟大实践和历史条件。

（一）马克思主义是焦裕禄精神形成的理论基础

马克思主义是我们立党立国的根本指导思想。作为一名共产党员，焦裕禄非常重视对马克思主义及其中国化的理论成果——毛泽东思想的学习、运用与践行。在工作中，焦裕禄形成了学习毛主席著作的习惯，无论在办公室还是下乡工作，一有空就读书学习，不仅自己学习，还组织干部群众学习。毛主席说的“没有调查就没有发言权”“实践出真知”“群众是真正的英雄”“贪污和浪费是极大的犯罪”“为有牺牲多壮志，敢教日月换新天”等都能随口说出来。焦裕禄不仅刻苦学习，而且善于在实践中运用。一是坚持马克思主义基本原理，始终站在人民立场上想问题、办事情；二是坚持问题导向，将马克思主义运用于解决兰考的实际问题，运用毛主席说的一般和个别相结合、领导和群众相结合的原理问计于民，找到了治理“三害”的办法；三是坚持马克思主义基本方法，他要亲手掂一掂“三害”的分量，“吃别人嚼过的馍没味道”“蹲下去才能看清蚂蚁”等都是体现焦裕禄坚持调查研究方法的经典名句。

（二）中华优秀传统文化是焦裕禄精神形成的深厚土壤

焦裕禄出生在山东，长期在河南工作。山东是孔孟之乡，是儒家文化浸润之地。河南是被称为“宅兹中国”的地方，华夏民族在此休养生息，繁衍壮大。厚重的中华优秀传统文化自然对焦裕禄有耳濡目染的作用。焦裕禄精神深深根植于中华民族文化的沃土，具有深厚的民族文化根基。中华文化中的“文明以止”的底线伦理，“家国同构”的爱国情怀，“自强不息”的奋斗精神，“厚德载物”的宽厚品格，“中融天下”的中道精神，“仁民爱物”的博爱境界，“经世致用”的求实精神，“革故鼎新”的创新精神，“勤劳善良”的朴实精神，“民为邦本”的亲民情怀，“修身律己”的廉洁精神以及“为政以德”“百姓不可欺”的官德文化等，在焦裕禄身上都有体现并融入焦裕禄精神之中。

（三）革命活动的历史是焦裕禄精神形成的实践基础

苦难铸就辉煌，实践锻炼才干。焦裕禄精神的产生既有时代的呼唤、环境的影响、传统文化的滋养，又有个人实践的作用。要了解焦裕禄精神，把握焦裕禄的心路历程，就必须了解他走过的革命历程。焦裕禄的一生可分为两个阶段：一是新中国成立前的革命斗争时期。这一时期的焦裕禄上过四年小学，13 岁就推车运货、到煤窑挖煤。焦裕禄的父亲因交不起租子被保长收去家里的 2 亩地，愤恨交加，悬梁自尽。此时的焦裕禄被抓进日本宪兵队，受尽拷打，后被装进闷罐车押送到抚顺煤矿挖煤。逃回家乡后又到宿迁给地主当长工两年多，直到1945年宿迁解放才回到家乡。焦裕禄1945年参加民兵组织，1946年加入中国共产党，1947年进入南下工作队，在河南尉氏县发动群众打土匪、斗恶霸、搞土改，在血与火的洗礼中，逐渐成长为一个有经验、有魄力的年轻领导干部。二是新中国成立后的社会主义建设时期。这一时期的焦裕禄先后在尉氏县、洛阳矿山机器厂、兰考县等地工作。无论在农业战线还是在工业战线，无论是做团委书记、车间主任还是县委书记，他都像一团火，既充满热情，又脚踏实地，能够将群众团结在自己周围，迅速打开局面。革命斗争实践使焦裕禄亲身感受到新旧社会两重天，懂得了苦与甜、压迫与解放、屈辱与尊严、奴隶与主人、束缚与自由、黑暗与光明的不同内涵。他暗下决心，只有做好工作，才能回报党和人民的恩情。1962年12月，焦裕禄临危受命，被开封地委调到兰考担任县委书记。正是这475个日日夜夜，焦裕禄写下了一生最壮丽的华彩乐章。焦裕禄带领“三害”调查队跋涉5000公里，走遍了兰考大地，完成了对全县所有沙、碱、涝面积分布情况及其对农作物危害程度的勘察测量，亲手摸清了“三害”的底子和分量。他带领兰考人民栽泡桐、治盐碱、排内涝，全身心投入战胜“三害”的斗争中，直到耗尽生命的最后一丝能量，于1964年5月14日在郑州逝世，年仅42岁。他向组织留下的遗言是：“我活着没有把沙丘治好，死后希望组织把我埋在沙丘上，我要看着兰考人民把沙丘治好。”

焦裕禄精神的内涵与实质

焦裕禄的事迹感天动地，焦裕禄的形象深入人心，焦裕禄精神代代相传。

（一）党和国家领导人高度重视学习弘扬焦裕禄精神

从毛泽东、周恩来开始，党和国家历代领导人都非常重视学习和弘扬焦裕禄精神。

由穆青、冯健、周原撰写的长篇通讯《县委书记的榜样——焦裕禄》，是由时任中央书记处书记彭真批准在《人民日报》发表的。《人民日报》在发表这篇通讯时还配发了社论《向毛泽东同志的好学生——焦裕禄同志学习》，此后一个月内连续发表了7篇评论文章。将焦裕禄定位在毛主席的好学生的位置，这个崇高的评价对全党和全国人民学习焦裕禄精神无疑起到了极大的推动作用。

毛泽东在读了焦裕禄的事迹后，深受感动，为焦裕禄题词“为人民而死，虽死犹荣”。1966年9月15日，经周恩来安排，焦裕禄二女儿、13岁的焦守云登上了天安门，受到毛泽东亲切接见。第二天，焦守云与毛泽东、周恩来、刘少奇等的合影，刊登在《人民日报》上。毛主席与焦守云合影留念，实际上是向全党和全国人民发出了向焦裕禄同志学习的伟大号召。

据焦守云在《我的父亲焦裕禄》一书中披露，邓小平在焦裕禄病重期间就了解到了焦裕禄的事迹。兰考县民政局局长袁汉琪原在二野当过特务营长，是邓小平的老部下，县委派袁汉琪到北京陪同焦裕禄治病。袁汉琪见到时任中共中央总书记的邓小平，汇报了兰考的情况和焦裕禄的病情。邓小平随即安排为焦裕禄会诊，结果为肝癌晚期，皮下扩散，建议回郑州进行人道主义治疗。

1991年2月9日，时任中共中央总书记的江泽民来到兰考视察，向焦裕禄陵墓敬献了花圈。他对在场的干部群众说：“我们各级领导干部学习焦裕禄同志，就要像他那样廉洁自律，克己奉公。既然居官在位，就要兢兢业业地为人民办实事。”江泽民还看望了焦裕禄的妻子徐俊雅及其子女，并题词“向焦裕禄同志学习，全心全意为人民服务”。

1994年5月13日，河南省委在郑州隆重集会，纪念焦裕禄同志逝世30周年。时任中共中央政治局常委、中央书记处书记的胡锦涛参加大会，发表了《在新时期学习弘扬焦裕禄精神》的讲话。次日，胡锦涛代表党中央、国务院在兰考焦裕禄烈士陵园为焦裕禄铜像揭幕，并发表讲话，赞扬“焦裕禄同志是全党和全国各族人民公认的中国共产党的好党员，人民的好公仆，县委书记和广大干部的好榜样，他的一生，是为党的事业、为人民利益鞠躬尽瘁的一生”。

2009年4月1日，时任中共中央政治局常委、中央书记处书记、国家副主席的习近平专程赶赴焦裕禄纪念园，瞻仰焦裕禄纪念碑，参观焦裕禄事迹展，向焦裕禄陵墓敬献花圈，并看望焦裕禄同志亲属，与兰考县的干部群众座谈。

（二）习近平总书记的“焦裕禄情结”

习近平总书记回忆自己学习焦裕禄精神时说，“《人民日报》发表《县委书记的榜样——焦裕禄》时，我上初中一年级，政治课老师在念这篇通讯的过程中几度哽咽，多次泣不成声，同学们也流下眼泪。特别是念到焦裕禄同志肝癌晚期仍坚持工作，用一根棍子顶着肝部，藤椅右边被顶出一个大窟窿时，我受到深深震撼。后来，我当知青、上大学、参军入伍、当干部，我心中一直有焦裕禄同志的形象，见贤思齐，总是把他当作榜样对照自己。”完全可以说，焦裕禄精神在习近平总书记人生观的形成中起到了重要作用。1990 年 7 月 8 日，《人民日报》发表《人民呼唤焦裕禄》时，习近平任福州市委书记，他读了这篇通讯后，激动万分，填写了《念奴娇 · 追思焦裕禄》，表达对焦裕禄的无比崇敬之情。

正是这种独特的焦裕禄情结，使习近平总书记对学习和弘扬焦裕禄精神思考得最多、想得最深，论述也最多、最具体、最全面、最深入、最系统。他在第二批党的群众路线教育实践活动时，提出要联系兰考县，目的在于用焦裕禄精神的生动教材教育广大干部群众，“希望通过学习弘扬焦裕禄精神，为推进党和人民事业发展、实现中华民族伟大复兴的中国梦提供强大正能量”。

产生于 20 世纪 60 年代的焦裕禄精神还能不能感动现代人？生活条件好了，还需要焦裕禄那种奋斗精神吗？党的任务变化了，焦裕禄精神还能指导新时代党的建设吗？针对这些困惑和疑问，习近平总书记明确指出：“焦裕禄同志是人民的好公仆，是县委书记的榜样，也是全党的榜样。亲民爱民、艰苦奋斗、科学求实、迎难而上、无私奉献的精神，过去是、现在是、将来仍然是我们党的宝贵精神财富，永远不会过时。”

（三）对焦裕禄精神的概括与延伸

1994 年 5 月 13 日，在纪念焦裕禄同志逝世 30 周年大会上，胡锦涛对新时期学习弘扬焦裕禄精神提出了四个方面的要求，实际上是从四个方面概括和提炼了焦裕禄精神:一是像焦裕禄同志那样全心全意为人民服务,密切联系群众,一切为了群众,事事相信和依靠群众;二是像焦裕禄同志那样坚持党的思想路线,实事求是,一切从实际出发,讲真话,办实事,大胆开拓,创造性工作;三是像焦裕禄同志那样不怕困难、不畏艰险,顽强拼搏、艰苦创业;四是像焦裕禄同志那样廉洁奉公,勤政为民。

2009 年 4 月 1 日,时任中共中央政治局常委、中央书记处书记、国家副主席的习近平在兰考干部群众座谈会上提出,焦裕禄同志用自己的实际行动,塑造了一个优秀共产党员和优秀县委书记的光辉形象,铸就了亲民爱民、艰苦奋斗、科学求实、迎难而上、无私奉献的焦裕禄精神。

2014 年 3 月 18 日,习近平总书记在兰考县委常委扩大会议上的讲话中指出,学习弘扬焦裕禄精神,首先要明确学习弘扬什么。一是焦裕禄同志"心中装着全体人民、唯独没有他自己"的公仆情怀。二是焦裕禄同志凡事探求就里、"吃别人嚼过的馍没味道"的求实作风。三是焦裕禄同志"敢教日月换新天""革命者要在困难面前逞英雄"的奋斗精神。四是焦裕禄同志艰苦朴素、廉洁奉公、"任何时候都不搞特殊化"的道德情操。

2014 年 8 月 27 日,习近平总书记在听取兰考县委和河南省委党的群众路线教育实践活动情况汇报时的讲话中指出,要"学习弘扬焦裕禄同志对群众的那股亲劲、抓工作的那股韧劲、干事业的那股拼劲"。

2015 年 1 月 12 日,习近平总书记同中央党校县委书记研修班学员进行座谈并发表重要讲话。他提出,做县委书记就要做焦裕禄式的县委书记,始终做到心中有党、心中有民、心中有责、心中有戒。

党和国家领导人在不同时间、不同语境下概括的焦裕禄精神,虽然有一些差别,但本质上是一致的。焦裕禄精神是伟大建党精神的具体体现,是中国共产党的性质与宗旨、理想与信念、价值与追求的集中体现,其本质是全心全意为人民服务。

焦裕禄精神的当代价值

焦裕禄精神的真理性决定了它的永恒性和普遍性。焦裕禄精神是中国共产党的宝贵财富，是永放光芒的旗帜，永远不会过时。能够跨越时空、成为永恒的精神一定具有普遍的意义。在新时代，我们要弘扬焦裕禄精神，最重要的是把握时代脉搏、倾听人民心声、增强问题意识、紧密联系实际，按照习近平总书记的要求，“赋予焦裕禄精神以时代精神、时代内涵，把焦裕禄精神发扬光大”。

（一）新时代弘扬焦裕禄精神，就要牢牢把握“中国共产党是什么、要干什么这个根本问题”

党的十九届六中全会通过的《中共中央关于党的百年奋斗重大成就和历史经验的决议》提出，“全党要牢记中国共产党是什么、要干什么这个根本问题”，这是理解中国共产党为什么会成功和未来怎样才能继续成功的关键。这个问题之所以是根本问题，是因为它是中国共产党的存在论和价值论，它回答了中国共产党为什么要存在以及怎样存在这个关乎党的生死存亡的大问题。实际上，毛泽东在 1944 年就提出了中国共产党为什么要存在的问题，他的“全心全意为人民服务”和“自觉作实现人民利益的工具”就是对这个问题最好的回答。习近平总书记在党的群众路线教育实践活动中将这个问题概括为“为了谁、依靠谁、我是谁”的“三问”。焦裕禄对这些问题的回答是十分清晰的，那就是“共产党的干部不是老爷，而是人民的儿子，不仅是儿子，还要做人民的孝子”。焦裕禄身上之所以会有对人民的那股亲劲、抓工作的那股韧劲、干事业的那股拼劲，是因为他对这一根本问题有清醒的认识。党的百年奋斗史证明，忘记了“是什么”，迟早会变质；不知道“要干什么”，早晚会失败。在中国特色社会主义新时代，我们只有像焦裕禄那样真正将人民放在心中最高位置，才会增强不忘初心、牢记使命的历史自觉性和行为主动性。

（二）新时代弘扬焦裕禄精神，就要继承共产党人敢担当、敢负责、敢作为的精神

“为官避事平生耻。”有作为必须敢担当。焦裕禄到兰考工作时，正是自然灾害最严重的时候，焦裕禄不等不靠，带领全县人民自力更生、艰苦奋斗、奋力拼搏、自强不息。他说，“兰考这块地方，是先烈们用鲜血换来的，先烈

们没有因为兰考人穷灾大,就把它让给敌人,难道我们就不能在这里战胜灾害?”,“党把这个县36万群众交给了我们,我们不能领导他们战胜灾荒,应该感到羞耻和痛心”。正是这位有着“羞耻”之心的县委书记,抱病带领全县干部群众风里雨里奋力拼搏,终于征服了风沙、盐碱和洪涝这三大灾害。“知耻者,近乎勇”,为官知羞耻,才能无私无畏,造福于民。我们现在的条件比焦裕禄那个时候不知好了多少倍,但一些干部却出现了“内卷”“躺平”的现象,愿当“老好人”“太平官”“墙头草”,顾虑“洗碗越多、摔碗越多”,“为了不出事,宁可不干事”,“只想争功不想揽过,只想出彩不想出力”。这种精神状态是与新时代新使命的要求格格不入的。习近平总书记指出,担当和作为是一体的,不作为就是不担当,有作为就要有担当。做事总是有风险的。正因为有风险,才需要担当。凡是有利于党和人民的事,我们就要事不避难、义不逃责,大胆地干、坚决地干。2022年3月1日,习近平总书记在春季学期中央党校(国家行政学院)中青年干部培训班开班式上的讲话中指出,只有全党继续发扬担当和斗争精神,才能实现中华民族伟大复兴的宏伟目标。担当和斗争是一种精神,担当和斗争是一种责任,担当和斗争是一种格局。新时代弘扬焦裕禄精神,就要像焦裕禄那样敢于担当、敢于负责,做到“在困难面前逞英雄”,不负时代和人民的重托。

(三)新时代弘扬焦裕禄精神,就要继承共产党人自我革命的精神

勇于自我革命是中国共产党最鲜明的政治品格。中国共产党的伟大就在于敢于直面问题,勇于自我革命,能够自我净化、自我完善、自我革新、自我提高。焦裕禄严以律己,从不将权力视为己有,从不用公权为自己和家人谋取任何私利,真正做到了清正廉洁、大公无私。群众拥护焦裕禄,是因为他们认为焦裕禄是一个有血有肉、有情有义、心中装着人民、唯独没有自己的“人”,是一个把“人”字写大写好的人。

新时代坚持自我革命,就要像焦裕禄那样坚定理想信念,把人生理想融入党和人民事业之中,把为人民幸福而奋斗作为自己最大的幸福。要认识到坚定理想信念不是一阵子而是一辈子的事,要常修常炼、常悟常进,无论顺境逆境都坚贞不渝,经得起大风大浪的考验。

新时代坚持自我革命，就要像焦裕禄那样坚持立党为公，牢记清廉是福、贪欲是祸的道理，经常对照党的理论和路线方针政策、对照党章党规党纪、对照初心使命，看清一些事情该不该做、能不能干。讲规矩、守底线，从小事小节上守起，正心明道、怀德自重，勤掸“思想尘”、多思“贪欲害”、常破“心中贼”，以内无妄思保证外无妄动。守住政治观、权力观、交往观、生活观、亲情观，增强拒腐防变的定力。

新时代坚持自我革命，就要像焦裕禄那样树立和践行正确政绩观，坚持党性原则，破除私心杂念，将为民造福看作是最大政绩。心中装着老百姓，才能坚持以人民为中心的发展思想，坚持发展为了人民、发展依靠人民、发展成果由人民共享，把好事实事做到群众心坎上。

“公者千古，私者一时”，是亘古不变的真理。焦裕禄短暂的生命，却铸就了精神的永恒。焦裕禄用自己的实际行动塑造了一个优秀共产党员和党的干部的光辉形象，在人民心中建造了一座巍峨的丰碑。人民呼唤焦裕禄，社会需要焦裕禄。焦裕禄将永远活在人民的心中，焦裕禄精神将永远激励我们前行！

（作者单位：郑州大学马克思主义学院。原文刊发于2022年8月15日《河南日报》第9版）

永葆亲民爱民的公仆情怀

杨金海　王新宇

在我们党的历史上，焦裕禄是个闪光的名字，更是几代共产党人学习的榜样。2009 年，时任国家副主席的习近平同志专程考察兰考，将焦裕禄精神概括为"亲民爱民、艰苦奋斗、科学求实、迎难而上、无私奉献"。党的十八大以来，习近平总书记多次就学习焦裕禄精神发表重要讲话，提出明确要求。他强调："焦裕禄同志是人民的好公仆，是县委书记的榜样，也是全党的榜样。""亲民爱民、艰苦奋斗、科学求实、迎难而上、无私奉献的焦裕禄精神，过去是、现在是、将来仍然是我们党的宝贵精神财富，永远不会过时。"认真学习贯彻习近平总书记的讲话要求，大力弘扬和践行焦裕禄精神，对于新时代推进党和国家事业具有重大意义。

亲民爱民情怀充分彰显了中国共产党人的初心使命

习近平总书记在党的十九大报告中指出，不忘初心，方得始终。中国共产党人的初心和使命，就是为中国人民谋幸福，为中华民族谋复兴。这个初心和使命是激励中国共产党人不断前进的根本动力。中国共产党百年奋斗，历经苦难与辉煌，追寻光荣与梦想，归结到一点，就是一切为了人民，一切依靠人民。焦裕禄同志亲民爱民的公仆情怀就是中国共产党人初心使命在社会主义建设时期最生动的体现。爱民是亲民的情感基础，亲民是爱民的行动表达，二者构成了认识与实践两个层面上的高度统一，融汇焦裕禄同志在兰考工作的一点一滴之中。

亲民是务实笃行的担当。县委是我们党执政兴国的“一线指挥部”，县委书记是“一线总指挥”。作为一方百姓的带头人，只有走近人民群众，才能及时了解群众的所思所想、所急所盼，才能更好地站在群众的角度，想群众之所想，急群众之所急，做群众的贴心人。焦裕禄同志就是这样，在兰考工作期间，为了深入了解民情，进行了大量调查研究。他坚信“没有调查就没有发言权”“吃别人嚼过的馍没味道”，忍着病痛，在一年多时间里实地考察了县域内140多个大队中的120多个。他将群众的冷暖时刻挂在心头，一次下暴雪，他焦急地对干部们说：“在这大雪拥门的时候，我们不能坐在办公室里烤火，应该到群众中间去。”在群众急难愁盼问题上，他勇于担当，排除万难，在不长时间内，为解决兰考的内涝、风沙、盐碱“三害”难题做出了突出贡献，还成功化解了数起与邻县的水利和土地纠纷，避免了重大冲突事件的发生，稳定了两地人民群众的生产生活。

焦裕禄同志在他短暂而壮丽的人生历程中，对人民无限忠诚，一心扑在工作上，真正做到了“为官一任，造福一方”，被习近平总书记称赞为县委书记的“一盏明灯”。

爱民是炽热真挚的情感。在群众最无助、最无奈时，焦裕禄同志总是能够捧着一颗滚烫的心，把党的关怀送到百姓的心坎里。1963年，兰考闹饥荒，很多群众得了浮肿病，危及生命。焦裕禄面对此情此景，多次召开会议研究解决，还冒着被处分的风险去外地买议价粮，最终缓解这场危机，挽救了众多群众的生命。在临终前，焦裕禄同志心里放不下的仍然是兰考的除“三害”工作。他对前来探望的省市领导说：“我没有完成党交给我的任务，我只有一个要求，死后把我运回兰考，埋在沙丘上。活着没治好沙丘，死了也要看着兰考人民把沙丘治好！”历史是人民书写的，“给人民作牛马的，人民永远记住他”。在焦裕禄同志迁葬兰考时，县城万人空巷，车站人山人海，街道两边挂满了数不清的挽联，成千上万的兰考百姓自发披麻戴孝，哭诉着焦裕禄同志的恩情。

正像一位兰考老人所说的那样：“老焦把心肝埋在了盐碱地，埋在沙滩里啦。”在人民博大的心胸而温暖的怀抱里，一生为百姓服务的焦裕禄同志，得到了永生！

亲民爱民情怀蕴含着中国共产党百年奋斗的制胜密码

习近平总书记指出,为人民而生,因人民而兴,始终同人民在一起,为人民利益而奋斗,是我们党立党兴党强党的根本出发点和落脚点。一百年来,我们党领导人民进行伟大的革命、建设和改革事业,取得了一个又一个胜利,积累了无比丰富的经验,其中重要一条就是坚持人民至上。焦裕禄同志亲民爱民的情怀正是坚持人民至上的集中体现。只有怀着一颗真挚的亲民爱民之心,全心全意为人民群众谋利益、办实事,才能把人民群众紧紧团结在党的周围,形成改天换地的磅礴伟力,赢得事业的成功。“天下就是民心。”这是我们党百年奋斗的制胜密码。

中国共产党为人民而生。世界上任何事物的发生与发展,都有其一定的必然性。近代以来,由于西方列强入侵和封建统治腐败,中华民族沦落到了亡国灭种的地步。为救亡图存,各种政治势力纷纷登场,提出自己的救国“药方”,太平天国运动、洋务运动、戊戌变法、义和团运动、辛亥革命等,都以失败告终。只有中国共产党脱颖而出,让饱经磨难的中华民族重新屹立于世界民族之林。这些政治势力失败的根本原因,就在于脱离人民,其中有的一开始就没有将人民的幸福与解放作为自己的奋斗目标,有的在一段时间后腐化蜕变,站到了人民的对立面。只有中国共产党始终坚持为天下劳苦人民谋解放、谋幸福。正像焦裕禄同志在兰考下暴雪期间走访群众时所说的那样:“共产党员要在群众最困难的时候,出现在群众面前,在群众最需要帮助的时候,去关心群众,帮助群众。”正是对人民群众的这种雪中送炭的关怀,成为我们党存在的根本原因和独特优势。

中国共产党因人民而兴。马克思、恩格斯指出,“历史活动是群众的事业”。作为坚定的马克思主义者,中国共产党人始终坚信人民是社会发展的原动力。从刚成立时全国只有五十多个党员的小党,到后来成为一个大国的执政党,再到如今成为领导世界第二大经济体、拥有9600多万党员的世界上最大的马克思主义执政党,这是人类政党发展史上的奇迹。之所以如此,是因为我们党是人民的党,能够从亿万人民中源源不断地汲取新鲜血液,再通过严密有力的组织体系将人民群众充分组织动员起来,这是我们党永葆青春活力、无往而不胜的奥秘所在。焦裕禄同志始终坚持“依靠人民”,在他的带领下,兰考县委一班人充分发动群众,把兰考人民组织起来,坚决战胜“三害”,通过艰苦奋斗,仅1963年一年的时间就种植了5万亩泡桐树。如今,兰考全县40万亩沙化土地、26万亩盐碱地、1600个大小沙丘已全部得到根治。黄河两岸郁郁葱葱,“三年两决口,百年一改道”的情况已经成为历史,万亩泡桐也变成了当地农民致富创业的绿色资源。这正是党和人民的事业在群众支持下兴旺发达的生动写照。

大力弘扬和践行亲民爱民情怀,走好新征程的“赶考”路

我们党在过去一百余年里向中国人民交出了一份优异的答卷,正团结带领人民踏上实现第二个百年奋斗目标新的“赶考”之路。当前,我们面临的国际形势复杂多变,国内改革发展的任务艰巨繁重。越是环境复杂、任务艰巨,越是需要广大党员干部大力弘扬和践行焦裕禄同志的亲民爱民精神,团结带领人民群众,形成勠力同心、众志成城的合力,以实现全面建成社会主义现代化强国、实现中华民族伟大复兴为奋斗目标。

大力弘扬和践行亲民爱民情怀,要擦亮“我是谁”的身份标识。弄清“我是谁”,根本是要认识党的性质和宗旨。中国共产党是中国工人阶级的先锋队,同时是中国人民和中华民族的先锋队。党的根本宗旨是全心全意为人民服务,除了代表最广大人民的利益,没有自己特殊的利益。共产党的各级一把手之所以叫“书记”(其原意是文字秘书兼组织员),就是为了表示党的领导和每一个党员一样都是人民的勤务员,而不是高高在上的“官老爷”。这是从马克思、恩格斯建立世界上第一个共产党——“共产主义者同盟”时就确定了的。长篇通讯《县委书记的榜样——焦裕禄》中有这样一段故事:在兰考县梁孙庄,焦裕禄走进一位无依无靠的老人家中问寒问暖。老大爷问你是谁?他回答说:“我是您的儿子。”这一句“儿子”道尽了共产党人与群众的鱼水深情,令老人十分感动。在老人心里,这句话分量太重了,共产党的干部,甘愿当百姓的“儿子”,从古到今,哪有这样的事?党的十八大以来,

习近平总书记多次讲到党员干部要“永远铭记人民是共产党人的衣食父母，共产党人是人民的勤务员，永远不能脱离群众、轻视群众、漠视群众疾苦”。习近平总书记的话是对焦裕禄等无数模范共产党员和领导干部爱民情怀的总结，深刻回答了“我是谁”这一重大政治问题，我们每一位党员干部都要时刻牢记，永远践行。

大力弘扬和践行亲民爱民情怀，要站稳“为了谁”的政治立场。《共产党宣言》中写道：“过去的一切运动都是少数人的或者为少数人谋利益的运动。无产阶级的运动是绝大多数人的，为绝大多数人谋利益的独立的运动。”是否代表绝大多数人民群众的利益，这是马克思主义政党同其他政党的根本区别。站稳“为了谁”的政治立场，才能明白应当对谁用情，如何用心，在哪用力。习近平总书记在十八届中央政治局常委同中外记者见面会上深情地说：“人民群众对美好生活的向往，就是我们的奋斗目标。”一百年来，我们党一直是这么做的。无论是革命年代时“半条被子”的鱼水深情，还是改革春潮中“包产到户”的制度创新，让群众的日子红火起来始终是中国共产党人不变的价值追求。焦裕禄同志在兰考发展农村集体经济、调整农业生产结构、推广架子车等新型农具，甚至亲自下乡帮困难户拉耧种麦子，都是在用实际行动践行以百姓心为心、以群众事为事的共产党员的初心。今天，我们所处的时代发生了很大变化，人民群众的期待已经从追求温饱转变为追求美好生活，我们党的任务也从全面建成小康社会转变为全面建设社会主义现代化强国，但不论形势如何变化，满足人民群众的期待这一点永远不能变。正像行星永远绕着太阳转一样，我们共产党人的一切工作都要绕着人民期望转，人民永远是我们心中的太阳。这是焦裕禄爱民之心留给我们的重要启示，应当永远铭记。

大力弘扬和践行亲民爱民情怀，要找准“依靠谁”的力量源泉。毛泽东曾经说过：“真正的铜墙铁壁是什么？是群众，是千百万真心实意地拥护革命的群众。这是真正的铜墙铁壁，什么力量也打不破的，完全打不破的。”习近平总书记强调，中国共产党必须在人民中间生根开花，必须紧紧依靠人民来克服困难、赢得胜利。历史证明，对一个政党来说，没有一种根基，比扎根于人民更坚实；没有一种力量，比组织起亿万人民的力量更强大；没有一种资源,比赢得民心更珍贵。人民群众中蕴藏着无穷的智慧和力量。焦裕禄同志曾经虚心拜群众为师,从群众用淤泥盖住坟墓的做法中找到了治理风沙的办法;在“三害”面前,他带头到基层蹲点、解剖麻雀,树立了韩村的精神、秦寨的决心、赵垛楼的干劲、双杨树的道路等四面红旗,有力推动了“三害”治理。在我们党百年奋斗史上,有无数焦裕禄式的领导干部,依靠群众,办成了一件又一件大事,由此,汇聚成我们党的伟大成就,使中华民族迎来了从站起来、富起来到强起来的伟大飞跃。在新的赶考之路上,我们要完成高质量发展、共同富裕等艰巨任务,仍然需要发挥人民群众主力军的作用。这就要求广大党员干部广泛发动群众,组织群众。有了人民群众的积极支持,就没有战胜不了的困难。

“他活着为了多数人更好地活着的人,群众把他抬举得很高,很高。”焦裕禄同志离开我们已经半个多世纪了,当年他亲手植下的泡桐树,如今已是满目苍翠,亭亭如盖。他临终前仍念念不忘的兰考,也早已旧貌换新颜,处处涌动着创新发展的勃勃生机。在这累累硕果中,蕴含着更丰富、更珍贵的,是焦裕禄同志留给我们的伟大精神,而其中,亲民爱民的公仆情怀,又是最耀眼的精神珍珠,永远值得我们珍视、弘扬和践行。只有努力做到这一点,我们才能在新征程上不断取得新辉煌,也才能不辜负焦裕禄等老一辈共产党人对我们的期望。

(作者单位:清华大学。原文刊发于 2022 年 8 月 15 日《河南日报》第 10 版)

让艰苦奋斗绽放时代风采

张希贤

焦裕禄精神,是以伟大建党精神为源头的党的精神谱系中的一件璀璨文化瑰宝,是我们党的一笔宝贵精神财富,具有永恒的文化价值。其"亲民爱民"是情怀,"艰苦奋斗"是作风,"科学求实"是精神,"迎难而上"是意志,"无私奉献"是优秀品质,价值取向是党的干部永远学习的精神典范。

奋进新的征程,赋予艰苦奋斗鲜明的时代色彩

党的第二个百年征程,是中国特色社会主义伟大事业和中华民族伟大复兴更为灿烂、更为艰巨的发展时期。过去一百余年,艰苦奋斗和开拓创新是我们党推进事业的两大武器。新征程上,弘扬焦裕禄精神,我们应该用艰苦奋斗和开拓创新两大武器,创造中国特色社会主义新辉煌,谱写中华民族五千年文明史上更加灿烂的篇章。

站在中国人民更加自信、自立、自强和更具志气、骨气、底气的新起点上,我们要以习近平新时代中国特色社会主义思想为指导,坚定理想信念、牢记初心使命,向焦裕禄同志学习。向焦裕禄同志学习,就要以艰苦奋斗、勇于创新的精神,全面完整准确贯彻新发展理念,构建新发展格局,推动国家高质量发展,不断开拓现代化国家建设新局面。要不断总结新实践新经验,以咬定青山不放松的艰苦奋斗和开拓创新,奋力实现全面建设现代化强国的既定目标,不懈推进中华民族伟大复兴,书写新时代中国发展的伟大历史。

新征程上，向焦裕禄同志学习，需要我们着力发挥艰苦奋斗和开拓创新的合力作用。艰苦奋斗是我们党的优良传统和优良作风，是我们党的传家宝，也是焦裕禄精神的集中体现。创新是一个国家、一个民族发展进步的不竭动力，也是我们党推进事业的根本武器。越是伟大的事业，越充满艰难险阻，越需要艰苦奋斗，越需要开拓创新。过去一百余年，党领导人民披荆斩棘、上下求索、艰苦奋斗、奋力开拓，不断推进理论创新、实践创新、制度创新、文化创新以及其他各方面创新，敢为天下先，走出了前人没有走出的路。艰苦奋斗、开拓创新二者有机结合，是我们党成功的密码。奋战第二个百年新征程，弘扬焦裕禄精神，我们要使开拓创新与艰苦奋斗“双剑合璧”，顺应时代潮流，回应人民期盼，勇于推进改革，准确识变、科学应变、主动求变，永不僵化、永不停滞，不断创造更加伟大的人间奇迹。

新征程上，弘扬焦裕禄精神，需要我们把艰苦奋斗作风和勇于斗争精神相结合。艰苦奋斗是我们的底色，勇于斗争是时代要求。我们要科学把握新时代新特征新要求，三年疫情、局部战争、贸易战、科技战、制裁与反制裁、“围剿”与反“围剿”，推动了世界百年未有之大变局的加速演进。中华民族复兴大业，正处在 21 世纪 20 年代世界激烈复杂的百年大变局中。我们共产党人要有决战决胜第二个百年的战略眼光，把握历史发展大势，沉着冷静，不管风吹浪打，艰苦奋斗、开拓创新岿然不动；同时发扬勇于斗争精神，顺应人类发展大潮，应对好世界深刻变化大格局，应对好各种风险和挑战，下好先手棋，敢于斗争，勇于赢得历史主动，稳步推进中华民族复兴大业。用艰苦奋斗、开拓创新发展自己，用勇于斗争应对环境，赋予焦裕禄精神鲜明的时代色彩。

推进乡村振兴，需要踔厉践行艰苦奋斗

推进乡村全面振兴尤其需要艰苦奋斗精神。实现全体人民共同富裕，最难啃的“硬骨头”依然在农村，在 5 亿多农民的收入和生活水平不断提高；全面建设社会主义现代化国家，最艰巨的任务是农业农村的现代化。没有艰苦奋斗和开拓创新，根本完不成任务。

焦裕禄精神就是诞生在“三农”事业中的伟大精神。省市县乡镇村五级书记抓乡村全面振兴，尤其是县市区、乡镇、村社区三级书记和三级党政班子抓乡村全面振兴，要学习焦裕禄同志“对群众的那股亲劲、抓工作的那股韧劲、干事业的那股拼劲”，把艰苦奋斗作风大力弘扬于第二个百年新征程。

推进农业现代化，是推进乡村全面振兴的首要任务。为了把14亿多中国人的饭碗牢牢端在自己手中，必须在18亿亩耕地和海域水域，推进土肥水种养管的现代化，不仅要端牢饭碗，而且要粮食安全、肉蛋奶菜和水果干果安全、海产品安全、水产品安全、饮用水安全，更要保护好18亿亩耕地红线、不断提高农业现代化技术装备水平、不断提高农业农村数字化和科技创新水平、不断提高农林牧渔各产业的效益，不断提高农业农村绿色安全生态水平。这是一项涉及在960万平方公里土地和300万平方公里海域内中华民族生存安全的现代化，既是一项巨大的农业现代化工程，也是一项艰巨的民生工程。既要有科技创新和发展方式、管理方式创新，更需要像焦裕禄同志那样，为了人民无怨无悔、艰苦奋斗、艰苦创业。

推进农村一、二、三产业融合发展，是实现乡村全面振兴的基本途径。要艰苦奋斗、开拓创新，积极发展农产品加工、乡村休闲旅游、农村电商等产业，积极推进现代农业产业园和农业产业强镇建设，培育优势特色产业集群，积极推进“数商兴农”工程和数字乡村建设，追求“互联网+农产品+政务服务”在农村长期稳定发展。着力引导具备条件的中心镇发展专业化中小微企业集聚区，带动本镇各村产业集群化发展。不断完善县城产业服务功能，促进产业向园区集中、龙头企业做强做大，推动形成“一县一业”发展格局。

不断提高农民就业和收入水平，是推进乡村全面振兴和实现全体人民共同富裕的重头戏。就业是民生之本，收入是民生之源。解决农村3亿多劳动力就业，稳步提高5亿多农民收入水平，是最艰难的工作。农村有1亿多老人和留守妇女、留守儿童，农村劳动者收入本就不高，提高5亿多农民收入水平，就是一项十分艰巨的工作。唯艰苦奋斗和开拓创新，才能逐步解决问题。

不断提高5亿多农民收入水平，党的干部首先要增强宗旨意识，强化初心使命担当，大力弘扬焦裕禄精神，团结和带领农民艰苦创业、艰苦奋斗、勇于创新。二要不断提高农民种植业和养殖业收入水平，保护农民种粮种菜和畜牧水产养殖的积极性。三要保障农民进城就业的工资收入，依法解决拖欠农民工工资问题。不要遇到解决拖欠工资问题，就敷衍塞责绕着走。四要开辟多途径就业。如农民就地就近就业创业，发展共享用工、多渠道灵活就业，发展网络数字电商等新就业形态，培育发展家政服务、物流配送、养老托育等生活性服务业，进入农业园区、加工业园区和返乡入乡创业园就业等。五要巩固脱贫成果，坚决守住不发生规模性返贫底线，促进脱贫人口持续增收。六要大力开展适合农民就业的技能培训和新职业新业态培训，向职业农民方向发展，不断学习和提高亿万农民的致富新本领。

乡村建设与乡村治理，是全面推进乡村振兴的基础工作，更需要大力弘扬焦裕禄精神，艰苦奋斗，创新建设与治理。乡村建设有社会建设、环境建设。乡村治理也有乡村社会治理与环境治理。“焦裕禄书记”时代，我国农村是2300多个县下辖5.6万个人民公社、82万个农村生产大队。改革开放初期改革为7万个乡镇、84.5万个行政村。经过40余年的发展，农村还有2.9万个乡镇和49万多个行政村。农村特色乡镇、特色村、传统文化名村名镇、中西部地区空心村空壳村、山区不适合人居的村寨，在未来几十年中进一步集聚整合与撤并，是不以人们主观意志为转移的历史趋势。因此，要统筹城镇和村庄布局，科学确定村庄分类，加快推进有条件有需求的村庄编制村庄规划，严格规范村庄撤并。具体实施，要做大量艰苦细致的工作，在遵循发展规律的前提下，既要尊重农民意愿，也要做好农民思想工作。

我们党在农村，革命时期是动员组织领导农民解决土地、建设根据地和投入民族解放战争三大问题。社会主义建设时期，是集体化生产、公有制与建设社会主义农村基本制度三大问题。改革开放后，是家庭联产承包责任制、外出打工就业和先富带后富三个基本问题。一百年的发展，农村发生了翻天覆地的变化。从建党百年到新中国建国百年，将是我国现代化农村基本定型的重要发展时期。奋斗在农村一线的党的干部，要顺应时代大势，做好科学规划，有步骤分阶段地稳步实施。在特色镇、特色村、农村社区、农村美丽环境建设上，在农村乡镇服务中心、养老托幼中心、幼儿园、小学和乡镇医院、社区卫生所、体育、乡村文化、康养等社会建设上，在法治建设、扫黑除恶、打击“村霸”邪教、打击农村黄赌毒和侵害农村妇女儿童人身权利等各种各样违法犯罪行为、人民内部矛盾调处、社会平安稳定安全等社会治理上，在农村路网水电气、住房与公园等基础建设上，在农村脏乱差和污染等环境治理上，大力弘扬焦裕禄精神，艰苦奋斗，励精图治，开拓创新，到建国百年，把我国乡镇和乡村，建设成现代化、净美、富裕的城乡一体化的农村。

新征程上，要用党的最新理论——党的初心使命、伟大建党精神、精神谱系、新发展理念、高质量发展主题、创新是第一动力、人才是第一资源、百年奋斗历史经验、“江山就是人民、人民就是江山”和新科技新文化、数字化新知识、新管理知识等，加强农村三级党组织、三级干部和“三农”人才队伍建设。把弘扬焦裕禄精神，艰苦奋斗、开拓创新，在推进乡村全面振兴中赋予新的生命力。加强理论引导、新科技新知识学习。在实践中创造性运用新理论新科技新知识，不断总结新实践新经验，学会把握新特征新规律。不断提高县镇村三级党组织领导乡村全面振兴的能力，不断提高三级干部致力于高质量发展的能力和本领，不断造就科技领军人才、青年科技人才、农村管理人才、基层社会治理人才、乡村文化人才、乡土发展人才队伍和县镇村企业家队伍。加强农村党员队伍建设，用新理论新科技新知识培训党员，在实践中重用党员，提高其为人民服务本领，充分发挥共产党员的先锋模范作用。适应全面振兴乡村的时代需要，分门别类地大规模培训农民，为种植业养殖业现代化、农产品加工业、数字电商网络服务、农业园区、工业园区、乡村文化旅游和基层治理等各领域，提供源源不断的高素质劳动者。

永葆“赶考”清醒，务必秉持艰苦奋斗

从古至今，成由艰苦奋斗、勤俭持家，败由骄奢淫逸、酒绿灯红。骄奢淫逸是艰苦奋斗的天敌。在实现中华民族伟大复兴的新征程上，随着经济发展和社会繁荣，人们很容易逐渐淡忘过去的苦日子。日子过好了，党内同志也容易渐渐忘却焦裕禄精神和艰苦奋斗的优良传统与作风。形式主义、官僚主义、享乐主义和奢靡之风的不断翻新渗透，更容易销蚀焦裕禄精神之艰

苦奋斗的作风。因此，弘扬焦裕禄精神，必须坚决反对和坚决治理享乐主义、奢靡之风。

在党的干部队伍中，要加强焦裕禄精神教育，加强廉政教育和艰苦奋斗精神教育。执政中吃拿卡要祸害人民群众，骄奢淫逸、酒绿灯红、朋党裙带圈子等歪风邪气，中国共产党是绝对不容许的。必须老老实实向焦裕禄同志学习，心中只有人民，没有一己私利，做艰苦奋斗、开拓创新、勤政廉政的人民公仆，全心全意为人民谋幸福。

新征程上弘扬焦裕禄精神，要始终以党的自我革命的勇气，锲而不舍落实中央八项规定精神，驰而不息纠治形式主义、官僚主义、享乐主义和奢靡之风，坚决纠正损害群众利益的各种不正之风。要紧盯全面贯彻新发展理念、构建新发展格局、推动高质量发展、推进乡村全面振兴中的不正之风与不良作风问题，严格要求，严格管理，认真监督，坚决查处不尊重规律、不尊重客观实际和群众需求的坑害群众利益权益乱作为问题，以及享乐主义、推诿扯皮、玩忽职守、不思进取的不作为问题，始终保持党同人民群众的血肉联系，始终保持中国共产党人艰苦奋斗的作风。

新征程上，弘扬焦裕禄精神，我们党也要注重治理社会层面的享乐主义、奢靡之风问题。社会越来越富庶，人们饱暖思淫欲，酒绿灯红，奢靡之风盛行，既是社会繁荣肌体上的“顽疾”，也是滋生党内享乐主义、奢靡之风的温床。因此，对城市里的奢靡之风、浪费之风、用酒绿灯红拉拢腐蚀干部行为，对农村婚丧嫁大操大办、高价彩礼、“小微型”扑克麻将赌博之风等，都需要对症下药，加以治理和解决。只有不断有效地治理党内和社会上享乐主义、奢靡之风，艰苦奋斗精神才会大放光彩。

（作者单位：中共中央党校。原文刊发于2022年8月15日《河南日报》第11版）

弘扬科学求实精神　走好新时代“赶考”之路

洪向华　张　杨

2014年3月，习近平总书记在河南省兰考县调研时指出，焦裕禄精神“过去是、现在是、将来仍然是我们党的宝贵精神财富，我们要永远向他学习”。近六十年来，焦裕禄的事迹以及所铸就的精神，跨越时空、历久弥新，点燃了一批又一批党员干部科学求实的热情，点亮了一代又一代中国共产党人前行的道路。在新时代的赶考路上，党员干部要以科学求实精神涵养政治素养，始终做到心中有党、心中有民、心中有责，实事求是，以实干谋发展、赢民心、铸伟业。

科学求实是焦裕禄精神的灵魂

2009年4月，习近平同志在河南省兰考县调研期间与干部群众座谈时讲道：“科学求实就是实事求是、调查研究，坚持一切从实际出发的求实精神。实事求是是党的思想路线的核心内容，也是焦裕禄精神的灵魂。”这一重要论述彰显了焦裕禄精神的内核和灵魂，刻画了焦裕禄心中有党、心中有民、心中有责的共产党人形象。焦裕禄的一生是脚踏实地、求真务实、真抓实干的一生，也是深入基层、深入群众，一切从实际出发，从人民群众的利益出发，用切实的工作成效造福于民的一生。在新时代弘扬与发展焦裕禄精神，必须抓住根本，把握精神的灵魂与内核所在。

焦裕禄的一生是科学务实的一生。焦裕禄来到兰考的那一年，正是兰考遭受连续三年自然灾害最为严重的时候，而且可以说接续的自然灾害使兰考面临着粮食生产量下降最严重的时候。因此,焦裕禄深知自己身上肩负着几十万人民的生活乃至生存的重大责任。他到兰考的第二天,就开始了对各地区详细、深入的调查研究,在贫下中农的草屋里、饲养棚里、田间地头,详细了解情况、察看灾情,以便彻底摸清地区情形,找到解决问题的对策。为了尽快改变兰考面貌,他深入灾情严重的城关区调研。据统计,在一年多的时间里,他跑遍了全县 140 多个大队中的 120 多个,几乎县里的每个地区都留下了他的足迹和工作的身影。焦裕禄在带领全县人民治沙、治水、变涝为田的过程中,身先士卒、以身作则,一头扎进了与自然灾害做顽强抗争的实践中。焦裕禄到兰考后就立即开始着手寻找治理"三害"的办法,到第 11 天的时候,他就根据当地的自然状况以及调研得来的基本经验起草了《关于城关区韩陵公社进行巩固集体经济发展农业生产第一步工作情况的报告》。此后,他在县里抽调了精干的 20 名干部、了解当地自然地理环境的农民以及具备专业知识与技术的技术员,组成了一支治理"三害"调查队。他亲自带领这支队伍跋涉五千里,在全县范围内开展大规模的追洪水、查风口、探流沙的调查研究工作,最终对全县的大小风口进行了逐一编号、绘图,共计 81 个,在对这些情况进行摸底了解的基础上,"三害"治理的对策已经逐步形成。焦裕禄在兰考坚持不懈探索治理"三害"的实干过程,就是扑下身子、求真务实、真抓实干的过程。我们学习和弘扬焦裕禄科学求实的精神,就要像焦裕禄同志那样,坚持实事求是、亲力亲为、尊重客观规律,深入调查研究,真正把人生态度与工作态度汇聚成为民造福的实际本领。

把科学求实精神贯穿调查研究工作中

科学求实精神是焦裕禄精神的灵魂也是共产党人的本质要求。实事求是,是毛泽东用中国语言对马克思主义辩证唯物论的世界观和方法论的精确概括,是毛泽东思想活的灵魂。坚持实事求是,是共产党人开展一切工作的根本原则和基本前提。习近平总书记指出,调查研究必须坚持实事求是的原则,呼吁"全党同志一定要把实事求是贯穿到各项工作中去,经常、广泛、深入开展调查研究"。"察实情、出实招,充分反映实际情况,使理论和政策创新有根有据、合情合理”，一定要“从国情出发，从中国实践中来、到中国实践中去，把论文写在祖国大地上，使理论和政策创新符合中国实际、具有中国特色”。我们要自觉坚定实事求是的信念、增强实事求是的本领，时时处处把实事求是牢记于心、付之于行。

坚持实事求是，要了解实际情况，就要掌握调查研究这个基本功。注重调查研究是由中国共产党人的马克思主义世界观和认识论所决定的。事实上，马克思主义本身就是调查研究的产物。站在工人阶级立场上，毕生从事社会调查和对历史的、现实的社会调查材料进行深入周密系统综合的分析研究，是马克思、恩格斯正确认识人类社会，特别是资本主义社会的本质，创建科学社会主义的主要路径。对于中国共产党人来说，调查研究具有更为独特的重要意义。习近平总书记认为调查研究不仅是一门科学，也是一门艺术，“是做好领导工作的一项基本功，调查研究能力是领导干部整体素质和能力的一个组成部分。调查研究不仅是一种工作方法，而且是关系党和人民事业得失成败的大问题”。在中国共产党人的斗争历程和理论体系中，调查研究既是思想方法和工作方法，又是工作制度，是把马克思主义与中国革命、建设和改革的实际相结合的基本手段，是确立和坚持党的实事求是思想路线的中心环节，是制定和贯彻党在各个历史时期政治路线的必经途径，是党的群众路线最主要的实现形式，是马克思主义哲学认识论观点在中国的具体实践和升华与发展。

坚持科学求实，必须把群众路线贯彻调查研究始终。群众路线是中国共产党在长期革命、建设和改革的实践中，对马克思主义唯物史观基本原理的创造性运用和发展，是党的根本的工作路线，也是科学的思想方法、工作方法。习近平总书记强调指出：调查研究是一个联系群众、为民办事的过程。要以人民群众利益为重、以人民群众期盼为念，真诚倾听群众呼声，真实反映群众愿望，真情关心群众疾苦。要坚持工作重心下移，深入实际、深入基层、深入群众，做到知民情、解民忧、纾民怨、暖民心，多干让人民满意的好事实事。领导干部只有深入基层、深入实际、深入群众，才能真正了解到群众在想什么、群众在期盼什么，最期待党和国家为他们做些什么。坚持科学求实，最重要的一个“实”就是与老百姓生产生活息息相关的愿望诉求，因此，践行科学求实、开展调查研究必须要过好群众关，使群众拥护、群众赞成、群众高兴、群众答应，这是衡量实践成效的至高标准。

以科学求实精神提升新时代干部政治素养

焦裕禄精神犹如一座丰碑巍巍矗立。习近平总书记说：我们这一代人，是深受焦裕禄同志的事迹教育成长起来的。几十年来，焦裕禄同志的事迹一直在我脑海中，焦裕禄同志的形象一直在我心中。新时代面临新挑战，作为党员领导干部，必须要以焦裕禄这种实干精神与责任担当涵养自身政治素养，做群众真正的“主心骨”“贴心人”。

以科学求实精神涵养政治素养，必须始终做到心中有党

对党忠诚，是共产党人首要的政治品质。我们党一路走来，经历了无数艰险和磨难，但任何困难都没有压垮我们，任何敌人都没能打倒我们，靠的就是千千万万党员的忠诚。对党忠诚，必须一心一意、一以贯之，必须表里如一、知行合一，任何时候任何情况下都不改其心、不移其志、不毁其节。习近平总书记强调指出，新中国成立以来，我们党和人民一路筚路蓝缕、艰苦奋斗走来，使国家越来越富强、民族越来越兴盛、人民越来越幸福，其中很重要的一条就是有无数焦裕禄这样的优秀党员、干部为党和人民无私奉献。焦裕禄同志的事迹归结到一点，就是坚定跟党走，他一生都在为党分忧、为党添彩。焦裕禄精神跨越时空，永远不会过时，我们要结合时代特点不断发扬光大。

新形势下，党员干部以科学求实精神涵养政治素养，做到心中有党，一方面是要自觉加强政治历练，接受严格的党内政治生活淬炼，不断增强“四个意识”、坚定“四个自信”、捍卫“两个确立”、做到“两个维护”，立志为党分忧、为国尽责、为民奉献，勇于担苦、担难、担重、担险，以实际行动诠释对党的忠诚，使对党绝对忠诚在思想上政治上行动上坚如磐石、不可动摇。另一方面需要坚定理想信念。习近平总书记指出：忠诚不是自然而然产生的，对党要有朴素的感情，更要有理性的自觉。对党忠诚的理性自觉来自对马克思主义信仰、对共产主义远大理想、对中国特色社会主义共同理想的坚定。

党员干部必须自觉加强以习近平新时代中国特色社会主义思想武装头脑，不断筑牢信仰之基、补足精神之钙、把稳思想之舵，以坚定的理想信念砥砺对党的赤诚忠心，筑牢信仰之基、补足精神之钙、把稳思想之舵。

以科学求实精神涵养政治素养，必须始终做到心中有民

民心是最大的政治。全心全意为人民服务是我们党的根本宗旨。中国共产党来自于人民，为人民而生、因人民而兴，百年党史告诉我们，人民始终是我们党由小到大、由弱变强的磅礴力量与坚强后盾。2015 年，习近平总书记在中共中央政治局召开的专题民主生活会上指出，必须有全心全意为人民服务的公仆情怀，心中时刻装着国家和人民，自觉为党的事业和人民幸福鞠躬尽瘁、死而后已。党员干部作为党的各项事业的“急先锋”，必须心系群众、为民造福，将实现全体人民共同富裕作为价值目标，将实现人民对美好生活的向往作为奋斗目标，将不负人民的公仆情怀融入到艰苦奋斗精神之中，全心全意做到为人民服务。

始终做到心中有民，必须坚持以人民为中心的价值原则。党员干部要把是否以人民为中心作为衡量自己工作的标准，做到群众的需求在哪里，我们的工作重心就在哪里，群众的期盼在哪里，我们努力的方向就在哪里，保持好与人民群众的“鱼水之情”，始终把一心一意为人民服务作为头等大事，永远与人民群众同呼吸、共命运、心连心，以永不懈怠的精神状态与一往无前的奋斗姿态，将艰苦奋斗精神切实贯彻到为人民谋幸福的事业之中。始终做到心中有民，还要牢牢把握人民群众对美好生活的向往与追求的奋斗目标。焦裕禄所面临的是解决人民群众的温饱问题，而今天，我们是要实现人民群众对美好生活的向往和追求。党员干部心中要始终装着老百姓，密切关注群众多样化、多元化以及更高质量的生活诉求，在切实为人民服务中实现自己的价值，不断增强人民群众对党的领导的信心，筑牢党长期执政最可靠的阶级基础与群众根基。

以科学求实精神涵养政治素养，必须始终做到心中有责

党员干部肩上有担，只有心中有责，才能切实做到科学求实。习近平总书记在中央党校县委书记研修班学员座谈会上强调，做县委书记就要做焦

裕禄式的县委书记，始终做到心中有责。同样，广大党员干部是党和国家事业发展的核心力量，是人民的公仆，肩负重担，身负使命，只有做到心中有责，有所为有所不为，能够敢于担当，才能将责任担当转化为行动力和工作执行力，才能自觉维护党和国家的形象，全心全意为人民服务。

以科学求实精神涵养政治素养，始终做到心中有责，一方面是要压实责任，每一个层级都不能放松和懈怠。党员干部的担当负责不但体现在对组织服从，更要体现在对群众负责。党员干部尤其是基层党员干部是贯彻落实党中央决策部署的"最后一公里"，在治理层面处于微观层面。基层党员干部服务群众最直接，要成为人民群众的贴心人，真正把群众的操心事、烦心事、揪心事放在心头正中，不能出现治理工作的"断头路"。另一方面是要增强本领。做群众工作重在务实，这就要求党员干部履职尽责必须有强有力的干事创业本领作为根基。习近平总书记指出，学习本领是领导干部必须具备的第一位本领，同时要善于把学到的本领运用到实际工作中去，努力做到知行合一、以知促行、以行求知。党员干部要在真抓实干中固本强基，在守正创新中激发活力，在锐意进取中激发奋斗韧劲。党员干部在工作中还要不断经受严格的思想淬炼、政治历练、实践锻炼，以时不我待的精神，一刻不停地增强本领，敢于在自我发展上求突破，勇于推进理论创新、实践创新、制度创新、文化创新以及各方面创新，用因时制宜的思维方式，与人民群众形成良性互动，为国家发展、民族复兴奋不顾身，为党的事业、人民的幸福不懈努力。

一代人有一代人的使命，一代人有一代人的担当。焦裕禄科学求实精神所内含的公仆情怀、求实作风、奉献精神等，将在实现中华民族伟大复兴的征程上永放光芒。在迈向第二个百年目标新征程中，全党必须紧紧团结在以习近平同志为核心的党中央周围，大力弘扬焦裕禄科学求实精神，才能走好新时代的赶考之路，不负人民重托，为实现中华民族伟大复兴而努力奋斗。

（作者单位：中共中央党校。原文刊发于2022年8月15日《河南日报》第12版）

以迎难而上的精神品格建功新时代

马正立

焦裕禄精神是中国共产党迎难而上创立百年基业的生动体现

焦裕禄精神形成于中国共产党领导人民的伟大实践之中,彰显了无产阶级政党在历史自觉中迎难而上的先进基因,是我们党继续带领人民创造伟大成就的精神财富。焦裕禄精神是在焦裕禄同志带领兰考人民迎难而上进行伟大实践的过程中形成的,从一开始这种精神就内蕴着无产阶级政党的历史自觉性,体现为迎难而上的精神品格。迎难而上表现为一种历史主动的精神,"源"在革命时期,而"脉"穿梭于党的百年历史,不仅与中国共产党的百年丰功伟绩具有契合性,而且为党的未来蓝图保驾护航。回顾党的百年光辉历程,无论是在新民主主义革命时期、社会主义建设时期、改革开放时期,还是进入新时代,我们党一路走来风雨交加、荆棘丛生,但从没有退缩不前、知难而退,而是激流勇进、迎难而上,在成长为世界第一大党的同时,创立了百年基业。我们党领导的中国特色社会主义的伟大实践,是一个迎难而上、接续奋斗的历史过程。"人到半山路更陡,不进则退。"在新的赶考路上,中国共产党人要深刻理解迎难而上精神的实质,坚持唯物辩证法,保持历史主体性,继续把握历史主动性,使党始终成为引领中国社会发展进步的旗帜。

焦裕禄精神植根于中国特色社会主义文化的深厚土壤之中,诠释了知难而进、顽强拼搏、开拓进取的迎难而上精神,是蕴含于中国共产党精神谱系和中国精神中的强大力量。迎难而上既有超越“自我”、舍弃“小我”、追求“大我”的价值信念支撑，又有“国而忘家，公而忘私”的情感浇灌，还有“落后就要挨打”的民族复兴使命驱动。迎难而上不仅诠释了“穷则变，变则通，通则久”的中华民族优秀传统文化，传承了“舍生取义，牺牲自我”的革命文化，而且在社会主义先进文化指引下激发全党勠力奋斗的团结伟力，成为党和国家的宝贵精神财富。我们党作为百年大党，如何永葆先进性和纯洁性、永葆青春活力，如何永远得到人民拥护和支持，如何实现长期执政，是必须回答好、解决好的一个根本性问题。中国共产党人要始终迎难而上，绝不能有停一停、歇一歇的想法。我们党领导人民探索未知世界，需要中国共产党人在改造主观世界的过程中始终保持崇高的革命理想和旺盛的革命斗志，不断深化对共产党执政规律、社会主义建设规律、人类社会发展规律的认识，不断增强党自我净化、自我完善、自我革新、自我提高的能力。

焦裕禄精神凝结成中国共产党人的独特精神气质，激励了一代代中国共产党人迎难而上、筚路蓝缕、披荆斩棘，是确保党在新征程上始终成为坚强领导核心的强大武器。焦裕禄同志的事迹之所以感动了一代代中国共产党人，正是因为他以迎难而上的精神，谱写了一曲改天换地的英雄赞歌。2017 年，兰考成为河南首个脱贫“摘帽”的贫困县。兰考成功拔掉“穷”根，离不开焦裕禄“革命者要在困难面前逞英雄”的迎难而上精神的激励作用。迎难而上既是焦裕禄精神的重要内容，也是中国共产党人的宝贵品格。在近代以来漫长的历史进程中，中国人民经历了太多的磨难，付出了太多的牺牲，进行了太多的拼搏。回首党的事业，离不开一批又一批焦裕禄式的优秀党员干部。中国共产党诞生于国家内忧外患、民族危难之时，中国共产党人在迎难而上中求得生存、获得发展、赢得胜利。中国共产党人迎难而上，就是为了实现人民对美好生活的向往、实现中华民族伟大复兴知重负重、苦干实干、攻坚克难。现在，我国是世界第二大经济体、制造业第一大国、货物贸易第一大国、商品消费第二大国、外资流入第二大国，我国外汇储备连续多年位居世界第一，中国人民在富起来、强起来的征程上迈出了决定性的步伐！改革开放已走过千山万水，但仍须跋山涉水，摆在全党全国各族人民面前的使命更光荣、任务更艰巨、挑战更严峻、工作更伟大。全面建成社会主义现代化强国，实现中华民族伟大复兴，是一场接力跑，一以贯之、接续跑下去，需要每一代人为下一代人跑出一个好成绩。

传承弘扬焦裕禄精神要始终迎难而上战胜风险挑战

在新的征程上，中华民族伟大复兴不可逆转，中国特色社会主义伟大事业更为艰巨。伟大精神支撑伟大复兴。习近平总书记强调，国家强盛、民族复兴需要物质文明的积累，更需要精神文明的升华。只有依靠强大的精神支撑和力量支持，伟大事业才会更加灿烂。中国共产党人要向焦裕禄同志学习，始终迎难而上，以坚定意志迎接挑战，矢志不渝朝着第二个百年奋斗目标奋勇前进，以不可阻挡的步伐迈向伟大复兴。

传承弘扬焦裕禄精神，要求中国共产党人对党忠诚，以挺身而出、迎难而上的品格，战胜“危害中国共产党领导和我国社会主义制度的各种风险挑战”。“志不立，天下无可成之事。”初心使命锚定伟大复兴。只有把党的初心使命铭刻于心，奋斗事业才有更高的思想起点，才有不竭的精神动力。在新发展阶段，在应对新挑战中保持初心使命，需要中国共产党人深刻认识“两个确立”的决定性意义，始终在政治立场、政治方向、政治原则、政治道路上同以习近平同志为核心的党中央保持高度一致，面对困难和挑战能够迎难而上、挺身而出。

传承弘扬焦裕禄精神，要求中国共产党人担当作为，以勇往直前、迎难而上的毅力，战胜“危害我国主权、安全、发展利益的各种风险挑战”“危害我国核心利益和重大原则的各种风险挑战”。“干部就要有担当，有多大担当才能干多大事业，尽多大责任才会有多大成就。”奋斗目标引领伟大复兴。党的一切奋斗都是为了人民群众的根本利益，最终受益者也是人民群众；相反，如果一个党员干部遇到改革、发展、稳定的繁重工作任务而不作为，有时甚至退避三舍、委曲求全，这从表面上看是个人意志品质问题，实质上是心里没有群众。焦裕禄常说“干部不领，水牛掉井”，领导干部要发挥“头雁效应”，勇于啃硬骨头、担当重任，“唤起工农千百万，同心干”。回望走过的路，从站起来、富起来到强起来，每一步都是迎难而上走过来的，把蓝图变成美景，必须要有一股迎难而上的拼劲。“事非经过不知难”，党员干部要有几次“热锅上的蚂蚁”的经历，才能驾驭复杂情况、解决实际问题。

传承弘扬焦裕禄精神，要求中国共产党人干事干净，以雷厉风行、迎难而上的作风，战胜“危害我国人民根本利益的各种风险挑战”。人民伟力推进伟大复兴。过去一百年，“同人民风雨同舟、血脉相通、生死与共，是我们党战胜一切困难和风险的根本保证”。如今，在全球新冠肺炎疫情威胁人的生命时，为保护人民生命健康安全，更加需要中国共产党人迎难而上做好先锋，坚决纠正损害群众利益的各种不正之风。只要有危害我国人民根本利益的行为和企图，就必须进行坚决斗争，毫不动摇、毫不退缩，直至取得胜利。

传承弘扬焦裕禄精神，要求中国共产党人勇于斗争，以披荆斩棘、迎难而上的干劲，战胜“危害我国实现‘两个一百年’奋斗目标、实现中华民族伟大复兴的各种风险挑战”。当今世界正经历百年未有之大变局，推进伟大斗争必须更具有前瞻性。当前，新冠肺炎疫情全球大流行使这个大变局加速变化，保护主义、单边主义加剧，世界经济低迷，全球产业链供应链因非经济因素面临冲击，国际经济、科技、文化、安全、政治等格局都在发生深刻调整，世界进入动荡变革期。国内发展环境也经历着深刻变化，中国共产党人要做到平常时候看得出来、关键时候站得出来、危急关头豁得出来，要时刻保持警醒，不断振奋精神，迎难而上进行具有许多新的历史特点的伟大斗争。广大党员干部要勇于担当、善于作为，在有效应对重大挑战、抵御重大风险、克服重大阻力、解决重大矛盾中冲锋在前、建功立业。

踏上新征程要自觉迎难而上改造主客观世界

在第二个百年征程上，推进乡村全面振兴，实现全体人民共同富裕，迫切需要广大党员干部大力弘扬焦裕禄精神，团结和带领亿万人民迎难而上，在全面建成小康社会的基础上，避免返贫现象的发生，开启“十四五”规划，全面建设社会主义现代化国家，实现第二个百年奋斗目标。大力弘扬焦裕禄精神，就要坚持以习近平新时代中国特色社会主义思想为指导，把学习与实践有机结合起来,团结和带领亿万人民迎难而上,不断改造主观世界和客观世界。改造主观世界重在武装头脑、解决认识问题、改进思想作风,改造客观世界重在不断提高实践创造的自觉性、科学性、有效性。二者都需要一种知难而进、迎难而上的精神。尤其是我国作为一个发展中大国,正面临着促进工业化、信息化、城市化、农业现代化同步发展的历史任务,遭遇传统、现代、后现代等"时空压缩"和多期叠加的矛盾。只有我们党始终保持"对群众的那股亲劲、抓工作的那股韧劲、干事业的那股拼劲",团结和带领亿万人民迎难而上、共克时艰,才能战胜一切艰难险阻,使中国特色社会主义事业在实现强国梦的征程上行稳致远,成功抵达光辉的彼岸。

要在改造主观世界的实践中,团结和带领人民鼓足迎难而上的底气和志气。要学习掌握运用习近平新时代中国特色社会主义思想,从贯穿其中的马克思主义基本立场、基本观点、基本方法中,获得辨别是非、廓清迷雾的政治慧眼,获得奋斗不止、精进不怠的动力源泉,获得抵御侵蚀、防止蜕变的强大抗体。迎难而上不缺振聋发聩的口号,缺的是真抓实干的理论素养。这就需要我们党始终站在人民的立场上,自觉运用辩证唯物主义和历史唯物主义的思想武器,切实提高党性修养的自觉性科学性,将理论力量转化为行动力量,满足新发展阶段对党员干部的要求,处理好国内国际双循环之间的关系,迎难而上,奋力开拓经济社会发展新局面。

迎难而上需要"人一之我十之"的魄力,绝不能有松口气、歇歇脚的念头。尤其是当今世界经济发生诸多变化,特别是新冠肺炎疫情发生之后,一些国家内顾发展的倾向抬头,中美贸易摩擦,全球化会遭遇更强的逆风逆水,国际环境会有更多的不确定性。同时,我国进入新发展阶段,庞大总人口和中等收入群体形成超大规模市场潜力。要充分挖掘国内需求潜力,形成以国内大循环为主体、国内国际双循环相互促进的新发展格局,加快全面深化改革的进程,释放改革红利,迎难而上、防范风险,保持长期可持续发展。

迎难而上需要破除"乱花渐欲迷人眼",以辩证思维看待新机遇新挑战。从国际层面来看,疫情冲击下世界百年未有之大变局加速演进,为我国更广泛深入地参与全球治理、提升国际话语权和影响力提供了前所未有的历史机遇。但也必须清醒看到,我国经济发展阶段和条件发生边际性转折性变化。要辩证认识和把握国内外大势,统筹中华民族伟大复兴战略全局和世界百年未有之大变局,增强机遇意识和风险意识,准确识变、科学应变、主动求变。

迎难而上需要关键时刻挺身而出,离不开一股子"豁出去"的精神,不怕越雷池,不怕捅马蜂窝,不怕当出头鸟。随着我国迈入新发展阶段,改革也面临新的任务,必须迎难而上拿出更大的勇气、更多的举措破除深层次体制机制障碍,实现依靠创新驱动的内涵型增长。新一轮科技革命和产业变革蓬勃兴起,与我国开启社会主义现代化建设新征程形成历史性交汇,围绕未来产业抢占制高点的竞争也会更加激烈。"十四五"时期是我国经济社会发展深刻转型、爬坡过坎的关键阶段,必须准确把握战略机遇期,化危为机,奋力推动中国经济不断前行。

要在改造客观世界的进程中,团结和带领人民铆足迎难而上的勇气和骨气。要运用科学的思维方法研究新情况、解决新问题,扑下身子,抓好工作落实。迎难而上不缺信誓旦旦的表态,缺的是抓铁有痕的有效落实。这就需要我们党在我国发展的外部环境趋于复杂的形势下,夙兴夜寐思改革、废寝忘食谋发展,带领人民迎难而上闯难关、啃硬骨头、打赢硬仗,推进乡村全面振兴,实现全体人民共同富裕。

以"黑云压城城欲摧""泰山压顶不弯腰"的干劲儿,团结和带领人民迎难而上,把解决吃饭问题作为治国理政的头等大事。粮食安全这根弦任何时候都不能放松,要实行最严格的耕地保护制度,稳定全年粮食播种面积和产量,保障"菜篮子"产品供给,合理保障农民种粮收益,统筹做好重要农产品调控,进一步强化现代农业基础支撑,推动乡村振兴和乡村治理现代化行稳致远。

以"不破楼兰终不还""气可鼓而不可泄"的拼劲,团结和带领人民迎难而上,坚持以人民为中心的发展思想,持续巩固拓展脱贫攻坚成果,坚决守住不发生规模性返贫底线,有效防范应对农业重大灾害,全面促进农业高质高效、乡村宜居宜业、农民富裕富足。

以"逢山开路、遇水架桥""敢为天下先"的闯劲,团结和带领人民迎难而上，改革创新，释放乡村发展活力，激发乡村内生动力。在全面深化改革中着力解决发展不平衡不充分问题，整治推进乡村全面振兴中的不正之风与不良作风，实现巩固拓展脱贫攻坚成果同乡村振兴有效衔接，持续推进产业振兴、人才振兴、文化振兴、生态振兴、组织振兴。

以“咬定青山不放松”“一张蓝图绘到底”的韧劲，团结和带领人民迎难而上，实事求是、因地制宜，充分利用各地资源禀赋和优势发展经济。发挥政策优势，避免“水土不服”，不断增强集体经济造血功能，扎实推进乡村振兴，真正增强人民群众获得感、幸福感和安全感。

（作者单位：中共中央党校。原文刊发于 2022 年 8 月 15 日《河南日报》第 13 版）

共产党人无私奉献的壮丽史诗

薛庆超

无私奉献精神是共产党人践行共产主义理想信念的本质体现。什么是无私奉献精神,焦裕禄作出了鲜明的回答。作为县委书记,焦裕禄以实际行动树立了无私奉献的楷模。焦裕禄并不遥远,就在我们身边;焦裕禄并非高不可攀,就在平凡的事业中;焦裕禄并未远去,在党的接续奋斗中永远存在。21 世纪 20 年代的中国,面对错综复杂的国际形势,面对新冠肺炎疫情等前所未有的新情况新问题,学习弘扬焦裕禄无私奉献精神具有鲜明的时代价值与现实意义。

以身作则生动诠释艰苦奋斗、廉洁奉公

“心中装着全体人民、唯独没有他自己。”马克思主义认为,人民群众是社会物质财富和精神财富的创造者,是推动社会变革的根本动力。中国共产党将马克思主义基本原理与中国的具体实际相结合,形成从群众中来、到群众中去的群众路线,确立全心全意为人民服务的根本宗旨。焦裕禄胸怀天下,心系群众。他任兰考县委书记,不是为了做官,不是为了谋取私利,而是真心实意为人民群众谋利益。为此,他走遍全县,调查研究,深入基层,问计于民,千方百计、一心一意要改变兰考面貌,尽管付出生命的代价也心甘情愿。他能够成为县委书记的榜样、共产党员的典范、人民群众衷心爱戴的领导干部,根本原因就在于始终与人民群众心连心、同呼吸、共命运,诚心诚意当好人民群众的公仆。

凡事探求就里，“吃别人嚼过的馍没味道”。马克思主义强调“实践第一”，列宁认为“实践的观点是认识论的首先的和基本的观点”。焦裕禄干事创业具有亲力亲为的特点。他认为只有亲身体验到事物的本质才有发言权。为此，他拖着慢性肝病身体，一年多时间走遍全县 140 多个行政村的 120 多个村子。焦裕禄认为“干部不领，水牛掉井”“干部，干部，要带头先行一步”。在带领全县人民战天斗地、奋力改变贫困面貌过程中，他身先士卒，以身作则；风沙最大时，带头查风口，探流沙；大雨瓢泼时，带头察看洪水流势。他经常进入农民的草庵、牛棚，同农民同吃同住同劳动，在农村一线总结群众战胜自然灾害的实践经验，汇聚起来，聚沙成塔，集腋成裘，升华为全县人民战胜灾害的有力武器。

“敢教日月换新天”“革命者要在困难面前逞英雄”。马克思曾指出，哲学家们只是用不同的方式解释世界，而问题在于改造世界。焦裕禄面对兰考的自然灾害和落后面貌，没有逃避，没有等、靠、要，而是以改天换地的豪情壮志武装干部和党员，充分激发人民群众的内生动力，带领全县人民自力更生、艰苦奋斗，奋力拼搏、自强不息。他说：“我们有革命的胆略，坚决领导全县人民，苦战三五年，改变兰考的面貌。不达目的，我们死不瞑目。”他带领干部、群众大力治理风沙、内涝、盐碱“三害”，大力推广亲手种植适宜兰考土壤速生树种泡桐，以满腔热情和实际行动谱写改天换地的英雄壮歌。焦裕禄最后的遗言是：“把我运回兰考，埋在沙堆上，活着我没有治好沙丘，死了也要看着你们把沙丘治好”。焦裕禄像熊熊燃烧的火炬，生命最后时刻依然闪烁着无私奉献精神的光芒。

艰苦朴素、廉洁奉公，“任何时候都不搞特殊化”。焦裕禄严守党纪党规，从不利用县委书记权力为自己、为子女、为亲属谋取任何好处。他起草了《干部十不准》，规定任何干部在任何时候都不能搞特殊化。焦裕禄以勤政为民、廉洁奉公的实际行动，展现了共产党人的高尚情操，在人民群众心目中树立了县委书记的崇高形象。他坚持生活简朴、勤俭办事，吃苦在前、享受在后。以自己的言行对艰苦奋斗、廉洁奉公作了生动诠释，这是他赢得干部拥护和群众爱戴的重要原因。

无私奉献精神的时代价值

“共产党员应该在群众最困难的时候，出现在群众的面前。”焦裕禄对群众满腔热情，总是在群众最需要的时候，出现在群众面前。狂风暴雪铺天盖地时，他带领干部访贫问苦，为群众送去救济粮款，说“我是你们的儿子”，充分体现了党组织和群众的鱼水深情。他为民爱民亲民的作风，充分反映了共产党人对群众的深厚情感。他经常肝部痛得直不起腰骑不了车，坚持用硬物顶住肝部，布置工作，下乡调研，直至被送进医院。焦裕禄始终保持人民公仆本色，想的都是群众的幸福安康，充分体现了共产党人立党为公、执政为民的崇高风范，展现了县委书记的高尚形象，铸就了亲民爱民、艰苦奋斗、科学求实、迎难而上、无私奉献的焦裕禄精神。近期，新冠病毒在武汉、上海等地肆虐时，在社区、在农村、在医院、在机场、在港口，在抗击疫情的第一线，在生与死的关键时刻，社区、农村、医院的共产党员、各行各业的共产党人，一个个挺身而出，站到了抗击疫情的最前线，不分昼夜，废寝忘食，千方百计，为民分忧，塑造了新时代共产党人的最美形象。

实事求是，调查研究，坚持一切从实际出发。实事求是是马克思主义精髓，也是中国共产党思想路线，更是焦裕禄无私奉献精神的灵魂。坚持实事求是，注重调查研究，制定规划从兰考实际情况出发，干事创业求真务实，贯穿着焦裕禄的全部活动。他深入农村调查研究，基本掌握兰考自然灾害发生的规律，作出了治理“三害”的正确决策。焦裕禄走访、蹲点、调研过全县大部分村子。正是深入、系统、全面的调查研究，使他能够了解县情，制定出改变兰考面貌的切合实际的规划。焦裕禄无私奉献精神充分体现了共产党人脚踏实地的求实精神和尊重客观规律的科学态度。现在，中原大地全面建成小康，大别山等一系列革命老区脱贫致富，豫西南面貌巨变，河南城市群日新月异，都是坚持实事求是、注重调查研究、坚持一切从实际出发取得的显著成就。

求真务实，讲究科学。空谈误国，实干兴邦。焦裕禄提出的治沙、治涝、治碱，都是关系兰考民生的实实在在的大事。提出和解决这些问题，就抓住了改变兰考落后面貌、促进兰考持续发展的“牛鼻子”。焦裕禄相信科学，尊重科技人员和老农经验，身体力行、亲力亲为，既不是为了应付群众，也不是为了给上级观看，更不是为自己创造“政绩”。焦裕禄坚持一切从实际出发，讲实话、办实事、求实效。他在现代化工厂工作过，搞过技术革新，理解科学真谛。凡是符合科学的就全力以赴去做，善于把科学转化为谋划发展的正确思想、促进发展的政策措施、领导发展的实际能力。源于河南的南水北调中线工程成效显著，沿途人民喝上了丹江水，就是由于这项工程的谋划、勘测、论证、施工过程中，坚持求真务实，科学设计，科学施工的结果。郑州开通的中欧班列远行欧洲，习近平总书记高度评价的“河南造”盾构机大显神威，河南大踏步赶上全国发展的第一方阵，都是求真务实的硕果。

面对困难，知难而进，勇于在困难的条件下开拓创新。焦裕禄面对兰考困难局面，不怕困难，不惧风险，知难而进，迎难而上。既展示了共产党人的宝贵品格，也是焦裕禄无私奉献精神的重要内容。焦裕禄上任前，中共开封地委负责人明确提出，兰考是一个最穷的县，一个最困难的县，你要在思想上有经受最严峻考验的准备。焦裕禄坚定地说：感谢党把我派到最困难的地方，越是困难的地方，越能锻炼人。不改变兰考的面貌，我决不离开兰考。焦裕禄经常教育党员、干部说，要克服困难就必须不怕困难。面对兰考十分严重的自然灾害，焦裕禄没有被困难所吓倒，他以共产党人的英雄气概，创造性地制定了科学易行、简单实用、符合客观规律的治理“三害”方法，在解决困难中闯出了新路。面对新冠肺炎疫情，许多地方出现了前所未有的困难，焦裕禄无私奉献精神在疫情防控、社会管理、经济发展、医疗保障、交通运输等方面得到了发扬光大。随着一系列困难妥善解决，无私奉献精神的红色传统正在当代共产党人身上继续传承。

无私奉献精神历久弥新

要始终不渝地坚持以经济建设为中心的基本路线。焦裕禄所处的年代，正是“以阶级斗争为纲”的年代。当时，如果一个地方的经济落后怎么办？通常的做法是狠抓阶级斗争，揪出阶级敌人，“大批资本主义”“大批修正主义”,认定“大批出大干”,只有这样,才能“大干促大变”。焦裕禄担任兰考县委书记,既没有狠抓阶级斗争,也没有揪出阶级敌人,而是在调查研究基础上,树立了发展经济的“四面红旗”。韩村只有27户人家,1962年秋天遭受毁灭性涝灾,每人只分12两红高粱穗。在严重困难面前,大家提出,不向国家伸手,不要救济粮救济款,自己割草卖草养活自己。这年冬天,大家割草27万斤,养活了全体乡亲和8头牲口,修理了农具,买了7辆架子车。秦寨大搞深翻改土,刮掉盐碱地一层皮,翻出好土盖在上面。他们说:“不能干一天就干半天,不能翻一锨就翻半锨,用蚕吃桑叶的办法,一口一口啃,也要把这盐碱地啃翻个个儿。”赵垛楼庄稼基本绝收后,挖河渠修排水沟,战胜内涝夺得好收成,卖8万斤余粮。双杨树农作物基本绝收,大家雷打不散,兑鸡蛋卖猪,买牲口买种子,自力更生,发愤图强。焦裕禄详细调研了韩村、秦寨、赵垛楼、双杨树的艰苦创业精神,在县委会议上多次讲述树立典型的意义。他认为:“榜样的力量是无穷的,我们应该把群众中这些可贵的东西,集中起来,再坚持下去,号召全县向他们学习。”在兰考县委农村基层干部会议上,焦裕禄总结韩村、秦寨、赵垛楼、双杨树经验,大张旗鼓,推广他们的艰苦创业精神:“韩村的精神,秦寨的决心,赵垛楼的干劲,双杨树的道路。”号召全县学习,锁住风沙,制服洪水,向“三害”展开斗争。学习焦裕禄无私奉献精神,就要牢牢坚持社会主义初级阶段基本路线:坚持以经济建设为中心,坚持四项基本原则,坚持改革开放。

要尊重科学,运用科学思维,坚持科学的世界观和方法论。焦裕禄无私奉献精神具有深厚的科学底蕴。焦裕禄从不盲目蛮干,善于接受新事物、研究新问题,自觉钻研现代化。焦裕禄早年受过农村教育,具有初步文化素质,参加革命后,一贯好学深思。1953年从青年团调入国家重点工程、重点企业洛阳矿山机器厂,担任过车间主任和调度科长。曾被洛阳矿山机器厂派到哈尔滨工业大学接受现代工业培训,派到大连起重机厂实习,奠定了基本的工业知识基础,接受了许多新的现代工业知识。洛阳矿山机器厂老同志回忆,当时该厂生产2.5米提升机减速器中间(齿轮)装置,需要一台剃齿机,却没有这种机床。焦裕禄和工人们反复琢磨,对一台旧机床进行改造,苦干十多天达到了目的。洛阳矿山机器厂主打机械工程,每个环节都需要动脑子,车、铣、刨、磨、钻等加工过程,不能有丝毫差错。焦裕禄在调度科要统领生产全局,对每个环节了如指掌。他在洛阳矿山机器厂形成了科学生产理念。他能短时间找出治理兰考风沙、盐碱和旱涝灾害办法,与在洛阳矿山机器厂养成的科学素养有关系,这就是科学思维与科学精神。家人认为"说他聪明,不如说他是善于钻研的人"。焦裕禄在兰考推广种植泡桐是深入调研的产物。人们评价"不是傻大憨粗,他是很聪明的人"。焦裕禄在兰考推广种植泡桐"治沙"的理念,来自科学,来自实践,来自群众。焦裕禄经常研究兰考地质和土壤情况,询问了很多农民和科技人员,经常向他们虚心求教。改革开放后,兰考泡桐已成为上海和欧洲制作小提琴的重要原料,成为兰考出口创汇重要来源。

要青春向上,充满阳光,热爱生活,健康生活。焦裕禄历任团县委副书记、团地委宣传部部长、团地委副书记,是青年团成长起来的年轻干部。几乎所有反映焦裕禄的各种作品中,焦裕禄就是苦干硬干拼命干,似乎是个"工作狂",给人们造成的印象就是一个只会工作不会生活的干部。其实,这并非焦裕禄的全部。焦裕禄多才多艺,能歌善舞,感情丰富、爱跳舞会唱歌、喜欢拉二胡。在洛阳矿山机器厂工作期间,厂里有许多苏联专家,工作时间就是工作,休息时间就是休息。洛阳矿山机器厂的干部、工人和知识分子充满激情,干劲十足,不分工作时间和休息时间。如果在休息时间请苏联专家指导工作、解答问题、提供技术帮助,最好的办法就是请苏联专家跳舞唱歌,趁机请教各种技术问题。焦裕禄还是洛阳矿山机器厂篮球场的"积极分子"。他喜欢听戏唱戏,喜欢跳舞,属于"舞林高手",跳舞水平在洛阳矿山机器厂颇有"知名度"。由此可见,焦裕禄不是一个不食人间烟火的人,而是一个具有生活情调、充满青春、充满阳光、热爱生活、健康生活的富有精神魅力的干部。传承焦裕禄无私奉献精神,包含着高尚的情趣,青春的朝气,健康的生活。同时,拒绝低级趣味,抵制歪风邪气,远离灯红酒绿,做一个正正派派的具有高尚精神魅力的领导干部。

要廉洁自律,不谋私利,管好家人,形成良好家风。焦裕禄正确认识和处理人际关系,既有人情味又坚持原则,当个人感情同党性原则、私人关系同人民利益相抵触时,总是毫不犹豫站稳党性立场,坚定不移维护人民利益。焦裕禄的一个女儿回忆说:“当年大姐毕业以后要工作,母亲就问父亲怎么安排,父亲说,一个选择是在机关打扫厕所,一个选择是去咸菜厂当工人。”母亲听了很高兴,觉得当工人很不错。没想到焦裕禄竟要求女儿不但要在咸菜厂干活,还要挑着担子在大街上卖咸菜。“当年大姐是一个大姑娘,脸皮薄,父亲又是县委书记,怎么也想不通”。僵持了很久,焦裕禄说,那我和你一起卖咸菜。“这样才做通了大姐的思想工作”。当然,女儿也不可能让父亲陪着满大街卖咸菜。这就是焦裕禄的家风。焦裕禄的一个女儿还说:各种作品里面,父亲给大家的印象就是补丁摞补丁,穿得又脏又破,其实不是这样。老父亲非常讲究,非常知书达理,见到人,脸不笑不开口,没有称呼不开口,衣服也是尽量穿得干净。“他毕竟是县委书记,是一名干部”。学习焦裕禄,就要实实在在,本本分分,慎独、慎初、慎微,防微杜渐。

焦裕禄无私奉献精神是中国共产党倡导的干部作风的典型化体现,是社会主义核心价值观的组成部分,是民族精神的组成部分。焦裕禄无私奉献精神同中华民族优秀传统文化、社会主义核心价值观高度契合、高度一致。当今世界,中国特色社会主义乘风破浪,中国已成为世界第二大经济体,中国人民已进入小康时代,全国的经济整体发展水平与焦裕禄所处的年代相比有了根本变化,但焦裕禄精神依然具有蓬勃的生机和活力,与时俱进,与时偕行。

(作者单位:中共中央党校。原文刊发于 2022 年 8 月 15 日《河南日报》第 14 版)

现代化河南建设理论探索（下册）

河南日报理论部◎编

XIANDAIHUA HENAN JIANSHE
LILUN TANSUO

郑州大学出版社

图书在版编目(CIP)数据

现代化河南建设理论探索 / 河南日报理论部编. 郑州 : 郑州大学出版社, 2024. 11. -- ISBN 978-7-5773-0583-7

Ⅰ. D676.1-53

中国国家版本馆 CIP 数据核字第 2024QM5341 号

现代化河南建设理论探索

XIANDAIHUA HENAN JIANSHE LILUN TANSUO

策划编辑	刘金兰	封面设计	王　微
责任编辑	闫　习	版式设计	苏永生
责任校对	秦熹微	责任监制	朱亚君

出版发行	郑州大学出版社	地　　址	郑州市大学路 40 号(450052)
出 版 人	卢纪富	网　　址	http://www.zzup.cn
经　　销	全国新华书店	发行电话	0371-66966070
印　　刷	河南日报报业集团大河印刷有限公司		
开　　本	710 mm×1 010 mm　1 / 16		
总 印 张	56	总 字 数	892 千字
版　　次	2024 年 11 月第 1 版	印　　次	2024 年 11 月第 1 次印刷

书　　号	ISBN 978-7-5773-0583-7	总 定 价	168.00 元(全两册)

目录

中国式现代化建设河南实践

新型工业化和新质生产力

建设农业强省

党的创新理论

文化学术

中国式现代化建设河南实践

有效释放消费潜力

李小卷

刚刚结束的省两会对促进消费作出部署，强调要加快提振市场信心，全面促进消费增长。近年来，我国消费规模稳步扩大、结构持续优化、业态日益丰富，消费对经济发展的基础性作用不断巩固，已经成为拉动经济增长的“第一动力”。由于疫情等不确定因素影响，消费在短期内受到较大冲击，扩大内需，提振消费意义重大。

河南作为经济大省、人口大省，消费在促进经济高质量发展中的作用日益凸显。一方面，全面激活消费潜力有利于促进全省居民消费扩大和升级，进而带动产业结构调整升级，加快培育经济发展新动力；另一方面，河南拥有一亿人口的市场规模，蕴藏着巨大的市场消费潜力，进一步释放消费潜力，将支撑未来一段时期经济的稳定增长。今年的政府工作报告提出：“全面促进消费增长，把恢复和扩大消费摆在优先位置，调整妨碍消费的限制性措施，改善消费条件，创新消费场景。”针对目前消费市场短期需求不足的“难点”、供给端存在的“堵点”以及消费预期不稳的“痛点”等问题，省政府日前出台的《大力提振市场信心促进经济稳定向好政策措施》“把脉支招”，下一步要着力畅通国民经济循环，深入挖掘消费成长潜力动能，加快培育形成消费新增长点，全面激发消费信心和活力。

增加就业收入，提升消费能力

2022 年第三季度全国居民人均可支配收入 2.76 万元，河南居民人均可支配收入2.02万元,位居全国23位,与排名前三的上海(5.95万元)、北京(5.86万元)、浙江(4.70万元)等省市有较大差距。收入是消费的前提和基础,只有在充分保障居民收入的前提下,才能有效提升消费能力和消费意愿。我们要持续稳定就业,完善社保,优化收入分配结构,扩大中等收入群体,并以此扎实推进与实现共同富裕。一是提高劳动报酬在初次分配中的比重。劳动报酬是居民收入的主要来源,提高劳动报酬在初次分配中的比重,有助于激发劳动积极性,促进收入分配更加公平合理。二是完善再分配调节机制。2022年第三季度河南城乡居民收入比为2.23,城乡收入水平差距较大,需要通过调控好再分配,缩小收入差距,促进共同富裕,如加大对税收、社保、转移支付、慈善等的调节力度和精准度,合理调节收入差距。三是提高低收入群体的收入。河南的低收入群体仍占有一定比例,提升就业质量、提高低收入群体的收入,能够有效激发基础消费市场的活力,拉动基础消费的增长。

丰富消费供给,促进消费升级

消费需求能否最终实现,还要取决于供给状况,我们要紧抓供给侧结构性改革的主线,促进消费升级、大力优化市场供给,通过供给和需求的高水平匹配,畅通国内大循环。一是完善商贸流通基础设施,健全城乡现代商贸流通体系。现代商贸流通体系作为现代流通体系的重要组成部分,不仅是投资需求最为活跃的基础性产业体系,也是满足居民消费需求的主要渠道。二是培育一批有代表性的新型消费示范城市,打造消费区域增长极。大力支持郑州、洛阳进行国际消费中心城市建设。同时,加快对城市各街区和居民生活区的高质量改造升级,培育标志性商圈;围绕居民日常生活需求,打造一刻钟便民服务生活圈。三是鼓励消费新模式、新热点、新业态的发展,满足人民群众日益增长的美好生活需要。抓住文旅融合加快发展的机遇,培育多主体、多方位、多元化的消费场景,因地制宜打造夜间消费集聚区,打造“郑州夜商都、洛阳古都夜8点、开封大宋皇城美食之都”等夜消费品牌,发展夜经济,扩展消费空间。

优化消费环境，提高消费品质

完善的消费体制能够有效规范消费行为，维护消费者正当消费诉求，消除消费顾虑，增强消费信心，消费环境保障到位，老百姓才敢“放心买”。当前，河南居民消费领域存在着服务行业标准体系滞后、消费后评价制度不健全、诚信维权体系建设滞后等一系列问题，对一些侵害消费者权益的行为没能进行处置或处置不力，居民消费缺乏良好的环境保障。因此要加强市场秩序监管，严厉打击侵权行为和制售伪劣商品等违法犯罪活动，加强对企业和相关人员的信用体系建设，完善个人信息保护制度，畅通消费者维权渠道，形成政府监管、行业自律、社会监督的多元共建共治共享消费生态系统。同时，要培育合理消费观念，营造积极消费氛围。科学理性的消费观念能够有效规范消费行为，提升消费品质，要培育节约适度、绿色低碳、文明健康的生活方式和消费模式，利用新媒体等宣传方式进行消费引导和知识普及，从消费市场、消费环境、消费伦理、消费风俗、企业诚信经营等方面全方位营造积极的消费文化氛围，最终使广大消费群众做到“能消费、敢消费、善消费”。

激活农村市场，释放农民消费潜力

“十三五”以来，农村居民人均消费支出增速显著超过城镇居民，农村消费正在成为我国消费市场的亮点。河南作为农业大省，不仅要围绕农民生活领域，还需要扩大至农业生产领域，完善农村流通体系，激发农村资源要素活力，促进农业生产方式转变，推动乡村产业发展壮大，畅通城乡循环。一要从供给端和流通渠道发力，扩大绿色、有机、地理标志和名特优新农产品生产，扩大电子商务和物流快递的农村覆盖率，让农产品“上行通畅”、工业品“下沉顺畅”，促进城市食品消费升级和农村耐用品消费增长。二要扎实推进乡村建设行动，继续加强高标准农田建设，大力发展现代设施农业，布局建设一批产地仓储保鲜设施、冷链集配中心和大型冷链物流基地，持续改善农村水电路气房讯等条件，优先建设既方便生活又促进生产的项目，以扩大农业农村有效投资为拉动经济增长添油助力。三要发展产业助农增收,指导各地壮大农产品加工流通业,推进农文旅融合,大力发展农村电商,加快现代农业园区建设,持续拓宽农民增收致富渠道。

(作者单位:河南省人民政府发展研究中心。原文刊发于2023年1月25日《河南日报》第4版)

把培育新动能作为重要着力点

李红见

日前出台的《大力提振市场信心促进经济稳定向好政策措施》作出部署，要求持续培育壮大新动能，为今年的经济增长和高质量发展提出了明确指向。

成效初步显现

近年来，河南深入实施创新驱动发展战略，持续优化发展环境，战略性新兴产业的规模、层次、集聚化程度明显提升，新动能培育成效初步显现。一是创新基础能力不断增强。省直事业单位重塑性改革任务完成，形成了布局合理、职能清晰、协同高效的科研院所体系。省科学院重建重振完成架梁立柱，新建 7 家省实验室、15 家省产业研究院、28 家省中试基地、12 家省创新联合体。国家重点实验室增加到 16 家，国家级高新区增加到 9 家。2022 年全省财政科技支出 411.1 亿元、增长 24.9%。二是产业提升和集聚势头明显加快。全省产业提升效果明显，高技术制造业、战略性新兴产业占比分别达到 12.9%、25.9%。在一些国家重大工程中，“河南智造”的贡献更加突出；“百千万”亿级产业集聚培育工程进展显著，形成了一批特色鲜明的战略性新兴产业集群。郑洛新国家自主创新示范区核心区生产总值突破千亿元，郑州市获批建设国家区块链发展先导区，郑汴洛濮氢走廊建设加快。三是创新主体更具规模和活力。全省高新技术企业突破 1 万家，国家科技型中小企业达到 2.2 万家，主营业务收入超 500 亿元的企业达到 11 家。规模以上工业企业研发活动覆盖率达到52%，研发经费突破1100亿元，技术合同成交额突破千亿元。四是重大项目落地见效。超聚变服务器产值突破230亿元，比亚迪新能源汽车一期投产在即，宁德时代新能源电池等一批重大项目落地建设。五是数字赋能作用持续增强。数字经济和实体经济融合发展加快，数字经济对全省经济增长的贡献率超过70%。新增智能工厂185个、上云企业3.6万家。

短板与不足

我省尚处于新旧动能接续转换的关键阶段，新动能培育任务仍很艰巨。一是创新支撑力尚需提升。与发展现实需要相比，河南整体经济发展层次和发展水平仍然相对不高，创新发展的动力和基础仍需加强。河南研发投入与发达省份差距较大，占全国不到4%，仅是广东的四分之一多点。研发投入强度与发达地区相比差距更大，在中部也相对落后。这与河南经济总量居全国第五、中部首位的地位不匹配。二是"头雁引领效应"不够突出。对标全国其他先进省份，河南产业培育上缺少"头雁"带动，产业"链主"、龙头企业和核心企业数量相对不足。据中国企业联合会、中国企业家协会发布的榜单，河南共有11家企业入榜"2022中国企业500强"，且以传统产业企业为主；有2家入围"2022中国大企业创新100强"，且名次相对不高；没有企业入围"中国战略性新兴产业领军企业100强"。三是产业布局和结构不够优化。产业布局同质化且相对集中，存在产业重复规划建设问题。产业结构相似度高，现代新兴产业占比较低，没有体现区域间资源禀赋、产业基础和经济结构方面的差异，产业互补性不足、协同发展不强。四是创新生态尚需优化。促进创新发展的体制机制仍不够顺畅，鼓励创新的氛围仍不够浓厚，企业发展中仍有一些政策性、人为性障碍，创新生态仍需持续优化。

培育重点

未来一段时期是全省新动能培育的关键期和攻坚期，加快新动能培育事关高质量发展大局。对此，应深入贯彻省委重大战略决策，落实今年两会会议精神和相关部署，以持续发力新动能培育推进河南高质量发展。

强化创新平台培育。主动对接、深度嵌入国家战略科技力量体系，围绕河南重大战略需求，加快推进创新平台建设，优化完善创新平台体系。持续推进省科学院重建重振，积极对接引进一流大学研究院落户。依托国家技术转移郑州中心，建设国家枢纽型技术交易市场。做优做强省实验室体系、加快构建标准化双创载体体系，完成新增国家及省级创新平台、新建智慧岛预期建设目标。

加快构建现代产业体系。加快实施换道领跑战略，构建现代化产业体系，力争在新一轮产业竞争中抢占先机、赢得优势。一是立足区域产业基础和比较优势，加快推进传统产业链群转型升级。二是持续实施战略性新兴产业跨越发展工程，集中资源要素，加快细分领域建链延链补链强链，打造形成一批战略性新兴产业集群。三是紧密跟踪国际科技前沿，加强前沿技术多路径探索、交叉融合和颠覆性技术源头供给，聚焦攻关未来产业关键技术，不断筑牢未来产业技术底座，贯通未来产业关键链条，前瞻布局未来产业。

高质量培育企业创新主体。以提升各类创新主体创新能力为目标，梯次培育创新型企业，强化企业创新主体地位，提升自身科技自立自强能力。培育形成一批具有核心竞争力、品牌影响力高的新兴产业"链主"企业和生态主导型企业。鼓励领军企业牵头组建创新联合体，推进协同科研攻关。鼓励企业建设产业研究院、中试基地，推动创新成果中试熟化与产业化。推进规上工业企业研发活动全覆盖，推动与高校共建研发中心，建设省级高校科技成果转化和技术转移基地。

营造一流创新生态。深化体制机制改革，构建利于促进创新发展健全的政策法制体系、优质高效的公共服务体系、"鼓励创新、宽容失败"的社会支持体系、坚实的综合保障体系。加快以新型研发机构为方向的科研机构改革,完善“揭榜挂帅”、首席专家负责制等项目组织机制,实施以信任和绩效为核心的科研经费管理改革,加快以创新质量、绩效、贡献为导向的科技评价改革。加强知识产权创造保护运用,培育创新文化,构建一流创新生态。

(作者单位:河南省社会科学院创新发展研究所。原文刊发于2023年1月25日《河南日报》第4版)

强化企业科技创新主体地位

喻晓雯

河南省政府工作报告指出，加快提升科技创新能力，强化企业主体地位。在实施创新驱动、科教兴省、人才强省战略中，突出企业在科技创新中的主体地位，坚守了河南创新驱动发展的底层逻辑，对河南锚定“两个确保”、实施“十大战略”具有深远影响。

认清企业在科技创新中的重要作用

构建新发展格局，需要把企业作为科技创新主体，不断增强工业体系和产业体系的活力和竞争力，提高产业链供应链现代化水平，进一步催生新市场和新需求，培育形成完整内需体系，满足畅通国内国际双循环的需要。

实现高质量发展，需要把企业作为科技创新主体，不断夯实科技创新事业的重要策源地，塑造发展新动能新优势，推动发展方式从规模速度型向质量效益型转变。

提升国家创新体系整体效能，关键是把企业作为科技创新主体，加强企业主导的产学研深度融合，加快科技成果向现实生产力转化，提升产业化水平，发挥创新要素集聚效应，推动创新链产业链资金链人才链深度融合，更好地把科技力量转化为产业竞争优势。

构建企业科技创新总体布局

构建企业主导的产学研融合创新体系。发挥企业产学研主导作用，推动更多任务由企业提出、企业成为研发主体。完善高校、科研院所与企业的协作机制,鼓励企业与高校、科研院所建立多形式合作关系。支持企业牵头组建创新联合体,持续推进科技项目的“揭榜挂帅”“赛马制”,鼓励更多企业牵头和参与创新活动。引导建立产学研深度融合的利益分配和风险控制机制,兼顾企业、高校和科研院所的利益诉求,充分考虑创新的贡献率,探索通过成果权益分享等方式合理分配创新成果。建立健全风险控制机制,完善风险评估体系和风险共担机制。

推动创新链产业链资金链人才链深度融合。强化企业创新资源要素集聚能力,推动创新资源在更大范围内流动。建立金融支持企业科技创新体系常态化工作机制,持续深化与金融机构等合作。加快推动产业链完善升级,做好关键领域的固链、强链、补链、控链和融链,引领全链贯通和全要素融合创新,实现产业链供应链稳定和自主可控。坚持以科技自立自强为引领打造创新链,以提升韧性和竞争力为重点巩固产业链,以金融为纽带优化资金链,以人才队伍建设为抓手提升人才链。

塑造大中小科技企业协同高效的发展格局。科技型骨干企业要发挥引领支撑作用,主动承担国家和地方重大科技任务、关键核心技术攻关。推动大企业积极开放供应链,以大企业为龙头,结合中小企业的创新灵活性,形成协同、高效、融合、顺畅的创新生态。整合集聚优势资源,促进产业链上中下游企业合作对接。营造充分释放企业创新活力的良好环境,加大对中小企业支持力度。着力在推动企业创新上下功夫,激发涌现更多聚焦主业、精耕细作的“专精特新”中小企业。

全面激发企业科技创新活力

全面提升创新链产业链水平。引导科技型骨干企业建设高水平研发机构和平台,开展前瞻性、储备性基础研究。推动科技型中小企业成为创新生力军,加大科技项目、人才计划等开放力度,着力提高对科技型中小微企业赋能活动针对性、政策扶持精准性。科技型中小企业要瞄准所属细分领域加大创新投入。推动产业链上中下游、大中小企业融通创新,加快科技成果在企业转化和产业化。

整体提升企业创新投入强度。构建以财政投入为引导、企业投入为主体、金融机构为支撑、社会资本为补充的多元化科技投入体系。进一步完善政策工具箱,优化金融体系风险监管追责机制及考核体系。畅通科技企业市场融资渠道,持续推动创业板、科创板、区域性股权市场的制度创新,完善股权融资的资本市场体系。支持科技企业通过债券市场融资,满足多样化融资需求。

促进各类创新人才向企业集聚。支持企业家做创新发展的探索者、组织者、引领者,大力培育工程技术人才、科学人才、引领人才。深化产教融合,构建以企业为主体、各方面积极参与和支持的高技能人才培养体系。推动人才跨领域、跨区域、跨部门一体化配置,促进人才在城乡、区域、行业之间顺畅流动。

激发科技创新内生动力。完善以创新能力、质量、实效、贡献为导向的企业科技评价体系,形成“创新不问出身、英雄不论出处”的政策环境。以领军企业为中心整合高校、科研院所等创新资源,建立特色化协同创新的产业链和产业集群。鼓励企业主动融入全球科技创新网络,深度参与全球科技治理。鼓励外资企业设立研发中心和参与承担国家科技计划项目,推进开放型产业创新。

(作者单位:河南财政金融学院。原文刊发于2023年2月1日《河南日报》第7版)

加快贸易强省建设步伐

张进才

党的二十大报告指出:“推动货物贸易优化升级,创新服务贸易发展机制,发展数字贸易,加快建设贸易强国”。这对进一步推动贸易高质量发展提出了具体要求。我省作为经济大省、快速发展的贸易大省,理应在建设贸易强省上实现较大突破。河南省政府工作报告中多处提到我省贸易取得的成效及下一步发展的打算。其目的是实现贸易规模的提升,奋力向贸易强省迈进。

我省贸易发展势头强劲

近年来,我省贸易发展势头强劲,即便是在疫情防控期间也呈现出良好发展势头。具体体现在以下几方面:

贸易在全国位次稳步上升。2011 年我省在全国规模排序 14 位,2017 年进入前十位,2022 年位列全国第九位。

贸易规模跃式进阶。近几年我省贸易规模多年份年扩容在千亿级,2017 年突破 5000 亿元,2020 年突破 6000 亿元,2021 年突破 8000 亿元。

贸易顺差持续提高。贸易顺差直接表现在对 GDP 贡献提升,特别是对 GDP 边际贡献更为明显。2017 年突破千亿大关,疫情这三年顺差从 1495 亿元上升到 1969 亿元。占 GDP 比重从 2011 年的 1.4%,2015 年突破 2%,再到现在突破 3%。

贸易依存度提升较快。我省贸易依存度 2012 年为 10.9%,2022 年为

13.9%，上升3个百分点。这3个百分点是在GDP规模不断增大下实现的，这意味着只有以远高于GDP增速才能实现。相较于全国而言，又是在整体外贸依存度逐步降低下实现的，这说明我省经济的外向度和成色都提高了不少。

贸易参与主体不断扩容、均衡性趋强。从参与贸易的主体数量看，有实际业绩的超过一万家。从规模分布看，外商投资企业占比从2015年最高70.7%，降到2022年43.7%；民营企业占比从20.9%上升到47.8%，民营经济已成为主力军、国际舞台的弄潮儿，经济内生性与国际市场的黏合度明显提高，国内国际双循环更加通畅。

贸易创新方式精彩纷呈。这些年我省稳定发展一般贸易与加工贸易，探索服务贸易的突破点，同时积极发展口岸、保税、市场贸易采购、跨境电商、海外保税仓等新的业态。

贸易结构不断优化。过去我们进出口的主要商品是劳动密集型、原辅料产品为主，现在则以手机、集成电路、汽车及衍生的加工产品为主，体现了我省产业在不断升级。

贸易发生地呈稳定及多元状态。我省进出口传统地区一直是美国、东盟、欧盟、韩国等国家与地区，这些年我们借力国家"一带一路"建设和实施RCEP及建立的多双边机制，已纵深进入该框架下。

贸易对社会经济的带动作用增强。以富士康为例，解决就业在30万人左右，可带来百亿以上工资及巨额保障性资金流入。这些年我省中欧班列及空港货运量都走在全国前列，郑州航空运输位列全国第六位，超过武汉、成都、南京、天津等城市，根本原因就是贸易引流。

加快贸易强省建设的路径思考

贸易是商品和要素流动的重要载体，贸易是经济发展的强劲动力：通过贸易把产业链、供应链串起来，把功能性平台与运输连起来，把投资与"走出去"带起来。贸易对提高产业素质及人民生活水平的作用也不可替代。无论是直道冲刺，还是弯道超车、换道领跑，都必须有先进装备武装产业，通过引进专利与技术提供创新的动能,这都需要在国际市场找到合适的目标。随着人民生活水平提高,人民对更高质量及多元供给的商品、服务需求也在提升,这种需求在更广阔市场获得的满足程度当然会更好。我省外贸依存度虽然在不断提高,但相对于全国 34% 的水平,我们还有 20 个百分点的差距;另外,我省外贸规模型企业还比较少,口岸及综合保税区、开发区、自贸试验区等多功能性平台发挥作用有限等。为此,我们应以建设贸易强省为引领,进一步重视贸易在我省经济发展中的作用,具体路径有以下思考:

坚持规模优先。虽然这些年在快速发展,但我省贸易基数低,我们仍应坚持规模、速度优先,把规模提升放在首位。

坚定融入国家重大战略。要使我省贸易规模得到提升,并在安全氛围下实现,我们就要跟随国家开放带动战略,取得更多制度红利。我们还要积极参与国家产业分工,把我们的优势产业参与到国内国际双循环之中,使其发挥更大作用。

政府要为企业闯荡国际市场提供坚强支撑。相关职能部门要按照最大便利化原则为企业提供高效服务,还要依托政府自身优势,在信息分享、安全保障、国别政策等特殊领域为企业提供差异化服务。

充分发挥平台载体扛大梁作用。我省拥有健全的多种类口岸、保税区、承接转移示范区。要以发展口岸、保税区、转口贸易为抓手,让他们扛起大梁。

下大力气发展进口贸易。要以改善人民生活、进口原副材料、装配件、发展加工贸易,特别是引进企业装备为抓手,把进口贸易带起来。

发展多层级面对国际市场的企业。要把进入我省的国际化企业作用更深地发挥出来,如富士康、金龙鱼;要让已深具国际竞争力的本土企业发挥更大作用,如双汇、洛钼、明泰铝业;要让已懂得国际市场规则、有心做强做大的企业更深融入国际市场,如濮耐、丰利石化、豫光金铅、郑煤机;要把国际市场需求旺盛、有潜在能力的生产企业引育好。现在国际市场对中国产汽车、储能、风光电、新材料、电器制造需求旺盛,这些都有可能成为具有新的竞争力的产业。我省已有一批企业具有这方面优势,有些企业可能很快成为出口大户，如奇瑞、比亚迪、佰利联、多氟多；要大力招引一批具有外向型经济特征的国内外企业，形成贸易强省的新引擎！

（作者单位：河南省社会科学院。原文刊发于2023年2月3日《河南日报》第8版）

加快建设更具竞争力的开放强省

陈　萍

省委书记楼阳生在我省省级党员领导干部会议上强调，要更加奋发有为地推进中国式现代化的河南实践，努力走出“五条新路子”。五条新路子的其中一条就是“努力走出内陆大省开放带动的新路子”。面对更趋复杂的发展环境，河南全省要认真贯彻省级党员领导干部会议精神，坚定扛牢现代化河南建设的历史重任，加快建设更具竞争力的开放强省。

2022年，河南对外开放总体呈现出：进出口总额与增速均在波动中前行，进出口商品结构依然有待优化，外贸行业主体活力持续增强，新兴市场得到进一步拓展，贸易方式更加优化。然而，国际形势也严峻复杂，党的二十大又为开放发展提出了新方向，要推进高水平对外开放，稳步扩大规则、规制、管理、标准等制度型开放。加快建设更具竞争力的开放强省，我们应在以下几个方面持续发力：

大力推进制度型开放战略

一要以自贸试验区制度创新引领制度型开放战略。在自贸试验区的政务、监管、金融、法律和多式联运五大服务体系方面，持续创新升级。主动对标国际经贸规则，在新技术、新产业、新场景等领域探索新的规则制度。建立更具弹性的包容审慎监管制度，坚持竞争中性原则。二要拓宽开放工作的新空间。首先聚焦“空中丝绸之路”，完善国际航线的布局，作为开放通道优势提升的首位工作。加快中欧班列（郑州）扩量提质，让“陆上丝绸之路”

越跑越快。探索“跨境电商+空港+陆港+邮政”运营模式,加速向“买全球,卖全球”目标迈进,让“网上丝绸之路”越来越便捷。加强铁海联运枢纽网络建设,让“海上丝绸之路”越来越畅通。三要打造一流的市场化法治化国际化营商环境。大力发展“互联网+政务”,推行“一枚印章管审批”。深化“证照分离”“照后减证”改革,推进物流降本增效综合改革,实施“双随机、一公开”监管。深入推进营商环境法治化建设。认真贯彻国务院《优化营商环境条例》《河南省优化营商环境条例》及相关配套制度。依法规范多元化纠纷解决机制,加快推进公共法律服务体系建设。大力营造公平竞争市场环境。推动破除各种形式的市场准入不合理限制和隐性壁垒。加强社会信用建设,改进反垄断和反不正当竞争执法,建立知识产权纠纷多元解决机制。

完善河南与 RCEP 的合作机制,指导企业布局多元化的国际市场

建立 RCEP 领导推进机制,协调对接 RCEP 经贸规则和国家指导意见,在河南有序实施落地。一要加强培训。要组织专业讲师,就 RCEP 的经贸规则、实施方案展开专门培训,对商务部门领导、外经贸企业一线工作人员等普及知识,让企业充分利用 RCEP 经贸规则,比如原产地累计原则,指导企业更好地布局多元化的国际市场。二要在相应部门设立 RCEP 企业服务中心。比如可在自贸试验区设立专门机构,开展市场监管、海关税务、贸易促进、涉外法律等服务。三要谋划建设地方经贸合作示范区。以充分利用两个市场、两种资源,充分衔接两种规则,深化河南企业与 RCEP 成员国全方位、多层次、深领域的合作,打造全省高水平对外开放平台。四要联合金融机构,优化 RCEP 服务机制。要与中国信用保险进出口公司、进出口银行等专业金融机构,制定服务工作机制,为外经贸企业特别是出口企业提供融资便利。五要拓展合作,夯实通道。推动具备条件的地市开通至老挝、越南等 RCEP 成员国货运专列,支持新加坡纳入中国——新加坡国际陆海贸易新通道,鼓励越南铁路总公司在郑州设立代表处,进一步拓展河南向 RCEP 成员国的贸易通道。推动柬埔寨国家航空公司在郑州航空港区设立中国总部,开展河

南、柬埔寨到东盟空中丝绸之路的建设，进一步拓展以郑州机场为中心的双枢纽，融入 RCEP 的通道。加强与沿海、口岸设施共建，标准对接，加快构建河、海、公、铁、空覆盖 RCEP 的多式联运通道体系。

提升跨境电商制度创新和监管服务水平

在疫情持续多年的环境下，跨境电商成为河南外贸可持续健康发展的重要力量，在稳对外贸易发展大盘中的作用越发凸显。2022 年 1—6 月，全省跨境电商交易额 1111.7 亿元，增长 9.6%。郑州率先开展的网购保税进口模式，促进传统企业“上线触网”，创新海关监管“1210”模式，已将郑州推至在全国跨境电商综试区评估中位列前 10。要更好发挥跨境电商在外贸发展中的作用。一要创新跨境电商制度。积极与贸易伙伴合作制定新规则、规范和机制，消除国际支付服务的市场壁垒。二要建立国际数据标准。为确保跨境支付市场与全球经济无缝连接，要推广国际认可的金融数据传输标准，实现数据标准一体化。三要深化公共部门和跨境电商企业以及执法机构之间的跨界合作，确保支付系统的安全性。四要优化跨境电商监管服务体系。由于跨境电商在商品、物流、通关、税收等领域面临跨境监管的复杂性，加快推动完善跨境电商监管制度成为促进跨境电商行业健康发展的重要保障。依托高科技的手段，改造跨境电商交易中的服务、物流和支付等环境，提高跨境电商物流、通关、仓储等方面的运行效率，推动跨境电商通关一体化和监管模式的创新。

促进科技对外开放建设步伐

坚持以习近平新时代中国特色社会主义思想为统领，全面贯彻党的二十大精神，对标对表落实好省十一次党代会精神，把创新摆在发展的逻辑起点和现代化建设的核心位置，巩固提升郑州在“一带一路”中的战略节点地位，以科技对外开放促发展、促创新，加快打造内陆开放高地，提升对外开放科技创新能力。一要大力培育企业开放合作创新能力。比如支持龙头企业牵头组建创新联合体。围绕主导产业和战略性新兴产业，凝练一流创新课题,支持龙头企业与高校院所组建创新联合体,攻克一批前沿关键共性技术,引领支撑产业发展。二要打造一批产业技术创新联盟。瞄准先进制造业集群,集中优势资源,促进产业链上各企业交流融合和抱团发展,推动创新链和产业链融合。

(作者单位:河南省社会科学院。原文刊发于2023年3月9日《河南日报》第9版)

构建更具竞争力的产业体系

许贵舫

3月5日，习近平总书记在参加江苏代表团审议时强调，高质量发展是全面建设社会主义现代化国家的首要任务。必须坚定不移深化改革开放、深入转变发展方式，以效率变革、动力变革促进质量变革，加快形成可持续的高质量发展体制机制。要把实施扩大内需战略同深化供给侧结构性改革有机结合起来，加快建设现代化产业体系。

目前，我省经济正在进入景气回升、企业生产经营好转、市场消费明显回升、发展方式转型升级的新阶段，抢抓国际、国内产业链供应链加速重构的重大机遇，主动融入和服务新发展格局，围绕我省支柱产业、优势产业、新兴产业强链补链，适应市场变化，寻求发展机遇，实现重点突破，构建更具市场竞争力的产业体系，对推动我省高质量发展具有重要意义。

准确把握产业发展新格局

科学技术的日新月异、生产组织方式的发展转变和国际产商行为的不断调整，给产业发展带来了前所未有的巨大变化。技术、市场、企业、规模、效益等产业发展的主要要素关系也必须随之改变，正在形成由单一到复合、由注重规模到重视效益、由单品对垒和产业链竞争的新格局。

技术是产业的灵魂。在创新驱动条件下，产业增长的决定机制和发展逻辑已经发生了根本性变化，技术和人才成为区域产业经济力的核心要素。省委提出实施创新驱动、科教兴省、人才强省战略以来，创新要素的集聚已经成为推动产业创新的动力源泉。通过整合、重组实验室体系,提升高校和科研院所创新源头供给能力,推进规上工业企业创新活动全覆盖,深化科技创新体制机制改革等措施,为我省打造一流创新生态,建设国家创新高地开了好头。结合我省产业发展方向和企业现状,实现产业转型升级,必须进一步提升技术开发创新在经营中的重要作用。在能源高效利用、新能源产业、智能制造、生物医药、新材料、人工智能、绿色食品等领域开发一批在国内外领先的新技术。产业链链主企业要牵头组建创新联合体,推进协同科研攻关,突破一批关键核心技术,专业科研机构要和企业需求实现有效配置、精准对接,推动企业建设产业研究院、中试基地,加快创新成果产业化。

市场是产业的坐标。发挥市场机制在资源优化配置方面的枢纽平台作用,市场各参与主体各归其位、各司其职、各尽其责,把属于市场的真正交给市场。市场是经济行为的试金石、检验场,通过充分有效的市场调节和市场竞争是提高效率的有效手段。市场效率的高低直接决定了产业的竞争能力。物流、资金流、劳动力、市场基础设施和产业的融合程度对市场效率具有决定意义。必须对市场保持敬畏,尊重市场,才能适应市场,领先市场,永葆产业的竞争活力。

企业是经济的细胞。经济活动的主体和基本单元是千千万万个企业,它是经济发展的晴雨表和动力源。要用现代技术和管理手段,加快企业的产品提升和流程再造。加强质量管理,创建全国质量品牌示范区,积极打造一批名企名品,建设数字化智能化示范工厂,降低制造成本。要建设具有市场调研、创新设计、研发试制、生产制造,交易展示、后市场服务等一体化服务体系,为企业提供全方位的服务。坚持以法治企,防止用行政手段过多地干预企业的生产经营。特别对民营企业,要创造公平的竞争环境,用法律保护民营企业的合法权益,使民营企业"不躺平、不气馁、不收缩"。

加快形成产业发展新态势

我省具有广阔的市场空间,比较完备的产业基础和配套能力,便利的交通地理条件以及相对充沛的劳动力资源,为产业发展提供了良好的基础。

省委提出优势再造战略以来，上汽、比亚迪、宁德时代等一大批国内外知名企业落户河南，电子信息、人工智能、生物医药、氢能与储能等新兴产业得到了较快发展。从百度迁徙地图看，我省在2023年春节后返工返岗的重要节点时间人口迁入规模进入全国前5名，从一个侧面表明我省市场机会加大对劳动力流动产生了影响，河南正在成为一片创业兴业的热土，由交通区位优势向枢纽经济优势转变、由内需规模优势向供需协同优势转变、由产业基础优势向产业链供应链优势转变的趋势正在进一步显现。

从我省产业发展的内在规律和客观要求看，逐步形成优势产业链突出、链主企业带动能力强、集群效应明显的态势更加迫切。特别是要大力培育处于产业链关键环节，具有较强的核心竞争力、较高的行业市场占有率、较好可持续发展力，能主导行业生态和资源整合的链主企业，带动我省优势产业链的形成和发展。提高供应链效率是形成产业链优势的重要环节，通过优化原材料供应、生产要素保障、配件备件库存、运输成本的配置，实现单一产业集聚转向产业协同集聚，扩大市场规模，节约交易成本，提升综合竞争力。

重塑重化产业的“老干新枝”。长期以来，我省在钢铁、煤炭、化工、建材、有色金属、石化等传统行业涌现出一批支柱企业，使这些行业具有一定的竞争优势。比如平煤神马、河南能源、安阳钢铁等大型骨干企业就在我省经济发展和产业优化中发挥了重要作用，作出了突出贡献。这些基本盘要继续保持并注入新的发展动能，在节能降耗、技术改造、延长产业链价值链上下功夫，使其焕发出新的活力，打造成一流旗舰劲旅。

壮大轻工、纺织、汽车、电子等消费品产业的市场“铁粉”。发挥我省人口多、市场腹地广阔的优势，大力发展近市场消费品产业，在汽车、纺织服装、消费类电子、家用电器、现代家具、文教体育、陶瓷、日化等领域培育形成一批质量优良、市场竞争力强的产品品牌和企业品牌，壮大我省消费品产业的用户群体。

组好大食物观下食品产业的“高端局”。随着人们生活水平日益提高，能够提供优质蛋白的食物更加受到欢迎。我省食品产业要根据需求变化，培育发展盈利能力强、市场前景广阔的食品产业群。要以食品产业园、现代农业产业园、优势特色农业产业集群、农业现代化示范区等为载体，大力发展高品质农业、高效益农业。

培育数字经济产业云。我省实施数字化转型战略以来，积极构建新型数字基础设施体系，发展数字核心产业，全面提升数治能力，全方位打造数字强省等方面取得了显著成绩。要发展壮大先进计算产业、网络安全产业、卫星产业、智能传感器产业、5G产业、人工智能、平台经济等领域数字经济核心产业，特别要关注ChatGPT的发展趋势及在产业界的应用。

积极创建良好产业生态

良好的产业生态对产业发展至关重要。在新的条件下，以投资和优惠政策为主导的招商引资将转换为以产业生态和地方品质为主要驱动力。我省必须采取强有力的措施，进一步改善产业生态，提升区域城市功能、教育、健康、生态、文化、休闲娱乐、居住空间美学、安全感等公共服务水平，增加对产业引入的吸引力。

加强产业发展平台建设。我省要不断优化区域功能，形成特色明显、优势突出、功能协调、核心竞争力强的区域发展新格局。郑州都市圈是我省经济发展的主引擎，要充分发挥中心城市在发展高端制造业和生产性服务业的优势，集中布局高端产业、高能级平台、高效能财源，形成产业高地、科创高地、人才高地，打造高端装备制造、汽车、电子信息、铝材、生物医药等国家级产业集群。县城是我省区域协调发展的重要衔接点，要立足资源环境承载能力、区位条件、产业基础、人口集聚条件、功能定位，发挥一县一省级开发区的作用，在全省率先形成10个左右能够聚集50万人口的产业新城。

优化营商环境。继续深化"放管服效"改革，破除各种隐性门槛，降低市场准入成本，加强公正监督，切实保护经营主体合法权益，规范行政权力，稳定市场预期，全面提升市场化、法治化、国际化水平。

（作者单位：河南省项目推进中心。原文刊发于2023年3月15日《河南日报》第12版）

持续强化现代化河南“数字引擎”

郭玲玲

当前,数字经济正在成为重组全球要素资源、重塑全球经济结构、改变全球竞争格局的关键力量。习近平总书记在参加江苏代表团审议时强调,加快构建新发展格局,是推动高质量发展的战略基点,要加快发展数字经济。我省实施数字化转型战略,并以前瞻30年的眼光谋划建设数字河南,凸显了数字经济在现代化河南建设中的重大战略地位。

数字化转型战略取得显著成效

自省十一次党代会提出实施数字化转型战略以来,数字经济在现代化河南建设中的地位日益凸显。特别是随着《河南省数字经济促进条例》的正式施行,数字经济呈现蓬勃发展的良好态势,2022年数字经济对经济增长的贡献率超过70%。

数字基础设施日益完善。通过持续升级优化基础网络、完善布局算力数据设施、改造提升传统基础设施,目前全省5G网络实现乡镇和农村热点区域全覆盖,100M以上宽带用户占比超过99%,郑州国家级互联网骨干直联点总带宽达到1820G。全省建成3个超大型数据中心、1个大型数据中心和100多个中小型数据中心。

数字核心产业快速发展。推动电子信息制造、新兴数字产业实现“软硬”双升,并在关键环节形成领先优势。以智能传感器、集成电路、新型显示和智能终端等为重点的电子信息制造业,2022年实现全省规上营业收入

7935亿元,同比增长5.3%。超聚变等计算终端项目建成投产,传感器产业初步形成"一谷六园"发展格局。以软件服务、区块链、大数据、元宇宙等为重点的新兴数字产业,在细分领域形成局部突破。全省初步形成"1+18"大数据产业园区载体格局,郑州获批建设国家新一代人工智能创新发展试验区、国家区块链发展先导区。

产业数字转型加速推进。大力深化数字融合应用,加快数字赋能传统产业转型升级。全省累计建设641个智能车间、278个智能工厂、44家智能制造标杆企业;初步建立涵盖1个综合性平台,47个细分行业、特定领域和产业集群平台的工业互联网平台体系。认定12个省级跨境电商海外仓示范企业,打造了"互联网+龙门"、智能云台山等一批特色智慧景区。

数字治理能力持续提升。建成覆盖省市县乡村五级的河南政务服务网,全省"零跑动"、不见面审批事项占比达90%以上,一体化政务服务能力进入全国第一方阵。郑州等8个城市试点建设新型智慧城市,"千里眼·平安乡村"覆盖1.7万个行政村,"蓝天卫士"实现全省农田区域视频监控全覆盖。

需要注意的是,与先进地区相比,我省数字产业总体竞争力不强、地区间发展不平衡,数字核心产业总体起步较晚、规模较小,高水平创新平台短缺,生态型龙头企业较少,复合型专业人才不足,还不能对加快推进数字化转型、高质量发展数字经济形成强有力的支撑。

做强做优做大数字经济的途径

全方位打造数字强省,做强做优做大数字经济,应以促进数字经济与实体经济深入融合为主线,加快构建数字基础设施、数字核心产业、数字融合应用、数字治理能力、数字生态体系"五位一体"的发展格局,为现代化河南建设提供强劲动能和数治支撑。

夯实数字"底座",适度超前布局新基建。以算力、数据和算法为代表的新基建,是数字经济发展的根基。要按照系统架构、统筹推进、适度超前的原则,优化升级网络基础设施、大力发展算力基础设施、加快建设融合基础设施、前瞻布局创新基础设施，打造全国重要的信息通信枢纽和信息集散中心。具体举措包括：建设千兆网络示范省，建强国家超算郑州中心，构建云网深度融合的中部算力中心，支持郑州建设国家新型互联网交换中心、国家级数据交易场所，争取新建一批重大创新平台、布局一批重大科技基础设施等。

强化数字“核心”，做强做大数字产业化。当前，我省数字核心产业规模还不足3000亿元，相比之下，四川超过4000亿元，而浙江突破8000亿元。究其原因，还在于产业发展水平与创新策源能力亟待提升，特别是与数字经济密切相关的信息传输、计算机服务和软件业以及数字技术研发等发展明显滞后。因此，要坚持“芯屏网端器”协同并进，开展先进计算、网络安全等重点领域核心技术攻坚，推动平台经济规范健康持续发展，加快培育数字经济“旗舰劲旅”和“专精特新”企业。特别是发挥好大数据综合试验区、新一代人工智能创新发展试验区等国家平台作用，引进培育数字平台和产业，建设省区块链产业园、元宇宙科创产业园，壮大人工智能产业集群，推动卫星及应用产业发展。

深化“以数强实”，提质升级产业数字化。产业数字化的意义在于利用数字技术对传统产业特别是制造业，进行全方位、全链条改造，以提高全要素生产率。要扩大数字化覆盖面和渗透率，加快推动技术迭代、应用升级、场景更新，深化“以数强实”，是我省未来一个时期发展数字经济的关键任务。对此，可借鉴浙江的做法，推进规上工业企业数字化改造全覆盖、细分行业中小企业数字化改造全覆盖、百亿以上产业集群工业互联网平台全覆盖，提速企业数字化发展。此外，学习“产业大脑+未来工厂”的浙江模式或“产业大脑+晨星工厂”的齐鲁模式，引导更多制造业企业和产业集群向智能化转变，推动我省经济加快实现质的有效提升和量的合理增长。

完善数字治理，推动社会治理数智化。治理能力现代化是现代化河南的题中之义，这就要求全面推进政府履职和政务运行数字化转型，强化经济运行大数据监测分析，实施政务服务事项集成化办理、推行“互联网+市场监管”“互联网+基层治理”等，促进数字政府建设与数字经济、数字社会协调发展。与此同时，着力构建普惠便捷的数字社会，实施“互联网+民生”，聚焦教育、医疗、养老等重点领域，推动数字化服务普惠应用。分级分类推进新型智慧城市建设，加快交通、能源、市政等传统基础设施数字化改造，加强泛在感知、终端联网、智能调度体系建设。加快推进数字乡村建设，推动数字技术在产业、文化、社会等领域应用，构建面向农业农村现代化的生产生活新模式。

优化数字生态，实现数据要素价值化。现阶段，由于数据的权属界定、开发利用、安全保护等环节都存在诸多制约，数据要素价值尚未得到释放。要打造数字经济发展新高地，就要抢先开展数据价值化试点，建立健全数据流通机制、应用体系、监管与安全体系，充分释放数据促进经济发展的强劲动能。鉴于此，要完善数据资源开放共享制度，推动政务数据、公共数据、企业数据、个人数据等良性互动；有序推动培育数据交易市场，着力培育规范的交易平台和市场主体，深度挖掘数据要素价值；筑牢数据安全屏障，建立健全数据安全、风险评估、检测认证等机制。

（作者单位：河南省人民政府发展研究中心。原文刊发于 2023 年 3 月 15 日《河南日报》第 12 版）

产业升级：加速迈向中高端

杨梦洁

习近平总书记在参加江苏代表团审议时强调，要坚持把发展经济的着力点放在实体经济上，深入推进新型工业化，强化产业基础再造和重大技术装备攻关，推动制造业高端化、智能化、绿色化发展，加快建设制造强省，大力发展战略性新兴产业。我省实施“十大战略”以来，其中优势再造、数字化转型、换道领跑等多项战略剑指产业升级，将传统产业、新兴产业、未来产业发展通篇串联起来，为产业发展谋新篇、铺新路、开新局，推进河南产业加快迈向中高端，不断增强中国式现代化河南实践的产业支撑。

产业综合竞争实力跨上新台阶

河南积极推动产业基础优势向现代产业体系优势转化，助力制造业强省建设迈上新台阶。

结构体系全面优化升级。一是传统产业提质增效。河南针对钢铁等8个传统产业，采用延链补链、智能化改造等手段高位嫁接，助推产业升级。2022年全年工业技术改造投资同比增长高达34.4%。二是新兴产业培育壮大。2022年10月，宁德时代宣布在洛阳投资140亿元，布局上游新能源动力电池系统及储能系统生产线。比亚迪则落户郑州港区即将投产。三是未来产业破冰抢滩。郑汴洛濮氢走廊加快建设，四地将联手打造超千亿氢产业。2022年8月，郑州元宇宙产业园在郑州金水科教园区正式开工，实现该领域零的突破。

创新能级前所未有提升。2022 年全省新培育省级专精特新中小企业 1183 家,国家级专精特新小巨人企业 164 家,制造业单项冠军 8 家。截至 2022 年 10 月,已经拥有嵩山、神农种业等 8 家省实验室,在新一代信息技术、智能装备、新能源等不同领域肩负产业创新发展重任。2022 年新建省级产业研究院 15 家,制造业创新中心 2 家,并高质量规划建设中原科技城与省科学院融合发展,为制胜新赛道注入强劲动力。

数字化转型提速换挡。一是数字经济核心产业呈现规模态势。2021 年河南数字产业化规模 2800 亿元,同比增速 10.9%,在移动终端、计算终端、传感器等方面优势不断凸显。二是产业数字化进入深度融合、广泛赋能新阶段。2022 年全省新增智能工厂 185 个、上云企业 3.6 万家,带动企业提档升级。

绿色低碳效应充分释放。2022 年全省新认定省级绿色工业园区 7 个,绿色工厂 106 家,绿色供应链管理企业 24 个。2023 年 2 月,河南在工业和信息化部公布的绿色制造名单中,上榜 3 个绿色工业园区与 38 个绿色工厂,形成良好的示范作用。传统行业向绿色低碳“要效益”。钢铁、水泥等传统行业,在绿色低碳转型中“变废为宝”。

多措并举加速高端化转型

河南以“十大战略”实施为契机,开展一系列实践探索,多措并举全面推动产业发展向高端化、智能化、绿色化转型。

强化顶层设计,形成产业升级合力。河南以政策为引领,高起点设计发展路径,绘制发展蓝图。2022 年 1 月,《河南省加快传统产业提质发展行动方案》《河南省加快新兴产业重点培育行动方案》《河南省加快未来产业谋篇布局行动方案》正式印发。元宇宙等具体产业规划也相继颁布实施。2022 年 6 月,郑州市出台 88 条政策,重点扶持高端装备产业等 6 个战略性新兴产业及软件和信息技术服务业。

突出项目为王,打造产业升级动力。2021 年 7 月到 2023 年 1 月,河南陆续开展 7 期“三个一批”,项目为王抓投资、“六个新”定方向,形成产业结构调整升级与高质量发展的绝对支撑。郑州紫光计算终端全球总部、黄河鲲鹏制造基地、超聚变服务器等一批引领性项目高质量推进，超聚变服务器产值已经突破230亿元，并带动上下游产业链加速集聚。

优化营商环境，凝聚产业升级引力。一年多来，比亚迪、宁德时代、华为等企业重仓河南，与政府大力提升营商环境、厚植产业培育沃土关系密切。2022年省财政直拨规上工业企业满负荷生产奖励资金5.76亿元，发布工业“四保”白名单企业1.7万家。高标准推进“万人助万企”活动，累计派驻干部7.6万名，包联企业13.5万家，为企业解决8.6万个问题。

推进制造业优势集群发展

当前河南产业量大质不优的问题依然存在，2022年工信部公布45个先进制造业集群，河南无一入选，集群发展优势有待进一步凸显，产业升级能力有待进一步强化。

打造凸显河南优势的产业体系。河南在保持高技术制造业、战略性新兴产业快速发展的同时，更要注重推动食品、服装等传统优势产业共同转型升级。这些产业河南资源禀赋优渥、体量优势突出，产业基础好、发展经验足、上升空间大。如食品产业，通过数字技术、新消费等新经济元素加持，融入文化历史符号，强化工业设计理念，对产品定位、研发、营销等环节进行重塑再创新，旧品新做、小品大做，能够更快地向产业链价值链中高端攀升，在培育新动能上大有作为。

高起点布局确立中高端赛道定位。当前新经济快速发展，区域产业分工不断调整，产业链高频振荡，新领域、新赛道层出不穷。各地均紧抓机遇，树立新的地区发展定位，济南提出打造“中国算谷”，杭州提出建设“中国视谷”，合肥深耕“中国声谷”，长沙与成都、重庆等地强势出圈新消费名城。河南也应迅速行动，及时制定颁布相关规划，针对优势集群与细分领域，谋划举办一批国家、国际级产业发展论坛或大会，提高河南优势产业知名度，锁定产业中高端赛道定位。

创新招商链接先进资源要素。抢抓国内外产业链供应链调整机遇，提高开放合作水平，创新产业招引方式。围绕转型升级传统产业、培育壮大新兴产业、抢滩突破未来产业的核心需求，广泛开展产业链招商、飞地招商、回归招商、组团招商、以商引商、以企引企等模式，重点招引一批链主型、引领型、研发型、上下游带动型优质项目落地河南，以重大项目投资为产业高质量发展注入新动力。同时积极对接各类先进平台，导入成熟的数字化转型方案、技术改造升级解决方案等，以招商引资体系化推动产业集群高端化发展。

（作者单位：河南省社会科学院数字经济与工业经济研究所。原文刊发于 2023 年 3 月 15 日《河南日报》第 12 版）

以优势再造推动高质量发展

胡美林

习近平总书记在参加十四届全国人大一次会议江苏代表团审议时强调，高质量发展是全面建设社会主义现代化国家的首要任务。河南作为全国重要的人口大省、农业大省、经济大省，在现代化建设新征程上面临的任务更重、难度更大、期望更高，迫切需要突破惯性思维、摆脱路径依赖、拓宽发展赛道、转换增长动能、重塑竞争优势，走好高质量发展之路。

巩固交通区位优势，推动枢纽经济集聚起势开放发展

河南区位交通优势显著，但枢纽集疏功能不强，生产要素“过而不留”“流而不聚”等问题突出。对此，省委以实施优势再造战略为牵引，着力强化通道、枢纽、产业衔接互促，一体推进大枢纽、大物流、大产业联动发展，促进枢纽偏好型产业高效集聚，推动交通区位优势向枢纽经济优势转变。一是提升内联外畅通道优势。省委实施优势再造战略以来，全省交通领域优势持续巩固提升，对外骨干运输通道更加畅通，去年全省高铁里程突破 2000 公里，在全国率先建成米字形高铁网；郑州机场新开通洲际货运航线 9 条，全货机航线达到 48 条，已形成横跨欧美亚、覆盖全球主要经济体的国际货运航线网络；“两河两港”6 个航道港口项目集中开工，内河航道里程达到 1825 公里，豫货出海通道进一步拓宽。当前，全国各地交通设施加速发展，区域综合交通正在由“单中心、米字形”向“多中心、网络化”趋势演化升级。要适应现代化枢纽经济发展需求，强化“铁、公、空、水”协同发力，聚焦铁路拓展成

网、公路加密提质、民航强枢增支、水运通江达海，持续拓宽出省出海出境大通道，推动生产要素在更大范围、更广空间、更高层次畅通流动和高效配置，巩固我省在新发展格局下的综合交通网络新优势。二是增强枢纽集疏组织功能。建设枢纽的目的在于增强对人流、物流、资金流、信息流等要素的吸附和沉淀效应，在通道"引流"的基础上通过枢纽"驻流"提升区域聚合要素资源的能力。近年来，我省聚焦建设"1+3+4+N"综合交通枢纽，加快构建布局合理、层级分明、相互衔接的现代化枢纽体系，不断增强枢纽对要素的集疏功能，比如去年郑州机场北货运区、中国(郑州)重要国际邮件枢纽口岸等标志性工程项目投入运营，推动郑州国际航空货运枢纽年货邮保障能力由50万吨提升至110万吨，郑州国际综合交通枢纽影响力实现了显著提升。当前，全国枢纽竞争日趋激烈，要立足基础优势强化与国内外重要枢纽的差异化竞争、协同化发展，聚焦构建现代化综合交通枢纽体系，着力加强枢纽承载设施建设，巩固提升枢纽发展能级，推动货物资源由"过路"转向"集结"，不断增强枢纽对要素资源的集疏和黏性效应，强化产业链、供应链耦合组织能力，更加高效链接国内国际"双循环"。三是壮大枢纽偏好产业集群。发展枢纽经济关键在于将交通枢纽与产业发展有机结合起来，通过打造竞争优势突出的枢纽偏好型产业集群，推动"流量"变"留量"。近年来，我省充分发挥区位交通比较优势，坚持以现代物流为牵引，以制度型开放战略为带动，大力发展航空偏好型、陆港偏好型等枢纽偏好型产业，枢纽经济总体规模不断壮大、综合带动力持续增强，已成为推动河南优势再造、促进高水平开放发展的关键支撑。2022年，郑州航空港区电子信息、生物医药等临空产业实现持续快速发展，超聚变服务器等一批重大项目落地实施，航空产业集群发展效应逐步显现；陆港经济加快发展，中欧班列郑州集结中心功能不断提升，全年开行中欧班列(中豫号)1713班次。未来一个时期，要统筹综合立体交通网和区域产业协同布局，强化顶层设计和政策引导，尽快研究制定发展枢纽经济的专项政策，推动口岸、枢纽、平台和产业协同联动，加快提升口岸经济发展规模水平；着力完善郑州临空生物医药园、河南航天智能制造产业园等平台要素集聚和承载功能，推动航空经济提质增效；加快郑州国际陆港航空港片区建设，强化中欧班列省内统筹、省际合作，推进实施中欧班列省内货源发掘和“班列+园区”行动，推动运贸产联动发展，做大做强陆港经济；依托周口港、信阳港等内河港口积极发展新型建材、食品加工、船舶制造等临港产业，加快打造新兴临港经济区。

迭代产业基础优势，推动产业优势再造换道领跑

近年来，我省坚持把制造业高质量发展作为主攻方向，聚焦新基建、新技术、新材料、新装备、新产品、新业态“六新”突破，深化产业链、创新链、供应链、要素链、制度链“五链”耦合，统筹实施创新驱动、优势再造、换道领跑、数字化转型等战略，加快推动产业基础优势向现代产业体系优势转变。一是深化产业链创新链耦合发展。省委坚持把实施创新驱动、科教兴省、人才强省战略作为“十大战略”首位战略，持续深入开展规上工业企业研发活动全覆盖，推动产学研用链条加速贯通，去年全省新建 7 家省实验室、15 家省产业研究院、28 家省中试基地、12 家省创新联合体，标准化“智慧岛”建设实现省辖市全覆盖，规模以上工业企业研发活动覆盖率突破 50%，研发经费突破 1100 亿元。二是推动产业基础高级化。我省在金属材料、化工材料等基础材料以及轴承等基础零部件领域优势突出，焦作锂离子电池材料、三门峡电子铜箔材料等许多产品已经处于产业链价值链关键环节，具备向产业链中高端延伸拓展的优势条件。要瞄准电子信息、智能装备、新能源汽车等新兴产业需求，以实施产业基础再造工程为抓手，以“专精特新”为方向，强化数字赋能、绿色转型发展，推动基础零部件、基础元器件、基础材料、基础工艺、基础软件创新突破和优势再造，着力培育打造一批行业单项冠军产品，支撑带动产业基础高级化和产业链现代化。三是培育壮大新兴产业和未来产业。省委在实施换道领跑战略中，坚持把抢滩占先新兴产业、前瞻布局未来产业作为重点，着力抢跑新赛道、打造新支柱，去年在新材料、生物医药、新能源及智能网联汽车等优势特色领域布局了 15 个省级战略性新兴产业集群，集群规模突破万亿元，比亚迪新能源乘用车、郑汴洛濮氢走廊、郑州元宇宙产业园等一批标志性工程项目落地实施，推动全省规上高技术制造业、战略性新兴产业增加值分别增长 12.3%、8.0%，增速分别高于规上工业 7.2、

2.9个百分点。未来一个时期，要抢抓风口产业发展机遇，依托链主资源、配套优势、市场空间着力壮大新能源汽车、新一代信息技术、生物医药等特色优势新兴产业链群，推动氢能与储能、量子信息等未来产业尽快形成市场规模，积极打造一批未来产业先导区。

释放内需规模优势，推动供需适配高效协同

我省人口数量多、经济总量大，投资需求和消费潜力巨大，但受人口结构、收入水平等因素影响，供需结构性错配问题突出，投资消费潜力与人口大省、经济大省地位还不相匹配。要充分发挥我省内需规模优势，把实施扩大内需战略同深化供给侧结构性改革有机结合起来，增强供给体系对全国统一大市场的适配性，促进供给和需求实现更高水平的动态平衡，推动内需规模优势向产业链供应链协同优势转变。一是加快释放消费潜力。去年我省积极应对疫情对消费的冲击，研究制定进一步释放消费潜力促进消费持续恢复实施方案，推进实施加快平台经济健康发展的意见，组织开展汽车、家电、餐饮等系列促消费活动，推动全省社会消费品零售总额达到24407.4亿元，增速高于全国0.3个百分点。当前，消费需求不足已经成为经济运行矛盾困难的主要方面，要充分发挥消费的基础作用，坚持把恢复和扩大消费摆在优先位置，创新消费场景，改善消费条件，增加消费能力，着力稳定扩大新能源汽车、智能家电等大宗商品消费，加速恢复商贸、文旅等接触性消费，大力发展平台经济、首发经济、共享经济、信息消费等新型消费，进一步激发市场活力、释放消费潜力。二是扩大有效投资需求。省委坚持把项目建设作为经济工作的主抓手，2021年7月以来按季度先后开展了七期“三个一批”活动，强力谋划推进实施一批强基础、补短板、利长远的重大项目，特别是去年组织开展稳经济重要项目集中攻坚行动，带动全省固定资产投资同比增长6.7%、高于全国1.6个百分点。当前及今后一段时期，要更好发挥有效投资的关键作用，把持续扩大有效投资作为战略重点，加快完善项目谋划储备、推进建设、要素保障等机制，深入开展重要项目集中攻坚，推动项目早落地早开工、早投产早达效，努力形成更多实物工作量。三是提升供需

适配水平。要立足我省消费市场优势、产业基础优势等强化针对性招商引资,不断完善提升我省重点产业链本地化配套能力;以装备、食品、电子等万亿级产业为重点,强化整机和终端消费品牵引,带动产业下游企业协同联动发展;以“万人助万企”活动为载体,常态化开展产销、产融、用工、产学研“四项对接”,积极搭建供需合作平台,引导中小企业融入链主企业供应链体系,不断完善和丰富区域产业生态体系。

(作者单位:河南省项目推进中心。原文刊发于2023年3月22日《河南日报》第12版)

打造高能级消费载体

高　璇　程慧洁

政府工作报告在简述今年的工作重点时，把着力扩大国内需求作为第一项重点，提出把恢复和扩大消费摆在优先位置。消费载体是衡量一个地区消费活力的重要标志，也是拉动地区经济增长的重要载体。我们要把恢复和扩大消费摆在优先位置，就要着力改善消费条件，创新消费场景，具体到河南，必须突出"三个"聚焦，打造高能级消费载体。

聚焦分类指引，优化载体布局

河南打造高能级消费载体，应以整体观念、全局眼光、系统思维、辩证理念，综合考虑城市功能定位和未来规划引领要求，优化消费载体布局。一是加快布局一批国际能级消费载体。立足郑州、洛阳国际消费中心城市定位，支持郑州、洛阳通过注入国际、时尚、智慧、生态等元素，积极展开与北京华联、太古里、华润万达等国内头部企业合作，打造一批引领城市高位发展的国际消费新地标。如可借鉴成都 SKP"TOD+公园+购物"全新商业模式，把智慧城市、海绵城市建设理念融入消费载体建设中，打造"立体交通+绿色生态+高端商业"高端时尚消费服务中心；可借鉴"长安十二时辰+大唐不夜城"项目建设经验，推动建筑、艺术、商业、科技的全面提升，打造文化主题风貌的文化体验中心。二是加快布局一批城市商业中心。支持其他省辖市进一步优化城市商业中心，重点面向全市消费人群，紧抓特色化、体验性的发展趋势，创新塑造新消费、新业态下的核心场景，打造一批承载全市综合性、高能级商业活动，且具有突出商业实力、特色消费活力和广泛影响力的新型消费服务综合体。三是加快布局一批社区商业生活圈。重点面向社区居民，引导商业消费空间发展重心下沉，全面提升基层商业的品质化与便利性，塑造邻里间特色交往空间，以 5 至 15 分钟步行服务范围为参考，打造一批社区便民生活圈。

聚焦进档升级，提升载体能级

河南打造高能级消费载体，应进一步加快升级步伐，高标准重塑整合改造提升消费载体，让河南消费载体换发新的生命力，增强其核心竞争力。一是高标准整合提升现有消费载体。全面提升商圈能级，对照国际标准，突出中国特色，融合河南元素，以步行街改造提升试点、智慧商圈示范创建、绿色商场达标创建、进口商品展示交易创新试点等为抓手，推进现有商圈提档升级，打造一批更高能级、更多功能、更强黏度的标志性商圈。鼓励有条件的街区加快数字化改造，探索建设类似于浙江“浙里来消费”数字化平台，提供全方位数字生活新服务。全面提升特色街区能级，充分发掘传统街区和历史建筑的文脉特征和风貌特色，在活化利用文化遗存的同时，提升入驻商业品牌的附加值。如众多国际知名旗舰店都依托历史悠久、特色突出的建筑载体，提升品牌的厚重感。全面提升社区服务载体能级，壮大社区发展市场主体，完善社区婴幼儿照护设施、卫生服务中心、体育运动空间、养老服务设施、共享停车位等基础设施，发展缝补维修、简餐早点、生鲜超市等基本生活服务，积极发展托育服务、老年康养、社区关怀、生活美学、体育健身等教育成长服务，加快发展无人货柜、智能安防、智慧物业等新型智慧服务，在“家门口”可享受功能完善、专业高效、温暖贴心的社区商业和高品质和谐宜居生活。二是高标准建设新型消费载体。立足发展定位，加快建设一批高端时尚消费服务中心标志性项目，如北京的三里屯太古里项目等。立足功能需要，探索建设一批消费新场景，如位于上海黄浦区新天地商圈，项目不满足于传统纯商业零售运营模式，基于新时代下消费模式的转变，创新性运用“前店后企”的方式，积极整合商办资源，形成“自我循环”的商业+办公生态，打造全新“商办同圈”概念。又譬如超级文和友（长沙）以上世纪 80 年代市井生活的特色场景带来强烈文化冲击，通过对立面设计、涂鸦、夜景照明、老物件等精细化设计，打造社区文化沉浸式体验新模式。

聚焦重点难点，补齐建设短板

当前，河南高能级消费载体建设还面临诸多短板，如机制的创新问题、主体的引育问题、资金的支持问题、人才的集聚问题等，这就要求聚焦消费载体建设中的堵点难点，各个击破，提升发展效率，促进活力迸发。一是创新体制机制。可借鉴成都、杭州、西安等地经验，通过创新体制机制、创新发展模式，加快破解制约因素。如借鉴成都“公园+”发展模式，一方面通过超大规模绿道建设，增加商业用地规模；一方面通过挖掘商业价值，推行“首店经济+公园商业”业态，破解公益、商业捆绑式开发模式土地制约。借鉴成都 SKP 项目融资模式，充分发挥国有投融资平台作用，支持国有投融资平台与高端消费载体主体共同投资，破解融资难问题。二是强化主体引育。积极发挥丹尼斯、正弘、胖东来等河南本土头部消费载体主体作用，激活存量资源，形成一批高能级消费集聚载体；针对新型消费业态匮乏现状，抓紧编制《河南省高能级消费集聚载体重点主体招商名录》《河南省“四首经济”引进清单》等文件，明确引进思路、目标、方向、任务等，实现精准招商。三是创新融资方式。支持发展“政府投资基金引项目”模式，通过采取财政资金撬动社会资本的方式，引导社会资本建立股权投资基金，打造“基金+项目”的一体化生态链，实现资本与新业态项目和新消费场景项目的有效对接。四是畅通人才汇集通道。围绕消费载体建设中所需的设计美学、市政管理、资产出租、团队管理、营销推广、物业管理、数字化运维、人力服务、金融支持、挖掘顾客需要、塑造消费场景、网红直播、流量引导等多方面人才，创新引才引智机制，健全人才评价机制，优化人才服务体系，引进一批高层次人才，推动人才资源同消费载体建设、消费载体运营需求对接。

（作者单位：河南省社会科学院、郑州大学。原文刊发于 2023 年 3 月 22 日《河南日报》第 12 版）

激发口岸经济发展新动能

王 梁

习近平总书记在全国两会期间参加江苏代表团审议时指出，要按照构建高水平社会主义市场经济体制、推进高水平对外开放的要求，深入推进重点领域改革，统筹推进现代化基础设施体系和高标准市场体系建设，稳步扩大制度型开放。口岸是国家对外开放的门户，是对外交往和经贸合作的桥梁，做大做强口岸经济，把区位优势转化为经济优势、发展优势，对河南深化制度型开放战略具有重要意义。近年来，河南加快推进口岸建设，但由通道经济向口岸经济转型还面临一些瓶颈。河南应发挥口岸优势，大力发展外向型经济，培育开放发展新动能。

优化口岸产业体系，打造口岸经济强劲引擎

产业兴则经济兴，口岸产业发展水平直接影响着口岸经济发展水平。河南口岸产业发展还存在规模偏小、结构单一、水平不高等问题，应根据口岸特色，大力发展对外贸易、高端制造、现代服务等产业，促进口岸经济由通道经济向产业经济转型。

支持有条件的口岸按程序申请建设指定监管场地，加快建设一批进口食用水生动物、冰鲜水产品、水果、植物种苗等集散分拨中心。依托中国（郑州）国际大宗商品产业园、中国（驻马店）国际农产品加工产业园等，打造一批集网上信息发布、交易支付、商品体验展示、物流售后服务等功能于一体的跨区域商品交易平台。推动省内跨境电商综试区协同联动发展，引育跨

境电商平台、企业和服务商，支持跨境电商线上线下融合发展，延伸跨境电商产业链。鼓励各地发展适合跨境电商的特色产业，在重点国家、重点市场建设出口产品公共海外仓和海外运营中心，壮大出口型跨境电商。支持口岸结合本地优势产业，发展贸易加工型、劳动力密集型、特色资源加工型、保税加工型、国际产能合作型等产业。加快郑州航空港经济综合实验区智能装备产业园等园区建设。支持周口、信阳、开封依托口岸做大做强装备制造、粮油加工、船舶制造、汽车及零部件等产业。大力发展金融、会展等现代服务业。支持郑州航空港实验区加快落实 QFLP 试点工作，创新金融服务，发展科技金融、供应链金融、离岸金融等特色金融。高标准建设郑州新国际会展中心，打造集展览展示、会议酒店、休闲商业等功能于一体的国际智慧型会展城。积极引育文化创意、商业服务、金融服务等新兴外向型服务业。

推动平台动能释放，培育口岸经济核心支撑

对外开放平台是口岸经济发展的先行区和核心区，发展口岸经济离不开开放平台的支撑。河南开放平台还存在数量不多、能级不强等问题，未能充分发挥开放带动效应。河南仅有 5 个综合保税区，在全国综保区中数量占比不足 1/30，2022 年出口额位于中国综合保税区前 100 名、40 名的分别仅有 2 个、1 个。河南应将口岸和综保区、保税物流中心、产业园区等开放平台联动发展，深化制度型开放，释放新动能。

打造特色明显、优势突出的功能性口岸体系，着力加快口岸开放平台向全省延伸，增强口岸经济辐射带动能力。加强与各地枢纽合作，与内陆口岸城市联手建设国际物流平台，共同打造“无水港”，与各沿海港口和沿边口岸签署战略合作协议或成立合资公司。加强综合保税区与自由贸易试验区、经济技术开发区等开放平台的联动发展，实现资源共享、政策联动、产业互促，将自贸试验区改革措施率先在各综合保税区复制推广。在综合保税区建设辐射全省的外贸综合服务平台、进口商品分拨平台、大宗商品交易平台、金融服务创新平台，以高能级平台带动全省开放型经济发展。加强口岸配套产业园区建设，推动形成“口岸+园区+产业+特色服务”的多元发展格

局。提升口岸经营主体发展能级,支持水运、航空口岸和铁路场站经营主体拓展经营服务范围,打造形成“口岸运营+通道运营+市场运营+服务管理”的综合性口岸运营主体。

引导岸地有机融合,增强口岸经济后劲活力

口岸是腹地城市的经济增长点,腹地城市是口岸向外发展的空间增长极,与所在腹地城市有机融合是口岸经济提质增效、持续增强发展动力的重要途径。河南口岸与腹地之间经济互动支撑作用不强,对资金、人才、技术等要素的吸引聚集不足,对本地产业发展的支撑作用不大,应统筹考虑口岸与所在区域经济发展需求,围绕开放型经济发展,科学谋划政策规划、城市建设、产业发展等,实现“以港兴城、以港带产、以城促港”。

充分结合城市建设与发展,推动口岸与所在城市、村镇基础设施互联互通、共建共享,加大口岸地区水电路气网以及物流配套等设施建设力度,完善口岸综合服务功能,增强口岸城市建设对口岸经济发展的驱动力,打牢口岸经济发展基础。推动城市与口岸联手开展商业开发,提升口岸商业设施服务功能,做大做强集消费、旅游、贸易、电商、商务服务等于一体的口岸商业。围绕港产城融合发展,依港口、聚资源、兴城市,提升口岸发展能级。推动铁路、水运、航空、公路等多种交通运输方式衔接配套、相互支撑,为跨境贸易提供集成一体化通关、便捷化运输等综合性物流服务,大幅提升通道能力和内外联结水平。创新物流组织模式,通过开行定制班列,完善拼箱、包舱等方式,提供针对性强的供应链物流方案,延伸邮包、冷链、商品预包装、运贸一体化等增值业务功能,加强在商品交割、贸易结算、融资担保、运输保险等方面的服务创新。强化外贸综合服务能力建设,引入和培育第三方中介服务平台,提供口岸货代、报关、物流、金融等领域的个性化监管和定制化服务。引导金融机构积极开展押汇等融资模式创新,提升金融服务口岸经济能力。

提升外向协作能级,促进口岸经济联动共赢

对外开放是经济持续快速发展的主要动力之一,口岸是对外开放的窗

口,推动口岸经济发展必须发挥好口岸开放功能,提升外向协作能级。河南对外合作还存在体制机制不畅、经贸交流不深等问题,应创新跨境合作体制机制,加强与国际市场体系的联动,拓展开放合作空间,利用好国内国际两个市场、两种资源,打造内陆合作开放新高地。

积极参与多双边口岸合作,支持口岸经营主体与“一带一路”沿线国家、地区及 RCEP 成员国开展共建与运营管理合作,加强在口岸对等设立、工作制度、安全防范、便利通关和基础设施建设等方面的沟通与协作。加强标准化建设,主动对接国际标准,开展与境外“单一窗口”互联互通,实现报关单等通关数据、进出境检疫证书等监管证件跨境联网核查和进出境相关商业票据数据交换。依托中欧班列,加大与欧洲、中亚和 RCEP 成员国越南、泰国、老挝等国家的铁路公司和场站的业务联动。利用跨境电商综合试验区政策优势,建立面向“一带一路”沿线国家的跨境网络交易平台,实现网上丝路与跨境产业协同开拓多元化贸易市场。开展多领域、多层级的贸易合作,将引资、引智与对外投资相结合,营造符合国际规则的政策法治环境和优良的服务环境,加快建设跨境经济合作区等区域合作平台,积极探索内陆开放新路径和新模式。

(作者单位:河南省发展战略和产业创新研究院。原文刊发于 2023 年 3 月 24 日《河南日报》第 6 版)

构建更加协调高效的城镇化发展格局

王新涛

政府工作报告指出,我国仍处于城镇化进程中,每年有上千万农村人口转移到城镇。完善城市特别是县城功能,增强综合承载能力。有序发展城市群和都市圈,促进大中小城市协调发展。从省第十一次党代会提出实施以人为核心的新型城镇化战略以来,加快构建主副引领、四区协同、多点支撑的发展格局,成为河南推进新型城镇化的重要方向。但是,河南城镇化进程与全国平均水平相比、与现代化的要求相比仍有差距。不断调整优化城镇化发展格局,将支撑河南新型城镇化实现速度、规模、结构、质量的协调统一。

城镇化发展格局的支撑带动作用明显增强

过去一年多来,省委、省政府科学谋划、前瞻布局,坚持龙头带动和整体联动相结合,不断推动中心城市"起高峰"、县域经济"成高原",城镇化发展格局更加协调高效,2022 年河南常住人口城镇化率比 2021 年提高 0.62 个百分点,达到 57.07%,与全国平均水平的差距进一步缩小。

"一主两副"辐射带动能力持续提升。郑州国家中心城市建设力度不断加大,洛阳、南阳副中心城市建设提速提质,"一主两副"区域增长极和动力源功能持续增强。初步预计,2022 年郑州、洛阳、南阳合计实现地区生产总值超过 2.3 万亿元,占全省的比重达到 38% 左右。在人口出现负增长迹象的大背景下,郑州、洛阳、南阳对人口的吸引力仍然较强,2022 年常住人口超过2950万人,比2021年增长了10万人。

扩容后郑州都市圈牵引功能日益强劲。2022年,郑州都市圈9城市住房公积金实现互认互贷,郑开兰和郑港间高速公路免费通行政策出台,郑许市域铁路建设加快推进,一批标志性、基础性、先导性的工程顺利实施,现代化、高能级的郑州都市圈加快形成,对中原城市群的引领作用不断增强。

“四区”协同联动发展效应逐步凸显。豫西、豫南、豫东和豫北四大城镇协同发展区突出重点、精准发力。洛阳与三门峡、济源在产业链创新链供应链紧密衔接的产业合作平台建设、制造业绿色转型升级等方面协同融合,加快打造豫西转型创新发展示范区。南阳与信阳、驻马店在加强与长江经济带对接、大力发展生态农林业和生态旅游等方面协作互动,共同建设豫南高效生态经济示范区。商丘、周口在对接长三角一体化发展、高水平承接产业转移等方面合作联动,着力打造豫东承接产业转移示范区。安阳、鹤壁、濮阳在加快融入京津冀协同发展、推进传统产业绿色化改造等方面携手共进,加速建设豫北跨区域协同发展示范区。

以县城为重要载体的城镇化稳步推进。省委、省政府落实县域治理“三起来”要求,继赋予县(市)第一批经济社会管理权限承接到位后,2022年赋予县(市)第二批86项经济社会管理权限,通过放权赋能增强县域城镇化的内生动力。“一县一省级开发区”改革深入开展,产城融合发展增强了县城的产业实力,增加了县城的就业机会。《河南省2022年补短板“982”工程实施方案》将推进县城城镇化补短板强弱项作为重要内容,进一步提高县城的优质基础设施和公共服务供给能力,让农业转移人口在县城“进得来、留得住、过得好”,就地就近城镇化成效更加明显。

全面推进城镇化发展格局巩固提升

目前,河南仍处于城镇化快速发展中后期向成熟期过渡的关键阶段,新型城镇化的外部环境和基础条件也在发生深刻变化,发展速度、发展规模、发展动力和群众需求都呈现出新的迹象、新的特征。如都市圈正在成为优质生产要素的汇聚平台和高质量发展的动力源泉,区域价值越来越依靠头部城市来实现,人口向都市圈流动、向中心城市流动、向县城流动的大趋势方兴未艾,常住人口城镇化率接近60%引致城乡关系的调整与重构,交通通信的技术进步和基础设施的升级更新以更低成本、更高效率、更为便捷的方式推动城市之间加速融合,等等,城镇化发展格局更加协调、更有效率、更富弹性。

锚定更高标准,推动中心城市能级提升。在城镇化发展格局中,中心城市和副中心城市是核心引擎。但是,郑州、洛阳、南阳与各自的对标城市相比、与各自的功能定位相比,还需要进一步集中资源、集聚能量、提升能级。郑州以当好国家队、提升国际化为努力方向,以郑汴许"黄金三角"为支撑,强化科技创新、枢纽开放、教育文化、金融服务等功能,提升在全国乃至全球城市网络体系中的功能地位。洛阳以综合实力绝对领先中西部非省会城市为目标,厚植先进制造、生态资源、人文交往、交通枢纽等优势,巩固传统产业基本盘,抢占"风口"产业新赛道,加快完成自身跨越式发展。南阳抓好抓实多重政策叠加的战略机遇,以高效生态经济为引领,统筹推进传统产业提质发展、新兴产业培育壮大、未来产业抢滩布局,以产业大突破带动发展大跨越。

聚焦特色化差异化,增强支点城市功能。构建协调高效的城镇化发展格局,既要发挥中心城市的引领作用,也要培育打造一批支点城市,通过中心城市、支点城市及其人流、物流、资金流、信息流、能源流通道,支撑区域高质高效发展。省辖市中心城区和规模较大县城要着眼发挥支点城市功能,立足优势、突出特色、提升品质,从城镇的定位和分工出发、从群众的期盼和需求出发,合理安排生产、生活、生态空间,让城市更有辨识度、更有竞争力、更有吸引力,让群众的生活更方便、更舒适、更美好。

遵循现代化要求,加快都市圈一体发展。郑州都市圈的现代化目标,是空间结构清晰、城市功能互补、要素流动有序、产业分工协调、交通往来顺畅、公共服务均衡、环境和谐宜居。但是,建设现代化都市圈的前提和基础是率先推进一体化。为此,郑州都市圈要增强基础设施连接性贯通性,推动城市间专业化分工协作,营造规则统一开放、标准互认、要素自由流动的市场环境,统筹基本公共服务、社会保障、社会治理、生态建设和环境保护,形成有利于发挥各个城市自身特色和优势的多元化、多层面、多网络的协同一体发展格局。

完善基础设施网络，促进区域协调发展。交通、通信、能源、水利、安全等传统基础设施和以新一代通信技术、互联网、大数据、人工智能等为代表的新型基础设施的发展，将会产生更加显著的“时空压缩”效应，重塑人们的心理距离、活动范围和交往方式，从而推动城镇化发展格局的调整与变革。要按照重大基础设施网络和城镇化发展格局相适应的理念，不断增强基础设施网络建设布局与城乡人口流动、产业分布、区域资源环境承载力、城镇发展潜力之间的协调性，让中原城市群、郑州都市圈、四大城镇协同发展区和处于不同生态位的主副城市、支点城市、小城市、小城镇之间，实现“点与点”“面与面”“点与面”的联通与互动，进而促进区域协调发展。

（作者单位：河南省社会科学院城市与生态文明研究所。原文刊发于2023年3月24日《河南日报》第6版）

加快推动传统产业数字化转型

刘晓萍

今年的政府工作报告提出，加快传统产业和中小企业数字化转型，着力提升高端化、智能化、绿色化水平。传统产业作为实体经济的主体，具备牢固的产业基础、丰富的应用场景和广阔的市场空间，加快推动传统产业数字化转型，在充分发挥传统优势的基础上叠加新技术红利，对于河南塑造企业竞争新优势、构建现代化产业体系、实现经济高质量发展具有重要的战略意义。

推动河南传统产业数字化转型恰逢其时

传统产业是河南实体经济的中流砥柱、制造业的核心板块，推动河南传统产业数字化转型，就是利用数字技术对传统产业进行全方位、多角度、全链条的改造，是大势所趋。

从微观看，中小企业作为数字化转型的攻坚领域，在传统产业中占比较大，加快传统产业数字化转型是发展壮大数字经济的重要支撑。随着数字技术与实体经济进入加速融合、深度赋能阶段，大中型企业数字化进程明显领先于中小企业，尤其受新冠疫情影响，推动中小企业数字化成为数字化转型的重点、难点。围绕量大面广的传统产业开展数字化转型，推动中小企业成为数字技术应用创新的主体，将为数字经济发展壮大提供有力支撑。

从中观看，传统产业产业链条长、应用场景丰富，加快传统产业数字化转型是实现产业链数字化的重要抓手。随着新一代信息技术与工业、制造与服务、软件与硬件快速跨界融合，传统的以产品或企业为主体的竞争模式已经被打破，以平台为核心、以软件为标志的产业链垂直整合日益加速，不同产业、区域间企业在数字化空间实现虚拟集聚。通过推动传统产业数字化，实现企业外各类生产资源和社会资源协同以及产业资源配置效率提升，将有利于形成产业链数字化转型的“矩阵效应”。

从宏观看，传统产业是制造业数字化转型的主战场，加快传统产业数字化转型是推动制造业高质量发展的重要途径。当前，河南传统产业规模优势和基础优势突出，材料、装备、汽车、食品、轻纺等五大传统产业占全省规上工业增加值比重仍然高达46%，利用信息技术对传统产业进行全方位、全链条的改造，构建柔性化、绿色化、智能化生产方式，是提高制造业全要素生产率、推动制造业高质量发展的重要途径。

传统产业智能化水平不高问题仍有待解决

近年来，河南大力实施数字化转型战略，支持传统产业加快数字化转型，取得了显著成效。一是数字化催生传统产业新模式。数字技术通过重塑传统产业生产流程、组织方式、商业模式和价值链分布，不断催生新模式、新业态。如平煤集团利用5G煤矿智能分选星云平台实现煤矿采掘的智慧运营，卫华集团依托起重物流装备行业工业互联网向“装备+平台+服务”模式转型，黄河云缆依托“产品溯源+可视化体系”成功提供电缆产业一站式智慧交易解决方案。二是数字化创造传统产业新产品。对于传统产业而言，数字化不仅是优化企业生产制造的关键技术，更是连接市场、满足消费需求的主要渠道。如卫龙辣条依托卫龙大数据平台精准触达消费者，在旧赛道里不断孵化休闲食品新供给；三全食品聚焦消费大数据挖掘，加强ToC和ToB渠道场景化产品研发，率先推出涮烤、早餐、备餐三大场景战略产品。三是数字化助推传统产业能碳管理。传统产业利用工业互联网、数字孪生等技术，对工艺流程和生产设备进行绿色化改造，实现数字减碳。如天瑞水泥依托国家级“双跨平台”天信工业互联网平台，聚焦水泥、焦化、铸造等“双高”行业工艺自动控制和智能优化，每年为企业客户节约标准煤7.49万吨、用电 3990 万千瓦时,减少二氧化碳排放约 22 万吨。

但是,与国内数字经济先进省份相比,我省传统产业智能化水平仍然不高,数字化转型还面临一系列制约。具体来看,表现为:一是核心平台支撑能力不够强。工业互联网平台是数字化转型的关键支撑,目前我省运营平台主营业务仍较多集中在远程监控、系统运维等环节,数据分析能力不强,核心软件研发水平低。二是人才储备不够多。民营企业是传统产业的最大主体,根据《2022 河南民营企业 100 强调研分析报告》统计,已有数字化专业人才的企业仅有 31 家,传统产业数字化转型在数字化技术人才、应用人才和管理人才等多个维度存在制约。三是产业链协同程度不够高。数字化转型服务商、运营平台的培育以及基础研发还比较落后,系统不同构、工具不互通、数据不共享等问题突出。四是数据分析应用不够足。据《2022 河南民营企业 100 强调研分析报告》统计,能够实现企业不断积累数字资产并创造价值的企业仅有 20 家,龙头企业尚且如此,可见"数据有、分析缺、应用弱"的现实状况较为突出。

找准数字化转型的关键点和突破口

数字化转型是一项系统性的创新工程,推动河南传统产业数字化转型,需要把握关键点、找准突破口,打造以点带面、连线成体的数字化转型格局。

明路径,分业分类"私企订制"。不同规模不同行业数字化转型呈现不同程度差异,因此要"分行业、分规模"差异化推进。一方面,依据产业类别分业引导,如食品、服装着重从新消费大数据挖掘环节切入,装备、汽车着重从生产设备智能化提效环节切入,化工、建材着重从数字减碳环节切入。另一方面,根据企业规模分类引导,重点针对中小企业开展数字化评估,研制"小快轻准"产品方案。

树标杆,以样板打造加快规模推广。数字化转型是一项投入高、有风险、收益大的战略行动,应当打造一批可学习的行业级或国家级企业样板,培育一批可推广的系统解决方案,探索一批可复制的典型转型路径,建立一批可执行的转型标准规范,全面引领同行业以及产业链上下游行业进行数字化转型。

建场景，推动转型方案落地实施。围绕材料、装备、汽车、食品、轻纺等传统产业，定期发布数字化应用场景，为数字化服务企业和平台提供落地机会。如装备制造、汽车制造重点围绕柔性生产、服务化延伸、研发设计协同、制造共享等方面发布场景，有色金属、现代化工、绿色建材重点围绕在线检测、设备健康管理、能源智慧管理等发布场景，食品、服装、家居家电等重点围绕国风国潮、大数据挖掘、新品开发等方面发布场景。

强链条，加强产业链数字化协作。针对当前河南传统产业企业数字化转型内外协同度不高的问题，引导产业系统内纵向合作主体（供应商、制造商、客户等）、横向合作主体（企业、高校、科研院所等）及其他主体（政府、中介、孵化器、金融机构等）完善网络化合作机制，谋划在重点行业和区域建设一批数字化转型促进中心，推动不同规模企业在设计研发、生产制造、供应采购、市场拓展等方面深化协同合作。

优生态，加快数字资源虚拟集聚。依托国家级大数据综合试验区等国家级平台，积极推动数字资源虚拟集聚。积极链接省外数字资源，深入对接北京、上海、杭州、粤港澳等地区，支持本省企业在先进地区建立数字化转型平台。加强人才培养，坚持“靶向引进+平台赋能”，积极引进和培养数字领域经营管理人才、技术拔尖人才，引导高校、科研院所加强“新工科”建设，探索建立一批产教深度融合的数字经济教学和实践基地。

（作者单位：河南省社会科学院数字经济与工业经济研究所。原文刊发于 2023 年 3 月 29 日《河南日报》第 9 版）

下大力气推进民营经济高质量发展

张进才

党的二十大报告强调，毫不动摇巩固和发展公有制经济，毫不动摇鼓励、支持、引导非公有制经济发展。在全国两会期间，习近平总书记看望参加政协会议的民建、工商联界委员时指出，党中央始终坚持“两个毫不动摇”、“三个没有变”，始终把民营企业和民营企业家当作自己人。要引导民营企业和民营企业家正确理解党中央方针政策，增强信心、轻装上阵、大胆发展，实现民营经济健康发展、高质量发展。

河南作为全国经济大省，要使自身在新发展格局中保持住已有地位，并逐步扩大其优势，就必须把“两个毫不动摇”落到实处，下大力气推进民营经济高质量发展，使民营经济成为我省经济发展的强大引擎。

民营经济具有“56789”特征

去年全省 GDP 突破 6 万亿元、工业增加值接近 2 万亿元、一般公共预算收入超 4000 亿元、社会商品零售总额达到 2.4 万亿元。我省 GDP 实现增长 3.1%，超过了全国平均水平。这些亮眼的数字背后，民营经济都挑起大梁，发挥着重要作用。我们常把民营经济的作用用“56789”的占比来形容。也就是说，在总量经济指标中，民企贡献了 50% 以上的税收、60% 以上的 GDP、70% 以上的技术创新、80% 以上的城镇就业、90% 以上的企业数量，这些鲜明的数字展现了民营经济在我省经济社会发展中所起的“扛鼎”之力。

在我省创新型企业里，民营经济占了大头，出现了华兰生物、安图生物、真实生物等一批优质创新企业。在国家及省里培育的专精特新“小巨人”企业中，民营企业占比超过80%；我省近几年出现了企业上市潮，在新增上市公司中，几乎全是行业龙头及产业链中具有优势的民营企业；在产业集群及产业链培育中，民营企业越来越走向中高端、关键环，成为发展新兴产业及战略性产业的中坚力量。我省有些民营企业已进入世界500强或国内500强、行业100强，如牧原股份、双汇发展、宇通客车、洛阳钼业等。

依靠民营经济释放发展活力

我省作为经济大省和具有特殊重要地位的省份，塑造自身竞争力也应在国际大舞台、国内大市场的大背景下来考量，自身竞争力越强、竞争边界越远，经济所能呈现的规模和质量就会越好。

现在省与省之间的竞争，其背后就是民营经济发展水平、质量、数量、能量的竞争。谁的民营经济占比高、发展质量好、经济活力强，谁的整体经济发展状态就好。像广东、福建、浙江、江苏、山东发展的势头，充分证明了这一点。

今年我省确定了6%的经济增速，其中社会商品零售总额增长8%，固定资产投资增长10%，主要的依靠就是民营经济。只有把民营经济的信心有效调动起来，让其活力充分迸发出来，才能够使经济发展的活力重现，才能够实现我们高质量的发展目标。

充分发挥民营经济独特优势

多年实践证明，民营经济自身有许多优势，对经济作出了突出贡献。

民营经济的就业功能无可替代。就业是民生之本，我们的老百姓不一定关心GDP、财政收入等数字，但非常关心自身的就业和收入状况、就业质量。只有把百姓就业安顿好，才能使经济发展呈现不竭发展动能，改善人们的预期。我国就业根本依赖于民营经济。我省作为人口大省更是如此，像劳动密集型的纺织服装、餐饮、商业、建筑、房地产、交通物流等是容纳劳动力的大底盘,现在解决了城镇就业的80%多,再过几年可能就是90%。所以把民营经济做大形成就业“蓄水池”“调节器”“稳定阀”已刻不容缓。

民营经济的创新功能不可替代。创新是民营经济生存和发展之本。民营经济天然地具有创新动能,因为他们面对的都是竞争性行业,市场的竞争压力无时不在、无处不在,只有在创新中不断突破,才能够得到发展,稳住阵脚。近些年,我省在生物医药、新材料、关键零部件甚至高端装备制造领域出现了一大批深具竞争力的民营企业,提振了经济发展的信心。

民营企业有极强的进取心。在竞争压力及趋利激励下,民营经济只要有机会,就敢于去投、敢于去试、敢于去闯,这其中也会付出代价,但这样的代价是社会进步及民营企业成熟之必需。

促进民营经济大发展大繁荣

今年我省政府工作报告中也明确提出:要培育一批富有企业家精神的优秀民营企业家,形成一批极具竞争力的优秀民营企业,促进民营经济大发展大繁荣。对民营经济的殷殷期待可见一斑。

要使民营经济取得更大发展,就必须落实“两个毫不动摇”。解决民营企业发展中存在的问题,让民营企业家心顺、气顺,体会到来自党和政府的关心和温暖。

要让民营经济取得更大发展,就必须稳定各项政策。民营经济要发展,关键是稳政策、稳环境,进而稳定企业家的预期。在环保、金融及产业政策上一定要保持相对稳定,防止在治理问题过程中层层加码及运动式解决经济中的问题。

要使民营经济取得更大发展,就必须释放更多发展空间与机会。鼓励对所有经营主体在产业领域一视同仁。坚持市场在资源配置中的基础作用,让企业在市场中获取经营所需的生产要素,鼓励民营企业参与国家重大工程、重点产业链供应链及国际合作重大项目。

民营经济取得高质量发展,也要提高自身素质。民营企业不要乱投资,要控制好资产负债水平,保持财务稳健;要坚持主责主业,围绕主业搞创新,在主业产业链上延伸;要坚持效益优先,不做没有效益的投资与经营,减少非经营性财务耗损,把企业优质资源更多用到经营中来。

(作者单位:河南省社会科学院。原文刊发于2023 年3 月31 日《河南日报》第11 版)

进一步激发民间投资活力

郭玲玲

民间投资作为民营经济发展的重要引擎之一，其活跃程度往往反映出区域经济持续发展的内生动力。习近平总书记在全国两会期间看望参加政协会议的民建、工商联界委员时强调，要激发民间资本投资活力，鼓励和吸引更多民间资本参与国家重大工程、重点产业链供应链项目建设，为构建新发展格局、推动高质量发展作出更大贡献。

近年来，我省民间投资日渐成长为推动经济增长、稳定整体投资、扩大社会就业的重要支撑力量。2013—2021 年，全省民间投资年平均增速为 10.3%；民间投资占固定资产投资的比重始终保持在 69% 以上，最高时达到 84.9%，成为拉动投资增长和结构升级的主力军。但是，在“需求收缩、供给冲击、预期转弱”三重压力之下，2022 年我省民间投资仅增长 2.6%，低于全省固定资产投资增速 4.1 个百分点，且民间投资占固定资产投资的比重下降到 66.3%。民间投资占比的降低和增速的放缓，给我省稳增长带来一定挑战。因此，要抢抓当前经济恢复增长的宝贵窗口期，进一步激发民间投资活力，用市场办法、改革举措加快破解“不敢投、不愿投、不能投、不会投”的现实困境，让民间投资尽快回归到稳定增长的轨道上来，以民间投资的高质量发展为全面建设现代化河南提供坚实支撑。

深化“放管服效”改革　优化民间投资营商环境

进一步发挥“有为政府”作用，大力破解抑制民间投资的瓶颈制约，积极建立“进得来、推得动、有保障”的发展模式，为民间投资高质量发展营造公平、透明、法治的营商环境。首先，进一步放宽民间投资市场准入。新发展格局下，我省要加快放宽民间投资市场准入步伐，坚持“非禁即入、平等对待、公平竞争”的基本原则，推动落实民间资本与国有资本享受平等待遇，让民间资本放心投资、安心发展、舒心成长。其次，进一步提升民间投资服务效能。持续深化“一网通办”前提下的“最多跑一次”改革，全面推行项目联审联批工作机制，对民间投资项目核准备案、规划选址、基础保障、环境评价、施工许可等前期手续办理环节实行跟踪服务，以投资的便利化和服务的全方位厚植民间投资快速增长的“沃土”。最后，进一步强化民间投资要素保障。在不断深化要素市场化改革的同时，把那些对经济社会发展、产业转型升级、生态环境保护等具有较强带动作用或投资规模较大的民间投资项目，积极纳入各级重点投资项目库，在用地、用能、资金等要素上优先保障，打通民间投资的“最后一公里”。

紧扣高质量发展需要　拓展民间投资市场空间

锚定“两个确保”，全面实施“十大战略”，无不需要谋划和开建重大项目，无不需要民间资本的深度参与和鼎力支持。鉴于此，需要用好用足“牵引+撬动”等政策举措，形成扩大民间投资、鼓励长期投资的有效制度安排，全面激发民间投资活力与内生动力。特别是，要构建向民间资本推介项目的长效机制，引导民营企业把握更多投资机会，找准未来发展方向。比如，聚焦国家“十四五”规划的102项重大工程和省“十四五”规划的51项重大工程，通过重大项目牵引作用、政府投资撬动作用的发挥，充分吸纳民间资本参与，从而拓展民间投资发展空间、激发民间投资增长潜力。再如，结合现代化河南建设的战略部署，特别是围绕创新驱动战略、数字化转型战略、绿色低碳转型战略、以人为核心的新型城镇化战略的实施推进，引导民间新增投资瞄向创新需求、产业需求和民生需求，重点投向新型基础设施建设、高能级创新平台构建、绿色低碳环保改造等领域，推动民间投资趋向高质量发展需要，实现“同频共振”。

加强投融资风险防范　引导民间投资健康发展

民间投资由于本身所固有的逐利性、灵活性与追求效率性等属性，容易带来自发性、盲目性和投机性等风险。鉴于此，要强化民营企业投融资风险防范，引导民间投资和民营经济持续健康发展。一要坚持金融服务实体经济的宗旨，结合民营企业融资需求特点，着力提升金融支持民间投资的质量效益。尤其是，用足用好结构性货币政策工具，通过强化对产业转型升级和重大项目的金融支持，更好满足先进制造业、战略性新兴产业等领域和关键核心技术攻关、“专精特新”企业培育等方面的融资需求。二要引导民营企业进行科学合理决策，通过加强投资项目管理、全过程风险管控等措施，切实提升民间投资的规范性、有效性和精准性。需要注意的是，对于民间资本投资热情较高的领域，应统筹发展和安全，合理设置“红绿灯”，在更好发挥资本作为生产要素积极作用的同时，为民间投资和民营经济发展提供稳定预期。

（作者单位：河南省人民政府发展研究中心。原文刊发于 2023 年 3 月 31 日《河南日报》第 11 版）

以人口高质量发展支撑中国式现代化

杜本峰　韩晓明

人口问题始终是国家发展的全局性、基础性、长期性和战略性问题。2023年5月5日,习近平总书记主持召开二十届中央财经委员会第一次会议,提出以人口高质量发展支撑中国式现代化。这是把高质量发展、中国式现代化与中国具体人口形势变化有机结合作出的科学判断。

认识、适应人口发展新常态

习近平总书记指出:“近年来,我国人口发展出现了一些显著变化,既面临人口众多的压力,又面临人口结构转变带来的挑战。”我国总人口增速明显放缓,人口负增长开启,生育水平持续走低,老龄化比例提高和规模增长双提速,人口发展呈现少子化、老龄化、区域人口增减分化的趋势性特征,“少子老龄化”将成为常态,这是我国经济发展特别是工业化、城镇化发展到一定阶段的客观结果,也是世界尤其是发达国家普遍面临的问题。应当看到,我国人口众多的基本国情没有改变,超大规模国内市场优势将长期存在,人口与资源环境仍将处于紧平衡状态。尽管劳动力规模缩减,但我国每年新增劳动力超过1500万人,新增劳动力平均受教育年限达到14年,人力资源丰富仍然是我国的突出优势。显示我们的“人口红利”没有消失,“人才红利”正在形成,发展动力依旧强劲。

应该充分认识到,人是经济社会发展全要素投入中最具活力、最具创造性、最具能动性的要素。正如习近平总书记强调的:“人口发展是关系中华民族伟大复兴的大事,必须着力提高人口整体素质,以人口高质量发展支撑中国式现代化。”

人口高质量发展是中国式现代化建设基石

纵观世界的发展,国家的竞争不是人口数量的比赛,是一个国家经济发展、科技创新能力、军事实力以及文化实力等方面的全面竞争,换言之,当前的时代是人口质量大比拼的时代。中国人口蕴含巨大的质量红利潜力。人口高质量发展的内涵非常丰富,最核心的就是持续性地提高人口的整体素质,并且能够把人口素质提升的优势转化为经济高质量发展的动力。

人才兴则国家兴,人才强则国家强。古往今来,人才都是富国之本和兴邦之计。当前,新一轮科技革命和产业变革迅猛发展,各国之间的硬实力和软实力竞争说到底是人才竞争。习近平总书记明确指出:人才是实现民族振兴、赢得国际竞争主动的战略资源。人才培养靠教育。我国已建成世界上规模最大的教育体系,截至 2022 年,高等教育毛入学率达 59.6%,全国接受过高等教育的人口数量累计已达 2.4 亿人,全国平均不到 6 个人中就有 1 个具有大学学历。教育的发展保障了 14 亿多中国人民的受教育权,带动我国从人口大国成为人力资源大国并迈向人力资源强国。

产业转型与高质量发展需要相应的人口高质量发展。经过新时代十年高等教育的迅速发展,2020 年“七普”数据显示我国劳动年龄人口的教育水平大幅度提升。16—59 岁劳动年龄人口中有大专及以上学历人数从 2010 年的 1.12 亿上升至 2020 年的 1.7 亿。2022 年,15 岁及以上人口的平均受教育年限达 9.9 年以上,新增劳动力平均受教育年限为 14 年,相当于大学二年级。劳动力素质结构发生的重大变化,将助力中国人力资源强国的持续发展。

创新型、创造性人才,促使人才质量适应“中国制造”向“中国创造”转型的需求,支撑中国式现代化建设。习近平总书记强调指出:“在新一轮科技革命和产业变革大势中,科技创新作为提高社会生产力、提升国际竞争力、增强综合国力、保障国家安全的战略支撑。”全社会研发投入从 2012 年的

1.03万亿元增长到2021年的2.79万亿元，研发投入强度从1.91%增长到2.44%，企业科研投入占全社会研发投入的76%以上。全球创新指数排名，从2012年的第34位上升到2021年的第12位。2020年，我国科技工作者总数达9100万人，全时研发人员总量380万人年，居世界首位，工程师数量占全球的1/4。国际专利申请量连续两年位居第1位。如今，我国在世界科技格局中已经成为具有重要影响力的科技大国，科技实力正从量的积累迈向质的飞跃，从点的突破迈向系统能力提升，正在凝心聚力迈向建设科技强国的新征程。

高水平全民健康，是经济高质量发展的强大推进器、社会高质量运行的稳定器，也是实现社会主义现代化强国梦的基石。2021年，全民平均预期寿命已达78.2岁，婴儿死亡率、新生儿死亡率、5岁以下的儿童死亡率和孕产妇死亡率等衡量一国健康状况的核心指标分别低至5.0‰、3.1‰、7.1‰和16.1/10万，均优于中高收入国家平均水平。健康的劳动者是实现经济高质量发展的必要条件。

面向未来，坚持人口高质量发展，创造有利于发展的人口总量势能、结构红利和素质资本叠加优势，充分挖掘和利用人口机会，尤其是人口素质整体提升的优势，创造人才红利，就一定能为推动经济社会高质量发展，推进中国式现代化，实现中华民族伟大复兴的中国梦提供坚实基础和持久动力。

以改革创新推动人口高质量发展

基于中国式现代化建设时期的人口发展新常态，要牢牢抓住提高人口高质量这个“牛鼻子”，用人口素质提升弥补人口总量减少、结构老化可能造成的负面影响。创新推动人口高质量发展是促进国家社会经济高质量发展和走中国式现代化道路的人口发展战略选择。

把教育强国建设作为人口高质量发展的战略工程。教育是一种人类自身再生产的现象。通常来说，一个国家人口的受教育范围越广、受教育程度越高，国民的综合素质就越高，劳动生产率往往也就越高。党的二十大报告提出，“坚持以人民为中心发展教育，加快建设高质量教育体系，发展素质教育,促进教育公平”。在全生命周期的视野下规划人口高质量发展,从普惠制的托育和学前教育到扩大义务教育的覆盖范围,促进教育资源的均衡配置。提升高等教育质量,在育人方式、办学模式、管理体制、保障机制等方面不断创新。强化国家紧缺行业的技能培训,培养更多的创新型人才、创造性人才、拔尖人才,为人口高质量发展提供支撑,助力中华民族伟大复兴。

健康是承载知识和技能的载体,是衡量人口素质的重要维度和实现质量型人口红利的前提条件。深入实施健康中国战略,促进全民健康的继续改善,是形塑人口高质量发展的重要方面。就健康影响因素而言,现有的共识是,临床医学对健康的影响相对较小,相当一部分的健康问题是由社会经济因素引起的。深化医药卫生体制改革,从全生命历程、全健康服务、全人群保障等角度规划和加强健康服务保障,全方位干预健康问题和影响因素,不仅要做到“救疗于有疾之后”,更要做到“摄养于无疾之先”。建立预防为主和防治结合的激励机制与制度保障。要重视“提质量促均等”的健康服务,实现高水平全民健康。

推动建设生育友好型社会,建立健全生育支持政策体系,致力于实现人口长期均衡发展。大力发展普惠托育服务体系,完善生育保障体系,显著减轻家庭生育养育教育负担。通过政策激励与正向宣传提高生育率,让家庭具备可持续发展的能力。从家庭的自我保障转向由社会与政府共同支持,政策目标从减轻家庭生育、养育、教育负担,逐步拓展到重构家庭价值、促进家庭功能发挥、增强家庭发展能力等方面。

实施积极应对人口老龄化国家战略,把积极老龄观、健康老龄化、生产性老龄化等理念融入经济社会发展全过程,努力实现老有所养、老有所为、老有所乐。积极开展老年能力评估,老年人的养老照料负担实际上是从失能半失能或非健康状态开始的,厘清养老对象,推进基本养老服务体系建设,加快发展多层次、多支柱养老保险体系。把握退休消费与养老消费,大力发展银发经济。采取灵活、弹性的方式开发老年人力资源。我国老年人口以60—69岁低龄老年人为主,2020年其数量超过1.47亿人,占老年人口的比例达到55.83%。规模庞大的低龄老年人受教育程度相对较高、身体健康状况较好,我国大专及以上教育程度的老年人口规模达到1051万人,低龄老人占60.2%。老年人力资源具有广阔的开发空间。充分利用长寿红利，构建友好环境，发掘银发潜力，释放老年人口红利，助推中国式现代化。

（作者单位：中国人民大学、河南省社会科学院。原文刊发于2023年5月24日《河南日报》第7版）

国家中心城市的使命担当

——访中国社科院研究员、中国区域经济学会会长兼秘书长陈耀

刘玉梅

发挥战略引领作用

记者：国家中心城市在中国式现代化进程中应该担负怎样的责任使命？请谈一下您的看法。

陈耀：现代化通常是指工业革命以来人类社会在经济、政治、文化、生态等各个方面由传统向现代转变的过程，是标识人类文明不断进步的动态术语。在世界历史发展进程中，现代化道路呈现出多样性和复合型。中国式现代化具有人口规模巨大、全体人民共同富裕、物质文明和精神文明相协调、人与自然和谐共生、走和平发展道路这样五个特征，这五个特征应该说既是我们中国式现代化的目标、追求，也是我们在推进过程中的具体实践要求，需要不断探索。

目前，我国城区人口在500万以上的超大特大城市有21个，其中超大城市有7个、特大城市14个。分地区看，东部11个，东北3个、西部4个，我们中部地区3个，分别是武汉、长沙、郑州。特大超大城市总人口为2.93亿，占全国人口的20.8%，2022年GDP为38.67万亿元，占全国经济总量的31.95%，占全国的份额在逐年提升。在现有9个国家中心城市中，6个是超大城市，3个是特大城市，国家中心城市的人口是1.7亿，占全国人口的

12.2%,经济总量有22万亿元,占全国经济的18.6%。可见,以国家中心城市为代表的特大超大型城市在全国人口和经济中的地位非常重要。

推进中国式现代化要依托中心城市、都市圈和城市群,发挥其战略引领作用,特别是以国家中心城市为“塔尖”的超大、特大型城市,在中国式现代化进程中必须承担起引领带动、主体支撑以及示范探索的使命责任。

四个方面作为主攻重点

记者:您认为在探索中国式现代化的道路上,国家中心城市当下最需要着力的重点有哪些方面?请以郑州为例。

陈耀:国家中心城市被称为是我国城镇体系的“塔尖”,居于中心城市的最高位置,是大城市群的核心城市,负有辐射带动大区域发展、代表国家参与全球竞争的使命重任。因此,国家中心城市要率先探索中国式现代化的实践路径,根据中国式现代化的特征内涵,我选了4个方面作为重点。

一是国家中心城市要率先建立现代化的产业体系。打造科创策源引力强劲、高端要素不断聚集、先进制造和现代服务融合发展、消费力强大以及场景丰富的产业创新生态。作为河南省的省会,郑州市要发挥好地处中原产业链供应链体系完整、配套完善、基础雄厚的优势,依靠创新驱动,运用数字化、智能化、绿色化、网络化赋能,加快服务业和制造业基础再造及品质提升,推进产业链和创新链深度融合,尽快实现支撑城市发展的产业体系现代化。

二是要提升、壮大郑州等后发中心城市的城市能级。从郑州国家中心城市研究院近年来对9个国家中心城市建设跟踪研究来看,9个中心城市的城市建设指数排名大概分3个方阵,排名靠前的第一方阵大都是北京、上海、广州,排名靠后的第三方阵较多的是郑州、西安,这些后发中心城市的城市能级还不足,需要大幅提升。所谓的“中心城市”不单单是一个城市,它要和周边中小城市、外围区域和整个城市群协同共进。所以,要推动以中心城市为核心的现代化都市圈、城市群一体化发展,形成中心城市引领都市圈城市群发展,都市圈城市群带动整个区域发展这样一个梯次带动、协调发展的新格局,这也是中央提出来的新时代促进区域协调发展的一个新模式。

三是要发挥中心城市双循环枢纽的独特优势。推进以规则、制度为重点的高水平对外开放,形成陆、水、空、网高效连接,国内国际双循环相互促进的联动效应,目前郑州在这方面取得不少成效,尤其是四条丝绸之路中的"空中丝路",已成为内陆中原"买全球、卖全球"的重要载体。郑州还要更充分发挥出地理居中、物流成本低的区位交通优势,不断提升枢纽经济能级,做大做强空港、陆港、河港及网络节点,精准招引国内外枢纽偏好型要素资源,进一步增强中原城市群的集聚效应和辐射带动效应。同时要重视挖掘本省亿万人口的内需市场潜力,依托超大规模内需优势集聚产业,通过高质量供给拉动消费升级,形成供需协同的增长引擎,为我国构建国内国际双循环新发展格局提供强大的核心支撑。

四是要加快中心城市非核心功能向周边外围区域转移。国家中心城市在建设进程中都要聚焦城市功能目标定位,不断将一些非核心功能向周边转移,这是避免"大城市病"的普遍做法,也是我们在都市圈建设中推进"同城化"的一个要义,就是说中心城市要通过非核心功能的转移疏解,对周边地区发展产生辐射带动效应。中国式现代化是全体人民共同富裕的现代化,不断缩小中心与外围的发展差距,探索中心城市辐射带动区域全体人民共同富裕的新路子,这也是国家中心城市应该担负的重要使命。

在稳住经济基本盘上挑大梁

记者:以您来看,要真正发挥好国家赋予它的功能作用,有哪些重大方面是必须确保或者说不能或缺的?

陈耀:国家中心城市要发挥的作用应该是多方面的,我觉得有一些方面是必须要突出的,有一些方面是要守住的,有一些方面是要起表率的,以真正发挥出引领带动、主体支撑和示范效应。扩内需、促消费、稳增长,是目前中央经济工作的总基调总方针,在这个方面,国家中心城市要担起重任是毋庸置疑的，中央提出经济大省要在稳住经济基本盘上挑大梁，以国家中心城市为代表的特大型城市更应当在扩内需促消费稳增长中积极作为、主动担当，起到“顶梁柱、火车头”的作用，结合近年来的表现，我想至少在关键指标上要守住底线，在关键环节上要做好表率。

一是在关键指标上要守住底线。这个底线也就是3个关键指标，一个是经济增速不能低于全国及所在省区平均水平。在去年的研究中发现，21个特大型城市中有近一半的城市在增长速度中连全国平均水平都达不到，2022年9个国家中心城市里面就有7个低于全国平均水平，有的甚至低于所在省区平均增速，全国平均增速是3%，只有武汉和西安高于全国平均水平。国家中心城市是代表国家形象、参与国际竞争的大型城市，对它的要求也是更高的，如果经济增长不能高于全国甚至所在省区平均增速，那是与“国家中心城市”的身份称谓不相符的。

第二个关键指标是消费对经济增长的贡献不能低于全国及所在省区平均水平。中心城市是人口和经济高度集聚的地方，居民收入水平要高于非中心城市和农村地区，既是增长中心，又是消费中心，因而消费对经济增长的贡献应该更高。现在全国这几年的消费对经济增长的贡献也在不断提高，过去主要靠投资，消费拉动跟西方发达国家比差距还是比较大的，现在从30%多提高到50%多，正在逐步提升。目前我国有5个城市在开展国际消费中心城市建设试点，国家中心城市都应成为国际消费中心，所以，提升消费能级也是对国家中心城市的重要要求。

第三个关键指标是经济份额不能低于人口份额。国家中心城市在全省和全国的经济份额必须高于其人口在全省和全国的份额，如果人口份额很高，经济份额却很低，反映其经济效率低下，这个肯定是不符合国家中心城市要求的。经济份额一定要高于人口份额，这是一个底线问题。

二是在关键环节上要起表率。首先要在“三驾马车”协同发力中落实好中央关于稳经济的一揽子政策，特别是要发挥消费能力强的刺激效应。其次是在产业链、供应链的稳定与畅通中，要发挥好节点与枢纽作用，防止出现断点和堵点，体现出特大型城市综合实力强的经济韧性。最后就是发挥好地区比较优势。各个地区的特大型城市要形成奋勇争先的雁群引领效应，东部要起挑大梁作用，中西部特大型城市要发挥中流砥柱作用，东北特大型城市要在全面振兴中积极作为。

（原文刊发于2023年5月31日《河南日报》第8版）

努力走出人口大省高质量发展的新路子

郭建军　耿德建　郭玲玲　郑广建

党的二十大擘画了全面建设社会主义现代化国家、夺取新时代中国特色社会主义新胜利的宏伟蓝图，鲜明提出以中国式现代化全面推进中华民族伟大复兴。省委书记楼阳生从河南现代化发展的大局与实践出发，描绘了中国式现代化的河南篇章，提出努力走出“五条新路子”。“五条新路子”既高度契合了中国式现代化的发展蓝图，又凸显了河南省情的鲜明特征，并耦合了“两个确保”“十大战略”的重大部署，必将为推进中国式现代化探索贡献出河南的实践路径。

准确把握显著特征

努力走出人口大省高质量发展新路子是中国式现代化建设河南实践方案的重要组成与框架主干，是基于中国式现代化伟大蓝图与河南省情作出的现实选择。

与中国式现代化高度契合的发展之路。中国式现代化的首要特征就是“人口规模巨大的现代化”。河南作为户籍人口全国第一、常住人口全国第三的人口大省，人口规模巨大也是我们的基本省情，是建设现代化河南的现实基础。约一亿人口的发展中大省实现现代化同样是河南几经辉煌、沧海桑田的变迁史上规模最大的现代化，也是难度最大的现代化。因此探索中国式现代化的河南路径，必须以党的二十大精神和习近平总书记的重要讲话重要指示为指引，在中国式现代化宏伟蓝图下展开，从高度契合性中寻求破题,从全国现代化推进中汲取力量。

基于河南省情的现代化发展之路。河南现代化的建设起点低、农业底色重、老龄化程度深、生态约束紧。从人均水平看,2022 年河南人均 GDP 仅为 62106 元,相当于全国平均水平的 72.5%;居民人均可支配收入仅相当于全国平均水平的 76.5%;人均一般公共预算收入为 4316.9 元,相当于全国平均水平的 29.92%。从城市化率看,2022 年末城镇化率达到 57.07%,仍低于全国 65.22% 的水平,意味着全省还有 4000 多万人生活在农村。从人口变化和老龄化程度看,我省人口自然增长率 60 多年来首现负增长,新出生人口数量和出生率连续 6 年都呈现下降态势。2022 年,全省 16—59 岁适龄劳动人口占全省人口总数的 58.18%,低于全国近 4 个百分点。2022 年末河南 60 岁及以上人口占 18.86%,接近中度老龄化标准。从生态约束看,河南人均水资源量约 400 立方米,仅为全国人均水平的 1/5;2022 年年初全省能源消费总量中煤炭消费占比 63.3%,高出全国 7.3 个百分点。从上述省情出发,河南现代化建设将会呈现出时空压缩型、结构升级型、加速追赶型的鲜明特色,基于这种特色,努力走出一条人口大省高质量发展的新路子,也就成为中国式现代化建设河南实践的必然选择。

凸显高质量发展主题的现代化之路。高质量发展是全面建设社会主义现代化国家的首要任务,更是作为人口大省的河南建设现代化的鲜明主题。人口大省高质量发展主要体现在:发展目标上,到 2035 年基本建成经济强省、文化强省、生态强省、开放强省和国家创新高地、幸福美好家园,到本世纪中叶建成富强民主文明和谐美丽的社会主义现代化强省;发展动力上,构建起以创新为核心、科技、教育、人才相互支撑、共同发力的创新驱动体系;产业支撑上,构建起以制造业为核心、实体经济为支撑、新型业态为取向、基础产业为依托的同向发力、深度融合的现代化产业体系;发展优势上,构建起以枢纽经济为切入点、消费经济为着力点、平台经济为支撑点、要素赋能升级、能量互赋的发展要素支撑体系;发展布局上,构建起中心城市带动、乡村振兴繁荣、生态环境绿色低碳交相作用、相得益彰的空间支撑体系。

“五条新路子”是一个有机统一的整体。河南人口大省高质量发展是方向、是目标,是发展的主题,其他四条新路是途径、是措施,是高质量发展的支撑,围绕高质量发展而展开。统筹城乡发展是立足河南农业大省的实际,从共同富裕的视角破解城乡发展不平衡的问题。以文兴业发展是立足河南文化大省的实际,从物质文明与精神文明相协调的视角,把经济发展和精神文明兼容在一起。绿色发展是立足河南生态大省的实际,从人与自然和谐发展的视角,来破解经济发展过程中的生态约束问题。而开放带动则是立足河南内陆大省的实际,从国际区域合作的视角,来寻求经济发展的外在动力。

重新审视优势条件

通过近年的发展、厚植、培育和优势再造,我省初步形成了大经济容量、大交通枢纽、大消费市场、大产业规模、大人口规模、多平台叠加等诸多发展优势,为人口大省高质量发展提供了坚实支撑。

大经济体量夯实发展基础。经过多年的积累和发展,河南在全国经济发展的大局中,已成为一个体量庞大的综合经济体,经济总量迈上了 6 万亿的发展阶梯。随着经济体量做大,形成了巨大的有效需求和较大规模的生产供给能力,提供大容量的就业,引发要素禀赋的总量变化并质变孕育新的发展能量,不断强化经济发展韧性,从而为人口大省高质量发展提供了更大的空间。

大交通枢纽注入发展活力。枢纽经济作为一种新经济模式,已经成为区域经济转型升级的新动能和增长极。随着河南国际立体交通体系的构建,我省的交通强省和人口大省的优势地位和拉动作用进一步凸显,并逐步升级为枢纽经济。“米+井”综合交通运输通道连通了长三角、珠三角、京津冀、川渝等全国主要经济区域。中欧班列(中豫号)“织线成网”,国际物流网络覆盖 40 多个国家的 140 多个城市,综合运营能力长期处于全国“第一方阵”。全省高铁通车里程达到 2176 公里,以郑州为中心的米字形高铁网络全面建成。郑州航空国际枢纽航线网络横跨欧美亚三大经济区、覆盖全球主要经济体。郑州国际性综合交通枢纽建设全面提速,洛阳、南阳、商丘全国性综合交通枢纽和其他区域性综合交通枢纽功能明显增强,基本建成连通境内外、辐射东中西的现代立体交通体系和物流通道枢纽。郑州机场货邮吞吐量连续突破60万吨、70万吨两大关口,连续两年进入全国机场货运40强榜单。从要素集聚到辐射带动,枢纽经济已成为集聚资源的“强磁场”、发展张力的“辐射源”、结构升级的“牵引器”。无论是对于畅通国内国际双循环,还是在全省范围内深度整合产业链、价值链、供应链,提升资源配置效能,都为人口大省高质量发展注入了活力动力。

大消费市场扩张有效需求。随着我国新发展格局的构建,国内大市场的统一和消费能力的提升在高质量发展中显得尤为重要。河南拥有庞大的消费市场容量和潜力。我省常住消费人口近1亿人,中等收入群体2200多万人,2022年社会消费品零售总额达到2.44万亿元,以郑州为中心高铁“2小时经济圈”覆盖4亿多人口,飞机“2小时航空圈”覆盖占全国约90%的人口和95%以上的经济总量,具有打造“离市场最近省份”的条件。以“四条丝路”为代表的开放通道、开放平台的聚合效应集中释放,有助于打造国内大循环的重要支点和国内国际双循环的战略链接。我省正处于工业化中期和城镇化加快发展阶段,2022年末全省常住人口城镇化率57.07%,城镇化建设的投资空间和消费潜力的挖掘空间巨大。大消费市场的优势与新发展格局的要求高度契合,为人口大省高质量发展提供了充分的发展机会与条件。

大产业规模形成强劲支撑。进入工业化时代,人口越多市场规模越大,产品和服务的边际成本越低,需求越多样化,消费越个性化,为新技术、新产业、新业态、新模式提供了丰富应用场景。河南作为工业大省,2022年工业增加值接近2万亿元,工业总量长期居全国第5位,装备制造、食品制造、汽车制造、轻工纺织、钢铁、有色金属、建材和化工等8大产业产值规模在3.4万亿元左右,有装备制造和食品两大万亿级产业集群;电力装备、农机装备、盾构装备、矿山装备、起重装备在市场上具有品牌优势和市场竞争力。2022年战略性新兴产业增加值占工业增加值比重达到25.9%,郑州信息技术服务和下一代信息网络、平顶山新型功能材料、许昌节能环保等4个国家级战略性新兴产业集群全力推进。全省184个开发区通过体制机制创新成为全省经济建设的主阵地、主战场、主引擎。尤其是我省产业体系完备,拥有41个工业行业大类的40个、207个中类的197个，产业配套能力强，不仅成为吸引外来资本和产业转移的重要因素，而且使得做优产业链、做强供应链、做好创新链、推动产业基础优势向有效供给优势转化成为可能。大产业规模优势为以创新为核心的高质量发展提供了坚实的产业依托与支撑。

大人口规模集聚发展要素。低收入阶段内巨大的人口规模就是一个巨大的低成本劳动力池，对全球范围内的资本、技术等生产要素形成强大吸引力，与低成本劳动力供给结合以形成生产能力，带动经济迅速增长。进入到中等收入阶段，人口规模蕴含的庞大需求，成为外来优质要素资源的“引力场”的同时，巨大的人口规模可以帮助缓解“分工细化”和“规模经济”之间的矛盾，同时收获“分工细化”和“规模经济”的好处。随着我省人口红利逐渐向人力资本红利转变，无论是从宏观层面看经济增长的动力源泉，还是从微观层面看市场主体的成长，将更多地依靠发挥人力资本的作用，未来人口规模巨大所带来的“分工细化与规模经济相容”的优势，对我省高质量发展的支撑作用将变得更加重要。

多平台叠加释放发展能量。河南是中部地区崛起战略、黄河流域生态保护和高质量发展战略、乡村振兴战略和“一带一路”建设等国家重大发展战略叠加实施的前沿地、主战场、试验田，极大提升了河南在全国发展大局中的地位和优势，进一步彰显了河南经济发展的影响力、竞争力。尤其是国家粮食生产核心区、郑州航空港经济综合实验区、郑洛新自主示范区、中国（河南）自贸试验区等国家级战略平台，经过多年的建设与推进，已开始释放其发展能量，并表现出较强的拉动力、渗透力。中原城市群、建设郑州国家中心城市等规划相继实施，洛阳副中心城市和南阳副中心城市建设相继展开，中心城市的引领带动作用逐步彰显。又新获批了国家大数据综合试验区、国家新一代人工智能创新发展试验区、国家区块链发展先导区、革命老区高质量发展示范区、周口国家农业高新技术产业示范区、国家中医药传承创新中心等一系列国家级战略平台，还拥有全国唯一的国家生物育种产业创新中心、国家农机装备创新中心、盾构及掘进技术国家重点实验室等一批创新平台，以及30多个国家级产业化基地。这些都为人口大省高质量发展注入新的发展能量。

探索人口大省中国式现代化的河南篇章

现代化的本质是通过社会转型和变革使人类的生活更加富裕美好的发展过程。人口规模大是河南现代化发展的典型省情,高质量发展是河南现代化实践的逻辑前提,作为发展中的人口大省探索高质量发展之路,是中国式现代化河南篇章的鲜明主题,也是河南现代化实践的必答题。

深入实施创新驱动战略。要紧紧抓住创新这个现代化建设的核心,按照"六个一流"的工作部署,在创新体制机制、创新平台建设、创新资源汇集、创新生态环境等方面实现新的突破,全力打造国家创新高地,发挥其在高质量发展中的引领支撑、储能赋能作用。与此同时要统筹考虑创新发展中的即期效能和长远效能的关系,从河南的产业发展需求和现实创新基础出发,着力在产业技术研发、总部经济招商、科研团队引进等方面率先突破。要发挥河南市场吸引力、产业配套力、发展内生力作用,形成对创新要素的牵引力,大力引进创新中介机构,推进技术成果交易,以河南市场优势引发开放式创新,对冲我省在原始创新、创新资源、自主创新等方面的劣势,为整体创新发展蓄势储能、能力释放赢得时间。要在创新发展尚未形成接续支撑力量的过程中,积极寻求稳经济增长的支撑点、突破点,对冲在全国经济发展大格局中"标兵愈远、追兵愈近"的压力,以巩固经济大省的地位,为人口大省高质量发展奠定坚实基础。

持续推进以人为核心的城镇化。城市既是生产、生活、消费、创新的中心,也是酝酿新理念、孕育新技术、迸发新活力、诞生新业态的主阵地,是诱发人口数量释放蕴藏能量的关键所在。当前我省城镇化尚处于加速发展阶段,还有较大的发展空间和潜力。要发挥郑州在全省经济支撑、创新引领、开放示范、消费活跃等方面的龙头作用,按照建设国家中心城市的功能、目标,向国际化城市迈进。洛阳副中心城市要发挥"一带一路"节点城市、历史文化名城、文旅资源优越、产业基础雄厚等比较优势,着力构建人类文明对话、国际经济合作的平台,成为带动全省开放的新窗口。南阳副中心城市要在中原城市群、成渝经济圈、关中城市群、长江经济带的发展格局中定位自身的节点支撑城市地位，架构起以生态、文化、旅游、康养等为主、独具特色的产业体系，逐步打造成立足中原、衔接“四带”、名扬国内、走向世界的明珠城市。要着力打造以郑州为中心的都市圈，使其成为集聚人口的重要空间载体。要充分发挥城镇教育资源丰富、医疗资源坚实、创新资源汇集等优势，突出城镇化提升人口素质的重要作用，实现从人口数量释放红利向人口素质释放红利的转变，对冲人口增长拐点变化、劳动力供给变少的压力。要推动城市活力培植模式由起飞阶段依靠人口集中聚活力向中期阶段依靠创新激活力转变，进而向高级阶段依靠文化保活力转变。要推动城市规模扩张模式由基础设施、房地产支撑向产城融合、打造城市产业发展综合体支撑转变。要把城镇化与县域经济发展、乡村振兴兼容在统一的发展思路中，加强城乡发展要素的双向流动，优势互补，互促共进。

积极主动融入新发展格局。构建新发展格局的关键在于牢牢把握扩大内需这个战略基点，以国内大循环为主体、国内国际双循环相互促进。人口大省的最大优势也就是蕴含着巨大的消费需求，是构建新发展格局的形成要件和基础凭依。这种优势与我省的区位交通优势、“最近市场”优势、战略平台优势、开放通道优势以及人力资源优势相叠加，使得河南处于构建新发展格局的“风口”与前沿。以此为契机，率先融入新发展格局，需从以下几方面发力：一是以城市化引发内需能量释放，成为畅通国内循环的重要区域。二是以创新为牵引，促进产业基础高级化和产业链现代化，成为国内乃至全球产业链循环的重要支点。三是发挥我省处于畅通内外循环的枢纽地位的作用，加快与其他各大经济区全方位的互联互通，成为区域发展突破、服务全国的重要支撑。

优化人口发展战略，实现从人口数量大省向人力资源强省的转变。习近平总书记指出，人口发展是关系中华民族伟大复兴的大事，必须着力提高人口整体素质，以人口高质量发展支撑中国式现代化。人口作为生产者和消费者的双重属性以及对美好生活的需求，蕴含着创造财富、扩大需求、积累资本、供给动力等能量，这些需要通过优化人口发展战略激发出来。要以党的二十大提出的“优化人口发展战略”为方向指引，从传统的人口理论认知模式和政策调控模式中走出来，以全局性、前瞻性、战略性的思维制定和调整人口规划，使人口各要素达到并保持某种优良适宜状态，实现人口系统内部以及人口系统与经济社会系统和生态系统协调平衡、互为有利、共同发展，最终促进人的高质量发展。要把人口的社会管理性与经济发展性与人口发展战略规划相统一，做好做优人口事业、做大做强服务人口发展的产业。既关注我省人口的自然增长，又关注人口的机械增长尤其是流出劳动力的回归创业，以释放这部分人口在经济社会发展中的倍增效应。要研究我省人口老龄化的基本特征和发展趋势，在住房、就业、医疗、产业发展、文化建设等经济社会发展的方方面面，作出与我省省情相适的制度框架与政策安排。

统筹谋划“五条新路子”的有机统一。探索实践“五条新路子”的关键，在于树立一盘棋的大局意识，把目标导向和问题导向结合起来并贯穿在现代化实践的全过程，探索各条新路子所作的制度供给、政策安排并兼容在高质量发展的框架中，相向而行，相互衔接，同向发力，从而探索贡献出中国式现代化的河南实践路径。

（作者单位：中共河南省委党校。原文刊发于2023年6月25日《河南日报》第6版）

努力走出农业大省统筹城乡的新路子

陈明星

立足中国式现代化是全体人民共同富裕的现代化，始终把“三农”工作作为重中之重，努力走出农业大省统筹城乡的新路子，加快建设农业强省，这是锚定“两个确保”、推进中国式现代化建设河南实践的战略选择。要在把握城乡演进规律和趋势、乡村功能愿景的基础上，发挥后发优势、规避后发劣势，放大比较优势、塑造发展胜势，打破路径依赖实现转型赶超，干在实处、奋勇争先、走在前列、更加出彩，筑牢促进共同富裕、实现现代化的基本盘。

战略意义

习近平总书记在中央农村工作会议上指出，加快建设农业强国，推进农业农村现代化。中国式现代化离不开农业农村现代化，走好统筹城乡的新路子，既是农业大省践行中国式现代化的必然要求，也是农业大省在服务国家大局中实现自身高质量发展的必然选择。

统筹城乡是农业大省现代化的必由之路。“强国必先强农，农强方能国强。”农业农村现代化是中国式现代化的“压舱石”，也是现代化最艰巨最繁重任务之所在，对于农业大省来说，更是如此。农业农村不仅是现代化的基础支撑，更关系到现代化的质量和成色。在农业大省现代化进程中，受制于人均资源不足、底子薄、历史欠账较多等原因，“三农”尤其是一个薄弱环节，同新型工业化、信息化、城镇化相比，农业农村现代化明显滞后。因而，必须坚持以城带乡、以工促农,加快补上农业农村这块短板,实现由农业大省向农业强省的历史性跨越。

缩小城乡区域差距是农业大省实现共同富裕的必然要求。城乡区域差距是发展不平衡不充分问题和制约共同富裕的最大短板,2022年,河南城乡居民收入比为2.06,尽管低于2.45的全国平均水平,但从绝对值看,城乡居民人均可支配收入分别比全国低10799元和1436元,且全省城乡居民收入绝对差距呈现扩大态势,从2012年的12918元扩大到2022年的19786元。目前,农业仍是全省1100多万人就业的产业,农村仍是全省4200多万人常住的家园,只有不断缩小城乡区域差距,加快让农业强起来、农村美起来、农民富起来,实现城乡融合发展、基本公共服务均等化,农村具备现代生活条件,才能让农民全面发展、过上更加富裕更加美好的生活,他们才有充足的获得感、幸福感、安全感。

畅通城乡循环是农业大省服务和融入新发展格局的迫切需要。2022年,河南常住人口9872万人,位居全国第三,在人口负增长和老龄化不断加剧的背景下,这是河南的优势和潜力所在,尤其是每年约150万人的城镇化进程、2万多亿元的社会消费水平,对各类技术、产品、服务的需求空间广阔,使得中原市场成为构建国内统一大市场的战略要地。畅通城乡要素流动和经济循环,激活农业农村潜在的投资需求和消费动能,是畅通国内经济大循环、增强经济韧性和战略纵深的重要方面。充分发挥人口多所蕴藏的创业商机多、孕育的创新活力强、蕴含的市场需求大的优势,在统筹城乡的进程中促进共同富裕,既是现代化河南建设的必答题,也是融入和服务新发展格局的迫切需要。

走出统筹城乡新路子是顺应城乡演进规律的内在要求。2022年,河南城镇化率为57.07%,比全国低8.15个百分点,这意味着全省城镇化还有较大提升空间。同时,根据城镇化规律,城市群、都市圈将继续深化,逆城镇化的趋势也将逐步展开。因此,这必然会带来城乡人口分布、生产生活方式和居住环境的重构,农户、村庄都将呈现加剧分化的走势,以托管等为代表的乡村服务业将有效承接农户分化后的生产生活组织功能,一部分村庄将向集聚型村镇乃至社区转型,而一部分村庄的空心化将更加突出。这也决定了必须在科学把握城乡人口流动态势和趋势的基础上，走统筹城乡的新路子，把握乡村的差异性及发展走势分化特征，因地制宜分类指导村庄发展、建设和乡村建筑风貌管控，使乡村空间布局与城乡人口流动格局的动态变化相适应。

功能愿景

乡村是城市建成区以外具有自然、社会、经济特征和生产、生活、生态、文化等多重功能的地域综合体，在农业大省现代化的进程中，广袤乡村的经济价值、生态价值、文化价值不断上升，进而推动乡村功能的提升和乡村地位的攀升，促进城乡关系重塑。基于农业大省现代化目标和乡村功能拓展趋势，乡村功能愿景可以归纳为“五大空间”：

高质高效生产空间。解决好吃饭问题，始终是治国理政的头等大事，也是农业农村传统功能之所在，尤其是当前粮食作为战略资源的属性更加突出。在“以我为主、立足国内、确保产能、适度进口、科技支撑”的粮食安全战略下，要确保谷物基本自给、口粮绝对安全，必须充分发挥乡村尤其是农业大省乡村在粮食和重要农产品供给方面的生产功能。当然，城乡居民对食品的消费需求在量的基础上，将更加注重质的需求，社会对中高端、多元化、个性化农产品的消费需求快速增长，这也推动农业发展势必从增产导向转向提质导向，推动乡村成为高质高效生产空间。

宜居宜业生活空间。创造高品质生活，是现代化建设的重要出发点。随着城镇化的持续推进，一方面，部分城市居民在工作模式、生活模式上可能发生“逆城镇化”的转变，特别是一部分城市老龄人口更愿选择乡村田园式康养生活，而另一方面，即便城镇化率达到75%，全国仍有3亿多人生活在乡村，他们也需要更好地共享现代文明成果。同时，随着投入的持续加大，全域覆盖、普惠共享、城乡一体的基础设施服务网络将加快构建，交通运输、农田水利、农村饮水、乡村物流、宽带网络等基础设施建设将持续加强，医疗、教育、卫生等基本公共服务将持续改善，为乡村承载宜业宜居宜游的高品质生活提供有力支撑。

绿色低碳生态空间。良好生态环境是乡村最大优势和宝贵财富。环境好了,生活才能更好,乡村才能更具吸引力、农业才能更具竞争力。特别是在现代化的背景下,乡村提供生态产品和生态服务的功能将进一步彰显。从需求看,城乡居民对生态产品和生态服务的有效需求和支付意愿更加凸显;绿色发展理念更加深入人心,从供给看,生态建设和生态补偿力度不断加大,推动绿水青山、田园风光变成“聚宝盆”,打造村美人和、人与自然和谐相处的绿色低碳生态空间。

乡愁乡韵文化空间。文化振兴是铸魂工程,优秀乡村文化既能推动乡村非物质文化和“活态文化”的传承,又能推动乡村文旅产业发展,还能够提振乡村精气神,增强乡村凝聚力,孕育社会好风尚。特别是在城乡飞速变迁的背景下,乡村承载着已然“市民化”群体的田园牧歌梦,突出乡村特色,保护好乡村传统历史,传承乡土文化,打造听乡音、尝乡味、看乡景、住乡居、忆乡愁的特色产业链,既能增强乡村发展活力,又能留住乡愁记忆,使乡村真正成为能寄托乡愁乡韵乡情的文化空间。

创新创业创富空间。现代化的过程,也是城乡资源要素加速双向流动、优化配置的过程。随着乡村基础设施、公共服务的持续完善和提升,加之城市土地等成本的上升、互联网技术渗透和数字化转型的加速,乡村对创新创业要素的吸引力、竞争力逐步增强,以电商、乡村旅游等为代表的乡村新产业、新业态、新模式飞速发展,人回乡、企业回迁的“回归经济”加快兴起,带动人才回归、技术回乡、资金回流的“集合效应”,使乡村成为创新创业创富的重要空间载体,形成创新带创业、创业带就业、就业促增收、致富奔共富的良好局面。

重点难点

作为后发地区,农业大省统筹城乡的任务更重、难度更大,需要补齐的短板弱项更多,更需要创新思路举措,完善政策举措,蹄疾步稳加以解决。

发挥后发优势规避后发劣势。作为中国的缩影,河南在现代化新进程中,基于人多地少的基本省情和农业大省、大国大省经济体实际,决定了在统筹城乡方面面临后发优势与后发劣势并存的局面。一方面，作为后发地区，可以充分借鉴先发地区的经验教训，充分利用科技革命、产业变革的机遇和条件，少走弯路、不走错路；另一方面，也面临后发地区选择空间收窄的制约，不能继续走先污染后治理的老路，特别是“粮、人、地”的三重约束，成为统筹城乡、推进现代化河南建设的内置前提和先决条件。比如，作为粮食生产大省，河南不仅满足近亿河南人自己的吃饭问题，而且每年外调600亿斤原粮及其制成品，为保障国家粮食安全、重要农产品有效供给作出了突出贡献，在粮食比较收益偏低、发展机会成本高企的背景下，这既是河南的贡献，也是河南的奉献，更是作为国家粮食生产核心区推进现代化河南建设必须扛稳扛牢的必选任务。因此，必须积极探索粮食安全前置型、耕地保护红线和用地供需矛盾硬约束型的城乡融合发展模式。这既是统筹城乡困难所在，也是探索新路子“新”意所在。

放大比较优势塑造发展胜势。河南是粮食生产大省、畜牧大省、经济作物大省、农产品加工大省、农村人力资源大省，农林牧渔业总产值突破万亿元、居全国第2，农村劳动力转移就业3182万人、全国最多，这些都是统筹城乡的坚实基础和独特优势。特别是当前粮食作为战略资源的属性更加突出，广袤乡村的经济价值、生态价值、文化价值日益凸显，乡村作为消费市场和要素市场的重要作用日益显现。河南广大乡村积蓄着巨大内需潜力，既有基础设施补短板带来的投资需求，又有农村家电、汽车等迭代升级蕴含的消费需求；既有4200多万农村人口的巨大改善性需求，又有每年上百万农民工市民化的巨大提升性需求。人才、土地、资本等要素加速在城乡间双向流动，随着人回乡、钱回流、企业回迁的“回归经济”加快兴起，统筹城乡将成为拓展内需的最大空间所在、高质量发展的最大潜力所在，也是基于现代化目标任务、依托发展基础、发挥独特优势、塑造发展胜势的战略重点和难点。

打破路径依赖实现转型赶超。在以往的城乡发展过程中，通常把城市放在中心和主导地位、乡村放在从属和被动地位，导致乡村肌理被扭曲、多元性被破坏，也导致传统农业产业链短、价值链低、供应链弱。而正在全面起势的现代农业，链条完善、循环畅通、运转高效，能够架起从田间地头直达百姓餐桌的高速通道，农村电商、乡村旅游、休闲康养等新业态新模式也正在全方位大规模向农村渗透。这些都倒逼打破传统资本导向型、城市优先型发展模式的路径依赖，从根本上改变单纯以发展城市转移农民的路径，改变乡村从属服务于城市的地位，城市与乡村逐渐转变成为优势互补、平等交换的地位，更加注重把城镇与乡村的发展视为一个融合共生的有机整体，构筑基础设施协调布局、产业分工协作、公共服务共享、生态环境共治的城乡融合发展空间，实现向共同富裕和现代化的转型赶超。

对策建议

习近平总书记在广东考察时强调，要积极推进以县城为重要载体的新型城镇化建设，加快构建现代乡村产业体系，发展新型农村集体经济，深入实施乡村建设行动，促进共同富裕。

立足新形势、新需求，走好农业大省统筹城乡新路子，既要跳出“三农”抓“三农”，又要聚焦“三农”抓“三农”，加快推进以人为核心的新型城镇化，深入实施乡村振兴战略，多措并举、同向发力，筑牢“两个确保”、促进共同富裕和现代化的基本盘，推动干在实处、奋勇争先、走在前列、更加出彩。

锚定一个目标。即在乡村振兴中实现农业强省目标，实现农产品供给保障能力强、农业科技创新能力强、乡村产业竞争能力强、农民收入水平高、农村现代化水平高。为此，需要准确把握发展趋势，科学审视农业的作用、乡村的价值，把城乡融合发展、乡村振兴、农业农村现代化、农业强省等有机统一于新时代新征程“三农”工作全过程，全方位夯实粮食安全根基，推动乡村全面振兴，加快建设宜居宜业和美乡村，走出一条具有河南特色的统筹城乡、共同富裕新路子。

强化双轮驱动。用好科技这一利器和改革关键一招，协同推进科技创新和制度创新，激发统筹城乡的动力活力。加快推进种业振兴、农机装备创新和农业科技创新体系重塑重构，打造种业强省、农机装备制造强省、国家现代农业科技创新高地，打造专业化、职业化、现代化农业从业者队伍，提升农业创新体系整体效能，持续塑造现代农业新动能新优势。着力深化农业农村改革，统筹推进农村土地制度改革、农村金融改革、集体林权制度改革等，积极发展新型农村集体经济，培育壮大新型农业经营主体，健全城乡融合发展体制机制和政策体系，以机制创新、制度变革赋能城乡深度融合。

坚守三条底线。一是坚守保障国家粮食安全底线，树立大食物观，抓好耕地和种子两个要害，健全农民种粮挣钱得利、地方抓粮担责尽义的机制保障，守牢耕地红线，加强高标准农田建设，构建多元化食物供给体系。二是坚守不发生规模性返贫底线，巩固拓展脱贫攻坚成果，强化防止返贫监测帮扶机制的预警响应作用，推动帮扶政策落实，消除返贫致贫风险隐患，着眼过渡期后的政策衔接并轨，建立健全农村低收入人口和欠发达地区常态化帮扶机制，增强脱贫地区和脱贫群众内生发展能力。三是坚守农民利益不受损底线，完善联农带农机制，注重把产业增值收益更多留给农民，坚持土地公有制性质不改变，确保农民利益不受损。

突出四个抓手。一是基础建设，加强农业基础设施和农村公共服务设施建设，提升防灾减灾救灾能力，尤其是乡村产业基础设施建设，提升仓储烘干、冷链保鲜、现代物流、农机装备、加工装备、信息技术水平，大力发展设施农业创新农业保险和服务。二是业态创新，持续推动高效种养业和绿色食品业转型升级，加快发展预制菜、休闲食品、特色功能食品，积极培育“互联网+”“旅游+”“生态+”等新产业新业态，促进农业与旅游、文化、康养、体育等深度融合。三是绿色发展，实施绿色低碳转型战略，坚持绿色生产、绿色技术、绿色生活、绿色制度一体推进，发展绿色低碳农业，加快发展种养有机结合的循环农业，推进农业绿色发展先行区建设，加强农业面源污染治理，推进农业生产废弃物资源化利用，推广乡村绿色建筑、绿色消费等，促进农业农村绿色发展。四是数字乡村，加快推进农业信息化和数字乡村建设，大力发展智慧农业和农村电子商务，加快推进农产品流通现代化，让农产品卖得出、卖得好。促进信息化与乡村治理深度融合，提升乡村治理智能化、精细化、专业化水平。

处理五个关系。一是政府与市场的关系。统筹城乡的一个重要方面就是畅通城乡要素流动，这就要求必须树立市场导向，遵循市场规律，充分发挥市场决定性作用，破除妨碍城乡要素平等交换、双向流动的制度壁垒，促进发展要素、各类服务更多下乡，尤其是要率先在县域内破除城乡二元结构。同时，农业农村的基础性地位和滞后性现状，也决定了必须更好发挥有为政府的作用，推动农业农村优先发展。二是农业与农村的关系。统筹城乡不仅要发展乡村产业，更要补上农村发展短板，需要一体推进农业现代化和农村现代化，持续提高村庄规划布局合理度、基础设施完备度、公共服务便利度、人居环境舒适度，实现乡村由表及里、形神兼备的全面提升。三是城市与乡村的关系。顺应农业转移人口市民化、返乡创业热潮涌动的趋势，强化城乡融合、产业融合、产村融合、镇村融合、数实融合等，构建工农互促、城乡互补、协调发展、共同繁荣的新型工农城乡关系。尤其要以县域为重要切入点，逐步在县域内打破城乡界限，推动农民在工农之间自主选择、自由转换，在城乡之间双向流动、进退有据，把县域打造成连接工农、融合城乡的重要纽带。四是塑形与铸魂的关系。统筹城乡加强乡村建设，不仅要见物见硬件，在基础设施、村容村貌等方面"塑形"提"颜值"，逐步让农村基本具备现代生活条件，而且要见人见"软件"，在公共服务、乡风文明、乡村治理等方面"铸魂"提"气质"。五是历史主动与战略定力的关系。统筹城乡是一项长期而艰巨的历史任务，既要强化历史主动，尽力而为、锲而不舍，有力有序有效推进，多做打基础、利长远的事情，又要保持战略定力，保持足够历史耐心，量力而行、循序渐进、稳扎稳打。

（作者单位：河南省社会科学院农村发展研究所。原文刊发于2023年6月25日《河南日报》第7版）

努力走出文化大省以文兴业的新路子

程遂营　肖建勇

文化是一个国家、一个民族的灵魂。习近平总书记指出:“没有先进文化的积极引领,没有人民精神世界的极大丰富,没有民族精神力量的不断增强,一个国家、一个民族不可能屹立于世界民族之林。”全面建设社会主义现代化国家,必须坚持中国特色社会主义文化发展道路,发展面向现代化、面向世界、面向未来的,民族的科学的大众的社会主义文化,激发全民族文化创新创造活力,增强实现中华民族伟大复兴的精神力量。

物质文明和精神文明协调发展的现实需要

如果把人类文明发展划分为物质时代和精神时代,那么物质时代以满足物质需求和物质利益为主要的立足点,物质活动占主导地位,人和自然的关系起支配作用;精神时代则以满足精神需求和精神利益为主要的立足点,精神活动占主导地位,人和社会的关系起支配作用。人类文明发展的一条必然规律是由“物质时代”跃迁到“精神时代”,也就是发达国家普遍出现的“文化跃迁”现象。当前,我国仍处于社会主义初级阶段的“物质时代”,虽然全面建成小康社会使我们从总体上告别了物质绝对匮乏的时代,为人类文明发展作出了重大贡献,但也遭遇了不少挑战和问题,人民日益增长的精神文化需求愈来愈多样化、个性化、品质化。党的二十大报告明确指出:“中国式现代化是物质文明和精神文明相协调的现代化。物质富足、精神富有是社会主义现代化的根本要求。物质贫困不是社会主义,精神贫乏也不是社会主义。我们不断厚植现代化的物质基础,不断夯实人民幸福生活的物质条件,同时大力发展社会主义先进文化,加强理想信念教育,传承中华文明,促进物的全面丰富和人的全面发展。”由此可见,当前乃至今后相当长一段时间的历史时期,就是要统筹考虑物质需求与精神需求,全面提高物质生产力与精神生产力,不断丰富物质产品与精神产品,为实现物质文明时代向精神文明时代良性跃迁奠定重要基础。

世界发展经验也表明:现代化的程度越高,文化对经济的贡献程度就越高。美国、日本等国家在现代化建设的过程中均出现了“文化转向”,实现了“文化跃迁”,保持了较高质量的可持续发展。近 30 年来,美国是当今世界文化产业最发达的国家。相关数据显示,美国文化产业产值占 GDP 比重超过 20%,美国的文化产业国际竞争力指数为 71.44,排名世界第一。从蜘蛛侠、钢铁侠等漫威经典动画人物,到华纳兄弟、迪士尼等好莱坞电影巨头,再到 Facebook、Twitter 等社交媒体,美国不断巩固“芯片”“薯片”“大片”优势,在全球拥有重要的文化影响力,形成了一定的文化霸权。日本早在 1979 年就提出“文化立国”,发布《文化的时代》报告书,1996 年正式公布实施《21 世纪文化立国方案》。目前,日本已经形成以动漫、游戏、音乐为主题的文化产业矩阵,相互促进,带动周边产业融合发展,创造出高达 10% 以上的国内生产总值。奥特曼、熊本熊、皮卡丘、机器猫等形象经久不衰,宫崎骏等家喻户晓,这些都使日本在世界发展中成为一支不可忽视的力量。

河南得天独厚的资源优势

习近平总书记在文化传承发展座谈会上指出,中华文明具有突出的连续性、创新性、统一性、包容性和和平性。河南历史文化资源丰富,在 5000 多年的中华文明史中,河南作为全国政治、经济、文化中心 3000 多年,先后 20 多个朝代的 200 多位帝王在这里建都。截至 2022 年年底,全国重点文物保护单位共有 5058 处,河南共有 357 处,仅次于山西;在拥有全国重点文物保护单位的城市排名中,郑州以 81 处排名全国第三。在古都学会评定的“十大古都”中,河南就拥有四个。十三朝古都洛阳是中国历史上建都时间最长的城市之一，东京汴梁在1000年前就是首屈一指的世界级大都市。仰韶村遗址的发掘揭开了中国现代考古学的序幕，殷墟的发现与发掘更是中华文明探源的起点与基石，五千年不断裂的中华文明史在这里得到完美的诠释。截至2022年年底，河南入选全国年度十大考古新发现的项目累计已超过50项，持续领跑全国。

河南是中华人文始祖黄帝的故乡，中华儿女都能在这里寻根。河南是中国姓氏的发源地，据不完全统计，在总共4820个汉族的姓氏当中，起源于河南的就有1834个；当今中国的120个大姓中，有97个起源于河南，占据整个汉族人口的80%。河南是百家争鸣的主阵地，儒家、道家、墨家、法家、名家等主流思想均发源于河南。河南自古就有“天下名人，中州过半”之说，商汤、老子、庄子、墨子、韩非子、范蠡、商鞅、苏秦、吕不韦、李斯、贾谊、张衡、杜甫、韩愈、白居易、刘禹锡、李商隐、李贺、岳飞等名人不计其数。《易经》《尚书》《诗经》《道德经》等经典著作都成书于河南，中国四大发明中的指南针、造纸、火药三大技术均发明于河南。这些优秀传统文化深深植根中华儿女心灵，推动中华文明生生不息、薪火相传。

省第十一次党代会提出“两个确保”奋斗目标，作出实施“十大战略”、全方位推动高质量发展等重大部署。在新的历史时期，河南把华夏历史文明传承创新区建设作为重大战略任务，以中华文明全景式集中展示地建设为重要抓手，以“创意驱动、美学引领、艺术点亮、科技赋能”为路径，以让收藏在博物馆里的文物、陈列在广阔大地上的遗产、书写在古籍里的文字都活起来为目标，全力打造中华文化传承创新中心和世界文化旅游胜地，推动传统优秀文化创新性发展、创造性转化，用持续的“破圈效应”有效弘扬了中原文化和黄河文化。经过多年的实践，河南完全有基础、有条件、有能力、有信心探索出一条以文兴业的新路子，为传承弘扬中华优秀传统文化、提升国家文化软实力贡献更大力量。

以文化人以文兴业的本来要义

习近平总书记指出：“文化的力量，或者我们称之为构成综合竞争力的文化软实力，总是‘润物细无声’地融入经济力量、政治力量、社会力量之中，成为经济发展的‘助推器’、政治文明的‘导航灯’、社会和谐的‘黏合剂’。”这段论述生动形象地表现了文化在人类社会发展过程中的巨大作用。

站在时代之维来看，一是文化具有驱动功能、展现发展力。既作为重要因素推动了经济发展，还作为重要力量源泉推动了社会发展，同时促进了人的思想道德素质、科学文化素质和健康素质的全面提高。二是文化具有创新功能、展现创造力。既可以推动科技创新，还能够推动理论创新和文艺创新。三是文化具有先导功能、展现引领力。不但可以引领发展方式，还有效引领生活方式和社会思潮。站在民族之维来看，一是文化具有传承功能、展现生命力。不但有语言文字的传承，还有优秀文化和民族精神的传承。二是文化具有整合功能、展现凝聚力。一方面人民可以共享文化发展成果，另一方面可以促进民族认同、维护国家安全。三是文化具有自强功能、展现竞争力。不管是文化遗产的保护还是人才队伍的建设，文化都可以为国家增强竞争力。站在价值之维来看，一是文化具有定向功能、展现变革力。既可以坚定崇高信仰，还能够坚定伟大信念、强大信心。二是文化具有教育功能、展现稳定力。不断强化伦理、思想政治方面的教育，巩固各族人民团结奋斗的思想基础。三是文化具有认知功能、展现和谐力。既能够端正价值取向、提高审美趣味，还能够明辨是非曲直、构建和谐社会，推动物质文明和精神文明协调发展。

总体来看，以文兴业最终要把以文化人作为根本目的。习近平总书记强调，不忘本来才能开辟未来，善于继承才能更好创新。对历史文化特别是先人传承下来的价值理念和道德规范，要坚持古为今用、推陈出新，有鉴别地加以对待，有扬弃地予以继承，努力用中华民族创造的一切精神财富来以文化人、以文育人。“中华民族创造的一切精神财富”不但包括中华优秀传统文化，还包括革命文化和社会主义先进文化。譬如通过革命文化的学习，要让广大群众深刻地明白中国共产党为什么“能”、马克思主义为什么“行”、中国特色社会主义为什么“好”，进而坚定中国特色社会主义道路自信、理论自信、制度自信和文化自信，更加自觉地朝着中华民族伟大复兴的目标阔步前行。

文化大省的现状与挑战

河南是名副其实的文化大省,但却不能称之为文化强省。与紧邻的山西、陕西相比,河南的文物和文化遗产虽多但却零散,且历史破坏严重,无法直接形成有效的生产力和影响力。具体来说,还存在以下问题:

一是文化产业规模偏小。统计数据显示,2021 年河南实现文化及相关产业增加值为 2590.66 亿元,占国内生产总值的比重为 4.46%,低于全国水平。从规模以上文化及相关产业企业的营收来看,河南 2871 家企业实现 2405.26 亿元收入,仅占全国 119064 亿元的 2%,远远落后于北上广深等发达地区。从中部地区重点城市来看,2020 年郑州文化及相关产业增加值为 438.76 亿元,GDP 占比 0.36%,远远落后于长沙的 8.7%。

二是经营主体建设落后。2022 年,中国旅游集团 20 强河南未有一家入选,中国文化企业 30 强中仅有中原出版传媒投资控股集团有限公司一家入选。至今,河南没有一家主板上市的文旅文创企业。

三是新型文旅项目偏少。只有河南·戏剧幻城等现象级文旅项目成功圈粉,建业电影小镇、银基国际旅游度假区相继引爆市场,但总体来看,康养旅游、考古旅游、体育旅游、数字文旅等新型项目仍然较少,产品同质化现象比较突出。

四是文艺创作存在有数量缺质量、有“高原”缺“高峰”的现象。缺少具有影响力的文艺精品力作,很多作品脱离实际和生活,娱乐性大于教育性,机械化生产、快餐式消费,爆款产品匮乏。

五是公共文化设施不健全、不均衡、不充分,文化效能低下。城乡之间、发达地区与发展中地区之间差异悬殊,文化场所的服务供给严重不足,资金投入不够,产品老化严重。

六是文化人才支撑不够。2019 年在每 10 万人口拥有大专以上学历人数占比指标上,我省排名靠后,仅高于云南、西藏、贵州和广西。“千人计划”等国家高层次人才入选数量在全国排名靠后。

七是体制机制不活。以《唐宫夜宴》《龙门金刚》等为代表的“中国节日”系列节目揭开了海量传统优秀文化的一角，但还有大量的资源被束缚在陈旧的体制机制当中，无法实现有效的开放共享，潜在效益也得不到充分释放。

全面推进以文兴业的路径选择

以文化人以文兴业是中国式现代化建设河南实践的必然选择，是锚定“两个确保”、实施“十大战略”的具体举措。

习近平总书记强调，在新的历史起点上继续推动文化繁荣、建设文化强国、建设中华民族现代文明，要坚定文化自信，坚持走自己的路，立足中华民族伟大历史实践和当代实践，用中国道理总结好中国经验，把中国经验提升为中国理论，实现精神上的独立自主。讲好中国故事，加强文明交流互鉴，构建人类命运共同体，迫切需要传承发展以中原文化、黄河文化为代表的中华优秀传统文化。坚定文化自信，战胜前进道路上的各种风险挑战，迫切需要从以中原文化、黄河文化为代表的中华优秀传统文化中汲取精神力量。实现中华民族伟大复兴的中国梦，迫切需要以中原文化、黄河文化为代表的中华优秀传统文化率先实现复兴。实现全体人民共同富裕，迫切需要促进人民精神生活共同富裕，让人们感悟以中原文化、黄河文化为代表的中华优秀传统文化之美，陶冶心灵之美。推进社会主义文化强国建设，提高国家文化软实力，迫切需要以中原文化、黄河文化为代表的中华优秀传统文化实现繁荣兴盛。实施文旅文创融合战略，推动中原文化、黄河文化的现代化和国际化，实现中华优秀传统文化的创造性转化、创新性发展，是统筹中华民族伟大复兴战略全局和世界百年未有之大变局的应有之义。河南完全具备通过“文化创意+科技创新”的方式实现优秀传统文化的再开发、再创造，重铸中华文化新辉煌，全面促进以文兴业。具体可以从以下几个方面展开：

一是大力塑造“行走河南·读懂中国”品牌。立足河南作为华夏文明主根、国家历史主脉、中华民族之魂的重要地位，围绕中华文化传承创新中心、世界文化旅游胜地两大战略定位，坚持以文化人、坚定文化自信，厚植历史文化资源优势，以历史探源、历史事件、历史人物为主线，聚焦老家河南、天下黄河、华夏古都、中国功夫等中华文化超级 IP,突出国际范、中国味、中原韵,系统梳理在中华文明演进中具有重大价值、突出影响、关键意义的资源,集中打造重大标识,加强宣传推介,创新研学旅游、博物馆旅游方式,打造新业态谱系,建设中华文明连绵不断的探源地、实证地和体验地。

二是实施文化赋能乡村振兴行动。以社会主义核心价值观为引领,统筹优秀传统乡土文化保护传承和创新发展,充分发挥文化赋能作用,促进创意、设计、演出、音乐、美术、动漫、手工艺、科技等融入乡村经济社会发展,打造一批彰显中原文化底蕴、承载现代生活方式的乡村旅居目的地,助推乡村振兴。重点开展“乡村康养旅游示范村”“乡村文化合作社”“非遗点亮老家河南”“民宿走县进村”等系列创建与活动,创新实施“文化产业特派员”制度,走出以文兴村的“河南模式”,助力农业农村现代化。

三是大力发展特色鲜明的全链条文创产业。坚持“创意驱动、美学引领、艺术点亮、科技赋能”,对文旅文创资源开展整合化利用、活态化展示、具象化传播,把创意、设计、数智等元素充分融入文旅发展各环节,加快构建形成以 IP 为核心的内容生产,实现文旅资源观、时空观和产品观重构,全面贯通文创资源端、创意开发端、生产营销端,提升文创产业的影响力和带动力。积极探索文化文物资源与新技术应用的跨界融合,做强工艺美术产业、发展精品演艺、推行沉浸式体验消费等。

四是实施文艺作品质量提升工程。支持当代文学艺术创作,推动文艺创作从“高原”迈向“高峰”。加强对文学、戏剧、电影、电视、音乐、舞蹈、美术、摄影、书法、曲艺、杂技以及民间文艺、群众文艺等创作的规划引导。抓好重大现实题材、重大革命和历史题材、新时代发展题材、国家重大战略题材、爱国主义题材、青少年题材、军事题材的创作生产,推出更多讴歌党、讴歌祖国、讴歌人民、讴歌新时代、讴歌英雄的精品力作。

五是完善公共文化设施网络。优化公共文化资源配置,加强各级各类公共文化设施建设,打造新型城乡公共文化空间和美好公共文化空间。统筹推进基层公共文化资源整合,提高基层综合性文化服务中心使用效益,推进基层公共文化机构运行与县级融媒体中心建设、新时代文明实践中心建设相衔接。开展公共文化机构和旅游服务中心功能融合试点。统筹不同地域、层级、属性、类型博物馆发展。加强文化馆、图书馆总分馆制建设。持续推进公共图书馆、文化馆(站)、美术馆、博物馆等公共文化场馆免费开放。

六是健全现代文化产业体系。推进国有文化企业转型升级,优化资源配置和布局结构,打造知名文化品牌和企业集团。鼓励、支持、引导非公有资本依法进入文化产业,保护民营文化企业产权和企业家权益。积极支持中小微文化企业发展,鼓励走专精特新发展路子。加快发展数字出版、数字影视、数字演播、数字艺术、数字印刷、数字创意、数字动漫、数字娱乐、高新视频等新型文化业态,改造提升传统文化业态,促进结构调整和优化升级。推动文化与旅游、体育、教育、信息、建筑、制造等融合发展。

(作者单位:河南大学文化旅游学院。原文刊发于2023年6月25日《河南日报》第8版)

努力走出生态大省绿色发展的新路子

张占仓

省委书记楼阳生在省级党员领导干部会议上提出，要立足中国式现代化是人与自然和谐共生的现代化，努力走出生态大省绿色发展的新路子。这为我们结合河南实际贯彻落实习近平新时代中国特色社会主义思想和党的二十大精神指明了方向，也对推动全省经济社会高质量发展提出了工作重点。

以绿色理念引领高质量发展

在高质量发展成为全面建设社会主义现代化国家首要任务的新形势下，为什么我们要走生态大省绿色发展的新路子呢？

第一，绿色发展是贯彻落实党的二十大精神的必然要求。党的二十大报告强调，"推动绿色发展，促进人与自然和谐共生"。这既是中国式现代化的科学内涵和本质特征之一，也是推进中国式现代化建设河南实践的必然要求。因为大自然是人类赖以生存发展的基本条件，尊重自然、顺应自然、保护自然，是全面建设社会主义现代化国家的内在要求。所以，必须站在人与自然和谐共生的高度谋划发展、推动发展，不断创造人类文明新形态。我们要按照党的二十大的战略部署，加快发展方式绿色转型。推动经济社会发展绿色化、低碳化，加快推动产业结构、能源结构、交通运输结构等调整优化，如期完成碳达峰碳中和任务。从我做起，从现在做起，全面倡导绿色消费，推动形成绿色低碳的生产方式和生活方式。

第二,绿色发展是全面推进生态文明建设的必然选择。2005 年 8 月 15 日,时任浙江省委书记的习近平到浙江余村进行调研,当听到村里下决心关掉了石矿,停掉了水泥厂,便给予了高度肯定,称这是高明之举,并首次提出了“绿水青山就是金山银山”的理论。这样一种既来自一线群众实践、又具有高瞻远瞩理论价值的重要观点,改变了我们过去很多年在经济社会发展特别是工业化过程中形成的普遍性认识,第一次把中国传统文化中追求人与自然和谐共生的思想运用到现代经济社会发展的实践之中,破解了人类活动对大自然生态环境不断造成各种各样破坏的难题,为现代生态文明建设找到了新路径。党的十八大报告首次把“美丽中国”作为生态文明建设的宏伟目标,把生态文明建设摆上了中国特色社会主义“五位一体”总体布局的战略位置。此后,习近平总书记无论在国内主持重要会议、考察调研,还是在国外访问、出席国际会议发表重要讲话,都始终如一地强调建设生态文明、维护生态安全。我们要按照习近平生态文明思想的要求,探索走出生态大省绿色发展的新路子,让河南生态环境进一步优化,绿色发展更有成效。

第三,绿色发展是促进生产生活方式绿色转型的必由之路。整体谋划国土空间开发保护格局,是推进生态文明建设的重要举措。今年初,在前期反复调研论证的基础上,我省编制完成《河南省国土空间规划(2021—2035)》,根据农业空间、生态空间、城镇空间三个区域,分别对应划定耕地和永久基本农田保护红线、城镇开发边界、生态保护红线三条控制线,就是大家现在非常重视的“三区三线”。其中,全省划定生态保护红线面积约 14030 平方公里,占国土面积的 8.47%,构建了北部太行山生态屏障、西部秦岭生态屏障、南部桐柏山—大别山生态屏障和黄河干流沿线湿地“三屏一带”生态保护空间格局。我们要严守该规划划定的生态保护红线,保护我们的生态环境,优化农业、生态、城镇等功能空间,以资源集约高效利用促进生产生活方式绿色转型。

主要问题

河南地处中原,自然环境独特,作为黄河中下游连接的关键河段、淮河发源地与主要河流流经地段、长江流域的重要支流与南水北调中线工程核心水源地和流经距离最长的省份、海河重要河段等，在全国生态格局中具有特殊地位。然而，由于自然资源禀赋特征，以及过去对绿色发展认识不足，导致全省绿色发展遇到的问题比较突出。

第一，能源资源禀赋结构单一。全省煤炭资源在资源结构和能源消费结构中长期占据主导地位。煤炭资源是河南省的主要矿产资源，原煤占全省能源生产总量的比重一直比较高。2022 年，全省发电装机容量 11946.66万千瓦，比上年末增长 7.5%。其中，火电装机容量 7272.23 万千瓦，下降 0.4%；水电装机容量 438.65 万千瓦，增长 7.7%；风电装机容量 1902.75 万千瓦，增长 2.8%；太阳能发电装机容量 2333.04 万千瓦，增长 50.0%。全年规模以上工业发电量 3190.36 亿千瓦时，比上年增长 8.8%。其中，清洁可再生电力（水电、风电、光电）发电量 482.71 亿千瓦时，增长 3.0%，占规模以上工业发电量的比重为 15.1%，比全国占比 33.5% 低 18.4个百分点，差距非常大。由此看来，河南能源绿色化转型任务艰巨。因为火力发电是二氧化碳排放最为集中的行业，这种能源结构给全省绿色发展带来的压力特别大。

第二，重工业导致的环境污染仍然比较严重。全省传统工业企业中，重工业一直占比较高，像洛阳、三门峡、平顶山、安阳、鹤壁、新乡、焦作、郑州等，都是重工业占比较高的城市，特别是洛阳重工业占比长期高达 80% 左右。虽然这种工业结构对国家大国重器研发与生产、大型工业装备供给等贡献非常大，但是重工业大多是高耗能、高污染、高排放行业，在绿色发展上升到非常重要位置的今天，这类企业环境污染治理任务就显得非常繁重。正是因为全省重工业占比较高，空气污染现象比较突出，2022 年全国空气污染最严重的 10 个城市，河南有鹤壁、安阳、驻马店、新乡四个城市上榜，影响比较大。2022 年，全省地级及以上城市空气质量优良天数比例 66.4%，比全国占比 86.5% 低 20.1 个百分点。全省可吸入颗粒物（PM10）平均浓度为 79.0 微克/立方米，细颗粒物（PM2.5）平均浓度为 47.7 微克/立方米，而北京市分别为 54 微克/立方米、30 微克/立方米，我省推进空气质量持续改善的任务仍然繁重。

第三,绿色科技创新能力不足。因为历史的原因,河南著名科研机构与名牌大学相对比较少,高端人才一直不足。近几年,虽然全省在创新驱动发展方面持续发力,投入增加速度非常快,取得了比较好的成效,创新驱动成为推动河南经济社会高质量发展的主旋律。但是,毕竟高端人才与研发团队总量有限,积累的绿色科技成果有限,对于难度大、需求多、时间又非常迫切的绿色发展关键核心技术的创新还远远没有跟上。不少企业从国内外引进了一部分新的绿色技术,并进行了比较好的运用,取得了明显成效,但全省大量需要进行技术改造升级的工业企业仍然面临绿色技术创新不足的问题,因为缺乏足够的创新技术支撑,绿色发展整体推进的速度不够理想。

第四,黄河流域生态保护与洪水防控任务艰巨。2019 年 9 月,习近平总书记在黄河流域生态保护和高质量发展座谈会上的讲话中指出,当前黄河流域仍存在一些突出困难和问题。根据目前的情况来看,洪水风险依然是流域的最大威胁,小浪底水库调水调沙后续动力不足,水沙调控体系的整体合力无法充分发挥。下游防洪短板突出,洪水预见期短、威胁大。黄河流域生态环境脆弱,水资源保障形势严峻,发展质量有待提高。解决这些问题,需要加快黄河流域生态环境保护与综合治理,确保黄河安澜。

推动绿色发展提速

按照党的二十大的新部署,我们要从战略上高度重视绿色发展,推动全省绿色发展全面提速,并在涉及绿色发展的相关重大问题上大胆探索,尽快获得重大进展。

第一,明确战略思路。以习近平新时代中国特色社会主义思想为指导,坚定不移贯彻新发展理念,坚持重点突破、创新引领、稳中求进、市场导向的工作原则,践行绿色发展理念,全方位全过程推行绿色规划、绿色设计、绿色投资、绿色建设、绿色生产、绿色流通、绿色生活、绿色消费,建立健全绿色低碳循环发展经济体系,确保如期实现碳达峰碳中和目标,积极推动绿色发展跨上新台阶,让我们的天更蓝、水更清、地更绿、环境更美、人民更幸福。

第二,确定主要目标。经过全省人民的积极努力,到 2025 年,全省划定的生态保护区全面得到保护，黄河流域生态保护和高质量发展水平稳定提升，确保南水北调中线工程一泓清水永续北上，环境结构、产业结构、能源结构、运输结构明显优化，全省森林覆盖率稳定提升，绿色产业比重显著提升，基础设施绿色化水平不断提高，生产生活方式绿色转型成效显著，市场导向的绿色技术创新体系更加完善，绿色政策法规体系更加全面，绿色低碳循环发展的生产体系、流通体系、消费体系初步形成。全省森林绿化率由现在的25.07%稳定提升到26.09%，能源利用效率大幅提高，单位地区生产总值能源消耗降低15%以上，全省非化石能源消费比重比2020年提高5个百分点以上，全省重度及以上污染天数比例控制在1.4%以内。新创建绿色工厂300家、绿色工业园区15个、绿色供应链管理企业20家。全省绿色食品、有机农产品达到3500个，畜禽粪污综合利用率达到83%以上。城市生活垃圾综合回收利用率达到35%，电商快件基本实现不再进行二次包装。改造农村无害化卫生厕所550万户，农村生活污水治理率达到45%，农村黑臭水体治理率达到40%，有条件的县(市、区)基本实现农村生活垃圾分类、资源化利用全覆盖。全省生态环境持续改善，主要污染物排放总量持续稳定减少，生态大省绿色发展的新路子初步形成。

到2035年，全省绿水青山规模稳步扩大，“三屏一带”生态保护空间格局持续完善，黄河流域生态保护和高质量发展水平达到全国先进水平，南水北调中线工程一泓清水永续北上，沿线生态环境持续改善，经济社会绿色发展内生动力显著增强，绿色产业规模较大幅度跨上新台阶，重点行业、重点产品能源资源利用效率达到国际先进水平，广泛形成绿色生产生活方式，碳排放实现达峰后稳中有降，生态环境实现根本好转，生态强省建设目标基本实现，生态大省绿色发展的新路子越走越宽广。

走好绿色发展之路

习近平总书记在听取陕西省委和省政府工作汇报时强调，要着力推动发展方式绿色低碳转型，提升生态文明建设水平。中国坚定不移走生态优先、绿色低碳的高质量发展之路，将为世界提供更多机遇，为全人类进步作出更大贡献。我们要从战略层面高瞻远瞩、多措并举，扎扎实实走出生态大省绿色发展的新路子。

第一，全面提升黄河流域生态保护与治理水平。一是务实地保护沿黄地区的生态环境。加大生态建设投入，以高质量建设沿黄绿色生态廊道与黄河干线湿地保护区为主干，实施流域山水林田湖草沙全面综合治理，不断优化黄河流域生态环境。二是通过工程推进确保黄河安澜。通过重大水利工程，提升存在洪水隐患河段的安全水平，重点补齐防洪与水沙调控薄弱环节，确保夏秋季节黄河安全度汛。近期最为紧迫的水利建设工程是郑州桃花峪大型水利枢纽，要尽快开工建设，从根本上遏制夏秋季节洪水高发时段黄河以南的伊河、洛河与黄河以北的沁河形成的洪水对下游河堤与滩区造成较大安全威胁的难题，同时通过桃花峪综合性水利枢纽的水力发电，为绿色发展注入新动能。三是全方位贯彻落实“四水四定”原则。坚决贯彻落实习近平总书记提出的“以水定城、以水定地、以水定人、以水定产”原则，严格限制高耗水产业发展，打造因水制宜的创新发展模式，坚定不移走好沿黄地区水资源高效利用、水安全有效保障、水生态明显改善的集约节约发展之路。

第二，确保一泓清水永续北送。在经历 2014 年 12 月 12 日南水北调中线工程正式通水以来的实际历练、积累了多方面的管理经验之后，2021 年 5 月 14 日，河南省人大常委会启动南水北调饮用水水源保护相关立法工作，并采取多种有效措施，加快立法步伐。2022 年 1 月 8 日，河南省十三届人大六次会议高票通过《河南省南水北调饮用水水源保护条例》。2022 年 3 月 1 日，该条例正式实施，一泓清水永续北送得到了法律保障。下一步，伴随南水北调中线工程管理的数字化与智能化，一泓清水永续北送将搭乘时代列车，实现更加科学有效精准的管理，确保这一项造福我国北方地区数亿人的伟大工程生态安全、水质安全、供水安全、运行安全。

第三，加快推进能源绿色低碳转型。按照 2023 年 2 月省委、省政府印发的《河南省碳达峰实施方案》，“十四五”期间，全省产业结构和能源结构优化调整取得明显进展，能源资源利用效率大幅提升，煤炭消费持续减少，新能源占比逐渐提高的新型电力系统加快构建，绿色低碳技术研发和推广应用取得新进展，减污降碳协同推进，人才队伍发展壮大，绿色生产生活方式得到普遍推行，绿色低碳循环发展经济体系初步形成，确保单位生产总值能源消耗、单位生产总值二氧化碳排放和煤炭消费总量控制完成国家下达指标，为实现碳达峰奠定坚实基础。“十五五”期间，产业结构调整取得重大进展，清洁低碳安全高效的能源体系初步建立，非化石能源成为新增用能供给主体，煤炭消费占比持续下降，重点行业能源利用效率达到国内先进水平。到2030年，顺利实现碳达峰目标。

第四，深入打好蓝天、碧水、净土保卫战。近几年，全省蓝天保卫战进入精准治霾新阶段，要着力打好重污染天气消除、臭氧污染防治、柴油货车污染治理三个攻坚战，加强大气面源和噪声污染治理。大力推进钢铁、焦化等重点行业产业结构调整和转型升级，加快钢铁、水泥、焦化行业及锅炉超低排放改造。推动氢燃料电池汽车示范应用，推广新能源汽车和非道路移动机械。深入打好碧水保卫战，提升黄河流域水土保持和水源涵养等功能，推进伊河、洛河等主要支流现有水电站整治。持续推进县级城市建成区黑臭水体排查治理，到2025年基本消除黑臭水体，为下一步全面完成碧水保卫战奠定良好基础。打好净土保卫战，积极推进“无废城市”建设，加快垃圾焚烧发电工程建设。对于量大面广的农村，要在技术创新的基础上，全面治理农业面源污染，控制化肥、农药使用量，积极治理乡村“三废”污染，还农村更多净土与安宁。

第五，全面治理工业污染。按照省政府办公厅印发的《河南省制造业绿色低碳高质量发展三年行动计划（2023—2025年）》，聚焦传统优势产业、绿色低碳产业发展，实施制造业绿色低碳发展十大行动。促进产业结构不断优化，绿色低碳产品供给能力显著增强，绿色制造水平全面提升。

第六，坚决守牢生态环境安全底线。实施山水林田湖草沙一体化保护和修复工程、湿地保护与修复工程，开展水土流失综合治理和矿山生态修复，加强生态保护修复监督评估。持续开展国土绿化、城乡绿化，让全省的绿水青山更多。严格落实重金属排放“减量替代”要求，严密防控环境风险。

（作者系中共河南省委咨询组研究员，河南省社会科学院原院长。原文刊发于2023年6月25日《河南日报》第9版）

努力走出内陆大省开放带动的新路子

赵建吉

深入贯彻党的二十大精神和省委部署，就要锚定“两个确保”、深入实施“十大战略”，全面推进中国式现代化建设河南实践，努力走出内陆大省开放带动的新路子。

现代化河南建设的必由之路

对外开放是我国基本国策和当代中国的鲜明标识。党的十一届三中全会作出实行改革开放的历史性决策，坚持打开国门搞建设。2001年加入世界贸易组织，标志着中国对外开放进入历史新阶段。党的十八大以来，我国充分利用国际国内两个市场、两种资源，坚持“引进来”和“走出去”并重，推动形成全方位、多层次、宽领域的开放格局。党的二十大报告强调，“中国坚持对外开放的基本国策，坚定奉行互利共赢的开放战略”“推进高水平对外开放”。

无论是全球价值链（GVC）还是全球生产网络（GPN）理论，都认为经济全球化为后发国家（地区）的快速发展和赶超提供了重要机遇。世界银行的研究报告显示，全球有13个经济体实现了持续25年以上的高速增长，它们的共同特征就是实行对外开放。我国全面履行入世承诺，所有商品的平均进口关税水平从2001年的15.3%降至2022年的7.4%；全面实施市场准入负面清单制度，2022年版清单与2018年试点版清单相比，事项缩减比例达23%；设立21个自贸试验区，同26个国家（地区）签署19个自贸协定。通过深度融入经济全球化，我国经济总量从2012年的54万亿元提升至2022年121万亿元，占世界经济的比重从11.3%提升至17.9%，成为世界第二大经济体。我国成为140多个国家和地区的主要贸易伙伴，货物贸易总额位居全球第一，利用外资居全球第二，对外投资居全球第三。

对外开放是我省应对复杂多变国际形势的重要举措。当前，世界之变、时代之变、历史之变正以前所未有的方式展开，经济全球化遭遇逆流、世界经济低迷、全球市场萎缩，贸易摩擦、地缘政治等问题错综交织，世界进入新的动荡变革期。我省重工业和传统产业比重较高，能源原材料工业、高耗能工业增加值占规模以上工业的45.4%、38.6%，虽然高技术制造业的增速达到12.6%，但占规模以上工业的比重仅为12.9%，对于高质量发展的支撑还较为有限。根据《中国区域科技创新评价报告2022》，我省综合科技创新指数的全国排名仅17位，关键核心技术与高端装备受制于人，多数产业还处于全球产业链分工的中低端、高附加值产品少。我省是人口大省、农业大省、生态大省、文化大省，作为中国的缩影，要以高水平对外开放打造国际合作和竞争新优势，推进中国式现代化建设河南实践。

发展愿景

到2025年的发展目标：一是制度型开放取得明显成效。中国（河南）自由贸易试验区2.0版深入推进，重点领域和关键环节改革取得重大突破，基本形成制度型开放体系。二是融入新发展格局实现更大作为。空中、陆上、网上、海上“四路协同”立体开放通道体系进一步完善，连通境内外、辐射东中西的物流通道枢纽优势更加彰显，与“一带一路”沿线国家投资经贸合作水平稳步提升。三是开放型经济水平显著提升。利用外资和引进省外资金保持稳定增长，在豫世界500强、中国500强、行业领军企业显著增多，外贸进出口占全国比重进一步提升。四是对于高质量发展的支撑更为有力。加快融入全球创新网络，大力引进高端创新资源，推动国家创新高地建设。面向经济主战场，大力引进头部企业和领军企业，强化延链补链强链，加快推动换道领跑、文旅融合、乡村振兴、绿色低碳转型。五是开放影响力进一步增强。围绕招商引资、国际性会议、展会、体育赛事等形成一批对外开放河南品牌。

到2035年的发展愿景:开放程度和国际化水平大幅提升,基本建成开放强省。融入共建"一带一路"水平大幅提升,建成成熟的制度型开放体系,营商环境进入全国先进行列,国内大循环重要支点和国内国际双循环战略链接地位基本确立。

成效及挑战

主要成效:

对外贸易创历史新高。近年来,全省货物贸易进出口总额连创新高,2022年达到8524.1亿元,是2012年的2.56倍,年均增速达到9.9%,规模位居全国第9,连续十一年稳居中部地区第一,总值和排位均创历史最好成绩。

招商引资实现新突破。"十三五"期间,全省累计实际使用外资901亿美元,实际到位省外资金4.7万亿元,分别是"十二五"的1.36倍和1.57倍。"十三五"时期新上超千万美元外资项目452个,引进合同利用省外资金超10亿元项目2264个。2022年,全省实际使用外资17.8亿美元,同比增长118.2%,增幅居全国第四位,实际到位省外资金11076.9亿元,增长4.0%。198家世界500强企业、178家国内500强企业在我省投资。

开放通道形成新优势。空中丝绸之路的辐射力和影响力不断增强。郑州机场开通全货机航线48条,在全球货运前20位国际枢纽机场中开通17个航点,货邮吞吐量居全国第六,国际货运量居全国第五。陆上丝路量质提升。中欧班列实现每周"16去18回"高频次往返对开,境外业务网络遍布30多个国家130多个城市,综合运营水平位列全国第一方阵。网上丝路持续突破创新。率先探索"网购保税+线下自提"模式,"网购保税1210服务模式"向全国推广、向海外反向复制,业务覆盖近200个国家和地区。海上丝路加快无缝衔接。铁海联运扩容加密,郑州等城市开通直达青岛、宁波等港口的铁海联运线路。周口港、信阳港通江达海,周口港加入海河联运港际联盟。

开放平台载体能级显著提升。郑州航空港经济综合实验区引领示范作用持续增强，内陆对外开放重要门户加快建设，入选空港型国家物流枢纽。河南自贸试验区构建了政务、监管、金融、法律、多式联运 5 大服务体系，160 项试点任务已基本实施。郑洛新国家自主创新示范区创新能力持续增强，集聚创新引领型企业、人才、平台、机构总数均占全省的 50% 以上。中国（郑州）跨境电子商务综合试验区建设成效显著，在全国跨境电子商务综合试验区评估中位列“第一档”，跨境电商零售进出口总额位居全国综试区城市第 3，省会城市第 2。国家大数据（河南）综合试验区形成以郑东新区龙子湖智慧岛为核心区、省辖市大数据产业园区为主要节点的“1+18”格局。我省已建成 3 个国家一类口岸、9 个功能性口岸、5 个综合保税区、4 个保税物流中心，是功能性口岸数量最多、功能最全的内陆省份之一。

制度型开放取得重要进展。2017 年挂牌以来，河南自贸试验区累计入驻企业 12.3 万家，注册资本 1.6 万亿元，形成了 515 项改革成果，15 项创新成果被国家层面采纳推广，99 项成果在全省推广。“二十二证合一”改革得到时任国务院总理李克强点赞，“建设项目水电气暖现场一次联办模式”“跨境电商零售进口退货中心仓模式”等入选国务院自贸试验区改革试点经验，“一码集成服务”“跨境电商零售进口正面监管模式”“四链融合促进老工业基地转型升级”等入选全国自贸试验区最佳实践案例。

对外开放的影响力进一步彰显。我省成功承办上合组织成员国政府首脑理事会第 14 次会议、中欧政党高层论坛经贸对话会、RCEP 第 27 轮谈判等高规格国际性会议。举办多届中国河南国际投资贸易洽谈会、全球跨境电商大会、中国（郑州）产业转移系列对接活动等高水平对外开放活动。河南投资贸易洽谈会已成为我省对外开放的亮丽名片，中国（郑州）产业转移系列对接活动被工业和信息化部誉为“全国最具影响力的区域产业对接品牌”。

面临挑战：

一是思想解放不够。我省地处内陆，与沿海发达地区相比，思想相对封闭保守、开放意识和创新意识不足。部分地区(部门)工作上因循守旧,法无依据不作为,没有成例不敢为,借鉴先进地区经验做法不够,容易错失发展机遇。

二是外向型经济发展水平偏低。虽然我省进出口总额增长较快,但是对外贸易依存度(进出口总额/GDP)相对较低。2021 年对外贸易依存度比全国平均水平低 21.3 个百分点,在全国排名第 17 位,在中西部地区滞后于重庆、广西、四川、江西、陕西、安徽。2022 年,我省实际利用外资 17.8 亿美元,占全国的比重仅为 0.94%,在中部地区位居第五位,仅相当于湖南的 1/2、湖北的 2/3。加工贸易占外贸进出口总值的 60%,新型服务贸易处于起步阶段。出口过于依赖单一商品,手机及其零部件进出口占全省的 52.8%。

三是制度型开放的氛围不浓。一些地区(部门)对制度型开放的内涵、重要意义认识不到位,在探索制度型开放新模式、构建制度型开放新体制和打造制度型开放新高地等方面主动性不够。多部门的协作较为薄弱,不能在改革创新、制度设计、复制推广等环节形成合力。相较于浙江、江苏、四川等地,河南自贸区开放创新联动区建设相对缓慢。制度创新成果在各市县的知晓度、推广示范作用发挥不充分。

四是营商环境有待进一步提升。我省营商环境在全国的排名相对靠后,与经济大省、工业大省的地位不相符。一些地方政府部门缺乏“服务员”“店小二”服务意识,政务服务质量和效率不高;个别地方还存在招商承诺事项不兑现和新官不理旧账的现象,“前热后冷”现象仍有发生。部分部门数据封闭分散,存在信息孤岛和数据烟囱,导致“一网通办”和“最多跑一次”实现率不高。绿色通道、联审联批、容缺办理等投资服务机制还不健全。

五是国际化程度偏低。教育、文旅、外事等领域国际交流合作水平偏低,与教育人口大省、文化旅游大省、经济发展大省的地位不相称。郑州国际通航点不足成都的 1/3、西安的 1/2,入境旅游人数不到成都、武汉的 1/5。外国驻华大使馆和领事馆是对外开放水平的重要标志,郑州仅有 1 个卢森堡签证服务平台。举办影响力大的国际性活动较少。

对策建议

习近平总书记强调，要稳步扩大规则、规制、管理、标准等制度型开放，推进自贸试验区高质量发展，积极打造高能级开放平台。

建设河南自由贸易试验区2.0版，加快推动制度型开放。贯彻落实省委、省政府《关于推进中国（河南）自由贸易试验区深化改革创新打造新时代制度型开放高地的意见》《中国（河南）自由贸易试验区2.0版建设实施方案》，更大力度推进改革创新。一是提升投资自由化便利化水平。积极对接区域全面经济伙伴关系协定（RCEP）、中欧全面投资协定（CAI），推动与相关国家和地区深化交流合作，在海关程序和贸易便利化、服务贸易、自然人临时流动等方面先行先试。优化通关一体化流程，持续高质量推进海关“提前申报”和“两步申报”，巩固压缩货物进出口整体通关时间成效。加大文化、金融等重点领域开放力度，提高外商投资负面清单的透明度和市场准入的可预期性。二是积极开展重点领域制度创新。加快实施原产地自主声明制度和原产地预裁定制度，围绕账户体系管理、基金业扩大开放、融资租赁公司外债便利化、知识产权证券化、证照分离、卫生健康领域改革、期货市场国际化等方面开展试点创新。三是进一步发挥示范带动效应。大力推动国家层面改革试点经验和“最佳实践案例”的复制推广，加快成熟的制度创新成果在全省复制推广。四是积极申建河南自贸试验区空港新片区。发挥郑州航空港区临空区位、物流枢纽和功能口岸等优势，探索完善高水平开放政策制度体系。

融入全球创新网络，加快推动国家区域科技创新中心。一是加强引进来。积极吸引全球知名高校、科研院所、跨国公司和科技服务机构在我省设立分支机构，共建国际科技合作基地。强化省科学院、省实验室、新型研发机构等平台的引才聚才作用，依托中国·河南开放创新暨跨国技术转移大会、中国·河南招才引智创新发展大会等高水平活动，大力引进一批科技顶尖人才、领军人才、青年人才及高水平创新创业团队。二是积极走出去。鼓励我省龙头企业在欧洲、美国、日本等创新强国布局海外研发中心、离岸创新中心、联合实验室等创新平台，提升配置全球创新资源的能力和水平，攻克一批关键领域的共性技术和“卡脖子”技术。三是加强科技合作。深化与“一带一路”国家的科技交流与合作，主动融入国家“一带一路”科技创新行动。加强与京津冀、长三角、粤港澳等地区的科技战略合作，打造中原—长三角科技走廊。

大力发展枢纽经济，加快推动优势再造。一是创建国家枢纽经济示范区。依托郑州空港型国家物流枢纽，构筑辐射全球的货运航线网络体系和运输通道，建成全球航空货运枢纽和现代国际综合交通枢纽。以郑州航空港区、国际陆港等平台载体为核心，创建国家枢纽经济示范区。二是提升“四条丝绸之路”的链接度和影响力。深化郑州—卢森堡航空“双枢纽”合作，不断织密郑州至 RCEP 国家航空货运航线网络。加快建设中欧班列郑州集结中心，进一步提升陆港集散能力、增强多式联运能力、提高智慧港区建设和物流仓配效率，促进中欧班列开行由“点对点”向“枢纽对枢纽”转变。对标 RCEP 及 CPTPP 和 DEPA 高标准经贸规则，在跨境电商、移动支付等前沿数字服务领域创新发展，持续推动 E 贸易核心功能集聚区创新发展。加快铁海联运发展，加密至天津、连云港、青岛、宁波线路，建设完善淮河、沙颍河、唐河等航道，围绕港口货运功能形成“2+8”分层次港口布局。三是培育壮大枢纽偏好型产业。巩固提升冷链、航空、电商等特色物流竞争优势，依托新郑国际机场发展航空维修、航空制造等航空核心产业，积极发展电子信息、智能制造等航空偏好型制造业。

加大招商引资力度，加快推动换道领跑。一是推动产业链招商。编制产业链招商图谱和路线图，积极对接世界 500 强、中国 500 强、央企和行业龙头企业，落地一批标志性、引领性重大项目，实现在传统产业上高位嫁接、在新兴产业上抢滩占先、在未来产业上前瞻布局。梳理产业链短板弱项，大力引进配套关联项目，推动延链补链强链，形成一批产业特色鲜明、配套服务完善、分工合作高效的产业集群。二是构建全球招商网络。结合我省实际，尽快在港澳台、日韩、北美、欧洲等我省主要外商投资来源地，设立驻外经贸代表处或投资促进机构驻外联络处，定期开展投资促进专题活动。三是围绕重点国家（地区）招商。抓住用好区域全面经济伙伴关系协定（RCEP）和中欧全面投资协定（CAI）机遇，深化与美国、欧盟、日韩、东盟等国家和地区经贸合作。四是推进重大经贸活动。借力国家层面的多双边投资促进机制，搭建对外经贸活动平台，积极申报创办 RCEP 经贸博览会并争取永久举办权，高水平办好河南投洽会。

持续优化营商环境，加快推动深化改革。一是深入推动思想再解放。把开放摆到引领全局发展的新高度，贯穿到经济社会发展各领域各环节。各地开设开放大讲堂，结合宣传贯彻党的二十大精神，主要领导讲一次开放方面的党课。每年定期举办对外开放专题研修班，提高抓开放的本领和素质。二是营造高效便捷的政务环境。建立便捷高效的一体化政务服务平台，推进数据资源互联互通，加快推进“一网通办”前提下“最多跑一次”改革。在基本条件具备、主要申报材料齐全的前提下，启动容缺受理。三是营造公平公正的法治环境。贯彻落实《中华人民共和国外商投资法》《优化营商环境条例》《河南省优化营商环境条例》，进一步完善高质量利用外资的制度体系。开展关键领域、重点环节知识产权执法活动，依法严厉打击侵犯知识产权违法犯罪行为。四是营造诚实守约的信用环境。加快打造诚信政府，对依法做出的政策承诺和签订的各类合同认真履约和兑现。贯彻《河南省社会信用条例》，推动社会信用体系建设高质量发展，建立信用联合惩戒机制。

（作者单位：河南大学黄河文明与可持续发展研究中心。原文刊发于 2023 年 6 月 25 日《河南日报》第 10 版）

全面激活文旅消费潜力

唐晓旺

近年来,河南文旅文创加速融合,已成为拉动消费、扩大内需、促进经济发展的主力军、主战场。深入实施文旅文创融合战略,加快塑造"行走河南·读懂中国"品牌,推动文旅文创产业成支柱,就要培育文旅文创消费新业态、新场景、新模式,进一步激活文旅消费潜力,更好满足人民群众对文化旅游的需求。

坚持融合理念,培育文旅消费新业态

近年来,随着数字经济的不断深化,以视频直播、创意广告、智能文娱设备制造等为代表的文化产业新业态快速发展。根据国家统计局数据,2022年文化新业态特征较为明显的16个行业小类的规上文化企业实现营业收入43860亿元,比上年增长5.3%,快于全部规模以上文化企业4.4个百分点。文化新业态行业营业收入占全部规模以上文化企业营业收入的36.0%,占比较上年提高1.5个百分点。在16个行业小类中,13个行业营业收入比上年增长,其中,数字出版、娱乐用智能无人飞行器制造、互联网文化娱乐平台、增值电信文化服务和可穿戴智能文化设备制造等行业实现两位数增长,分别为30.3%、21.6%、18.6%、16.9%和10.2%。由此可以看出,文化产业新业态已经成为推动文旅文创产业复苏、促进消费扩容提质的重要途径。

一部河南史,半部中国史。河南文化资源十分丰富,但是由于经济、历史等原因，文化产业发展相对滞后，特别是文化新业态发展不足，导致中原文化的吸引力和凝聚力明显偏低。根据中国人民大学文化产业研究院研发的“中国省市文化产业发展指数”，河南在文化新业态融合指标中排名第八位，与北京、广东、浙江等先进省市存在较大差距。究其原因，在于河南文旅资源整合水平较低，文化内涵挖掘不足，市场化程度不高，还没有形成产业优势，制约着河南文旅产业的发展壮大。

新的时代，文旅消费已成为扩大内需的新风口，河南培育文旅文创消费新业态，需要从三个方面着手：一是推动文、创、旅深度融合。坚持以文塑旅、以旅彰文，深入实施文旅文创融合战略，加快推进资源利用，不断创新业态模式，持续提升服务品质，完善产业链条，优化文旅文创产品供给。二是加快推进跨界融合。发展城市旅游、工业旅游、农业旅游、红色旅游、体育旅游等，加强颠覆性创意、沉浸式体验、年轻化消费、移动端传播，以新文旅出圈出彩带动经济社会高质量发展。三是坚持系统集成。坚持文创主体、文创人才、文创产品一体推进，做强工艺美术产业，打造精品演艺项目，发展影视动漫，推动非遗活态传承和创新发展，加快特色化、集群化、品牌化发展。

强化数字赋能，打造文旅消费新场景

消费场景的核心元素是以消费为导向的舒适性设施、服务和活动，以及由此给消费者带来的愉悦体验和美学价值。创新消费场景，本质在于对传统消费场景的有效延伸，也在于对消费升级新需求的主动呼应。对于消费者而言，这意味着与众不同的新体验。对于企业和城市而言，这意味着新商机以及发展新机遇。消费“场景力”就是新活力，当人们置身于丰富多彩的新场景中，巨大的消费潜力更容易释放出来。在众多消费新场景中，文旅文创消费优势明显，发展潜力较大。

我国文化旅游资源丰富，夯实了文旅消费的场景基础。正因如此，上海、广州、成都、长沙、杭州等诸多热门旅游城市，都开始在创新文旅消费场景上下功夫，这也成为当下文旅市场新一轮竞争的热点。近年来，河南在文旅消费场景打造方面做出了许多尝试，《禅宗少林·音乐大典》《大宋·东京梦华》等实景演出蜚声中外，建业电影小镇、只有河南·戏剧幻城等特色景区蓬勃发展，《唐宫乐宴》《天门有道》等历史情景再现文化项目大获成功，形成了河南文化旅游消费新的增长点。然而，与先进地区相比，河南文旅消费场景的优势并不明显，与河南消费大省的地位不相适应。

未来一个时期，河南打造文旅文创消费新场景，应着重做到以下几点：一是加快数字赋能。在传统文旅资源的可视化呈现、互动化传播、便捷化消费上下功夫，打造数字文旅新基建，培育数字文旅新场景，发展数字文旅新消费，为文旅产业高质量发展插上“数字翅膀”。二是推动情景再现。依托河南悠久的历史文化资源，通过数字化的技术，再现历史情景，让历史文化动起来，提升历史文化的消费价值。三是不断拓展虚拟空间。依托元宇宙、人工智能、互联网等技术，加快虚拟场景再造，推动河南文旅资源上线，不断拓展河南文旅发展空间。

加强政策支持，创新文旅消费新模式

随着消费新场景的出现和人民群众文旅需求的不断升级，文旅消费模式也在发生积极变化，新的消费模式层出不穷。目前，文旅文创消费模式创新大体上分为供给推动、需求拉动以及供需两侧发力等三类。从供给角度看，通过支持文旅文创产品开发，促进文旅文创产品迭代升级，鼓励文旅产品提供商向消费者供给高质量的文旅文创产品，促进文旅文创产业发展。从需求角度看，通过文旅文创产品价格优惠、向消费者发放文旅消费券等形式，鼓励和刺激居民文旅产品消费，提振居民文旅消费信心。从供需两侧结合来看，很多地方将对旅游商品提供者的支持和对文旅消费者的激励结合起来，从供需两端发力，促进文旅文创消费转型升级，取得了较好的效果。

未来一个时期，河南文旅文创消费模式创新，应从以下四个方面入手：一是强化文旅文创融合的顶层设计。当前，要强化标识构筑，塑造“行走河南·读懂中国”品牌。充分用好河南丰富的文旅资源，聚焦“读什么、在哪读、怎么读”，深度开发文旅精品线路和景区，高标准规划建设博物馆群，积极构建中华文化超级 IP 矩阵，开展体系化推广推介，让更多人在行走河南中触摸历史、感知文明、滋养精神、读懂中国。二是强化文旅文创产业发展的政策支持。加大对旅游企业“引客入豫”补贴,加大对旅游企业组织专列、包机的奖励。加快实施文旅消费补贴、门票减免、消费券等优惠措施,进一步加大惠民消费力度。打造一批网红打卡地和文旅消费新场景,引导文旅新业态培育,鼓励和支持文旅消费示范县(市、区)建设。三是突出龙头带动,培育文旅文创旗舰劲旅。坚持招大育强,打造一流现代文旅集团,扶持高成长性文创企业发展,积极引进国内文旅文创龙头企业,以企业强有力支撑产业强。四是注重品质提升,完善“食住行游购娱”服务体系。提高景区品质,打造舒适交通,推动豫菜振兴,提供优质住宿,挖掘消费潜力,让游客乘兴而来、满意而归、愿意再来,促进文旅文创产业可持续发展。

(作者单位:河南省社会科学院改革开放与国际经济研究所。原文刊发于 2023 年 7 月 9 日《河南日报》第 4 版)

以创意点燃文旅发展新引擎

宋朝丽

随着人们对美好生活需求的大幅提升和科技进步的日行千里，创意经济的时代已经到来，哪里有创意，哪里就必定有技术创新和经济增长。作为河南省“十大战略”之一，文旅文创融合战略里体现出对创意创新的高度重视。2023全省文旅文创发展大会提出，深化创意创新，加快发展全链条文创产业。以创意赋能文旅文创融合发展，是河南建设文化强省的重要路径。

创意先行，推动中华文明传承创新

创意创新是赓续中华文脉、建设中华民族现代文明的重要举措。习近平总书记在文化传承发展座谈会上强调，在新的起点上继续推动文化繁荣、建设文化强国、建设中华民族现代文明，是我们在新时代新的文化使命。他曾深刻指出，“对历史最好的继承，就是创造新的历史；对人类文明最大的礼敬，就是创造人类文明新形态”。对待中华优秀传统文化，要做到守正创新，“让收藏在博物馆里的文物、陈列在广阔大地上的遗产、书写在古籍里的文字都活起来”。建设中华民族现代文明，要求对中华优秀传统文化在传承的基础上进行创造性转化和创新性发展。

创意创新是河南以文兴业、建设文化强省的必然要求。作为文化大省，河南拥有丰富多彩的文化遗产，这既是繁荣文化产业的资源优势，也是推动文旅高质量发展的底气，更是建设文化强省的根基。实践证明，推动文旅文创融合发展，就要用创意的手段让优秀传统文化活起来、旺起来、潮起来，通过创意驱动、美学引领、艺术点亮、科技赋能、跨界融合,把河南打造成中华文化传承创新中心、世界文化旅游胜地。

创意赋能,驱动河南文旅扩容提质

如果说以历史文化资源为依托的旅游开发是文化旅游产业的1.0版本,那么现阶段的文化旅游则是以资本、创意和科技为驱动的2.0版本。1.0版本时代的文化旅游主要依托老祖宗留下的资源,文物发掘、遗迹保护、古建修复、文化恢复是这一时期文旅开发的主要形式。2.0版本时代则更多依靠创意和科技的力量,“人无我有,人有我特”,文旅产业的创意属性得以充分彰显。新时代文旅的底层逻辑已经从走马观花式的参观游览,转变为深度学习和交流互动的沉浸式体验,需要不断以创意为基础进行迭代升级。

用创意推动文旅场景创新。传统的文旅场景主要是文化旅游景区、博物馆、图书馆、文化馆、主题公园等。近年来,在创意驱动下,各地涌现出不少文旅消费新场景,大大拓宽了文化旅游的空间边界,推动文旅融合向更深更广纬度发展。西安的“长安十二时辰”主题街区、大唐不夜城打造了融主题景观、演艺内容、商户业态为一体的文旅综合消费新场景。郑州的“只有河南·戏剧幻城”、廊坊的“只有红楼梦·戏剧幻城”打造了戏剧与文旅融合共生的沉浸式体验新场景。以“中国最孤独图书馆”著称的阿那亚书店,则打造了集住宿、美食、公共文化建筑、文化艺术空间、艺术休闲等于一体的综合性社区。拓展消费新场景,就要促进创意与文化、生活的紧密融合,积极打造富含空间品质、文化品质和美学品质的文旅新场景。

用创意推动文旅业态创新。挖掘文化资源内涵,通过创意生成文化符号,形成文旅新业态,是文旅发展的内生动力。沉浸式旅游演艺是目前最火爆的旅游新业态,如洛阳聚焦打造中国剧本娱乐之都,推出“神都奇幻志”全城实景剧本杀活动,串联40多个剧本,为游客带来沉浸式文旅体验。云台山音乐节和电音节吸引数万名音乐迷走进景区,带动景区周边民宿入住率达100%。除此之外,诸多潮流艺术展、灯光秀、创意市集、星空露营、户外探险、古装旅拍等,也已深度融入生活场景之中,成为文旅新业态和新亮点。

新业态不断改变着传统的消费形态和社会生活，为城市发展带来新动能。

用创意推动文旅消费创新。随着追求个性、注重体验消费的“Z 世代”年轻人逐渐成为文旅消费主流，传统的文旅消费渠道也在发生变化，微度假、特种兵式旅游、沉浸式数字艺术展等新型旅游方式不断出现，年轻人不再通过携程、美团、旅行社等传统渠道了解出游地点，而是通过抖音、小红书、快手等短视频平台刷视频，看到某个地方“好玩”“好漂亮”，就决定来一场“说走就走的旅行”。2023 年以来，各地文旅局长的“出圈”、淄博烧烤带来“赴淄赶烤”热潮、云南大理有风小院民宿的走红，无一不是文旅创意以新媒体渠道进行策略式传播、迎合年轻人消费需求所带来的结果。未来，数字文旅、元宇宙、虚拟旅游等新业态更需要创意和科技的持续发力。

创意营造，助力河南文旅迭代升级

河南要实现从文化资源大省到文化旅游强省的转变，关键在于通过创意驱动和创新引领，打开文旅发展新局面。如何选择创意与文化旅游融合发展最合适的路径，考验着一座城市的顶层设计、文化历史资源的挖掘、文旅消费热点的培育、综合服务等各方面的综合实力。要实现城市综合实力的全面提升，有以下四个着力点。

把“文化底蕴”作为文旅融合的根基。前有长沙小龙虾、重庆火锅，后有淄博烧烤、洛阳汉服，城市文旅“出圈”，离不开新奇创意和精心策划，但“网红”要成为“长红”，还需要城市充分挖掘自身文化底蕴，找准城市文化定位。洛阳和西安主打千年古都，不断挖掘盛唐文化，淄博烧烤主打重工业时代工人的时代记忆，长沙和重庆主打美食文化和小吃文化。每个城市都有自己的城市肌理和文化品格，要尊重民众的生活习惯和集体记忆，通过文化创意对其进行复原、激活、嫁接、再造，把人文历史资源转化为可体验、可感知、可参与的文化旅游形态，让外来游客产生联结感，感受其独特的城市记忆和城市本色。

把“创意企业”作为文旅发展的主体。创意产业的规律之一是不断破圈跨界，融入其他产业，产生新业态和新产品。文化创意与旅游产业的融合，需要一大批有活力的跨业经营的企业主体，在文化创意和旅游产业链的前后端形成分工合作。洛阳文旅文创的发展离不开洛阳文旅投资集团，离不开卡卡、FB 等民营文旅企业，创造了“电竞+文旅”、剧本杀、研学旅游、露营体验、民宿度假等一大批文旅新业态。北京万达、杭州宋城、深圳华强、深圳华侨城、西安曲江等文化产业龙头企业，是文旅文创融合的先锋力量和主力军。各地发展文旅文创，要高度重视引进和培育创意企业，打造主体多元、业态丰富的文旅产业链条。

把“创意阶层”作为文旅产业的核心。美国人文地理学家理查德·佛罗里达将城市社会中兴起的敢于创新、富有创造力的人群称为“创意阶层”，认为创意阶层在推动城市经济社会可持续发展中起着决定作用。创意阶层的个人智慧、技能和创造力，是创意经济发展的核心力量。据调查，中国创意阶层密度相对增长率最快的 5 个省市依次是浙江、江苏、重庆、湖北和福建。对河南而言，应下大力气吸引创意阶层的到来并投入文旅事业中，为创意阶层提供更为宽松自由、包容友好的创新创业环境。

把“创意生态”作为城市文旅的底色。创意生态是英国经济学家约翰·霍金斯提出的，是城市吸引创意阶层、发展创意经济的生态环境。纽约之所以总能引领文化潮流、迸发无穷的创意活力，伦敦之所以能够摆脱灰蒙蒙的“雾都”形象、变身“创意”伦敦，纽约苏荷区和伦敦东区之所以能够焕发新生、成为全球创意园区的典范，关键在于其关注营造“以人为本”的良性生态系统，这个系统包括政策的保障、知识产权的保护、资金的支持、品牌和市场的推广，以及对个性和自由的尊重等。当有了足够好的生态系统，创意人才自然会结伴而来，创意产业也自然会发展起来。

（作者单位：河南大学中原发展研究院。原文刊发于 2023 年 7 月 9 日《河南日报》第 4 版）

大力促进交旅融合发展

郑　鹏

河南省自古为天下绾毂，素有“九州腹地，十省通衢”之称。近年来，以高铁、高速公路、航空等为代表的快速交通取得突飞猛进的发展。然而，急剧发展的快速交通，对于地方旅游产业发展而言，是起到集聚“引擎作用”，还是起到扩散“过道效应”，需要因时因地辩证考察。为此，应大力促进交通旅游融合发展，高质量建设河南特色的旅游交通体系，防止“过道效应”突显。

“过道效应”是指人们仅仅乘坐交通工具经过当地并未停留下来，从而没有或较少对当地经济社会发展起到正向作用。高速公路、高速铁路干线等各种现代化的交通运输系统都或多或少会对沿线周边地区产生“过道效应”。“过道效应”具有初期表现不明显和潜伏性的特点。因此，尽管从目前我省旅游人次数据来看，并未发现递减的现象，但仍然需要对此高度重视。我省骨干交通体系发达，承东启西、连南贯北，在全国具有举足轻重的地位，但如果自身各城市旅游目的地吸引力不强，同时交通毛细血管不足、微循环不畅，则会形成明显的“过道效应”。

“政府引导+市场主导”，调动各方参与的积极性

河南省人民政府发布的《关于加快推进旅游公路建设的实施意见》，是落实《河南省旅游公路网规划(2022—2030 年)》、促进交通运输与旅游产业融合发展的重要工作方案。由于交通旅游融合具有跨区域、跨产业、复合性

等特点，涉及文旅、交通、土地、财政等多个方面，在实际工作中会面临主动参与差、资源整合难、协调工作多等问题。因此，在省级层面，各部门要统筹部署、统一规划，在前沿理念、机制推动、项目拓展等方面加强规划引导、技术指导和政策支持。按照"多规合一"的要求，积极推进交通运输规划、旅游发展规划与经济社会发展规划、城乡建设规划、土地利用规划等有机衔接。可吸取美国"国家旅游公路计划"的经验，对河南省旅游公路进行系统可行性分析，提出一套完整的旅游公路评估体系，与高等级景区度假区、国家文化公园共同形成河南旅游体系中的"点线面"组合。

在政府主导的基础上，积极引入市场机制，强化共享共治，建立多元化投融资体系，拓宽融资渠道，充分挖掘各种管理和统筹工具的潜力，重视网络社会中各种组织之间的平等对话和系统合作关系，积极鼓励省属国有大型企业和社会资本参与交通运输与旅游融合发展领域的建设开发，探索建立旅游交通新业态的协同管理模式。在涉及交通基础设施、旅游集散中心、自驾车房车露营地建设的用地政策，各类旅游交通客运类型发展的投融资政策，汽车租赁、低空旅游、河道航运、游船游艇管理的促进政策等方面，激发市场主体内生动力。

"旅游+交通"，提升旅游产业新的美誉度

在大力发展我省公路交通通达功能的同时，将公路建设重点拓宽到改扩建项目，增强旅游公路的交通、游憩、教育和遗产保护等多功能综合特征。设计与建设的中心理念应并重安全、顺畅、美学、文化等多个方面，在公路中强化和突出地域景观特征和文化旅游功能。在道路沿线富有观赏价值、文化价值的地方以及大型桥梁等处，新建或增加停车、观景、文化、教育等服务设施。

借鉴美国沿密西西比河的大河路、蓝岭旅游公路等一系列以旅游为导向的公路建设经验，加强对具有历史文化、精神价值的交通遗产资源的保护、开发和研究，打造网红品牌交通线路。挖掘黄河文化、红色文化等具有重要历史文化价值的遗迹遗存，依托太行胜景、伏牛风光等具有突出自然景

观价值的生态资源,做好保护与开发并重,完善产品与线路打造,借助网络、电影、文学等传播手段,打造“黄河古都”“太行天路”“生态伏牛”“红色大别山”四大一号旅游公路,有力支撑“行走河南 · 读懂中国”文化旅游品牌建设。

“交通+旅游”,开拓交通产业新的发展点

以一般风景道为例,旅游者在开车途中欣赏到了美丽的风景、感受到了愉悦的心情。这种“一看而过”的旅行方式,其“过道效应”使得交通产业并未借助旅游产业获得相应的利益,没有真正激活交通运输参与旅游产业的主动性和积极性。因此,交通与旅游的融合发展,不能被简单理解为交通产业服务于旅游产业。各类交通设施与旅游景点不应孤立发展、各自为战,而应就近联系,形成多重联动网络化格局。例如,可以在风景道设置多处游客服务中心,为旅行者提供信息、简餐、加油、观景、人文、教育等服务。也可以建立不同类型服务区,一类是传统的保障交通基本功能型的服务区;另一类是新型的旅行综合服务体,即将服务区打造为一个“主题型旅游景区”,在拥有基本交通服务功能基础上,增加旅游服务功能,例如以三国文化、少林功夫或太行猕猴、洛阳牡丹等当地地域特色为主题建设新场景和新景观,同时增加自驾车电影院、特色民宿、地域餐饮、休闲垂钓等功能,提供智能点餐、无人超市、停车场智能引导、周边景区购票、游客量查询等综合旅游信息服务,满足游客“沉浸式”出游。还可以依托旅游公路沿线的景区景点、旅游度假区、特色旅游小镇等重要的旅游节点,规划建设一批自驾车房车露营地。

交通产业各主体可以基于自身工程设施优势,通过交通线路与景区景点的联合开发、服务站点旅游商业的融合打造、地域主题文化列车的高端定制,大力发展“轨道旅游”。这契合了新时代人们体验化、专项化、精细化的消费习惯,也满足了旅游者对新科技、新服务、新模式的日益关注。以成都熊猫列车、凤凰磁浮观光快线、阿里山小火车为例,它们本身也成为重要的旅游吸引物,实现了“人在车中游、车在景中行”。

鼓励河南宇通、郑州日产等车企发展房车经济,向产业链下游服务,建

设汽车旅行文化创新创业基地，培育发展房车、露营、汽车营地连锁品牌，打造汽车自驾运动文化圈，加强品牌创造力与产业影响力，有效促进汽车自驾运动蓬勃发展。

（作者单位：郑州大学管理学院。原文刊发于2023年7月12日《河南日报》第10版）

发展全链条文创产业的路径选择

张召鹏

2023 全省文旅文创发展大会锚定“两个确保”，对实施文旅文创融合战略作出了全面部署，同时也明确将“深化创意创新，加快发展全链条文创产业”列为其重点任务之一。近年来，文创产业内容产品日益丰富、服务日益多样化，产业态势发生了巨大变化。这就需要深刻把握全链条文创产业的内涵，在厘清优势弱项的基础上，充分发挥创意创新驱动作用，通过内容生产、渠道拓展、业态创新等措施，推动河南文创产业快速发展。

作为创意时代的朝阳产业，文创产业能够通过生产和消费环节的价值增值，在为社会创造可观的财富价值和广泛的就业岗位、推动经济高质量发展的同时，也可以通过丰富的产品和服务，满足人民群众多样化多层次多方面精神文化需求。

文创产业涵盖行业范围非常大，在生产、销售和消费过程中有自己独特的价值链。随着技术的发展和消费的升级，文创产业涵盖的不同行业更新迭代速度加快，交叉融合成为必然趋势，这为文创产业价值链形成和全链条发展创造了条件。

一方面，文创产业涵盖的不同行业以创意为源头，在内容创作、产品制作和营销等环节形成各具特色的完整价值链。例如，出版、影视、游戏、音乐等行业彼此交叉、渗透，共同实现增值，形成了以创意为核心的网状价值链。在发展过程中，这些行业的技术研发和应用、产品服务和运营、渠道营销和推广以及衍生品开发等产业链环环相扣，也形成了具有自身特色的线性价值链，推动文创产业产业链的有效整合。另一方面，文创产业需要走集群化发展道路，通过形成资源高度集中、行业高度集聚、分工高度明确的格局，将分散的文化产品、行业组合起来，带动文创产业、文创人才和相关产业联动发展，进而打造文创产业品牌，形成全链条产业链。

因此，加快发展全链条文创产业，从产业发展的角度来看，就是要基于文化资源优势，以产业链条中的核心内容创意行业为龙头，通过与生产制造、营销推广、消费渠道等行业的合作及整合，形成完整的产业链，在实现产品供给与市场需求无缝对接的同时促进产业调整和升级，最终实现文创产业的增值。

从宏观层面看，尽管近年来河南的文创产业依托丰厚的历史文化资源，发展迅速、亮点频现，但是与沿海发达地区相比仍有较大差距，产业基础薄弱、整体水平有待提高。虽然省委、省政府层面相继出台了一系列政策，但是文创产业品牌弱、标准低、缺少龙头、粗放发展的情况仍有待解决。与此同时，由于各地政策不协调、发展无序化，不利于市场的统一和产业链的完善，直接影响到全省的文创产业发展。

从中观层面看，近年来，河南文创产业的规模虽然不断扩大，产业集聚发展势头较好，但在全国文化市场分工中依然处于劣势地位，产业链尚不健全，缺链、短链、断链等现象严重，内容创意、产品生产、营销推广等产业链较为滞后，这在很大程度上限制了河南文创产业链的发展。

从微观层面看，相关行业头部企业缺少，规模小、结构散、竞争乱，协同合作、融合创新有限，发展参差不齐，业务主要聚焦文创产业链的某一细分环节，且有相互抄袭、恶性竞争的情况，无法形成规模优势和协同优势，抗风险能力较差。高层次文创人才缺乏，创值能力偏低。

因此，加快发展全链条文创产业，从现实意义的角度上来看，就是要充分利用经济大省、人口大省和文化资源大省的优势，在做好顶层设计及规划引导的基础上，打造全省文创产业完整产业链；通过壮大产业规模，培育市场主体，加强人才引育，塑造文化品牌，提高文创产业的活力、实力和竞争力。

以创意创新为核心“延链”，推动产业价值链的融合。在发展文创产业过程中，务必要真正认识到文化是基础、创意是核心，务必要认识到创意创新是推动文创产业价值量融合的隐形资本和重要驱动。要积极探索文化资源向文创产业转化的有效机制，引导文创产业的不同行业在内容上突出文化内涵；在产品上渗入创意，在提高产品的附加值的基础上，以创意为核心实现行业的协同发展，进而实现产业价值链的有效融合。

以科技赋能为手段“强链”，拓展文创产业新边界。进入数字信息化时代，文创产业的发展更需要依靠数字信息技术赋能，在内容、产品、服务方面加以创新。要支持文创产业进行产业融合，可以借助新科技，通过“文创+”的模式，与其他产业的创新进行合作；要鼓励文化产业园区与科技孵化器，推动互联网企业与文创企业进行跨界合作，将影视、动漫、创意设计、媒介传播与物联网、云计算、通信网络等新技术企业合作，拓展新边界，衍生新业态。

以知识产权为加持“护链”，保持文创产业的创新度。文创产业是知识密集型产业，创新是其最重要的特征，但同时文创产业也有易复制的特征。长期以来，由于对知识产权保护的不重视，各种“盗版”“水货”“仿品”对河南文创产业发展生态影响很大。加快发展全链条文创产业，就必须进一步完善相关法律法规，加大知识产权保护，为文创产业创新发展保驾护航。

以人才培养为基础“补链”，提高文创产业的竞争力。产业发展，关键在人。当前，我省仍面临着文创人才总量不足且高层次、复合型、高技能人才短缺的问题。高素质文创人才的短缺，是制约我省文创产业竞争力的突出短板问题。因此，在发展全链条文创产业的过程中，必须要创造良好的就业、创业环境，培养、引进、集聚和留住大批高层次人才，提高提升文创产业自主创新能力和产业核心竞争力。

（作者单位：河南大学文化旅游学院。原文刊发于2023年7月12日《河南日报》第10版）

以高品质营商环境护航市场主体

张东阳

营商环境是市场主体生命之氧、发展之基、活力之源,其优劣直接影响着生产要素的聚散、市场主体的兴衰和发展动力的强弱。营造一流营商环境,是增强微观市场主体活力、释放全社会创新创业创造动能的内在要求,是激发经济发展内生动力、建设现代化经济体系的关键举措,是进一步深化改革、发展更高水平开放型经济的迫切需要,对于推动河南高质量发展具有重要战略意义。近年来,河南深入贯彻落实党中央、国务院关于优化营商环境的决策部署,全面优化提升政务环境、市场环境、法治环境、开放环境、人文环境,聚力打造全产业链全生命周期服务体系,有效激发市场主体活力和社会创造力。截至 2022 年年底,全省实有市场主体 1034.5 万户,总量跃居全国第 4 位、中部六省第 1 位。同时,对标党中央、国务院要求和市场主体期盼,对照国际国内营商环境最高标准、最优水平、最佳实践,河南营商环境建设在惠企政策精准投放、市场公平竞争、法治体系建设、要素保障、服务效率等方面还存在较大的提升空间,"新官不理旧账""玻璃门""旋转门""弹簧门"等问题在一些地区、一些领域仍然存在。

进入高质量发展阶段,新一轮营商环境建设面临的主要矛盾发生了深层次变化,优化营商环境的构成要素、主要内容、方式方法、主要抓手、服务对象等在具体经济实践中不断深化,便利营商正向促进宜商转变,市场主体已不再满足于简化流程、压缩时限、便利创业、市场准入等同质化政策供给和浅层次营商需求,而是期望能够获得更加精准化、颗粒化、专业化的优质高效服务。在此背景下,许多领域改革步入深水区、攻坚期,一些深层次、系统性的问题和矛盾渐趋显露，这对营商环境建设提出了更为深入、更为具体、更具创造性的改革要求，必须树牢改革创新思维，在优化营商环境重点领域和关键环节迭代攻坚，突破一批牵引性、关键性、标志性的高难度改革，全面激发改革创新的叠加放大和整体裂变效应，推动全省营商环境建设从点上突破、线上延伸向面上拓展、系统集成转变，实现从“量变”到“质变”。

以市场化为引领，挖掘释放巨大市场潜力

市场化是优化营商环境的鲜明主线，要瞄准市场主体需求，以打通“堵点”、破解“痛点”、攻克“难点”为目标，持续深化“放管服”改革，强化数字赋能，深化数据共享，优化业务流程，促进部门间的系统集成与业务协同，努力实现政务办理“最多跑一次”向“零次跑”跨越，全力打造能办事、快办事、办成事的政务服务品牌。以降低企业经营成本为目标，以公平竞争、市场准入、产权保护、社会信用等市场经济基础制度为重点，在更广范围、更深层次、更高水平上纵深推进市场化改革，围绕企业准入退出、办理破产、健全歇业制度、保障公平竞争、工程建设项目审批、拓展“一照多址”、获得电力、用地保障、降低融资成本、纳税服务、人才流通、不动产“带押过户”、破产企业信用修复等领域攻坚，推动资本、资源、商品、服务、数据等各种资源要素合理流动和高效集聚，提升企业全要素供给能力和全周期服务水平，充分激发市场主体活力，助力市场主体发展壮大。

以法治化为支撑，保护市场主体合法权益

法治是最好的营商环境，优化营商环境需要发挥法治固根本、稳预期、利长远的保障作用，要以公平公正为核心，深入推进法治河南建设，从立法、执法、司法、守法、普法全方位发力，营造良法善治的法治环境，切实保护市场主体合法权益。围绕知识产权保护、解决商业纠纷、清理整治隐形壁垒、加强公平竞争审查、深化企业破产制度改革、保护中小投资者等领域，加快建立企业合法权益保护快响机制，推进高效率办理涉企诉讼，提供高品质法律服务。全力构建以信用监管为基础、以“双随机、一公开”监管和“互联网+

监管”为基本手段、以重点监管为补充的一体化新型监管机制，既强化事前风险提示，推进企业合规体系建设，让企业提前知晓法律底线、自觉不触红线，又创新事中事后监管，完善涉企轻罚免罚清单制度体系，推进包容审慎柔性执法，做到规范执法有尺度、柔性执法有温度、监督执法有法度。

以国际化为标准，建设高水平开放型经济

国际化是优化营商环境的重要标准，要紧抓新一轮对外开放机遇，全面落实外商投资准入前国民待遇加负面清单管理制度，推出涉外“一件事”集成服务，提供企业设立、项目许可、人员入境、工作生活等服务事项“一网受理”，不断优化外商投资企业发展环境。稳步扩大规则、规制、管理、标准等制度型开放，推进中国（河南）自由贸易试验区、郑州航空港经济综合实验区等各类开放平台深化制度创新，在多式联运、中欧班列、空中丝路、跨境电商等方面加快形成与国际通行规则相衔接的制度体系和监管模式，深耕“试验田”，向改革要效能、向创新要红利，打造制度型开放的先行者、排头兵。加强中国（河南）国际贸易“单一窗口”平台与海关、商务、税务等部门的深度衔接，推动系统联通和信息共享，实现一点接入、一次提交、一次查验、一键跟踪、一键办理，提高服务便捷度和业务承载能力，助力外贸企业减单证、优流程、提时效、降成本，切实提升企业获得感。

（作者单位：河南省营商环境和社会信用建设中心。原文刊发于2023年7月19日《河南日报》第7版）

支持民企成为六大创新主体

张宏峰

民营经济已成为推动我国发展不可或缺的力量，成为创业就业的主要领域、技术创新的重要主体、国家税收的重要来源。近日，《中共中央国务院关于促进民营经济发展壮大的意见》发布，这是继 2019 年 12 月印发《关于营造更好发展环境支持民营企业改革发展的意见》后，又一重磅文件。这为民营经济的高质量发展、提升民企创新能力提供了重要保障。

我省锚定“两个确保”，把创新驱动、科教兴省、人才强省战略放在“十大战略”之首，提出要建设国家创新高地和重要人才中心，这就必须高度重视提升民营企业的创新能力，采取得力措施，积极支持民企成为六大创新主体：

支持民营企业成为体现国家战略科技力量的主体。国家战略科技力量载体平台不仅仅局限或体现在高等院校和专业化科研机构层面，而是要拓展到国家产业链体系和世界级先进制造集群层面，更是要体现在微观企业尤其是具有全球创新领先和引导能力的高科技企业层面。河南省有 7 大产业集群，28 条千亿级产业链，能够成为链主的民营企业，要力争成为国家战略科技力量体系中的支撑力量，肩负起推动和强化国家战略科技力量体系的责任与担当。我们要鼓励民营企业发展和强化国家重点实验室、国家工程研究中心、国家技术创新中心等创新基地，鼓励民营企业创造各种形式的新型科研机构；要鼓励民营企业根据国家战略需要和行业发展趋势，持续加大研发投入，开展关键核心技术攻关，按规定积极承担国家重大科技项目；要着力将民营企业建设成为吸引和集聚各层次人才的重要平台,打造成为培养战略科学家的前瞻性平台、培养一流科技领军人才与创新团队以及青年科技人才队伍和卓越工程师的基础性平台。

支持民营企业成为引领技术创新的主体。创新型中小微企业愈发成为技术创新领域的重要发源地。民营企业理应成为引领企业技术创新能力提升的推动者,成为支持产业共性基础技术研发、解决跨行业跨领域关键共性技术问题的主体,成为夯实产业基础能力和促进产业现代化的承担者。河南省要加快培育创新型民营龙头企业,对民营企业项目建设、技术创新、人才引进、各项资源配置等方面给予专项政策支持,培育一批关键行业民营科技领军企业、专精特新中小企业和创新能力强的中小企业特色产业集群。要推动不同所有制企业、大中小企业融通创新,开展共性技术联合攻关。要完善高等学校、科研院所管理制度和成果转化机制,调动其支持民营中小微企业创新发展积极性。

支持民营企业成为基础研究和应用基础研究的主体。企业的基础研究能力,决定自身持续性的竞争优势。必须将民营企业定位为具备基础研究与应用基础研究自主能力的主体,在科研选题、攻关方面要充分考虑地方民营企业的创新需求,打破科技创新供需之间的“藩篱”。要鼓励民营企业与高校、科研院所共同承担科研项目,让更多民营企业作为科研项目承担主体。强化科研经费的使用绩效,突出扶强、扶优、扶新。要支持民营企业与科研机构合作建立技术研发中心、产业研究院、中试熟化基地、工程研究中心、制造业创新中心等创新平台,设立基础研究人才和应用基础研究人才重点基地,支持民营企业加强基础性前沿性研究和成果转化。

支持民营企业成为自主突破“卡脖子”关键核心技术创新的主体。“卡脖子”关键核心技术创新问题,不仅仅表现在高科技产业或战略性新兴产业领域,也广泛地表现在传统制造业领域;不仅仅表现在关键设备、关键零配件和元器件以及关键材料领域,也表现在关键工艺和工业设计软件领域。要将民营企业的战略定位逐步调整和瞄准到对这些“卡脖子”关键核心技术创新的自主突破方面,集中到具备从基础研究到应用基础研究再到工程化产业化环节的全创新链和全产业链贯通式自主能力提升方面。

要有效盘活创新存量资源,鼓励民营企业组建创新联合体,发挥基础性和主导性作用。要调动广大民营企业特别是优势民营企业的积极性和主动性,在新发展格局下,抢抓机遇,有所为,有所不为,抢占制高点和关键赛道。

支持民营企业成为保持高水平科技自立自强的主体。中国经济已全面进入以创新驱动为主的高质量发展阶段,通过构建自主可控的全创新链条体系,保持高水平科技自立自强,成为我们在愈加复杂的全球经济形势下获得内生型经济增长动力的主要途径。鉴于民营企业在创新体系中的突出地位和作用,民营企业要力争成为保持高水平科技自立自强的主体。要围绕深化科技体制机制改革,完善创新决策、成果转化、利益分配、金融支持、协同融合、科研成果评价与考核等机制,提高高校、科研院所科技人员与民营企业协同开展科技攻关、成果转化的积极性,统筹用好各类创新资源,实现产学研用深度融合。要在全省范围内建设一批高水平创新载体和重大公共服务平台,鼓励支持多元主体投资建设科技企业孵化器、大学科技园,鼓励各类孵化载体实行市场化运营,推动技术、开发、营销等资源共享,探索建立更加合理的利益风险共担、知识产权共享机制,为科技成果转化、协同创新等提供有力支撑。

支持民营企业成为保障国家产业链供应链安全的主体。从当前全球化体系中制约中国经济增长和影响现代化进程的主要因素来看,最为突出的问题就是如何保障国家产业链供应链安全。一味依靠由政府主导的高等院校或科研机构等主体,显然不符合现代市场经济的基本原则。为此,我们要主动依据全球与国内产业链、供应链、创新链和人才链的融合发展及合作特征,依据大、中、小企业在产业链和创新链体系中的差异性优势地位,鼓励民营龙头企业通过兼并并购、投资控股与自身产业链优势密切相关的创新型中小微企业,不断提升其市场竞争优势。要加大政府采购创新产品力度,发挥首台(套)保险补偿机制作用,支持民营企业创新产品迭代应用。要积极争取国家和省市扶持产业创新发展的各类科技创新基金,整合设立地方民营企业科技创新基金,专门用于主导产业、优势产业与特色产业领域民营企业的科技创新活动;要以数字经济发展为契机,积极推进金融科技化,利用大数据、云计算等信息化手段及时掌握民营中小企业融资需求，降低信息不对称，促进融资供需对接。

（作者单位：河南省科研平台服务中心。原文刊发于2023年7月26日《河南日报》第6版）

培育壮大战略性新兴产业集群

刘晓慧

作为现代产业发展的重要组织形式,产业集群是区域经济竞争力的集中体现。加快推动战略性新兴产业集群发展,对河南打造现代化产业体系新支柱、培育区域经济发展新增长极具有重要意义。当前,河南战略性新兴产业小而弱,但发展潜力比较大,亟须通过培育壮大战略性新兴产业集群实现产业扩量提质增效,加速积蓄经济发展新动能。

打造现代化产业体系新支柱的必由之路

落实中央重要部署的具体行动。“十四五”规划纲要提出,推动战略性新兴产业融合化、集群化、生态化发展。党的二十大报告提出,推动战略性新兴产业融合集群发展。近日召开的中共中央政治局会议也强调,大力推动现代化产业体系建设,加快培育壮大战略性新兴产业、打造更多支柱产业。加快推动战略性新兴产业集群发展,是河南落实中央部署、推动产业转型升级的必由之路。

赢得新一轮产业竞争的关键抓手。省第十一次党代会提出,实施换道领跑战略,在传统产业上高位嫁接,在新兴产业上抢滩占先,在未来产业上前瞻布局。省委十一届五次全会提出,扎实推进国家和省级战略性新兴产业集群培育。2023 年上半年,两大工业强省江苏、广东分别提出了加快构建“51010”战略性新兴产业集群体系、培育壮大“双十”战略性产业集群的发展蓝图。培育壮大战略性新兴产业集群,是河南建设现代化产业体系、加速抢占经济高质量发展新赛道的重要发力点。

推进新型工业化的必然要求。2023 年上半年，河南经济增长 3.8%，未能跑赢全国大盘 5.5% 的水平。稳定经济增长离不开现代化产业体系的支撑。新型工业化的关键是以科技创新促进制造业高端化、智能化、绿色化发展。战略性新兴产业科技含量高、带动能力强、市场效益好、成长潜力大，是加快新型工业化、构建现代化产业体系的必然选择。河南亟须培育壮大战略性新兴产业集群，构建具有核心竞争力的“456”战略性新兴产业和未来产业体系，提升经济发展能级。

构建产业集群有基础但仍有不足

产业基础扎实稳固。2018 年至 2022 年，河南战略性新兴产业增加值年均增速达到 10%，超过同期规模以上工业增加值增速 5 个百分点左右。2023 年上半年，河南规上工业战略性新兴产业增加值、高技术制造业增加值分别同比增长 9.7%、9.4%，明显高于规上工业增加值 3.3% 的增速。在全省七期“三个一批”项目中，战略性新兴产业占比达 1/4 以上。在 2023 中国产业转移发展对接活动签约项目中，战略性新兴产业项目总投资占比超过一半。上榜 2022 中国新经济企业 500 强的 6 家河南企业中，有 5 家属于新材料、生物医药等战略性新兴产业领域。截至 2023 年 6 月，北交所上市“豫军”达到 11 家，主要分布在战略性新兴产业，九成以上都是国家级专精特新“小巨人”企业和省级“专精特新”企业。

集群格局基本形成。平顶山市是国务院 2022 年度战略性新兴产业集群发展工作成效明显的督查激励推荐城市之一，是河南唯一入选的城市。郑州信息技术服务产业集群、郑州下一代信息网络产业集群、平顶山新型功能材料产业集群、许昌节能环保产业集群等 4 个集群被纳入首批国家级战略性新兴产业集群。河南确定了首批省级战略性新兴产业集群 15 个，其中新材料 6 个、装备制造 3 个、生物医药 3 个。目前，河南“1+4+15”的雁阵战略性新兴产业集群发展格局已经形成。

集群能级有待提升。2018 年至 2022 年，河南战略性新兴产业增加值占规上工业增加值的比重从15.4%增加到25.9%,5年累计提升10个百分点以上,但与河南“十四五”规划目标仍有大约5个百分点的差距,也低于目前浙江33.5%、江苏40.8%的水平。2022年,河南战略性新兴产业增加值占GDP比重为8%左右,低于全国13%的平均水平,其中优势明显的新材料产业占GDP比重仍然不足3%。目前,河南没有1家企业入选中国战略性新兴产业领军企业100强,国家级专精特新“小巨人”企业有426家,排在全国第11位,与广东、江苏、浙江、山东差距明显,也低于中部的湖北、安徽、湖南。因此,战略性新兴产业要成为河南新的支柱产业,其发展能级仍有待提升。

协同发力做大做强产业集群

在当前稳增长的背景下,河南应从四个方面协同发力,培育壮大战略性新兴产业集群,凸显其对现代化产业体系的引领作用。

以畅通产业集群互联协作网络为引领,做大战略性新兴产业集群规模。作为未来科技革命和产业发展新方向的代表,战略性新兴产业集群对高新科技依赖性更强,对主体之间的互动程度和知识溢出效应的要求更高。要充分发挥重大项目和核心企业的头雁领航效应,动态培育一批在产业链创新链具有竞争优势的“专精特新”中小企业和单项冠军企业。遵循科学规律,树立系统观念,强化竞合意识,坚持“一群多链、聚链成群”,不断创新溢出扩散机制和产业链延伸机制,促进产业之间、企业之间构建起密切的关联关系,加快形成头雁引领、梯队协同、链群互动的产业集群发展格局。不断延伸数字经济在战略性新兴产业中应用的宽度和广度,推动数字产业集群与战略性新兴产业集群融通发展,有步骤有节奏地协同推进大中小企业数字化转型。

以完善产业集群创新创业生态为导向,增强战略性新兴产业集群韧性。战略性新兴产业充分体现了现代化产业体系的内涵特征,是现代化产业体系的核心部分。提高创新要素集聚度,实现集群持续创新发展,是培育壮大战略性新兴产业集群的首要问题。要完善产业链协同创新机制,增强重点实验室、新型研发机构、中试基地、产业研究院、创新中心等创新平台载体对战略性新兴产业集群的联动赋能效应，有效激发知识溢出效应，锻造产业集群竞争优势的内核。充分应用平台经济和数字经济的网络化效用，搭建产业集群科技资源和创新要素共享平台，推动交叉技术领域创新成果加速孵化，实现产业集群复合式增长，把战略性新兴产业集群打造成为现代化产业体系新支柱，为建设现代化河南提供坚实支撑。

以优化产业集群公共服务体系为保障，提升战略性新兴产业集群质效。打好战略性新兴产业集群公共服务保障包，实现“一个产业集群、一个研究平台、一个专项基金、一个高端峰会”，聚力推动战略性新兴产业集群发展。引入人工智能技术，提升战略性新兴产业统计效率，加强战略性新兴产业集群与专业集群的联动，深入开展面向战略性新兴产业的专业集群建设研究，构建与战略性新兴产业集群跃升相适应、相匹配的人才支撑体系。发挥政府投资性资本在战略性新兴产业集群中的引领带动功能和孵化培育作用，加大新兴产业创业投资引导基金对战略性新兴产业集群的投资力度。建立全省战略性产业集群知识产权协同运营中心、专利数据库，实施战略性产业集群中小企业知识产权保护行动计划，全面覆盖战略性新兴产业集群核心产业链层。

以加强产业集群治理绩效评价为抓手，激发战略性新兴产业集群活力。培育面向产业集群需求的平台化促进组织，探索更加灵活高效的包容机制，完善产业集群治理评价体系。构建战略性新兴产业集群统计监测指标体系，由省发改委牵头定期开展战略性新兴产业集群建设情况跟踪评估，根据评估结果的不同星级进行动态调整。在创新平台建设、重大项目布局和基金融资等方面对评估结果优异的五星级、四星级战略性新兴产业集群给予倾斜支持，将平顶山新材料产业集群、许昌节能环保产业集群等标杆战略性新兴产业集群建设的先进经验在全省范围内进行复制推广。

（作者单位：黄河科技学院河南中原创新发展研究院。原文刊发于2023年8月4日《河南日报》第9版）

牢牢把握扩大有效需求着力点

完世伟

近日召开的中共中央政治局会议指出，要积极扩大国内需求，发挥消费拉动经济增长的基础性作用，通过增加居民收入扩大消费，通过终端需求带动有效供给。要更好发挥政府投资带动作用，加快地方政府专项债券发行和使用。要制定出台促进民间投资的政策措施。省委十一届五次全会强调，要着力扩大内需、提振信心、防范风险，不断推动经济运行持续好转、内生动力持续增强、社会预期持续改善、风险隐患持续化解，推动经济实现质的有效提升和量的合理增长。这项部署是省委对中央政治局会议、党的二十大和中央经济工作会议精神的深刻领会与深入贯彻，是对河南省情和发展实际的正确认识和准确把握，是做好下半年全省经济工作，确保经济平稳运行的重要举措和有效路径。

更好发挥消费拉动经济增长的基础性作用

消费是经济主体的最终需求，既是手段也是目的，是一切经济活动的起点和落脚点。发挥好消费拉动经济增长的基础性作用，有利于促进经济平稳健康发展，有利于带动经济转型升级、推动高质量发展，有利于更好满足人民日益增长的美好生活需要。当前，总需求不足是经济运行面临的突出矛盾，必须更好发挥消费对经济发展的基础性作用，协同发力、远近兼顾，综合施策释放消费潜力。多渠道增加城乡居民收入，提高消费能力。稳定和扩大就业，稳步提高劳动者工资性收入特别是城市工薪阶层、农民工收入水平;鼓励和支持农民和城市居民自主经营、自我发展,增加经营收入;把符合条件的困难群众和低收入者纳入保障范围,增加转移性收入;探索通过土地、资本等要素使用权、收益权机制创新,使中低收入群体得到更多要素收入。同时支持健全教育、养老、医疗、育幼等政策体系,促进解除居民消费后顾之忧,提升社会整体消费能力和意愿。提振传统消费。聚焦汽车、电子产品、家居等大宗消费,加大新能源汽车品牌推介力度,加快推进城乡充电设施网络建设,积极开展家具、家电、建材等产销对接活动,更好发挥传统消费的顶梁柱作用。升级文旅消费。抢抓文旅消费黄金季,办好河南文旅推广、百万游客互送和景区联游等活动,大力开发露营、城市漫游等文化消费新产品,吸引更多游客参与到“行走河南·读懂中国”。挖潜新型消费。实施服务业新供给培育工程,大力发展体育休闲等服务消费,积极培育时尚消费、国潮消费、沉浸式消费,建设新型消费服务综合体,构建夜间消费、假日消费、小店经济等新消费生态圈。同时,加快郑州、洛阳国际消费中心城市建设,提质消费载体,形成具有更强吸引力、感召力的消费品类、消费场景、消费体验。

更好发挥政府投资带动作用

作为拉动经济增长的“三驾马车”之一,投资是连接供给与需求两端的关键变量,是稳定经济增长的支撑性、引领性指标。只有始终牢牢抓住有效投资这个“牛鼻子”,着眼于稳增长、补短板、调结构、增后劲,持续形成实物工作量和投资拉动力,才能不断释放全省经济的发展潜能,筑牢稳定经济增长的“压舱石”。健全项目建设加速推进机制。坚持项目为王,持续滚动开展好“三个一批”项目建设活动,深化重大项目集中攻坚行动,落实“双百工程”项目牵头推进制度,完善项目建设全生命周期服务机制,开展重点项目实地督导服务,对谋划入库的优质项目能开尽开、全力推进,加快形成更多实际投资量和实物工作量。把握好投资重点,优化投资结构。应把资金更多投向基础设施建设特别是新基建,投向传统产业升级改造、高技术产业及战略性新兴产业,以提高投资的质量和效益。围绕构建现代化基础设施体系，统筹传统基建和新基建，抓好重大交通、能源、水利设施建设；推进新一代通信网络、新型数据中心、工业互联网、智慧农业、智慧交通、智慧能源、智慧水利等建设，推动基础设施投资加快回升。发挥制造业投资对优化供给结构的关键作用，加大制造业投资力度。持续深化新技改提升行动，扩大战略性新兴产业投资；加快壮大新一代信息技术、生物技术、新材料、高端装备、新能源汽车、绿色环保等产业，推动互联网、大数据、人工智能等同各产业深度融合，推动先进制造业集群发展。围绕重点产业链延链补链强链招引一批标志性产业项目，增强制造业投资增长后劲。有效激活民间投资。盘活社会资本，让其成为注入有效投资“一池春水”的重要源流，重点在于稳预期、强信心、优环境，既要发挥政府投资的撬动作用，还要完善民间投资回报机制和地方政府守信践诺机制，依法保护经营主体的合法权益，优化营商环境。用改革举措、市场办法、法治保障让民间投资愿投、能投、敢投。

厚植稳增长的不竭动力

招商引资、招才引智是加快经济发展、优化产业结构、促进人员就业、增加财税收入的关键抓手。以更大力度招商引资。突出招引大而强的项目，突出招引新而特的产业，突出招引小而美的企业。聚焦短板产业补链、优势产业延链、传统产业升链、新兴产业建链，聚焦 7 大先进制造业集群和 28 个千亿级产业链培育，聚焦国家和省级战略性新兴产业集群培育，绘制好产业图谱、技术图谱、人才图谱、装备图谱，完善招商项目库、目标企业库、客商资源库，强化产业链集群招商、龙头企业链式招商、股权投资招商、市场规模和物流枢纽优势招商，着力在引进产业链关键环节、核心企业和上下游配套企业上实现突破，推动更多基地型、龙头型大项目和“小巨人”企业落地。以更大诚意招才引智。坚持以事业引才、用平台聚才、靠环境留才，统筹实施顶尖人才突破行动、领军人才集聚行动、青年人才倍增行动、潜力人才筑基行动等，放眼全球引进高端人才、顶尖人才，持续招引青年人才、潜力人才，不拘一格用人才。优化领军人才发现机制和项目团队遴选机制，健全产学研用相结合的协同育人模式，完善人才评价体系和全周期人才服务保障体系，营造“近悦远来”人才生态，打造“人才高地”。以更宽视野发展外贸。出口作为外需，也是社会总需求的重要组成部分。要稳住外贸基本盘，更好发挥出口对经济的支撑作用。持续建强开放平台、拓展开放通道，增加国际航班，保障中欧班列（中豫号）稳定通畅，在“四条丝绸之路”协同推进、优势聚合上实现更大突破。推动外贸稳规模优结构，强化百强外贸企业“一对一”保障服务，用好重点市场“一国一策”，大力开拓 RCEP 成员国等新兴市场，培育出口新优势。

（作者单位：河南省社会科学院经济研究所。原文刊发于 2023 年 8 月 9 日《河南日报》第 8 版）

以“双招双引”为发展注入强大活力

梁　丹

省委十一届五次全会把抓“双招双引”作为做好今年下半年经济工作的十大聚焦聚力、精准施策之一，着重强调要“以更大力度招商引资，以更大诚意招才引智，以更广视野发展外贸，持续提升开放水平。”“双招双引”是加快经济发展、优化产业结构、推动高水平对外开放、促进人员就业、增加财税收入的关键抓手，抓好这项工作，就是抓住了牵动全省高质量发展的关键点和突破点，将为稳定全省经济增长注入不竭动力。

实现经济高质量发展、推进高水平开放的重要抓手

“双招双引”是招商引资、招才引智工作的简称。“双招”即招商和招才，“双引”即引资和引智。过去一个时期，特别是2018年以来，省内外普遍把“双招双引”作为应对内外部环境变化，推进高水平对外开放、实现经济高质量发展的重要抓手。我省在抓“双招双引”方面已经进行了积极大胆的探索，初步形成了各个层面抓“双招双引”工作的特色和经验。

从省级层面看，省政府一方面对重点产业链实行“一链一专班一机构”工作机制，对产业链招商引智实行挂图作战，另一方面以重建重振省科学院为抓手，促进人才引育、成果转化。省直相关职能部门注重发挥自身特殊优势，推动“双招双引”工作。

从省辖市层面看，郑州市依托开放平台和载体、交通、产业等优势形成了“人才+项目+资金”模式；开封市围绕主导产业开展柔性引智、积极引进带

人才的高科技企业,形成了"'双招双引'合一"模式。南阳市依托建设副中心城市和卧龙综合保税区的重大机遇,积极探索"紧盯重点地区(京津冀和长三角、粤港澳)的'双招双引'"模式。这些具有地方特色的"双招双引"模式对促进各地经济恢复、推动高水平对外开放、实现经济高质量发展都发挥了显著的效果。

抓"双招双引"工作之所以成为省委部署今年下半年经济工作的十大对策之一,一是基于前期的实践经验,二是基于当前河南经济发展的特殊背景和现实需要。对全国与河南工业增长的亮点进行比较分析,发现河南与全国的经济增长点相似,即新兴产业、装备制造业增速普遍较快,对经济增长的拉动作用比较突出。上半年全国装备制造业增加值增长6.5%,远高于其他工业门类;太阳能电池、新能源汽车、工业控制计算机及系统产量分别增长54.5%、35.0%、34.1%,发展比较活跃。上半年河南装备制造业增加值同比增长12.0%;规上工业战略性新兴产业、高技术制造业增加值分别同比增长9.7%、9.4%,其中新一代信息技术产业增加值增长18.9%;规上节能环保产业增加值增长12.4%;规上工业新能源汽车产量增长37.5%,充电桩产量增长18.1%,限额以上单位新能源汽车零售额增长59.5%。

经过以上对比分析,看到了下半年乃至今后一个时期的工作方向,即继续大力开展"双招双引"工作,进一步做大做强河南的战略性新兴产业和装备制造业,增强河南经济发展的韧性和稳定性。

坚持以系统思维推进"双招双引"

"双招双引"既是对外开放领域的工作重点,也是常态化的工作内容。河南今年下半年乃至今后一个时期的"双招双引"工作,既要统筹好方式方法的继承与创新,也要统筹好短期与长远、国际与国内、全省目标与区域特色等各方面的要求,围绕促进经济恢复向好和高质量发展的大局来谋划各项具体工作。

首先,建议成立专业工作团队,对全省开展"双招双引"工作的相关重大问题进行系统梳理研究。对省内外开展"双招双引"工作的前期经验进行总结梳理。对其适应的地域范围、产业特点和产业发展阶段进行分析鉴别，对有价值的经验进一步完善、推广。在争取高科技项目、高层次人才和团队引进以及二者的结合方面开展研究，力争形成一批有价值的研究成果。深挖营商环境方面存在的不足，在积极回应投资方营商便利诉求、优化高层次人才引进的方式、加大招商项目要素保障力度、推动项目早落地早投产早达产等方面提出对策建议。

其次，进一步明确“双招双引”的产业重点和项目要求，围绕战略性新兴产业和未来产业开展更大力度的招商引资活动。“十四五”时期是河南战略性新兴产业和未来产业发展的关键期和攻坚期，发展战略性新兴产业和未来产业事关河南实现高质量发展的大局，不仅要作为全省经济工作的重中之重，也必须作为“双招双引”工作的重中之重，通过更大力度的招商引资活动，进一步集聚高科技项目和创新人才，加快核心技术攻关，形成产业核心竞争优势和产业链优势。为此，必须处理好短期经济提速和实现长期高质量发展之间的关系，坚持长短结合，短期谋划服从长期利益，在严控“双招双引”质量前提下实现短期提速。

再次，把发展多种形式对外经济合作和推进开放制度创新作为实现高质量“双招双引”的重要现实路径。从扩大进出口规模，提升河南开放水平的角度看，开展“双招双引”，眼光不能一味紧盯在“招”和“引”的层面，需要进一步拓展视野。要通过多种形式的对外经济合作促进“双招双引”。重点是要加大力度推进与发达国家和“一带一路”沿线国家的合作，加强与国内发达地区及世界500强、中国500强企业的合作，加强与国内外一流高校和科研院所的合作，积极在国内外共建合作园区，积极“走出去”投资等，在合作中把握市场变化趋向和产业发展趋势，同时有效带动“双招双引”，引进更多出口型高质量项目。进一步推动自贸试验区、航空港跨境电商试验区的开放制度创新，进一步完善“双招双引”体制机制，提升营商便利化水平，提高进出口通关和多式联运的效率，降低制度性交易成本和运输费用，并把开放制度创新的成果及时在全省推广复制。

（作者单位：中共河南省委党校。原文刊发于2023年8月9日《河南日报》第8版）

推动算力基础设施扩容提质

刘　攀

作为数字经济时代的核心生产力，算力是重要的公共基础设施，是全社会智能化转型的基石。《河南省重大新型基础设施建设提速行动方案（2023—2025 年）》明确提出，实施高性能算力提升、新型数据中心集群提速工程，推进智算中心、超算中心、新型数据中心建设，打造中部算力高地。这项部署对我省抢抓国家“东数西算”工程机遇、提升综合算力水平、推动数字化转型战略实施具有重要意义。

算力基础设施建设呈现新趋势

算力泛指计算能力，尤指对数据的处理能力。随着新一轮科技革命和产业变革深入推进，算力经历了从单机计算到云计算、从边缘计算到泛在计算、从单一算力到多样性算力的发展，算力基础设施建设呈现新的特征和趋势。

投资扩容趋势明显。当前，随着数字经济和实体经济加速融合，技术不断更新迭代，基础数据不断累积，算力需求呈现爆发式增长。据相关测算，到 2025 年，我国算力核心产业规模将达到 4.4 万亿元，关联产业规模约 24 万亿元，未来 5 年我国智能算力规模的年复合增长率将达 52.3%。因此，算力基础设施建设投资扩容成为时代发展的必然趋势。

东西协同趋势显著。2022 年，国家“东数西算”工程启动实施，构建以 8 个国家算力枢纽节点和 10 个国家数据中心集群为引领的新型算力网络体系。基于资源禀赋与区位优势,"东数西算"工程将东部部分算力需求有序引导至西部,实现算力跨区域调度,目前东中西地区相互协作、共同布局的趋势显著。我省与甘肃省共同探索,建设了全国首个集约型、系统性城市算力网络。

乘数倍增效应明显。算力基础设施建设是扩大有效投资的重要方向,也是赋能产业转型升级的重要动能。一方面,算力基础设施建设涉及的投资体量大、产业多、链条长,具有明显的乘数效应。据中国信通院测算,算力中每投入 1 元,将带动 3 元至 4 元 GDP 的增长。另一方面,算力正加速向政务、工业、交通、医疗等多领域渗透,数字政府、自动驾驶、智慧医疗、远程教育等新应用、新业态不断涌现,对产业的赋能效应显著。

绿色低碳挑战加剧。数字基础设施建设涉及数据传输、存储、计算、应用等环节,是"吃电大户",特别是数据中心除了驱动服务器等硬盘设施所需的电力,还需要通过空调、冷水机等辅助设施降温,以及备用电源提供不间断电力保障,能耗巨大,给绿色低碳发展带来挑战。

算力基础设施建设需持续加力

河南是重要的经济大省、人口大省、制造大省,具备发展算力产业的基础优势。一是市场容量和应用场景优势突出。我省经济体量突破 6 万亿元,人口规模接近 1 亿,丰富的市场主体可以为算力发展提供超大容量的市场和超丰富的应用场景,有助于培育具有独特优势和竞争力的算力企业。二是区位和网络基础优势显著。我省地理位置优越,算力网络能够覆盖 1500 公里距离内的全国绝大多数地区,且时延优于 4 个西部国家算力枢纽节点地区,具备明显的热数据和温数据计算存储优势。同时,初步建立了以国家超级计算郑州中心、中原人工智能计算中心、电信"一城一池"边缘计算中心、存算一体数据中心为核心的算力基础设施体系。三是算产融合速度不断加快。我省综合算力水平不断提高,并加速与实体经济融合,在矿山装备、起重装备、智能农机等领域的计算和数据处理位居前列。四是数字化政务服务体系完备。我省建成了覆盖省市县乡村五级的河南政务服务网,一体化数字化政务服务能力进入全国第一方阵。

尽管我省发展算力产业有一定的基础，但是仍存在制约和短板。一是顶层架构有待完善。我省暂未列入国家“东数西算”工程总体布局，在争取国家专项资金、政策扶持及配套措施方面滞后于兄弟省份。二是算力发展不够均衡。我省各市数字经济发展差别明显，算力资源过剩和不足地区并存，算力网络的计算力、存储力、运载力、安全防护力及公共服务能力有待提高。三是综合建设成本过高。在算力过剩地区，算力设施收益无法完全涵盖运营成本，尤其是算力企业综合电价水平偏高，成本支出偏大，整体产业规模偏小。四是多头管理效率低下。在“算力供给—算力交易平台—算力需求”的交易分配模式中，存在政务部门多头管理、权责不清等问题。五是供需匹配程度较低。我省核心技术薄弱、应用领域单一，算力企业难以在省域范围内获取技术和资源支持，有效市场需求待进一步扩展。除此之外，还面临技术、资金、人才等方面的制约。

多措并举提升算力建设水平

我省要加快打造中部算力高地，就要明晰优势定位，统筹协作配合，不断提升算力基础设施建设水平。

主动对接，深化协作。算力资源具有持续性和动态性，要及时掌握处于活跃状态的、正在被处理的和处于静态环境中储备的算力资源，不断优化算力资源配置。持续探索算力资源跨区域协作模式，强化项目载体建设。主动对接国家需求，争取国家算力枢纽节点落地河南。

明晰权责，整合资源。综合考量科研院所、产业应用、城市治理和用户需求等多重因素，结合行政职能，明确分工，提高管理水平。促进不同类型算力基础设施整合高效利用，实现资源的优化配置和效率提升。探索算力共享、算力错峰，降低公共算力成本，逐步构建普惠包容算力。

优化网络，夯实基础。推进“全光网河南”改造升级，强化关键枢纽设施扩容布局，构建大宽带、低时延、智能化的算力承载网络。打造网、云、安、边、端、链相互融合的数字基础设施，立足算力、存力、运力和应用四项建设重点,持续优化算力建设布局,夯实算力发展的硬件基础。

搭建平台,赋能发展。加快推进数字产业化和产业数字化,引导企业优先使用本省的算力资源,扩大算力消费市场。完善算力产业布局,强化招商引资,扩大算力产业规模。搭建算力与政、产、学、研、金、服、用对接公共服务平台,提升赋能发展水平。

绿色低碳,安全发展。加快绿色节能技术应用,提升绿色能源利用水平,降低算力基础设施建设综合成本。加强对算力中心环境的管理和监控。同时,加强算力网络安全防护,建设高效、稳定、安全的算力网络体系,促进算力基础设施安全稳定发展。

(作者单位:河南省人民政府发展研究中心。原文刊发于2023年8月26日《河南日报》第7版)

打造协同便捷的智慧交通

安晓明

《河南省重大新型基础设施建设提速行动方案(2023—2025年)》提出,实施融合基础设施赋能工程,重点推进交通、能源、工业等领域基础设施智能化改造。推动智慧交通建设,对于河南深入实施数字化转型战略和优势再造战略,加快构建高水平新型基础设施体系,推动交通区位优势向枢纽经济优势转变具有重要意义。

智慧交通让出行更加安全便捷

智慧交通是以优化交通管控系统、提升交通综合效率和保障交通通行安全为目标,充分应用信息通信网络、物联网、云计算、大数据、人工智能、区块链等新技术与交通行业深度融合,构建的涵盖车、人、交通基础设施、环境等多要素的智慧型综合交通运输系统。相关数据显示,智慧交通可使车辆安全事故率降低20%以上,交通堵塞减少约60%,短途运输效率提高近70%,现有道路网的通行能力提高2—3倍。

让交通服务更优质。智慧交通将算力与交通结合,实现交通服务流程再造,推动业务办理、网上缴款、寄递交付一体化;及时提供信息服务,让人们随时了解、动态掌握路况、危险路段、道路施工、恶劣天气等信息;针对不同年龄阶段、文化层次、习惯偏好、生活环境群体,通过手机APP、短信、语音电话等服务方式,满足人们对于交通服务的个性化需求。

让交通管理更有序。利用物联网、云计算、人工智能等前沿核心技术,建成便捷、安全、高效的智慧云平台系统、违停自动抓拍系统、多功能电子警察系统、智能交通信号控制系统、静态交通管理系统、高空瞭望系统等智能交通服务体系,可在区域范围内实施更精准的应急指挥、全覆盖的可视化调度和更人性化的交通综合执法。

让交通出行更有效率。智慧交通通过新一代信息技术对实时的交通数据进行搜集、汇总、分析,打造综合交通“数据大脑”,实现跨部门、跨行业、跨地区的信息资源交换与共享,不仅有利于缓解交通拥堵,还能提高道路利用率以及城市交通体系的运行效率。

让交通安全更有保障。在智慧交通系统中,运输工具实现智能化和自动化,将大大降低人为因素导致的事故率。如我国已建成全国重点营运车辆联网联控系统和道路货运车辆公共监管与服务平台,可实现全天候、远程监控重点营运车辆和12吨以上货车的速度、位置,严防超速、疲劳驾驶等违法违规行为发生。

以基础设施建设为重点打造智慧交通

智慧交通是中国式现代化交通建设的发展方向,河南作为首批交通强国建设试点地区,要在智慧交通建设方面走在全国前列。

首先,加强智慧交通基础设施建设。实施交通运输数字化转型三年行动计划,推进智慧高速、智慧港航、智慧机场与轨道交通、多式联运、智能网联车路协同设施等建设,打造协同便捷的智慧交通基础设施。强化智慧交通项目带动,在重点领域谋划一批引领性项目。稳步实施交通新型基础设施建设示范工程,全面推进全省高速公路“13445工程”智慧化建设,加快推进郑州至洛阳、安阳至罗山、沈卢高速沈丘至遂平段等智慧高速建设。积极推进周口港、淮滨港等智慧港口和洪河航道新蔡至洪河口段、淮河航道饮马港至三河尖段等智慧航道工程建设。加快建设“航空港、高铁港、铁路港(陆港)、公路港”四港联动的现代化、国际化、世界级智慧物流枢纽。高标准建设新郑国际机场三期工程、郑州国际陆港新片区,打造智慧机场、数字陆港,建设中欧班列郑州集结中心智慧平台。持续实施国家级和省级多式联运示范工程，加快郑州航空港区多式联运平台、高铁多式联运现代智慧综合物流园、智慧综保区等项目建设，强化四港数据互联共享。加快建设郑州市郑东新区和洛阳市洛龙区智能网联及车路协同设施，发挥省智能网联汽车云控平台作用，探索开展车路云一体化系统规模化示范应用，争创国家级车联网先导区。

其次，积极推进交通运行管理智慧化转型。推动大数据、互联网、人工智能、区块链、超级计算等新技术与交通行业深度融合。加强综合交通运输智慧协同治理，促进交通信息资源高度集成共享和综合开发利用，提升综合交通运输运行监测预警、安全风险分析研判、调度指挥等支撑能力。完善省级综合交通大数据中心，提升交通数字化管理水平，构建车、路、人等交通要素无缝衔接的智慧交通体系。深入推进交通运输领域政务服务“一网通办”，提高交通执法智慧化水平。加快“出行即服务”体系建设，支持互联网企业等市场主体整合线上、线下资源，提供“一站式”智慧出行服务，以满足高品质、个性化的出行需求。全面推动交通运输“互联网+监管”，开展多元化应用场景的大数据风险预警应用。

再次，丰富和扩展智慧交通场景应用。聚焦出行体验、服务品质以及物流效率、管理效能等重点领域和关键环节，做好智慧交通实用性和前瞻性协同，不断扩展智慧交通场景。大力推动智慧交通新兴前沿领域创新和产业化，加速全省交通基础设施网、运输服务网、能源网与信息网络融合发展，合理有序引导新业态、新模式多元发展。持续提升河南在车流量统计预测应用、交通异常事件图片检测服务、车辆安全监控、道路救援应用等应用场景的智慧程度。积极推动河南在智能网联、车路协同、多式联运等方面形成一批技术示范应用成果和创新项目，未来还要在自动驾驶等领域进行拓展。

（作者单位：河南省社会科学院改革开放与国际经济研究所。原文刊发于 2023 年 8 月 26 日《河南日报》第 7 版）

发展内河航运　打造流域经济

仝新顺

流域经济活动是人类经济活动起步和进一步发展的基本形式，流域开发和流域经济发展是实现国民经济和区域经济可持续发展的空间载体。从国内外流域开发的实践看，流域经济在古代人类文明起步和世界现代经济发展中都发挥着十分重要的作用，而依托沿江沿河资源优势，发展流域经济进而带动整个地区的发展，更是被众多发达国家在经济发展过程所证实。河南省委、省政府高度重视内河水运对经济社会发展的支撑和引导作用，9 月 9 日召开的全省内河航运高质量发展推进会议强调，要把加快内河航运高质量发展作为建设现代综合交通运输体系和发展现代化枢纽经济的关键之举。

为流域经济发展奠定基础

河南是我国唯一地跨长江、淮河、黄河、海河四大流域的省份，历史上的中原水运，曾有过“百舸争流天津卫，千帆竞航下江南”的繁盛。后来由于自然、技术和历史等原因，河南水运发展出现停滞。如今，随着国家《内河航运发展纲要》出台，特别是 2022 年《河南省内河航道与港口布局规划（2022—2035）》和今年 9 月《关于加快内河航运高质量发展的意见》出台，为补齐内河航运短板，提出了“通江达海、河海联运，干支联动、交旅融合”的发展思路，打造“一纵三横九支+其他航道”总体布局，以及重点推动“2+8”分层次港口布局，建设周口、信阳、漯河、平顶山、南阳、商丘 6 个现代化港口。

改革开放以来，特别是 1998 年国家发展改革委正式印发《淮河生态经济带发展规划》，2021 年中共中央、国务院印发《黄河流域生态保护和高质量发展规划纲要》，国家战略的叠加和释放出未来发展的多重利好，我们迎来流域经济高质量发展的重大战略机遇，河南加快谋划实施生态、经济、文化等领域的振兴和发展恰逢其时。

结构特征与困难挑战

从经济学角度看，流域是以水资源系统开发和综合利用为中心，组织和管理地区经济和国民经济的重要地域单元。而流域经济是以河流为纽带和中轴，以水资源为主的资源综合开发利用的特殊类型的区域经济。纵观流域经济发展历史可以发现，流域经济是以水资源开发利用为主实现资源综合开发利用的经济、是以河流为纽带促进区域协同发展的经济、是具有明显区段性的经济、是以可持续发展为本质要求的经济。总体上看，流域经济具有整体性和关联性、区段性和差异性、层次性和网络性、开放性和耗散性等特征。尤其是，河流流经不同区段，城市和产业沿河流布局，也形成了带状的经济空间格局。

流域经济活动的延续和深化，都将围绕水资源的利用而展开。从河南水资源分布看，可以将河南流域划分为三个主要区域：一是处于沙颍河流域的周口、漯河、平顶山、商丘、郑州等城市；二是处于淮河流域的信阳和驻马店；三是处于汉江支流的南阳。流域不但是经济活动的地域载体，而且是国民经济的重要生长点。从河南内河航运高质量发展的战略目标看，实现河南人的“通江达海”梦，需要着力发展内河航运，更好地发挥其在发展流域经济、优化产业布局、服务对外开放等方面的重要作用。

目前，沙颍河流域经济发展取得新突破。周口作为全省重要的豫货“出海口”和海货入豫“桥头堡”，地处黄淮平原腹地，东临安徽阜阳市，西接漯河市、许昌市，南与驻马店市相连，北与开封市、商丘市接壤，聚焦“临港新城、开放前沿”发展定位。周口港实施扩容提升工程、提升岸线使用能力，开通国际集装箱航线、提升港口集货能力，完善配套设施，提升便捷的通关能力。

先后吸引安阳钢铁、益海嘉里等投资项目入驻周口港，做大做强做优临港经济。

但是，我们也应该清醒地认识到，河南流域经济发展正从起步阶段，向快速发展阶段迈进。仍存在着一些制约因素，尤其是河南内河航运吞吐量和集装箱吞吐量落后于中部五省，存在航运基础设施建设滞后、顶层设计和体制机制不足，临港产业规模较小、层次不高、功能雷同，流域经济上中下游拓展和带动力度不够，内河航运水量仍显不足等问题，特别是黄河流域，由于黄河中游难以通航，目前流域经济的重点也只能布局文化航道旅游产业。因此，写好"水文章"，激活"水经济"还有很长的路要走。不过，我们也必须要看到，江淮运河通航带来的航运时间和成本优势，以及唐河复航与江汉运河打通，将助推河南内河航运高质量发展，河南流域经济将迎来历史性发展机遇。

发展路径与政策建议

国内外经验证明，流域仍然是国民经济和区域经济持续发展的空间载体。河南的沙颍河、淮河等流域，从上游、中游到下游，资源拥有量越来越少，而社会经济发展水平则越来越高，初步形成了资源分布中心偏西，生产能力、经济要素分布偏东之间的"双重错位"现象和区域发展不平衡局面。

流域经济的发展得益于水资源的综合开发利用。按照点轴开发理论，就是运用网络分析万法，把国民经济看成是由点、轴组成的空间组织形式。一般来讲，产业首先集中在少数航运条件较好的城市，呈点状分布，即增长极的发展，并随着经济的发展，连接点与点之间的交通线、动力线、通信线等轴线，生产要素沿轴线形成新的增长点，点轴贯通就形成了点轴系统，未来逐步由较高级别的点轴向较低级别的点轴扩散。借鉴国内外流域经济发展经验，笔者认为河南流域经济发展应遵循"航道+港口+流域+开放"基本思路，通过流域经济带资源禀赋不同，实施差异化错位发展。

河南沙颍河流域经济带应突出周口港龙头地位和临港经济区示范引领作用，发挥"箱通世界、货运全球"航线优势，深度对接"海上丝绸之路"，带动漯河临港经济区、平顶山临港经济区流域经济带发展；河南淮河流域经济带要发挥“1+6”港口集群效应，以信阳港·淮滨中心港区为圆心，实施功能定位、错位发展，由内向外形成服务、货物、产业和城市四个圈层，服务豫东南高新区，承接东部产业转移，带动大别山革命老区乡村振兴和产业发展；河南汉江流域发展重在打通唐河至汉江航运通道，织就我省“三横一纵”航运网络，深度融入长三角港口群和对接长江经济带，沿唐河、白河打造临港经济走廊；河南黄河流域经济带文化旅游资源富集，要按照黄河流域生态保护与高质量发展战略要求，整合大运河河道路线最长、流经古都最多、运河遗产最为丰富优势，特别是要发掘好、利用好黄河文化和旅游资源，加强沿黄旅游航道建设和港口布局，纵深拓展文旅融合发展空间，力争实现郑汴洛旅游通航和卫河主要点段旅游通航，擦亮“千年运河”文化旅游品牌，让母亲河更多的造福于民。

河南背靠华北、西北能源资源富集地，随着黄河流域生态保护与高质量发展战略深入实施和淮河生态经济带建设的推进，我们应该站在人与自然和谐共生的高度谋划河南流域经济的发展，实施生态航道建设示范工程，推动航运功能设施与沿线景观协调发展；加强生态友好型港口建设，有序实施码头岸电设施改造，构建中原出海大通道，确保“豫货出海”“海货入豫”更便捷高效，促进我省流域经济带重要轴线协调发展。

（作者单位：郑州轻工业大学。原文刊发于 2023 年 10 月 4 日《河南日报》第 4 版）

精准施策推动全产业链优化升级

胡美林

当前,全球产业竞争进入“链时代”,从产业链视角系统谋划实施更加精准的产业政策,已经成为许多国家和地区推动产业转型升级、构建现代化产业体系的重要政策工具和具体工作抓手。

靶向发力、打通堵点、接通断点

聚焦重点产业链短板弱项和缺失环节加强针对性政策支持。一要攻坚关键技术破瓶颈。充分发挥技术创新政策引导作用,强化科研组织、协同攻关、应用转化,持续加大省市财政科技投入力度,重点围绕产业链关键共性技术、前沿引领技术、颠覆性技术凝练一流课题、实施重大项目,支持链主企业、高等院校、科研院所等建设中试基地、创新联合体、产业研究院等科技中试及联合转化平台,不断提高产业链协同创新水平,加快突破一批产业链“卡脖子”技术;强化企业创新主体地位,深入推进规上工业企业研发活动全覆盖,鼓励企业进一步加大研发投入,在制造业创新中心等高能级创新平台建设方面加大支持力度;持续加大技术转移和成果转化政策支持,推动更多先进技术在我省孵化转化,为新兴产业建链、传统产业升链提供有力支撑。二要突破核心产品强配套。以产业链关联配套的核心材料、核心元器件、核心装备等产品为重点,加大研发生产和示范应用支持力度,不断提高重点产业链本地配套率,加快形成产业生态、集群优势;持续加大自主创新产品政策支持力度,引导重点产业链自主创新产品研发、制造、使用单位加强合作,持续扩大创新产品推广应用力度，重点落实好首台（套）重大技术装备、首批次材料、首版次软件“三首”产品推广应用奖补政策，加快突破应用初期的市场推广瓶颈，补强产业链缺失环节和薄弱环节，带动重点产业链配套成本降低和整体效能提升。三要引育优质企业补短板。加大重点产业链优质企业培育政策支持力度，加快形成“头雁”企业引领、“专精特新”中小企业融通发展格局，重点推动现有龙头企业、领军企业延链补链，不断增强产业链上下游资源整合能力，带动重点产业链竞争力和稳定性持续提升，同时要对照产业链图谱和招商路线图，加大行业链主企业和“专精特新”中小企业精准招引力度，强化以企引企、以商招商、以链补链，加快形成产业发展集群效应。

数智赋能、低碳转型、激发动力

适应制造业数字化转型、绿色低碳发展新趋势新要求。一要深入推进数字技术与制造业融合发展。加强5G、工业互联网、人工智能、区块链、元宇宙等新一代信息技术在制造业研发设计、生产加工、组织管理、市场营销、配套服务等各环节的渗透应用，全面重塑再造数字经济时代下的制造业竞争新优势，特别是要进一步加大工业互联网创新发展政策支持力度，高质量推进特色型、区域型工业互联网平台建设，推动工业互联网标识解析体系二级节点应用推广，为基于工业互联网、大数据等数字技术的行业发展新模式提供精准标识解析数据支持，推动重点产业链生产方式变革和效率提升。二要深入推进企业智能化改造。支持制造业企业利用新一代信息技术打造“5G+”“数字孪生+”“人工智能+”等智能制造应用新场景，推动开展以“设备换芯”“生产换线”“机器换人”为核心的智能化改造，创新发展平台化设计、个性化定制、网络化协同、服务化延伸、数字化管理等新模式新业态，加快制造业生产过程向高端化、智能化方向转型升级，推动“河南制造”向“河南智造”转变。三要深入推进绿色低碳转型。坚持以“双碳”目标为导向，加快推进钢铁、有色、化工、建材等传统制造业重点产业链绿色化改造，加快发展一批绿色工厂、绿色园区、绿色供应链管理企业、绿色设计产品等，着力构建高效、清洁、低碳、循环的绿色制造体系；引导各地因地制宜布局高附加值、低消耗、低碳排放的重大产业项目，推动企业、产业间低碳化横向耦合、纵向延伸，加快绿色低碳产业链条化发展。

产销衔接、串企成链、聚链成群

加强重点产业链上下游、产供销、大中小企业融通联动发展，着力提高区域产业链供应链协同配套水平，加快形成空间上高度集聚、上下游紧密协同、供应链集约高效的产业链群发展模式。一要推动供需适配。坚持供需两端协同发力，以重点产业链龙头企业为牵引，以强化产业链上下游协作配套为关键，加快提升重点产业链本地配套率和科研成果本地转化率，充分释放产业链上下游融通联动和创新链、产业链融合发展的拉动作用；深化与长三角、粤港澳大湾区等发达地区合作，探索推广“创新策源在外、孵化生产在中原、产品市场在全球”的产业协作模式，共建一批产业链飞地经济园区，进一步增强供给体系对全国统一大市场的适配性。二要推动产销衔接。建立完善重点产业链产销对接机制，打通产业链供应链信息通路，有效促进企业间产销信息互通，降低企业搜寻成本，提升企业经营效益和产业链供应链稳定性；鼓励链主企业采购链上核心配套中小企业关键原材料、零部件、元器件等，支持装备、汽车、电子、轻工、纺织等领域中小企业深度融入“链主”企业供应链体系，加快构建稳定高效的供应链生态系统。三要推动产融对接。充分发挥政府部门的组织协调优势、金融机构的融资优势、行业协会的信息优势，统筹用好银行信贷、科技金融、融资担保、产业基金等政策，为整个产业链上的企业项目提供系统性解决方案，有效降低重点产业链企业综合融资成本。

（作者单位：河南省项目推进中心研究部。原文刊发于 2023 年 10 月 11 日《河南日报》第 8 版）

深化金融供给侧结构性改革

武文超

中央金融工作会议要求，以深化金融供给侧结构性改革为主线，以全面加强监管、防范化解风险为重点，加快建设中国特色现代金融体系。坚持深化金融供给侧结构性改革，是加快建设金融强国的必然选择，是提升金融服务实体经济发展水平、推动经济高质量发展的关键举措。

改革的重点任务

金融供给侧结构性改革就是贯彻新发展理念，破解金融体系在服务经济高质量发展过程中所存在的不适应问题。

稳定货币金融环境。坚持稳中求进的总基调，保持货币政策的稳健性，做好跨周期和逆周期调节，充实货币政策工具箱。着力营造良好的货币金融环境，不断完善金融宏观调控，准确把握货币信贷供需规律和新特点，加强货币供应总量和结构双重调节，不断活跃资本市场，保持流动性合理充裕、融资成本持续下降，为做好稳增长、调结构、扩内需、稳外贸等方面工作提供货币金融支撑。不断加强对重大战略、重点领域和薄弱环节的优质金融服务。

优化资金供给结构。围绕经济高质量发展的需要，着力破解金融资源分配的不平衡不充分问题，大力支持实施创新驱动发展战略、区域协调发展战略，确保国家粮食和能源安全。做好科技金融、绿色金融、普惠金融、养老金融、数字金融五篇大文章，把更多金融资源用于促进科技创新、先进制造、绿色发展和中小微企业,加强对新科技、新赛道、新市场的金融支持,加快培育新动能新优势。

打造现代市场体系。着力打造现代金融机构和市场体系,疏通资金进入实体经济的渠道。优化融资结构,提高直接融资比重,健全多层次资本市场体系,更好发挥资本市场枢纽功能,发展多元化股权融资,大力提高上市公司质量,培育一流投资银行和投资机构。促进债券市场高质量发展。完善各类金融机构定位,支持国有大型金融机构做优做强,当好服务实体经济的主力军和维护金融稳定的压舱石,严格中小金融机构准入标准和监管要求,立足区域开展特色化经营,强化政策性金融机构职能定位,发挥保险业的经济减震器和社会稳定器功能。

提升金融监管水平。健全金融监管机制,有效防范化解地方债务、房地产市场等重点领域金融风险。强化市场规则,打造规则统一、监管协同的金融市场,促进长期资本形成。健全法人治理,完善中国特色现代金融企业制度,完善国有金融资本管理,拓宽银行资本金补充渠道,做好产融风险隔离。

高质量服务现代化河南建设

坚持聚焦"十大战略"。围绕服务中国式现代化建设的河南实践,聚焦"十大战略",做好金融服务和资金支持。做好科技金融大文章,加快发展信用融资、风险投资等与科技创新活动相适应的金融服务模式,为实现自主创新、打造发展新动能提供资金支持;加强产业升级、综合交通枢纽建设、建设内陆开放高地等领域资金供给,确保重大战略项目落地实施,助力河南实现优势再造;做好普惠金融、养老金融大文章,多渠道保障新型城镇化、乡村振兴等领域的融资支持;做好数字金融大文章,加快以数字化赋能提升金融服务的质量和效率。

着力服务实体经济。坚持金融服务实体经济这一根本宗旨,围绕实体经济发展的金融需求,提升金融服务供给水平,鼓励金融机构提供更多直达实体经济的金融产品和服务。坚持服务制造业高质量发展,强化制造业企业的融资保障,多举措拓宽企业融资渠道,支持和鼓励制造业龙头企业到资本市场融资。加强金融机构与中小企业的需求对接，扎实有效降低中小企业的融资难度、融资成本。积极服务乡村振兴发展，鼓励金融机构探索创新农村金融服务模式，按市场化原则加强对农民创业的信贷支持。

提高金融服务能力。着力优化金融资源布局，引导金融机构集聚发展、提升资金融通效率。加强与国内外大型金融机构的战略合作，鼓励银行、保险、信托、基金等各类金融机构到河南开展业务，加快产业基金、天使基金、风险投资发展，不断集聚金融资源、拓宽融资渠道。加快提升金融服务数字化水平，持续提高金融机构一线的服务质量，提升金融服务的效率和便利性。坚持以人民为中心的价值取向，针对人民群众在理财、信贷、保险、养老等多方面金融需求，提供更加多元化、个性化服务。

坚守金融安全底线。坚决贯彻中央的部署和要求，有效防范化解金融风险，依法将所有金融活动全部纳入监管。促进金融与房地产良性循环，健全房地产企业主体监管制度和资金监管，一视同仁满足不同所有制房地产企业合理融资需求，因城施策用好政策工具箱，更好支持刚性和改善性住房需求。严格控制地方债务规模，建立防范化解地方债务风险长效机制。严厉打击非法金融活动，及时处置中小金融机构风险，健全权责一致、激励约束相容的风险处置责任机制，在稳定大局的前提下扎实稳妥化解风险，坚决惩治违法犯罪和腐败行为。持续完善社会信用体系，打造高质量社会信用环境，构建以信用为基础的新型监管机制，以信用风险为导向优化配置监管资源。

（作者单位：河南省社会科学院经济研究所。原文刊发于 2023 年 11 月 13 日《河南日报》第 5 版）

新型工业化和新质生产力

推进新型工业化的着力点

王文莉

习近平总书记在党的二十大报告中指出，坚持把发展经济的着力点放在实体经济上，推进新型工业化。河南是经济大省、工业大省，工业增加值总量长期居全国前列，但工业新增长点乏力、创新能力不强、产业链现代化水平不高、区域工业化进程不平衡等问题突出。推进新型工业化，必须发挥优势潜力，从五个方面协同发力。

做强产业群链支撑

当前区域竞争已经成为产业链、产业集群和产业生态的竞争，要加快新兴产业建链、优势产业延链、传统产业升链、短板产业补链。一是提升产业链现代化水平。在主导产业领域，巩固提升对电子信息、汽车制造、先进装备、现代食品、新型材料等产业链的掌控能力，增进产业新优势。在新兴产业领域，加快打造新能源汽车、生物医药、新一代信息技术等千亿级产业链，形成发展新动力；在未来产业领域，前瞻性布局氢能储能、基因技术、人工智能、生命健康、量子技术等未来产业，抢占未来新高地。二是推动传统产业优势再造。对我省钢铁、有色金属、化工等传统产业，积极嫁接工业互联网、智能制造等新技术新业态新模式，加快“机器换人”“设备换芯”“生产换线”，让更多产业产品、技术装备、材料器件进入国内国际双循环的关键环、中高端。三是构建安全韧性的产业生态体系。紧抓国家新一轮重大生产力优化布局的机遇，主动承接重要产业链关键环节在我省备份布局和产能储备，探索建立河南产业链安全协调机制，提升产业链供应链的治理能力。

深化创新驱动赋能

创新驱动、数字赋能是新型工业化的鲜明标识，也是实现产业“弯道超车”“换道领跑”的最大变量。要围绕产业链布局创新链，促进数实深度融合共生，提升创新话语权和产业竞争力。一是加快提升科技自主创新能力。发挥我省高端装备、新材料、电子信息等领域优势，以超常规举措争取国家重点实验室、国家大科学装置、国家制造业创新中心等高端平台在我省落地。以集中攻克关键技术和“卡脖子”技术为目标，滚动编制技术攻关清单，迭代实施省重大科技攻关专项，打通“研发—工程化—产业化”就地转化通道。二是大力推动制造业数字化转型。支持制造业龙头企业建设产品全生命周期数字化平台，引导生产性服务业企业推广总集成总承包、综合解决方案、共享制造、远程运维等“两业”融合发展新模式，鼓励中小企业导入轻量化、快部署、易运维的数字化转型方案，推动数字化转型从单点突破、示范试点转向面上展开、体系融合跨越。三是营造开放包容、宽容失败的创新氛围。鼓励各市县在京津冀、长三角、粤港澳大湾区等发达地区建立科技合作园区，拓展“省外创新源、省内应用场”的“科创飞地”模式。营造勇于探索、敢为人先、崇尚创新、宽容失败的创新文化，持续加强知识产权、自主品牌等方面法治建设。

着力树品牌提效能

工业强，市场主体必须强，推进新型工业化，必须全面提升企业竞争力。一是发展壮大创新型龙头企业群。围绕高端装备、新材料、电子信息、绿色食品等优势产业及新能源汽车、生物医药、新型显示和智能终端等新兴产业，支持龙头企业整合创新资源，打造一批拥有原创性核心技术、具有链主地位的“头部”企业。二是加强科技型中小企业培育。建立“专精特新”和“瞪羚”企业培育目录，筛选一批专业化、特色化、创新型、市场竞争优势突出的中小企业，培育一批国家和省级名牌产品，打造一批在细分市场具有全国或全球竞争力的“单项冠军”。三是推动实体企业与金融市场深度对接。支持各类企业积极对接资本市场,推动有实力有意愿的企业挂牌上市,运用资本力量做大做强,形成一批具有全国乃至世界影响力的知名品牌企业。

推动低碳循环发展

绿色低碳是新型工业化的内在要求。加快推进我省新型工业化,必须走节约资源、保护环境的绿色低碳发展之路。一是加快推进企业绿色化改造。大力推广绿色制造标准方案,实行重点行业清单管理,建立工业绿色发展项目库,推广“绿色诊断+改造提升+示范创建”绿色工厂梯级建设模式,推进工业绿色化发展。二是加快发展绿色金融发展水平。统筹用好中央和地方财政、税收等各类资源,用好用足用活绿色信贷、绿色债券、绿色保险、绿色金融政策工具,增强绿色金融对制造业的支持力度。三是综合运用科技、管理、法律等手段推动绿色低碳发展。支持龙头企业积极参与绿色制造术语、属性和评价指标等基础共性国际国内标准制修订,加快研究低碳技术和低碳产品,加强重点领域资源环境地方立法。

创新体制机制保障

按照“要素跟着项目走”思路,推动生产要素向优势产业、优势企业集聚,构建全生命周期要素支持体系。一是细化人才政策。依托自贸区、自创区、航空港区等,加快打造海内外“人才特区”。支持各地建立“高尖精缺”产业人才数据库,从人才的引、育、用、留等方面提供全方位政策支持。二是强化土地保障。坚持“亩均税收论英雄”导向,提高开发区土地节约集约利用水平,对产业链关键环节的投资与转型升级用地,实施精准征地、精准供地。三是优化金融服务。发挥好各类产业基金、天使基金等作用,通过“创、投、贷、融”手段,对萌芽期和初创期企业提供精准靶向金融扶持。发挥国有资本撬动作用,引导社会资本充分投入,打造“引进团队—国资引领—项目落地—股权退出—循环发展”产业投资模式。

(作者单位:河南省发展战略和产业创新研究院。原文刊发于 2023 年 6 月 19 日《河南日报》第 8 版)

以新型工业化开创中国式现代化建设河南实践新局面

赵西三

新型工业化是推进中国式现代化建设河南实践的重要引擎。工业化是现代化的核心,当前新一轮科技革命和产业变革纵深推进,新一代信息技术向实体经济加速渗透,工业化的内涵与特征都发生了深刻变化,工业化呈现智新趋势,新型工业化要围绕中国式现代化的中国特色、本质要求和重大原则深入推进。河南是中国的缩影,以中国式现代化全面推进中华民族伟大复兴,更需河南展现新担当新作为,加快推进新型工业化,开创中国式现代化建设河南实践新局面。

中国式现代化视域下河南新型工业化的鲜明特征

通过推进工业化,河南逐步实现了从农业大省向工业大省的转变,2005年以来连续十几年工业增加值稳居全国第五位,迈入了工业化后期的前半阶段,以新型工业化为支撑推进中国式现代化建设河南实践。

人口大省的新型工业化需要更加突出包容性。河南作为户籍人口全国第一、常住人口全国第三的人口大省,必须走人力资源得到充分发挥的新型工业化道路,提升工业化的包容性,为各层次劳动力提供就业渠道,不能把传统产业作为低端产业退出。同时,顺应人口数量型红利向质量型红利转变,升级传统产业,培育新兴产业,逐步优化就业结构。

农业大省的新型工业化需要更加体现协调性。基于河南身兼保障国家粮食安全和粮食供给的重任，我省坚持在确保耕地红线、不以牺牲粮食为代价的前提下，突出以培育壮大食品产业带动一、二、三产业协调发展，培育壮大乡村产业，走出了一条三产协调与城乡统筹的新型工业化发展之路。

文化大省的新型工业化需要更加突出融合化。河南历史文化资源丰富，近年来国潮崛起，传统文化元素与现代工业产品融合催生了一批新品类新品牌，河南的新型工业化更需突出融合化，推动传统优秀文化在现代产品上创造性转化，强化设计创意驱动的创新，提升产业附加值，探索出一条以文兴业的新路子。

生态大省的新型工业化需要更加突出绿色化。河南地跨四大流域，在全国生态格局中具有特殊地位，在碳达峰碳中和目标下，河南工业化必须走节约资源、保护环境的绿色低碳发展之路，以创建绿色工厂、开发绿色产品、建设绿色工业园区和构建绿色供应链为牵引，构建绿色制造体系，发展绿色低碳产业，助推发展方式绿色低碳转型。

内陆大省的新型工业化需要更加突出开放性。河南地处内陆，新型工业化必须抓住新发展格局机遇，更加突出开放性，提升自贸区、航空港等开放平台能级，提升四条丝绸之路开放通道优势，推进高水平制度型开放，加大招商引资力度，培育壮大外向型产业，积极融入全球产业链供应链，在开放中实现价值链攀升。

坚持“五个并重”推进新型工业化

当前，新型工业化呈现软件定义、数据驱动、智能主导、平台支撑、服务增值的新特征，数字经济加速重塑研发范式、生产方式、制造模式和组织形式。作为一个后发追赶的工业大省，应坚持“五个并重”，全面提升新型工业化水平，开创中国式现代化建设河南实践新局面。

突出传统产业改造与新兴产业培育并重。在国产替代、消费升级、国货崛起等大背景下，我省传统产业规模大、占比高，改造升级潜力巨大，在培育壮大新兴产业未来产业的同时不能忽视传统产业改造升级，不能当成“低端产业”简单退出。依托传统产业培育新兴产业，如有色、化工、装备等向新材料、新能源、智能装备升级的空间很大，这样培育出来的新兴产业更有根植性。依托传统产业更新改造场景引培新兴产业，我省传统产业智能化、绿色化改造空间巨大、场景丰富，以改造场景吸引智能化服务、工业互联网平台、数字经济、节能环保等企业落地，培育壮大新兴产业，拓展新赛道。

坚持提升产业高度与增加产品深度并重。作为内陆后发工业大省，各地过于重视引培所谓“高大上”产业，可能导致产业“虚高级化”，很多高端产业转移过来的实际是低价值环节，很难在本地带动形成产业链。河南不仅要关注提升产业高度，引进培育高附加值产业，更要关注产品的深度，支持“专精特新”“单项冠军”企业在细分领域紧跟需求变化和技术前沿，持续推出迭代产品，用工匠精神做深一个产品系列，突破“卡脖子”问题，始终站在细分产业前沿。对各细分领域的隐形冠军、亚军、季军进行梳理，支持企业打造产品开发平台，不断推出新产品。支持县域聚焦培育首位产业，集聚细分领域打透产业链条，构建产业生态，打造高辨识度的地标优势产业，提升在全球全国的产业链影响力。

坚持强化产业基础与深化数转智改并重。强化工业基础再造，在基础零部件、基础材料、基础工艺、基础技术、基础软件“五基”等领域，梳理重点突破的“卡脖子”问题，探索“五基”攻关新型举国体制的“河南路径”，集中资源突破一批带动作用强的基础产品和技术解决方案。同时，随着工业海量数据的出现，研发越来越以“数据为中心”进行思考、设计和实施，创新越来越依赖于对海量数据的收集和分析处理，工业基础领域突破更需要工业数据支撑，所以要加快推进数转智改，在我省优势领域培育工业互联网和制造业大数据平台，引导数据集聚，沉淀行业知识，形成机理模型，探索数据驱动的研发模式和制造模式，为工业强基提供数据支撑。

坚持集聚创新要素与链接创新要素并重。新型工业化需要高端人才，要优化发展环境吸引创新要素落地，但是短期内我省与沿海地区在软环境上差距明显。要转变观念，树立“链接即拥有”的理念，不一定非要把高端人才吸引过来，也可以把创新触角延伸过去，鼓励各地借鉴安徽、浙江支持县市建设上海“科创飞地”的经验，在三大城市群核心城市设立域外创新中心，吸引本地龙头企业集聚设立研发机构，打通河南与三大城市群创新要素间的链接,在当地集聚高端团队和人才为我省产业升级和创新发展服务。

坚持招商引资与支持本土企业并重。作为内陆后发工业大省,河南必须突出开放带动主战略,引进产业链带动力强的龙头企业。但同时不能忽视对本土企业的支持,很多本土企业都是本地的缴税大户、就业主体,由于在土地供应、政策支持上与招商引资差异化明显,影响了投资积极性,有些"专精特新"企业成为沿海地区招商引资的对象。以更大力度引导他们在本省扩大投资、扩充产能,让本土企业的新建项目、新增产能等能享受招商引资同等待遇。推进落地企业与本土企业联动发展,支持落地大型企业拓展本地产业链,引导本土企业嵌入落地品牌企业的产业链供应链,加快产业链本地化,提升产业链整体竞争力。

(作者单位:河南省社会科学院数字经济与工业经济研究所。原文刊发于 2023 年 6 月 30 日《河南日报》第 8 版)

推进新型工业化发展的河南路径

赵建吉

省委学习贯彻习近平新时代中国特色社会主义思想主题教育第二期读书班在省委党校开班，围绕深入学习领会中国式现代化理论体系、推进中国式现代化建设河南实践进行学习研讨。楼阳生书记强调，推进中国式现代化建设河南实践，最基础、最关键的是推进新型工业化，加快构建现代化产业体系，培育增强现代化河南建设的核心竞争力、比较竞争力、综合竞争力。

新型工业化是中国式现代化建设河南实践的必由之路

新型工业化是巨大人口规模基础上实现现代化的必然要求。河南是户籍人口全国第一、常住人口全国第三的人口大省，人口规模巨大是基本省情，也是建设现代化河南的现实基础。要在人口规模巨大的背景下，实现人均 GDP 达到中等发达国家水平，必须充分发挥人力资源丰富、市场容量巨大、消费潜力凸显等优势，进一步推动产业结构调整和转型升级、加快发展新技术新模式新业态、培育壮大战略性新兴产业和未来产业，这就要求必须走新型工业化道路，提升产业核心竞争力。

新型工业化是实现共同富裕目标的必然要求。中国式现代化是全体人民共同富裕的现代化。2022 年我省城镇化水平仅为 57.07%，滞后全国平均水平 8.15 个百分点，尚处于加速发展阶段，发展空间和潜力巨大。通过推动新型工业化，不断提升生产效率和技术水平，让从业人员共享新型工业化带来的发展成果。通过新型工业化与城镇化的互动发展，创造更多就业机会，推动农村富余劳动力向城镇转移。

新型工业化是夯实现代化建设物质基础的必然要求。物质富足、精神富有是社会主义现代化的根本要求。从全球主要国家的现代化历程看,工业化进程不可或缺,工业化带来的生产机械化和自动化为经济社会的现代化提供了坚实的物质基础。2022 年,我省人均 GDP、居民人均可支配收入仅相当于全国平均水平的 72.5% 和 76.5%。因此,我们更要加快推动新型工业化,构建现代化经济体系,建设制造强省和经济强省,为现代化河南建设打下坚实基础。

新型工业化是实现绿色低碳转型的必然要求。中国式现代化是人与自然和谐共生的现代化。在日趋严峻的资源环境约束下,以资源消耗为支撑的传统工业化发展模式难以为继。我省能源消费总量中煤炭消费占比高达 63.3%;4 个城市出现在 2022 年全国空气污染最严重的 10 个城市名单中;地级及以上城市空气质量优良天数比例比全国平均水平低 20.1 个百分点。推动中国式现代化建设河南实践,必须走新型工业化道路,不断降低资源消耗和环境污染,加快实现绿色低碳发展。

加快推动新型工业化的路径与重点

打造高端平台,强化科技创新引领。一是高标准建设河南省实验室。聚焦国家战略目标和我省重大战略需求,鼓励嵩山、龙门等省实验室组织开展前瞻性、原创性、集成性科学研究和科技攻关,产出一批标志性成果。二是加快建设高水平产业研究院。鼓励龙头企业牵头发挥主体作用,对接高端研发机构、产业链同行企业共同组建产业研究院,打造集研发、中试、产业化、工程化于一体的创新联合体,突破一批关键核心技术和卡脖子技术。三是大力发展新型研发机构。聚焦我省战略性新兴产业、传统优势产业需求,通过省部会商、院地合作、联合共建等多种形式,建设一批新型研发机构。四是加强关键核心技术和共性技术需求攻关。围绕先进材料、生物医药等领域,依托产业技术联盟、产业研究院、新型研发机构等进行联合攻关,不断增强原始创新能力。围绕轨道交通装备、新能源汽车等领域,以"揭榜挂帅"

“赛马制”“定向委托”等方式,组织实施科技重大专项和重点研发计划项目,在关键工艺、核心设备等方面攻克一批关键核心技术。

加快制造业高质量发展,构建现代化产业体系。一是提质发展传统产业。坚持“高端化、智能化、绿色化、服务化”转型方向,加快制造模式新变革和“材料+装备+品牌”提升,提质发展材料、装备、汽车、食品、轻纺等传统产业。二是培育壮大新兴产业。提升产业基础能力和产业引领与控制能力,做优做强新一代信息技术、生物技术、新材料、节能环保等产业。加强关键技术装备的突破应用和数字技术的融合赋能,培育壮大高端装备、新能源、新能源及智能网联汽车、航空航天和新兴服务业。围绕“优中培精”“有中育新”“无中生有”,谋篇布局量子信息、氢能与储能、类脑智能、未来网络等产业。三是大力发展生产性服务业。以服务实体经济、延伸重点产业链为着力点,加快发展工业设计、现代物流、电子商务、金融等生产性服务业。围绕深化“两业”融合,积极培育总集成总承包、个性化定制、产品全生命周期管理等新模式。

加强人才队伍建设,打造科技创新人才高地。一是引进培育高水平创新人才队伍。依托中国郑州航空港引智试验区、郑州国家海外高层次人才创新创业基地、国家级河南留学人员创业园等载体,面向国内外引进一批高端科技创新人才。依托郑州大学、河南大学等高校以及相关科研院所,结合国家“万人计划”科技创新领军人才、科技部创新人才(团队)支持计划、中原学者等人才计划,着力培养一批科技创新杰出人才、杰出青年。二是加快优秀企业家队伍建设。持续组织办好“中原领军型企业家”培训班、“中原领军型企业家论坛”等活动,不断提升企业家的国际视野、开拓创新能力、管理能力。三是加强技能人才队伍建设。实施全民技能振兴工程和职教攻坚计划,整合利用各类职业教育培训资源,推进校企合作、工学结合,开展现代学徒制试点,创建“大工匠”工作室、技能大师工作室,建设一批公共实训基地,培养门类齐全、技艺精湛的技能人才队伍。

完善产业链,打造一批重点产业集群。一是加快延链补链。绘制重点产业链招商图谱和路线图,开展稳链补链延链强链行动。强化招商引资和承接产业转移,加强与大型风投、创投公司和招商平台的深度合作,积极引进“头部企业”、产业链核心企业。二是强化企业协作配套。鼓励支持行业龙头企业和产业链链主企业将制造业单项冠军企业、专精特新企业以及中小企业纳入供应链体系,提高产业链协同和上下游配套联动发展。三是打造一批先进制造业集群和战略性新兴产业集群。立足现有产业基础和创新资源禀赋,加快打造装备制造、绿色食品、新型材料等 10 个重大先进制造业集群。高水平建设 4 个国家级战略性新兴产业集群,加快推动 15 个省级战略性新兴产业集群高质量发展。

加强对外交流合作,提升开放发展水平。鼓励大院大所大企业面向全球布局创新网络,并购、合资、参股国外创新型企业和研发机构,获取海外品牌、先进技术、高端人才等高端要素。支持创新龙头企业牵头建设国际科技合作基地、国家地方联合实验室等创新合作平台。强化招商引资与招才引智的结合,鼓励行业龙头企业、头部企业在我省设立研发机构、开展科技成果转化。加强与长三角、粤港澳、京津冀地区的科技创新合作,加快建设中原-长三角创新走廊。

(作者单位:河南大学黄河文明与可持续发展研究中心。原文刊发于 2023 年 6 月 30 日《河南日报》第 8 版)

筑链强群挺起制造业“脊梁”

李晓沛　郑春蕊

制造业对经济发展和创新转型具有坚实的基础支撑作用。河南工业增加值占全国的比重稳居全国第五位，形成了食品、装备制造等一批百千亿级产业集群，在全国制造业版图中占据着重要地位，但制造业大而不强、大而不优特征明显，关键核心技术“卡脖子”问题突出，战略性新兴技术和产业生态掌控能力较弱。河南推进制造强省建设，就要强化制造业在全省经济社会发展中的支柱地位和引领作用，打造自主可控产业链和高能级先进制造业集群，构建能级高、结构优、创新强、融合深、韧性好的先进制造业体系，挺起河南产业的“脊梁”。

强化创新引领，提升产业链韧性和安全水平

建设制造强省，必须坚持走高水平科技自立自强的道路，打好关键核心技术攻坚战，加大研发创新投入力度，开展原始创新和科技成果转化，激发创新主体活力，推动产业链创新链深度融合。一要推动传统产业固链升链，巩固产业领先地位。以更强创新力、更高附加值、更安全可靠为导向，实施材料产业优势再造、装备产业创新提质、食品产业转型升级和轻纺产业迭代更新工程，深入开展“五基”（基础零部件、基础元器件、基础材料、基础工艺、基础软件）和重大技术装备攻关，加速创新成果的应用转化，加强设备更新和新产品应用，提升化工、有色、食品、装备、轻纺等传统产业高端产品供给能力，不断提升行业话语权和品牌竞争力。二要突出新兴产业延链补链，打

造产业体系新支柱。密切跟踪国际科技、产业发展的最新变化，聚焦超硬材料、新能源汽车、新型显示和智能终端、新能源装备、航空航天和卫星应用、生物医药等千亿级新兴制造产业链，统筹科技研发、标准制定和应用示范，强化关键技术、材料、零部件、整机、系统集成、后端服务的全链条培育，形成具有产业链控制力的技术和产品。三要推动未来产业建链，谋划产业发展"新赛道"。紧密跟踪科技前沿，聚焦氢能与储能、量子信息、前沿新材料、类脑智能等领域，布局建设未来产业先导区和未来技术创新平台，开展面向未来的科学战略研究和面向重大需求、场景驱动的技术创新，推动未来技术多路径探索和交叉融合，构建"研发+产业+应用"未来产业全链条，推动现有产业未来化和未来技术产业化。四要强化"产业大脑"建设，完善产业生态全景。建设完善河南"产业大脑"，围绕千亿级产业链构建和精准招商，建立"云上图谱""数字清单"，推动向上下游关联产业深度布局，促进创新链和产业链精准对接。强化重点产业链供应链预警监测与分析，建立产业链高端、关键环备份体系，实现与灾害应急物资产业链供应链、现代物流等体系协同一体化发展。

突出聚链成群，培育壮大高能级制造业集群

建设制造强省，要按照"一群多链、聚链成群"的方向，以产业链规模能级壮大和硬核实力提升形成优势产业集群，带动制造业跨越式发展。一要推动产业从"链"向"群"跃升。聚焦 28 条标志性产业链，滚动编制全景图谱、招商图谱和链主企业图谱，以"补链固链强链"为方向，在细分领域开展精准招商，着力招引链主企业和重大项目，构建高效协同的生产制造网络体系，形成产业集群规模效应和溢出效应，打造新型材料、新能源汽车、电子信息、先进装备、现代医药、现代食品和现代轻纺 7 个万亿级先进制造业集群。二要培育产业链群优质企业。聚焦先进制造业产业链集群和重点产业链，分级培养链主企业和硬核科技企业，增强全产业链控制力和技术标准话语权，带动形成一批具有全球竞争力的"单项冠军""隐形冠军"企业。引导处于产业链关键环节的中小企业专注细分领域开展研发制造和工艺改进，提高细分市场占有率，培育一批具有创新能力的专精特新"小巨人"企业和"专

精特新”中小企业。三要规模化汇聚高端人才。聚焦产业链群，采取“全职+柔性”方式，瞄准打造“制造+数据+设计+金融+物流”全产业链，积极引进高端创新人才（创新团队）和海外人才。支持企业深度参与产业人才培养，加强省级一流创新人才与团队、高技能人才培育，尽快实现重点产业链高端人才和创新团队全覆盖。四要深度融入全球产业链供应链价值链。把握“双循环”发展机遇，鼓励重点产业链群产品拓展国际市场，引导链主企业带动配套企业组团参与“一带一路”建设。鼓励重点产业链群主动连接国内先进制造业链群，加强与先进地区的产业链、产业集群开展高端合作。

加快“四化”升级，推进产业基础高级化、产业链现代化

建设制造强省，要以高端化、智能化、绿色化、服务化为方向，深入推进新型工业化，构建现代化产业体系。一要推动产业链群高端化发展。立足全球产业发展前沿，支持传统优势产业链嫁接新技术新业态新模式，升级发展先进材料、现代装备、新能源汽车和时尚消费新品牌。深度谋划布局“高精尖”产业，培育壮大战略性新兴产业链，打造更多的新型“大国重器”和一流企业，打响河南制造品牌。二要推动产业链群智能化发展。持续实施企业上云、上平台提升行动，鼓励重点产业链群建设智能工厂（车间），建设“5G+”“数字孪生+”“人工智能+”等应用场景和新型基础设施，发展平台化设计、个性化定制、服务化延伸、数字化管理等，全面推动制造业“触网智造”发展。三要推动产业链群绿色化发展。支持钢铁、有色、化工、建材等产业链群建设绿色工厂、绿色园区，大力发展绿色制造，鼓励发展绿色采购、绿色物流、绿色消费等，提高资源综合利用水平和再制造水平，构建绿色产业链供应链。四要推动产业链群服务化发展。坚持“制造+服务”“产品+服务”发展方向，支持产业链群发展服务型制造，大力发展科技研发、信息服务、现代物流、检验检测等生产性服务业，推动制造业企业从单一产品生产向综合服务供给转变，不断攀向价值链更高端。

（作者单位：河南省区域合作中心、河南省科学技术情报中心。原文刊发于2023年9月11日《河南日报》第5版）

加快培育“专精特新”中小企业

乔金燕

坚持制造业立省、建设制造强省，是构建现代化产业体系的核心。河南建设制造强省，既需要龙头企业的引领带动，更需要一批“专精特新”中小企业发挥产业链上攻克关键技术的“主攻手”、供应链上的“配套专家”作用，不断为产业链现代化“强基”“搭桥”。

“专精特新”企业是补链强链的重要力量

发挥“专精特新”优势，聚焦重点产业链深耕细作，是“专精特新”中小企业推进产业基础高级化、产业链现代化的责任担当。

参与短板产业补链。围绕制造业“五基”领域的瓶颈短板和重大技术装备攻关，“专精特新”中小企业要深度参与产业基础再造工程，采用独特工艺、技术或配方，开展关键核心技术清单化攻关，提升工业制造能力和颠覆性技术创新能力，提供特色产品或服务，努力实现关键领域自主可控、系统再造和动态适配，提升产业链的完备程度。

参与优势产业延链。聚焦装备制造、食品、汽车、轻纺等优势产业的细分领域，“专精特新”中小企业要通过专业化生产、服务和协作，进行技术迭代创新，降低产品成本，增强产品与服务在产业链环节中的优势地位，促进优势产业向价值链中高端跃升。

参与传统产业升链。鼓励“专精特新”中小企业持续推进“智改数转”，不断拓展主营业务，深耕细分市场，以技术、工艺、模式的创新推动产业链升级、价值链攀高、供应链优化,用新技术新业态持续推动传统产业升链,推动产业体系向高附加值方向延伸。

参与新兴产业建链。引导“专精特新”中小企业把握产业发展趋势,抓住前沿技术产业链条长、发展空间广阔的特点,在高端装备、新能源及智能网联汽车、航空航天等产业提前布局,自主选择合适的产业路线和经营模式充分竞争,形成产业、企业良性互动的局面。

厚植“专精特新”中小企业成长沃土

构建长效培育机制。一是完善梯度培育体系。将“专精特新”作为中小企业发展方向,支持各地深入调研,了解本地中小企业发展实际、潜力如何、有何诉求,分级建立企业培育库,针对性制定培育计划和扶持措施,做到“储备一批、培育一批、成长一批、示范一批”。二是聚焦重点行业和区域。以产业链地图呈现产业发展和竞争现实,重点支持与基础材料、传统装备、生物医药、量子信息等传统产业、新兴产业和未来产业相关的“专精特新”中小企业发展。强化对省级开发区内“专精特新”中小企业的精准化支持,发挥其创新扩散效应和企业集聚效应。三是强化引导宣传示范。统筹政府政策资源和社会化服务力量,对入库企业实施跟踪辅导,进行常态化监测、动态化管理。持续宣传专精特新“小巨人”或“单项冠军”企业的成功经验和发展模式,提供“专精特新”中小企业发展范式。

增强企业创新动力。创新是“专精特新”的灵魂,中小企业要围绕核心环节和关键技术开展创新,逐步成长为掌握独门绝技的“配套专家”或“单项冠军”。一是推动产学研融合。加强企业主导的产学研深度融合,柔性吸引科技人才参与企业的研发项目。高校、科研院所要精准对接区域经济发展和企业创新需求,加快科技成果向企业转移转化。政府要发挥好搭桥服务作用,为创新突破和成果转化提供有力支撑。二是引导企业深化技术创新。实施好科技成果赋智中小企业行动,分层次、分领域建设科技成果项目库,推动成果项目库资源向中小企业开放,加大先进适用技术供给。三是打造创新协同发展格局。鼓励龙头企业投资本领域相关“专精特新”企业、基础研发项目，链上中小企业要争创细分领域具有核心技术的“小巨人”，实现龙头企业与同域同链中小企业共同发展、共赢共生。

数字赋能企业提质增效。引导中小企业通过数字化改造，提高经营韧性，激发经济活力。一是促进中小企业全渠道数字化转型。从顶层设计、基础建设、产业生态等角度出发提供全方位支持，统一各部门、各产业共享数据的搜集及划分标准，降低中小企业使用相关公共基础数据的成本。二是实施好中小企业数字化赋能专项行动，增强智能技术的供给及推广，支持中小企业实施智能制造，通过智能化技术改造和“上云上平台”，加快数字化转型、智能化升级。三是促进从“个体”到“全链条”的智能化发展。鼓励建设智能生产线、智能车间和智能工厂，促进企业生产过程柔性化、服务集成化。引导企业利用数字技术将分散或孤立的设备、产品、生产者、企业等以产业链、供应链、价值链等方式紧密连接起来，从制造环节的智能化，向研发、生产、供应、销售、服务等制造业全链条的全面智能化发展。

培育营造良好产业生态。一是打造协同发展生态圈。落实大中小企业“携手行动”，依托重大工程、重大项目，引导大型企业主动寻求中小企业配套协作。二是引导中小企业集群发展。鼓励有条件的区县（市）在省级开发区内建设“专精特新企业园”或“小微企业园”，积极开展“质量标准品牌赋值”行动，以产业集群为切入点，精准提供全方位支持和服务。三是增强资金绩效和导向作用。改直接财政补贴为间接资金支持，支持金融机构对“单项冠军”企业、重点“小巨人”企业、专精特新“小巨人”企业等开展信用融资和应收账款、预付款、存货、仓单等质押融资业务，进一步推动“专精特新贷”落实落细。建立“专精特新”中小企业上市培育机制，推动一批“专精特新”中小企业通过新三板、中小板、科创板上市。

（作者单位：河南省发展战略和产业创新研究院。原文刊发于 2023 年 9 月 11 日《河南日报》第 5 版）

推动智能制造提质升级

王喜刚

当前,随着大数据、云计算、人工智能、物联网等新一代信息技术与制造业深度融合,制造业的生产经营方式、组织管理方式和企业发展模式发生着翻天覆地的变化,全球制造业正朝着数字化、网络化、智能化方向大步迈进。加快制造业智能化发展,大力发展智能制造,是我省培育产业竞争新优势、推动制造业高质量发展的必由之路。

发展呈现新趋势

一是推动制造业产品向高质量、高效率方向发展。智能制造将推动传统产业向数字化、网络化、智能化方向发展。通过应用人工智能技术和工业大数据,可以分析海量的生产数据,提高制造业产品的生产质量和生产效率,实现产品生产全过程、全周期的高效率、低能耗、精益化以及柔性化发展,推动传统制造业转型升级。

二是创新工业生产场景向算法化、云端化方向发展。智能制造的核心是将传统工业生产场景与现代信息技术相结合,将工业智能算法平台的核心工艺如人工智能、大数据、云计算、云端协同、物联网等应用于广阔的制造业场景中,产品生产由云端和终端共同协作,实现生产链设备的协同,利用算法和云端为生产线下层应用提供更加高效的开发服务。

三是促进资源利用效率向绿色化、集约化方向发展。智能制造在工业生产中的推广可以优化生产线全过程,拓展更加精细化的管理方式,以此进一步优化调整生产领域各阶段、各环节的能源消耗以及资源利用。

四是满足用户服务需求向个性化、柔性化方向发展。智能制造下的产品生产嵌入了大数据、云计算和人工智能等多领域的信息技术,使传统生产设备具备了一定的通信、感知、学习、分析与执行能力,从而使产品具有可追溯性、可反馈性特征。通过收集消费者的差异化需求,从生产线和智能车间等多方面着手,可以满足消费者的个性化服务和柔性需求。

产业挑战依然严峻

虽然我省部分行业初步形成了以新型传感器、智能控制系统、工业机器人、自动化成套生产线为代表的智能制造装备产业体系,但是整个产业发展仍面临严峻挑战。一是整体数字化基础薄弱。尽管我省涌现出了中铁装备、许继集团、宇通客车等一批优秀的智能制造企业,但是企业数字化转型比例仍然较低,大多数企业还处于机械自动化向数字自动化、智能化转型的过渡阶段,工业数字化渗透率需要进一步提升。二是关键技术与核心部件研发能力不足。我省在智能制造方面的基础性、应用性研究能力和关键技术研发力度相对不足,核心技术、核心部件的对外依存度较高,“卡脖子”问题突出,如芯片、传感器、系统软件等仍被国外厂商垄断,对于新兴领域的技术掌控能力还有待提升。三是企业数据安全与消费者隐私保护问题凸显。智能制造的主要环节之一是搜集和处理分析海量的生产数据或用户需求数据,随着数字化的持续推进,确保数据安全和隐私保护成为重要问题。四是国际竞争与经济全球化挑战加剧。当前,欧美等发达国家加快实施智能制造战略,东盟国家、印度、墨西哥劳动密集型中低端企业崛起,智能制造的国际竞争愈加激烈。

加快提升发展水平

第一,加强数字化转型政策保障。政府提供的政策支持是企业智能制造发展的“助推剂”,要通过优化政策环境和提高政府服务水平来保障智能制造产业健康发展。政府可以统筹制定相关领域政策,如财政补贴、税收优惠以及针对不同企业实行财税、金融、土地、人才等差异化的政策引导。也可以提高企业服务水平，搭建转型企业与龙头企业的沟通桥梁，通过技术人员交流指导或学习先进的管理方式来提升制造业数字化、智能化发展水平。

第二，推动关键领域与核心技术攻关。科研创新是带动智能制造发展的“火车头”，应围绕新兴领域和关键环节以及核心部件，推动相关领域龙头企业和高校、科研院所合作攻关，加快关键技术的自主研发，同时加大财政金融支持，加快数字经济创新平台培育，完善相关科研工作创新机制，实现技术共享、资源共享、研发成果共享，形成多占位、多层次的创新合力，突破“卡脖子”技术难题，打造自主可控产业链。

第三，引进数据保护解决方案。数据保护是解决企业“数据资产”风险隐患的“灭火器”，工业数据的安全保护除了需要相关立法保障外，还需要同高科技公司建立跨域协作，通过他们提供数据保护解决方案，为数字化转型保驾护航。比如，华为公司研发的 OceanProtect 数据保护解决方案，可以实现“热数据全容灾、温数据热备份、冷数据温归档”的一体化解决方案，为数据保护建立起全方位的“防火墙”。

第四，培育形成国际竞争优势。培育国际竞争优势是抢占智能制造产业制高点的“先头兵”，政府、企业和社会各界应共同努力，采取加大智能制造人才培育和引进力度、打造关键技术核心攻关平台、强化企业市场主体地位、完善智能制造产业集聚区建设、提升产业协同合作能力等举措，形成国际竞争优势，应对经济全球化带来的挑战。

（作者单位：河南师范大学商学院。原文刊发于 2023 年 9 月 11 日《河南日报》第 5 版）

新质生产力发展河南路径何在

赵西三

习近平总书记日前在黑龙江考察时指出，整合科技创新资源，引领发展战略性新兴产业和未来产业，加快形成新质生产力。新质生产力的提出，准确把握了新时代生产力发展的本质特征，指明了先进生产力的演进方向。河南地处内陆地区，发展阶段、资源禀赋、比较优势等与沿海地区存在差异，培育形成新质生产力，要探索契合生产力演进规律、符合区域发展实际的特色路径。

更加突出创新驱动、数字赋能和绿色引领

生产力是人类利用生产资料和劳动工具改造自然的能力，新质生产力是与传统生产力对应的一个新概念，是新一轮科技革命与产业变革蓬勃兴起背景下对生产力发展特征的新概括。区别于传统生产力，新质生产力更加突出创新驱动、数字赋能和绿色引领，摆脱了传统增长路径，更符合高质量发展要求。

更加突出创新驱动的生产力。创新是生产力发展的根本动力，当前全球科技创新进入密集活跃期，基础研究、颠覆性技术、交叉创新等不断突破，技术创新与模式创新相互促进，科技创新的广度、深度和融合度持续提高，技术周期缩短，产品迭代加快，新兴产业、未来产业规模化提速，科技创新对经济增长的贡献度正在加速提升，新质生产力呈现出比传统生产力更高的创新性特征。

更加突出数字赋能的生产力。新质生产力的另外一个鲜明特征就是数据这个新要素的贡献率越来越大,伴随着数字基础设施的完善与数字技术的渗透,数据要素加速汇聚和价值化,数字赋能的广度与深度日新月异,科技创新与产业升级更加依赖数字平台和数据要素,科学研究正在向"数据密集型科学发现"范式转变,企业研发越来越以"数据为中心"进行设计和组织,数字生产力加速显现。

更加突出绿色引领的生产力。碳达峰碳中和背景下,保护生态环境就是保护生产力,改善生态环境就是发展生产力,绿色低碳技术的快速发展正在改变传统增长方式的高能耗、高污染特征,生态产品价值化凸显,绿色低碳的新业态新模式持续涌现,新能源、节能环保等领域里的新兴、未来产业蓬勃发展,生态产业化和产业生态化协同演进,绿色生产力加速形成。

处理好三个关系　聚焦四大领域

形成新质生产力不可能一蹴而就,面对发展环境的复杂变化,河南首先要重点处理好三个关系,为新质生产力发展提供良好的制度环境与营商环境。

处理好有效市场与有为政府的关系。新质生产力主要体现在科技创新、新兴与未来产业、数字经济等方面,演进方向需要大量企业的试错、竞争与合作,这就倒逼各级政府转变抓经济和产业的传统方式,让市场发挥决定性作用,实现有效市场与有为政府良性互动。

处理好传统优势产业与新兴未来产业的关系。河南传统优势产业规模大、占比高,蕴含着新兴与未来产业发展空间,利用先进科技和数字技术改造就能催生新赛道,依托传统优势产业培育新兴未来产业,形成的新质生产力更具根植性。

处理好内生动力与外部引力的关系。新质生产力不仅需要外部高端要素和新产业的注入,更需要培育壮大本地优质"专精特新"企业,要积极引导本地产业链与落地的平台型、链主型企业的对接,形成产业链发展合力。

当前及未来一段时期,我国正处在传统生产力向新质生产力演化的战略机遇期，培育新质生产力是各地开辟发展新赛道、培育竞争新优势的必然要求，哪个地方抢先一步就会形成领先优势。河南应立足发展阶段、突出比较优势，探索具有河南特色的新质生产力发展路径。

聚焦科技成果转化，提升创新策源力。新质生产力的核心动力是创新，结合河南科创资源特点与企业研发现状，我省应聚焦科技成果转化重塑创新格局，构建市场驱动、需求牵引、企业主导的创新体系，在实验室、产业研究院、中试基地等建设中导入新型研发机构、创新联合体等先进理念和机制设计，引导产学研用融合发展，推进科技创新高效转化为新产业、新产品，加快形成新质生产力。同时，放大河南区位、腹地、市场等综合优势，引导链接域外高端科创资源，鼓励河南企业在发达国家、沿海地区布局研发中心，吸引国内外高等院校、科研机构、龙头企业及科创园等在河南布局研发中心、孵化器等，探索“外地创新、河南产业化”模式，把域外科创成果在河南转化为新质生产力。

聚焦“六新”突破，提升产业竞争力。新质生产力的核心载体是产业，当前产业新领域新赛道持续涌现，与先进地区相比，河南新赛道培育相对滞后，传统产业新业态新模式培育不足，新兴与未来产业新动能支撑不够，应围绕重点产业链提升，聚焦新基建、新技术、新材料、新装备、新产品、新业态等“六新”突破，实现“换道领跑”，提升产业竞争力，加快形成新质生产力。培育新基建、新技术、新材料、新装备、新产品、新业态等已经成为后发地区换道赶超的关键路径，河南在新基建、新材料、新装备、新业态等领域的部分细分赛道已经具备一定的基础与优势，要把“六新”突破与重点产业链提升结合起来，以重点突破带动全局提升，培育一批新质生产力增长点。

聚焦产业数字化，提升数字赋能力。新质生产力的核心要素是数据，数字赋能是新质生产力区别于传统生产力的重要特征。当前，数据正在成为最重要的生产要素，而产业数字化是数据要素汇聚及发挥作用的载体，产业数字化占数字经济的八成左右，河南应依托产业规模、设备数量、场景丰富等优势，把产业数字化作为重点，突出数字化带动产业高端化、智能化、绿色化，以数字化场景吸引数字技术与平台落地，鼓励中小企业导入“小快轻准”的数字化转型解决方案。当前，河南数字化转型正加快从单点突破、示范试点转向面上展开、体系融合的新阶段，应突出郑州数据交易中心引领，协同布局算据、算力、算法，培育产业互联网平台，加快数据要素汇聚和价值化开发，沉淀行业模型和产业知识，强化数字赋能，提升数字生产力。

聚焦节能环保产业培育，提升绿色生产力。新质生产力的核心支撑是生态，新质生产力就是要从根本上转变传统生产力依赖高能耗、高污染的发展模式，所以绿色生产是新质生产力的关键。面对碳达峰碳中和目标，河南在产业绿色化改造、城乡生态环境治理等方面空间广阔，部分节能环保细分领域优势明显，应突出绿色化改造与节能环保产业培育联动，深化绿色制造技术、碳捕捉技术在传统产业中的应用，探索传统产业绿色化、低碳化、生态化发展模式，带动节能环保产业发展壮大，引进培育域外绿色制造、环境服务、数字减碳平台等，推广“装备+平台+服务”节能环保产业发展模式，提升绿色生产力。

（作者单位：河南省社会科学院。原文刊发于2023年9月27日《河南日报》第12版）

河南新兴产业未来产业发展的着力点

赵章红

加快形成新质生产力，提高全要素生产率，对于加快实现高水平科技自立自强，健全和完善科技创新体制，建设中国式现代化产业体系，推动中国经济实现高质量发展具有重要意义。

我省深入实施创新驱动发展战略，持续优化产业发展环境，盾构、新能源客车、光通信芯片、超硬材料等新兴产业呈现加快发展态势，初步形成错位发展、优势互补的格局。量子信息、未来网络和类脑、氢能等未来产业也呈突破发展态势。新质生产力发展取得了一定成效，但同时存在一些问题：科技创新支撑能力不强，科研投入相对不足，2022 年全省研发经费投入强度为 1.86%，低于全国平均水平，整体自主创新能力较弱；战略性新兴产业规模小，缺乏创新型龙头企业，示范引领能力较弱，河南省规模以上战略性新兴产业企业达到了 2500 余家，2022 年河南战略性新兴产业增加值占比仅 25.9%，远低于规模以上传统产业以及高耗能行业，与国内发达地区相比也存在一定差距。未来产业起步晚，相关企业数量少，产业空间集聚度低，协作优势不够突出，核心竞争力较弱；高端人才缺乏，现代化产业体系建设不够完善，营商环境有待进一步改善。面对新时期新质生产力发展的需要，我省应该加快推进布局前沿技术，构建具有核心竞争力的战略性新兴产业和未来产业体系，实现战略性新兴产业和未来产业整体跃升，在服务全国发展大局中彰显河南担当、做出更大贡献。

推动科技创新赋能提质。新质生产力的发展是以科技创新为主导，高新技术应用作为支撑，进而实现关键性、颠覆性技术突破，形成新产业新业态。我省应加强与国家重大科技基础设施对接,建设一批高水平创新研发平台,积极推进产业关键共性技术研发,突破一批“卡脖子”技术,助推产业创新发展。强化产学研合作,加强对国际科技创新的合作和交流,通过政策引导和财政支持等多种手段,推动高校、科研机构和企业之间的合作,吸引国内外重大科技成果在河南落地转化,实现科技创新和产业发展的良性互动。加强科技创新体制机制创新,引导鼓励企业加大技术创新的投入,加快推动规模以上工业企业研发活动全覆盖,支持企业应用新技术、新工艺、新设备,推进工业化和信息化深度融合,提升企业创新能力,驱动产业转型升级。

支持新兴产业做大做强。新质生产力的发展需要新兴产业作为重要支撑,要大力培育发展新兴产业,扶持龙头型骨干型企业,全面提升战略性新兴产业的规模、质量和水平。一是加快创新型中小企业的成长步伐,进一步完善中小微企业孵化和创新服务体系,培育一批特色鲜明、创新活跃、竞争力强的新兴企业,在细分领域打造一批专精特新“小巨人”、单项冠军、隐形冠军、瞪羚企业和独角兽企业等。二是围绕智能装备、新能源汽车、新型显示和智能终端、智能传感器、新一代人工智能等领域,引育一批具有影响力和创新力的链主企业,加大要素倾斜和支持力度,在新兴产业领域打造一批具有较强国际竞争力,能够带动中小企业创新发展的龙头型骨干型企业。

前瞻布局培育未来产业。新质生产力的发展,需要培育未来产业,结合我省实际情况,应该超前谋划支撑未来产业发展的核心要素,谋篇布局量子信息、氢能与储能、类脑智能、未来网络、生命健康等未来产业。积极参与国际、国内量子信息领域标准制定,建立量子网络与信息安全体系,大力发展安全有效的氢能与新型储能技术,推动其短板技术攻关,加快实现核心技术自主化。加快释放类脑智能和未来网络的产业潜能,快速壮大产业规模,推动类脑智能的持续发展与深度应用。超前部署发展生命健康、前沿新材料,加快新技术产业化进程,培育形成一批引领能力强、经济效益好、具备核心竞争力的未来产业链群,力争产出一批原创性、颠覆性成果,抢占产业发展制高点,打造新赛道,领跑新转型,为新质生产力发展奠定基础。

强化人才引育技术嵌入。科技创新离不开人才支撑,围绕河南省新兴产业和未来产业发展，应该构建超前人才战略体系，加大人才培养引进力度。制定新质生产力发展的“高精尖缺”人才目录，建立人才培育库，储备一批跨界复合融通高端人才，最大限度地引才、育才、留才、用才。完善引才引智机制、人才支持激励体系、人才服务体系等；将复合型技术人才纳入全省层面的新质生产力人才发展规划中，推动省内高校、科研院所加强复合型技术人才培养，形成人才、技术与新质生产力融合互动的新局面。实现教育链与产业链之间的有效衔接，为企业实现创新发展形成新质生产力提供人才支撑。

营造产业良好发展环境。加快形成新质生产力，需要形成与新质生产力相适应的生产关系，健全规划保障机制，打造高质量的营商环境。我省需要进一步优化新兴产业发展环境，强化组织制度保障体系，建立健全鼓励创新容错机制。加强政务服务体系建设，推进政务服务标准化、便捷化、智能化，提高政务服务效率和质量。加强社会信用体系建设，完善信用信息共享平台，推进信用信息归集和共享。创新财政金融支持体系，加强政府资金引导，通过直接资助、股权投资、贷款贴息、风险补偿等方式，加大对战略性新兴产业发展的支持力度，健全支撑新兴产业发展的金融保障体系。进一步优化民营企业发展环境，破除制约民营企业公平参与市场竞争的制度障碍，发挥民营经济在技术积累和创新基础方面的优势，强化企业创新主体地位，大力支持民营经济积极投资战略性新兴产业和未来产业，为新质生产力发展贡献民营经济力量。

（作者单位：河南协致智能技术研究院。原文刊发于 2023 年 9 月 27 日《河南日报》第 12 版）

以产业创新为新型工业化添动力

高亚宾

习近平总书记就推进新型工业化作出重要指示指出,实现新型工业化是新时代新征程以中国式现代化全面推进强国建设、民族复兴伟业的关键任务。推进新型工业化,打造现代化产业体系,归根结底要靠创新,特别是产业创新。河南是全国工业大省、制造业大省,工业增加值长期稳居全国第五位,但制造业创新能力不强,创新型企业偏少,多数产品处于产业链供应链中低端,关键核心技术“卡脖子”等短板弱项仍很突出。推进中国式现代化建设河南实践,必须坚持走中国特色新型工业化道路,加快形成以企业创新为核心、以数字化为动力、以新产品开发为方向,创新链、产业链、人才链、生态链深度融合的产业创新体系。

强化企业技术创新,夯实产业创新发展基础

企业是推动产业创新的核心。要围绕7大产业集群和28条重点产业链,建立关键核心技术需求和研发目录,发挥企业技术创新的主体作用,为产业创新奠定坚实基础。一是培育壮大创新型企业群。聚焦电子信息、汽车、装备、食品、材料等优势产业领域,支持龙头企业全方位整合创新资源,大力建链延链补链强链,打造一批拥有原创性核心技术、具有全球影响力的创新型“链主”企业,提升整个产业链技术掌控能力。聚焦新一代信息技术、生物、新材料、新能源汽车、氢能、新型储能等战略性新兴产业以及量子信息、人工智能、前沿新材料、生命健康等未来产业,构建全生命周期支持体

系，推动土地、资本、技术、人才等资源要素向这些领域集聚，培育形成一批“专精特新”“瞪羚”“独角兽”企业和行业“单项冠军”。二是提升企业自主创新能力。健全完善企业主导产业技术研发的新机制，支持规模以上企业加快省级以上技术研发中心全覆盖，鼓励企业根据发展需要，设立工业设计中心、重点实验室、工程技术研究中心、产业创新研究院等研发平台，重点攻克一批“卡脖子”技术和行业领先技术，抢占产业发展制高点。三是加强关键核心技术研发和装备升级。以提升优势产业基础零部件、基础元器件、基础材料、基础软件、基础工艺“五基”为重点，开展“一条龙”关键核心技术攻关，积极开发应用增材制造、超精密加工、近净成形、分子级物性表征等先进工艺技术，提升企业技术装备水平。

强化数字赋能增效，推动产业链协同创新

当前，国际产业竞争越来越表现为产业链之间的深层次协同竞争、立体竞争。数字技术具有迭代快、扩散快、渗透强等特点，有助于创新要素供给、放大创新溢出效应，促进产业链上下游协同创新，为产业“弯道超车”提供了无限可能。对于我省产业创新而言，一方面，要完善提升基于工业互联网的企业协同创新平台。依托电子信息、高端装备、汽车、食品等龙头企业搭建工业互联网平台，向集群内中小企业共享生产要素、共性技术等，向集群外高校、科研院所开放场景应用，加强产业上下游企业之间协同设计、协同服务、协同供应和协同生产的数字化和智能化，实现创新信息互惠共享和创新行动同步推进。另一方面，要打造一批产业技术创新公共服务平台。聚焦电子信息、生物、氢能、新型储能、新材料等领域，集全省之力，争创一批国家制造业创新中心，汇聚大科学装置等创新资源，加强前沿技术研发储备应用，建立共享机制，推动我省制造业向价值链中高端跃升。发挥好我省已建设的 14 家省实验室的作用，力争进入“国家队”，为相关产业技术创新提供关键支撑，成为产业创新策源地。

强化新产品研发，提升产业市场竞争力

坚持把新产品开发作为产业创新的出发点和落脚点，以市场需求为导

向,加快形成一批附加值高、竞争力强、美誉度好的工业精品,抢滩占先“新赛道”,为新一轮产业创新发展提供新动能。一是研发生产进入产业链中高端关键环的新产品。制定河南重点新产品开发计划,支持电子信息、高端装备、新能源汽车、生物医药等相关企业加大新产品研发与产业化,提升创意设计、产品美学和消费者体验感知能力,让更多产业产品、技术装备、材料器件进入国内国际双循环的关键环、中高端,全面融入全球供应链网络。如华为 Mate60 系列依托可靠性、通信能力和美学设计,在国际科技潮流中成为引领者。二是推动传统领域积极拓展“新赛道”。引导食品、汽车、纺织服装等传统产业发展基于互联网的众包、众创等新产品开发,支持龙头企业紧跟市场需求不断迭代升级,形成一批引领市场潮流的“爆款”产品。比如,紧抓预制菜“风口”机遇,构建新产品定期发布机制,重点开展安全、美味、营养、健康预制菜产品研发。三是打造“美豫名品”品牌。深入实施制造业“增品种、提品质、创品牌”行动,引导企业积极参与国际国内行业标准制定,打造一批自主创新能力强、跻身国内国际前列的河南制造精品品牌。比如,在电气、农机、矿山、盾构、起重机械等装备制造领域,推动产品供给向“产品+服务”转型,构建智能制造和服务型制造标杆品牌。

强化创新人才引育,提高产学研用适配度

人才是推动产业创新的第一资源。针对我省人才政策与产业发展紧密度不够、产学研衔接有鸿沟等问题,加快构建有利于人才创新的新机制,推动人才资源与产业创新深度融合,打造全国重要人才中心。一是完善重点产业创新人才供需目录。聚焦我省 28 个重点产业链,沿产业链关键环节逐一制定“高精尖缺”人才目录。在“瓶颈”领域,精准招引一批解决“卡脖子”技术的高水平创新领军人才;在“短板”领域,每年向全球发布 100 项产业关键技术难题,精准引育一批紧缺型人才。持续实施“人人持证、技能河南”建设,培育一批提升产品质量的工程师队伍。二是弘扬企业家创新精神。“独角兽”“专精特新”等成长型企业发展规律表明,新产业或新企业的诞生往往是由具有创新精神的企业家和创业者推动的。依托中原科技城、大学科技

园、创业孵化器等平台，形成涌现更加多元的新型创业者、改变世界的创业者以及连续创业者的良好土壤，为推动产业创新提供源源不断的新鲜动能。三是营造良好引人用人环境。实施创新自主荐才、揭榜挂帅、“人才贷”等改革举措，创新人才使用机制，为人才成长创造广阔空间。支持郑洛新国家自主创新示范区、航空港区、中原科技城等锚定国际化产业人才，建设“人才特区”；鼓励各省辖市加快智慧岛建设，打造以服务本地产业创新为主的人才集聚高地。

强化制度要素供给，打造一流产业创新生态

提升产业创新能力是一项系统工程，既是企业技术创新、产业链协同创新、新产品开发等“硬实力”的体现，又需要产业政策、制度创新等“软条件”的支撑，打造有利于产业创新的生态体系。一是完善产业创新政策体系。依托“天使基金”、战略性新兴产业基金、创新创业基金等，针对科技型企业“孵化—初创—成长—壮大”成长生命周期过程中的资金问题，通过“创、投、贷、融”等多种手段，提供精准靶向金融扶持。对制造业创新中心、产业共性服务平台等新型研发机构建设，给予项目、人才、投资、金融等方面支持。完善鼓励行业龙头企业开展基础研究的政策措施。二是推动产业创新开放合作。加强区域间产业创新合作，引导龙头企业积极参与国际标准和规则、规范的制定，与国外高端企业和科研机构进行技术合作攻关；在京津冀、长三角、粤港澳大湾区以及“一带一路”共建国家和地区建立科技和产业合作园区，拓展“省外创新源、省内应用场”模式。三是构建促进产业创新的制度环境。持续加强知识产权、自主品牌、科研诚信等方面法治建设，营造勇于探索、敢为人先、崇尚创新、宽容失败的创新文化，依法保护企业家和创新创业人才的积极性和合法权益。

（作者单位：河南省发展战略和产业创新研究院。原文刊发于 2023 年 10 月 13 日《河南日报》第 8 版）

数绿融合发展赋能新型工业化

郭玲玲

习近平总书记就新型工业化作出重要指示指出,要深刻把握新时代新征程推进新型工业化的基本规律,把高质量发展的要求贯穿新型工业化全过程。数字化和绿色化是新型工业化的应有之义,也是新一轮科技革命和产业变革的重要领域,二者正从以往的“比翼齐飞”“双向奔赴”转向“融合互动”。新征程上,以数绿融合发展加快推进新型工业化,不仅是完整、准确、全面贯彻新发展理念的战略要求,也是新发展格局下抓住新机遇、开辟新领域、制胜新赛道的必由之路。

推进新型工业化的必然要求

数绿融合是大力推动数实深度融合的内在要求。数字经济以数据资源为关键要素,以信息网络为主要载体,以数字技术为核心驱动力,赋能实体经济优化资源配置、提升产出水平、降低能源消耗等。但支撑数字经济的5G基站、大数据中心、算力中心等新型基础设施都是能耗大户。据统计,2022年全国数据中心耗电量约2700亿千瓦时,占全社会用电量的3.1%。随着数字基础设施和数字产业规模加速扩张,其节能降碳迫在眉睫。因此,必须为数字化发展赋予绿色化属性,将人与自然和谐共生的要求贯穿始终,强化数字化转型的低碳导向,建设绿色智慧的数字生态文明。

数绿融合是全面推动工业绿色发展的迫切需要。当前,工业领域能源消费占比在60%以上、碳排放占比在70%以上。就我省而言,近年来高耗能行业工业增加值占比呈刚性上升态势，今年上半年达到41.8%，而战略性新兴产业占比仅为25.2%。全面推动工业绿色发展，迫切需要转变高碳依赖型产业结构和发展模式，加快构建绿色低碳的现代化产业体系。因此，要充分发挥数字技术对产业绿色低碳转型的重要支撑作用，将数字技术全面融入工业发展各领域，释放全领域数据价值，提高全过程生产效率、降低全链条能源消耗，实现工业文明与生态文明和谐共生。

数绿融合是加快形成新质生产力的主要阵地。随着新一代技术革命与产业变革加速演进，数字技术与千行百业融合向纵深拓展，数字经济和绿色经济融合领域的国际竞争日趋激烈。要把握未来发展主动权，加快形成新质生产力，就要大力推动互联网、大数据、人工智能、5G等新兴技术与绿色低碳产业深度融合，培育壮大新能源、新材料、先进制造、电子信息等战略性新兴产业，积极培育未来产业，努力形成绿色数字新动能所要求的更强大资源配置能力、更先进生产制造能力和更高效生产组织体系。

多层面发力推进数绿融合发展

近年来，我省坚持以新发展理念引领新型工业化，融合赋能加速渗透，绿色发展进展明显。新时代新征程上，要积极主动适应和引领新一轮科技革命和产业变革，持续用力推动工业数字化、绿色化转型，充分发挥数字技术对产业绿色转型的放大、叠加、倍增作用，加快释放工业绿色场景对数字技术的需求牵引、示范应用、迭代升级作用，以数绿协同转型、良性互动、融合发展，加快推进新型工业化。

加快数字技术与绿色技术融合创新。目前，我省仍处在工业化中期向后期过渡阶段，保持工业稳定仍是当前和今后一段时期发展的重要目标，由此能源消耗和碳排放量可能刚性上涨，导致碳减排的难度加大，这也为数字技术和绿色技术融合创新提供了广阔空间。工业绿色发展所产生的减污降碳、清洁生产、循环利用等现实需求，为数字技术的介入提供了多元场景及应用空间，因此要以工业绿色场景应用推动现有数字技术和绿色技术双向融合。同时，能源清洁利用、新型储能建设、多能互补耦合、碳捕集与碳封存等前沿和颠覆性绿色低碳技术兼具数绿双重特征，亟待加快突破并培育形成先导性产业，因此要以低碳技术开发应用推动数字技术和绿色技术深度融合。

加强新型基础设施建设与应用。新型基础设施作为新一轮科技革命和产业变革的关键支撑和重要物质保障，能够提供数字转型、智能升级、融合创新等基础性、公共性服务，是赋能千行百业探索数绿融合发展的助推器。当然，其自身也是节能减排的重要载体。因此，要顺应技术演进方向，加速构建高速泛在、天地一体、云网融合、智能敏捷、绿色低碳、安全可控的智能化综合基础设施。充分发挥信息基础设施作用，大力推动5G、物联网、数据中心、人工智能、卫星通信、区块链等基础设施与重点用能领域结合，打造低碳交通物流、智慧能源等融合基础设施。推进工业互联网创新发展，推动新一代数字技术在研发设计、生产制造、经营管理、市场服务等各环节应用，加快实现产业智能化、绿色化、融合化。

推动重点行业开展数绿融合发展。长期以来，我省能源结构偏煤、产业结构偏重、利用效率偏低，对推进新型工业化形成严重制约。因此，要在重点行业积极推进数绿融合，以数字化与绿色化的良性互动实现传统优势产业与战略性新兴产业的协同发展。促进数字产业创新发展，以建设国家大数据综合试验区和国家新一代人工智能创新发展试验区为牵引，加快补短板锻长板强弱项，培育壮大云计算、大数据、区块链、虚拟现实、工业软件等数字产业。推动高耗能产业绿色化转型，聚焦电力、采矿、冶金、化工、建材、交通等领域，利用大数据技术和数字化集成平台推进转型升级，在落实“双碳”目标中重塑竞争新优势。大力发展绿色新兴产业，加快发展高端装备、新能源、新材料、生物医药、节能环保、新能源汽车等战略性新兴产业，打造现代化产业体系新优势。

汇聚推进数绿融合多方合力。针对我省工业企业数字化绿色化转型动力不足、智能制造就绪率不高、工业互联网平台建设滞后等问题，多措并举激发企业数绿融合发展活力。构建数绿融合产业生态系统，培育具有重大引领带动作用的生态主导型企业，发挥行业骨干企业示范作用，实施中小企业数绿融合行动，加快培育数绿融合服务供应商。完善数绿融合政策机制，以建设全国数据要素统一大市场为抓手，夯实数据产权、流通交易、收益分配、安全治理等制度基础；推动更多行业、企业和排放源纳入全国碳市场，增强市场流动性和活跃性。建立数绿融合多元融资机制，发挥财政资金引导作用，鼓励金融机构予以精准支持，引导社会资本积极参与。强化数绿融合技术标准，引导企业广泛参与国际标准建设和规则制定，积极抢占国际竞争主动权和话语权。

（作者单位：中共河南省委党校。原文刊发于2023年10月13日《河南日报》第8版）

以工业互联网提升重点产业链能级

杨梦洁

2023年10月,河南28条重点产业链行动方案全部发布,绘制了河南推进新型工业化,建设制造强省的产业地图。工业互联网作为新一代信息通信技术与工业经济深度融合的新型基础设施,被视作推动数字经济与实体经济深度融合、提升产业链能级的关键底座,其重要作用随着新型工业化进程不断深入而愈加凸显。深刻认识并发挥工业互联网赋能作用,对于河南引领重点产业链能级提升,构建现代化产业体系,决胜制造强省建设目标意义重大。

新型工业化的应有之义

2023年10月,习近平总书记对新型工业化作出与时俱进的指示,深刻把握新时代新征程推进新型工业化的基本规律,把建设制造强国同发展数字经济、产业信息化等有机结合。国务院常务会议曾指出,加快发展先进制造业,协同推进数字产业化和产业数字化。可以看出新时代新征程上新型工业化需要把握的重要规律就是数字赋能。工业互联网自身就是以新一代信息技术为基础形成的数字与产业有机结合的新业态,同时也是能够泛在赋能推动数字经济与实体经济深度融合的重要抓手。工业互联网上游涉及传感器、控制器等智能化软、硬件,构成支撑工业数据采集利用的基础;中游即网络、平台、安全三大主体部分,实现标识解析、网络互联、数据互联基础上的工业知识沉淀与创新应用开发;下游在对各个产业的渗透中推动产业数字化转型，这是软件与硬件结合、工业与信息化结合、数字经济与实体经济结合的高度融合集成创新。以工业互联网赋能产业链能级提升，就是协同推动数字产业化与产业数字化的过程。

工业互联网的作用机制

工业互联网整体性提升创新链效率。工业互联网能够集聚各类工业数据、知识、技术等创新资源，并通过开发工业软件、工业 APP 等方式，将工业创新知识经验进行沉淀，并实现模块化存取，便于进一步积累与复用。同时针对企业在研发、技改、运营等维度的需求，通过沉淀的工业创新知识经验，对工业 APP 进行开放式深度开发，孵化无限可能的创新应用。

工业互联网全过程促进供应链协同。工业互联网对各类工业设备进行网联化改造，逐步将相关的人、机、物、料、法等全要素进行网络互联，组建工厂内网，并打通与物流企业、供应商等上下游各主体互联的企业外网，通过端到端集成与系统集成，异构数据与信息能够在系统间无缝流动与传输，各个环节通过平台实现跨界数据互联共享，形成高度集成的供应链网络化协同。

工业互联网全流程推动价值链攀升。企业借助工业大数据建模、工业 APP 等工具，降低研发成本，满足创新需求。在供应链高度协同的基础上，借助跨系统、跨厂区、跨行业的全要素互联互通，对所需各类资源平台精准对接与高效配置，降低全生命周期生产运营服务成本，并提高对市场高频变化的敏感力与应对力，实现企业降本、提质、增效的高端化、智能化、绿色化发展。

河南工业互联网取得积极成效

顶层设计不断完善。河南近年来陆续发布《河南省推进新型基础设施建设行动计划（2021—2023 年）》《河南省推进“5G+工业互联网”融合发展实施方案》《河南省加快工业互联网创新发展专项行动方案（2023—2025 年）》等规划，最新方案明确提出到 2025 年，打造 2—3 个国家级跨行业、跨领域工业互联网平台等目标及八大重点任务，政策生态进一步优化，政策引领力进一步增强。

网络基础有力夯实。2022 年，河南新增 1422.9 万户 5G 用户，新增数量居于全国第 2 位，总数居全国第 3 位；建设 5G 基站总数达到 15.32 万个，居全国第 5 位，乡镇以上区域实现 5G 网络连续覆盖。工业互联网标识解析体系建设工作全速推进，洛阳、许昌、漯河、新乡等二级节点已上线运行，目前洛阳标识注册量已突破 2000 万条，涵盖轴承、矿山装备、高端装备制造等多个产业。

平台应用加速覆盖。河南初步建成"1+47"的工业互联网平台体系，通过 1 个综合性平台与 47 个分布在细分行业、产业集群的产业平台，累计接入 707 万台次设备产品，部署 2600 多个工业 APP。"5G+工业互联网"融合应用加快复制推广，渗透到 16 个工业大类与 56 个细分行业。2022 年新培育 10 家省级工业互联网平台，天信工业互联网平台入选国家级"双跨"平台。

河南工业互联网的方向思路

强基础。持续推动 5G 基站规划建设，特别以 28 条重点产业链所在先进制造业园区为重点，提升网络覆盖质量。统筹布局大数据、云计算等新兴产业，推动中原人工智能计算中心，河南 6 个超大型数据中心等建设，为工业互联网提供完备的数据算力支撑。针对重点产业链深入实施"企业上云上平台"行动，发挥华为等云服务商作用，推动企业将软硬件设备与系统向云端迁移，为企业建设内网、加入外网、最大化发挥平台效应打下基础。

树标杆。围绕重点产业链，逐链探索"5G+人工智能""5G+增强现实""5G+机器视觉"等多样化应用场景。鼓励各市针对 28 条产业链重点领域、特色集群、龙头企业定期筛选并发布典型应用案例，并从中遴选推介省级工业互联网应用标杆，形成一批在重点产业链内部与各地区之间都具有广泛带动效应，可复制、可推广的解决方案与示范应用。支持建设市级、省级工业互联网融合创新应用示范基地，选树重点产业链融合创新应用示范园区。

重融通。坚持链条思维与集群思路，构建重点产业链上大中小企业共同参与的工业互联网体系。把握当前云原生、大数据等新一代信息技术轻量化、移动化、低代码封装演进趋势,通过组织召开工业互联网平台峰会、分链条发布场景机会清单等方式,吸引工业互联网平台企业针对不同链条提供低成本、低门槛的解决方案,助力中小企业数字化转型与平台接入。鼓励产业链龙头企业与互联网平台企业深度合作建设行业互联网平台,发挥龙头企业的产业链引领力,加快集群上下游中小企业入平台、用平台速率。

(作者单位:河南省社会科学院数字经济与工业经济研究所。原文刊发于 2023 年 11 月 1 日《河南日报》第 6 版)

以重点产业链构建推进新型工业化

孙 波 刘叶青

新型工业化是推进中国式现代化的关键任务。河南是制造业大省,工业增加值稳居全国第5位,拥有40个工业大类、197个工业中类,基本构建了规模较大、体系较全、竞争力较强的产业体系,在全国制造业版图中占据着重要地位。推进新型工业化,河南要瞄准制造业强省建设,聚焦千亿级现代化产业链打造,抓好传统产业提质发展、新兴产业培育壮大、未来产业抢滩占先发展,推进产业基础再造和产业链提升,提升产业链供应链韧性和安全水平,以新发展理念引领制造业高质量发展,推动制造业链群规模能级跃升,加快构建体现河南特色和优势的现代化产业体系,为中国式现代化建设河南实践奠定坚实产业支撑。

打造具有更强创新力更高附加值的标志性产业链

主动服务国家重大生产力布局,对28条重点产业链分链实施重点细分领域专项攻坚,推动产业链横向拓展、纵向延伸和向产业高端迈进,持续壮大产业规模,提升质量效益,打造成为具有较高集聚性和较强创新力、智造发展力、品牌影响力的千亿级地标性产业链,聚"链"成"群"发展壮大7个万亿级先进制造业集群。

推动传统优势产业延链升链。深入实施"优势再造",巩固提升食品、轻纺等传统产业发展优势,强化制造业基础再造和产业链协同创新,打造河南地域特征明显的卓越产业链。围绕产业链加快新型研发机构布局,实施"赛马”“揭榜挂帅”等机制,迭代实施重大科技攻关专项,补齐生产技术、装备和高端产品短板。支持产业链企业向上游设计、研发和下游终端产品等环节延伸,拓展设计、研发、品牌、检验检测等价值链供应链高端环节,促进产业链上下游联动发展。

推动战略性新兴产业建链强链。围绕新能源汽车、先进装备、现代医药等战略性新兴产业发展,支持产业链上下游企业、研发机构等单位组建联合体,集中攻克制约产业链自主可控、安全高效的关键核心技术,补齐专用材料、核心元器件、关键零部件及加工工艺等短板,尽快形成一批具有产业链主导力的战略性技术产品,形成引领河南未来发展的支柱产业链。

推动短板产业补链护链。开展产业链重构行动,以科研院所、高校和研发机构为依托,在先进材料、电子信息等领域,攻克一批“卡脖子”“杀手锏”技术和推动关键核心技术产品产业化应用,补齐高科技、高附加值产品和终端产品短板,强化“五基”技术与产品应用推广,提升产品质量稳定性可靠性,努力实现进口替代、高端替代,打造自主可控安全高效的现代化产业链。

健全完善重点产业链推进运行机制

坚持把重点产业链构建作为推进新型工业化的关键抓手,聚合政府、市场、社会力量,持续完善重点产业链运行、工作推进、龙头企业培育、招商引资、“数智+绿色”和保障支持等机制,不断提升重点产业链现代化高级化水平。

完善“链长+专班”运行机制。进一步加强“双长制”挂钩联系优势产业链制度建设,每条重点产业链工作专班要集成部门、专家、机构、智库等资源,积极对接产业链龙头骨干企业,定期会商并协调解决重点产业链构建遇到的困难问题,支持重点产业链协同达产增效、经营主体做大做强。

探索实施“1+5”工作推进机制。借鉴先进省份构建重点产业链经验,探索在每个万亿级产业集群确定一个产业联盟、每条重点产业链建设一批产业链发展园区载体、打造一个产业链供需对接平台、梳理一批产业链重点项目、建立一张产业链关键核心技术长短板动态表,确保有序推进建链强群工作。

完善产业链主导企业培育机制。围绕增强产业链细分领域主导能力,抓好经营主体建设，坚持抓大育小、梯度推进，育优做强“链主”企业，掌握全产业链和关键核心技术，带动产业链上下游企业分工协作；加快推进小微企业升规入统，积极培育专精特新“小巨人”企业和单项冠军企业，实现链群企业共生共赢。大力培育“专精特新”企业，链群企业共生共赢，持续增强经营主体活力，推动重点产业链群大中小企业融通发展。

完善产业链招商引资机制。强化重点产业链靶向招引，绘制产业链、技术、人才和装备“四个图谱”和重点产业链精准合作图，分链建立重点产业链补链延链项目库，用好实行集群招商、龙头企业链式招商、股权投资招商等，精准招引一批产业带动强、科技含量高、经济效益好的重点产业链上下游重大项目。抓好产业转移对接活动签约项目跟踪落地，提高履约率、开工率、资金到位率。

完善产业链“数智+绿色”发展机制。促进数字经济与重点产业链深度融合，加快布局建设智能工厂和智能车间，完善5G网络、工业互联网、数据中心等数字基础设施和服务体系，推进人工智能创新运用，稳步提升重点产业链智能化水平。推进重点产业链绿色低碳转型，加快绿色技术应用推广，积极发展绿色设计、绿色制造、绿色产品和绿色供应链管理，构建覆盖全产业链和产品全生命周期的绿色制造体系。

完善产业链保障支持机制。研究制定我省推进新型工业化实施意见，尽快制定出台重点产业链培育的普惠性支持政策，“一链一策”研究制定个性化支持政策。强化重点产业链项目用地保障，探索“定制化”供地模式，实现“带条件”挂牌供应，推广新型产业用地、混合用地、弹性用地等模式，促进更多重点产业链项目落地建设。强化对重点产业链企业的信贷投入，支持重点产业链龙头企业上市融资。加强对重点产业链高技能人才的招引与培养，满足产业链发展需求。加强重点产业链煤、电、气等基础要素保障，加大能耗和环境指标保障力度。动态更新重点企业“白名单”，分领域分链条建立差异化管控机制。

（作者单位：河南省区域合作中心。原文刊发于2023年11月1日《河南日报》第6版）

推动形成新质生产力的关键路径

高亚宾

新质生产力是发挥科技创新主导作用，以新产业新业态为主体支撑，以高效能、高质量为基本要求，以数字化、智能化、绿色化为主要特征，与高素质劳动者、现代金融等要素深度融合，紧密契合高质量发展要求的新动力源。当今世界正处于百年未有之大变局，新一轮科技革命和产业变革加速推进，各国或各地区抢占发展制高点、增强领先新优势的竞争愈演愈烈。我省经济总量和工业规模长期居全国第 5 位，但面临“标兵渐远、追兵渐近”的严峻形势，特别是新兴产业支撑不足、创新能力不强、行业头部企业偏少等矛盾突出。我省要在新一轮激烈竞争中不掉队或者走在前列，必须抢抓机遇，前瞻布局，坚定不移提升创新能力，加快形成新质生产力，抢占产业发展制高点，打造更多高质量发展新增长点。

锚定新产业新赛道，壮大新质生产力的主体规模

从国内外发展经验看，新质生产力的形成过程既是产业体系结构性重塑的过程，也是战略性新兴产业逐渐占据主导地位和未来产业进入“爆发期”的过程。与发达省份相比，我省战略性新兴产业和未来产业规模小、底子弱，但在一些领域具有较大优势和潜力，需要根据产业基础分类施策，尽快做大规模，成为引领发展的主导产业。一是推动战略性新兴产业规模和质量“双提升”。对新一代信息技术、新能源汽车、生物技术、新材料、节能环保等我省具有较好基础、能够迅速形成竞争优势的产业，大力推动延链补链

强链,加快引进培育一批头部企业和拥有核心技术的零部件企业,提升产业链水平和自主可控能力,依托开发区等载体,打造支撑带动性强的产业集群。对高端装备、新能源与新型储能、氢能、集成电路、算力等具有一定基础、发展势头好的产业,进一步加强关键技术装备的突破应用和新兴技术的融合赋能,持续提升产业能级和综合优势,培育形成具有更强创新力、更高附加值的新业态、新模式。二是推动未来产业增速和技术"双爆发"。对量子信息、类脑智能、未来网络、生命健康、前沿新材料等处于起步阶段、能够抢占发展先机的未来产业,目前我省与多数省份基本上处于同一水平,要组织实施未来产业孵化与加速计划,集中前沿技术攻关和应用场景建设,加快推动产业化,构建具备核心竞争力的产业链,力争未来 5 年内进入快速成长期。三是推动产业新平台和新赛道"双突破"。借鉴浙江"万亩千亿"新产业平台的做法,聚焦战略性新兴产业细分领域和未来产业"显势"领域,依托郑洛新自创区、航空港区、中原农谷等,着力推动集群发展,打造一批万亩空间左右、千亿元以上产出的产业发展平台。与此同时,新质生产力并不意味着完全抛弃传统产业,支持我省两大"万亿级"产业开辟细分领域,如食品产业聚焦合成生物、植物基与健康食品等新赛道,装备产业聚焦智能装备、新材料与无人驾驶等新赛道,主动捕捉行业前沿动态,不断"解锁"和推出引领市场需求的新产品。

发挥科技创新主导作用,蓄积新质生产力持续动能

科学技术是第一生产力,新质生产力产生和形成的关键要靠强大的科技创新能力。目前我省科技创新能力位居全国中游水平,与经济大省地位不相匹配。根据《中国区域科技创新评价报告 2022》,我省区域科技创新水平仅居全国第 17 位,在中部六省居第 4 位。我省产生和发展新质生产力,必须补齐科技创新能力不足的短板。一是以新技术突破培育新质生产力。充分发挥好中原科技城、中原医学科学城、中原农谷等产业创新策源地以及全国重点实验室、省实验室、产业研究院等高能级创新平台的作用,前瞻性布局战略性新兴产业和未来产业重点领域关键核心技术攻关,加强前沿和基

础研究，力争在量子信息、人工智能、生命健康、生物育种等尖端前沿领域取得一批原创性科技成果，攻克一批关键核心技术，加速科研成果高效产业化，为新质生产力提供源源不断的新技术支撑。二是以数字技术赋能产生新质生产力。发挥我省数字经济大省优势，大力推动传统优势产业数字化，促进转换新赛道，产生新质生产力；加快推动数字产业化，发展壮大集成电路、传感器、网络通信、关键软件、大数据、区块链等数字经济核心产业，抢占技术优势，形成新质生产力。三是以创新型人才和人力资本跃升支撑新质生产力。创新型人才是生产力中最活跃的因素。我省形成新质生产力，既要引进培养更多战略科学家、一流科技领军人才和创新团队等高层次人才，又要培养造就一批"大国工匠"型高技能人才，还要拥有一批"敢闯、敢干、敢首创"的企业家队伍，在全社会形成尊重人才、尊重创新的浓厚氛围。

形成创新型企业"雁阵"，做强新质生产力实施主体

企业是现代化社会生产的主要组织者，也是新质生产力的主要代表和实施载体，形成新质生产力，迫切需要打造一批具备强大科技实力和行业领导力的一流企业。2022 年中国战略性新兴产业领军企业百强企业名单显示，全国 20 个省（市）有企业上榜，其中北京 24 家、广东 19 家、浙江 13 家，而我省没有 1 家；2022 年中国 357 家"独角兽"企业分布在 50 个城市，其中北京（76 家）、上海（63 家）、深圳（36 家）、杭州（24 家）、广州（23 家）、苏州（16 家）、南京（14 家），7 个城市超 10 家，而郑州仅有 2 家。对我省来说，加快形成新质生产力，必须采取超常规举措，在战略性新兴产业内形成一大批创新型"头雁"企业和"独角兽"企业。一方面，深入落实支持"头雁"企业和"独角兽"企业成长的办法，强化企业在科技创新决策、科研组织等方面的主体地位，推动更多高端创新资源和要素向这些企业流动，支持其快速成长。另一方面，支持配套企业"蝶变""裂变"，促进配套环节分离，鼓励"头雁"企业向配套企业延伸管理链、创新链、供应链，支持配套企业在细分领域深耕细作，成为行业内"专精特新"企业和"单项冠军"。同时，支持"头雁"企业聚焦优势行业领域搭建数字化供应链平台，促进配套企业线上集聚、高效对

接,构建大中小微企业融通联动的产业配套生态体系。

营造一流创新生态,厚植新质生产力的成长土壤

形成新质生产力是一项系统性、全局性的工程,从政府各级部门到行业内各类企业、再到基础配套产业链创新链供应链,涉及领域多、覆盖面广,必须依靠市场机制和发挥政府作用,在全社会形成支持全面创新的制度体系,为新质生产力提供肥沃土壤。一是深入推进科技体制改革。围绕关键核心技术攻关、成果转化、人才激励等重点领域,健全科技评价体系和激励机制,为创新人才脱颖而出、尽展才华创造良好环境。依托郑州技术交易市场,探索人才、技术、资本融通新机制,建立全链条跟踪服务模式,打造全国技术转移枢纽。二是大力发展天使投资。加大国有资本风险投资基金投入,大力引进有实力的风险投资基金和“天使投资”企业,健全完善风险资本退出通道等支持政策,鼓励风险资本投入战略性新兴产业和未来产业领域,搭建科技研发团队与企业、风险投资机构的对接平台,为科技型中小企业提供强有力的资本支持。三是促进区域创新合作。坚持全球视野、开放思维,对标国际高标准经贸规则,建立高度开放的创新研发体系和与国际接轨的知识产权与专利管理制度,为企业创新保驾护航。开展跨国别、跨省域创新合作,探索异地研发平台建设模式,以“科技飞地”、技术创新联盟等方式,共建新质生产力创新链。

(作者单位:河南省发展战略和产业创新研究院。原文刊发于2023年11月29日《河南日报》第8版)

以科技创新推动新质生产力跃迁升级

李婧瑗

生产力是人类以自然或社会为主体产出价值的能力，是推动历史前进和社会发展的决定性力量。新质生产力是代表新技术、催生新产业、创造新价值的新型生产力，具体表现为生产资料的科技属性增强、生产方式的“数转智改”变革、投入产出的综合效益提升等。最近，习近平总书记在调研中两次提到新质生产力，阐明了新质生产力与科技创新、产业发展之间的密切联系和实践逻辑，为新时期更好发挥科技创新作用、更快培育壮大新兴产业、更强推动传统生产力跃迁升级指明了方向。

夯实高质量科技资源基础

人类历史上每一次重大科技进步，都会带来产业变革和生产力水平的整体跃升。加快形成新质生产力必须依靠科技创新这一核心驱动因素。党的二十大报告提出“科技是第一生产力、人才是第一资源、创新是第一动力”。近年来，河南科技创新实力持续提升，高端科技创新资源加速集聚。2022 年末，全省共有各类国家级创新平台 153 个、重点实验室 16 个;2023 年 11 月，河南新晋两院院士 6 人，实现两院院士、外籍院士全覆盖。但是，与发达地区相比，河南科技创新资源仍然薄弱，呈现出研发投入与经济大省地位不匹配、创新平台与制造业规模不匹配、高端要素与研发需求不匹配、双创活力与产业升级态势不匹配等问题。当前，倾力创新已成为全省上下的广泛共识和自觉行动，急需以超常规的力度实施创新驱动、科教兴省、人才强省战略,将整合高端科技创新资源作为加快形成新质生产力的基础性工作,坚持目标导向和自由探索两种方式并行,鼓励开展原创性、前瞻性、颠覆性的技术预研攻关,为发展新质生产力蓄势赋能。

培育高水平新质生产力企业

企业是现代化社会生产的重要组织,是科技创新的主力军,也是新质生产力的实践主体。2022 年末,河南共有高新技术企业 10872 家、科技型中小企业 22004 家,分别同比增长 29.6% 和 45.3%,科技型中小企业总量居中西部首位;规模以上工业企业研发活动覆盖率达到 52%;全年“科技贷”业务支持企业 710 家(次),助力 4 家科技型企业先后在科创板、北交所上市;世界最大直径硬岩盾构机、12 米氢燃料电池客车产品、数据中心光互连芯片、5G 用铜合金材料、安图生物研发的抗原检测试剂盒等一批重大科技专项成果显现。发展新质生产力必须依靠一批具有较强科技实力、国际竞争力、行业引领力的一流企业,着力营造有利于高新技术型企业、科技型中小企业成长的一流创新生态,强化企业在科技决策、科研组织、创新导向等方面的主体地位,建立以企业需求为基础的项目形成机制和管理机制。发挥市场在创新资源配置中的决定性作用,促进优质创新要素向企业主体流动、高端创新资源向产业一线下沉,将科技创新优势充分转化为企业的创新资产和生产力。

促进高效率科研成果转化

成果转化是科技创新在现实生产力的具象体现,提高成果转化水平是加快形成新质生产力的关键环节。近年来,河南持续落实《河南省促进科技成果转化条例》《河南省技术转移体系建设实施方案》,将《关于推进科技成果转移转化的若干意见》纳入全省创新发展综合配套改革方案,深化赋予科研人员职务科技成果所有权或长期使用权改革试点实施方案,深化省级财政科研经费管理改革优化科研生态环境的若干意见等,有效打通了科技成果转化通道,促进科技成果走出实验室,走进企业和市场。2022 年,河南技术合同成交额达到1025.30亿元，首次突破千亿元，同比增长68%；全年签订技术合同2.24万份，同比增长27.2%。当前，加快形成新质生产力为科技成果转化提出了更高要求，既要聚焦高校院所科研成果孵化的“最初一公里”，也要瞄准市场科研成果产业化的“最后一公里”。要逐步打通“政产学研金服用”通道，建成功能完善、开放协同、运行高效的科技成果转化体系，促进高校院所与创新主体、企业主体的对接、交易与合作，形成产业链与创新链深度融合的良性互动格局，为科技创新服务经济社会发展提供有力支撑。

打造智慧型创新创业载体

产业园区、科技园区等各类双创空间是科技创新的物理集聚载体，是推动科研成果落地转化的重要场所。2021年10月，河南首个智慧岛——中原龙子湖智慧岛揭牌，随之，河南开启探索标准化建设“智慧岛”双创载体的新路径。智慧岛是以集聚创新人才和科创企业为核心，以整合各类创新要素为基础，以完善的公共服务配套为支撑，以孵化、转化、产业化为驱动的全要素、低成本、便利化、开放式的双创空间。按照“省级统筹、市级主体、省市协同”的建设推进体系，河南各地积极投身智慧岛创建工作，用最好的地段、最美的环境、最优的资源打造创新创业策源地、创新发展新引擎。2023年1月，全省第一批15个智慧岛建设达标；2023年10月，全省第二批8个智慧岛建设达标，至今基本实现省辖市、济源示范区和航空港区全覆盖的目标要求。新质生产力区别于依靠大量资金投入和能源消耗的传统发展方式，是轻量化、高技术、高回报的生产力，这与智慧岛的产业目标与功能定位相适应、相匹配。因此，要将智慧岛建设成为培植新质生产力的重要策源地，汇集更多科技金融、科技服务、创新人才等双创要素，在全省范围内打造一流的智慧型创新创业载体。

抢占高技术新兴产业赛道

产业形态是生产力的具体表现，战略性新兴产业及未来产业是新质生产力布局的主阵地。2021 年 9 月省委经济工作会议以来，全省贯彻实施换道领跑战略，在未来产业上前瞻布局、在新兴产业上抢滩占先、在传统产业上高位嫁接，取得了产业结构优化升级的显著成效。2022 年，河南战略性新兴产业、高技术制造业增加值占规模以上工业的比重分别为 25.9%、12.9%，较上年提高 1.9 个和 0.9 个百分点，构筑出新兴产业竞争的新优势。2023 年 10 月，河南出台《加快构建现代化产业体系、着力培育重点产业链工作推进方案》，提出培育壮大 28 个重点产业链，聚力打造 7 大先进制造业集群，基本涵盖了河南新一代信息技术、高端装备、新材料、现代医药、智能网联及新能源汽车、新能源、节能环保等战略性新兴产业和量子信息、氢能与储能、类脑智能、未来网络等未来产业。新质生产力处于新兴产业发展前沿，是河南在新一轮科技革命与产业变革中赢得先机的关键力量。要着力构建先进性、完整性、安全性为基本特征的现代化产业体系，推动战略性新兴产业规模上新台阶，争取未来产业发展取得大突破，瞄准具有先机性特征的产业发展方向，进一步深挖培育新质生产力，积极抢占科技创新与产业发展新的制高点。

（作者单位：河南省社会科学院。原文刊发于 2023 年 11 月 29 日《河南日报》第 8 版）

建设农业强省

厘清城乡融合与乡村振兴关系

刘 云

习近平总书记在党的二十大报告、中央农村工作会议中对乡村振兴作出了深刻论述和全面部署，提出要坚持农业农村优先发展，全面推进乡村振兴；要坚持城乡融合发展，畅通城乡要素流动。省两会上，政府工作报告同样明确要求，扎实推进乡村振兴。这些重大部署，为全面推进乡村振兴提供了新机遇。

乡村振兴具有外源性

乡村是指设区市以外的广大地域空间。提出乡村振兴的逻辑起点是城乡差距大，乡村发展水平低。乡村振兴的内涵是，在工业化城镇化的较高阶段，利用城市先进要素和市场的拉动，促进城市先进要素与乡村绿色资源结合，生成新的产业，实现乡村发展。因此，乡村振兴具有外源性、后发性。工业化城镇化水平越高，对乡村的带动能力就越强；工业化城镇化水平越低，则带动能力越弱。河南的特殊性在于，乡村数量多、地域空间广大，而工业化城镇化水平低于全国平均水平，对乡村的带动能力不足。基于此，河南省乡村振兴路子就与发达地区不同，它不是水到渠成，因为河南是一个赶超型省份，工业化城镇化任务依然十分繁重；也不能先城后乡，即等到工业化城镇化发展到一定程度后，再回过头来带动乡村发展，因为河南必须与全国同步实现乡村振兴目标。作为一个发展中省份，河南必须处理好工业化城镇化与乡村振兴的关系，找到一个能够兼容双重目标的路径，使乡村发展与工业化城镇化能够互促共进。

分区推进城乡融合

区域发展是不平衡的。按照主体功能区规划,河南的乡村地区分为两大类:一是发展水平较高的大中城市周边的乡村地区,即城市化地区;二是远离大中城市的地区,即发展水平较低的农产品主产区。在整体工业化城镇化水平不高,对乡村带动能力不强的条件下,走分区推进的城乡融合发展之路是一个可行的选择。

第一,在城市化地区高水平建设城乡融合发展区。一是推进规划设计融合。打破城乡界限,把主城区周边的乡村地区按照新城区的标准进行高水平规划,按照组团化、绿色化,同时兼顾田园化的布局的要求,在基础设施和软件建设及其城市文化建设上实现城乡全面对接提升。二是推进产业和功能融合。高水平承接主城区扩散的新功能、新产业,建设与主城区配套的科研基地、文创基地、居住小镇、文旅康养、设计小镇、交通物流枢纽和现代制造基地;同时以市场为导向,重点发展精品农业、高端农业和都市农业,在更高水平上满足消费者需求。三是城乡社会形态融合。因应城镇化高级阶段逆城市化和郊区化趋势,吸引和汇聚城市要素和农村要素,推动城乡社会相向而行,叠加发展。从城市化视角而言,这一地区是顺应城市发展的规律正在成长的城市群城市绵延区,是推进城镇化向更高阶段迈进的前沿阵地;从乡村发展视角来看,是大城市周边的乡村地区,利用城市辐射带动作用,推进乡村振兴的先发地区。

第二,在农产品主产区以县城为载体提高人口集中度。在我省,推进乡村振兴的重点和难点是农产品主产区。这类地区一是涉及的县域乡村数量多、人口规模大,经济发展水平低;二是远离中心城市,城市的辐射带动作用较为薄弱;三是主要承担国家农产品供给的主体功能,将长期保持乡村状态。改革开放以来,该类地区主要通过农村劳动力进城打工等方式参与和分享了工业化城镇化的好处。目前,县城由于离家近,房价低、生活成本低,能够得到虽不及城市但明显好于一般乡村地区的教育、医疗等公共服务,已经成为农民工群体的热门落户地。农村青年在县城购置婚房落户也已成为一个普遍现象。同时在这一过程中，绝大多数县城的建设框架已经拉开，建成区面积明显扩大；县城的二三产业依托产业集聚区（开发区）也得到一定的发展，具备了一定的就业承载能力；县城的市政设施、公共服务水平经过“百城建设提质工程”已经得到提高，综合服务能力得到明显增强。党的二十大报告明确指出要推进以县城为重要载体的城镇化建设。我省要立足现有基础，顺应农村人口流动的趋势，利用城镇化高级阶段乡村景观、绿色生态资源、传统文化资源升值的市场条件，发挥县城“近乡益乡”的特点，用好用足各类政策性资金和支持政策，千方百计增加教育、医疗和交通等公共产品供给，吸引和承载周边地区的农村转移人口到县城安家落户，构建以县城和产业集聚区为载体的县级城乡融合发展区。

第三，通过换道发展促进乡村产业振兴。促进乡村全面振兴，产业振兴是关键。从河南省的现状来看，农业占比高，保障粮食安全任务重，乡村二三产业发展水平明显较低，除了个别地区的乡村产业能够参与国际国内产业分工体系外，绝大多数农产品主产区依然处于“土特产”阶段。在高质量发展背景下，广大乡村地区必须在继续承担好农产品供给主体功能的同时，通过换道发展获得成长性。一是继续转移农村人口。目前我国我省城镇化都还远没有达到峰值，农村人口顺应城镇化一般规律继续向城市转移的势头不可逆转，要持续推动农村人口转移，为现代农业发展腾挪空间创造条件。二是保障粮食安全和食物供应。随着城市人口规模增加，以粮食为主的农产品由多数人保少数人，变成了少数人保多数人，再加上国内外形势复杂严峻，粮食和食物安全保障的任务更加繁重，农产品主产区要顺应这一要求，着力保护耕地，大力发展现代农业，稳定增加大宗农产品供给；同时要全面对接城市居民新需求，释放农业多种功能和乡村多元价值，提升农业发展空间和层次。三是换道发展。现阶段，农产品主产区最大的机遇在于，随着交通通信技术的发展和数字化智能化水平的提高，区域之间梯度发展的顺序被打乱，时空被大大压缩，距离中心城市较远的传统农产品主产区在一定程度上也获得了同等对接大城市先进要素、布局新兴产业的机会。因此，农产品主产区要千方百计对接不同等级中心城市尤其是高级别中心城市的新理念、新要素、新市场，利用自身发展空间大、生态绿色资源丰富的优势，高起点布局和发展文化创意、乡村设计、数字经济和生物经济等新兴产业和未来产业，并利用这些渗透性强的新产业，对传统的农业和农产品加工业进行融合、改造和提升，催生传统文化体验、乡村休闲度假、特色民宿、养生养老等新业态和新商业模式，促进农业和二三产业融合、城市和乡村融合、传统和现代融合，在融合发展中实现乡村产业更新和产业升级。

（作者单位：河南省粮食和物资储备局。原文刊发于 2023 年 1 月 20 日《河南日报》第 8 版）

农业强国建设中的河南作为

田建民　上官彩霞

刚刚发布的中央一号文件提出全面推进乡村振兴的九项重点工作，强调加快建设农业强国。贯彻落实中央农村工作会议精神，省委农村工作会议对加快建设农业强省进行全面部署。怎样理解农业强国的内涵与要义？作为农业大省的河南，如何对标国际水平和标准，在农业强国建设中找准自己的定位？从具体产业来看，河南建设农业强省，重点抓什么，怎么抓？围绕这些问题，我们特邀专家进行探讨。

农业强国的内涵与要义

记者：如何理解农业强国的概念？哪些因素和条件是建设农业强国的重要支撑？

田建民：关于农业强国的内涵、特征等基础理论，学术界有着诸多研究成果。趋于一致的观点是，农业强国是世界范围具有普遍认同性、以国际比较为参照、以农业现代化为基础的评价一国农业发展水平的称谓概念。农业强国在不同资源类型国家均有分布，有综合型和特色型两种类型。当前，世界农业强国的基本特征可概括为“四强一高”，即供给保障能力强、竞争力强、科技创新能力强、农业可持续发展能力强和农业发展水平高，是农业现代化水平全面提升的体现。

对标农业强国的基本特征，如何加快建设一个与现代化强国相匹配、与人口大国相适应、与资源禀赋相契合，具有中国特色的农业强国显得尤为迫切和重要。习近平总书记在中央农村工作会议上指出，“保障粮食和重要农产品稳定安全供给始终是建设农业强国的头等大事，全面推进乡村振兴是新时代建设农业强国的重要任务，要依靠科技和改革双轮驱动加快建设农业强国”，同时强调“农业现代化是建设农业强国的内在要求和必要条件，建设宜居宜业和美乡村是农业强国的应有之义”。这些讲话为加快建设农业强国赋予了明确的核心要义。

然而，我国作为一个农业大国、人口大国，资源禀赋、气候特征等区域差异性大，加快建设农业强国，必须有各具特色的农业强省、强市、强县共同组成和支撑。这就需要各地结合自身特点、发展基础、资源禀赋等条件，明确定位、理清思路，选择不同的发展目标、发展模式和实现路径。

河南农业的优势强项

记者：加快建设具有河南特色的农业强省，首先要清楚认识我们的基础和优势所在。您认为我们的强项在哪里？

田建民：2019年习近平总书记视察河南时，就对河南寄予“在乡村振兴中实现农业强省目标”的殷切期望，《河南省“十四五”乡村振兴和农业农村现代化规划》和刚刚召开的省委农村工作会议都对加快建设农业强省作出部署。这既是贯彻落实党的二十大精神和习近平总书记视察河南重要讲话重要指示精神的具体行动，也是为建设农业强国贡献力量的责任与担当，更是锚定“两个确保”、实施乡村振兴战略的重要举措。从河南农业发展实际情况看，已经形成了粮食、畜牧、特色经济作物和农产品加工四大主导农业产业，成为建设农业强省的鲜明优势。

粮食产业。我省粮食面积常年稳定在1.6亿亩以上，总产量连续6年稳定在1300亿斤以上，面积、产量均占全国的1/10左右，居全国第二位。其中，小麦面积在8500万亩以上，产量在700亿斤以上，占全国的1/4，面积、总产量稳居全国第一位。小麦、玉米育种水平全国领先，郑麦9023、矮抗58、郑麦366、百农207和郑单958等先后成为我国种植面积最大的品种。小麦繁种基地常年稳定在430万亩，年制种能力在18亿公斤以上，居全国第一位。全省累计建成高标准农田 7580 万亩，主要农作物耕种收综合机械化率 86%，比全国平均水平高 14%。同时，作为全国五大粮食净调出省之一，人均粮食占有量 695 公斤，比全国平均水平高 225 公斤，不仅保障了 1 亿人的吃饭问题，每年还调出原粮及制成品 600 亿斤。

畜牧产业。我省是国家规划的生猪家禽主产省份、全国肉牛肉羊和奶业产业优势区，有 60 个国家级传统生猪调出大县、40 个肉牛养殖大县。2021 年，全省肉产量 647 万吨，居全国第三位；牧业产值 2943 亿元，居全国第二位。拥有地方畜禽品种 32 个，约占全国总量的 4%，先后培育出夏南牛、豫南黑猪、黄淮肉羊、豫粉 1 号蛋鸡等畜禽新品种，畜禽种业产值居全国第一位，是全国生猪制种供种第一大省、肉牛冻精供应第一大省，4 个国家级种公牛站年生产牛冻精 900 万剂，占全国的 1/3。

特色经济作物产业。我省是粮食大省、畜牧业大省，也是多种经济作物大省。2021 年，全省油料面积、产量分别为 2407 万亩、657 万吨，居全国第一位、第二位，其中花生面积、产量达到 1939 万亩、588 万吨，分别占全国的 1/4、1/3。蔬菜面积、产量分别为 2637 万亩、7429 万吨，居全国第一位、第二位。食用菌产量达到 178 万吨，占全国总产量的 13%，连续多年居全国第一位。中药材种植面积、产量分别为 550 万亩、190 万吨，均居全国前三位。花生和芝麻、十字花科蔬菜和韭菜、桃和猕猴桃、西瓜和甜瓜育种与新品种推广均居全国领先地位。累计认证（登记）绿色食品、有机农产品和农产品地理标志 2433 个，培育了正阳花生、平舆芝麻、扶沟蔬菜、杞县大蒜、灵宝苹果、夏邑西瓜、西峡香菇、信阳毛尖等区域公用品牌和一批企业品牌、产品品牌。

农产品加工业。我省农产品加工业规模全国领先，生产了全国 1/2 的火腿肠、1/3 的方便面、1/4 的馒头、3/5 的汤圆、7/10 的水饺。2021 年年底，全省有规模以上农产品加工企业 6344 家，占全部规上工业企业总数的 31%。粮食加工形成了以白象、想念等为代表的面及面制品产业集群，以三全、思念等为代表的冷链食品产业集群。肉类加工有省级以上畜牧产业化龙头企业 309 家，其中双汇猪肉年产能居全球第一位。此外，预制菜产业全国领先，酸辣粉产业占据全国 80% 以上市场份额。同时，涌现出千味央厨、好想你、蜜雪冰城、卫龙、万杰智能科技、想念食品等一大批把握市场风向变化的新业态食品龙头企业。

然而,我省在推进农业强省建设过程中也面临一些短板和弱项,表现在:资源要素趋紧;农业生产体系、产业体系、经营体系“三大体系”不够优;土地生产率、劳动生产率、资源利用率“农业三率”不够高;“种、养、加”现代化生产装备设施不够强;农业生产组织化程度仍然较低;农业科技创新尤其是具备优势的育种领域先进的技术手段处于弱势地位等。因此,我们要立足省情、理清思路、明晰路径,着力扬优势、补短板,实现农业产业从规模到效益、从数量到质量、从科技装备到保障能力、从经营体系到产业韧性的全面跨越,助推农业现代化水平迈上新台阶。

抓牢粮食这一核心竞争力

记者:扛稳粮食安全重任一直是国家赋予河南的使命,也是建设农业强省的头等大事。新时期抓好粮食这张“王牌”,应重点在哪些方面着力?

田建民:多年来,习近平总书记在视察河南和在全国两会上参加河南代表团审议时多次强调,“粮食生产这个优势、这张王牌任何时候都不能丢”,“要发挥好粮食生产这个优势,立足打造全国重要的粮食生产核心区,推动藏粮于地、藏粮于技,稳步提升粮食产能,在确保国家粮食安全方面有新担当新作为”,“发挥自身优势,抓住粮食这个核心竞争力,延伸粮食产业链、提升价值链、打造供应链,不断提高农业质量效益和竞争力,实现粮食安全和现代高效农业相统一”。因此,做强粮食产业,既是河南在建设农业强国中的使命与担当,也是建设农业强省的必然选择。

近年来,河南粮食产能优势已经非常明显,做强粮食产业,应在确保产能、构建持续稳定增长长效机制的基础上,实施产业链、价值链、供应链“三链协同”发展,借助国家粮食安全产业带建设机遇和理念,提前谋划,优化粮食产业空间布局,推动粮食产业集聚发展和转型升级,构建与“双循环”新发展格局相适应、相匹配的河南粮食产业新态势,把河南粮食产业打造成名副其实、实至名归的“优势”与“王牌”。

一是着力稳定产能。在新一轮千亿斤粮食产能提升行动中,继续展现新担当、作出新贡献，重点打造高标准农田“升级版”，争取把粮食产能提升到1400亿斤。加快培育新型社会化服务组织，发挥国有运营平台优势，支持供销、邮政等因地制宜发展多领域、多环节、全过程、全覆盖的生产托管服务；支持专业服务公司、服务型农民合作社、农村集体经济组织等发挥各自优势，实现功能互补，共同发展壮大。通过托管、订单、土地流转等行之有效的组织方式，提升农业生产的组织化程度和规模化、集约化、标准化、优质化水平。

二是着力加强产业主体培育。依托全省优势粮油产业资源，通过资本运作手段，组建培育产业链条完整，产品规模超大，具有较强市场影响力、竞争力和控制力的粮食产业头部企业，以此作为农业强省建设“扬优势”的重要突破。针对粮食全产业链构建，在粮食原料生产收储企业、物流配送企业和粮食加工企业等各个环节，打造一批“大而强”“快而新”“专而精”的“链主”企业，推动补链延链强链优链，实现产业链、创新链、供应链、要素链、制度链深度耦合。鼓励龙头企业抢抓“一带一路”建设机遇“走出去”，培育具有国际市场竞争力的大型企业集团。

三是着力构建供应链新体系。发挥我省连通境内外、辐射东中西的综合交通枢纽优势和全国粮食生产核心区战略地位优势，推进粮食仓储物流设施改造和功能提升，建设集粮食仓储、物流、加工、交易、信息于一体的综合粮食储运交易中心和大型粮食物流园区，完善铁路、公路、水路和口岸等粮食物流基础设施建设，加快与周边地区的粮食物流基础设施互联互通，逐步形成一批区域性粮食物流枢纽，打造辐射全国的粮食仓储物流交易中心，构建适应“双循环”新发展格局流通顺畅的河南粮食供应链新体系。

四是着力助推产业集聚发展。按照全省区域特征和均衡布局原则，打造“三链同构”完整的现代粮食产业园，促进原料生产、精深加工、体验展示、物流销售有机衔接，推动产业格局由分散向集中、发展方式由粗放向集约、产业链条由单一向复合转变，努力培育一批产值超过百亿元的现代农业产业园。在此基础上，通过重大粮食产业基础设施建设布局和产业利益分配机制的合理构建，打造河南万亿级现代粮食产业集群。

五是打造中原农谷种业创新高地。在继续加快国家生物育种产业创新中心、神农种业实验室、河南省农作物种子资源保护利用中心、国家制种基地等建设基础上，重点推动这些重大新基建高效运营，切实发挥好其创新引领的作用，同时采取切实可行的政策措施，引导、吸引、推动全省乃至全国、全球创新资源的集聚发展，把中原农谷建设成国内一流、国际知名的农业科技创新高地，成为国家农业创新核心力量。

六是注重周口农高区建设和创新驱动粮食产业高效发展的探索引领效应。周口国家农业高新技术示范区是目前我省唯一一家以小麦产业为主导的国家级农高区。其目的就是要通过创新驱动，将小麦粮食产业打造成县域经济的支柱产业，形成与乡村振兴有机统一的城乡融合发展新模式，这种探索对我省粮食产业发展意义非凡。要对其顶层设计和实际运营切实重视起来，为我省粮食产业高质量发展提供可复制、可借鉴的宝贵经验。

促进畜牧产业持续提质增效

记者：我省是全国重要的优质畜产品生产加工供应基地和具有重要影响力的畜牧业大省，这一块如何做大做强？

上官彩霞：随着外部经济环境深刻变化和产业发展技术、理念、模式的不断创新，我省畜牧业应以布局区域化、生产标准化、经营规模化、发展产业化、产品绿色化为方向，坚持集群发展、绿色发展、安全发展，做强生猪产业、做大牛羊产业、做优家禽产业，持续提升畜产品综合生产能力、供应保障能力和市场竞争力，保障畜产品稳定安全供给。

一是优化畜牧产业结构。做强生猪产业，提升生猪产业装备化、集约化、智能化水平，建设一批年出栏3000头以上的省级和国家级生猪产能调控基地。深入推进奶业振兴，扩大牛羊养殖规模，推进种养加全产业链协同发展。做优家禽产业，大力发展肉鸡、蛋鸡和鸭鹅产业，推进自动化、智能化养殖和精深加工，打造一批百亿级和50亿级产业集群。依据区域资源禀赋，推进以地方品种为主的特色养殖发展。

二是推进规模化、标准化、清洁化生产。因地制宜发展规模养殖，支持发展立体养殖，建设一批现代化养殖基地，打造一批畜产品保供主渠道企业和区域性产业集群。实施畜牧业标准化提升行动，制定完善标准化饲养管理规范，推进养殖工艺与设施装备集成配套。提高大型养殖场智能化、信息化水平，推进中等规模养殖场机械化、标准化改造升级，完善小型养殖场户防疫和粪污处理等基础设施，构建以大型企业为引领、适度规模企业为主体、农牧结合型家庭牧场为补充的标准化生产体系。以创建国家级标准化养殖示范场为载体，推进畜禽养殖标准化、智能化生产水平引领全国。鼓励在规模种植基地周边建设与消纳能力相配套的养殖场户，构建新型现代农业种养结合循环发展体系。

三是完善畜牧产业体系，促进产业转型提质增效。统筹推进养殖、良种繁育、饲料饲草供应、科技创新推广、产业化信息、产品质量安全监测监管、兽药疫苗生产、动物疫病防控等产业体系建设，增强一二三产业融合，完善畜牧产业体系，持续提高畜牧业质量效益和核心竞争力。

做强优势经济作物产业

记者：经济作物产业是构建乡村产业体系、促进农民增收致富、建设宜居宜业和美乡村的重要支撑，我省优势经济作物产业发展的方向和重点是什么？

上官彩霞：我省要以提升产品质量和品牌影响力为重点，大力推进优势经济作物产业发展。

一是秉持绿色化、品牌化、特色化发展理念，进一步调结构、提品质。引导各地根据资源禀赋、生态条件和产业基础，因地制宜制定经济作物优势区域发展规划，突出地域特色、品种特色、产品特色，促进产业要素向优势区域集聚。推进品种创新，组织开展育种联合攻关，加快选育一批不同熟期、品质优良的果菜茶等作物新品种。优化产品结构，大力推广高油酸花生、“双低”油菜、纯白芝麻，根据市场流通与消费需求发展精细菜、特色高效蔬菜等。分作物、分区域、分生育期制定绿色高质高效生产技术模式，探索开展智慧园区建设，全面提升产品质量安全水平和商品档次。

二是强化农业品牌建设和新业态培育。立足乡村特有的物质和非物质文化资源基础，通过地理标志、公用品牌、企业品牌等形式，培育一批品质好、叫得响、占有率高的果菜茶等特色经济作物品牌。支持新型经营主体和企业参加全国农业行业博览会、“中国好粮油”产品评选、农民丰收节等,深化豫沪、豫京合作,提升我省特色产品品牌知名度和影响力。依托“三山一滩”等自然和文旅资源优势,推进农文旅养、产学研用嵌合式发展,释放乡村的多元价值。

三是实施经济作物产业链“链长制”。把现代农业产业园、田园综合体、农村产业融合发展示范园、特色产业集群、产业强镇强村等作为全产业链发展的重要载体,培育一批“链主”企业,打造一批全产业链超100亿元的典型县、一批产值超10亿元的农业产业强镇、一批产值超1亿元的特色产业专业村,构建现代乡村产业体系,整体提升产业发展质量效益和竞争力。

打造万亿级现代食品集群

记者:我省农产品加工业是拉动全省经济发展的重要支柱产业之一,下一步如何继续强力推进?

上官彩霞:今后要以发展绿色食品集群为重点继续做大做强农产品加工业,打造具有世界影响力的万亿级现代食品集群。

一是实施绿色食品集群培育行动计划。坚持一群多链、聚链成群,重点培育小麦、玉米、水稻、红薯、生猪、肉牛、肉羊、肉禽、蛋鸡、渔业、花生、大豆、芝麻、水果、蔬菜、茶叶、食用菌、中药材、酒业、奶业等20条优势特色产业链,适应消费升级需求,优化产品结构,大力发展“预制菜”,加快发展特色功能食品、休闲食品和冷链食品,着力把绿色食品业打造成为河南省万亿级支柱产业。

二是构建食品龙头企业多层次、多维度发展梯队。做强一批具有国际影响力的食品头部企业,做优一批具有全产业链掌控能力的“链主”龙头企业,做精一批具有自主创新能力的科技领军型龙头企业,做大一批联农带农紧密的区域性特色龙头企业,引导多层级农产品加工企业在农业产业链延链、补链、壮链、强链中发挥更加重要的作用。

(嘉宾单位:河南省农业科学院。原文刊发于2023年2月15日《河南日报》第5版)

走好农业科技强省突破之路

李铜山

去年年底召开的中央农村工作会议和最近发布的2023年中央一号文件,一再强调和号召“加快建设农业强国”。刚刚结束的省委农村工作会同样突出强调了农业强省建设。河南省作为农业大省,义不容辞、义无反顾地加快建设农业强省,是理所当然的分内之事。而建设农业科技强省,则既是建设农业强省的应有之义,又是建设农业强省的根本出路和最强有力的硬支撑。河南省要建好农业科技强省,就要立足于省情和农情,锚定农业科技强省建设的目标任务,走好农业科技强省建设的突破之路。

八大目标

建设农业科技强省,应该锚定如下八个方面的目标任务:

一是现代种业发达。现代种业处于农业整个产业链的源头,是建设农业科技强省的标志性、先导性工程,是现代农业战略性、基础性核心产业。只有现代种业发达起来了,才能使产品和技术研发、种子生产加工、种子市场开拓与服务等育繁推一体化及其产业化梦想成真,才能使农业科技强省建设“底气十足”。

二是主导产业技术体系完善。主导产业是农业强省建设中能够统领全局、推动全局发展乃至起到支撑作用的主要产业、核心产业,只有其技术体系从良种良畜研发培育到田舍种养都形成了完整的技术体系,完备美好起来了,才能实现产业技术一体化、高级化、集成化。

三是科技自主创新能力上乘。不仅能够追踪国内外农业科技发展趋势，与时俱进地开展前沿的基础性研究，而且能够结合全省省情、农情，贴合实际地开展“接地气”的应用性研究，自我主动、不受别人支配地实现了农业科技基础性研究与应用性研究相辅相成、相得益彰。

四是科技成果转化应用强劲。实现了农业科技成果研发培育与推广应用的高度统一，研发培育出来的农业科技成果能够得到广泛的推广应用，并且各种农业科技成果的经济价值、社会价值乃至生态价值得到充分彰显，彻底解决了农业技术推广中的“最后一公里问题”。

五是农业科研队伍强壮。已经变农业科研队伍的“线断、网破、人散”为“线联、网全、人聚”，不仅人员数量众多，而且高精尖人才济济，尤其各个研究领域，都拥有在国内外享有盛誉的高级专家挂帅。

六是农业科技进步迅猛。在现代农业发展中快速而猛烈地创造、掌握和应用了生产效率更高的科学技术，并已替代生产率较低的落后的农业技术，促进了农业生产力发展和农产品品质提升，保障了农业科技进步能够完全满足农业科技强省建设的需要。

七是农业科技装备顶级。在常用农业科技装备得以完善的基础上，发展科技农业新业态所需要的农业科技装备已经达到了全国乃至全世界最高级水平，为科技农业发展、农业对外开放和外向型农业经济发展奠定了雄厚的技术装备基础。

八是农产品加工业兴旺。不仅传统的粮棉油薯、肉禽蛋奶、果蔬茶菌、水产品、林产品和特色农产品等的工业生产活动昌盛发达，而且新型的生物质能源开发、预制食品、预制菜开发中的工业生产活动生机蓬勃，有序推进并逐步形成了农产品加工业从第一刀（“粮去壳”“菜去帮”“果去皮”“猪变肉”）到第二刀（“粮变粉”“肉变肠”“菜变肴”“果变汁”）再到第三刀（“麦麸变多糖”“米糠变油脂”“果渣变纤维”“骨血变多肽”）的“三刀发展模式”。

实现路径

与目标任务相吻合，河南省建设农业科技强省必须克服现代种业还不够发达、主导产业技术体系还不够完善、农业科技自主创新能力还不够强等缺憾，在加紧制定实施现代农业科技强省建设专项规划背景下，围绕科技支撑产业发展、质量提升、技术进步、就业增收等多个方面着力，在实现路径上全力走好如下“八个突破之路”：

现代种业突破之路。现代种业突破之路的关键在于种业革命。因此，要在总结目前全省种业发展基础和未来弯道超车技巧的基础上，健全多学科跨单位的育种攻关协作机制，研发培育出并且得到广泛推广应用的一批又一批高性能、高附加值的高端良种良畜产品和突破性新品种，提高现代种业的国内外竞争力，声势浩大地掀起种业革命，培育发展高科技新型种业产业，发力打造种业科技创新高地。

主导产业技术体系突破之路。主导产业技术体系突破之路的关键在于主导产业发展与技术体系支撑的高度吻合。因此，要在确立目前和未来全省农业农村主导产业的基础上，把农业产业园区作为主导产业技术体系突破的主要载体，尽快完善全省小麦、玉米、大豆、花生、蔬菜、生猪、牛羊、蛋奶、林果、食用菌、预制食品、预制菜等主导产业技术体系。

农业科技自主创新能力突破之路。农业科技自主创新能力突破之路的关键在于调动农业科技人才的主动性和积极性。因此，要在完善目前和未来全省农业科技发展政策和激励机制的基础上，下功夫营造人尽其才、人尽其力、人尽其能的发展环境，充分发挥农业科研机构“唱好科创大戏”的能动作用，确保具有自主知识产权的原创性农业科技创新能力奔涌出来。

农业科技成果转化应用突破之路。农业科技成果转化应用突破之路的关键在于农业科技成果的供给和需求的一致性。因此，要在透视目前和未来全省农业科技供给、需求耦合性的基础上，全力讲求农业科技供求的协调性和均衡性，把新型农业经营主体和农业产业化联合体作为农业科技成果转化应用的关键对象，确保大强度、高流量的农业科技成果得以直接转化和广泛应用，推进农业科技与农业生产深度融合。

农业科研力量突破之路。农业科研力量突破之路的关键在于农业科研体制理顺和运行机制完善。因此，要在摸清目前和未来全省农业科技力量“家底”和发展潜力的基础上，分层次、分批次地提高农业科研人员的技术水平和综合素质,深化农业科技体制机制改革,推进产学研、农科教一体化,持续地育才引才和壮大农业科技人才队伍,确保"金字塔型"农业科研力量的永久持续强大。

农业科技进步突破之路。农业科技进步突破之路的关键在于农业科技进步"三支队伍"的齐心协力和同舟共济。因此,要在持续培育和发展农业科技成果研发队伍、农业科技成果推广队伍、农业科技成果应用队伍的基础上,强化这"三支队伍"之间的密切联系和协同配合,确保农业科技进步的所有环节都无"死角"。

农业科技装备突破之路。农业科技装备突破之路的关键在于尽快弥补全省先进农业科技装备制造业发展之缺憾。因此,要在洞察全省农业科技装备制造业目前状况、优势和短板的基础上,优先选取农业科技强省建设中农业科技装备的亟须薄弱环节进行攻关,把研发制造作为基础,把装备应用作为主战场,确保农业科技装备的自产化、智能化、现代化。

农产品加工业突破之路。农产品加工业突破之路的关键在于全产业链精深发展。因此,要在明晰全省农产品加工业优劣势和精深度的基础上,通过技术革新和设备迭代实现能将农产品的营养成分、功能成分、活性物质和副产物等进行再加工的精深加工,推进农业科技与农产品精深加工的深度融合,确保多次增值以及由规模优势向产业优势、生产优势向经济优势的转变。

(作者单位:河南工业大学。原文刊发于 2023 年 2 月 23 日《河南日报》第 10 版)

加快培育壮大新型农业经营主体

张道明　刘向华　刘　宁　刘贯军　王智豪

前不久召开的省委农村工作会议对我省做好今年“三农”工作、全面实施乡村振兴战略、加快建设农业强省进行了部署，强调用好改革关键一招，培育壮大新型农业经营主体。加快建设农业强省，发展新型农业经营主体和社会化服务，发展农业适度规模经营成为当下和未来一项重点任务。

实现农业现代化的中坚力量

记者：建设农业强省的关键是推进农业现代化，其中培育和壮大新型农业经营主体、构建现代农业经营体系尤为重要。首先请专家谈谈如何看待和界定新型农业经营主体？

刘向华：在社会主义市场经济体制下，推进农业现代化进程中坚持社会主义基本制度，平衡市场经济和社会主义制度的关系，是我国建设具有中国特色农业现代化必须考虑的社会基础。因此，进一步调整农业生产力和生产关系，立足现有“小农经济”模式，从供给侧入手，为现代农业寻求新载体，发展适度规模的新型农业经营主体成为当务之急。

我们通常认为，新型农业经营主体就是基于农业可持续发展的现代化目标，通过集约化、规模化、组织化的生产经营活动，高效配置农业领域中劳动、资本、土地和技术等投入要素，为社会供给标准化、商品化的农产品。新型农业经营主体是我国实现农业现代化的关键，搭建了小农户与现代农业有效衔接的桥梁，它的内涵会随着时代不断改变和延伸，现阶段常见的专业大户、家庭农场、农民合作社、农业龙头企业等都属于新型农业经营主体。

在我看来，现阶段新型农业经营主体的特征体现在以下几个方面：一是具有一般的市场经济主体的属性，即专业化、集约化、组织化、市场化与社会化；二是具有信息化特征，即互联网+时代赋予新型农业经营主体的新特点；三是在制度层面，具有动态柔性、弹性和适应性的特征，即它是家庭联产承包责任制在现阶段的主体创新与变革，仍然是基于小农经济模式上的土地承包制度的演化。

刘宁：新型农业经营主体是实现农业农村现代化的中坚力量，是统筹城乡发展、实现三产融合的主要载体，是落实各级农业政策、提高政策执行效率的重要平台。只有充分发挥新型农业经营主体对小农户的带动作用，才能实现小农户和现代农业发展的有机衔接。

在农业强省建设中发挥引领作用

记者：接续推动乡村全面振兴，加快建设农业强省，新型农业经营主体是一支不可或缺的中坚力量。请首席专家张道明谈谈在建设农业强省中新型农业经营主体将发挥什么作用？

张道明：在全面实施乡村振兴战略、加快建设农业强省过程中，培育壮大新型农业经营主体，既要注重数量的增加，更要注重质量的提升。只有新型农业经营主体自身实力增强了，经营规范了，才有条件、有能力更好地带动农户发展乡村产业，提高经营效益，实现增收致富。因此，要充分认识新型农业经营主体在推进乡村振兴和建设农业强省中所扮演的重要角色和发挥的积极作用。

一是新业态新产业的引领者。新型农业经营主体区别于传统家庭农户的主要特征，就是其经营者懂经营、懂技术、懂市场，能够有效捕捉到乡村产业发展趋势和市场机遇，率先尝试休闲农业、耕读研学等新业态新产业，是新业态新产业的领跑者。

二是新技术新品种的实践者。农业农村现代化、农业强省建设离不开农业科技创新作支撑，尤其是新技术新品种要想得到大面积示范推广，仅靠家庭农户很难落地，而新型农业经营主体示范应用的主动性较强，是新技术新品种推广的推动者和实践者。

三是国家粮食安全的贡献者。目前，许多农民合作社、家庭农场等新型农业经营主体，积极从事优质小麦等粮食生产经营，成为粮食安全生产的主要贡献者之一，一些新型经营主体还通过开展农业社会化服务，带动更多家庭农户种好粮食，共同扛起粮食安全重任。

四是联农助农发展的带领者。新型农业经营主体通过生产联农、服务带农等多种方式，逐步把小农生产引入现代农业发展轨道，不断提升小农户生产经营水平，持续帮助小农户拓展增收空间，提高农业质量、经营效益和竞争力，带领小农户走共同富裕之路。

五是返乡创业创新的示范者。随着乡村振兴战略加快推进，大量的资金、技术、人才等陆续向农村倾斜，让越来越多外出务工者看到乡村发展的空间和潜力，再加上新冠疫情影响，许多人主动选择就地创业的意愿日趋增强，而新型农业经营主体为返乡创业者提供了借鉴。

培育壮大规范提升正当时

记者：近年来，国家和省里对新型农业经营主体的培育和提升高度重视，政策方面给出了有力的支持和引导。再请首席专家张道明结合政策，谈一谈目前我省新型农业经营主体发展现状。

张道明：近年来，我省坚持把培育新型农业经营主体作为健全现代农业经营体系和推进乡村振兴的重要抓手，优化政策扶持，强化指导服务，加强示范引领，全面推动新型农业经营主体规范提升，助推农业高质量发展。主要表现在：

数量质量不断提高。截至 2022 年 10 月底，全省注册登记农民合作社发展到 19.8 万家，纳入家庭农场名录系统的家庭农场达到 26.2 万家。现有县级以上农民合作社示范社 1.2 万家，县级以上示范家庭农场 6610 家。

经营优势日渐显现。农民合作社、家庭农场的生产管理规范化、经营主体职业化、发展规模适度化稳步提升，为推动高质量发展夯实了基础。

2021 年,平均每个农民合作社经营收入 26 万元。

经营类型多元发展。农民合作社、家庭农场正由传统种养业向农产品加工、服务业延伸,从单一农产品生产走向粮经结合、种养结合、种养加一体化、一二三产业融合,经营范围日趋多元,发展空间不断拓宽。

经营管理逐渐规范。经过培育提升,农民合作社等新型农业经营主体存在的账目不规范、组织松散的状况逐步实现规范,通过示范评选倒逼新型农业经营主体对自身进行规范化管理。实践也证明,新型农业经营主体越规范,它的规模就能壮大,规模越大带动农户的能力就更强。

带头人素质稳步提升。新型农业经营主体负责人逐渐年轻化,文化水平不断提高,还有返乡留学生参与农业生产经营,另外女性从业者的占比也在提升。新型农业经营主体在培训学习中不仅局限在新技术新品种的学习,而是全方位的培育,从生产技术方面转向经营、管理、销售、融资、创业等方面,懂合作、懂产业、懂金融等成为新特点。

稳粮保供作用日益凸显。近年来,农民合作社、家庭农场多种粮、种好粮,为保障国家粮食安全、重要农产品有效供给作贡献。截至 2021 年年底,全省从事种植业的农民合作社、家庭农场分别有 11.2 万家、17.5 万家,正在成为保障国家粮食安全和重要农产品有效供给的生力军。

记者:从总体来看,我省新型农业经营主体的发展状况还是不错的。但我们必须面对的是,河南作为农业大省仍以小农户分散经营为主,农业劳动生产率低于全国平均水平,新型农业经营主体联农带农能力还比较弱。请刘贯军总经理结合自己的经营过程,谈谈当前新型农业经营主体存在哪些问题?

刘贯军:我国新型农业经营主体大致经历了一个从早期快速发展期、到因粮价偏低赔钱而进行的调整优化期,再到近两年粮价高位而逐渐恢复增长期这么一个过程。其中存在的主要问题有三点:一是个别新型农业经营主体目标定位不明确,存在盲目扩展、效率低下的现象;二是因为从业者的素质普遍不高,所以经营管理能力不足,产业化、标准化水平不高,多数农产品大众化、无特色、效益低;三是缺少科技的支撑,难以有效地整合各生产要素,生产水平比较低,不能很好地应对风险。

记者:刘宁博士长期从事“三农”问题的研究,一直关注新型农业经营主体,您对培育壮大新型农业经营主体是如何看待的?

刘宁:包括农民合作社在内的新型农业经营主体是农业生产中最具活力和创造力的主体。经过近20年的发展,我省新型农业经营主体得到不断发展壮大。同时,也存在竞争力不高、风险防控能力弱、联农带农利益联结不够紧密、规范化程度仍不尽如人意等问题。特别是大多数从事传统种养业,产业链条短,精深加工产品少,品牌知名度不高,面临同质化竞争,盈利能力弱。一些合作社、家庭农场在生产风险、自然风险、经营风险等裹挟下,防控风险能力较弱,一旦出现“风吹草动”,容易陷入生产经营困境。

破解这些矛盾与问题,推动我省由农业大省向农业强省跨越,既要借鉴国际上农业强国的发展经验和普遍规律,更要结合国情省情农情,立足我省人多地少的特点,构建体系多元、高产高效的农业发展模式。因此,培育壮大、规范提升新型农业经营主体可谓正当其时,这将对构建以家庭经营为基础、新型农业经营主体为引领、农业社会化服务为支撑的现代农业经营体系至关重要。

提升规模化产业化规范化水平

记者:王智豪总经理作为一个新型农业经营主体负责人,请您结合当前新型农业经营主体发展现状,谈谈河南应如何加快提升新型农业经营主体规模化产业化规范化水平?

王智豪:我是大学毕业后返乡创业的,先后从事过家庭农场、合作社经营管理,现在创办了农业公司。对于这个问题,我认为要处理好新型农业经营主体与农户以及村集体之间的关系,弄清“发展什么产业、谁来参与发展、发展产业为了谁”,明确各自发展定位,选择农户想干干不了、干了干不好的环节领域,积极主动发挥自身比较优势发展产业,将小农户纳入自己的产业发展模式中去,推动形成依靠技术创新和模式创新来提高农业全要素生产率。今后应从以下几个方面着力:

一是产业链单一,需要延链。我省新型农业经营主体主要从事一产中的粮食产业种植，从事的二产也主要是以粮油加工为主，农业三产经营主体相对较少。而我省农业生产所需的配套小微型实用农业机械、农业工程施工安装等生产相关链条的知名龙头企业少，市场大多被山东、浙江占领。

二是供应链缺失，需要补链。当前我省新型农业经营主体普遍“散、弱、小”，对接大市场能力差，基础设施落后，在供应链打造方面难以形成强大的可持续的保障能力，市场竞争力不足。

三是价值链低端，需要提链。一方面从事粮食生产和粮食加工为主的农业经营主体盈利性差，另一方面我省果蔬加工转化率不足 8%，功能性食品、休闲食品等高附加值产业处于起步期，品牌溢价有限。应鼓励和支持农业产业化龙头企业与新型农业经营主体合作，开展标准化订单种植，实现品牌化发展。

四是创新链薄弱，需要强链。我省新型农业经营主体整体实力不强，研发投入不足，乡土创新人才匮乏。提升新型农业经营主体创新发展能力，需要在农业创新平台打造、创新要素集聚、创新人才培育三个方面给予支持。

记者：王总对这个问题理解得比较深刻，请您根据从事和服务的合作社发展过程，谈谈培育提升新型农业经营主体在政策方面有哪些建议？

王智豪：培育和提升新型农业经营主体，一是尊重新型农业经营主体的市场地位，让他们的发展得到公正对待，在基础设施、发展平台等方面能够平等享受相关政策。二是实施新型农业经营主体梯度培育专项行动，在新型农业经营主体的初创、成长和发展壮大各个时期，针对其所面临的阶段性难题和最迫切需求，精准施策，从省级层面集聚各方政策资源，提供全方位的精准孵化支持。三是高度重视青年带头人在新型农业经营主体发展中的作用，加强乡村振兴人才梯队建设，培育有文化、懂技术、会管理、善经营、能吃苦的新时代高素质农民和职业农业经理人队伍。

学习借鉴进一步激发活力

记者：最后我们想请教刘向华教授和刘宁博士，在关注和研究的过程中，有没有适合我省可以学习借鉴的经验？

刘向华：从微观组织层面来说，当前我国新型农业经营主体经营管理人才和技术人才匮乏，组织内部劳动力、资本、土地等投入要素配置效率不高。具有专业化、组织化的新型农业经营主体，可以实现跨类型、跨产业的联合。因此，更符合我国小农经济模式的合作社联合——农业合作联社是推动我国乡村生产力、生产关系的变革与调整，实现乡村振兴目标的创新合作组织，有利于在平衡资本与劳动的关系基础上，促进农民合作组织的健康发展。

刘宁：农村集体经济合作社成为最近几年合作社的发展重点。目前，河南省的农村集体经济合作社普遍实力较弱，亟待构建科学有效的发展模式。可以借鉴四川崇州的“农业共营制”，将农村土地产权进一步细化，通过农村集体经济合作社、职业经理人、农业社会化服务中心等多个环节，有效整合土地、资金、人才、物资等多种资源。一是引导农户以土地承包经营权入股，建立农村集体土地股份合作社；二是聘请懂技术、会经营的种田能手担任职业经理人，负责合作社土地的生产经营管理；三是建立适应规模化种植的专业化服务体系，打造“一站式”的农业服务超市平台，形成土地股份合作社、职业经理人和社会化服务超市共同配合、分工协作的模式。

培育壮大新型农业经营主体，应以人才支撑、金融保险等政策为重点，支持农民合作社及其联合社加快发展，重点支持农村集体经济合作社的发展，鼓励各类合作社主动和龙头企业合作，构建不同形式的农业产业化联合体，减少各类主体之间的交易成本，不断提高农业质量、效益和竞争力，助力农业强省建设。

（嘉宾单位：河南省农村社会事业发展服务中心、河南农业大学经济与管理学院、河南沃丰农业开发有限公司、河南凤彩农业发展有限公司。原文刊发于2023年2月27日《河南日报》第8版）

推进全链条现代农业科技支撑

高亚宾

我省是农业大省，粮食和重要农产品产量居全国前列，但人多地少、农业生产率低、资源环境约束趋紧等矛盾突出，建设农业强省，必须破解这些重大约束，归根结底要靠科技创新，特别是全链条现代农业科技创新。

科技创新成效显著

省第十一次党代会把实施创新驱动、科教兴省、人才强省战略放在“十大战略”首要位置，全力建设国家创新高地。过去一年多来，省委、省政府采取超常规措施，狠抓科技创新，取得了显著成效。

科技创新能力稳步提升。2022 年，全省研发经费突破 1100 亿元，研发经费投入强度预计达到 1.9% 左右，规模以上工业企业研发活动覆盖率达到 52%；全年财政科技支出 411.09 亿元，同比增长 24.9%。根据《中国区域科技创新评价报告 2022》，2022 年我省创新指数得分 62.31，在全国排名第 17 位，比 2021 年提升 2 位；科技活动人力投入指数排名比 2021 年提升 4 位。

创新平台体系日益完善。全省新建设 7 家省实验室，组建运行 28 个省中试基地、12 个省实验室基地，基本完成省科学院重建重振架梁立柱，推动信阳高新区、许昌高新区获批国家高新区，高新技术企业、科技型中小企业分别突破 1 万家、2.2 万家，同比分别增长 29.6%、45.3%。截至 2022 年底，全省国家重点实验室达到 16 家、国家级高新区达到 9 家。

科技成果转化实现突破。形成了多方协同推进支持科技成果转化的良好生态。2022 年,全省技术合同成交额 1025 亿元,同比增长 68% ,首次突破 1000 亿元,其中郑州实现技术合同成交额 509.24 亿元,占全省的 49.7%;洛阳和南阳技术合同成交额分别同比增长 34.8% 和 181% 。

“中原农谷”建设高效推进。聚焦农业现代化建设的短板领域和薄弱环节,加强顶层设计,规划建设面积为 1476 平方千米“中原农谷”,出台《“中原农谷”建设方案》《关于加快建设“中原农谷”种业基地的意见》,打出政策组合拳,加快国家生物育种产业创新中心、神农种业实验室等重大项目建设,推动“中原农谷”由规划进入建设快车道。

以科技创新助推农业“弯道超车”

纵观全球,农业强国无一例外都是农业科技创新强国。我省农业强省建设,根本出路在农业科技创新,“弯道超车”的关键突破口也在农业科技创新。

打造全球种业创新高地。近年来,国际种业市场集中度持续提高,拜耳、科迪华、先正达、巴斯夫和利马格兰等五大种业巨头全球市场占有率达到 52% ,玉米、大豆、各类蔬菜、花卉等良种供给占据绝对优势。河南是产种、用种、供种大省,但种业优势单一,种企“弱、小、散”特征明显,蔬菜、瓜果和重要畜产品等育种距离国际领先水平差距较大。一方面,打造“中原农谷”全球一流育种基地。依托国家生物育种产业创新中心、神农种业实验室等高能级平台,打造小麦、玉米等优势作物种业创新高地;大力提升花生、芝麻、蔬菜、食用菌、瓜果等优势农产品育种水平,力争进入全国乃至全球第一方阵。另一方面,打造种业“航母”型企业。重点支持 1—2 家种业龙头企业,积极引进战略投资者,鼓励社会资本投入,采取兼并、整合、上市、混营等方式,组建大型育繁推一体化种业集团。

推动现代农业科技转化和应用。农业强国在先进农业科技的研发、应用和输出等方面引领全球,如:荷兰是全球最大的温室农业技术输出国;澳大利亚饲料加工、农业减排、废弃物利用等专利技术世界领先;以色列低压滴灌和自动控制技术独步全球。对我省而言,第一,大力推广保温育苗、品种改良、农药和化肥改良等先进科技，提升农作物亩均产量；在相对有限的一般耕地中大力推广温室技术，因地制宜发展立体化、集约化、智能化设施农业，提高农业效益。第二，在生猪、肉牛、家禽等规模化生产中，推广农业减排、废弃物利用等新技术，发展低碳农业、循环农业。第三，利用数字技术大力发展智慧农业。在高标准农田中，全面推广自动化采收装备、病虫害监测预警、水肥一体化、无人机飞防等技术，发展精准高效农业；在设施农业中，实施滴灌节水、轮作休耕监管、动植物疫病远程诊断、农业机器人等精细种养。

前瞻推动现代农业高新技术研发和应用。在新一轮科技革命和产业变革驱动下，国际农业科技前沿愈加重视生物技术、基因编辑、人工智能、生态环境等先进农业科技的研发和应用。如：韩国提出以智能农业和生物技术推动未来农业全产业高值化发展；以色列高度重视人工智能与基因编辑技术的融合使用；英国研发碳监测技术发展“净零排放”农业。我省建设农业强省，必须紧跟现代农业科技发展前沿，结合省情特点，研发具有世界领先水准的农业高新技术，减少土地资源依赖和碳排放。一是在生物技术上发力，推动基因编辑技术与杂交改良、无融合生殖、单倍体诱导等传统育种技术的结合，丰富育种类型；二是在植物工厂上突破，通过增加光照、改变“光配方”、改善营养液成分等，实现对植物生长周期和生长状态的控制，提升产出效益；三是在功能食品上抢先，加强植物、微生物以及动物细胞提取高品质蛋白技术开发，以工厂方式培育高产、抗逆、绿色、营养且具有特种功能的新品种，满足不同消费者需要。

推动农业先进装备全领域突破。顺应世界农机装备智能化、精准化、高效化、服务化、新能源化发展趋势，一方面，大力推动全程机械化。围绕“耕、种、管、收”全程作业，坚持内培外引，推广基于北斗、5G 的自动驾驶、远程监控、新能源驱动等技术，加快发展播种、施肥施药、收获等环节的高端智能农机装备，缩小与发达国家的代差。另一方面，宽领域研发专用装备。围绕设施园艺、畜禽水产养殖等领域，加快发展采摘机器人、跨物种收获机器人、无人喂养机器人等集高精度定位、大数据分析、智能识别于一体的专用农机装备；围绕果蔬、畜禽、茶叶、中药材等特色农产品，发展预冷、保鲜、碾磨、混合调制、切分干制、精选分级等加工机械。

构建全链条农业科技创新服务体系。农业强国往往占据全球农业科技创新的前沿，主要得益于相互支撑的“全域创新”服务体系。我省建设农业强省，必须解决好科技创新在农业各环节各自为战、低水平重复、转化率不高的问题。第一，搭建农业科技服务和推广平台，大力开展专业化、体系化、精准化技术服务，构建“前端创新信息共享、中端高效服务创新、后端推动成果转化”覆盖全链条生态体系。第二，推动涉农高校、科研院所与各地、农业农村、涉农企业等，完善协同创新机制，推动创新资源共享，深入开展农业基础性、前沿性研究。第三，深化农业科研体制改革，引进、培养一批引领农业科技前沿、推动农业科技成果转化的高层次农业科技人才，实现农业人才链、产业链、创新链、资金链的四链融合。

（作者单位：河南省发展战略和产业创新研究院。原文刊发于2023年3月2日《河南日报》第8版）

加快培育农业强省建设新动能

陈明星 张淞杰

习近平总书记强调,加快建设农业强国是新时代新征程我们党做好“三农”工作的战略部署,必须保持战略定力、久久为功。河南作为农业大省,要努力探索走出一条具有河南特色的农业农村现代化之路,努力在农业农村现代化上走在全国前列。当前,要着力破解农业大而不强、城乡发展尚不平衡、农村发展尚不充分等突出问题,必须系统解决好农业强省建设的动能问题,全面增强乡村振兴内生动力,努力在乡村全面振兴中实现农业强省目标。

强化创新赋能,以数字化转型推动乡村产业转型升级

持续推进种业创新发展,依托现代种业发展基金等载体,整合重组种业集团,培育种业产业化龙头企业,以主要粮油作物、畜禽、果蔬等为重点,强化种源关键核心技术攻关,着力打造“中原农谷”。持续强化科技兴农、数字赋能,紧紧依靠创新、科技、人才,强化农村信息基础设施建设,加强“三农”基础数据归集,大力发展智慧农业、设施农业,加快建设数字乡村,加大新品种、新技术、新模式、新场景的推广应用。持续打造创新平台,加快推进国家农机装备创新中心、驻马店国际农产品加工产业园、周口国家农业高新技术产业示范区等平台建设,充分发挥其在农业强省建设上的先行先试、示范引领作用。

强化产业赋能，以全产业链拓宽增值增效空间

立足资源禀赋、产业基础，聚焦提品质、拓市场、促融合、能富民，深入推进“三链同构”和“三产融合”，强龙头、补链条、兴业态、树品牌，促进产业提档升级、增值增效、联农富农。扛稳粮食安全重任，加快构建现代粮食产业体系，培育以粮食、食用油、饲料加工为重点的粮食产业经济。壮大优势特色农业，以十大优势特色农业为重点，积极打造优质农产品基地和农业全产业链经济。大力发展乡村旅游、休闲农业、文化体验、养生养老、创意农业、直播带货等新业态，培育乡村美丽经济。大力发展农机装备产业，以智能农机、智能大棚、滴灌设施、信息装备等为重点，培育农机装备产业经济。加快发展乡村服务业，以综合农事服务、农村电商等为重点，构建农业专业化服务体系，培育农业综合服务经济。

强化要素赋能，以城乡融合加快农业农村现代化

深化城乡融合，发挥县域切入点、乡镇连接点、村庄承接点的功能，推动人才、土地、资本等要素在城乡间双向流动和平等交换。强化人才支撑，以“人人持证、技能河南”建设为抓手，深入实施高素质农民培育计划和“豫农技工”等品牌打造，形成龙头企业“头雁”引领、返乡创业“归雁”融入、合作社和家庭农场“乡土雁”跟进、小农户“鸿雁”参与乡村振兴的“雁阵”势能。强化资金投入支撑，完善涉农资金统筹整合长效机制，引导金融机构加大信贷投放力度，集聚各类资源要素流向乡村、振兴乡村，发展农业保险，完善乡村防灾减灾体系和应急机制，增强乡村发展韧性。

强化绿色赋能，以低碳转型促进宜居宜业和美乡村建设

坚持生态优先、绿色发展，统筹“保、治、转”，推进绿色兴农，打造宜居宜业和美家园。突出“保”，加强耕地、水等农业生态保护，推进高标准农田建设，分类分区域加大中低产田改造力度，同步发展高效节水灌溉，同步提升耕地地力等级。突出“治”，推动山水林田湖草沙系统治理，加强农业面源污

染治理，持续推进人居环境整治提升，加强黄河流域生态保护治理。突出“转”，挖掘农业农村减排固碳潜力，推动农业农村绿色发展，积极发展生态循环农业，大力发展节水农业，持续推进化肥农药减量增效，推进畜禽粪污、秸秆、农膜、农产品加工副产物等资源化利用，加快沿黄地区、南水北调源头和干渠沿线农业绿色发展先行区建设。

强化文化赋能，以农业多功能拓展推动乡村塑形铸魂

加快推进乡村文化建设，推动乡村文化产业由量向质转变，赋能领航乡村振兴。弘扬和践行社会主义核心价值观，推动新时代文明实践中心建设的提档升级，持续推进农村移风易俗，深化群众性精神文明建设。创新乡村文化建设模式，持续探索乡村文化合作社制度，发挥文化合作社在乡村文化建设中的“领头雁”作用，提高乡村社会文明程度。深入挖掘黄河文化蕴含的时代价值，弘扬“黄河故事”助力乡村振兴。加强传统村落和乡村特色风貌保护，更好体现中原乡土特色，把“老家河南”的乡愁和文韵留住。培育和引进骨干文化企业，鼓励其他行业企业和民间资本投资乡村文化产业，完善文化产业发展生态。聚焦河南丰富的传统文化、红色文化等，对各地文化资源“就地取材”，促进农村一二三产业融合发展，贯通产加销、融合农文旅，在文化产业赋能乡村振兴上走出“河南样本”。

强化开放赋能，以畅通内外循环激发动力活力

深度融入共建“一带一路”，利用农业科技创新优势，“走出去”与“引进来”相结合，加快推进国际农业科技合作、农业产能合作等。以“空中丝绸之路”建设为引领，加快“国人厨房”向“世人餐桌”迈进。深化区域合作，纵深推进与京津冀、长三角、粤港澳大湾区等地区农业领域合作，通过“大粮仓”对接“大市场”，创新农产品产销对接方式，拓展河南农业高质量发展新空间。加快推进品牌强农、质量兴农，大力培育农业品牌，着力打造“豫农优品”整体品牌，提升全省农产品竞争力。

（作者单位：河南省社会科学院、郑州大学。原文刊发于 2023 年 5 月 24 日《河南日报》第 7 版）

我省农村现代化建设的着力点

秦小玲

乡村不仅是农业生产的空间载体，也是广大农民生于斯长于斯的家园故土。习近平总书记指出，农村现代化是建设农业强国的内在要求和必要条件，建设宜居宜业和美乡村是农业强国的应有之义。作为人口大省、粮食大省和农业大省，全面推进我省农村现代化建设，对于加快农业强省建设、推进中国式现代化建设河南实践意义重大。

党的十八大以来，我省通过统筹推进城乡发展规划和布局、美丽乡村建设、乡村建设行动、农村人居环境整治、乡村治理提升等工作，农村现代化建设取得了明显成效。但整体来看，我省农村现代化水平不高，农民收入、农村基础设施、公共服务水平等关键指标仍低于全国平均水平。同时在农村人口多、乡村数量多，城镇化及工业化水平较低的条件下统筹推进农村现代化面临诸多两难选择，全省农村现代化建设任务重且复杂。

农村现代化建设是一项巨大系统工程，要全面落实党的二十大关于农业强国建设和习近平总书记关于大力推进农村现代化的重要指示精神，瞄准“农村基本具备现代生活条件”的目标，应着眼于现阶段基本省情，重点关注以下几个方面，加快宜居宜业和美乡村建设，推进全省农村现代化建设。

以小城镇和中心村为重点，提高乡村规划和建设的配置效率。在城乡差距仍较明显的背景下，通过采取再分配手段实现公共产品均等化，是推进农村现代化建设的必然选择。当前，乡村规划和建设重点向乡镇政府驻地村及人口规模相对稳定的中心村倾斜，应顺应人口流动的一般规律和农村空间布局变动的新趋势，提高有限公共资源的配置效率，增加公共产品供给。通过合理布局防止造成浪费,有效引导人口和产业向中心镇、中心村集中。

以新市场新需求为引领,提高乡村特色产业竞争力。大力发展乡村特色产业、拓宽农民增收致富渠道,是建设宜居宜业和美乡村的基础。在城市圈范围内的乡村地区,要充分利用大中城市的扩散效应,有效承接城市扩散的新产业新功能,跳出作为后发地区跟进式发展的逻辑,按照卫星城、功能区的发展思路进行定位,积极承接和建设城市的科研基地、文创基地、居住小镇、文旅康养、设计小镇、交通物流枢纽和现代制造基地等;发展适应现代化城市发展需要的精品农业、设施农业、立体农业,打造现代农业发展高地。在农产品主产区地区,要围绕城乡居民消费升级过程中对农产品和关联产品产生的新需求,以农产品加工业及相关服务业为重点,释放农业多种功能和乡村多元价值,推动全产业链转型升级,建立和完善基于本地资源和城市市场新需求的现代农业产业体系。对已经形成的优势特色产业和特色产品,以建立完善品牌体系为重点,统领全链条的标准化、规模化、绿色化,提高产业的现代化水平。尽快建设涵盖从规划设计到品牌注册、标准制定、宣传推介,从粮食到特色农产品,从初级农产品到精深加工的全领域品牌体系。

采取得力措施,推进强县促镇带村。当前,城镇化格局进入重塑优化期,城市发展模式进入转型期,城乡关系进入加速融合期。从发达国家经验看,很多国家开始把小城市和镇纳入发展的重点,比如,德国通过空间规划和区域政策引导工业向小城市和镇布局,带动了乡村地区的发展。日本通过统筹制定全国综合开发计划,促进产业和劳动合理布局,实现了城乡协调、良性互动。现阶段,要进一步加大对县城和小城镇的支持力度,壮大县域经济综合实力。以产业、医疗和教育为重点提高县城的综合承载能力,将县城建设统筹纳入农村现代化建设体系,让县城在农村现代化建设中发挥更大作用;鉴于我省建制镇关键性公共产品供给指标全面低于全国平均水平且差距较大的现实,加快补齐建制镇基础设施和公共服务短板。

以发展农村集体经济为抓手,持续深化农村改革。当前,乡村建设的投入以政府投入为主,且由于农村市场化程度较低,政府的投入难以带动社会性投入的持续增加,很多投入的资金没有发挥应有的作用。需进一步发挥村集体作用,把发展集体经济作为深化农村改革的重要抓手,在资金、土地、人才等关键要素支撑上,进一步深化并拓展改革成果。进一步落实集体土地的所有权,发挥村集体作为资本下乡的“桥梁”作用,鼓励村集体在土地流转、土地整治中充分发挥作用,创新与社会资本的合作发展模式,进一步盘活废弃宅基地、集体经济建设用地,促进集体经济从土地、厂房等资产的租赁为主向股份合作经营为主转变。从政策上支持有条件的地区发展镇级集体经济或跨村联合集体经济,打破各自为战的单个村庄发展格局。

(作者单位:河南省人民政府发展研究中心。原文刊发于2023年6月28日《河南日报》第8版)

推动一产二产融合发展

许保疆

省委书记楼阳生在前不久召开的省政协农业强省建设专题协商座谈会上就加快建设农业强省提出十点明确要求。他强调，要推动一产二产融合发展，提高农产品精深加工水平，细分领域、细分产业，围绕优势产业、潜力产业、新兴产业，培育壮大龙头企业，延伸产业链、打造供应链、提升价值链。我们要把学习贯彻党的二十大精神和省委加快农业强省建设有关要求有机结合起来，进一步补齐“三农”短板弱项，不断夯实乡村振兴基础，为锚定“两个确保”提供有力支撑，奋力谱写新时代中原更加出彩“三农”新篇章。

大力发展农产品加工业。我省作为农业大省，农业资源优势突出。大力发展农产品加工业，做好农产品产地的初加工，既是我省实施乡村振兴战略建设农业强省的一大强项，也是有效解决“三农”问题的一大亮点。要加强农产品初加工设施建设，优化促进初加工设施的配套与综合利用，强化农产品加工中心建设，推动农产品生产、加工、销售和消费的无缝衔接，推进农产品加工企业集聚、集群、集约发展，持续上规模、上档次、强实力，增强市场竞争力。我省小麦产量连续多年稳定在700亿斤以上，占全国四分之一强，稳居全国第一位，是我省粮食生产“明星”作物。要充分发挥原粮产地优势，大力发展小麦精深加工，支持面粉制品企业优化产品结构，发展馒头、鲜湿面等主食产业化生产线，提升馒头粉、面条粉、面包粉、糕点粉等专用粉供给量，推动以预混合粉、多谷物营养强化粉等为原料的食品以及其他具有特定功效面制食品的快速发展，整体提升我省面制主食产业化水平。

全面提高农产品精深加工水平。开展农产品精深加工是深入挖掘农产品增值潜力,实现农业增效农民增收的一条重要途径。要加大关键技术升级,扩展生物制造技术研究,推动高新技术集成应用,引进或研制大型化、成套化先进精深加工装备和生产线,推进农产品从初级、单一的加工向精细生产和深度加工转变。通过实施高端名牌产品战略、强化农产品综合利用,进一步提升精深加工信息化、智能化水平和规模效益,推动农产品精深加工的园区化、集聚化、规模化和转化增值。速冻食品、方便食品、休闲食品等食品加工业是我省具备重大竞争优势的支柱产业,在巩固提升乡村振兴基础,加快推动农业强省建设方面发挥着不可替代的作用。要不断适应消费新趋势,满足年轻群体消费新需求,锚定国内国外两个市场,进一步加快高新特优食品加工技术研发,积极抢占早餐食品、预制菜等产业发展“风口”,持续推进产品更新换代,不断扩大市场规模,全面提升“豫”字号食品的附加值、影响力和美誉度。

积极促进产业转型升级。大力强化农产品及加工副产物的综合利用,构建完善的农副产物综合利用技术体系,运用先进的提取、分离与制造技术,提高副产物循环利用的水平,统筹促进初加工、精深加工和综合利用加工的融会发展,开发新能源、新材料、新产品。进一步延伸玉米加工链,强化以玉米及副产物为原料发展玉米淀粉、糖、生物产品、医药产品、化工产品等深加工产品,提升玉米精深加工水平。进一步延伸稻谷加工链,强化以大米为原料发展汤圆、米粥、米乳、方便米饭等米制主食,持续提升米制主食加工及稻谷副产物综合利用水平。进一步延伸油料加工链,强化以各类油料及油脂加工副产物为原料发展方便、休闲、保健食品和医药产品等深加工产品,提升花生、大豆、油菜籽、芝麻等油料精深加工水平。通过延链补链强链,全面提升我省农业产业质量效益和竞争力,加速产业转型升级,逐步实现由农业生产大省到农业产业经济强省的根本性转变。

培育壮大“链主型”龙头企业。完善以企业为主体带动农业产业发展的政策导向,通过推广一批农产品精深加工实用技术,培育一批农产品加工示范企业,传承发展一批“老字号”农产品加工企业,发展壮大一批立足河南、具备核心竞争力和行业带动力的农业全产业链“链主型”龙头企业。要前瞻思维,举全省之力造就一批领军型企业,引导企业通过兼并重组,持续壮大经济规模，提高科技含量，增强社会影响。要积极发挥龙头企业引领优势，大力发展订单购销、集中配送、期货交易和连锁经营，支持龙头企业同科研单位、基地农户、家庭农场和专业合作社之间构建稳固的利益联结机制，与上下游相关企业和经营主体形成巩固的产业联盟和优势产业集群，通过强化产业链条的完善和供应链条的管理，促进产业之间的协同发展，构建农产品营销的全网络。

持续强化保障要素供给。完善政策供给。坚持规划先行，结合我省资源禀赋实际情况，高标准制定一产二产融合发展全局性目标，明确阶段性任务，以完善产业链、供应链、价值链，调整产业结构为重要抓手，进一步转变发展方式，科学统筹阶段工作，优化配置相关资源，绘就现代农业产业发展崭新蓝图。突出用地保障。结合各地实际情况，多举措落实用地政策，优先调整存量土地资源，完善土地流转政策，优先保障科技含量高、规模大、引领强的龙头企业、种养大户、农民合作社等用地需求。完善金融服务。整合闲散资金，加大财政支农投入，通过设立一产二产融合发展专项基金，引导金融机构优化信贷资源，提高向“三农”领域贷款额度。强化科技支撑。集聚整合省内农业科研院所力量，借力省外行业领军科研资源，围绕优势产业、潜力产业、新兴产业开展专项技术攻关，全面提高我省农产品精深加工水平，推动一产二产融合发展，擦亮河南“农”字金色招牌。

（作者单位：河南省农业科学院。原文刊发于2023年6月28日《河南日报》第8版）

以金融科技促农业转型升级

王桂虎　侯懿芮

习近平总书记指出,农业强国是社会主义现代化强国的根基,推进农业现代化是实现高质量发展的必然要求。河南省作为农业大省,具有建设农业强省的良好基础。在数字经济时代,金融科技在消除数字鸿沟、破除城乡技术壁垒等方面起到了助推器的作用,河南应当以金融科技为抓手来促进农业转型升级,力争实现由"农业大省"向"农业强省"的转变。

优化资源配置实现深度融合

当前,以 ChatGPT 为代表的人工智能大模型变革正在如火如荼地进行。金融业作为高度数字化和专业化的领域,人工智能大模型将会持续驱动金融科技创新发展,并且推进相关金融创新的不断深化。在此背景下,金融科技将会对传统农业的转型升级进行赋能,从而助推农业强省的建设。

作为一种突破性的金融创新,金融科技可以对农业生产、加工、销售与服务的各个环节进行重塑,在此过程中产生的批量数据将成为农村三产融合的重要纽带。从作用机理看,金融科技不但可以大幅降低金融服务门槛,使得新兴金融、非常规金融等能够与传统金融、常规金融共同服务于农产品的生产、加工与销售等环节,并且可以提升传统金融机构的资金配置效率,有利于优化农村资源的配置,推动城乡产业间的深度融合升级。

金融是现代经济的"血脉",农村金融是建设农业强省、推进农业农村现代化的关键要素。金融科技可以通过区块链、大数据、云计算和人工智能等技术来提升信息透明度，例如区块链的分布式记账、多节点共识机制等特性可以与农户的征信与融资信息深度融合，这有助于降低交易成本和风险水平，提升金融服务农业发展的覆盖面、可得性和便捷度，并且推动解决金融服务“最后一公里”问题。

此外，金融科技不但可以激发农村金融创新的活力和动力，还会对其他产业形成显著的溢出效应。随着大数据、云计算、人工智能等金融科技在农村产业领域的渗透和应用，不但促进了涉农金融产业自身要素禀赋结构转型升级，也将带动农村相关产业结构之间与结构内部的升级。金融科技不但可以推动实现科技资源与金融资源的有效对接和产业链、创新链、资金链“三链”协同发展，还可以引导产业融合科技成果转化，推动建立权责清晰、优势互补、利益共享、风险共担的合作机制，进而促使更多科技成果应用在农村三次产业融合升级之中。

实现有效对接创新服务生态

构建共享平台，促进科技、产业和金融机构的有效对接。充分发挥各级政府在共享平台建设中的推动作用，支持现有各类科技服务平台的资源整合，构建地方功能特色的金融科技创新公共服务共享平台。推动三产融合产业园聚集高校、科研院所等高端创新要素，充分发挥科技创新在三产融合产业园的引领带动作用。推动金融机构不断向数字服务转型，积极引导地方法人金融机构加大金融科技投入，打造集线上、线下服务于新兴农业生产体系、产业体系、经营体系的一体化农村金融科技创新服务生态。

提升数智水平，优化“三农”金融服务生态环境。进一步推动农业产业链数智化发展，围绕企业、商户、新型经营主体的生产经营场景，打造全流程、一体化场景服务体验，着力构建“三农”数字化金融服务新生态。运用大数据和云计算技术，持续畅通资金流通渠道，有效保障生产端质量，提高农户抗风险能力。整合工商、税务、农业、教育等政府部门的公共数据，实现政府公共数据与金融信息、农业市场经营主体信息的直连对接，建立三产融合主体的电子信用档案，推动涉农征信体系建设进一步完善，优化金融科技服务农村三产融合生态环境。

强化供应链条，降低农村三产融合的成本。着力创新发展数字化供应链金融，通过供应链金融解决农村产业融合主体的质押和担保问题，进而消除不利于农村三产融合深化的金融制约，降低农村三产融合发展中资金供给与需求明显不匹配的风险。探索运用金融科技整合产业链中的物流、资金流、信息流，使农村三产链接成一个有机整体，推动形成合理的三产融合利益分配监控机制以及“产业+数据+金融”的良性互动机制，从而有效降低农产品储藏流通时间、农产品搜寻、退换货成本等交易成本，并且提升农村三产融合的范围经济、规模经济效应。

消除数字鸿沟，提高农户的金融信息素养。加强农村地区金融教育，努力消除数字鸿沟，助力广大农民提高风险认知能力，准确评估农业生产者金融需求，并通过农村基础金融服务供给网络建设，提高农户的金融信息素养。加大对新型农业经营主体的培训力度，使其能够接受并充分利用金融科技创新载体。

（作者单位：郑州航空工业管理学院。原文刊发于2023年6月28日《河南日报》第8版）

全面重塑食品产业优势

刘晓萍

食品产业是关系国计民生的基础产业、战略产业，也是河南的支柱产业、优势产业。党的二十大报告强调“巩固优势产业领先地位”，当前食品产业在全国开启了新一轮消费升级及赛道细分，新技术、新模式、新业态不断创新应用，作为我省第一支柱产业，现代食品产业需要放在更加突出的位置，以全面重塑产业优势推动产业高质量发展。

现代食品产业发展凸显新趋势

伴随着新技术、新品类、新理念、新业态的不断涌现，现代食品产业发展逐步呈现出一系列新的变化与趋势。

新消费趋势助推需求扩容升级。食品产业作为大消费类产业，当前最明显的特征就是消费需求端发生了巨变，新消费趋势带来了新的消费人群、消费主张、消费模式，多样化、健康化、国潮化、场景化、绿色化的消费需求不断涌现，也推动食品产业衍生出更多的新产品、新品牌、新物种、新赛道。面对更挑剔的新消费群体、更快迭代的食品研创理念、更趋数字化的营销生态，消费者、品类、产品、渠道等多维度发生深度重构，食品产业发展的底层逻辑实现了全面重塑。

新技术变革引领创新加速迭代。据《2023 年中国食品消费趋势白皮书》统计，过去十年我国食品产业的研发投入强度接近翻倍。从长期看，消费趋势都是技术进步的外化表现，创新迭代也都源自于技术储备。如，新原料赤藓糖醇、阿洛酮糖引爆了代糖茶饮赛道，冻干技术拓展了新零食赛道，液氮保鲜加速了预制菜快速崛起，细胞培养、精密发酵推动了替代蛋白市场蓬勃发展。当前，前沿技术获行业巨头布局走向产业落地，基础研究短板驱动企业向底层技术聚焦，新兴技术由“虚”向“实”推动食品产业创新不断加速。

新三产融合加速产业链条延展。面对市场需求的持续收缩，食品企业通过模式创新和产业协作推动产业链条跨产业、跨环节、跨业态延伸，其中最为典型的就是食品和餐饮的交互融合。一方面是预制食品广泛介入餐饮服务，如安井、锅圈食汇等行业龙头，用标准化生产的食材替代餐饮服务原有的农产品原料和粗加工过程。另一方面是餐饮日渐零售化，餐饮企业通过商业模式重构扩容消费场景，如肯德基推出“自在厨房”、海底捞开设微信小程序“捞点好货”。

新赛道布局加剧区域产业竞争。当前，新赛道不仅成为国家布局产业高质量发展的重点，也是各区域重塑产业竞争优势的关键抓手，而食品产业作为新消费赛道中最大的风口，多个省份积极立足产业基础、深挖优势、抢占赛道，如四川的川菜、川茶，福建的火锅食材、精制茶，湖南的休闲零食等等。这些省份紧盯新消费趋势，聚焦特色赛道、细分赛道、新兴赛道，不断推进食品产业优化升级，掀起了食品产业新一轮新赛道布局竞争。

现代食品产业亟待突破困局

食品产业作为河南传统优势产业，多年来立足农产品资源优势，产业发展出新、出彩、出圈，已经形成肉类、面及面制品、速冻食品、调味品、饼干和休闲五大特色产业。

一是细分赛道出新，依托食族人、嗨吃家等新势力，河南酸辣粉产业占据全国 80% 以上市场份额；在预制菜赛道上，双汇推出新品牌“筷乐星厨”、三全研发“空气炸锅”系列产品、好想你创立“简单巧厨”。二是龙头企业出彩，2022 年牧原股份营收首次突破千亿，三全食品营收、净利润双双创新高，锅圈食汇首次实现盈利 2.4 亿元。三是品牌营销出圈，草根饮品蜜雪冰城，依托强大供应链优势，加持“甜蜜蜜主题曲”“雪王黑化”等网络花式玩梗频繁出圈,2021 年销售收入突破百亿元;辣条一哥卫龙,依托“苹果风”“漫画语录”成功推动“妈见打”产品成功出圈,2021 年实现销售收入 48 亿元。

在全国食品产业顺应新消费趋势转型升级之际,我省现代食品产业尚面临一些发展障碍亟待破解。

产业发展亟待加速。我省食品产业规模一直在六七千亿间徘徊,食品产业利润总额由 2017 年的 1005.28 亿元,下降到 2022 年的 423.46 亿元,规模、利润的“双下降”,反映出我省食品产业发展乏力。

产业结构需要优化。2021 年,我省食品产业中农副食品加工业、食品制造业、饮料制造业、烟草制品业四大门类占比分别为 56.5%、23.9%、11%和 8.5%,低附加值的农副食品加工业占比仍在一半以上,而代表精深加工的食品制造业、高附加值的酒饮茶以及高税收的烟草制品业占比明显偏低。

品牌优势有待增强。当前新消费升级趋势下,食品产业成为竞争最激烈、创新迭代最快、新品类品牌最多的行业,但是我省食品产业没有跟上新消费趋势,新品牌孵育缓慢,在已发布两年度的新消费风向标《天猫宝藏新品牌 TOP100》榜单中,我省无一企业入围。

新品开发仍需提升。随着消费需求的不断迭代升级,轻食代餐、植物基、草本饮料、零碳食品等食品品类不断出新,“大单品、小产业”成为食品产业赶超发展的新路径。但在全国食品产业开启新一轮消费升级及赛道细分的大环境下,我省没有跟上大趋势,新品开发不足,产业发展缺乏现象级大单品引领带动。

聚焦“五度”加快现代食品产业转型升级

面对不断升级的消费需求和快速迭代的产品创新,全面提升河南食品产业知名度美誉度竞争力,急需推动现代食品产业在赛道转换中创造新优势。

提升产品优质度。以绿色化为导向、以高端化为引领,全力提升我省食品产业品质。一是积极打造优质大单品,立足我省种业技术优势,加快在功能性蛋白、功能性糖原、益生菌类、生物活性肽等领域的新品研发。二是谋划打造一批学院派爆品，积极利用河南农科院、河南农大等国字牌品质背书，打造一批学院派网红食品。

提高赛道特色度。充分挖掘释放我省食品产业的基础及禀赋优势，着力做优特色产业。一是加快细分赛道布局，依托千味央厨、仲景食品等龙头企业，聚焦食品供应链，抢占预制菜、酸辣粉等细分领域。二是谋划“中原药膳”系列，围绕四大怀药、八大宛药等，发展新中式养生膳食、功能性食品等。三是打造“老家潮味”文旅餐饮品牌，聚焦文旅消费场景，利用河南非遗老字号，打造一批新国潮食品品牌。

扩大品牌知名度。建设在全国乃至全球更具影响力的现代食品产业集群，突破点还是在于打造一批名牌企业、名牌产品。一是实施品牌升级行动，引导双汇、三全、白象等老牌品牌提升品牌“新颖度”，引导卫龙、蜜雪冰城等网红品牌提升品牌“健康度”。二是打造一批区域公共品牌，鼓励各地聚焦“土特产”，培育一批年轻化、高成长的豫派“大单品”。

加强创新开放度。围绕前沿科学技术、消费市场数据验证、生活方式与文化等综合维度强化食品产业创新。推动企业研发设计由依靠实验室转为依靠大数据，积极引导龙头企业设置首席数据官，关注新品研发数据验证，通过长期趋势监控培养创新敏感度，利用应用多维度数据挖掘创新灵感、提高创效能力。

强化设计新颖度。全力发挥设计创新对产业发展和质量提升的牵引作用，围绕产品成分、细分品类、感官体验、文化内涵、营养元素等，广邀食品和工业设计行业大咖参与，在外观设计、风味设计、产品设计上加强年轻化、时尚化创意，以设计赋能食品产业，让消费者既能尝到“老”味道，又能感受到新鲜感。

（作者单位：河南省社会科学院数字经济与工业经济研究所。原文刊发于 2023 年 7 月 19 日《河南日报》第 7 版）

激发食品企业高质量发展新活力

郑广建

企业是产业发展的细胞，企业强则产业兴，其数量和质量决定产业发展水平和竞争力。2022年，我省规模以上食品工业企业实现营业收入7185亿元，产品出口到130多个国家和地区，以双汇、牧原、好想你等为代表的老牌龙头企业穿越行业周期成为行业中流砥柱，以千味央厨、蜜雪冰城、锅圈等为代表的新锐企业把握时代潮流成为行业新明星。

与此同时，我省数量庞大的食品企业与雀巢、玛氏等国际一流的食品企业在技术研发、产品创新、业态模式、品牌运营、企业管理等方面还存在一定差距。随着消费端需求升级拉动和供给端产品迭代推动，食品消费趋向绿色化、品牌化、便捷化、情感化，生产趋向数字化、网络化、智能化、定制化，技术趋向普遍化、精准化、功能化、融合化，企业趋向规模化、集约化、一体化、平台化，这些新变化为我省食品企业高质量发展提供了新机遇、提出了新挑战、开辟了新赛道。

提升创新的技术密度

持续加大研发投入强度。规模以上企业特别是行业内的龙头企业要破解行业关键共性技术，建立以核心技术为长期支撑的企业“护城河”，加快攻克锁鲜保鲜、营养靶向设计、风味品质修饰、功能成分高效提取分离、加工工艺适应性改造、新型绿色包装材料制备等共性关键技术，实现大中小企业融通创新发展。

深化产学研合作、加快技术转移转化。加强与国内外知名食品研发机构和公司的合作，深化与中原食品实验室、省农科院、郑州轻工业大学、河南工业大学等省内科学技术资源的对接，通过技术交易市场等来链接企业急需的新原料、新技术和新装备。

加快数字化升级改造。顺应数字经济时代的新要求，依托5G和工业互联网加快“上云”“触网”，通过绿色化改造、数字化管理、平台化设计、智能化制造、网络化协同、个性化定制、服务化延伸，实现从生产、加工、包装到物流、销售全链条深刻变革，大幅度地降低企业的生产成本，提升产品质量的稳定性，通过大数据预测企业的市场需求和潜在客户。

增强产品的竞争力度

扩充产品矩阵。深入践行“大食物观”，充分运用新技术、新装备、新工艺、新模式加快产品迭代更新，提升供给与需求的适配性，通过优化产品原料和配料、改良产品包装设计、与知名IP联合等形式丰富产品线，提升产品的市场竞争力。

新技术迭代升级产品。满足消费者对饮食口味、营养与健康的更高需求，企业需要积极探索采用航空航天、生物发酵、蛋白合成、膜分离、超临界萃取、超微粉碎、冷链运输等新技术，提升原材料加工能效，提高产品品质，实现产品包装的绿色化和产品运输的低碳化等。

提升产品功能和附加值。产品功能和场景服务既要满足消费市场的能量类、营养类、功能类，又要实现体验类、情感类、休闲类、文化类等复合需求，通过社交自媒体等新媒体手段打造网红产品和服务，通过添加微量元素和矿物质等增加产品的保健功能，通过与非物质文化遗产等传统文化相结合提升产品的文化价值，通过线上线下相结合大力开发包装食品、自热食品、预制菜肴等方便食品。

开发细分目标市场。在食品行业“细分为王”的新时代，提升市场分析和产品开发的颗粒度，按照种类细分、口味细分、年龄细分，按照消费群体心理和消费行为开发“小而美”产品，紧盯小众市场、小众人群、小众功能产品，通过新媒体推广、新场景体验等实现产品的爆发式增长，从而巧妙越过市场“红海”来追逐食品“蓝海”。

深化企业的管理精度

完善现代企业管理制度。建立和优化现代财务制度，加强财务管理意识，提高财务管理水平，保持科学合理稳健的现金流。做“专精特新”企业，聚焦主业，避免盲目跨行业多元化。善于利用资本市场助力企业做大做强，通过银行贷款、发行股票、债券、信托、产业基金等扩大企业融资规模，通过保险等市场为企业和产品提供全生命周期保护。

壮大高素质人才队伍。在企业内部大力弘扬和培育工匠精神和工程师文化，建立以业绩为导向的人才激励制度。完善企业管理梯队，特别是民营企业要做好企业接班人培育工作。开展员工系统培训，拓展国际视野，增强专业知识，提升管理能力，提升员工综合素质。

提升企业品牌影响力。提升品牌管理意识，围绕研发创新、设计创意、生产制造、质量管理和营销服务全过程制定品牌发展战略。深入挖掘品牌历史文化内涵，加大品牌宣传和推介力度。积极申报绿色食品、有机农产品和地理标志农产品。积极参与行业标准、地方标准、国家标准和国际标准的制定与转化。

确保食品绝对安全。加强食品生产、运输和销售全程管控，实施 GB/T19000 系列质量管理体系、ISO22000 食品安全管理体系、危害分析与关键控制点（HACCP）体系认证，建立全链条质量安全风险防范体系。提高员工、供应商和销售商的食品安全意识和素质。加强对产品的安全监测和检测，建立并落实科学的检测标准和程序，建立完善的食品追溯体系。

（作者单位：河南省人民政府发展研究中心。原文刊发于 2023 年 7 月 19 日《河南日报》第 7 版）

加快构建现代农业创新体系

田建民　滕永忠　张冬平　陈明星

强国必先强农，农强方能国强。建设农业强国，河南重任在肩。在省政协召开的农业强省建设专题协商座谈会上，构建现代农业创新体系作为重要举措之一被提出，受到广泛关注。如何理解现代农业创新体系的内涵？构建这一体系的着力点和路径是什么？本期特邀几位嘉宾进行探讨。

提升农业整体效能的切实之举

记者：什么是现代农业创新体系？它包括哪些具体内容？

滕永忠：农业的现代化实际上是科技的现代化，要实现传统农业向现代农业转型升级，农业科技创新是支撑。要通过农业技术进步优化农业资源配置、创新农业生产方式、变革农业组织结构，从而提升农业竞争力。现代农业创新体系是农业生产实践引发的农业生产要素的重新组合，具体包括农业科技研发、试验推广、生产应用和技术扩散等多个环节。现代农业创新体系服务于现代农业发展，是加快农业生产率提升和农业科技进步的原动力，是具有多功能、复杂性、多主体特征的复杂系统，包括众多子体系，如农业科技研发体系、农业科技推广体系、农业科技转化体系和农业生产服务体系等。从构成的要素来说，现代农业创新体系包括高水平的科技产出、高能级的创新平台、高端人才领衔的创新团队、高素质的科技应用主体、高效能的转化应用和先进的农业科技创新治理体系。

陈明星：全面理解现代农业创新体系，要把握好“创新”和“体系”两个关键词。从“创新”上看，科技创新无疑是最重要最突出的，同时也要重视农技、农机、农艺有机配套和良种、良法、良机、良田有机结合，强化模式创新、业态创新、赛道创新，提升农业科技与资源禀赋、发展阶段、农机装备、从业主体、产业发展等适配性。从“体系”上看，现代农业创新体系建设体现在种养加、产供销、贸工农等全环节，体现在延链、补链、强链等全链条，体现在产前、产中、产后包括秸秆综合利用等全周期，体现在农户、新型农业经营主体等全主体，体现在加工增值、节能减排、减损增效等全过程。

记者：为什么要构建现代农业创新体系？

张冬平：2022 年 12 月，习近平总书记在中央农村工作会议上强调，要依靠科技和改革双轮驱动加快建设农业强国。要紧盯世界农业科技前沿，大力提升我国农业科技水平，加快实现高水平农业科技自立自强。河南是农业大省和国家粮食主产区，肩负着保障国家粮食安全的重任。构建现代农业创新体系，就是要以农业关键核心技术攻关为引领，以产业急需为导向，聚焦底盘技术、核心种源、关键农机装备等领域，发挥新型体制优势，整合各级各类优势科研资源，强化企业科技创新主体地位，构建梯次分明、分工协作、适度竞争的农业科技创新体系，提高农业生产资源利用效率，推动农业全产业链向高端延伸，实现一二产业深度融合，全力提升我省农业整体效能。

滕永忠：构建现代农业创新体系的原因有三点。一是解决“三农”问题的重要举措。解决我国农业资源短缺和“三农”问题的根本出路在于提升农业科技创新能力，只有打造好科技创新体系，才能合理开发与高效利用农业资源，最终走上科技含量高、经济效益好、资源消耗低的现代农业发展道路。二是实现农业可持续发展的主要动力和重要保证。技术创新不仅能够提高生产要素的质量，优化生产要素的配置，而且能够提高单位资源的效用，改善生态系统的结构与功能，从而提高生态系统的供给能力，促进生态与经济可持续发展。三是实现传统农业向现代农业转型升级的需要。发展现代农业，需要农作物丰产高效关键核心和共性技术、动物健康养殖关键核心和共性技术、农产品加工与质量控制技术、智慧农业关键技术、现代农机装备技术等做支撑。

重塑重建的难点和路径

记者:我省在农业科技创新、整体效能发挥方面存在哪些不足?

滕永忠:我省基础研究能力较弱,不能满足现代农业科技研发需求的快速增长;前沿技术应用处于起步阶段,生物育种、智慧农机、数字农业等重要领域农业科技研究应用存在明显不足;集成应用水平不高,制约农业提质增效;科技供给与产业需求错位现象依然存在,农业科技成果转化率低;农业科技体制机制不健全,现代化的创新治理体系尚未建立,各类主体的创新活力未得到充分释放。

田建民:主要有三个方面不足。一是种业技术创新方面。基础与前沿研究能力亟待提升,在农作物及畜禽育种基础理论、关键基因发掘与分子机理机制解析、基因编辑等基础和前沿领域研究能力与先进省(市)存在明显差距。分子辅助育种等现代生物育种手段应用不足,仍处于以杂交选育和分子技术辅助选育为主的2.0到3.0阶段,与发达国家以模块化、流程化、工厂化、信息化为主要特征的4.0阶段存在明显代差。主要农产品品种细分领域存在突出短板,除小麦、玉米、花生、芝麻、大白菜等良种外,奶牛、白羽鸡等畜禽品种,菠菜、西兰花等优质蔬菜良种和甜椒、番茄等高端设施农业种子对外依赖度高。

二是高级别农业科技创新平台和高端创新人才方面。我省现有国家重点实验室、工程中心等国家级创新平台数量较少,缺乏引领型、突破型重大创新平台,实验室体系链条不完整,创新引领带动能力不足。我省农业科技创新领军人才较少,我省每万人农业从业人员拥有的专业技术人员数低于全国平均水平,全链条的农业人才总量不足。

三是农机装备方面。中高端产品占比较少,核心配套能力较弱,产业链竞争力不强。我省重大农机和食品装备核心部件90%以上来自国外,关键零部件和电液控制及传感等关键技术主要依赖进口。蔬菜水果等设施农业领域的机械化设备研发仍处于起步阶段。食品制造装备国产化程度较低,关键技术受制于人。农机装备企业数量多规模小,同质化现象严重、利润率不高。企业产品品种普遍较杂，除小麦、水稻、玉米等传统主粮基本实现全程机械化，其他农机产品全程机械化率低、批量小。

记者：构建现代农业创新体系，重点要做好哪些方面？

滕永忠：构建现代农业创新体系，需要建立高能级的创新平台，引育高端人才，汇聚高水平的创新团队，培养高素质的科技应用主体，建立高效能的转化应用体系和先进的农业科技创新治理体系。最关键的是营造良好的创新生态和建立先进的农业科技创新治理体系。

陈明星：构建现代农业创新体系，要充分发挥现有涉农创新平台的作用，比如中原农谷、国家农机装备创新中心、周口国家农业高新技术产业示范区、驻马店国际农产品加工产业园等，并引导其错位发展、协同联动，打造产学研用有机融合的优质创新生态，形成聚合效应。

记者：具体来说，现代农业创新体系应如何打造？

滕永忠：一是举全省之力把中原农谷打造成国内一流、世界领先的农业创新核心功能区，发挥中原农谷种业创新高地及科技创新成果转化和产业化应用功能。二是依托中原农谷加快建设新乡高新技术农业紧密辐射区和周口国家农高区，充分发挥农业高新技术成果转移转化和示范引领作用。三是加快推进现有国家及省部级平台载体建设，整合各级各类科研资源，尽快发挥这些平台载体在引导要素集聚优化、推动协同创新和强化科技服务支撑方面的作用。四是支持科研院所、农业高校、农业企业等各类创新主体做大做强，支持省农科院打造国内一流、国际知名的农业科研院所，支持河南农业大学创建中国特色世界一流农业大学，以组建河南种业集团为突破口，培育具备国际竞争力的“雁阵型”农业科技企业梯队。五是依托重大科技平台和重要创新主体，加大科技投入，强化协同攻关，聚焦产业发展痛点、核心技术卡点，在关键领域突破一批“卡脖子”技术难题，在生物育种、绿色高效种养、农产品加工与质量控制、智慧农业、现代农机装备等领域的技术研究上实现新突破。六是以体制创新为重点，优化科技成果转移转化机制，创新市场化农技推广模式，重塑农业科技推广体系，加快构建多层次的农业科技推广网络：为重点农业企业、农产品加工和食品制造等企业提供技术服务的第一层网络，为众多新型农业经营主体和农户提供技术服务的第二层网络，打造以农业从业人员培训为中心的第三层农技推广网络，打通科技进村入户“最后一公里”。七是创建人才特区，优化职业教育培训体系，培育一支能够支撑农业全产业链发展的高水平人才队伍。八是以机制创新为抓手，优化农业科技创新治理体系，提升农业科技创新体系运行效率，努力将我省建设成为农业科技强省。

张冬平：基于我省人口规模巨大的特征，要着眼于习近平总书记提出的大食物观，通过科技创新体系建设，实现食品安全性、食品营养性、农产品供给稳定性和农业生产可持续性。推进粮食作物育种技术、耕地保护技术创新，提高粮食生产能力，保障重要农产品供给安全。加强设施种植技术、新型食品研发技术创新，重视畜禽产品、水产品等新品种的培育，拓宽食物供给种类，满足人民群众营养需求。推进减损和节约技术、数字化技术、遥感技术创新，提升农产品供应链稳定性，实现全产业链的纵向整合。加强亲环境技术、减排固碳技术等环境友好型技术推广，有效应对农业生产端面临的资源环境压力和气候风险，实现农业绿色低碳发展。

围绕推动农业全产业链向高端延伸的目标，推动生物医药产业、生物农业产业、生物制造产业、生物能源产业和生物环保产业等生物技术产业发展。探索纳米技术产业应用领域，利用纳米技术将农产品加工副产物进行深度加工和利用，将其转化为具有特殊功能或结构的纳米材料，实现副产物的高值化利用，带动相关产业发展。创新提取、分离与制备技术，对农产品中的蛋白质资源、植物纤维资源、油脂资源、新营养资源及活性成分，以物理、化学或生物的办法来提取和利用，开发新能源、新材料、新产品等，最大限度提升农产品附加值。

在中原农谷建设上率先起势

记者：中原农谷是构建现代农业创新体系的核心载体。目前，中原农谷的建设情况如何，下一步应在哪些方面实现突破？

田建民：自 2022 年 4 月开始建设至今，中原农谷优越的创新创业政策体系初步搭建，国家生物育种产业创新中心、神农种业实验室正式运行，中国农科院中原研究院已签约,先后入驻省级以上科研平台27个、院士工作站7家,先正达、牧原等一批国内外知名种业巨头,中粮、正大、五得利等农业龙头企业在新乡建立育种生产基地或原料基地,农产品加工营收达441亿元,形成了“从田间到餐桌”的全产业链条。千亿级国资平台、30亿元产业投资基金正在组建。中原农谷创新驱动产业发展的势头开始显现,成为河南建设农业强省的先手棋。“南有航空港,北有中原农谷”的河南发展新格局雏形初现。当前,我省正在谋划农业强省建设,中原农谷有责任、有义务、有能力在提升创新能力、建设农业强省中做先锋、立标杆、蓄势能。为更好地发挥中原农谷对构建现代农业创新体系的牵引作用,应在几个关键点上下功夫。

创新生态营造。中原农谷的核心定位是国家现代农业科技创新高地,因此建设中原农谷的关键是营造优越的创新生态,吸引聚集科技人才。借鉴国内在创新生态营造方面的成功经验和做法,主要从以下几个方面发力。一是保证要素供给,如创新平台、场地保障,财政、金融等资金支持,天使、风投等基金助力等。二是为人才提供优越的条件待遇,可以利用平原示范区现有的房源足、环境美和入托、入学、就医等配套设施完备的优势,尽快研究出台相关优惠政策。三是完善人才补贴政策,现有的标准难以有吸引力,可以借鉴深圳、南京白马农高区、成都天府区等地做法,比照郑州同级人才收入情况,提高补贴标准,并制定对应的申领操作办法。另外,在企业、机构注册入驻上,也要尽快推出优惠政策,至少不能出现迁驻后还不如原注册地政策优惠的情况发生。四是创新支持政策,如在科技经费管理上,参照江苏对紫金山实验室的做法,赋予创新团队充分的财政科研经费支配管理权,同时在科技人员创新创业、兼职兼薪、股权收益等方面给予更多政策自由度。

推动种业集团入驻。为培育我省种业领军企业,打造本土种业领域“方面军”,省委、省政府研究组建了河南种业集团有限公司,目前已开始运营。该集团被寄予引领河南种业振兴的厚望。建议该集团尽快入驻中原农谷,并加快推进与社会资本、金融资本的高位嫁接,就我省种业资源优化重组开展实质性运作,以此扩大中原农谷的影响力,提振全省种业发展信心。

农业会展先行。中原农谷处于黄淮海平原腹地,有着天然的区位和气候生态优势，与国内其他地区相比，是开展农业会展选址的理想场所，可以借此快速提升中原农谷的知名度和影响力。在中原农谷策划农业展会还有显著的“后发优势”。目前，国内的农业会展多以“馆展”为主，适应农业特殊需要的“地展”多为后来补充，异地布局。在中原农谷策划会展，可以将“馆展”“地展”统一考虑，集中布局，展示内容以农业先进技术成果为主。建议尽快启动中原农谷会展方案编制工作，并与“一会一馆一论坛”（国际生物育种学术交流永久会址，河南农业博物馆，生物育种国际高端论坛）统一谋划、一并推进。

在发展种业和农机装备上率先突破

记者：打造种业创新高地和农机装备创新高地，是构建现代农业创新体系的重要抓手。请从这两方面谈谈您的思路。

田建民：在打造种业创新高地方面。一是加强种质资源保护、利用和鉴定评价。加快河南省农作物种质资源保护利用中心建设，尽快投入运营。持续开展农业种质资源普查和收集工作，构建起以区域中心库为核心，以保种场、保护区、种质圃为支撑，以智能化、信息化为手段的农业种质资源保护体系。在小麦、玉米、花生、大豆等主要粮油作物以及猪、牛、羊等主要畜禽领域，强化核心种源鉴定与评价，建立一批农业种质资源鉴定评价机构，开展大规模表型精准鉴定、高通量基因型鉴定和功能基因深度挖掘。

二是加强种业创新基础研究。重点开展主要农作物和畜禽重要经济性状遗传规律研究。挖掘控制高产优质、抗旱耐渍、资源节约、生育期调控、品质健康、病虫草害抗性等重要性状的关键基因及调控元件，克隆重要经济性状关键基因、开发功能性分子标记，提高基因利用、性状聚合、品种培育的精准性。强化双单倍体、远缘杂交胚拯救、物化诱变等技术研究，形成优异性状基因聚合技术体系，创制有重大应用前景的新种质，培育和应用一批具有市场竞争力的突破性新品种。

三是开展种业领域前沿技术攻关。构建高通量表型分析技术，融合现代信息技术、新型生物传感器、大数据算法等，实现动植物表型组高通量获取与智能解析。构建规模化的基因组编辑和转基因技术体系,建立不依赖受体基因型和多基因叠加的高效遗传转化新技术,实现对重要农业生物育种性状的精准定向改良。依托国家生物育种产业创新中心和神农种业实验室,对基础类、关键核心技术等进行系统梳理和布局,联合农科院所、涉农高校、龙头种企等,建立涵盖多组学分析、遗传转化、基因编辑、全基因组选择和单倍体诱导等技术的生物育种技术平台,聚焦小麦、玉米、花生、芝麻、果蔬、畜禽等开展种源关键核心技术集中攻关,加快培育优质专用小麦、耐旱宜机收玉米、高产高蛋白大豆等重大新品种。

四是培优壮大种业企业。培育"雁阵型"种业企业。以做强做优做大河南种业集团为突破口,推动大型种企优势重组、资源整合。加快培育河南生物育种中心有限公司,成为国内领先并具有国际竞争力的种业航母企业。支持牧原、秋乐等 11 家国家种业阵型企业进一步增强核心竞争力,培育打造种业振兴骨干力量。支持济源绿茵种业等特色种企加快发展,打造一批种业领域"专精特新"企业。

五是建设优势育制种基地。加强国家级制种大县和区域性良种繁育基地建设,建设全国一流的小麦、大豆和花生制种基地和区域性良种繁育基地。加快建设中原农谷种业基地,推动高校、科研院所和种业企业协同发力,精准对接市场需求,建成国内规模最大、条件最好、品种最全、服务最优的农作物育种基地,打造全国一流的强筋小麦、高油酸花生、高产大豆和优质水稻繁种制种基地。巩固济源全国蔬菜制种优势,建设全国最大的十字花科蔬菜制种基地和洋葱杂交种子生产基地。依托河南鼎元等 4 个国家级种公牛站,打造全国第一的肉牛冻精生产供应基地;依托兰考晓鸣禽业,打造全国一流的种禽生产供应基地;依托 254 家种猪场和 78 家种公猪站,推动筹建河南种猪育种集团,打造全国第一的生猪制种供种基地。建设国家级和省级水产供种繁育基地。

在打造农机装备创新高地方面。一是强化创新能力建设。围绕现代农业全生产周期的农业机械装备制造,集聚 11 家农机装备领域国家创新平台优势资源,建设国际先进的农机装备模拟仿真实验室、电控液压实验室、传动实验室、大数据管理与分析实验室、核心元器件(部件)实验室等 5 个实验室，打造国际先进的农机装备综合检测服务平台，创制一批引领行业发展的绿色高效低损智能农机装备，建设行业领先的农机大数据服务平台，建立智慧农业指挥中心+农业综合管理系统，为全省各类农机装备及智能终端提供技术服务。进一步加强“农业农村部航空植保重点实验室”建设，依托安阳全丰航空植保科技股份有限公司成熟的商业化运营模式，以“一村一站”为基本模式，加快全国布局，形成独具河南特色的农作物飞防产业。

二是开展关键技术攻关。依托国家农机装备创新中心、中原农谷、河南工业大学等，联合农机装备产业链上下游企业，加强协同、联合攻关，加强整机集成创制、农机农艺深度融合、关键零部件研发等。重点研发大马力智能拖拉机、多功能联合收割机、精量栽播机械、植保机械、种子机械、烘干机械、适应山区丘陵农机装备和设施农业、畜牧水产养殖、农产品初加工、食品加工等设施装备，攻克农机装备专用传感器、无级变速器、转向驱动桥等关键零部件和电液控制及传感等关键技术。

三是发展智慧农机装备。加快人工智能技术在农机领域的应用，大力发展无人驾驶机械、农业机器人及智慧农业相关装备。推进农机装备数字化改造，加快北斗导航、智能监控等在重点农业机械整机及机具上装载。加快农业机械化与互联网、大数据、智能控制、卫星定位等信息技术的深度融合，搭建全省统一的智能农机装备大数据管理平台，推进作业调度、诊断维修、监理办证、远程培训的信息化。

四是加快推进产业集群发展。做强做大洛阳一拖农机、中国（漯河）食品和包装机械产业园、临颍县食品机械设备制造产业园、安阳全丰航空植保、驻马店畜禽养殖、新乡秸秆打捆和农田灌溉等装备产业规模，建设一批农机装备产业园、产业集群，培育一批农机科技创新“小巨人”、制造业单项冠军企业和“专精特新”中小企业。推动农机装备设施产业集群发展、链式发展，促进农机装备制造上下游和关联产业配套协作，构建纵向连接、横向配套的完整产业链。

（作者单位：河南省农业科学院、河南农业大学、河南省社会科学院。原文刊发于2023年7月27日《河南日报》第15版）

探索农村集体经济新的实现形式

张　锟

在中国式现代化和社会主义市场经济条件下,发展新型农村集体经济,需要坚持农村集体经济组织所有者权利主体的基础地位,巩固和完善农村双层经营制度,通过农村集体产权制度改革,因地制宜地探索多种途径,增强农村集体所有制经济发展活力,促进集体资产保值增值,确保农村居民增收受益。

巩固和完善农村双层经营制度

坚持农村土地等生产资料集体所有不动摇。《宪法》规定:农村和城市郊区的土地,除由法律规定属于国家所有的以外,属于集体所有;宅基地和自留地、自留山,也属于集体所有。这足以说明,农村土地集体所有是农村的基础制度安排,发展新型农村集体经济是我国推进农业现代化的基础,巩固和完善双层经营制度,必须坚持农村土地的集体所有制性质。

完善农村集体统一经营机制。农村集体经济组织是利用集体所有的资源要素开展各类经济活动的组织机构,是农村集体经济所有权的组织载体,是农村集体资产及资源的管理运营主体和所有权权能的行使主体。完善农村集体统一经营机制,最重要的是强化农村集体经济组织的市场主体地位,通过合同约束弥补以往的制度缺陷,确保农村集体在双层经营的资产权益,为增加集体经济收入创造条件。

创新农户家庭承包经营方式。双层经营体制是以家庭承包经营为基础的，巩固和完善双层经营制度，应当主动适应当前农村生产力发展变化的需要，按照产权制度改革的要求，把农户的承包经营权转化为财产权，通过自主经营、租赁经营、委托经营、合作经营等方式实现家庭承包经营以增加收入。

探索多样性的集体资源要素经营模式

找准农村集体经济发展乏力主因。研究表明，农村集体经济发展薄弱主要是农村集体经济组织对农村集体所拥有的资源要素经营不善而导致。主要表现在很多地方的农村集体基本放弃了对集体资产的统一规范经营，用于经营的房屋、建筑物、机器设备、工具器具、农业基础设施、集体投资兴办的企业等经营性资产的资产数量和资产份额长期划分不清、归属不明，农民集体所有的土地、森林、山岭、草原、荒地、滩涂等资源性资产长期处于沉睡状态，不仅导致农村集体经济发展乏力，而且由于收益不清、分配不公开，成员的集体收益分配权也缺乏相应保障。

明确今后农村集体产权制度改革重点。2016 年 12 月，《中共中央、国务院关于稳步推进农村集体产权制度改革的意见》颁发以后，农村集体经营性资产产权制度改革不断推进，农民集体所有的土地、森林、山岭、草原、荒地、滩涂等资源性资产的登记保证工作正在有序进行。但是，由于农村集体产权制度改革的复杂性艰巨性，大多数仅有资源型资产而缺乏经营性资产的农村集体。新时期，不仅需要继续深化农村集体经营性资产产权制度的改革，而且需要把工作重点放在对以承包地、宅基地等农村集体所有的资源性资产产权制度的改革上。

探索多样性的集体资源要素经营模式。在社会主义市场经济条件下，农村集体经济的发展要立足于集体资源要素的市场化配置，支持和鼓励农村集体经济组织与各种市场主体进行有效对接，构建产权关系明晰、治理架构科学、经营方式稳健、收益分配合理的运行机制，探索建构多样性的集体资源要素经营模式，引导金融和社会资本按市场化原则更多投向农业农村。以农村集体土地经营为例，应当以高标准农田建设、解决承包地碎片化、推动土地规模经营为契机，引导、鼓励、支持农村集体经济组织通过对农户承包地承包经营权的回流或合并，实现规模化和集约化后，由农村集体经济组织与投资机构、龙头企业、专业合作社、种粮大户等开展诸如集中托管、股份合作等多种形式的经营合作，构建符合各地各村自身特点的经营模式。

因地制宜探索农村集体经济有效实现形式

利用农田等基本资源发展现代农业。农村集体作为土地所有者，在农业现代化的过程中具有举足轻重的地位。农村集体可以利用基本农田发展规模化集约化的现代化种植业和现代生态循环农业，利用未承包到户的集体"四荒"地（荒山、荒沟、荒丘、荒滩）、果园、养殖水面等资源，集中开发或者通过公开招投标等方式发展现代农业项目，进而提高单位土地的产出能力和产品附加值，增强市场议价博弈能力，降低生产成本，增加集体和农户收入。

利用房屋设备设施资产发展现代服务业。在以往的集体经济发展尤其是脱贫攻坚帮扶过程中，不少房屋建筑设施设备长期处在闲置废弃状态，农村集体经济组织可以整合利用集体积累资金、政府帮扶资金与这些资产进行经营性对接，通过入股或参股产业化龙头企业、村企联手、村村合作、村户合作等途径，发展特色种养、产品加工、仓储物流、电商平台等多种形式的现代生产生活服务业，实现集体经济收入增加。

利用生态环境和人文资源发展乡村旅游业。乡村作为民族繁衍生息的主要场所，承载着自然生态和人文生态屏障的功能。农村集体有条件将农村的生态环境资源和人文历史资源转化为文旅产品，为农村集体经济发展开辟新路径。农村集体经济组织可以充分利用田野作物的自有生态、丘陵山岗的丰富形态、河流沟渠的动感水系等生态资源，在涵养保护其生态机理的基础上，进行功能性、艺术性和美学性改造，充分彰显其生态价值。可以对蕴含在房屋建筑、历史故事、家谱方志、节庆风俗、作坊制作、餐饮美食等方面乡村农耕文化进行深度挖掘和外显性呈现，在做好传统乡村休闲和农业体验的同时，拓展开发会务度假、休闲娱乐、田园养生、群体赛事等新兴旅游方式。

利用集体建设用地综合开发乡村新业态。在符合相互融合的国土空间规划、城镇乡村分类布局规划、产业发展规划和城镇村庄建设规划的前提下，农村集体经济组织可以探索利用原有的和经过土地整治、指标调整新增的集体建设用地或一般耕地等，以自主开发、连村合作、村企联手、参股运营等方式，发展相应产业，拓展集体经济收入渠道。

（作者单位：河南农业大学。原文刊发于2023年8月11日《河南日报》第5版）

和美乡村建设重在以和生美

郑永扣　方兰欣

“建设宜居宜业和美乡村”是中国式现代化的重要内容和推进农业强国建设的题中应有之义。高质量推进河南乡村振兴和农业强省建设，需要深刻把握和美乡村内涵，练好内功，以和促美、以和生美。

强调因“和”而美

和美乡村核心在“和”、基础在“和”，“和”是内在根本，而“美”是“和”的外化和显现。与美丽乡村相比，和美乡村突出“和”的理念，强调产业兴旺的富足之美、家庭和睦的亲情之美、邻里和谐的互助之美、人际和善的礼让之美、治理和顺的升平之美、民风祥和的淳朴之美、人与自然和合相生的生态之美等内涵性因素。和美乡村以“和”为贵、因“和”而美，不是整齐划一的形式之美，而是“和而不同”“各美其美，美人之美，美美与共”的和合之美。和美乡村把中国传统的“和合”文化纳入乡村发展和治理当中，提醒人们乡村之美不仅仅是外在的形式之美，更重要的是人与自然、人与人、人与自我、物质与精神、城市与乡村之间内在的中和之美。和美乡村的提出，突显了新时代乡村现代化建设“物役于人而非人役于物”的本质，遵循了“既要塑形，也要铸魂”的内在逻辑，在理念上实现了乡村建设由内而外、以神驭形、神形兼备的全面提升。

因“和”而美，从而成为宜居宜业之地。现代化进程中城的比重上升、乡的比重下降，确实产生了如《共产党宣言》中所讲的“使乡村从属于城市”的现象。和美乡村建设不是用工业化和城镇化的指标“裁剪”农业、农村、农民，而是以产业兴旺、家庭和睦、邻里和谐、人际和善、治理和顺、乡风祥和、生态平衡等塑造出农民“宜居宜业”的和美福地，使其成为游子魂牵梦萦的乡愁，都市人返璞归真的田园。和美乡村建设站在农业、农村、农民的立场和长远发展角度，顺应农民群众对美好生活的向往，关涉农村生产生活生态等方方面面，促进农业全面升级、农村全面进步、农民全面发展，满足农民就地过上现代生活的迫切需要。

注重以“和”促美

推动宜居宜业和美乡村建设要坚持问题导向和系统观念，紧盯薄弱环节，持续精准发力，以“和”生美不断取得新进展新成效。

三产融合，催生和美乡村产业兴旺的富足之美。产业是发展的根基，产业兴旺才能让农村产得出物、挣得了钱、留得住人，才能让农村成为安居乐业的美好家园。河南作为农业大省，要以农为基、三产融合发展，形成复利循环的现代乡村产业体系和产业格局，缓解工农、城乡之间的“新陈代谢断裂”问题。要依托我省农业农村资源优势，做大做强做优种养业，发展特色“小产业”，延长产业链拓展乡村产业广度，提升价值链增进乡村产业深度，带动农民就地就业，实现和美乡村“大增收”。

德孝持家，涵育和美乡村家庭和睦的亲情之美。现代化的急遽转型深刻改变了乡村社会的基础结构，家庭关系失衡、失能、失序现象比较突出。建设和美乡村，农民家庭和睦是基础性前提。为此，除了建构现代乡村产业体系，以经济发展和物质生活改善来纾解家庭经济关系外，更为紧迫和可行的是树立良好家教家风，引导农村家庭以德治家、以学兴家、文明立家。通过严正的家教、优良的家风塑造家庭和睦的“小气候”，进而营造和美乡村德孝持家、尊老爱幼的“大环境”。

睦邻友好，弘扬邻里和谐的互助之美。随着广大农村日渐卷入市场化的浪潮，邻里冷漠、邻里攀比、邻里矛盾纠纷等不和谐因素有所增多。建设和美乡村，需要传承和弘扬以邻为伴的美德，构建和谐互助的邻里关系。要利用好乡村现有的办公场所、村民活动中心等公共空间，设置村民互助的“小阵地”，营造并释放出邻里守望相助、共建美好家园的“大能量”。

守正立身，涵养人际和善的礼让之美。随着社会流动性和竞争性的增强，乡村社会人际关系世俗化和功利化成分增多，人情味变淡。建设和美乡村，要加强农村地区社会主义核心价值观的广泛践行，让诚信、友善、礼让、厚道的乡土人际交往原则在农村得到涵养和继承。要教育引导农民存和善之念、养浩然之气、行礼让之事，以个体“小角色”演绎和美乡村“大故事”。

四治融合，打造乡村治理和顺的升平之美。要加强和改进乡村治理，要以保障和改善民生为优先方向，以强化农村基层党组织政治功能和组织功能为抓手，健全党组织领导的县乡村三级治理体系，坚持自治为基、法治为本、德治为先、数治为用，推动“四治融合”，形成治理的良性循环。要完善网格化管理、精细化服务、信息化支撑的基层治理“小平台”，以此为支点取得乡村治理“大成效”。

移风易俗，营造民风祥和的淳朴之美。在城镇化和市场经济的冲击下，农村宁静祥和、自然淳朴的民风出现了喧嚣和浮躁。和美乡村要守护住中华民族的精神家园与文化根脉，成为乡风、乡韵、乡愁的寓所。要深入推动农村移风易俗，旗帜鲜明反对天价彩礼、反对铺张浪费、反对婚丧大操大办、抵制封建迷信，引导农民群众改变陈规陋习、树立文明新风，以“小切口”推动乡风文明“大变样”。

绿色发展，守护人与自然和合相生的生态之美。良好的生态环境是我们生存和发展的前提和基础。作为农业大省，我们对生态环境的依赖性更强，更需要注重绿色生产生活。要积极探索绿色种养、循环农业，以种养小循环带动生态可持续，以众多“小循环”带优和美乡村“大生态”。

（作者单位：郑州大学。原文刊发于 2023 年 9 月 6 日《河南日报》第 8 版）

规划先行　推进宜居宜业乡村和美

朱攀峰

实施乡村振兴战略要突出规划引领，扎实推进宜居宜业和美乡村建设更要以村庄规划为前提。这关乎农村群众生活品质的提升，更关乎农村现代化建设的成色。河南县域农村人口多、村庄建制多、建设基础弱，城乡关系调整相对会更复杂、过程会更长，亟须高水平村庄规划优化空间布局，破解当前乡村建设中的诸多难题。

坚持“实用性”。村庄规划好不好，首先要看它实用不实用、能不能落地。从政策要求看，新一轮村庄规划编制突出强调“实用性”。“实用性”体现在这几个方面：尊重农村居民意愿。切实保障农村居民在编制村庄规划中的主体地位，将村庄规划纳入村级议事协商目录，充分调动农民参与村庄规划编制的积极性和创造性，满足规划编制过程中多元化、多层次的需求。遵循自然规律。依托自然地理格局，合理确定村庄布局和建设边界，坚守生态红线和耕地红线，不挖山、不填湖、不毁林、不占田，合理划定地质灾害和洪涝灾害等风险控制线。彰显乡土特色。立足乡土特征和地域特点提升村庄风貌，不搞大拆大建，避免“千村一面”，加强对乡村地域文化的传承保护，顾及长期形成的邻里关系、集体意识。遵循经济规律。编制村庄规划要找准村庄发展定位，促进村庄建设与产业发展相匹配、相适应。要优化村庄空间形态，完善功能区布局，破解村级产业发展空间狭小、细碎的问题。

突出“前瞻性”。在城镇化工业化过程中，村庄作为农业的空间载体，随着农村人口减少和农业规模扩大会逐步萎缩，形态上具有较大的不稳定性，目前出现的空心化就是村庄形态变化的一种主要形式。因此，在当前的时间节点编制村庄规划一定要突出“前瞻性”，至少需要前瞻20年、30年来规划村庄建设。当前需要系统研判农村人口规模、人口结构、人口流向变动规律和村庄“空心化”趋势，以此为基础搞好顶层设计，建好推进机制，指导村庄规划编制工作。在做好村庄分类的基础上，强化分类施策和分阶段推进机制，优先选出一批未来确定承担重点发展任务的中心村，倾斜基础设施和公共服务建设，形成全省农村居民点骨干支撑体系。对于未来注定萎缩的村庄应按照“保运转”的要求规划生产生活设施，一些自然生存条件较差的边远村可以考虑通过迁建的办法来解决问题，避免无谓的投资。

落实“多规合一”。新阶段编制村庄规划要突出“多规合一”，通盘考虑土地利用、产业发展、居民点布局、人居环境整治、生态保护和历史文化传承，以此来破解乡村振兴战略推进过程中面临的诸多瓶颈和约束。调研发现，以往诸多单项规划已经很难适应下一阶段乡村振兴的全面要求。要避免把实用性村庄规划简单等同于美丽乡村建设方案，应当基于一张数据底图和目标定位，围绕土地改革、产业发展、集体资产、农民建房等重点，形成一张蓝图来指导村庄后续的开发和建设。尤其是通过对村庄土地潜力分析和规划，推动村庄全域土地综合整治，真正有效盘活农村的集体闲置资源。

提升“开放性”。编制村庄规划既要立足村庄自身需求，又要跳出村庄看全局需要，关键是要顺应县域的总体走向，注重城乡规划的有效衔接。坚持县域范围内全域统筹规划的理念，有效带动人口和经济向中心城区、中心镇、中心村集中，耕地向规模经营集中、产业向园区集中，城镇基础设施、公共服务、社会保障向乡村延伸，扭转当前城乡空间分割与乡村空间分散相叠加的形态布局。尤其还要防止规划不出村、规划断头等现象，加强村与村之间规划的衔接，推动村庄抱团发展、协同发展，促进农村要素资源在更大范围内流动，以防对本就分散的乡村布局产生固化的影响。

应对“空心化”。“空心化”是当前村庄空间形态的重要特征，也是未来村庄演变的重要趋势。破解“空心化”应当是编制村庄规划需要重点考虑的方面。调研中，关于当前乡村振兴最突出的制约是什么的问题，村镇基层干部反映最集中的一个就是建设用地缺口大、发展没有空间。而所调研村庄里在乡村建设中的亮点又往往是对废旧闲置宅基地的创新性再利用。目前，全省县域内“空心村”的比重还不太高，但“空心房”的比重普遍已经在15%～20%，群众对于“再利用”的接受度也在不断提高，集中整治的条件已经比较成熟。因此，当前应当依托规划编制统筹推进村庄“空心化”集中整治。将“空心村”整治作为村庄规划的中长期目标，鼓励有条件的地方试点先行；而“空心房”应当进入集中整治阶段，作为当前编制村庄规划的一项重要任务，为优化村庄空间形态和落实“多规合一”提供重要保障。

（作者单位：中共河南省委党校。原文刊发于2023年9月6日《河南日报》第8版）

巩固壮大基础产业　重点培育特色产业

乡村振兴课题组

南阳历史上曾是河南贫困人口最多的地区，也是国家重要的农产品生产基地和粮食生产核心区，是南水北调中线工程核心水源地和渠首所在地，乡村产业基础相对薄弱，资源环境约束较强，其产业振兴路径具有典型性和代表性。

近年来，南阳坚持把乡村产业振兴作为巩固拓展脱贫攻坚成果和全面实现乡村振兴的重中之重，巩固壮大基础产业，重点培育花、药、果、菌、茶五大特色产业，特色产业产值达到 224.07 亿元，共创建 1 个国家级、9 个省级现代农业产业园，现有国家级农业产业化龙头企业 9 家，省级农业产业化龙头企业 99 家，国家地理标志保护产品 12 个，区域公共品牌 33 个。农产品初加工率 73%、精深加工率 20%，建成粮油制品加工、肉食、食用菌、中药材、林产品、果蔬、乳制品、酒业等八大产业集群，走出了一条符合当地实际的乡村产业振兴之路。

种养加多业并举

大力发展特色产业。立足区域资源禀赋、产业基础和区位条件，基于长期生产实践，因地制宜地选择特色产业并规模化发展，月季、玉兰、山茱萸、艾草、猕猴桃和香菇等生产规模均居河南省第一。西峡的香菇、猕猴桃、山茱萸三大特色产业年综合效益 260 亿元，农民人均纯收入的 80% 来自三大特色产业，是全国最大的香菇标准化生产基地和出口基地，中国乃至国际香菇行业的价格调控中心，也是全国最大的山茱萸交易中心和定价中心。淅川打造以软籽石榴、杏李为主的特色林果产业集群，全县发展林果 23 万多亩，县域山区群众 40% 的收入来自林果业，以福森药业为代表的中药规上企业年产值占该县规上企业产值比重的三分之一。桐柏围绕茶文化、茶产业、茶科技推进“三茶”统筹发展，目前已有生态茶园逾 16 万亩，从业农民数万人。南阳各地特色产业发展成效显著，在全国具有很高的知名度和影响力。

推进一二三产业融合发展。南阳市努力打造以农业为基础的全产业链，推动产业链的延伸和拓展。西峡以香菇加工为重点打造香菇全产业链，形成了涉及菌种研发，菌棒制作，香菇生产、加工、销售的庞大产业体系，农民全链条参与，全流程受益，产业链中各利益主体实现了共建共享共赢。各县高度重视健全联农带农利益联结机制，持续推广仲景宛西制药和福森药业“公司+基地+农户”模式、牧原集团“政府+龙头企业+银行+合作社+农户”模式，完善龙头企业与农户利益联结机制，提升农民组织化程度。在乡村产业多元融合发展的过程中，注重发挥农业多功能性，推进乡村历史文化资源、农业资源与旅游要素匹配衔接，以乡村休闲旅游业为重点拓展农业多种功能，推动农文旅一体化发展。在西峡，大力实施农旅融合，形成了百公里猕猴桃长廊、鹳河百公里香菇长廊、G208 生态旅游画廊三条旅游经济带，在淅川，依托林果产业发展果园观光采摘，在丹江口水库沿线村庄发展特色民宿和农家乐，在桐柏，按照“以茶促旅、以旅兴茶”的发展理念，引导茶农把茶园建成景点，发展采茶体验园、茶主题农家乐等第三产业。

引导龙头企业以工业化理念发展现代种养业。在种养业领域，以牧原集团为代表的一批龙头企业，将技术和数据等现代要素融入传统种养业，把现代生产要素和土地、劳动力、资本等基础要素重新优化组合，实现生产效率提升和规模报酬递增，取得生产标准化和成本控制方面的领先优势。牧原集团以现代化的设施和成套智能装备开展工厂化养殖，采用纵向一体化模式，形成了包含饲料生产、种猪繁育、商品猪养殖、屠宰加工等环节的完备产业链。建立了智能云平台，以大数据、5G、物联网、人工智能等技术助推生猪产业向智慧产业转型升级，以工业化养殖取得了成本优势，在价格波动剧烈且具有明显周期性的生猪养殖行业实现了持续盈利。

提供坚强的组织保障。地方党委和政府充分发挥引领作用,坚持市场导向,统筹考虑城乡产业发展,合理规划乡村产业布局,找准特色产业发展方向,较早实现农业转型发展。全市坚持一张蓝图绘到底,几十年接续奋斗,将地方特色小品种培育成带动农民增收的大产业。如西峡县委县政府成立了河南省首家农业标准化推进委员会,将农业标准化纳入政府目标管理,为食用菌、猕猴桃、中药材产业建立了正科级规格的管理机构,专门负责全县相关产业的发展规划、生产、技术、管理及项目建设等工作,促进了特色产业的标准化发展。各级政府部门引导从事特色农产品生产、加工、销售的经营主体树立质量至上、守法诚信的经营理念,加强行业自律,营造了公平、诚信、健康的市场环境。通过开展“五星”支部创建活动,大力实施“党建+产业”,形成了“党支部+合作社+农户”“党支部+合作社+基地+农户”“党支部+龙头企业+合作社+农户”等模式,提高了党员干部带领群众增收致富能力。

产业竞争力亟待加强

产业规模优势有待转化为竞争优势。南阳市各地主导特色产业发展方向明确,经过多年培育,一些产业初具规模,有效促进了农民增收,但距离产业高质量发展的要求还有较大差距。首先,大多数农产品仍以初级加工为主,精深加工不足,产业链终端产品附加值总体偏低,农产品加工企业数量多,规模小,尤其是有影响力的龙头企业数量较少,辐射带动能力有限,产业链整体竞争能力不强。其次,部分特色产业规模大而不强,没有形成具有竞争力的农产品品牌。现有的“水源西峡”“淅有山川”“桐淮农品”等农产品区域公共品牌影响力不足,部分产业由于没有采用统一的生产和加工技术规范,在生产、加工、包装和销售各环节由数量众多的经营主体碎片化经营,企业品牌缺乏整体统筹规划和协同推进机制,虽具有较大的总量规模,还未实现真正的标准化和品牌化,没有形成竞争合力。

现代农业科技和物质装备支撑总体不足。牧原集团等少数龙头企业技术先进、实力雄厚,通过开展科技自主创新和协同创新,研发新技术、新装备，并加强成果转化，拥有一流的技术装备水平。但是，产业体系内还存在数量众多、技术装备水平相对落后的经营主体，在种养环节，由于资金实力约束和传统小农思想的影响，为数众多的小农户仍然在使用设计标准低、配套简陋、成本低廉的基础设施，难以保障丰产稳产、抵御自然灾害；在加工环节，多数中小企业由于技术设备落后，仅能进行初级加工，仍处于产业链低端。乡村产业内部现代农业科技和物质装备的应用不平衡，差距较大。

参与国际竞争能力亟待加强。南阳市部分特色农产品及其加工制品充分发挥比较优势，已拥有成熟的出口渠道和较大的出口规模，但国际市场竞争力不强，利润空间十分有限。一方面，缺乏自主品牌，尚未建立高效的国际销售网络。由于出口企业规模相对较小，国际市场品牌建设和销售网络建设滞后，部分农产品出口企业未开展境外商标注册，在国际市场缺乏自主品牌或品牌知名度不强，产品的国外销售依赖外商品牌和销售网络，利润微薄。另一方面，抵御各种国际经贸风险的能力不强。近年来，俄乌战争的爆发给亚欧大陆航运物流业带来了严重冲击，也造成了俄罗斯等国家汇率大幅波动，国际运输成本上涨以及结算货币贬值使当地部分出口企业遭受较大损失。在全球产品消费市场日益分化、竞争加剧的背景下，须加快培育乡村产业国际竞争新优势。

在规模、品质、效益上做文章

乡村产业发展必须跳出农业看农业，跳出农业发展农业，既要立足于基本国情农情，也要有国际视野，既要注重补齐各种弱项短板，也要充分发挥后发优势，不断汲取国内外先进技术和成功经验，推进涉农产业规模化、品质化发展，努力在国内国际双循环中加快融入新发展格局，占有更多的国内外市场份额。

注重提升乡村产业发展的质量和效益。首先，提高农产品精深加工的规模和比重，推进农产品多元化开发、多层次利用、多环节增值。引进和培育技术领先、知名度高、联农带农能力强的农产品精深加工“链主”企业引领产业发展，加快产业集聚，打造“雁形架构”，支持农产品加工企业改进技术工艺，升级实施装备，建设智能化生产线，不断提升农产品加工转化率。其次，推进品牌标准化建设。在建设好现有农产品区域公共品牌的基础上，推进产业内企业品牌建设的整体统筹规划和协同推进。通过发布特色农产品生产标准及加工规范，采用“龙头企业+合作社+农户”等模式，在特色农产品优势区范围内采取统一标准、统一品牌、统一包装、统一运营、统一销售，推进标准化建设，形成规模优势和品牌优势，提高乡村产业参与市场竞争能力。如新西兰政府成立了营销局对国内整个猕猴桃产业进行统一设计和规划，并推出了“ZESPRI”作为唯一品牌，通过相关法律规定，任何果农以个人的名义出口销售被视为违法，经过严格的检测后，合格的产品才能贴上“ZESPRI”商标销售到世界各地，使猕猴桃产业真正实现了规模化、标准化和品牌化，新西兰猕猴桃迅速占领欧美和亚太市场，新西兰也成为世界上最大的猕猴桃出口国。

强化现代科技和物质装备支撑，以工业化理念改造乡村产业。工业化是国民经济中一系列重要生产要素的组合方式连续发生由低级到高级的突破性变化，进而推动经济增长的过程，城市制造业可以实现工业化，那么在乡村产业领域，通过对各种生产要素的优化组合，提高单位要素的产出效率，降低成本，实现规模报酬，也可以实现工业化。现阶段，新一轮科技革命和产业变革深入发展，数字技术、数字经济正深刻改变着传统的经济发展模式，数据已经成为新的生产要素，为乡村产业重构生产要素组合带来了新的机遇，也使得深入推进乡村产业的工业化改造成为可能。涉农企业家是乡村产业工业化改造的骨干力量，要重视发挥企业家才能在优化要素组合中的作用。

以工业化理念改造乡村产业也是突破资源环境约束，实现土地、水资源等稀缺生产要素集约利用的根本途径。在种养业环节，应大力发展智慧农业和设施农业，实现农业生产数字化、决策科学化、管理自动化，促进农业提质增效，提高单位土地产出效率。如山东潍坊寿光建有全世界规模最大的智能温室大棚，通过物联网管理平台可以实现蔬菜水果主要生产流程的智能化管理，实现一年多熟，莴笋等蔬菜一年可以种植七轮，极大地提高了土地产出率。在加工环节,要努力实现智能化生产和数字化转型,采用智慧工厂、数字化车间等现代物质装备,提高精细化生产和精深加工能力,推动产业转型升级,提高产品价值中的技术含量和知识含量。在流通环节,应大力发展数字电商,鼓励发展农产品及加工制成品电商直采、定制生产和直播带货等模式,拓展销售渠道。在销售环节,应推进二维码溯源技术广泛利用,增加对消费者对农产品的信任感和认同感,提升消费者购买意愿和忠诚度。

政府部门一方面要加强农业科技和物质装备的示范推广,消除农民传统小农意识,推动农民生产方式和管理模式转型,引导农民选择适合本地的农业技术和装备,另一方面应加大对于乡村产业发展所需的数字技术、智能装备技术的研发和应用投入,鼓励第三方提供大数据分析服务,满足各类经营主体的使用需求。

深度融入国内国际双循环。在经济全球化深入发展的大背景下,各国经济彼此之间的联系及相互依赖日益加强,各种资源和生产要素在全球范围内优化配置,也使得全球竞争加剧,乡村产业的高质量发展必须积极应对经济全球化带来的机遇和挑战,深度融入国内国际双循环。首先,明确产业发展方向。以高新技术与信息产业为基础的网络经济突破了市场的时空界限,形成了全球范围内最大、最彻底的买方市场,乡村产业的发展必须考虑国内国际市场消费者需求,而不是产业自身能供给什么,把满足国内国际消费者需求作为乡村产业发展的基本出发点。其次,提升我国乡村产业在国际分工中的地位。应积极对标国际标准,开展 ISO、GMP、HACCP 等国际通行体系认证指导,支持农业产业化龙头企业开展 GAP 等国际农产品标准认证,提高出口农产品的精深加工水平,提升高附加值和高技术含量农产品出口规模,推动乡村产业向全球产业链价值链中高端迈进。最后,培育乡村产业国际市场竞争优势。定期组织开展针对出口企业的外贸政策和跨境电商政策专项培训,引领出口企业用好各种金融保险工具,积极应对出口贸易中的各种风险挑战,充分运用 RCEP 优惠贸易政策和便利化措施安排,拓展出口销售渠道。强化品牌建设和保护意识,鼓励出口企业创建自主品牌,提高产品出口效益。构建链接国内国际大市场的现代物流体系,加快构建现代冷链物流设施网络,建立更紧密的产销衔接体系,减少流通环节中的物质损耗和时间损失,使乡村特色产品能够出村进城,走向国际市场。

(课题组成员:李定宇,孟向东,贺新。执笔:吴乐。原文刊发于 2023 年 11 月 17 日《河南日报》第 11 版)

党的创新理论

必须练好调查研究这个基本功

康来云

调查研究是获得真知灼见的源头活水，是做好工作的基本功。近日，中共中央办公厅印发了《关于在全党大兴调查研究的工作方案》。在全面贯彻党的二十大精神的开局之年，党中央号召在全党大兴调查研究，并将其作为在全党开展的主题教育的重要内容。推进中国式现代化，是一项前无古人的开创性事业，面对新征程新矛盾新问题，领导干部只有练好调查研究这个基本功，才能把握发展规律、破解发展难题、掌握历史主动，确保中国式现代化行稳致远。

大兴调查研究，关键在聚焦问题

调查研究是谋事之基、成事之道。调查研究的“调查”不是抽象的调查，“研究”也不是盲目的研究，而是要坚持问题导向和目标导向，只有这样才能避免漫无边际、浮在表面，流于形式走过场。毛泽东同志曾形象地比喻“调查就像‘十月怀胎’，解决问题就像‘一朝分娩’”，说的就是调查研究要有问题导向，围绕问题去调查，聚焦问题去研究，做到“有的放矢”。推进中国式现代化是一个探索性事业，还有许多未知领域，调查研究就是探索未知领域的必经之路，是破解发展难题的“金钥匙”，领导干部只有用好调查研究这个传家宝，深入调查研究，才能掌握改革发展的主动权，为推动全面建设社会主义现代化国家开好局起好步。领导干部要牢牢牵住问题导向这个调查研究的“牛鼻子”，敢于正视问题、善于发现问题，以解决问题为根本目的，跟着问题走、奔着问题去,真正把情况摸清、把问题找准、把对策提实,不断提出真正解决问题的新思路新办法。调查研究既需要梳理问题、排查难题的能力,更需要直面问题、求真求是的勇气,要发扬斗争精神,勇于涉险滩、破难题,知难而进、迎难而上,真正做到带着问题下去、带着答案上来。

大兴调查研究,重在走深走实

毛泽东同志早就指出:“没有眼睛向下的兴趣和决心,是一辈子也不会真正懂得中国的事情的。”今年两会期间,习近平总书记再次举例说明了深入细致调查研究的极端重要性:“一个县是不是光靠一个产业去发展,要去深入调研,不能大笔一挥,拨一笔钱,这个地方就专门发展养鸡、发展蘑菇,那个地方专门搞纺织,那样的话肯定要砸锅。”在今年十四届全国人大一次会议闭幕后的记者会上,新任国务院总理李强同志在谈到调查研究时也强调指出:“坐在办公室碰到的都是问题,下去调研看到的全是办法,高手在民间。”领导干部调查研究必须坚持党的群众路线。问题产生在基层,群众最了解,解决问题的办法也在基层,群众最清楚。领导干部调查研究既要“身入”,更要“心至”,心里装着人民群众的操心事、烦心事、揪心事去调查去研究,拜人民为师、向人民学习,放下架子、扑下身子,接地气、通下情,解剖麻雀,发现典型,真正把群众面临的问题发现出来,把群众的意见反映上来,把群众创造的经验总结出来。

大兴调查研究,难在打通堵点淤点难点

调查研究既是发现问题的过程,也是解决问题的过程。正如毛泽东同志所说:凡是忧愁没有办法的时候,就去调查研究,一经调查研究,办法就出来了,问题就解决了。推进中国式现代化是一项前无古人的开创性事业,会遇到很多新情况新问题,领导干部迫切需要通过调查研究把握事物的本质和规律,找到破解难题的办法和路径。领导干部调查研究,一要打通认识堵点。在调查研究中获取的第一手资料,按照“去粗取精、去伪存真、由此及彼、由表及里”的方法进行加工制作,真正过滤出事物的本质和规律。二要

打通决策淤点。在深入调查的基础上深化研究，坚持系统观念，把握好全局和局部、当前和长远、宏观和微观、主要矛盾和次要矛盾、特殊和一般的关系，把调研成果转化为破解难题的实招、硬招。三要打通实践难点。特别是对那些具有普遍性和制度性的问题、涉及改革发展稳定的深层次关键性问题，以及难题积案和顽瘴痼疾等，要研究透彻、找准根源和症结，形成解决问题、促进工作的思路办法和政策举措，确保每个问题都有务实管用的破解之策。

大兴调查研究，贵在成为常态

大兴调查研究的"兴"字本身就有兴起和盛行之意。调查研究是一种态度，领导干部调查研究要提高政治站位，增强做好调查研究的思想自觉、政治自觉、行动自觉，带头开展调查研究，改进调研方法，以上率下、作出示范。调查研究是一种方法，只有方法正确，才能事半功倍。领导干部调查研究要运用习近平新时代中国特色社会主义思想的世界观、方法论和贯穿其中的立场观点方法，对调查得来材料进行深入分析、充分论证和科学决策，增强调查研究的"效力"。调查研究是一种氛围，领导干部调查研究要采取多种多样的宣传形式和手段，大力宣传大兴调查研究的重要意义和各地区各部门各单位大兴调查研究的具体举措、实际成效，凝聚起大兴调查研究的共识和力量，营造浓厚氛围。调查研究还是一种制度，要完善调查研究的长效机制，把调查研究作为党的一项重要工作制度确定下来，使调查研究成为党员、干部的经常性工作，在全党蔚然成风、产生实效。

（作者单位：中共河南省委党校。原文刊发于2023年4月6日《河南日报》第5版）

把学习与调查研究紧密结合起来

张希贤

在全党深入开展学习贯彻习近平新时代中国特色社会主义思想主题教育，是党中央为全面贯彻党的二十大精神、动员全党同志为完成党的中心任务而团结奋斗所作的重大部署，是深入推进新时代党的建设新的伟大工程的重大部署。把“调查研究”置入“学习贯彻习近平新时代中国特色社会主义思想主题教育”，是这次主题教育的一大特点，是奠基第二个百年事业的重大举措。

我党历史上决胜革命事业的关键一招

中国共产党把“调查研究”置入“马克思主义思想教育”，第一次伟大创造是延安整风。

如何发展马克思主义，如何运用马克思主义改造党建设党，如何运用马克思主义推进伟大事业，是中国共产党的建设的根本问题。中国共产党成立后，党在20年的革命斗争中，屡屡犯教条主义、形式主义错误，给党的建设、党的事业，带来重大挫折。怎样解决这一问题，1930年5月，毛泽东同志就写出著名的《反对本本主义》一文，提出“马克思主义的‘本本’是要学习的，但是必须同我国的实际情况相结合。我们需要‘本本’，但是一定纠正脱离实际情况的本本主义”。解决中国的问题，要面对中国的实际情况，从调查研究入手。没有调查，就没有发言权。调查就是解决问题。“离开实际调查就要产生唯心的阶级估量和唯心的工作指导，那末，它的结果，不是机会主义,便是盲动主义”。

“中国革命斗争的胜利要靠中国同志了解中国情况”。为系统解决20年来党的建设和党的领导中的教条主义、形式主义、宗派主义和党八股问题,我们党决策并实施了伟大的延安整风运动。

延安整风是一场以调查研究为基础的深刻的马克思列宁主义思想教育。为胜利开展这场马克思主义中国化主题教育,毛泽东和党中央首先把调查研究引入延安整风。

1941年5月,毛泽东同志在《改造我们的学习》中,向全党提出了系统地周密地调查研究周围环境的任务:“依据马克思列宁主义的理论和方法,对敌我友三方的经济、财政、政治、军事、文化、党务各方面的动态进行详细的调查和研究的工作,然后引出应有的和必要的结论。为此目的,就要引导同志们的眼光向着这种实际事物的调查和研究。就要使同志们懂得,没有调查就没有发言权,我们中国共产党领导机关的基本任务,就在于了解情况和掌握政策两件大事,前一件事就是所谓认识世界,后一件事就是所谓改造世界。”

“在全党推行调查研究的计划,是转变党的作风的基础一环”。对于近百年的中国史,毛泽东提出:“应聚集人才,分工合作地去做,克服无组织的状态。应先作经济史、政治史、军事史、文化史几个部门的分析的研究,然后才有可能作综合的研究。”

1941年8月1日,中央政治局颁布了由毛泽东同志起草的《中共中央关于调查研究的决定》,决定指出,二十年来,我们党对于中国历史、中国社会与国际情况的研究,虽然是逐渐进步的,但仍然是非常不足;粗枝大叶、不求甚解、自以为是、主观主义、形式主义的作风,仍然在党内严重地存在着。“抗战以来,我党在了解日本、了解国民党、了解社会情况诸方面是大进一步了,主观主义、形式主义作风也减少了。但所了解者仍然多属粗枝大叶的、漫画式的,缺乏系统的周密的了解,主观主义与形式主义作风并未彻底消灭”。“对于二十年来由于主观主义与形式主义,由于幼稚无知识,使革命工作遭受损失的严重性,尚未被全党领导机关及一切同志所彻底认识”。到延安来报告工作的同志之多数,对于他们自己从事工作区域的内外环境,不论在社会阶级关系方面，在敌伪方面，在友党友军方面，在自己工作方面，均缺乏系统的周密的了解。党内许多同志，还不了解“没有调查就没有发言权”这一真理。“还不了解系统的周密的社会调查，是决定政策的基础。还不知道领导机关的基本任务，就在于了解情况与掌握政策，而情况如不了解，则政策势必错误”。“还不知道，粗枝大叶、自以为是的主观主义作风，就是党性不纯的第一个表现；而实事求是，理论与实际密切联系，则是一个党性坚强的党员的起码态度”。中国共产党现在已是一个担负着伟大革命任务的大政党，必须力戒空疏，力戒肤浅，扫除主观主义作风，采取具体办法，加重对于历史，对于环境，对于国内外、省内外、县内外具体情况的调查与研究，方能有效地组织革命力量，推翻日本帝国主义及其走狗的统治。为此，党中央决定：（一）中央设置调查研究机关，收集国内外政治、军事、经济、文化及社会阶级关系各方面材料，加以研究。（二）各中央局、中央分局、独立区域的区党委或省委，八路军、新四军之高级机关，各根据地高级政府，均须设置调查研究机关，收集有关该地敌友我政治、军事、经济、文化及社会阶级关系各方面材料，加以研究。（三）关于收集材料的方法。提出了七方面调研内容和调查研究方法。（四）除中央及各地的调查研究机关外，必须动员全党、全军及政府之各级机关及全体同志，着重对于敌友我各方情况的调查研究。把调查研究置入延安整风教育，“鼓励那些了解客观情况较多较好的同志，批评那些尚空谈不实际的同志；鼓励那些既了解情况又注意政策的同志，批评那些既不了解情况又不注意政策的同志”。“使这种了解情况、注意政策的风气，与学习马列主义理论的风气密切联系起来”。开展马克思列宁主义思想教育，“在学习中反对不管实际只记条文的风气，反对将学习马列主义原理原则与了解中国社会情况、解决中国革命问题互相脱节的恶劣现象”。

开展延安整风，毛泽东同志要求学习研究理论、研究历史、调查研究现状，把理论、历史、现状三者有机结合，寻找事物发展的内在联系，从而把握规律、遵循规律，作为我们党行动的向导。

关于研究理论。从中央颁布的 22 个学习文件分析，学习毛泽东的《改造我们的学习》《整顿党的作风》《反对党八股》，学习《中央关于增强党性的决定》《中央关于调查研究的决定》《中央关于延安干部学校的决定》《中央关于在职干部教育的决定》，学习毛泽东同志的《在陕甘宁边区参议会的演说》《论反对自由主义》《农村调查序言二》和《关于纠正党内的错误思想》，学习刘少奇《论共产党员的修养》、陈云《论怎样做一个共产党员》；学习中宣部《关于在延安讨论中央决定及毛泽东整顿三风报告的决定》等理论文献，22 个学习文件，有 15 个是马克思主义中国化的理论文献。因此，延安整风是一场深刻的马克思主义中国化思想教育运动。

关于研究历史。毛泽东对党的历史文献进行了深入研究，主持编辑了《六大以来》和《六大以前》两部大型历史文献，写了 54000 多字研究心得，指导了 1941 年秋至 1945 年春党的高级干部研究党史、总结党的历史经验活动，召开了土地革命战争时期各支红军、各根据地干部调研座谈会，6 次修改第一个《历史决议》。1945 年春，党的六届七中全会通过了第一个《历史决议》。

关于解决问题。延安整风学习马克思主义中国化的最新理论成果，以调查研究为基础环节，系统解决主观主义、宗派主义和党八股等党的建设实际问题，实质上是一场深刻的马克思主义中国化的"主题教育"。通过延安整风，确立了以调查研究为基础的党的实事求是的思想路线，确立了以惩前毖后治病救人为方针、以批评与自我批评为方法的党内政治生活，确立了毛泽东的核心地位和毛泽东思想的指导地位，解决了中国共产党人如何把马克思主义与中国实际相结合的问题，解决了如何运用马克思主义改造党、建设党的问题，如何运用马克思主义推进伟大事业问题。以调查研究为基础环节，把学习理论、调查研究和解决党的建设与党的领导中存在的实际问题有机结合的延安整风，成为中国共产党决胜推翻三座大山革命事业的关键"一招棋"，成为成功建设马克思主义政党的关键"一招棋"。

奠基第二个百年事业的重大举措

中国共产党第一个百年奋斗纪元已经胜利结束，第二个百年的伟大奋斗纪元已经拉开大幕。实施"学习贯彻习近平新时代中国特色社会主义思想主题教育"，把"调查研究"置入这次"主题教育"，是中国共产党人奠基第二个百年党的建设和党的伟业的“一招大棋”。

首先,开展主题教育,核心是要全党同志学习掌握、运用和发展当代中国马克思主义,这是中国共产党第二个百年加强自身建设和推进伟大事业的根本。

中国共产党的百年奋斗证明,我们党的所有成功,都是推进和运用马克思主义中国化所致;所有的挫折与失误,都是机械、教条对待马克思主义所致。所以,不断推进马克思主义中国化,不断运用中国化马克思主义改造党建设党和推进伟大事业,是党的根本武器。

习近平新时代中国特色社会主义思想,是当代中国马克思主义、21 世纪马克思主义,是马克思主义中国化时代化的最新理论成果。开展主题教育,就是要我们读原著、学原文、悟原理,学深悟透,全面学习领会习近平新时代中国特色社会主义思想的科学体系、精髓要义、实践要求,做到整体把握、融会贯通。就是要我们把握好当代中国马克思主义、21 世纪马克思主义的世界观、方法论,坚持好、运用好贯穿其中的立场观点方法,不断增进对党的创新理论的政治认同、思想认同、理论认同、情感认同,真正把马克思主义看家本领学到手,自觉运用习近平新时代中国特色社会主义思想,指导各项工作。就是要我们自觉运用习近平新时代中国特色社会主义思想改造主观世界,深刻领会这一思想关于坚定理想信念、提升思想境界、加强党性锻炼等一系列要求,始终保持共产党人的政治本色。就是要我们自觉践行习近平新时代中国特色社会主义思想,用以改造客观世界、推动事业发展,用以观察时代、把握时代、引领时代,积极识变应变求变,解决经济社会发展和党的建设中存在的各种矛盾问题,防范化解重大风险,推动中国式现代化取得新进展新突破。就是要我们从习近平新时代中国特色社会主义思想中汲取奋发进取的智慧和力量,熟练掌握其中蕴含的领导方法、思想方法、工作方法,不断提高全党同志履职尽责的能力和水平,凝心聚力促发展,驰而不息抓落实,立足岗位作贡献,努力创造经得起历史和人民检验的实绩。

其次,学习掌握、运用和发展当代中国马克思主义,调查研究是基础。按照党中央《关于在全党大兴调查研究的工作方案》,各级党委(党组)要坚持党性,紧紧围绕中央部署的 12 个方面,突出中国式现代化事业和党的建设面临的实际问题,“做好事关全局的战略性调研、破解复杂难题的对策性调研、新时代新情况的前瞻性调研、重大工作项目的跟踪性调研、典型案例的解剖式调研、推动落实的督查式调研”。

习近平同志指出:调查研究是谋事之基、成事之道,没有调查就没有发言权,没有调查就没有决策权;正确的决策离不开调查研究,正确的贯彻落实同样也离不开调查研究;调查研究是获得真知灼见的源头活水,是做好工作的基本功。中央部署的 12 个方面调研,即(1)贯彻落实党中央决策部署和习近平总书记对本地区本部门本领域工作重要指示批示精神的主要情况和重点问题;(2)贯彻新发展理念、构建新发展格局、推动高质量发展中的重大问题,推进高水平科技创新自立自强,扩大国内需求、深化供给侧结构性改革、建设现代化产业体系、落实“两个毫不动摇”、吸引和利用外资,全面推进乡村振兴中的主要情况、重点问题;(3)统筹发展和安全,确保粮食、能源、产业链供应链、生产、食品药品、公共卫生等安全,防范化解重大经济金融风险中的主要情况和重点问题;(4)全面深化改革开放中的重大问题,重要领域和关键环节改革、推进高水平对外开放中的主要情况和重点问题;(5)全面推进依法治国中的重大问题,完善中国特色社会主义法律体系、推进依法行政、严格公正司法、建设法治社会等主要情况和重点问题;(6)意识形态领域面临的新挑战,推进文化自信自强、建设社会主义文化强国和新闻宣传舆论引导、网络综合治理中的主要情况和重点问题;(7)推进共同富裕、增进民生福祉中的重大问题,巩固拓展脱贫攻坚成果、缩小城乡区域发展差距和收入分配差距的主要情况和重点问题;(8)人民最关心最直接最现实的利益问题,特别是就业、教育、医疗、托育、养老和住房等群众急难愁盼的具体问题;(9)牢固树立和践行绿水青山就是金山银山理念方面的差距和不足,推进美丽中国建设、保护生态环境和维护生态安全中的主要情况和重点问题;(10)维护社会稳定中的重大问题,防灾减灾救灾和重大突发公共事件处置保障短板,处理新形势下人民内部矛盾和强化社会治安整体防控的主要情况和重点问题;(11)全面从严治党中的重大问题,落实党的领导弱化虚化淡化、党组织政治功能和组织功能不够强,干事创业精气神不足、不担当不作为,应对“黑天鹅”、“灰犀牛”事件和防范化解风险能力不强,形式主义、官僚主义,特权思想和特权行为等重点问题;(12)本地区本部门本单位长期未解决的老大难问题。这12个方面,是事关开创中国式现代化事业和推进新时代党的建设新的伟大工程的全面调研。

做好这事关中国式现代化基本问题的12个方面调查研究,一方面,将大大提高我们党理论联系实际的水平和能力,大大提高全党同志运用理论的主动性和创造性;另一方面,做好12个方面调研,将更全面更清晰地掌握世情、国情、党情和民情,使我们党的思想基础更加牢固地站立在当代中国马克思主义世界观和方法论的基石上。这一把学习运用理论和调查研究有机结合的举措,是中国共产党奠基第二个百年事业的"一招大棋",是党的建设的一个重大举措。

各级党委(党组)要高度重视调查研究,按照党中央部署,组织广大党员干部特别是各级领导干部扑下身子、沉到一线,深入农村、社区、企业、医院、学校、"两新"组织等基层单位,深入调研,把脉问诊、解剖麻雀,进行问题梳理、难题排查。要紧紧围绕高质量发展这个全面建设社会主义现代化国家的首要任务,以强化理论学习指导发展实践,以深化调查研究推动解决发展难题,把学习和调研落实到完成党的二十大部署的各项任务中去,以推动高质量发展的新成效检验主题教育成果。

最后,开展主题教育,学习理论、调查研究,落实到决策、实施和整改是关键。学习习近平新时代中国特色社会主义思想,坚定政治信仰,坚定理想信念,强化宗旨意识,凝心铸魂,锤炼坚强的党性。对于全党同志的大调研,各级党委(党组)要全面梳理汇总调研情况,对调查研究得来的大量材料和情况,运用当代中国马克思主义的方法论,把21世纪马克思主义同当代中国全面建设社会主义现代化国家、全面加强党的建设的具体实际相结合,同中华优秀传统文化相结合,坚持问题导向和系统观念,认真研究分析调研材料,由此及彼、由表及里。对经过充分分析研究、比较成熟的调研成果,要及时上升为决策部署,转化为具体措施。特别是对那些具有普遍性和制度性的问题、涉及改革发展稳定的深层次关键性问题,以及难题积案和顽瘴痼疾等,要研究透彻、找准根源和症结。在此基础上,各级领导班子交流调研情况,科学研究对策措施,形成解决问题、促进工作的思路办法和政策举措,确保每个问题都有务实管用的破解之策，做到远近结合、上下贯通、内容协调。把对策举措提实，提出真正解决问题的新思路新办法。对于党委（党组）的决策部署，领导干部和广大党员要身先士卒，团结和带领全国亿万人民群众，扑下身子真抓实干，推动高质量发展取得新成效。

在整个主题教育中，要坚持边学习、边调研、边对照、边检视、边整改。要运用党的创新理论研究新情况、解决新问题、总结新经验。要把问题整改贯穿主题教育始终，奔着问题去、带着问题学、对着问题改，让人民群众切实感受到解决问题的实际成效。

（作者单位：中共中央党校。原文刊发于 2023 年 4 月 9 日《河南日报》第 4 版）

全面认识新时代党的创新理论科学体系

郭彦森

习近平总书记在主持二十届中央政治局第四次集体学习时指出,“新时代中国特色社会主义思想内容涵盖改革发展稳定、内政外交国防、治党治国治军等方方面面,构成一个完整的科学体系”,不仅要全面系统地学习掌握“十个明确”“十四个坚持”“十三个方面成就”这些主要内容,还要“对各领域提出的新理念、新思想、新战略,对各方面工作提出的具体要求,都要放在整个科学体系中来认识和把握,避免碎片化、片面性,不能只见树木、不见森林”。这一重要论述不仅对全面认识习近平新时代中国特色社会主义思想的科学体系具有重要指导意义,而且也是开展学习贯彻习近平新时代中国特色社会主义思想主题教育必须首先学懂弄通的基本问题。

习近平新时代中国特色社会主义思想已经经历了10年的发展历程,我们党对这一科学体系丰富内容和内在逻辑的认识也经历了一个不断丰富、不断深化的过程。党的十九大报告把这一思想的主要内容概括为“八个明确”和“十四个坚持”。党的十九届六中全会通过的《中共中央关于党的百年奋斗重大成就和历史经验的决议》(以下简称《决议》)把“八个明确”发展为“十个明确”,没有重复“十四个坚持”的内容,但全面深刻阐述了“十三个方面成就”。党的二十大报告明确指出,“十个明确”“十四个坚持”“十三个方面成就”概括了这一思想的主要内容,同时强调要把握好这一思想的世界观、方法论,坚持好、运用好贯穿其中的立场观点方法。这次中央政治局集体学习时明确指出,“只有准确把握包括‘六个必须坚持’在内的新时代中国特色社会主义思想的立场观点方法,才能更好领会新时代中国特色社会主义思想的精髓要义"。以上这些论述,不仅指出了习近平新时代中国特色社会主义思想完整的科学体系主要包含哪些内容,而且不同内容在科学体系中的定位及其彼此之间的逻辑关系也基本清晰。习近平新时代中国特色社会主义思想的科学体系主要由六个方面的内容构成。其内容特征和内在逻辑如下:

一是理论核心,即坚持和发展中国特色社会主义。这是新时代我们党和国家全部理论、实践的主题,是习近平新时代中国特色社会主义思想的主题,是科学体系中其他思想、理论的立足点和根本点,其他思想、理论是从不同方面、层面和不同程度上对这一主题的回答和展开。

二是战略思想和创新理念,即"十个明确"。其思想内容是对新时代坚持和发展中国特色社会主义的总目标、总任务、总体布局、战略布局和发展方向、发展方式、发展动力、战略步骤、外部条件、政治保证等基本问题的系统回答。其思想特征是党对中国特色社会主义建设规律的认识深化和理论创新的重大成果。其重要作用是为新时代坚持和发展中国特色社会主义设定战略目标、擘画宏伟蓝图、绘就顶层设计,即回答了新时代我们要坚持和发展的中国特色社会主义是什么样的。在科学体系中,"十个明确"是"理论核心"在战略层面的展开,偏重于理论上的高度概括和凝练。由于每一个"明确"都是原创性的新思想,因此党的十九届六中全会《决议》把它称为"战略思想和创新理念"。

三是基本方略,即"十四个坚持"。其内容涵盖党的领导、改革、经济、政治、法治、文化、社会、生态、国家安全、国防和军队建设、"一国两制"和祖国统一、外交、党的建设等全部社会生活的重大领域,是各领域坚持和发展中国特色社会主义的根本方针。其重要作用是指引各领域事业前进的方向和目标,提供必须遵循不能偏离的根本原则。在科学体系中起着承上启下的作用,相对于"十个明确",它是总目标在各个领域的具体体现,处于"策略"地位,但相对于各领域的具体工作,又处于"战略"地位。其思想特征,一方面体现了中国共产党人自信自立的精神品质,另一方面体现了守正与创新的统一,不管国内外局势如何变化,始终不迷失方向、不犯颠覆性错误,同时又不断拓展认识的广度和深度。

四是各领域思想和重要论述，即“对各领域提出的新理念、新思想、新战略”。其内容包括已经形成的习近平经济思想、习近平法治思想、习近平生态文明思想、习近平强军思想、习近平外交思想，除此之外的其他思想，我们目前习惯上称之为重要论述。各领域思想和重要论述是习近平新时代中国特色社会主义思想科学体系的重要组成部分，是“十个明确”中各领域的总目标和“十四个坚持”中各领域的基本方略同各领域具体实际相结合的产物，是总目标和基本方略在各领域的具体化、多方面展开和系统化建构。

五是各方面工作具体要求。党的十九大报告的表述是“对经济、政治、法治、科技、文化、教育、民生、民族、宗教、社会、生态文明、国家安全、国防和军队、‘一国两制’和祖国统一、统一战线、外交、党的建设等各方面作出理论分析和政策指导”；这次中央政治局集体学习时则称为“对各方面工作提出的具体要求”。其思想内容大致相当于“十三个方面成就”，但不能简单等同，也不仅限于此。因为，“十三个方面成就”既有理论分析，也有对工作的具体指导，而该方面内容在科学体系中属于实践操作层面，回答了新时代怎样坚持和发展中国特色社会主义，即怎么做的问题。

六是精髓要义，即习近平新时代中国特色社会主义思想的世界观、方法论和贯穿其中的立场观点方法。其内容包括辩证唯物主义和历史唯物主义，解放思想、实事求是、与时俱进、求真务实的思想路线以及“六个必须坚持”。这是新时代坚持和发展中国特色社会主义，推进实践创新、理论创新、制度创新、科学创新必须坚持的科学世界观和科学方法论，也是习近平新时代中国特色社会主义思想科学体系的精髓和活的灵魂。

（作者单位：郑州大学马克思主义学院。原文刊发于 2023 年 4 月 19 日《河南日报》第 8 版）

坚决纠治形式主义官僚主义

李太淼

习近平总书记在学习贯彻习近平新时代中国特色社会主义思想主题教育工作会议上强调，要“把纠治形式主义、官僚主义摆在更加突出的位置”。近年来，我们党持续加强党风建设，持续整治“四风”，持续开展纠治形式主义、官僚主义行动，取得了显著成效。然而必须清醒地看到，形式主义、官僚主义当前依然存在，严重影响着我国的政治生态和社会风气。我们必须充分认识反对形式主义、官僚主义的紧迫性、长期性、艰巨性，按照党中央的要求，坚决纠治形式主义、官僚主义。

纠治形式主义、官僚主义，是政治建设中一项亟待解决的重大任务。形式主义与官僚主义互为表里，形式主义是官僚主义的重要表现形式，官僚主义是形式主义的重要思想根源。形式主义表现为重形式、轻内容，重程序、轻结果，重虚功、轻实效，重数量、轻质量，重表态、轻行动；官僚主义表现为高高在上、颐指气使、独断专行、盲目决策，二者共同的特征是脱离实际、脱离群众。不论是形式主义还是官僚主义，其最终结果必然是严重损害广大群众的切身利益，进而严重影响党群干群关系。形式主义、官僚主义就是对党和政府的重大方针政策搞变通性执行、选择性执行，有的甚至弄虚作假、欺上瞒下，解决实际问题效率不高、效果不好甚至毫无效果，势必导致党和政府的大政方针、重大举措在基层得不到真正的贯彻落实，严重削弱党的领导能力、执政能力。形式主义、官僚主义导致盲目决策、虚功实做，必然造成政府治理、社会治理的低效率，造成各种社会资源的巨大浪费，进而严重影响经济社会发展。

着力解决好思想认识问题。透过现象看本质,形式主义、官僚主义的背后是严重的思想认识问题。这些思想认识问题主要包括主观主义、教条主义、机会主义、经验主义、官本位思想、个人主义,其中最核心最本质的思想认识问题是个人主义和极端个人主义。究其原因,就是个人利益至上、私心杂念作祟,党性不强,缺乏宗旨意识和群众观念,缺乏党的纪律规矩意识,缺乏民主法治意识,缺乏责任担当意识,缺乏斗争精神。要通过这次主题教育,强化党员干部的党性修养、宗旨意识,自觉运用习近平新时代中国特色社会主义思想改造主观世界,在解决好世界观人生观价值观这个思想总开关的前提下,树立正确的群众观、利益观、荣辱观、地位观、权力观、政绩观、事业观,坚持做到公正用权、依法用权、为民用权、廉洁用权,当好良好政治生态和社会风气的引领者、营造者、维护者。要掌握正确的思想方法和工作方法,增强干事创业本领,在工作实践中察实情、出实招、办实事、求实效。要增强斗争精神,敢于同各种形式主义、官僚主义行为做坚决斗争。

改进完善权力制约监督机制。形式主义、官僚主义之所以顽固存在,除了党员干部自身的原因外,还与我们的决策程序和权力制约监督机制不够健全有关。进一步改进和完善有关制度,对纠治形式主义、官僚主义具有根本性、长远性、全局性意义。要进一步改进和完善干部管理制度,在干部的选拔、提拔、任用、罢免、日常考核等过程中,贯彻落实全过程民主理念,增加广大人民群众的参与度,真正让那些真抓实干、群众满意的干部得到重用,让那些搞形式主义的干部没有市场。要进一步改进和完善党的组织制度、领导制度和决策制度,真正推进民主决策、科学决策、依法决策。要进一步改进工作考核评价制度,让工作对象和广大人民群众拥有更多的发言权、评价权。

加大对形式主义、官僚主义的惩治。我们往往把形式主义、官僚主义看作是与思想政治、道德品质关系不大的思想方法和工作方法问题,没有及时、严厉地批评和处理这些行为,这是导致形式主义、官僚主义得不到有效治理的一个重要原因。因此,必须加大对形式主义、官僚主义行为的惩治力度。各级纪委监委要强化对形式主义、官僚主义的监督执纪追责功能,对形式主义、官僚主义行为要及时发现、及时研判、精准打击,对搞形式主义、官僚主义的干部，该红脸出汗的要红脸出汗，该给予党纪政纪处分的要坚决进行处分，对造成严重社会影响的，要依法追究法律责任。

（作者单位：河南省社会科学院。原文刊发于2023年4月19日《河南日报》第8版）

把理论讲彻底讲鲜活

贾立政

伟大的时代需要伟大的精神,伟大的精神推动伟大的事业。党的创新理论传播是塑造灵魂的工程,新形势下,理论工作者要通过理论宣传方式方法的创新,把科学的理论讲清楚、说明白、传出去,让理论宣传更好地贴近实际、贴近生活、贴近群众,推动党的创新理论"飞入寻常百姓家"。

增强对党的创新理论的认同

记者:习近平总书记指出,推动党的创新理论深入人心,就要"切实把鲜活的思想讲鲜活,把彻底的理论讲彻底"。对于理论工作者来说,如何用党的创新理论教育和引导群众,实现理论说服人、掌握人?

贾立政:理论创新每前进一步,理论武装就要跟进一步。习近平新时代中国特色社会主义思想,是为新时代伟大变革所证明的科学理论,是当代中国马克思主义、二十一世纪马克思主义。作为理论武装事业的重要一环,理论工作者要自觉用党的创新理论武装头脑、指导实践、推动工作。要书写和记录人民的伟大实践、时代的进步要求,彰显信仰之美,让人民群众从现实生活中产生获得感自豪感,从而对党的创新理论自觉认同,内化于心、外化于行。

一是用心锤炼。优秀的理论作品,需要用功锤炼、用心打磨。理论工作者要做学习党的创新理论的表率,多读书、多思考、多观察、多实践,静下心来,用心揣摩,以沉潜之心打造理论传播产品,做到细致入微地洞察、及时精确地判断、全心全意地执行。要把创作生产优秀作品作为理论宣传工作的中心环节，努力创作传播当代中国价值观念、体现中华文化精神、反映中国人审美追求的优秀作品，把最好的精神食粮奉献给人民。

二是加强创新。理论宣传不是传播者的“孤芳自赏”“自说自话”，而是要让群众“看得懂”“看得明白”、爱看爱听、产生共鸣。理论只有掌握群众，也就是被群众所理解所掌握，才能转化为物质的力量。这就需要理论工作者创新观念、创新形式、创新机制，用生动的故事、通俗的语言、富有生命力的表达，将抽象的理论具体化、将深奥的道理形象化、将深刻的内涵生动化、将晦涩的理论通俗化，真正讲到群众的心坎里，使理论真正说服人。要始终站在时代前沿、实践前沿、技术前沿，与时俱进，从内容、形式和传播形态上不断探索创新。在内容创新方面，要选准权威性、前瞻性、导向性、理论性与可读性的契合点。在形式和传播形态创新方面，要注重视觉设计、编辑手法、语言风格等方面的创新发展。

三是高效传播。理论只有彻底才能说服人。作为理论武装事业的重要一环，理论传播者必须坚定不移地坚持正确舆论导向，将传播内容作为一个思想观念产品去打造，不断提升理论宣传内容的深度和穿透力，不断增强理论传播的权威性和指导性，更好地实现以科学的理论武装人、引导人、教育人、提升人的庄严使命。要深入研究理论传播的特点和规律性，不断提高思想引领、舆论引导的实际成效，提高政治站位，从新时代新征程，以中国式现代化实现中华民族伟大复兴的战略高度，把握理论武装、理论传播的职责使命，不断创新拓宽宣传内容及方式方法，不断增强群众对党的创新理论的政治认同、思想认同、情感认同。

把党的主张与人民性相统一

记者：习近平总书记指出，读者在哪里，受众在哪里，宣传报道的触角就要伸向哪里。您认为，如何使理论宣传与走好新时代党的群众路线相结合？

贾立政：一切为了群众、一切相信群众、一切依靠群众，从群众中来、到群众中去，密切联系群众的群众路线是我们党的生命线和根本工作方法。

理论工作者要始终保持与群众的血肉联系,主动与广大群众打成一片。

一是扎根群众,拜人民为师。要始终怀有强烈的爱民、忧民、为民、惠民的赤子之情,坚持把人民生活作为创作主体,把百姓大众作为创作主角,深入到群众中挖掘素材、寻找灵感,将科学理论与人民群众在生产生活实践中的所见所闻、所思所想、所忧所虑紧密结合起来,抓好现实题材,优化宣传资源,以人民的视角感受生活,反映好人民心声。既要创作反映大事件、大场面等重大历史题材顶天立地的“宏大主题”,也要创作描绘“小人物”“小场景”等乡土气息浓郁铺天盖地的“伟大作品”。

二是深入群众,问策于民。要注重针对性和实效性,落细落小到群众最关心的事情上。要从老百姓的生活实际出发,选择与民生紧密相关、老百姓真正关心关注的热点话题、焦点话题。百姓关心什么、需要什么,理论工作者就要做出及时反应。要从人文关怀的新闻视角切入,真诚倾听群众呼声、真实反映群众愿望、真情关心群众疾苦,聚焦老百姓最关心最直接最现实的利益问题,体现人文关怀。

三是服务群众,厚植人民情怀。我们党的根基在人民、血脉在人民、力量在人民。理论宣传工作本质上就是群众工作。优秀思想理论作品之所以给人震撼、让人感动,源于创作者植根人民,饱含伟大的人民情怀。理论工作者必须牢固树立人民情怀,跟人民站在一起,与人民同呼吸、共命运、心连心,不断满足人民群众日益增长的精神文化生活新期待,把理论宣传融入党和人民事业之中,做到胸中有大义、心里有人民、肩头有责任、笔下有乾坤。要努力打造有思想力、生命力、影响力、竞争力的理论精品,通过更多打动人心、有筋骨、有温度的作品,不断增强理论传播的亲和力、吸引力、感染力、渗透力和传播力,使党的创新理论走进实践、走进生活、走进大众,真正滋润群众心田,实现由“要你读”向“我要读”的转变。

务求宣传话语平实通俗

记者:如何对党报理论宣传的话语体系进行转化,推动党的创新理论的通俗化、大众化传播?

贾立政:深入学习宣传党的创新理论,是我们首要的政治任务。理论传播要遵循平实务实的鲜明基调,抓住党治国理政的战略问题、广大群众关心的民生问题、国内外关注的热点焦点问题,找准思想认识的共同点、文化沟通的共鸣点、利益关系的交汇点、矛盾化解的切入点。

一是语言要平实。要善于用平实的语言、用群众乐于接受的方式方法开展理论宣传工作,让群众看得懂、听得进、听了信。要摒弃居高临下、空泛说教、简单灌输的语言风格,把服务群众同教育引导群众相结合,把满足需求同提高素养相结合,回应人民群众关心关切的社会话题,寻找生产生活中的典型案例和感人事迹,挖掘平凡中的伟大,不事渲染、没有空谈。

二是文风要务实。要秉承实事求是的态度,脚踏实地进行深入调查,深入研究、深刻思考,讲真话、实话,不讲假话、套话、空话,不做表面文章、不浮夸空泛不切实际地大发议论。要真实地反映事物本来面目,透过现象看本质,揭示真理,而不能只停留在事物表面,浅尝辄止。只有真正深入群众、深入实际、深入生活,正确揭示事物发展内在本质的理论产品,才具有理论的彻底性,才能切实推动实践发展,彰显其真理的力量。

(作者单位:人民日报社。原文刊发于2023年5月26日《河南日报》第6版)

推动理论走深走实走心

辛世俊

马克思指出:“理论在一个国家实现的程度,总是决定于理论满足这个国家需要的程度。”这段话告诉我们:理论并不能自动地实现自己,理论要实现自己,一方面取决于国家现实的需要,另一方面也决定于理论能否说服人,能否掌握群众。思想建党、理论强党是中国共产党的一个光荣传统,也是克敌制胜的法宝。党的十八大以来,党的创新理论传播从内容到形式都发生了深刻变化,满足为实现中华民族伟大复兴增强思想动力的迫切需求,更需要推动党的创新理论往深里走、往实里走、往心里走。

理论传播存在的主要问题

一般性文章多,策划意识不强。一些理论版面往往配合一些时间节点,发表一些理论文章,例如党的二十大召开,发一段时间的宣传文章就过去了。但党的创新理论是一个内涵丰富、博大精深的理论体系,需要持续宣传、长期宣传。其实,对于党的二十大报告提出的概括习近平新时代中国特色社会主义思想主要内容的“十个明确”“十四个坚持”“十三个方面成就”等,都可以持续策划选题进行宣传,把问题谈深谈透。

惯用文件语言,学理分析不够。文件语言是上级给下级提要求的,一般是“要字结构”,譬如“要怎么看、怎么做”“要达到什么目的”等,但理论宣传是讲道理的,不是给下级提要求的,所以不能重复上级文件语言。譬如,党的二十大闭幕以后,各级报纸发表了大量宣传党的二十大精神的文章,但大都是引用党的二十大报告的原话，进行深度学理分析的很少，如果把这一时期的宣传文章集中起来看的话，就感觉大同小异，缺乏理论深度。实际上，党的二十大报告博大精深，但往往提出“是什么”，并没有用较大篇幅阐述“为什么”，这就给理论宣传留下极大的解读空间。

解读随意，精准把握不足。学术研究无禁区，理论宣传有纪律。弄清楚党的创新理论的道理、学理、哲理，是理论宣传应该做的，但前提是必须正确理解党的创新理论。譬如，党的十九届六中全会通过的《中共中央关于党的百年奋斗重大成就和历史经验的决议》（以下简称《决议》），对党的创新理论实现马克思主义中国化的飞跃的表述是不一样的。毛泽东思想实现了马克思主义中国化第一次飞跃，中国特色社会主义理论体系实现了马克思主义中国化新的飞跃，习近平新时代中国特色社会主义思想实现了马克思主义中国化新的飞跃。有些同志想当然地认为既然毛泽东思想是第一次飞跃，中国特色社会主义理论体系就是第二次飞跃，习近平新时代中国特色社会主义思想就是第三次飞跃。这样的解读与《决议》的说法是不一致的。到底怎样理解“根本观点”？根据《决议》提出的观点，中国共产党要牢牢把握的根本问题只有一个，就是中国共产党是什么、要干什么。按照中宣部编写的《习近平新时代中国特色社会主义思想学习纲要》（2023 年版），共列出 19 个专题，这算不算 19 个根本观点？对于党的创新理论的基本观点、科学体系、精神实质，不能随便提出自己的“新看法”，精准理解是做好党的创新理论宣传的基本前提。

千篇一律，“三贴近”不足。只有“接地气”，才能“沁人心”。党的创新理论是科学的理论、时代的理论、实践的理论、人民的理论，科学回答了世界之问、中国之问、时代之问、人民之问。习近平总书记指出：“这两年，我去了中国很多贫困地区，看望了很多贫困家庭，他们渴望幸福生活的眼神深深印在我的脑海里。”这段话的感人之处，在于习近平总书记在与群众拉家常中注意到群众的眼神，从群众的眼神里看到他们渴望幸福生活、摆脱贫困的急切心情。正是群众渴望幸福生活的眼神使习近平总书记时刻牵挂着群众。而我们的理论宣传文章总是高高在上，脱离群众的生活实际，这样的文章自然没有人愿意看。

大话套话连篇，生动活泼不足。理论宣传也要求创新，由于脱离实际，要说的实情不多，只好在文字上、形式上下功夫。譬如，现在最时髦的题目就是“三大逻辑”，即历史逻辑、理论逻辑、实践逻辑，似乎只要把这几个逻辑搬出来，就比较“高大上”了，如果把最近一个时期理论宣传文章的题目集中起来，“三大逻辑”绝对排名第一。一开始感觉这个题目很新颖，但大家都这样用，就没有新意了，没有人愿意看。

四平八稳，缺乏战斗精神。当前，我国民众思想活动的独立性、选择性、多变性和差异性不断增强。从舆论场来看，人们思想观念的多样性更加明显。拜金主义对人性的奴役、个人主义对集体主义的冲击、资本主义与社会主义的竞争、自由主义对爱国主义的消解等，使思想领域鱼龙混杂，各种错误思潮、错误观点不时出现，实际生活中马克思主义被边缘化、空泛化、标签化，在学科中“失语”、在教材中“失踪”、在论坛上“失声”的现象确实存在。但我们很少看到有纸质媒体组织专家学者撰文进行反击。以正面宣传为主，并非不对错误观点进行批判，伟大斗争精神在理论传播中没有得到应有体现。

提升理论宣传影响力的对策建议

进一步提升对理论宣传重要性的认识。习近平总书记指出：“‘谎言重复一千遍就会变成真理。’各种敌对势力就是想利用这个逻辑！他们就是要把我们党、我们国家说得一塌糊涂、一无是处，诱使人们跟着他们的魔笛跳舞。各种敌对势力绝不会让我们顺顺利利实现中华民族伟大复兴，这就是为什么要郑重提醒全党必须准备进行具有许多新的历史特点的伟大斗争的一个原因。这场斗争既包括硬实力的斗争，也包括软实力的较量。”党的创新理论是我们党和国家的思想旗帜、行动指南和根本遵循，越是接近实现中华民族伟大复兴的目标，越需要用党的创新理论凝心铸魂、统一思想、统一意志、统一行动。党媒是弘扬党的创新理论的主阵地，应当牢固树立阵地意识、责任意识，作出无愧于时代要求的新贡献。

提升理论编辑队伍素质。建议各级宣传部门对党媒理论编辑经常进行政治和业务培训,提升他们的政治素质和业务素质。编辑是稿件的第一把关人,如果编辑政治思想不过硬、业务不精湛,拿到一篇稿子就无法定夺,更不要说做选题策划了。随着大量老编辑退休,新老交替成为必然趋势,提升理论编辑队伍素质是当务之急。

加强作者队伍建设。新时代以来,党的理论创新和实践创新是十分生动的,我们的学习和宣传也应该是生动的,不能仅停留在对一些概念的阐释上。应紧密联系党的十八大以来党和国家事业取得的历史性成就、发生的历史性变革,联系这些年来我们走过的极不寻常、极不平凡的历程,联系我们深化改革开放、推动高质量发展、有效应对重大风险挑战的具体实践,联系国际环境发生的深刻变化,深刻领悟党的创新理论的精髓要义。应经常组织专家学者深入基层调查研究,一是总结经验,从伟大成就中感悟思想的力量;二是发现理论宣传存在的问题,找到解决的办法和途径。理论文章不接地气的原因是作者不了解基层情况,宣传部门牵头,调研中的很多问题就会迎刃而解。

(作者单位:郑州大学马克思主义学院。原文刊发于 2023 年 5 月 26 日《河南日报》第 6 版)

开辟党的创新理论传播新路径

朱清河

习近平新时代中国特色社会主义思想是我们党创新理论的最新成果,这一思想承前启后、与时俱进、博大精深、影响深远。当前,做好党的创新理论在广大人民群众中宣传普及工作,必须积极结合社情民意、时代发展、技术进步和现实要求,不断创新和发展党的创新理论传播的方式方法,开创党的创新理论传播新格局。

善用鲜活的话语阐释理论

基层群众需要的理论应当是鲜活的、生动的、具体的,只有贴近实际、贴近生活、贴近群众,用通俗化的方式阐释生生不息的党的创新理论,才能使其真正深入人心、走进群众。一是聚焦内容,即坚持从大众的理论需求出发,紧密联系实际,把理论普及同生动、具体的人民群众生产生活实践相结合,做到言之有物、有的放矢。二是活用语言,即善于用群众话语、时代话语、生活话语讲述、阐释理论,使抽象化的理论变得深入浅出、通俗易懂。三是紧贴现实,即直面社会热点和难点问题,找准理论与群众交互的共鸣点,激活理论与群众勾连的兴奋点,注重回应和解决群众的思想困惑与现实诉求。四是巧用案例,即善于用新鲜生动的材料、具体鲜活的案例说话,寓抽象于具象,以有形传无形,用小故事讲述大道理,把通俗化、具象化和形象化结合起来。

创新发展多样化传播手段

我们应当在有效运用传统的宣传普及方式方法的基础上，密切关注信息化时代传播技术发展的新动向和新趋势，不断创新和发展人民群众喜闻乐见的传播手段和传播方式。为此，要努力做到“四个结合”：一是传统媒体与新兴技术相结合，在充分发挥报纸、杂志、广播、电视等传统媒体作用的同时，高度重视微博、微信、客户端等新兴媒体的作用与影响，推动传统媒体和新兴媒体融合发展，建立全方位、数字化、立体式的理论传播体系；二是优良传统赓续与方式创新相结合，在继续运用举行报告会、编写理论读物、开办宣传栏、树立先进典型等传统方法的同时，努力将理论宣传普及融入新闻出版、影视作品、文艺演出和丰富多彩的群众性精神文明创建活动之中，做到寓教于学、寓教于乐；三是宣传引导与群众参与相结合，在推动马克思主义中国化时代化理论进工厂、进农村、进校园、进军营、进网络、进社区的过程中，最大限度地激发人民群众的主动性、创造性，让他们在接受理论熏陶的同时，亲身参与到理论传播普及中来；四是他律与自律相结合，在传播与弘扬党的创新理论时，恪守“研究无禁区，宣传有纪律”的原则，加强相关党纪国法的学习与贯彻，做到为治国理政疏堵而不添堵，为群众服务有理有据。

针对不同受众群体精准服务

我们应当科学划分受众人群，按照不同群体的特点和需求，采用层次化的队伍、多样化的方式，针对不同性质、不同领域的问题进行理论传播普及。一是普及对象的分众化。进一步细化细分受众人群，譬如将社会受众分为机关事业单位、国有企业、非公有制企业、高校、街道、乡镇等，将特殊人群受众分为城市白领、农民工、流动人口等，针对不同受众群体关心关注的问题开展理论宣传普及。二是普及内容的分众化。对于领导干部等社会精英，以全面、系统化的理论宣讲为主要内容；对于普通党员，以党的理论和路线方针政策以及形势任务为主要内容；对于高校师生、中学青少年，以马克思主义理论教育、理想信念教育为主要内容；对于基层群众，应把宣传党和政府的惠民政策与解决现实问题结合起来,尽力为群众答疑解惑。三是传播主体的分众化。广泛吸纳政治素质好、理论功底厚、表达能力强的党政干部、专家学者、白领精英、英雄劳模等社会各界人士,开展基于不同主体、分为不同层次、聚焦不同领域、针对不同对象的理论宣讲普及活动。

另外,还要构建相辅相成的互动机制,形成理论宣传普及的强大力量。首先,健全由党组织牵头负责、宣传部门统筹协调、社会各界共同参与的大宣讲工作机制,加强各层级的宣讲阵地建设,努力形成多层次、网格化、立体式的理论宣讲格局。其次,推进党政工军民学之间的协同互动,最大限度整合各方资源和力量,积极吸收社会各阶层各团体先进人物、典型代表,做到协力合作、互通有无、资源共享,努力形成协同效应。再次,努力消弭理论普及主客体之间的界限和鸿沟,用专家讲理论、干部讲政策、群众讲身边事的形式,促进专家、干部和群众之间形成有效互动。最后,搭建互动平台,通过举办专家讲座、知识竞赛、读书报告会等形式多样的活动,努力打造一批有特色、接地气、受欢迎的理论宣传普及平台和品牌,并让群众广泛参与到其建设中来,在共建共享中提升理论水平、增进思想共识。

立足群众所想所需宣传引导

传播效果就是信息传播对社会公众的影响力,具体表现为对人们态度情感与言行的改变程度。从传播的覆盖面、渗透性与感染力、亲和度等方面看,当今以文图平台网站(如微博、博客、论坛)、交互式软件或手机应用(如微信、QQ)、直播平台等为主要形式的社交媒体的传播效力已经远超传统媒体,这给党的创新理论宣传普及与马克思主义意识形态舆论引导工作带来了难得机遇与巨大挑战。如果不结合当前的媒介环境,不深入社会基层群众,不了解他们的所思所想所需所急,依然沿着以前理论宣传的老路一味地搞议程设置与理论灌输,最终不是事倍功半、成效甚微,就是传而不通、宣而不受,甚或南辕北辙、事与愿违。

当前,世界进入了一个新的全球化时代,经济、政治和文化在不同程度上都存在着全球化的趋势。全球化浪潮对我国文化的冲击不可避免,我们要用智慧和理性去看待文化多元化发展,在文化的冲击中保有中华民族独有文化的核心、保持马克思主义理论创新的与时俱进,用更加自信、尊重、包容的心态看待广大人民群众对外来文化的扬弃与取舍,积极了解社情民意、倾听不同意见,不断对往昔所为查漏补缺、守正创新。

(作者单位:上海大学新闻传播学院。原文刊发于2023年5月26日《河南日报》第6版)

学习贯彻习近平文化思想
勇担新时代文化使命

洪向华　赵培尧

全国宣传思想文化工作会议肯定了党的十八大以来我国宣传思想文化工作取得的历史性成就，强调了习近平总书记对新时代文化建设理论的原创性贡献，并首次提出了习近平文化思想。面对新的历史起点上的新的文化使命，要在建设社会主义文化强国、建设中华民族现代文明的奋斗和实践中展现新气象新作为，必须结合党的二十大关于文化建设的战略部署，持续加强对习近平文化思想的学习阐释与贯彻落实，体悟习近平文化思想指导文化建设实践的强大伟力，在真学真懂真信真用、深化内化转化上下功夫。

党对文化建设规律认识达到新高度

新时代新征程，世界百年未有之大变局加速演进，中华民族伟大复兴进入关键时期，战略机遇和风险挑战并存。在这一关键时代节点提出习近平文化思想，标志着新时代的中国共产党对文化建设规律认识达到新高度，党的历史自信、文化自信达到新高度。

党的十八大以来文化建设实践经验的理论总结。如果没有社会主义文化繁荣发展，就难以继续推进中国特色社会主义伟大事业，也难以实现社会主义现代化。步入新时代，面对现代化建设的发展要求和全球化带来的文化冲击，中国共产党站在新的历史起点，顺应历史发展潮流，推进文化产业和文化事业的改革发展。在以习近平同志为核心的党中央坚强领导下，我国文化建设在中国特色社会主义新时代得以正本清源、守正创新，意识形态领域形势发生了全局性、根本性转变，全党全国各族人民文化自信明显增强、精神面貌更加奋发昂扬，全社会凝聚力和向心力极大提升。

社会主义文化始终是党在思想上、精神上的鲜明旗帜。文化建设领域之所以能够取得一系列原创性理论成果，宣传思想文化工作之所以能够取得历史性成就，最根本就在于有习近平总书记领航掌舵，有习近平新时代中国特色社会主义思想科学指引，特别是习近平文化思想在文化建设领域的靶向引领。习近平总书记坚持中国特色社会主义文化发展道路，确立和坚持马克思主义在意识形态领域指导地位的根本制度，高度重视文化自信，以理论深度拓展了文化建设的实践广度，推动文化建设领域取得历史性成就、发生历史性变革。同时，这些文化建设领域的原创性思想不断充实与完善了习近平文化思想这一思想体系。

习近平新时代中国特色社会主义思想的文化篇章。习近平总书记在新时代文化建设方面的新思想新观点新论断，是新时代党领导文化建设实践经验的理论总结，丰富和发展了马克思主义文化理论，构成了习近平新时代中国特色社会主义思想的“文化篇”。习近平文化思想作为开辟马克思主义中国化时代化新境界的科学理论分支，其理论生成根植于“第二个结合”，即马克思主义基本原理同中华优秀传统文化相结合；同时，其理论内核闪耀着中华文化和中国精神的时代精华，是中华优秀传统文化生命力的激活主体，彰显了时代精神在文化建设领域的新高度。

习近平文化思想的丰富内涵

习近平文化思想既有文化理论观点上的创新和突破，又有文化工作布局上的部署要求，明体达用、体用贯通，明确了新时代文化建设的路线图和任务书。要全面学习贯彻习近平文化思想，必须遵循理论与实践的辩证统一，从新时代文化建设领域创新理论与变革实践的双向互动中把握习近平文化思想的丰富内涵。

强大思想武器——文化理论观点上的创新突破

党的十八大以来，以习近平同志为核心的党中央始终站在时代前列，把社会主义文化繁荣发展摆在显著位置，提出了一系列新思想新观点新论断，集中回答了有关文化建设的一系列时代课题，将文化建设提升到一个新的历史高度。

把文化自信和道路自信、理论自信、制度自信并列为中国特色社会主义“四个自信”。在庆祝中国共产党成立 95 周年大会上，习近平总书记将文化自信同道路自信、理论自信和制度自信并列论述，实现了由“三个自信”到“四个自信”的理论创新。

作为一种更基础、更广泛、更深厚的自信，文化自信是激发人民认同感、凝聚向心力的力量。文化自信的提出使党在文化建设领域的话语建构得到进一步丰富，在“自信”层面的理论建构得到进一步充实，彰显了新时代的中国共产党把握历史主动、深化价值认同的精神风貌。

把坚持马克思主义在意识形态领域指导地位的制度确立为中国特色社会主义制度体系的一项根本制度。在党的十九届四中全会上，习近平总书记明确提出，“坚持马克思主义在意识形态领域指导地位的根本制度”，以制度化的方式划时代地开辟出意识形态工作的制度之维。意识形态决定着文化的前进方向和发展道路，通过发挥制度优势进而巩固社会主义意识形态的领导地位，是中国特色社会主义制度在意识形态和文化建设领域的具体体现，表明中国共产党对社会主义意识形态理论研究取得新成果，对意识形态工作的规律性认识达到新高度。

把坚持社会主义核心价值体系纳入新时代坚持和发展中国特色社会主义的基本方略。党的十九大所概括的“十四个坚持”是新时代坚持和发展中国特色社会主义的基本方略，是实现“两个一百年”奋斗目标、实现中华民族伟大复兴中国梦的路线图。作为基本方略之一，“坚持社会主义核心价值体系”是引领文化发展的精神内核，是坚持和发展中国特色社会主义的价值遵循，是推进社会主义文化繁荣发展的现实要求，能够引领社会思潮、凝聚价值共识，使全体人民在理想信念、价值理念、道德观念上紧紧团结在一起，努力推动全社会形成与社会主义文化强国目标相适应的思想观念、精神面貌、文明风尚、行为规范。

提出“两个结合”。习近平总书记在庆祝中国共产党成立 100 周年大会上的重要讲话中提出“两个结合”，即“坚持把马克思主义基本原理同中国具体实际相结合、同中华优秀传统文化相结合”。从在“七一”讲话中被提出到写入《中共中央关于党的百年奋斗重大成就和历史经验的决议》，再到党的二十大报告的进一步深化阐释，“两个结合”彰显了其对开辟马克思主义中国化时代化新境界的重要意义与关键地位。作为党的最新理论成果的文化篇章，习近平文化思想同“两个结合”的时代要求相契合，鲜明体现了新时代的中国共产党对中华优秀传统文化的激活、创新与发展。

强调“两创”。2013 年，习近平总书记首次提出了“创造性转化、创新性发展”的“两创”思想：“在去粗取精、去伪存真的基础上，坚持古为今用、推陈出新，努力实现中华传统美德的创造性转化、创新性发展”。作为文化建设领域的发展要求，“两创”旨在对至今仍有借鉴价值的传统文化内涵和陈旧的表现形式加以改造，以时代精神激活其生命力，并对中华优秀传统文化的内涵加以补充、拓展、完善，于新时代赋予其影响力与感召力。面对中华优秀传统文化等新时代文化建设要素，以习近平同志为核心的党中央始终坚持“两创”，并将其纳入马克思主义中国化时代化的进程当中，丰富了习近平文化思想在文化创造与文化发展层面的理论建树。

科学行动指南——文化工作布局上的部署要求

习近平文化思想不仅凝汇了习近平总书记对新时代文化建设先进理论的原创性贡献，同时也涵括了新时代以来党对文化工作布局的整体规划与重要决策。这些重要部署进一步充实了习近平文化思想的丰富内涵，彰显了马克思主义科学理论的实践属性。

提高国家文化软实力。国家文化软实力和中华文化影响力是坚定文化自信自强的动力源泉，早在新时代伊始，习近平总书记便将提高国家文化软实力作为建设社会主义文化强国的前置目标，指出提高国家文化软实力关系“两个一百年”奋斗目标和中华民族伟大复兴中国梦的实现。在具体要求上，习近平总书记提出了一系列针对性举措。党的十九届五中全会提出了到二〇三五年建成文化强国，国民素质和社会文明程度达到新高度，国家文化软实力显著增强的远景目标，同时指出了繁荣发展文化事业和文化产业，提高国家文化软实力的部署要求，彰显了以习近平同志为核心的党中央对提高国家文化软实力的高度重视和持续推进。

培育和弘扬社会主义核心价值观。党的十八大以来，习近平总书记高度重视培育和弘扬社会主义核心价值观，提出培育和弘扬核心价值观是社会系统得以正常运转、社会秩序得以有效维护的重要途径，也是国家治理体系和治理能力的重要方面。在具体工作的部署与要求上，习近平总书记提出要把培育和弘扬社会主义核心价值观作为凝魂聚气、强基固本的基础工程，立足中华优秀传统文化，使中华优秀传统文化成为涵养社会主义核心价值观的重要源泉，把社会主义核心价值观贯穿于社会生活方方面面，内化为人们的精神追求，外化为人们的自觉行动。党的二十大报告进一步提出“广泛践行社会主义核心价值观”的具体要求，突出了其在发展社会主义先进文化、弘扬革命文化、传承中华优秀传统文化中的引领性作用。

围绕举旗帜、聚民心、育新人、兴文化、展形象建设社会主义文化强国。习近平总书记在党的二十大报告中明确指出新时代新征程我国文化建设的时代要求，即“推进文化自信自强，铸就社会文化新辉煌”，强调坚持中国特色社会主义文化发展道路对全面建设社会主义现代化国家的必要性，指出建设社会主义文化强国要围绕五个方面展开，即举旗帜、聚民心、育新人、兴文化、展形象。这一重要部署为文化强国建设铺设了鲜明的建设方向与实践导向，能够使文化建设在全局工作中的位置更加突出，为实现第二个百年奋斗目标提供思想保证和精神动力。

对于“十四五”时期我国文化工作的整体布局，习近平总书记强调要把文化建设放在全局工作的突出位置，坚持马克思主义在意识形态领域的指导地位，坚守中华文化立场，坚持以社会主义核心价值观引领文化建设，紧紧围绕举旗帜、聚民心、育新人、兴文化、展形象的使命任务，加强社会主义精神文明建设，繁荣发展文化事业和文化产业，不断提高国家文化软实力，增强中华文化影响力，发挥文化引领风尚、教育人民、服务社会、推动发展的作用。这些部署安排决定了我们必须重视文化作为重要内容、重要支点、重要因素、重要领域、重要力量源泉、重要软实力等方面的发展意义，在习近平文化思想的指导下走好文化建设领域新的赶考之路。

牢牢把握文化工作布局上的新要求

聚焦用党的创新理论武装全党、教育人民的首要政治任务。党的十八大以来，我们党坚持用习近平新时代中国特色社会主义思想武装全党、教育人民，为马克思主义中国化时代化进程赢得了广泛的政治认同、思想认同、理论认同、情感认同。面向社会主义现代化建设新征程中的宣传思想文化工作，必须在坚持“两个确立”的基础上加强对习近平文化思想的研究与阐发，调查研究人民群众在文化建设领域普遍关心的理论和实践问题，有针对性地开展理论阐释、教育引导和典型宣传，切实贯彻好首要政治任务。

肩负新的文化使命。继续推动文化繁荣、建设文化强国、建设中华民族现代文明是习近平总书记强调的党在新的历史起点上所应肩负的新的文化使命。继续推动文化繁荣旨在发展面向现代化、面向世界、面向未来的，民族的科学的大众的社会主义文化，铸就社会主义文化新辉煌；建设文化强国旨在围绕举旗帜、聚民心、育新人、兴文化、展形象建设社会主义文化强国，突出文化建设在中国特色社会主义事业总体布局中的重要作用，使我国由文明古国不断向文化强国迈进；建设中华民族现代文明旨在坚定文化自信、秉持开放包容、坚持守正创新，在推进和拓展中国式现代化的进程中提炼展示中华文明的精神标识和文化精髓，深化文明交流互鉴。

牢牢把握七个“着力”。对于新时代宣传思想文化工作所应把握的实践着力点，习近平总书记提出了“七个着力”，这是习近平文化思想在文化工作布局上的最新部署要求，必须牢牢把握，坚决贯彻落实。

（作者单位：中共中央党校、山东大学马克思主义学院。原文刊发于2023年10月18日《河南日报》第7版）

建设中华民族现代文明道德观

王　乐

习近平总书记近日对宣传思想文化工作作出重要指示，宣传思想文化工作事关党的前途命运，事关国家长治久安，事关民族凝聚力和向心力，是一项极端重要的工作。在新的历史起点上，注重中华民族现代文明道德观建设，是掌握思想和文化主动，着力推动中华优秀传统道德观的创造性转化、创新性发展，赓续社会主义道德观的时代价值，推进中华民族现代文明建设的新的文化使命。

中华优秀传统道德观是中华民族现代文明的源和本

文化连接着一个民族的过去、现在和未来。习近平总书记强调，只有全面深入了解中华文明的历史，才能更有效地推动中华优秀传统文化创造性转化、创新性发展，更有力地推进中国特色社会主义文化建设，建设中华民族现代文明。构成中华民族文化根脉的，正是蕴含在中华优秀传统文化中的思想观念、人文精神和道德规范。传统道德文化及其缔造的道德观，提供了中华民族家国文明的话语演绎、创造了以道德和伦理精神为内核的文化家园、建构了中国人独特的精神气质和道德境界，在中国及人类历史上具有独特的文明史意义。

中华文明的实质，蕴含着深厚的道德基因。《荀子·王制篇》有较为生动的论述："故义以分则和，和则一，一则多力，多力则强，强则胜物，故宫室可得而居也。故序四时，裁万物，兼利天下，无它故焉，得之分义也。"指出正是道德得以区分人与动物，得以汇聚人与人，得以各安其分、合作和睦，得以团结御敌、安居乐业。正是中华优秀传统道德观，使得中国古代社会始终位于良性循环的基本轨道，营造了与西方“市民社会”迥然不同的“伦理社会”。在5000多年历史发展中创造的道德观，围绕着如何成为一个顶天立地的人、如何做一个堂堂正正的好人、如何建设一个良善的社会、如何营造一个“美美与共”的世界秩序，始终做到以文化人、以文启智、以文润德，集“小我”强“大我”、积“小善”为“大善”、敦“小德”化“大德”，孕育并形成了既源远流长又博大精深的伦理文明传统，凝结成既有根有魂又兼容并蓄的道德观，构造了中华儿女的价值追求与集体人格，培植了中华民族的精神力量与道德智慧。博大精深的中华文明道德观，是中华民族独特的精神标识。习近平总书记关于中华文明具有突出的连续性、创新性、统一性、包容性与和平性的重要论述，对于坚持和增强中华文明主体性，强化中华民族的文化认同和文化自信具有极其重要的意义。五个突出特性互相联系、互相影响，共同构成了中华民族独特的精神气韵，也是指导中华民族现代文明道德观建设的圭臬所在。

中华文明道德观是中华文明安身立命之本、立身处世之基、治国安邦之要与天下大同之魂。百万年的人类史、一万年的文化史、五千多年的文明史形成了中国人看待世界、看待社会、看待人生的独特价值体系、文化内涵和精神品质。中华文明道德观的独特性，一方面表现在其以“和”为文明始基与核心价值标准，并贯穿人与自然、人与自身、人与社会、人与他人的各种关系中，具体化为“爱物及物”“推己及人”“爱有差等”“忠恕之道”等实践理性，抽象化为天人、人我、人物、天下等交互主体性，最终扩充为成己、成人、成物的“一日克己复礼，天下归仁焉”的理想境界；另一方面表现在其以“合”为文明根基与核心价值目标，并将各民族、各地区的道德和价值统一为某种共同性。这种共同性既体现在思想理论中，从慎终追远的敬祖意识，到重孝贵忠的家国情怀，再到尊道贵德的文明精神，无不体现着中国对文化传承和价值观引领的重视；又体现在社会实践上，从个人修养理论中的通情达理，到社会建设治理理论中的名正言顺，再到政治理论中的民胞物与，始终贯穿着道德精神对各类“分”“别”的“和”“合”，与各种对立的较量和角逐，从而极大地增强了中华民族的凝聚力、修复力和创造力，维护了中华文明的连续性、创新性、统一性、包容性、和平性，才使中华文明生生不息、血脉永续，才使中国精神、中国价值不倒，才使中华民族有了凯歌行进的根本力量。

社会主义道德观是中华民族现代文明的根和魂

文化是一个民族的精神高地、价值体系和科学创造，是建设富强民主文明和谐美丽的社会主义现代化强国的重要软实力。社会主义道德观，源自于中华民族五千多年文明历史的孕育，熔铸于党领导人民在革命、建设、改革中的创造，是我国在坚持社会主义方向，坚持在马克思列宁主义、毛泽东思想、邓小平理论、“三个代表”重要思想、科学发展观和习近平新时代中国特色社会主义思想指导下，扎根中华大地和中国实践所创造出的具有鲜活生命力的道德观念，推动了社会主义道德文明的发展，提升了国民的道德素质和价值追求，是激励全党全国各族人民奋勇前进的强大精神力量。

根植于社会主义先进文化的社会主义道德观，既受世界大潮洗礼，也为时代风云熏陶，以理论、学术、文艺、网络等多姿多彩的样式塑造着国家形象，引领着社会风尚。历经社会主义思想洗礼的进步知识分子，在审视历史、激活与传承文明基因的同时，自觉运用中华优秀传统道德观丰富发展了马克思主义道德理论，赋予其具体化和民族化特色，孕育和创造了面向现代化、面向世界、面向未来的，民族的科学的大众的中国特色社会主义文化，创造了以为人民服务为核心，以集体主义为原则，以爱祖国、爱人民、爱劳动、爱科学、爱社会主义为基本要求，以社会公德、职业道德、家庭美德、个人品德建设为着力点的引领中国社会发展进步的社会主义道德体系，在全社会不断培养和造就时代新人，为人的持续全面发展和个体人格、能力的自由发挥创造条件，使古老的中华优秀传统道德观焕发出青春的光彩，并随着实践的发展不断赋予新的时代内涵，在新的历史条件下与时俱进、发扬光大，从而不可逆转地改变了中国人民的思想觉悟、道德水准、文明素养，有力促进了社会主义精神文明建设。

建设中华民族现代文明道德观是中国共产党人的初心和使命

中华民族现代文明道德观，巩固了中国式现代化的文化主体性。习近平总书记强调，马克思主义深刻改变了中国，中国也极大丰富了马克思主义。将马克思主义基本原理同中国具体实际、同中华优秀传统文化相结合，这是我们在探索中国特色社会主义道路中得出的规律性认识，是我们取得成功的最大法宝。中华民族现代文明道德观，是“两个结合”的光辉典范，也是感知先辈们在中国式现代化进程中英勇斗争历程、坚定理想信念、厚重爱国情怀、高尚道德人格的人生样本，是映照中国共产党伟大精神谱系和鲜明政治品格的典范教材，可以通过她来不断地教育和引导人民认知、树立和坚持正确的世界观、人生观、价值观、历史观、民族观、国家观、文化观、道德观，从而为实现中华民族伟大复兴中国梦，不断注入蓬勃的生机活力和思想智慧。

对于中国共产党人而言，只有明大德、守公德、严私德，其才方能用得其所。习近平总书记指出，在应对各种困难挑战中，我们党锤炼了不畏强敌、不惧风险、敢于斗争、勇于胜利的风骨和品质。这是我们党思想理念和道德规范最鲜明的特质和特点。正是一代又一代中国共产党人顽强拼搏、不懈奋斗，涌现了一大批顽强拼搏的英雄人物、一大批忘我奋斗的先进模范、一大批舍己奉献的典型楷模，才形成了井冈山精神、长征精神、延安精神、“两弹一星”精神、脱贫攻坚精神等伟大精神，构筑起了中国共产党人的精神谱系。其中所蕴含的“为人民服务”等道德观，是源于马克思主义指导下的共产党人的阶级属性和唯物史观的道德理性。马克思主义认为，无产阶级运动是为绝大多数人谋利益的运动，无产阶级政党除了工人阶级和最广大人民群众的利益，没有自己的特殊利益，这就决定了共产党人必然把为人民服务作为自己的生命根基和价值追求。中国共产党人的这些道德观不仅是中国共产党传奇般的兴起和发展的密钥，而且是中国共产党的立党之本、执政之基、力量之源，是中国共产党人初心和使命的最显著映照。

文明兴邦，道德立世。建设中华民族现代文明，是习近平总书记关于文化建设的最新重大论断。中国式现代化不断地赋予中华文明以现代力量，中华文明持续地赋予中国式现代化以深厚底蕴。建设中华民族现代文明，要将建设中华民族现代文明道德观作为坚定文化自信、弘扬中国精神、彰显中国价值、凝聚中国力量的重要工程来抓，让中华文明道德观展现出永久魅力和时代风采，不断涵育和厚植中华民族现代文明的道德根基，为中国式现代化提供更加广阔的哲学视野、更加深厚的道德智慧、更加丰富的价值指引和更加强大的伦理支撑，不断夯实中国特色社会主义思想道德基础，提高全民族思想道德水平。

（作者单位：中共中央党校。原文刊发于 2023 年 10 月 20 日《河南日报》第 12 版）

踔厉奋发　继往开来

薛庆超

2022年10月，习近平总书记在安阳考察时强调："红旗渠精神同延安精神是一脉相承的，是中华民族不可磨灭的历史记忆。""红旗渠就是纪念碑，记载了林县人不认命、不服输、敢于战天斗地的英雄气概。要用红旗渠精神教育人民特别是广大青少年，社会主义是拼出来、干出来、拿命换来的，不仅过去如此，新时代也是如此。没有老一辈人拼命地干，没有他们付出的鲜血乃至生命，就没有今天的幸福生活，我们要永远铭记他们。"习近平总书记的重要论述高度总结了红旗渠精神，指明了林州（林县）新时代党性教育创新发展的方向。

"强党性"与传承红旗渠精神是紧密联系在一起的

"强党性"是学习贯彻习近平新时代中国特色社会主义思想主题教育的重要内容和具体要求。对弘扬红旗渠精神来说，"强党性"与传承红旗渠精神是紧密联系在一起的。当年的林县、现在的林州，"强党性"的根本出发点和落脚点，就是在各级党组织和共产党员中，牢固树立"愚公移山，改造中国""艰苦奋斗""坚持以人民为中心的发展思想"，把中国共产党"全心全意为人民服务"的根本宗旨、"坚持人民至上"的最新精神，依靠人民、为了人民、服务人民的根本理念落在实处。

20世纪60年代，林县各级党组织和共产党员的坚强党性，就是代表林县人民的根本利益和迫切愿望，修建红旗渠。在这个过程中，各级党组织和共产党人的党性得到最大限度的体现。县委一心一意为群众谋利益，敢于想大事、干大事，站在修建红旗渠的最前线，成为修建红旗渠的坚强领导核心；领导干部身先士卒、与群众同甘共苦，冲锋陷阵，干在前头。共产党员充分发挥先锋模范作用，成为修建红旗渠的中坚力量和先锋队。林县人民吃苦耐劳，坚韧不拔，不怕牺牲，前赴后继，在修建红旗渠过程中，有189位优秀儿女光荣捐躯。林县人民通过艰苦奋斗，终于将红旗渠修建在太行山的悬崖峭壁之上，“人间天河”名副其实，中外皆知。修建红旗渠，使林县各级党组织和共产党员的党性展现在全县人民面前。有了这样的党性楷模，林县人民付出了辛勤劳动和无数汗水，无怨无悔。最终建成的红旗渠彻底结束林县十年九旱、水贵如油的历史，彻底改善林县人民靠天等雨的生存环境，彻底解决林县吃水问题和用水问题，使林县数十万亩耕地得到灌溉，全县粮食亩产大幅度增产。因此，在林县，红旗渠被人民群众称为“生命渠”“幸福渠”。红旗渠既是林县人民自力更生，艰苦创业的一大奇迹，也是林县各级党组织和共产党员坚强党性的纪念碑。

20世纪80年代，林县各级党组织和共产党员的坚强党性，就是在改革开放和社会主义现代化建设新时期，坚持改革开放，坚持开拓创新。习近平总书记指出：“改革开放是我们党的一次伟大觉醒，正是这个伟大觉醒孕育了我们党从理论到实践的伟大创造。改革开放是中国人民和中华民族发展史上一次伟大革命，正是这个伟大革命推动了中国特色社会主义事业的伟大飞跃。”中共十一届三中全会和改革开放极大地激发了林县人民的积极性和创造性。林县各级党组织因势利导，高屋建瓴，共产党员冲锋陷阵，独立潮头，引领林县人民坚持改革开放，在中国特色社会主义道路上阔步前进。通过改革开放，解放思想，家庭承包责任制大见成效。新形势、新发展带来新挑战，农村剩余劳动力问题较为突出。林县农民不想农闲时节在村头、树下晒太阳，聊闲天，打扑克。有改革开放的好政策，有祖辈传下来的手艺，有修红旗渠练出来的实用技术，有战天斗地的顽强意志，林县人走出大山，开始谱写新的英雄篇章。改革开放进程中，林县县委认识到，修建红旗渠锻炼出来善于搞建筑的几十万能工巧匠，是发展林县经济的重要力量，决定对林县人外出搞建筑的潮流给予鼓励和大力支持，并加以有力组织和正确引导。

于是，林县建筑大军走出太行山，走出河南省，在祖国大地上纵横驰骋。林县人修建的厂房、公路、高楼大厦，遍布全国的大中小城市。建筑业很快由补充农业收入的副业发展成为新兴产业，成为林县经济建设的支柱产业。并且“反哺”农业、交通运输业和乡镇企业，实现林县在改革开放中的新发展、新创造和新腾飞，使林县在中国特色社会主义道路上高歌猛进。改革开放解放了林县人民的思想，中国特色社会主义开辟了无限广阔的发展前景。

在坚持和发展中国特色社会主义进程中，林县人民开始向工业化和小康目标进军，逐步实现由农业县向工业县过渡。林县县委从调查研究中认识到，林县乡镇企业长期发展比较缓慢。从20世纪80年代起，当林县建筑大军走遍全国时，县委就要求，外出的施工队伍负责人，要做到：提供一个信息，推销一种产品，创办一个乡镇企业。林县建筑业一方面解决了林县多数人的温饱问题，一方面解决了创业的原始资金积累问题，同时培养了经营管理人才和技术人才，接触了国内外市场，带回了丰富信息。这就为林县乡镇企业大规模发展注入强大动力，起到了带动、启动和推动作用。于是，林县乡镇企业紧跟建筑业异军突起，成为林县迈向小康目标和实现工业化的主力军。林县人民聪明智慧，艰苦创业。过去林县人世世代代在太行山里，面朝黄土背朝天，依靠土里刨食，虽然搞一点副业，但与现代工业无缘。改革开放大潮改变着林县人的观念和眼界，他们的智慧和才能，通过改革开放迸发出来。在建筑业带动下，不要国家投资，林县一座座厂房建设起来，一部部机器发动起来，一车车产品运出来，一个个农民企业家成长起来。林县也在改革开放的时代大潮中发展成为林州市。

以坚强的党性推动红旗渠精神发扬光大

中国特色社会主义新时代，林州各级党组织和共产党员的坚强党性，就是全面贯彻落实习近平总书记关于红旗渠精神的重要论述，以坚强的党性，有力的措施，明确的思路，推动林州市在全面推进中国式现代化的进程中阔步前进，再造辉煌。

第一，要坚持不懈地用习近平新时代中国特色社会主义思想武装头脑。

特别要用习近平总书记关于红旗渠精神的重要论述武装头脑。中共二十大强调,坚持学思用贯通、知信行统一,把习近平新时代中国特色社会主义思想转化为坚定理想、锤炼党性和指导实践、推动工作的强大力量。要在各级党组织和共产党员中,大张旗鼓地学习习近平总书记关于红旗渠精神的重要论述,结合林州市的实际情况,理论联系实际,达到人人皆知,悉心领会,入耳、入脑、入心。

第二,要认真学习新时代关于"坚持把马克思主义基本原理同中国具体实际相结合、同中华优秀传统文化相结合"的重要论述,让"两个结合"在各级党组织和共产党员头脑里深深扎根,开花结果。坚持和发展马克思主义,必须同中华优秀传统文化相结合。只有植根本国、本民族历史文化沃土,马克思主义真理之树才能根深叶茂。中华优秀传统文化源远流长、博大精深,是中华文明的智慧结晶,其中蕴含的天下为公、民为邦本、为政以德、革故鼎新、任人唯贤、天人合一、自强不息、厚德载物、讲信修睦、亲仁善邻等,是中国人民在长期生产生活中积累的宇宙观、天下观、社会观、道德观的重要体现,同社会主义核心价值观主张具有高度契合性。我们必须坚定历史自信、文化自信,坚持古为今用、推陈出新,把马克思主义思想精髓同中华优秀传统文化精华贯通起来、同人民群众日用而不觉的共同价值观念融通起来,不断赋予科学理论鲜明的中国特色,不断夯实马克思主义中国化时代化的历史基础和群众基础,让马克思主义在中国牢牢扎根。根深叶茂才能硕果累累。

第三,要深入调查研究,摸清楚林州发展历史、发展现状、发展经验、发展前景的"底数"。在此基础上制定林州市新的发展规划,实现林州在新时代新的腾飞。"发展才是硬道理。"习近平总书记在庆祝改革开放40周年大会上指出:"四十年春风化雨、春华秋实,改革开放极大改变了中国的面貌、中华民族的面貌、中国人民的面貌、中国共产党的面貌。中华民族迎来了从站起来、富起来到强起来的伟大飞跃!中国特色社会主义迎来了从创立、发展到完善的伟大飞跃!中国人民迎来了从温饱不足到小康富裕的伟大飞跃!"通过深入系统的调查研究,可以摸清"家底",可以找到差距,可以总结经验,可以产生智慧,可以明确思路,可以确立今后的发展方向和发展重点。

第四，理论学习，调查研究，提升党性的目的是推动发展。“空谈误国，实干兴邦。”“坐而论道，一事无成。”从林县到林州，各级党组织和共产党员党性的具体体现，在修建红旗渠上得到了鲜明的展示。20 世纪 60 年代，通过修建红旗渠，有力地锻造了林州各级党组织和共产党员的坚强党性。改革开放给林州插上了腾飞的翅膀，进一步提升了林州各级党组织和共产党员的坚强党性。中国特色社会主义新时代，全面贯彻习近平总书记关于红旗渠精神的重要论述，将极大地提升林州各级党组织和共产党员的坚强党性，激励各级党组织和共产党员在新时代勇立潮头，建功立业。

林州（林县）人民修建了红旗渠，红旗渠又给林州人民带来了巨大的精神财富和物质财富。红旗渠精神作为中华民族的宝贵精神财富，作为中华民族“软实力”的重要组成部分，已经超越林县、超越河南、超越中国，成为人类文明发展史的组成部分。现在，林州各级党组织和共产党员的坚强党性，就是持之以恒，真抓实干，全面贯彻落实习近平总书记关于红旗渠精神的重要论述，解放思想，实事求是，开拓创新，团结实干，踔厉奋发，继往开来，为实现中华民族伟大复兴努力奋斗。

（作者单位：中央党史和文献研究院。原文刊发于 2023 年 10 月 25 日《河南日报》第 9 版）

思想之光照亮前行之路

刘军汉

近期召开的全国宣传思想文化工作会议,正式提出了习近平文化思想。习近平总书记在新时代文化建设方面的新思想新观点新论断,内涵十分丰富、论述极为深刻,是新时代党领导文化建设实践经验的理论总结,丰富和发展了马克思主义文化理论,构成了习近平新时代中国特色社会主义思想的文化篇。实践证明,习近平文化思想作为科学的理论、实践的理论、开放的理论、维护和平与发展的理论,彰显了真理的力量、实践的力量、道义的力量和创新的力量,具有生生不息的马克思主义强大生命力。

深化了对文化建设规律的认识,彰显了真理的力量

党的十八大以来,习近平总书记围绕新时代坚持和发展什么样的中国特色社会主义文化、怎样坚持和发展中国特色社会主义文化的问题,提出了一系列新思想新观点新论断。一是深化对文化建设战略地位的认识。文化建设是"五位一体"总体布局和"四个全面"战略布局的有机组成部分。党在领导人民推进治国理政的实践中,把文化建设摆在全局工作的重要位置。党的十八大首次提出中国特色社会主义事业总体布局是经济建设、政治建设、文化建设、社会建设、生态文明建设"五位一体","文化建设"是有机组成部分。党的十九大进一步指出"五位一体"总体布局是一个整体,文化建设是其灵魂。党的二十大首次将"文化自信自强"写入党代会报告,强调坚定文化自信。习近平总书记对宣传思想文化工作作出重要指示指出,宣传思

想文化工作事关党的前途命运、事关国家长治久安、事关民族凝聚力和向心力。二是深化对文化建设根本保证的认识。党的领导是文化健康发展的根本保证。党的十八大以来,习近平总书记先后主持召开宣传思想、文艺、新闻舆论、网络信息安全、高校思想政治工作、党史学习教育、哲学社会科学工作、文化传承发展等一系列会议并发表重要讲话,对事关文化建设的重大问题进行指导和部署,强调坚持和加强党对宣传思想文化工作的全面领导。习近平总书记对宣传思想文化工作作出的重要指示的第一个“着力”就是要着力加强党对宣传思想文化工作的领导。三是深化对文化建设指导原则的认识。党的十八大以来,以习近平同志为核心的党中央高度重视马克思主义在意识形态领域指导地位的建设。党的十九届四中全会第一次明确提出了坚持马克思主义在意识形态领域指导地位的根本制度。习近平总书记对宣传思想文化工作作出重要指示强调要着力建设具有强大凝聚力和引领力的社会主义意识形态,标志着我们党对文化建设规律的认识达到了一个新高度。

遵循了明体达用、体用贯通的方法论,彰显了实践的力量

宣传思想文化工作会议提出,习近平文化思想既有文化理论观点上的创新和突破,又有文化工作布局上的部署和要求。显然,这一思想遵循明体达用、体用贯通的马克思主义方法论,彰显了实践的力量。“明体达用、体用贯通”,“体”是思想、文化;“用”是实践、运用,意即理论联系实际。这里的“体”主要包括三个方面。一是以马克思主义意识形态为“体”,以此凝聚“民族向心力”。意识形态工作为国家立心、为民族立魂,是党的一项极端重要工作。意识形态决定发展道路和前进方向。党的二十大报告提出,要建设具有强大凝聚力和引领力的社会主义意识形态。在此次宣传思想文化工作会议重要指示中,习近平总书记明确提出“着力建设具有强大凝聚力和引领力的社会主义意识形态”等“七个着力”的要求,为我们在“用”上提供了实践指引。二是以中华优秀传统文化为“体”,用好中华优秀传统文化百宝箱,实现“第二个结合”。“第二个结合”就是明体达用、体用贯通。党的十八

大以来，以习近平同志为核心的党中央把传承发展中华优秀传统文化作为一项战略性工程来抓，颁布实施的《关于实施中华优秀传统文化传承发展工程的意见》就是重大举措，有力推动了中华优秀传统文化创造性转化、创新性发展。三是以革命文化和社会主义先进文化为“体”，奏响文化“和合”曲。革命文化是激励中国人民克服一切艰难险阻、从胜利走向胜利的重要因子，是中华民族立足当代、走向未来的精神财富。社会主义先进文化在多样化的文化观念和社会思潮中居于主导地位，中国特色社会主义的生动实践为其发展注入了蓬勃动力，也要运用好这一宝贵资源。

致力于维护世界和平与发展，彰显了道义的力量

对外宣传工作是习近平文化思想的重要内容。党的十八大以来，我们大力推动国际传播守正创新，积极推动中华文化走出去，构建具有鲜明中国特色的传播体系。习近平总书记就加强和改进对外宣传发表诸多论述，这既是习近平外交思想的重要内容又是习近平文化思想的重要组成部分。我们的对外宣传工作致力于为我国发展营造良好的国际环境，致力于维护世界和平与发展，彰显了道义的力量。

习近平总书记强调，我国日益走近世界舞台中央，有能力也有责任在全球事务中发挥更大作用，同各国一道为解决全人类问题作出更大贡献。要深刻认识新形势下加强和改进国际传播工作的重要性和必要性，加强国际传播能力建设，为我国改革发展稳定营造有利外部舆论环境，为推动构建人类命运共同体作出积极贡献。习近平总书记出席上海合作组织成员国元首理事会发表题为《牢记初心使命坚持团结协作实现更大发展》的重要讲话强调，各国人民对美好生活的向往就是我们的追求，和平、发展、合作、共赢的时代潮流不可阻挡。我们要肩负起时代赋予的重任，为维护世界和平与发展注入更多确定性和正能量。习近平总书记向 2023 北京文化论坛致贺信时呼吁，文明交流互鉴，践行全球文明倡议，为推动构建人类命运共同体注入深厚持久的文化力量。

积极回应各国人民普遍关切，为解决人类面临的共同问题作出贡献，以

海纳百川的宽阔胸襟借鉴吸收人类一切优秀文明成果，推动建设更加美好的世界。习近平总书记对宣传思想文化工作作出重要指示提出，着力加强国际传播能力建设、促进文明交流互鉴。作为负责任的大国，中国从人类整体利益出发，提出构建人类命运共同体，建设一个持久和平、普遍安全、共同发展的世界，为人类未来擘画了美好愿景。

秉持了开放包容、与时俱进的理论品格，彰显了创新的力量

习近平总书记指出，马克思主义是不断发展的开放的理论，始终站在时代前沿。实践在不断发展，人们对于客观事物的认识也在不断发展。全国宣传思想文化工作会议指出，习近平文化思想是一个不断展开的、开放式的思想体系，必将随着实践深入不断丰富发展。习近平文化思想开放包容、与时俱进的品格，彰显了创新的力量。

从2018年8月全国宣传思想工作会议以“九个坚持”概括宣传思想工作的规律性认识，到党的二十大从五个方面重点部署文化建设工作，再到当前“七个着力”的重要要求等，既有认识论和方法论上的创新，又有宏观层面和具体层面上的实践创新，还有话语表述方面的创新。这次全国宣传思想文化工作会议名称与以往相比增加了“文化”二字，就是一个例证。习近平文化思想的创新性，不仅在于随着实践发展而不断发展，还突出体现在推动文明交流互鉴、繁荣世界文明百花园上。诚如习近平总书记所言，今天，我们要铸就中华文化新辉煌，就要以更加博大的胸怀，更加广泛地开展同各国的文化交流，更加积极主动地学习借鉴世界一切优秀文明成果。不断展开的、开放式的思想体系，体现了马克思主义认识论的实践性，习近平文化思想必将随着时代发展而不断深化。

（作者单位：河南省中国特色社会主义理论体系研究中心。原文刊发于2023年11月8日《河南日报》第8版）

文化学术

周代中原地区的礼乐文明

曹建墩

中原拥有优越的地理区位优势，处于南北、东西交通的会合处，是八方辐辏之地。从龙山晚期以来，中原一直为华夏文明的核心区。殷周革命后，以周公为主导的统治阶层进行了一系列礼乐制度建设，确立了“郁郁乎文哉”的礼乐法度，新兴王朝的政治典章、礼仪制度逐渐完备，“周虽旧邦，其命维新”，宗周社会形成了崇文尚德、重视礼乐文教的文化风尚。中原地区由于其特殊的政治文化地位与地理位置，也成为礼乐文明的渊薮与多元文化的熔炉。

中原地区乃礼乐渊薮

自殷周鼎革后，周王朝东征东夷、营建成周洛邑、分封建卫、制礼作乐，皆以中原为中心，中原是周王朝经略东方的政治重心。陕西宝鸡出土的何尊铭文有云：“余其宅兹中国，自之乂民。”这里的“中国”指伊洛地区以成周为中心的区域，此铭表明中原乃“天下之中”，为周王朝治理天下之枢机。成周洛邑建成后，成王在此举行盛大礼典，向天下宣示文德，洛邑成为四方诸侯云集朝会的政治中心。周平王东迁后，洛邑的政治地位日益增强，《国语·周语中》记载周定王说戎狄“适来班贡”，这说明春秋时期，洛邑仍然是周边异族前来朝贡的政治中心。随着周王朝政治重心东移，礼乐典籍荟萃于洛邑，洛邑更是成为文化中心与礼乐渊薮，史载孔子曾经专门前往洛邑向老子问礼。从20世纪50年代开始，考古人员在洛阳王城的东部、西部、中部等处发现许多贵族墓葬及陪葬殉马坑等，出土有大量青铜礼乐器与玉器。2002 年 7 月，在洛阳河洛文化广场工地发现了 397 座东周墓葬和 18 座车马坑，其中发现了由六匹马驾驭的"天子之乘"。此外，王城东北部出土有"繁阳之金"剑和"敌王夫差之元用"剑，在王城外出土有齐侯嫁女于王室的媵器齐侯鉴。这些考古发现表明，东周洛邑占据文化中心的地位，仍有其政治与文化影响力，周天子为"天下共主"的传统政治观念仍具有合法性。

夏商周三代的礼，是"经国家，定社稷"，纲纪政治社会秩序的道德准则、规章制度和礼仪程式。"器以藏礼"。两周时期的礼乐制度，在考古学上主要体现为青铜礼乐器、玉礼器、车马及车马器等"仪式性的徽章与道具"，周代对此有严格的礼制规定。周代贵族各等级间有严格的政治隶属关系，不同层级的贵族其礼仪法度、名物度数都有规定，《左传》庄公十八年说："王命诸侯，名位不同，礼亦异数，不以礼假人。"所谓礼数，即指彰显贵族等级尊卑的名物度数、礼仪法度等，《左传》宣公十二年所言"君子小人，物有服章，贵有常尊，贱有等威，礼不逆矣"即此意。《左传》隐公五年说："君将纳民于轨物者也。故讲事以度轨量谓之轨，取材以章物采谓之物。不轨不物，谓之乱政。乱政亟行，所以败也。"此处所说的轨，指礼仪法度；物，指显示身份地位的服物采章。《左传》桓公二年云："君人者，将昭德塞违……夫德，俭而有度，登降有数，文物以纪之，声明以发之，以临百官。百官于是乎戒惧，而不敢易。"此处所言的度、数、文物、声明等，都是用来表现等级差异的各种礼制规定，它们且具有"昭德塞违"（彰明美德，杜绝错误）功能。《左传》定公四年云："以先王观之，则尚德也。昔武王克商，成王定之，选建明德，以蕃屏周"，又云："三者皆叔也，而有令德，故昭之以分物"。周初分封，拥有令德是诸侯受封获取土地、"分物"的原因与依据，诸侯所受赏的备物典册、礼乐彝器等具有彰显明德的功能。周代以德爵位，德爵一体，爵表征其德，有德方有爵，即所谓的"爵不逾德"（《左传》）成公十八年，"爵有德而禄有功"（《礼记·祭统》）。与爵位相应，车服、旗章、彝器、玉瑞等物章均有礼制规定，以体现贵族阶层身份等级地位之差与其职责，然在宗周社会，它们更有表征、彰显贵族令德的功能。

贵族墓葬中随葬铜礼器数量的多少、文质与组合等，标志着墓主人的身份地位，其中最能体现墓主人地位的是铜鼎的数量。在考古学上，一个墓葬中所发现的一组形制相同、纹饰相同（或基本一致）、大小依次递减或相同的鼎的组合被称为列鼎。铜鼎往往与铜簋相配，鼎是盛肉器，其数为奇数；簋用来盛黍稷等饭食，其数为偶数。据后人考证，一般情况下，天子在祭祀、宴饮等场合用九鼎八簋，诸侯用七鼎六簋，大夫用五鼎四簋，上士用三鼎二簋，下士用一鼎二簋。实际上，即使同是诸侯，其用鼎数量会因其国家的大小与爵秩差等而有差异，例如，三门峡虢国墓地的国君墓葬，均为7鼎墓，而平顶山应国墓地的国君墓葬，均为5鼎墓。虢国为大国，爵位较高，故虢国国君用鼎数量显然比爵位较低、国家较小的应国国君要丰隆。而且，国君夫人的用鼎数量比其丈夫用鼎数量要减杀降等，例如，虢国国君夫人墓，随葬5件铜鼎，应国国君夫人墓，随葬3件铜鼎，均比其夫君用鼎要少，这反映了男女之间的尊卑差异。

周代，钟、磬等乐器被称为金石之乐，属于高规格的乐器。周礼严格要求不同层级的贵族使用符合其等级身份的乐悬制度。所谓乐悬，指必须悬挂起来才能进行演奏的钟磬类大型乐器，包括甬钟、钮钟、镈等钟类以及磬（特磬或编磬）等玉石乐器。虢国国君墓均随葬有铜编钟（均8件为一套）、铜钲（1件）与石编磬（9件一套），而太子墓则无铜编钟，只随葬有铜钲1件与分为二套的石编磬20件。应国墓地中铜编钟与石编磬仅见于个别国君墓葬中，其中一座西周晚期应侯墓随葬7件铜编钟，多数国君墓无编钟随葬。

虢国墓地与应国墓地都发现有大量玉器，两个墓地的国君与国君夫人的胸前大都有一组多璜联珠组合玉佩，但虢国墓地有七璜、六璜、五璜联珠组合玉佩，并有较多动物形玉佩，而应国墓地除有五璜、四璜、二璜联珠组合玉佩之外，还出土有虢国墓地所缺少的七列、十列、二十列串珠组合玉佩，但动物形玉佩较少。多璜组合玉佩具有表征国君或国君夫人身份地位的功能，如虢季墓随葬7件列鼎，伴有七璜联珠组合玉佩；虢季夫人墓随葬5件列鼎，伴有五璜联珠组合玉佩。这种多璜组合玉佩，其他地位稍低的贵族（即便是太子）也无权享用。需要说明的是，组合玉佩的兴起与贵族尚文之风有密切关系，其主要功能是调节行礼中步速缓急，展现优雅的仪态，以增加贵族之威仪，是两周礼乐文明的产物。

多元的礼乐制度与一统化文明进程

西周分封的诸侯国多在华夏文化圈内，特别是中原殷商旧地，除了姬姓诸侯外，周人还褒封了一些先代圣王之后，如封虞、夏、商之后于陈（今河南淮阳）、杞（今河南杞县）、宋（今河南商丘），称为“三恪”。为了表达对先圣王之后的尊敬以笼络其心，周王朝还给与褒封之国一些礼乐制度上的特殊优遇。《左传》僖公二十四年记载：“宋，先代之后，于周为客，天子有事膰焉，有丧拜焉。”作为殷商后裔的宋国可以用商王室沿袭的天子之礼乐，周人待之以宾客之礼，这是一种莫大的礼遇。又《左传》襄公十年载：“诸侯宋、鲁，于是观礼。”宋国仍然保留有殷商礼乐与典章文物，并可用天子之礼乐，故吸引诸侯前往观礼。春秋时期，宋国宫廷祭祀、燕飨时仍沿用殷商桑林舞。《左传》襄公十年载：“宋公享晋侯于楚丘，请以桑林”，“舞师题以旌夏，晋侯惧而退入于房”。桑林乐舞乃商人旧有的乐舞，属天子之乐，宋国国君用之隆重招待晋侯，但桑林乐舞怪异恐怖，以至于惊吓到晋侯。除了宋国，杞国也因其先王之后的身份在礼乐制度上享有一定的优遇。《礼记·礼运》说：“杞之郊也，禹也。宋之郊也，契也。是天子之事守也。”郊礼乃天子之礼，杞国因其为先代圣王之后，与宋国一样，也可以郊祀祭天。

出于稳定局势、笼络人心的考虑，周人对一些异姓邦国或前朝遗民“修其教不易其俗，齐其政不易其宜”（《礼记·王制》），允许其一定程度上保留自己的礼俗。例如，宋国在祭祀上仍然沿袭殷商“尚声”之风。《诗经》中《商颂》五篇为宋人宫廷祭祀乐歌，其风格与体现周礼风格的《周颂》不同。《商颂》铺排乐声之盛，而乏酒食之飨；《周颂》则节奏舒缓，能够烘托宗庙之祭的庄重、肃穆气氛，以显示祭祀者内心的庄重、诚敬之情。《商颂》诗句铺陈排比，着力夸耀先祖的武功，颂扬先祖开疆拓土之武力。这些对先祖之武功的夸耀和《周颂》之重视“文德”存在很大差异。宗庙祭礼中，宋人祭祀尚声，重乐舞娱神，希望以场景宏大和热烈的乐舞鼓声取媚其先祖，缺少周人向内心收敛，追求懿德的文化心理。再从考古学上看，分散各地的殷遗民仍然保存了旧有的宗族结构和文化传统。河南出土的周初青铜器中，殷系青铜礼乐器占很大比重，而且铭文中的称谓、天干记名、族徽等方面乃殷人之礼俗，显然是殷遗民所作之器。鹿邑县太清宫西周长子口墓，墓中殉人13个，墓底中部有殉人与狗的腰坑，这是典型的商人葬俗。出土青铜器有尊、觯、觥、觚、爵、角、斝等酒器，以及编铙、骨排箫等乐器。综合看来，墓主人应为殷遗贵胄。浚县辛村卫国贵族墓地出土的周初青铜器群中，部分器带有殷商族徽。鹤壁庞村西周墓出土的父乙觯、鱼父乙铜卣等也带有鲜明的殷商遗风。此外，在河南的郑州洼刘遗址、上蔡田庄、鲁山仓头、襄县霍庄村、信阳浉河港等地都曾出土有浓重晚商风格的青铜礼器，或发现有殷遗风格的墓葬。这些考古发现表明，殷商遗民的丧葬、祭祀、燕饮等仍然采用殷礼。而东南的陈国，由于受南方文化的影响，巫鬼隆祀之风较盛。《毛诗·陈谱》说陈国"好巫觋、祷祈鬼神歌舞之乐，民俗化而为之"，《汉书·地理志下》亦谓之"妇人尊贵，好祭祀，用史巫，故其俗巫鬼"。春秋时期，陈国受楚国影响较大，《国语·周语中》说："陈，我大姬之后也。弃衮冕而南冠以出，不亦简彝乎？是又犯先王之令也。"陈人在表征华夏礼乐文明的衣冠上追随楚国之俗，其礼乐制度与周礼应存在一定差异。

两周时期，中原的杞国、宋国、陈国等异姓诸侯，以及一些殷商遗民、前代之后，自有其礼乐文化传承，而不是全用周礼，从而使中原地区各诸侯国的礼乐制度呈现出多元的面貌。

自周初分封后，中原众多的邦国部族在天下共主的政治格局内开始了文化整合与交融，从而促进了华夏文明一统化进程。周人重视通过礼乐文教化成天下，通过推行礼乐文教、文化融合等手段，将周礼播迁到各地。因此，西周时期的分封其实也是一种特殊形式的"文化殖民"，它将周人的礼乐制度与意识形态推进渗透到各封建国家与周边异族，从而确立周礼在政治与意识形态上的主导地位。西周王朝坚持以德燮和天下的德治策略，尊重各地文化风俗，开创了"怀柔远人"、"柔远能迩""兴灭国继绝世"的德政传统。周王朝遵从"耀德而不观兵"、"以文修之"的理念，试图利用礼乐道德的力量，以怀柔手段来整合天下诸邦，维护天下一家的王权秩序。在"普天之下，莫非王土；率土之滨，莫非王臣"的思想意识中，华夏诸国保持了对周王室的政治认同，奉之为天下共主；在礼乐文明的空间扩张进程中，周王国通过各种礼典来强化亲亲尊尊、孝悌、尊老等伦理道德规范，周礼以及周礼蕴含的意识形态为各国贵族阶层认同并遵循，这就是所谓的“王化”。礼乐政教的推行，促进了周王国一体化的文明化进程。经过宗周社会几百年的礼乐文化浸润，不同族群进一步融合，各诸侯国之间的文化同质性日趋加强，不仅华夏诸侯国对“德礼”政治模式以及周礼形成了深层次的认同，而且华夏之外的族群对周礼文教也产生了共同的文化认同。

从考古学上看，西周中期以后，中原地区的考古文化面貌越来越趋于统一，周礼风格的墓葬与青铜礼器都具有高度的统一性。殷商风格的腰坑、殉人等礼俗基本消失；青铜器上天干命名、族徽等殷商旧俗也甚为少见。尤其是作为礼乐文明象征符号的青铜礼乐器，其形制、纹饰、铭文等都具有典型的周人风格，具有高度的同质性。如上海博物馆收藏的西周晚期的陈侯簋，是陈国国君为女儿出嫁铸作的媵器，无论是器型还是纹饰，都是典型的周风格，说明经过长期的联姻、聘问等交流方式，中原诸国的异姓诸侯已遵循周礼，其原来的文化传统也已被周人所同化。河南伊川徐阳村新近发现的戎族墓葬群，从其墓葬风格看，仍然保留有部分本族之俗，但随葬的青铜礼乐器、编磬、玉璜、玉扳指等物显然属于周礼文化系统，表明这些异族很大程度上接受了周礼，周人的礼乐制度对其渗透浸淫较深，上层贵族文化已经华夏化。这些文化现象既是周王朝在各诸侯国推行周礼文教的结果，也是文化交流融合的结果。

经过西周社会几百年的德礼政教与文化融合，春秋战国时期形成了一具有高度政治和文化认同的华夏文明共同体，而中原文明则是其核心，礼则是华夏文明共同体自我认同的文化符号，礼乐文明也成为共享的文化模式。

（作者单位：河南大学历史文化学院。原文刊发于 2023 年 6 月 3 日《河南日报》第 6 版）

百家争鸣中的中原声音

张晓琳

东周时期,诸子蜂起,学派林立。春秋战国时期的中原地区,百花齐放,百家争鸣,盛况空前。

儒家:以仁为本

儒家学派的开创者孔子,曾长期在中原地区讲学论道。孔子逝世之后,其高足子夏继续宣传推行儒学,在西河设教授业。魏文侯曾受经于子夏,其当政后,设置博士官,举全国之力推行孔学,开了儒学为国学之先河,影响深远。梁启超先生认为"儒家言道言政,皆植本于'仁'。"何为仁,孔子答,"克己复礼为仁","爱人"为仁。而"仁"的实施主体是人,孟子曰:"仁也者,人也。合而言之,道也。"于个人而言,儒家强调人与人之间要具有同情之心,"己所不欲,勿施于人","夫仁者,己欲立而立人,己欲达而达人。"这是一种人格意识的觉醒,人的生活方式绝非单一、独立的个体,而是具有连带关系的统一体,彼此交相依赖,所以儒家希望人们能够推己度人,修身治齐,完善人格。于政治,儒家认为政治乃统治者的责任,其宣扬德治、仁政,教民齐民,提高国民人格,使之进步,通过道德手段达到治国目的。孟子承袭孔子、子思之说,推崇理想之政治,是以尧舜为代表的圣人之政,为君者应劝课农桑,重视教育,退不肖、进贤能、正视听。强调"民为贵,社稷次之,君为轻",民心的向背是决定国家兴亡的关键。荀子继承了儒家的礼学思想,又把礼的内涵扩大,顺应当时的社会经济要求,融入法术思想,既言礼又言法。其强调“国无礼则不正”，提出“隆礼尊贤而王，重法爱民而霸”的治国理政之命题，认为“隆礼至法则国有常，尚贤使能则民知方，纂论公察则民不疑，赏克罚偷则民不怠，兼听齐明则天下归之”。又提出民本思想，“君者，舟也；庶人者，水也。水则载舟，水则覆舟。”要求君主施仁政、惠万民，若“庶人骇政，则君子不安位”。相比起孔孟之说，荀子的政治思想更具有现实主义倾向。先秦儒学高扬人本主义精神，以仁为本，构成中国传统文化的重要源头和主干。

法家：一断于法

除了推广儒学，魏文侯还任用子夏的弟子李悝进行变法改革，魏国率先发起的全国性变法改革引发了其他列国的震动，从而掀起战国时期各国变法改革的浪潮。李悝主张的“法治”思想对法家学说体系走向成熟具有重要意义，商鞅、韩非子等人受李悝“不别亲疏，不殊贵贱，一断于法”的法治原则的影响极为深刻。尤其是韩非子，韩非子乃法家之集大成者，战国末韩国人，曾师从荀子，又从黄老思想，喜刑名法术之学。受各路思潮的影响，自成体系，其学说以法治主义为根本，取各家思想之优势为法治主义服务。蔡元培先生指出法家学说之主体即“以道为体，以儒为用”。韩非子承商鞅之说，注重刑罚，倡导以法治国，其袭荀子之言，认为人性恶，生来就趋益逐利，儒家之德治在性恶面前，会被自私自利之风摧荡无存。所以君主官吏需行法治，“奉法者强则国强，奉法者弱则国弱”，以法律威势震慑民众，但韩非又强调主刑罚者不可滥用刑罚、强权，即法之有度，赏罚分明。其曰：“绳直而枉木斫，准夷而高科削，权衡悬而重益轻，斗石设而多益少，故以法治国举措而已矣”。同时又主张法律应循时势而变通，“今欲以先王之政，治当世之民”，犹若守株待兔之类。世事瞬变，古今异俗，不可因循守旧，若以宽缓之策治乱世之民，如信马由缰，国之大患，反之亦然。虽然法家重刑罚，按法以治众，但其告诫为王为君者：“徭役多则民苦，民苦则权势起，权势起则复除重，复除重则贵人富。苦民以富贵人，起势以藉人臣，非天下长利也。”法家之旨在于“有术之君”以律法约束民众，“行必然之道”。

道家：无为而治

春秋之时，老子提出了以“道”为核心的价值观体系。战国时期，老子思想为列子、庄子所继承。刘向指出：“道家者，秉要执本，清虚无为，及其治身接物，务崇不竞，合于六经。”老子试图通过提出一个“道”来阐扬人性的自由和生命的意义，总结万物之开端、存在之根据，运行之规律以及行动之准则。列子“贵虚”，其根本义旨与老子思想接近。好为形而上学之探究，阐明宇宙之实在。列子在老子“道”的基础上，提出“体道合真”，道是万物的本体，只有实现人性与道体的合一，达到冲虚自然之境，才能获得心灵的自由。在社会政治方面，老子强调统治者应循民心所向，而非逆民意而行，尊重社会发展的客观规律，充分调动民众的自我能动性和创造力。同时，他又认为“民之难治，以其智多”，主张“愚民”而治，倡导建立百姓“甘其食，美其服，安其居，乐其俗，邻国相望，鸡犬之声相闻，民至老死不相往来”的“小国寡民”的理想社会组织模式。这种理想化的生活状态以及消极的价值观念，常为后代遁世者所推崇。列子继续推行黄老学派“清虚无为”的治世主张，倡导遵道贵德、返璞归真、无为而治。反对君臣纲常，礼仪教条，认为人与人的关系应是“公天下之身，公天下之物”，消除差别，无所谓贵贱有无。庄子在哲学思想上继承和发展了老子“道法自然”的思想观点，使道家真正成为一个学派。“道”是庄子超越哲学的核心，“万物齐一”是追求生命自由的必然世界观。他最早提出的“内圣外王”思想对儒家影响深远。

墨家：兼爱非攻

清代顾栋高《春秋大事表》云：“春秋之初，宋、郑号为中原大国”，乃东西南北之中枢，墨家、名家就起于此间。墨家之学以兼爱、尚同为本，提倡节用、节葬等尚俭之义理。冯友兰先生定性“墨子哲学为功利主义”，其尚俭节用及兼爱非攻等观念，虽为时人原有之主张，但是墨子不仅实行之，还为此创建了一套理论依据：墨子认为社会纷乱，国家动荡，是因人无“兼爱”之心，故而大国相倾，百姓相欺。“若使天下兼相爱，国与国不相攻，家与家不相乱，盗贼无有，君臣父子皆能孝慈，若此则天下治。”而社会冲突、争夺之原乃物资匮乏，所以主张“节用、节葬、短丧、非乐”，奢靡之风并不符合国家与人民之利，理应摒弃，这也是数千年中华民族一脉相承的传统美德，置于当代之社会道德价值体系中依旧充满活力。所谓“功利”之说即以百姓之“利”为衡量国家施政之“功”是否有益的标准，“兴天下之利，除天下之害”。就此来看，墨家之说是为实用之义，时至今日，这种“功利”观念仍旧值得当代社会学习和借鉴。

名家：形名之治

春秋末期，郑国大夫邓析受墨家和法家学说的影响，又因自己铸刑书，教民讼狱，故而致力于诤辩之术，提出“形名之治”，并创立名家学派。邓析在对自然物的认识和规律探索方面建树卓然。其辩“形名”，是为了别同异、定是非、分白黑、理清浊，又称之为大辩；同时反对“别言异道，以言相射，以行相伐，使民不知其要”的小辩。于治国理政方面，主张“循名责实”，即为君为臣者，既然担其名，就得司其责，“位不可越，职不可乱，百官有司，各务其形。上循名以督实，下奉教而不违”。强调君主不应脱离人民，政令之施行应根据人民的实际情况而修订，“视民而出政”才是明君之实。又提出安国治世之道：为君者，不可惟亲所信，以名取士，近故亲疏；为臣者，不可无功而受赏，居大位而不治，理官而不平，御军阵而奔北。邓析这些名辩思想和治国义理对之后的名辩学者给予了莫大的影响，尤其是惠施，他在政治方面的思想与法家相似，强调信赏必罚的重要性。在哲学方面，惠施提出了“万物说”，以客观世界为认识对象，推导出物质形态的两极，“至大无外，谓之大一；至小无内，谓之小一”。指出物质在大小方向上的无限性，虽然该理论存在缺陷，但这是中国古代唯物主义自然观在对世界本源探索上实现的一次质的飞跃。在辩论之术上，惠施及桓团、公孙龙等人都陷入了邓析所反对的“小辩”之囿。通过制造与众人相反的怪异观点，然后辩赢别人，从而获得名声。

纵横家:合纵连横

纵横家起兴较晚,至战国而后大成。其中苏秦、张仪是战国时期合纵连横说的代表人物,当时战国七雄争霸,以中原腹地的韩、赵、魏三国地理位置而言,北可连燕,南连楚为纵,东、西齐、秦为横。《韩非子》中解释“纵横”为:“纵者,合众弱以攻一强也;横者,事一强以攻众弱也。”即燕、齐、赵、韩、魏、楚六国南北联合,西向拒秦,叫作“合纵”;解散纵盟,使六国分别西向事秦,叫作“连横”。纵横家长期在列国之间展开游说,以外交辞令见长,在思想、学术上的建树反不如其在辞赋上的地位显赫。在儒家看来,纵横家的所作所为无不是倾覆权谋、利己诡诈之术,认为合纵连横带来了频繁的战争,这对于主张“慎战”的儒家学者来说是鄙夷和摒弃的,故荀子批评道:“用国者,义立而王,信立而霸,权谋立而亡。”然综观战国之形势,纵横之术乃是当时社会矛盾运动所产生的结果,而儒家的政治理论是天下统一的理想途径,二者是历史发展的产物,皆适用于当下。但从长远来看,儒家的政治理想远比纵横家的存在更具意义,这也是历史选择的结果。

杂家:博采众长

杂家可谓是先秦诸家学说之集大成。《汉书·艺文志》云:“杂家者流,盖出于议官。兼儒、墨,合名、法,知国体之有此,见王治之无不贯,此其所长也。”杂家代表人物吕不韦,战国末期卫国商人,后事于秦王嬴政,顺应时势发展,博采众长,主持撰写《吕氏春秋》。在书中,吕不韦绘制了一幅封建一统的宏伟蓝图,为秦统一六国后定制了一套治理天下的方案:以道家“法天地”为主导思想,顺应自然运行之规律;以儒家思想为原则,要求统治者宽以待民,仁义治之,重视忠孝之义;依法家义理为手段,举事必循法,法随时易,主张建立国家官僚体系;以墨家为辅助,主张节丧、尚贤,反对暴君、暴政,推动社会进步;实行“上农”之策,巩固经济基础等。汉代高诱曾曰:“此书所尚,以道德为标的,以无为为纲纪,以忠义为品式,以公方为检格,与孟轲、荀卿、淮南、扬雄相表里也。”吕思勉先生称杂家为“通学者之先驱”,兼容众家之说,集合治法之全,它代表着诸子学说从百家争鸣最终走向为封建统一服务的历史趋势。

(作者单位:苏州大学。原文刊发于2023年6月15日《河南日报》第8版)

中原地区城市起源、发展与鼎盛

刘余力

古代中原地区是天下之中，四方辐辏之地。中原地区是华夏文明的发祥地，而城市又是文明的重要标志。探讨中原地区城市起源、发展、鼎盛等问题，对于研究中华文明的产生、发展、兴盛具有重要意义。

城市的出现，经历了漫长的孕育阶段。城市出现之前，早已有了大型的环壕聚落。生产力的发展，发明了城墙建造技术。将建筑城墙的技术运用于聚落，离城市的产生就不远了。随着社会的进一步发展，特别是聚落对应的氏族势力的扩张及氏族之间战争的兴起，建造城市就成为社会的需要了。当所有因素都积累到一定程度，“城市”这朵灿烂之花便破土而出，极为震撼地绽放在大家的面前。

产生和初步发展

中原地区发现的最早城市，是仰韶文化晚期的郑州西山古城和淅川龙山岗古城。西山古城位于郑州市北郊23千米处的西山上，距今5300年~4800年。城址平面近圆形，面积约3.45万平方米，在西、北城墙分别设有城门。城墙的建造，采用了夯打、版筑和挖槽筑基等多种技法，表现出建筑技术的进步，在中国古代城市史上，可谓是开历史之先河。这一阶段的城市刚产生，因此数量少、城市规模小、城垣形状不规整，具有一定的原始性。

目前发现的龙山时代的城址有13座，分别是安阳后冈、濮阳戚城、濮阳高城、登封王城岗、新密新砦、新密古城寨、温县徐堡、博爱西金城、辉县孟庄、淮阳平粮台、郾城郝家台、平顶山蒲城店、襄汾陶寺。仔细观察,可以看出这些古城集中分布在太行山和嵩山地区,从北至南形成了一条中原“古城线”。王城岗城址位于登封市告城镇王城岗遗址内,由东西并列的小城、大城共同组成。小城年代早于大城,小城废弃后大城开始修造。小城平面呈方形,面积约1万平方米;大城平面为长方形,面积达到34.8万平方米。大城是目前为止龙山时代城址中面积最大的一座。

迅猛发展和变革

这一时期,由于国家的产生,都城开始出现。都城是由城市发展而来,是国家的政治、经济、文化中心。

地方小城市的兴起,城市数量增多。特别是到了东周时期,城市数量激增,有学者统计当时中原地区城市有176座。

城市规模急剧增大。夏代城市面积由龙山时代10余万至30余万平方米扩大到100万至300万平方米,商代都城的面积甚至达到20万至30万平方千米。

除了城市数量、城市规模这些常规的、表层的变化外,这一时期城市在内涵上也发生了深刻的变化。

这一时期形成了较系统、先进的都邑选址理念。表现为:一是都邑位置选定在广阔、平坦的平原。偃师商城坐落在洛阳盆地东段,东西长约40公里,南北宽约5—10公里,呈东西向窄长形。夏商时期,偃师商城遗址一带地势平坦,最大高差在1米左右。二是都邑选定在水源充足之处。偃师商城南临洛河,与伊河靠近,周边还有一些季节性的河流。三是遵循“因天材,就地利”的原则。偃师商城大城平面呈“厨刀形”,南部较窄形似“刀柄”。其大城城垣在南部没有走直线,而是突然内折,形成“刀柄”状,应该是利用地形的结果。四是都邑选址时都注重自然环境优越性。西周成周和东周王城均以洛阳为都城,洛阳位于伊、洛河冲积平原,冲积平原所形成的土壤十分肥沃,历来都是中原地区的重要粮仓。

这一时期开始对城市布局有明确的规划,形成了以大型建筑区为中心的分布格局。二里头都邑的中心区分布着宫城和大型宫殿建筑群,其外围有主干道网连接交通,同时分割出不同的功能区。手工业作坊区位于宫殿区的近旁,祭祀区、贵族聚居区都拱卫在宫殿区周围。郑州商城的宫殿区位于内城的东北部,居住区、墓葬区、手工业作坊区围绕宫殿区分布。贵族居住区紧临宫殿区,墓葬区在内城周围,手工业作坊区位于商城的外围。

夏商周时期,由史前时期的"单城制"发展为"双城制"。史前时期城址只有内城而无外郭,基本属于后世"宫城"性质与职能的"单城制";到了夏商周时期,内城外又修建了郭城,形成内城外郭的"双城制"形态(刘庆柱:《中国古代都城遗址布局形制的考古发现所反映的社会形态变化研究》)。战国时期,"双城制"出现一种新的形式,由春秋时期的内城外郭演变为"城郭并立",宫城或在郭城之外,或割取郭城的一部分为宫城(许宏:《大都无城》)。新郑郑韩故城是春秋时期郑国都城和战国时期韩国都城的合称。战国韩都将春秋郑都的中部筑起一道南北向的隔墙,将原来的郑都分为东、西二城,形成了西宫城、东郭城"城郭并立"的布局。

秦朝统一后,设计了都邑、郡、县三级城市体系,并试图将战国时期各国的都城及城市都纳入到这个体系中。但秦国祚短暂,这个城市体系并未完全建立。秦都咸阳以宫殿为主,未见筑城遗迹。

汉朝建立后,刘邦下令"天下县、邑城",即天下郡县都要修筑城市,拉开了汉朝城市建设大潮的序幕。两汉时期中原地区的城市,不仅规模扩大,而且城市分布的地域更广,城市的密度增加。据不完全统计,这一时期中原地区的城市遗址近200处,其中可称为大都市的有7个,分别是:洛阳、温(温县)、轵(河南济源)、宛(南阳)、阳翟(禹县)、睢阳、陈(淮阳)。两汉时期中原地区城市总体上呈现北密南疏的特征,北部的城市密度明显高于南部。

两汉时期的郡县城市,结束了夏商周以来以血缘政治为主体的社会结构,形成了以地缘政治为主体的社会结构,这在中国城市发展史上,属于本质上的变化。其布局有明显的特点,明显形成两个中心。一是以郡县治所为主,形成城市的政治活动的中心区。另一是以市为主,结合民间手工业区有居民区,形成城市的经济活动中心区。两汉时期,庙与宫分离,庙在宫之前,庙退居次要地位。光武帝立高庙于洛阳,明帝亦立世祖庙于洛阳城内。

都邑以皇帝宫殿为全城中心的设计思想确立。

城市的鼎盛

魏晋至隋唐时期的城市,逐步发展成布局严整、中轴对称的封闭式里坊制城市。这一时期的城市设计理念先进,规划合理,城市布局整齐统一。城市的规划,至隋唐时期发展到高峰。魏晋至隋唐时期对之前几千年的都城制度进行了规范、完善和改革,创造了多项影响深远的都城建制,具体表现在:

第一,城市规模等级结构产生变化,城市规模差距拉大,出现了百万人口的特大城市,如唐代洛阳城,中间府、州级城市数量显著增多。

第二,首次出现了中轴线的对称布局。从曹魏邺城开始,中国古代都城真正意义上的中轴线布局出现。至此,早期城市分散的宫殿布局被中轴对称布局取代,影响深远。这种中轴线的对称布局,至隋唐时期臻于完美。隋唐洛阳城的中轴线北起邙山,经龙光门、玄武门、应天门、端门直至外郭城南门定鼎门,纵贯全城。

第三,皇城正式出现。北魏洛阳城废除了东汉时期的南北两宫制度,建立单一的宫城,宫城位于全城的北部。贯通西阳门和东阳门的中东门大街将全城分为南、北两半,北面主要是宫城,南面沿铜驼大街两侧集中分布着各类中央官署。这种中央官署集中分布的情形,改变了东汉时期中央官署分散的状况。至隋唐时期,又专门建造皇城,用来集中安置中央官署。至此,都城只设宫城的布局被打破,皇城、宫城开始成为我国古代都城的标准配置,一直被后世效仿。

第四,重视修建祭祀类建筑。北魏洛阳城宫城南部的永宁寺,建于北魏孝明帝时期,是一座以佛塔为中心的佛寺,专供皇帝、太后礼佛之用。河北临漳县赵彭城北朝佛教遗址,位于东魏北齐邺城的南郭城区,是一处东魏北齐政权的皇家寺院。

第五,强化军事设施。曹魏邺城开始,在城东北设置冰井、铜雀(爵)、金虎三台,带有军事性质。魏明帝在洛阳城西北角地势较高之处建金墉城,明显模仿邺城三台，成为洛阳城的重要军事堡垒。

第六，城市道路发达，里坊整齐划一，市场南移。北魏时期里坊制的雏形显现，至隋唐时期里坊制发展到极致。以隋唐洛阳城为例，在洛河以南探出南北向街道 12 条，东西向街道 6 条；在洛河以北探出南北向街道 4 条，东西向街道 3 条。城内街道纵横交错，组成里坊。据文献记载和考古勘察可知，隋唐洛阳城共有 109 坊。隋唐时期，将东汉时期设置于城市北部的市场迁至城南，一改之前“前朝后世”的布局，形成全新的“前市后朝”格局。

第七，城市周边的石窟寺增加。佛教自东汉传入中国，并在洛阳修建第一座佛教寺院白马寺，专门用来翻译佛经。魏晋南北朝至隋唐时期，中原地区的统治者对佛教的重视经久不衰。佛教在中原地区极为流行，在南北朝及中、晚唐之际达到鼎盛。在邺城附近有响堂山石窟。洛阳城南边有大型的龙门石窟，在洛阳城周边还有一些小型的石窟寺 10 余处，如水泉石窟、万佛山石窟、虎头寺石窟、巩义石窟、西沃石窟等。

从新石器时代中晚期至隋唐时期，无论是城市数量、城市规模、城市建造水平，还是城市设计理念、规划布局，中原地区的城市在全国都处于领先地位。五代以降，中原地区城市虽有一些变化，但总体趋向衰落，已没有了隋唐时期的繁盛景象，中原地区城市的领先优势不复存在，故不再讨论。

（作者单位：洛阳理工学院。原文刊发于 2023 年 6 月 15 日《河南日报》第 8 版）

从河南看中华文明五大特性

张新斌

习近平总书记在文化传承发展座谈会上的重要讲话中指出，中华优秀传统文化有很多重要元素，共同塑造出中华文明的突出特性。中华文明具有突出的连续性、突出的创新性、突出的统一性、突出的包容性、突出的和平性。这些特性的归纳和总结，对我们认识中华文化的本质特征、建设中华民族现代文明具有重要意义。河南是历史丰厚的文化大省，历史文化的贡献不仅可以完整地解读中华文明的五大突出特性，也可以为“文化自信”与“第二个结合”提供强大的学术支撑。

连续性：中华文明突出特性的“河南例证”

中华文明的连续性，在中华文明突出特性中具有“突出表现”的特征。所谓连续性，就是指文化的连贯和历史的连通。从考古发现看，新密李家沟拉开了农耕文明的序幕，反映了一万年前左右游牧向农耕过渡时的情况；裴李岗文化，石磨盘棒、大型石铲、锯齿镰的发现，反映了九千年前至七千多年前农耕的发达；流布广泛，以彩陶为标志的仰韶文化，反映了五六千年前聚落的发达、定居生活的持久以及早期邦国的初建；淮阳平粮台、新密古城寨、安阳后岗、辉县孟庄、温县徐堡等龙山晚期大量城堡聚落群的发现，反映了四千多年前中原刚刚步入王国时的壮丽图景。以登封王城岗遗址、偃师二里头遗址为代表的夏都文化，以郑州商城、偃师商城、安阳殷墟为代表的商都文化，以西周成周遗址、东周王城遗址、郑韩故城为代表的周都与列国都城文化,均反映了不断裂的中原早期文化史,是中华文明连续性的具体体现。历史文化的连续性,反映了中华文化传统具有一以贯之的特征,反映了中华民族依照自身特点,从一开始就走着具有自身特色的道路。河南考古资料的“例证”,完整地展现了中华文明突出的连续性特点。

创新性:中华文明突出特性的“河南动力”

中华文明的创新性,在中华文明突出特性中具有“发展基础”的地位。所谓创新性,就是指文化的不断进步、不断前进、不断上升。安阳殷墟,发现了数量惊人的青铜器,尤其是大量青铜礼器以及十余万片甲骨文的发现,反映了商代后期的文明发展进入了新的阶段。青铜器所表现的金属冶炼技术的提高,是中华文明创新性的具体体现。在荥阳故城、古温城,巩义铁生沟,南阳瓦房庄冶铁遗址等均发现了冶铁及相关遗存,经研究这些标注有“河一”“阳一”“内一”的器物,反映了这些冶铁遗址实际是以郡为单位的官方冶铁作坊。尤其是在荥阳故城发现的椭圆形竖炉,容积达50立方米,日产量约一吨,为当时世界上最大的高炉,在世界冶金史上具有重要地位。东汉时在京师洛阳担任尚方令的蔡伦,受命收集材料,用树皮、麻头和碎布、渔网等原料,加工精选成为纸张,被称为“蔡侯纸”。所以,“四大发明”之一造纸术的完成地点在洛阳。东汉时南阳人张衡,是著名的天文学家、地震学家、发明家、数学家和文学家。他在担任太史令时发明了地动仪,改动了浑天仪。他所发明的地动仪,外如酒樽,内有八道机关,可以感应数百公里外八个方向发生地震的情况,超越了世界科技发展约1800年,他因此被誉为世界地震仪之祖。无论是东汉汲县(今卫辉)人杜诗创造利用水力鼓风铸铁的机械水排,还是唐昌乐(今南乐)人僧一行主持了中国首次大规模的天文大地测量,以及明代河内(今沁阳)朱载堉因发明“十二平均律”而解决了困扰人们千年的音乐史上的难题,这些例证从根本上体现了中华民族守正不守旧、尊古不复古的进取精神,体现了中华民族不惧新挑战、勇于接受新事物的无畏品格。在这批具有创新性的人物图谱与场景中,要么是河南人、要么是在河南完成了创新举措。他们的创新性,无不凸显了中华文明突出特性中的“河南动力”,是历史上中原文化先进地位的具体体现。

统一性:中华文明突出特性的“河南标志”

中华文明的统一性,是中华文明突出特性中的“本质特征”。所谓统一性,就是在特定地理环境中国家统一性成为永恒的追求目标,成为发自内心的坚定信念,成为自觉的正义行动。秦始皇扫平六国,实现一统,建立了以秦王朝为代表的中央集权制的统一国家。但在追求统一的过程中,始终伴随着河南人的身影。卫(今濮阳)人商鞅到秦国游说秦王实施变法,加强了中央集权,建立了高效的行政管理体制,为秦国日益富强提供了坚强的制度保障。新郑人郑国到秦国主持水利工程的修建,虽以“疲秦”为目的,但却极大改善了关中的农业条件,为秦国富强打下了坚实的经济基础。上蔡人李斯是秦始皇统一中国前后的“左膀右臂”,他不仅为秦始皇制定了统一六国的基本方略,也为初创的秦王朝设计了政治制度,参与了统一政策的制定与实施,为秦始皇统一中国立下了汗马功劳。东汉末年朝纲裂分,三国鼎立,温县司马懿、司马炎家族用30年时间精心经营,先后代曹而立,攻灭蜀汉、灭吴一统,西晋王朝实现数十年分裂后的国家统一。中国统一是历史的必然,而且统一大多是在中原完成的。西汉是通过以荥阳(今古荥)为中心的楚汉对峙、拉锯战,以及陈下(今淮阳)追击,后到垓下对决,实现统一的。唐代统一的关键,是李世民对决洛阳的王世充集团,经洛阳之战、虎牢之战、洛水之战,实现了中原与北方的统一,进而为全国统一奠定了基础。后周时赵匡胤在陈桥(今属封丘)以“皇袍加身”实现了政权由后周向北宋的转移,并立足中原,实行先南后北的策略,实现了国家的大部分统一。从中国历史经验看,立足于中原的政权,都是以统一为目标、以统一为己任,最终实现国家统一的。从中国历史的实践看,这种统一性,从根本上决定了中华民族各民族文化融为一体,即使遭遇重大挫折也牢固凝聚,决定了国土不可分、国家不可乱、民族不可散、文明不可断的共同信念,决定了国家统一永远是核心利益的核心,决定了一个坚强统一的国家是各族人民的命运所系。河南是中原之核、中国之核,河南是中华文化统一性的历史见证地,是中华文明统一性的象征。

包容性：中华文明突出特性的“河南现象”

中华文明的包容性，是中华文明突出特性的“重要路径”。所谓包容性，就是理解、同情、包涵、容忍，就是包容四海、兼纳百川等。中华民族融合发展壮大，离不开包容。北魏孝文帝改革，推出一系列汉化政策，包括禁胡语、改汉姓、尊孔圣，将都城迁至洛阳，从而加速鲜卑族的汉化融合过程。东汉明帝时，因传西域有“异神”，而派人西行探访，在大月氏碰见印度天竺僧人摄摩腾、竺法兰，后盛邀他们白马驮经，东行到都城洛阳。明帝待之于礼，专门在郊外寺内设场，供他们翻译佛经，白马寺也成为汉传佛教第一寺。在很长一段时间，佛教与中国文化碰撞交流融合，禅宗创立，少林寺成为佛教中国化的象征。佛教在中国发展壮大，反映了中华文化对异域文化的宽宏与包容。唐代东都洛阳，是个包容性、开放性很强的国际性都会，专设有“三市”，用于商贸交易，大量胡客云集洛阳，从胡姬胡舞胡酒，到胡音胡骑胡妆，胡风的盛行与汉风相融合，形成了新的华夏风格。中华文化中所具有的这种“有容乃大”的包容性，在不断交融中发展前行。这种包容性从根本上决定了中华民族交往交流交融的历史取向，决定了中国各宗教信仰多元并存的和谐格局，决定了中华文化对世界文化兼收并蓄的开放胸怀。中原犹如一个大的熔炉，南下的游牧民族在中原的大熔炉中华夏化，然后又向南方迁移。中原所特有的贯通南北、融汇东西的地理优势，不断包容着东南西北汇向中原的各种族群，在形成文化的共同取向之后，成为民族扩容新的张力。这种“河南现象”是中国各区域中唯一的现象，是中华民族发展壮大的有力见证。

和平性：中华文明突出特性的“河南基因”

中华文明的和平性，是中华文明突出特性的“内在基因”。所谓和平性，就是非侵略性、中和、平和、平等的。在中原很早就形成了“中”的理念，成为中国人的思维方式和价值判断。其中，“天地之中”所呈现的是《周礼》记述的“天地所合”“四时所交”“风雨所会”“阴阳所和”“道里所均”，这是一个立体型的古老的东方宇宙观。由“中”而衍生了《尚书》所表述的“允执厥中”的理念，逐渐形成“中和”“中正”“中庸”的哲学体系。“和生万物”的世界本源观、“天人合一”的和谐共处观、“过犹不及”的居中平衡观、“和而不同”的共生共赢观，构成了中国哲学史上“和”的体系，以和为贵、和而不同、知行合一，这些诞生在中原地区的经典概念，已经成为中国人内化于心的做事准则、处世标准和干事依据。从国与国的关系讲，就是“和平相处”。这种“和平性”，从根本上决定了中国始终是世界和平的建设者、全球发展的贡献者、国际秩序的维护者，决定了中国不断追求文明交流互鉴而不搞文化霸权，决定了中国不会把自己的价值观念与政治体制强加于人，决定了中国坚持合作、不搞对抗，绝不搞党同伐异的“小圈子”。由中原特有的地理环境，以及中国哲学的整体观，形成了中华文明特有的“和平性”，这种中国文化中特有的内在基因，实际上就是“河南基因”，这种基因也就是中华民族“魂”之所在。

（作者单位：河南省社会科学院。原文刊发于2023年6月21日《河南日报》第7版）

郑州商城的形成及城市化过程

侯卫东

嵩山东北麓的郑州一带是夏王朝最后的王都二里头夏都的东方门户，也是商王朝第一座王都郑州商城的王畿区域。夏、商王朝更替之际，共同的目标汇聚了四面八方的人群，肇建了郑州商城最早的一批宫殿宗庙建筑及宫城城墙，开启了郑州商城代表的二里岗文化（早期商文化）的形成阶段。

郑州商城肇始阶段遗存的表征

郑州商城肇始阶段的文化面貌呈现出多元文化传统，外来文化与本地二里头文化形成多元文化传统共存、互融的文化景观。北方太行山东麓的下七垣文化、辉卫文化，东方鲁西豫东的岳石文化，西方晋南盆地的东下冯文化，南方江汉平原的肖家屋脊文化（早商文化盘龙城类型的先在文化）等四面八方的文化传统汇聚到郑州商城。郑州商城的肇建是下七垣文化、岳石文化等外来文化涌入的结果，外来的精英阶层主导了国家、社会和文化的重新组织。

从长达70年积累的田野考古资料来看，郑州商城肇始阶段的遗存在大城（外城营建之后成为内城）内外都普遍分布。大城东北部40万平方米以上的范围内营造了多处大型宫殿宗庙建筑，还建筑了具有界隔及防御功能的宫墙，这批宫殿宗庙建筑至少可以区分为东、西两个宫城单元，宫城范围内还发现有随葬铜器的高规格墓葬。郑州商城大城面积约300万平方米，中南部是后世城市的重心，后世人类活动特别频繁，受到历代人类活动的破坏特别严重，难以确认是否存在肇始阶段宫殿宗庙建筑；从勘探到的夯土散布状况来看，该区域很可能有肇始阶段的大型建筑。郑州商城大城中南部也发现很多肇始阶段的遗存，例如化工三厂、电校、夕阳楼等地点及大城四面城墙内都有肇始阶段的遗存，表明整个大城内密布该阶段居民点或人类活动点。在郑州商城大城外侧例如二里岗、南关外、老坟岗等地点，同样发现很多肇始阶段的遗存，表明内、外城之间的区域早在肇始阶段就已经有很多居民点和人类活动点。郑州商城肇始阶段大城内外遍布居民点和人类活动点的现象，反映了这座超大型都邑是在短时间内迅速集聚四面八方的人力物力形成的，共同的意识形态和行动目标动员并凝聚了不同方向的外来人群，营造了郑州商城并成为新的都邑生活的参与者。

郑州商城肇建之后，其王畿区域发生了翻天覆地的变化，文化深度互动、聚落广泛整合、社会深刻重组。广域王权国家的都城从二里头夏都转移到郑州商城，反映了夏、商王朝更替的现象。郑州商城成为主导中原腹地及更广阔地域的王都，成为商王朝早期的“大邑商”。

中原腹地商王朝早期的城市化过程

郑州商城逐渐定局并形成宫城、内城和外城的三重结构布局，外城面积达1000万平方米左右，都邑布局走向成熟，各项设施逐渐完备，典型二里岗文化（早期商文化）风格逐渐形成，呈现出一元为主的文化格局，其他文化传统遗风犹存，但逐渐融入新的二里岗文化之中。

典型二里岗期早段（二里岗下层二期或郑州商城商文化二期），郑州商城东北部宫城范围内有不少祭祀遗存，目前发现的铜器墓大多在宫城范围内或附近，很多王室成员埋葬在其居住的宫室附近，说明宫城内存在若干王室成员生死相依的“族邑”。商王朝早期王都内的这些“族邑”，应当是血缘关系与地缘关系及职业分工等多种因素综合形成的社会单元。内城南部的居住点逐渐增多，给排水系统更加完善；内城东北角紧挨着城墙有一片以人坑和狗坑为主的祭祀场所,内城西城墙内侧也有类似的现象,表明内城里的人有意识地选择城墙内侧的一些地方举行祭祀活动。在内城城墙内侧也发现有正常埋葬的铜器墓和陶器墓,说明城墙内侧的一些地方也是安葬一部分人的墓地。总的来说,内城以居住和举行各类活动为主,墓葬则比较少,仅有少数人被安葬在内城范围内。外城设置多处铸铜作坊、制骨作坊等王室手工业作坊,散布很多居住点、墓葬和祭祀遗迹。各类手工业作坊继续发展,祭祀活动更加普遍、规模更加庞大,随葬青铜器的墓葬增多,青铜器代表的高规格器物有制度化和复杂化的趋势。外城有不少普通居住点和与之相关的墓葬,手工业作坊也都分布在外城内,内城东南方向的外城区域还是祭祀遗存比较集中的地方。外城南部有 3 处出土铜器的地点,表明外城南部是与贵族墓相关联的一个重要区域,应当分布有高规格的“族邑”。外城内很少发现大型夯土建筑,说明居住的主要是平民和各类手工业者。从外城的总体功能区划来看,铸铜作坊区在外城南部,并且外城南部存在高规格“族邑”,可能与铸铜作坊的管理有关;制陶作坊区在外城西部边缘,工匠与作坊生死相依,也相当于一个“族邑”;外城西北部、西南部和东南部分布有不少居住点,应当存在若干“族邑”。外城内的这些“族邑”主要是为王室服务的,特别是铸铜作坊及其相关的“族邑”,应当直接为王室所掌握。

郑州商城在典型二里岗期晚段(二里岗上层一期或郑州商城商文化三期)达到全盛,手工业作坊仍然都安排在外城,除了内城之南的南关外铸铜作坊继续扩大生产外,内城之北新营建了紫荆山铸铜作坊,并且生产规模扩大,专业化程度更高;制陶作坊的生产区位南移,生产更加集中。墓地主要在外城西部和南部,铜器墓和陶器墓皆有,确认的铜器墓以外城西部居多,表明贵族死后大多葬在外城的墓地。在自发和有计划组织的双线发展过程中,郑州商城形成了很多专门的功能区划和相对稳定的文化传统,形成了规模化的生产和制度化的礼仪,宫城、内城、外城等三重结构的功能区划更加清晰,全面完成了王都的城市化过程。以郑州商城为核心,中原腹地在商王朝早期几乎同步形成了一批中小型商城,如望京楼商城、垣曲商城、府城商城等,其规划理念及营造技术与王都有非常高的一致性,并且与王都保持了持续不断的文化互动。中原腹地商王朝早期这股广泛的“城市化”浪潮，是对郑州商城城市化过程的一种响应。

（作者单位：河南大学黄河文明与可持续发展研究中心。原文刊发于2023年6月21日《河南日报》第7版）

深入挖掘古都文化的时代价值

陈建魁

中华民族五千多年文明史,曾先后出现220多座都城。古都文化是中国历史文化在特殊时空发展阶段的产物,是中国文化的瑰宝,是不可再生的高品质的旅游资源。在中国八大古都中,河南居其四:洛阳、开封、安阳、郑州。洛阳是夏、商、西周、东周、东汉、曹魏、西晋、北魏、隋、武周、唐末、后梁、后唐、后晋等十三朝的都城,时间长达1500多年,是中国有史以来建都最早、建都朝代最多、建都时间最长的城市;开封是国务院首批公布的24座历史文化名城之一,为“八朝古都”;安阳是盘庚所迁的商代后期都城,甲骨文即发现于此;郑州有5000多年的建都历史,商代中期都城二里岗商城距今也有3600多年。除了这四大古都,河南还有其他古都,比如,商丘为商王朝的发源地,西周成王封微子启于商丘,称宋国,北宋称为陪都南京,金朝亦称南京;许昌为东汉末年、曹魏初期都城。这些古都的文化空间辐射力与时间穿透力十分强劲,深入挖掘河南古都所蕴含的历史文化资源及其时代价值,对于促进河南文旅融合发展、推动中华优秀传统文化创造性转化和创新性发展,具有十分重要的意义。

讲好古都故事,延续历史文脉

从夏王朝立国登封阳城,到北宋时代,黄河流域一直是我国的政治、经济和文化中心。“中国”一词的出现与洛阳城的营建密切相关。1963年出土于陕西宝鸡的西周成王时的青铜器“何尊”,其内底铸铭文12行122字,其中提到周武王在世时决定迁都于洛邑，即“余其宅兹中国，自之乂民”，这是“中国”一词出现的最早文字史料。

河南许多古都由于年代久远，资源遭到严重破坏，实物遗存不多，可视性不强，郑州是一个较为明显的例子。郑州古有夕阳楼，雄踞重重城台之上，雕梁画栋，高耸入云。唐代大和年间，李商隐登上此楼，挥笔写下《夕阳楼》：“花明柳暗绕天愁，上尽重城更上楼。欲问孤鸿向何处，不知身世自悠悠。”从此，夕阳楼驻扎在人们心中，成为人们追寻的历史文化地标。目前，夕阳楼重建已列入郑州市政规划。

璀璨辉煌的中华文化，有着丰富的情感、独特的精神传承，从传统文化和精神原乡中找寻内心的安宁与滋养是很多人的追求。破解传统文化创新表达的密码，切中当下大众审美的心理需求，能让中华文化再度绽放出迷人光彩。

弘扬古都文化，挖掘文化内涵

保护传承和弘扬古都文化，要以精品文化工程建设为抓手，在深度挖掘古都文化内涵上下功夫。强化古都自然标识符号建设，充分发挥郑州、洛阳、开封、安阳四大古都和龙门石窟、安阳殷墟、登封嵩山建筑群等世界文化遗产集群优势，整合根亲文化、河洛文化、裴李岗文化、仰韶文化、二里头文化、古都文化、佛道文化、功夫文化等资源。打造一批文化精品，紧扣古都题材，充分发挥以古都为主题的文艺创作的创新力和想象力，推动历史文化、民族文化、红色文化传承，推动文化和旅游融合发展。做好新郑黄帝故里拜祖大典、洛阳牡丹文化节、许昌三国文化旅游周等重点节会的宣传推介，不断扩大河南古都文化的影响力。

2021 年，河南卫视的端午节目《端午奇妙游》火爆全国，短短几天内，微博相关话题阅读量超过 35 亿，视频播放量破亿。要创新电视综艺呈现方式，通过文化内涵的发掘、高科技手段的运用，将多种潮流元素融入节目，让珍贵文物和传统文化穿越历史长河，走进千家万户，走入观众心中。

成立古都联盟，融入国家战略

河南地理位置优越，河南的四大古都，加上商丘和许昌，形成十字形，都处于中国两条铁路要道上。陇海线上，商丘、开封、郑州、洛阳与古都西安连成一线；京广线上，许昌、郑州、安阳与古都北京连成一线。串线旅游为游客提供了极大便利，也给线上各个古都、旅行社提供了较好的合作和联盟机会。

中国大运河申遗成功为河南省内的大运河沿线古都群文化旅游资源的开发提供了契机。商丘、开封、郑州、洛阳、安阳等古都都在大运河沿线，它们可以依托发达的交通及通信等基础设施网络，形成空间组织紧凑、旅游联系紧密、高度一体化的古都群。中原古都群是河南在全国乃至世界范围内最具特色的潜在旅游资源，特别是大运河沿线古都群的文化遗产十分丰富，包括河道、河堤、码头、桥梁、粮窖、运河城镇、文化自然景观和水利工程设施等诸多遗产类型，具有总量多、种类全、集中连片的特征，规模效应明显。应从省级战略出发，及时、科学、系统地制定相关发展策略，搭建省内古都群文化旅游发展联盟，形成市场主导、政府推动的协作保障机制，为省内古都群文化旅游的发展注入新的活力。洛阳在 2021 年初开工建设隋唐大运河历史文化保护利用项目，这是大运河国家公园的“国家样板”，是国家、省、市大运河文化重点建设项目，总占地面积 276.5 亩，由地上和地下两部分组成。

河南的六大古都都在黄河沿线或黄河故道上。2019 年以来，黄河流域生态保护和高质量发展国家战略的实施，开启了河南古都发展的“黄河时代”。郑州应紧紧抓住这一重大战略机遇，加快打造黄河历史文化主地标城市。

凝练特色元素，创新文旅设计

科技手段、艺术表现手法和传播方式的创新，对讲好河南古都的文化和故事起到了越来越重要的作用。声光电等新的艺术表现手段，满足了现代社会人们易被感官刺激的特点，增加了艺术的表达效果，增强了舞台表现力。开封清明上河园之所以成为河南旅游精品，实景演出《大宋·东京梦华》功不可没。《大宋·东京梦华》是一卷关于北宋王朝鼎盛时期的印象画卷，以九首宋词为载体展现了北宋的历史文化，以科技手段制造了唯美梦幻的画面，把人们的记忆拉回一千多年前世界第一城那个辉煌的朝代。

在“互联网+”时代，古都的形、音、状、貌经由网络空间，以文、图、音频、视频、动漫等方式得到全方位展现，互联网现代的、无限广阔的空间与古都历史文化古老的、无限深邃的空间神奇交融，给文化旅游带来鲜活而美妙的身心体验。洛阳瞄准文旅消费新特点，突出“颠覆性创意、沉浸式体验、年轻化消费、移动端传播”，加快推动从“旅游城市”向“城市旅游”的转变。洛阳通过“梦里隋唐尽在洛邑”汉服文化节、“国风穿越节”等活动，掀起国风国潮，吸引万千游客体验。洛阳今年 4 月牡丹文化节接待游客 1735 万人次，五一小长假接待游客 636 万人次。

古都是中华文明的载体，要深入挖掘古都文化蕴含的时代价值，对古都丰厚的传统文化进行创造性转化和创新性发展，吸引广大旅游爱好者“行走古都、了解河南、读懂中国”，延续历史文脉，坚定文化自信，为实现中华民族伟大复兴的中国梦凝聚精神力量。

（作者单位：河南省社会科学院历史与考古研究所。原文刊发于 2023 年 7 月 9 日《河南日报》第 4 版）

中原地区何以成为中华文明核心区

周书灿

自20世纪70年代以来,新石器时代田野考古工作全面展开,为中国文明起源问题的研究提供了大量第一手实物资料。新世纪以来,在中华文明探源工程的推动下,以中原地区为核心的多元一体的中国文明起源理论,已普遍为中外学术界所接受。中原地区在中华文明和中华民族共同体形成过程中所处核心地位和所发挥主导作用,已基本上成为中外学术界绝大多数学者的一致共识。

自然环境优越,交通便利,经济发达

在中华文明形成与早期发展时期,中原地区气候温暖湿润。竺可桢先生认为,仰韶和殷墟时代,是中国气候的温和气候时代,当时西安和安阳地区有十分丰富的亚热带植物种类和动物种类。春秋时期,竹子、梅树等亚热带植物在《诗经》《左传》中经常提到。蒙文通先生曾提出"古代河域气候有如今江域"说,并从古代川流、湖泽、气候、物产、土质等方面推断,"古时南方实未若北方之宜于人生":"河域支渠纵横,往来极便,江域以水盛辽阔,反障交通。南方土质涂泥,北方多宜稻麦。"《禹贡》兖、青、徐、豫诸州"乃当时气候最适宜之地。"温暖湿润的气候,肥沃的土壤,有利于农业生产。中原地区是全国经济开发最早的地区,在唐代中期经济重心南移之前,中原和关中地区是全国农业最发达的地区。洛阳、开封长期是全国的水陆交通中心,便利的水陆交通,促进了中原地区城市的繁荣与工商业的发展,洛阳、宛、郑曾是古代全国著名的商业城市,汉唐时期的洛阳、北宋时期的开封,是闻名遐迩的国际大都会。

古代中原地区的自然环境,在气候异常的低温、干旱、洪涝时期,较之于长江流域和黄河下游等地区,中原地区受自然灾害危害的程度较小。王巍先生曾指出,公元前2000年前后,在全国范围内气候环境异常、灾害频发的洪涝时期,黄河中游地区地势高低错落,沟壑纵横,一般的洪水不会对人们构成太大的危害。与长江流域渗水性差的黏土不同,黄河中游地区属于黄土地带,土壤渗水性较好,洪水退后,农业生产可以较快地得到恢复。此外,黄河中游地区水位较低,粟、黍等旱地作物对抵御低温、旱涝能力比水稻强,农作物多样化等,使得华夏集团在气候异常面前,免遭劫难,持续发展。与此同时,南方的稻作农业则遭到毁灭性打击,从而使得长江流域文明化进程一度中断。

学者并不否定公元前3000年前后,祖国各地各种考古学文化,多元并存,交互影响,黄河上游的马家窑文化马厂类型、黄河下游的龙山文化、长江中游的石家河文化、长江下游的良渚文化等强势文化,盛极一时,均在某些方面处于当时的领先地位。然迄公元前2000年左右,中原以外的各地聚落数量锐减,规模显著缩小,“强势文化”相继消亡,文化发展水平倒退。中原地区的河南龙山文化在广泛吸收来自各地区先进文化因素的同时,继续沿着原来的道路向前发展,夏朝国家的建立,标志着中原地区最早进入文明时代。在中华文明多元一体格局形成过程中,处于中国古代文明核心地带的中原地区由于具有重要的地位而长期发挥着独特的作用。

地处天下之中与古代王朝政治中心、战略要地

中原地区地处古代中国的中部,具有重要的区位优势。西周青铜器何尊称洛邑一带为“中国”,《史记·周本纪》《论衡·谈天》《资治通鉴》等文献则分别称洛邑、洛阳为“天下之中”。明代学者张瀚犹称“河南当天下之中”,清代学者顾炎武继续指出,河南“居天下之中,咽喉九州,阃域中夏,锁天中区,控地四鄙,居南北要冲,水陆都会。”正因为此,中原地区长期为中国古代

王朝的政治中心。《史记·货殖列传》说:"昔唐人都河东,殷人都河内,周人都河南。夫三河在天地之中,若鼎足,王者所更居也,建国各数百千岁,土地小狭,民人众,都国诸侯所聚会。"《史记·封禅书》说:"昔三代之居皆在河洛之间。"夏、商、周、东汉、曹魏、西晋、隋唐、五代、北宋,皆建都于中原地区。中原地区是全国建都朝代最多,建都时间最长的地区。中原地区也是历代兵家必争之地,自古有"当取天下之日,河南在所必争"之说。《战国策·秦策》说:"今夫韩、魏,中国之处而天下之枢也。王其欲霸,必亲中国以为天下枢,以威楚、赵。""韩,天下之咽喉。魏,天下之胸腹。""韩魏从,而天下可图也。"《战国策·魏策》中描述地处中原腹地的魏国,"地四平,诸侯四通,条达辐辏。"中原地区所具有的重要的军事战略地位,由此可见一斑。

古代中原王朝建立后,往往不断通过政治、经济、军事、文化影响,加强中央王朝与四土之间的联系。西周王朝通过对四土持续大规模的军事征服和封藩建国,开拓出空前广袤的疆域,从而为统一的中原王朝奠定了政治地理基础。秦汉时期统一的多民族国家,开创了巩固统一的藩属体制和边政管理模式。无论是王制时期的畿服之制,还是帝制时期的羁縻之制,灵活多样的统治策略,收到柔远怀迩之效,各民族之间政治、经济、文化联系不断加强的过程中,中华民族的凝聚力、向心力不断增强。中华民族共同体不断以中原地区为中心,繁衍扩大,黄河流域是中华民族的摇篮和锻铸多民族的熔炉。自秦王朝建立以后,中华民族的历史以统一为常态,中国各民族间的关系以友好相处为主流,大一统的观念深入人心,这些均与中原地区很早就成为中华文明的核心地带,有着极为密切的关系。

兼收并蓄,人文荟萃,文化发达,学术繁荣

中原地区地处"天下之中",源远流长、博大精深的中原文化具有鲜明的兼收并蓄特点,不断焕发蓬勃生机和新的活力。学者对中华文明从多元走向一体的总体趋势作过简要概括,各地先进的文化因素汇聚到中原,经过整合,形成夏商文明,又向周围地区辐射,到了商代二里岗期,商文化对周围地区产生了强烈的影响,促进了各地区的文明进程,使其逐渐融入以中原地区

的华夏族为核心的中华文明多元一体的体系中，从而掀开了中华文明和中华统一国家形成、发展的新篇章。在中国古代相当长的历史时期，中原文化是中国传统文化的重要组成部分。古代中原地区是中国古代政治、经济的中心和中国古代主流文化、主导文化的起源地。春秋战国诸子学、两汉经学以及宋代理学，构成中国传统文化的主干和核心组成部分。

古代中原地区思想活跃，学术繁荣，文学昌盛，艺术多彩，科技进步，在中国古代相当长的历史时期，中原文化在古代中国乃至世界范围内，一直处于遥遥领先地位。夏商西周时期，中原地区的礼乐文化，构成先秦时期儒家思想的重要源头，迄西汉时期，融入中国传统文化主干的新儒学思想体系中，主导着古代中国乃至东亚地区的文化走向。从先秦至北宋时期，中原地区是汉代经学、魏晋玄学、隋唐佛学、宋明理学的发源地。古代中原地区人文荟萃，教育发达，名家辈出。东汉时期洛阳设有太学，隋唐时期东都洛阳设有国子监，北宋都城东京的国子监诸学和地方官学进一步规范化、系统化，书院教育的发达，促进了理学的兴起。在中国古代相当长的历史时期，洛阳、开封汇聚了全国各类优秀的人才，涌现出许多杰出的思想家、哲学家、文学家、艺术家和科学家。

近年来，在中华文明探源工程的推动下，中原地区的文明形成与早期发展受到学术界空前重视。迄今为止，学术界在中国文明起源研究话语体系的构建中，还存在着不少争议和模糊认识，但仰韶文化是中国古代文化的主根，中原地区是中华民族的发祥地和中华文明的摇篮，则大体是不争的事实。

（作者单位：苏州大学社会学院。原文刊发于2023年7月28日《河南日报》第8版）

古代中原地区的水陆交通与工商业

王少林

中原地区地处黄河中下游,境内又有淮、济、伊、洛、汝、颍等河流,成为古代中国的“天下之枢”,是中国的“咽喉”“胸腹”之地,“诸侯四通”,“条达辐辏”。作为三代王朝统治核心区域的中原地区,人口汇聚、交通发达,以此为基础,铸就了中原地区工商业的兴盛,成为古代中国早期工商业文明最集中的地区。

复合型交通网络体系

“昔三代之居皆在河洛之间”,中原地区能够成为三代王朝都城所在之地,主要依赖中原地区得天独厚的地理区位优势,其中重要的一个因素是它便利的水陆交通条件。自新石器时代中期以来,随着不同文化区域之间交流的扩大与发展,在北中国地区形成了以中原地区为天下枢纽的水陆交通网络,最终在西周时期,形成了“周道如砥”的道路网络系统。以郑洛地区为中心,形成了南北纵横的十字形基本交通线路以及结合河、济、汉、淮各支线的复合型交通网络体系。

东西向主线以郑、洛为中心,洛阳盆地为中原地区东西向交通路线的枢纽。西周初年,营建洛邑,西周王朝“宅兹中国”,洛阳成为“天下之中”,“四方入贡道里均”,为中原地区的中心区。向西,桃林-函谷道,又称崤函古道,是古代中国东西部联系的主干道。以洛阳为基点向西,沿现在陇海线进入关中地区。西周时期,镐京、洛邑一线成为西周王朝的核心统治区域,在此线路上有郑国、虢国等重要的诸侯国。西线向西进一步进入到广阔的西域地区,奠定了后世丝绸之路东方交通线路的基础。向东有两条主干道,一为成周-齐鲁道:以成周洛邑为基点,向东经荥阳,东北向卫国(河南淇县),沿古济水一线到达山东半岛地区的谭国、齐国;东南向经曹国至鲁国,这条线路是中原地区联系齐鲁、东夷诸族群的主要通道。一为成周-宋卫道:成周至卫国部分与成周-齐鲁道重合,经卫国(河南濮阳)之后南向,过曹国至宋国(河南商丘)。东西线路还有很多支线,其中比较重要的是东南向沿淮水上游的汝水、颍水等支流,进入淮水流域,成为中原地区连接淮水流域蔡国、陈国等诸侯国以及淮夷族群的主要通道。

南北向主线以洛阳-郑州-安阳为中心,经多条南北向通道连接起来,构成了包含多个支线的交通网络。北向主线为邢燕道:出洛邑,经卫国(河南淇县),北上沿太行山东麓,经邢国(河北邢台)至燕国(北京市)。这是中原地区连接北方的主干道。除了邢燕道外,还有两条进入山西地区的通道,一为轵关陉道,洛邑北行,经"太行八陉"之一的轵关陉(河南济源),入中条山,进入汾水谷地;一为孟门道,卫国(河南淇县)西行,经孟门,即"太行八陉"的第三陉白陉,进入山西长治地区。这两条线继续北上,可与山陕高原以北的草原族群发生联系。南向线路有多条:一线古称宛洛大道,以洛阳为起点,南出伊阙,过伏牛山,进入南阳盆地地区;二线以洛阳为起点,东南行经嵩山谷地,进入应国(河南平顶山),与经郑州南下的线路合并,经许(河南许昌)、蔡(河南上蔡)、息(河南息县),东南进入淮水流域,南下可经方城夏道,或经信阳三关,进入长江流域;三线经宋国(河南商丘),西南向过泓水,经陈国(河南淮阳),进入中原南部地区,与南向一线重合,进入长江流域;四线以南阳盆地为中心,向西北经蓝田-武关道,翻越秦岭进入关中地区,向东南经随枣走廊、汉水进入长江流域。此四线部分重合,又相互连接,构成了中原地区南部交通线路的主要通道。

蓬勃兴盛的手工制造

中原地区优越的区位优势,四通八达的交通网络体系为古代中国中原地区的工商业发展奠定了优良的基础条件,在三代时期涌现了一批当时中国最为发达的城市。在这些城市里,出现了代表着当时最高技术的青铜制造业与玉、骨、陶产业,形成了中国早期的工商业制度文化,涌现了以弦高为代表的爱国商人群体,以及形成了当时中原地区的商业文化。

三代王朝的都城都在中原地区,以洛阳偃师二里头遗址为代表的夏王朝时期的都城、以郑州商城为代表的早期商都、安阳殷墟为代表的晚期商都、以洛邑为代表的周代王都,都代表着当时中国城市发展的最高峰。三代王朝的王都以及诸侯国国都在中原地区的广泛分布,为中原地区古代工商业的发展提供了政治条件。

二里头遗址出土的青铜组礼器一般认为是中国进入青铜时代的标志,青铜爵、绿松石牌成为当时中原地区手工业技术水平的呈现。在郑州商城遗址,考古学家同样也发现了商代早期的青铜冶炼、骨器与陶器的制作作坊。作为晚商的王都,安阳殷墟的手工业更为发达,考古学家在殷墟发现了类型多样、数量庞大的手工业制品,涵盖青铜器、玉器、石器、骨器、陶器、木器、酿酒、纺织等多个领域。甲骨卜辞有“百工”的记载,“百”形容其多,殷墟手工业制品与手工业作坊的大量发现,都表明了甲骨文“百工”并非虚言,呈现出商代晚期中原地区蓬勃兴盛的手工制造业。

商业的兴起与繁荣

中国很早就出现了日中为市、抱布贸丝(《诗·卫风·氓》)为基本特征的民间自发的商品交换经济。进入王朝国家之后,尽管这种自发的交换经济仍在不断发展,但当时的工商业经济主要是由国家控制下进行的团体间的物品交换,最终在周代形成了“工商食官”(《国语·晋语四》)的制度。三代时期从事手工业的从业者,与其他行业的族群一样受到当时“氏族”社会结构的限制,“工不族居,不足以给官”(《逸周书·程典》),保持着宗族组织。商人也同样如此,也实行族居。这些工商族群平时务农,但工商业是工族、商族对国家与上层贵族的义务。这些工族、商族,他们“牵车牛”,远行各地,成为国家与贵族的“服贾”(《尚书·酒诰》)。

商人族群通过中原地区成熟而发达的交通网络体系，与周边地区“懋迁有无”，实现了区域、族群间的互通有无。被称为“百工”的手工业族群各有其技，专业技术在宗族内部世袭传承，如果子孙不肖，还会被斥之为“数典忘祖”（《左传》昭公十五年），这保证了手工业技术在工族内部的有效传承与发展。手工业族群利用自身的技术优势，世代积累，不断推进着手工业制造技术的传承与发展，成为推进古代技术进步的主要动力。

中原地区发达的交通网络，也为不同地区间的互通有无提供了交通条件的基础。三代王朝是中国青铜文明的时代，铜资源成为当时最为重要的战略资源，中原地区因为王都所在、交通发达成为铜资源交换的主要场地。铜资源交换与运输的通道在历史上被形象地称为“金道锡行”（《曾伯桼簠》铭文），中原地区的繁汤（河南新蔡一带）是两周之时北方诸侯国与南方铜产地进行交换的中心场所，成为“金道锡行”铜资源交换的重要节点。晋姜鼎、戎生编钟铭文描述了晋国贵族利用山西地区出产的盐与南方淮夷族群在繁阳地区交换铜资源的事件，印证了中原地区交通对商业发展的促进作用。

中原地区王都、国都城市群的存在，形成了人群聚集效应，为工商业的发展提供了现实的消费需求，以青铜器、玉器礼制物品的需求为大宗，进而扩展到日常的陶器、骨器的需求。持续性的城市经济的发展，促使工商业发展到一个新的高度，进而在春秋时期出现了货币经济。周景王二十一年（前524年）东周王室改铸大钱，这表明在当时的中原地区，货币经济已经发展到了“子母相权”（《国语·周语下》）的地步，这代表着中原地区的商业经济发展的高度。

中原地区优越的区位，发达的交通网络，当时最为集中的城市群，众多的人口聚集效应，让中原地区的工商业在当时处于绝对领先的地位，不断形塑着三代王朝的礼制文明，推动着中原文明走向新的高度。工商业的发展促使保守、坚固的支配性的农业生产体系开始出现缺口，工商业文明产生新的制度诉求、秩序要求，开始要求固化的族群社会结构发生变动。进而在战国时期，生产技术进一步发展，推动着工商业的进一步发展。工商业的发展必然促使农业族群的进一步解体，社会结构的变动是战国社会大变动的特征之一，私人工商业在战国时期大规模发展起来。

中原地区工商业的大发展也成为战国社会变动与改革的主要驱动力之一。中原地区在当时属于三晋,成为战国变法运动的先驱策源地,为人群的社会化、文明化与秩序化提供着持续不断的动力。进而在中原地区诸国的影响下,战国列国变法,最终走出了农业占绝对支配地位的三代王朝国家,开始走向成熟,最终统一,进入了帝制时代。

（作者单位:安徽师范大学。原文刊发于 2023 年 7 月 28 日《河南日报》第 8 版）

考古学探索中华文明起源历程及中原地区重要贡献

魏兴涛

中国考古学诞生至今,探索和认识中华古代文明始终是本学科的核心任务之一,尤其在文明起源问题上持之以恒,踔厉奋进。古代中国为世界主要文明古国之一的观念始自近代,1900 年梁启超指出地球上有四个古文明国家,第一就是中国。在八国联军侵华、中国彻底沦为半殖民地半封建社会的背景之下,这属于中国近代知识界令人振奋的一大学术论断。然而,文明古国说提出后因缺乏实证,一些西方学者却坚持认为中国文化乃至中国人种是西方起源的,20 世纪 20 年代,古史辨派兴起之后更是根本怀疑由历史文献构成的中国古史系统。因此,恰在这时诞生的中国考古学从一开始就被寄予了探究中国文化、古代文明甚至中国人种的来源等重大问题的厚望。

1921 年,河南渑池仰韶村遗址的发掘,发现发达的“中华远古之文化”,标志着中国科学考古学的开端,从根本上否定了中国无史前文化的论调。1928 年开始的河南安阳殷墟发掘,被普遍认为是考古学对于中华早期文明的最早探索。梁思永“后岗三叠层”的发现,促进田野考古科学化发展,为从考古实践探索文明起源提供了坚实基础。

新中国成立后,考古界开始大力探寻文明起源。1950 年代河南郑州二里岗遗址发掘,发现早于殷墟的商代前期都城。1959 年“很像古代一大都会”的河南偃师二里头遗址的发现和发掘将古代文明推进到二里头文化。20 世纪 70 年代后期,河南登封王城岗、淮阳平粮台等一批龙山城址的普遍发现以及大汶口文化刻画符号的研究,深化了对史前社会发展阶段的认识,中国考古界明确提出了探索中国文明的起源问题。20 世纪 80 年代,关于文明起源的热烈讨论成为中国考古学的一大景观。人们意识到龙山文化已进入文明社会,严文明指出,“在龙山时代,每个考古学文化大概都已走进文明社会的门槛,有的甚至已迈入早期文明社会”。这一时期将文明起源的轴线向龙山时代以及更早的时期延伸,中国考古学者开辟了一条从中国本土考古实际出发,由已知向未知追溯的正确可行的文明探源方法。此时对中华文明起源的考察,主要集中在率先获得考古材料的中原地区。

20 世纪 80 年代中期以后,一系列重要考古发现使人们意识到在中原之外的广阔地区,也存在着有自身发展道路的不同的史前文化。苏秉琦高屋建瓴地提出了区系类型理论,这一理论对文明起源研究的最大影响,在于将原来以中原地区为中心的研究视角转向中原之外的各个区域。随着考古发现的积累和研究的不断深入,文明起源经历了长期的过程渐成学界共识。李伯谦指出,文明“有一个蕴育、产生、发展的过程,不是一蹴而就的。在社会进入文明阶段以前,文明因素很早便已产生”。

21 世纪以来,聚落考古理念、方法在考古发掘研究中广泛应用,中华文明起源研究进入新阶段。王巍指出“对文明起源的研究,应当以对权力形成发展过程的考察为重点”。赵辉提出不仅要把这个过程看成是一个普遍的进化过程,还应当特别强调它是一个复杂的、多元的历史过程。考古界在中国文明起源多元一体理论框架下,认识到各区域史前文化不同程度地参与了中华文明形成的宏大过程。

2002 年“中华文明探源工程”实施,工程确定以全国主要史前文化区为研究对象,在关键遗址发掘工作基础上,开展年代、环境、技术、生业、聚落和都邑反映的社会结构、各区域之间互动关系的考察及整合研究,是中国考古学全面系统地针对文明起源这一重大课题进行前所未有的、联合攻关的研究实践。在工程确定的几大研究片区中,河南灵宝西坡、登封王城岗、新密新砦、偃师二里头、郑州大师姑及山西襄汾陶寺遗址这六座中原地区规模大、等级高的中心性城邑被列入研究重点。河南考古学者先后负责、参与了 13 个子课题的研究,成为该工程的骨干力量。

该工程 2016 年结项,2018 年 5 月 28 日,国务院新闻办公室发布“中华文明探源工程”研究成果：距今5800年前后，黄河、长江中下游以及西辽河等区域出现了文明起源迹象；距今5300年以来，中华大地各地区陆续进入了文明阶段；距今3800年前后，中原地区形成了更为成熟的文明形态，成为中华文明总进程的核心与引领者。

当前，正在开展“中华文明探源工程”第五阶段研究，继续实施多学科交叉结合联合攻关等方式，将近年新发现的距今5500年到3500年的核心遗址纳入工程中，通过考古发掘，结合古史记载，全面描述中华文明的形成历程，完善证据链，从全球视野分析中外文明的交流借鉴，发展文明理论。河南的巩义双槐树、新密新砦、偃师二里头等遗址被确定为本阶段的重点遗址，河南学者更是参与了多学科研究诸多方面的科研工作。

同时，近年来具有分区域、多省份、多机构、多学科联合特征的“考古中国”重大研究项目陆续启动实施，各重大项目以“区系类型”“重瓣花朵”“中国相互作用圈”等思想为指导，除立足自身材料外，更加注重区域互动和“中国早期文化圈”的形成过程，拓展提升对中华文明多元一体演进历程的认识。由河南牵头，分别由豫陕晋冀和豫晋陕皖联合申报承担的“中原地区文明化进程研究”“夏文化研究”项目获批，纳入“考古中国”重大研究项目，河南考古界正以这两个重大项目为统领，以众多关键遗址为依托，以开展调查发掘获取考古新材料为重点，深入开展研究工作。

由上可知，考古学探索中华文明起源走过了以殷商文明为基点向前追溯至商前期、二里头文化、龙山文化、良渚文化及同时期包括仰韶时代中晚期等文明阶段的基本历程。中原地区尤其河南是中国考古学的诞生地，文明起源研究在河南向前追溯，中华文明探源工程最早从河南开始，已经取得重要成就。如今仍积极参与中华文明探源工程和文明起源研究工作，必将进一步为展现伟大中华文明之源绚丽风采作出新的重大贡献。

（作者单位：河南省文物考古研究院。原文刊发于2023年8月23日《河南日报》第8版）

中原是汉字起源形成和发展完善地

李立新

文字是文明最核心的要素之一，恩格斯认为，野蛮时代的高级阶段“由于文字的发明及其应用于文献记录而过渡到文明时代”，汉字的出现标志着中国古代文明的开始，同时，作为中华文明的主要载体，汉字也是中华文明具有突出连续性的重要因素。2022 年 10 月 28 日，习近平总书记在考察安阳殷墟遗址时指出：中国的汉文字非常了不起，中华民族的形成和发展离不开汉文字的维系。而河南正是中国的汉文字起源形成和发展完善之地。

甲骨文是世界上唯一现存的成熟的古文字体系

《尚书 · 周书 · 多士》：“惟尔知，惟殷先人有册有典，殷革夏命。”在周人的记载中，殷商的先人已经有文字和典籍，而甲骨文大量出现于商代晚期，是唯一与今天的汉文字一脉相承发展而来的、成熟的古文字体系。

古巴比伦的楔形字、古埃及的圣书字、古印度的哈拉本印章文字亦是世界古老的文字体系，但都已在历史的风尘中湮灭，与现在该地区使用的文字没有任何关系。只有汉字的早期形式甲骨文字逐渐演变成为现代汉字，是古文字中仅存的一种。甲骨文所载负的中华文化基因，经历长久的发展演变，一直传承至今，塑造着我们这个历史悠久、文化灿烂的古老而崭新的中华民族。以甲骨文为代表的汉文字是传承和弘扬中华文化的重要载体，是中华民族的基本标识，也是中华文明的显著标志。

甲骨文是古代刻在用以占卜的龟甲兽骨上的文字，发现地主要在今河南安阳的小屯村，即盘庚迁殷后的商代晚期都城殷墟。其时代主要集中在公元前1300年至前1046年，距今3300多年，至今已发现约15万片，经科学发掘的有35000余片，单字数量已超过4000字，内容涉及商代政治军事、生产生活等各个方面，是重建殷商信史的直接史料。甲骨文的发现，轰然撞开了尘封3300多年的商代历史，把中国信史向上推进了约1000年。

中国的汉文字起源形成于中原

商代的甲骨文是中国最早的可以完整记录语言的文字体系，已相当成熟，郭沫若就曾断言："在甲骨文之前，汉字已经历了两三千年的发展过程。"孔安国在《尚书序》中说："古者伏羲氏之王天下也，始画八卦，造书契，以代结绳之政，由是文籍生焉。"伏羲作八卦与汉字起源相关联。中原是伏羲氏建功立业和终葬之所，河南淮阳被视为羲皇故都所在地，这里有太昊伏羲陵、画卦台、白龟池等遗址。

许慎《说文解字·叙》载："黄帝之史仓颉，见鸟兽蹄迒之迹，知分理之可相别异也，初造书契。"黄帝的史官仓颉造字的传说在中国影响深远，仓颉号史皇氏，是黄帝的史官。今河南省濮阳市南乐县梁村乡吴村是仓颉的故里，这个村子以前就叫史皇村，现在村里人仍大多姓史，应是史皇氏仓颉的后裔。这里现存仓颉陵一座。

商代甲骨文以前，可以记录语言的符号系统还没有发现。但随着中国现代考古学迅速发展，发现了大批新石器时代及有史社会早期陶器上面的刻画或彩绘符号，另外还包括少量契刻在甲骨、玉石器等上面的符号，其中最早的刻画符号出现在河南舞阳裴李岗文化贾湖遗址，发现了16例刻画而成的符号，这些契刻符号和商代甲骨文极为相似，距今已有8000多年的历史。

从考古发掘的出土文字资料来看，中国至少在夏代已经有了正式的文字，考古工作者曾经在登封王城岗遗址龙山文化晚期遗存中发现一个陶文"共"字，在其他龙山文化和二里头文化的遗址中，均发现有不少陶器刻画符号。在郑州二里岗、南关外等遗址发现了30多种商代前期的陶器符号，二里岗遗址还发现了两片刻字甲骨,郑州小双桥遗址发现了10余例商代早期朱书陶文和50余例刻画陶文,上述这些发现,都早于殷墟甲骨文,并可以直接和殷墟文字相比序。文献记载和考古发现证明,河南最有可能是汉字起源的地方。

中国的汉文字发展完善于中原

河南地下出土的和传世的文字资料数量丰富、门类齐全,上迄8000年前贾湖遗址的甲骨、陶石刻画符号,下及商周时期的甲骨文、金文、陶文、玉石文、盟书、简册、古玺文、古币文,还有传世汉魏石经文字、汲冢竹书以及大量的历代碑石文字资料珍品,汗牛充栋,不胜枚举。

汉字的统一发生在秦始皇统一六国之后,上蔡人李斯是秦朝大规模统一、整理、规范汉字的主要策动者和实施者。东汉许慎(今郾城人)著世界第一部字典《说文解字》,是一部文字学巨著,归纳汉字生成规律,首次给汉字建立了540个部首,统辖9353个汉字,并一一解析字义,最终使汉字得以彻底规范。东汉的《熹平石经》、曹魏的《正始石经》等均立于洛阳太学前,是政府刊刻的儒家经典,对汉字的规范化也发挥了很大的作用。

汉末又出现了楷书,形成了真正的"方块汉字",而最早的楷书书法家是三国时魏国的钟繇,他的《宣示表》是今天能见到的历史上最早的楷书,他是今河南长葛人。今天普遍流行的宋体字,出现并定型于北宋,北宋都城东京开封是活字印刷术的诞生地。计算机的发明对汉字是一个近乎生死存亡的挑战,第一个战胜这一挑战的是河南人王永民,他在家乡南阳完成了五笔字型输录法的发明。第一座国家级的文字博物馆"中国文字博物馆"坐落于甲骨文的发现地河南安阳。汉文字正是在中原逐渐发展完善,成为中华民族共同体的显著标识,凝聚全球华人的重要纽带。

(作者单位:河南省社会科学院文学研究所。原文刊发于2023年8月23日《河南日报》第8版)

从双槐树到二里头:中华文明多元一体的河南实证

陈建魁

河南巩义双槐树遗址是仰韶文化晚期文明发展程度最高的典型代表，河南偃师二里头夏代中晚期都城遗址则是中华文明由多元到一体的重要实证。从双槐树到二里头发掘出的文化遗存，见证了双槐树古国到夏朝王国大约1500年的历史发展进程，实证了中华文明起源的多元一体格局。

双槐树遗址见证了中华五千多年文明史主根脉

大约5300年前至5000年前，浙江良渚古城、湖南城头山古城、甘肃南佐古城以及城址内连成一片的数十万、数百万平方米的都邑性聚落，特别是河南巩义双槐树遗址及其周围规模巨大的聚落群和城址群，标志着中华文明的形成。

目前，学界多把中国历代国家分为古国、王国和帝国三个时段，而距今5300年左右的双槐树遗址，已经具备古国的要素，专家学者称其为“河洛古国”。双槐树遗址总面积约117万平方米，遗迹遗物众多，其中三重大型环壕、大型院落式基址、祭坛、“北斗九星”等遗迹和彩陶、牙雕家蚕等遗物最为引人关注。

城垣的建造是一种政治行为。双槐树古城与分布其周围的郑州西山、大河村古城，荥阳青台、汪沟等古城，以及归其统辖的聚落组成一个联合体，创造着方国文明。

三重大型环壕彰显都邑所在。内壕、中壕和外壕三重环壕，将遗址分隔为三部分，环壕分别通过吊桥和夯土门道与外界相连。内壕内是聚落核心区域，内有大型中心居址。内壕与中壕距离较近，但曲度高度一致，应经过有意规划，具有礼制象征。这种布局开三代宫城、内城、郭城制度的先河，为早期都邑城郭制度的源头。

大型夯土院落式基址与广场，见证了当时建筑技术的发展和礼制的萌芽。双槐树聚落内壕中部发现三处大型夯土院落式基址，均采用版筑法夯筑而成。一号院落内，F76 是一组面阔十三间、面积达 308 平方米的大型房屋，院落南墙外有广场遗迹，反映出双槐树社会礼仪制度的萌芽。二号院落南门道内的“一门三道”结构，与偃师二里头一号宫殿建筑及更晚的高等级建筑门道基本一致，凸显了双槐树大型建筑基址等级之高和建制之源。

“北斗九星”与彩陶星座图案反映了先民的宗教观念。F12 房址前面发现 9 个陶罐摆放的疑似“北斗九星”的遗迹，荥阳青台遗址也发现有 9 个陶罐摆放的“北斗九星”遗迹。这种星象遗迹与双槐树、大河村彩陶图案中的太阳纹、月亮纹、星座纹等相互呼应，或代表时人日、月、年等时间概念，是先民利用天文知识的体现。

牙雕家蚕与丝绸遗物的发现，说明当时已形成较为完备的农桑文明形态。双槐树遗址出土一枚牙雕家蚕，荥阳青台、汪沟遗址的瓮棺葬内发现多处使用丝绸的痕迹和丝绸遗物。结合大量彩陶、石器、骨器以及炭化的农作物种子的出土，充分证明了 5300 年前的郑州地区，已经形成了较为完备的农桑文明形态。

外来文化因素汇聚说明了双槐树城址群的核心地位和影响。双槐树城址群承接仰韶文化庙底沟类型而来，有着浓郁的地方特色，而且吸收了周边许多文化元素，如海岱地区的大汶口文化元素、长江中游的屈家岭文化元素。

以上事实表明，距今 5000 多年前的黄帝时期，已经初步建立起一个以双槐树古国为核心的邦国联盟，成为具有区域王权的早期国家。

二里头遗址标志着中华文明多元一体格局形成

二里头遗址是二里头文化的代表性遗址，是王国伊始的代表性城址，上承河南龙山文化，下接商代二里岗文化，被确认为夏代中晚期都城遗址。二里头文化已经进入青铜时代，二里头文化以偃师二里头为大致中心，延展至山西、陕西、湖北部分地区。

王权与神权等的有机结合成为二里头遗址的核心内涵。从遗址的范围与城市布局，大型宫殿遗址、青铜礼器的发掘，中心遗址与周围其他聚落的关系等方面来看，二里头玉器、铜器、陶器承上启下，表现出自二里头至东周发展的一贯性、连续性、系统性和传承性，证明上自仰韶、龙山，下至殷周，是同一文化的发展和延续。二里头王都中轴线上，宫殿区、手工业作坊区、祭祀区顺序排列，构成了王都的核心内涵。

二里头遗址发现的坛、墠是神权的表征。坛和墠是我国古代都邑中常见的祭祀场所，祭祀天地神祇则是体现王权正当性的重要手段，是中华文明的重要内涵。其上承自新石器时代和夏代早期，商周及以后，二里头坛、墠得以世代传承，并逐步发展变迁。

礼制得到进一步发展和完善。在玉器之外，出现了新的礼器类型——青铜礼器与陶礼器。陶礼器通常以日常器物为主。二里头发现有中国最早的铸铜作坊，所铸青铜礼器有戈、钺、爵、斝等，一部分由兵器转化而来，另一部分则有明显的“铜仿陶”倾向。玉器是自新石器时代以来，最为稳定的礼器形态，二里头文化玉礼器将红山文化、良渚文化、石家河文化、齐家文化等的玉礼器要素整合为一体，并一直延续贯穿到夏商周的礼乐制度中。同时，玉礼器又与当时社会的巫术、祭祀等原始宗教活动密切相关。

仰韶文化晚期，双槐树等若干个地域中心古国，经过五帝时代的融合，到距今4100年左右建立“大一统”的政治统一王朝夏朝。依靠地理优势、强盛国力和科技文化的进步，二里头广域王权国家在极短的时间内，吸收了各地的文明元素而迅速崛起，成为当时中华文明由满天星斗向一枝独秀转变的中心，与后来的商周文明一道，确立了以礼乐文化为根本的华夏文明的基本特质。

（作者单位：河南省社会科学院历史与考古研究所。原文刊发于2023年8月23日《河南日报》第8版）

从大河村文化看中华文明特性

李　龙

大河村文化在考古学“大河村类型”基础上命名，是仰韶文化的一个区域类型，典型遗址包括大河村遗址、西山遗址、青台遗址、双槐树遗址等。大河村遗址是一处内涵丰富的文化遗址，为研究中华民族五千年文明史提供了珍贵的实物资料。大河村遗址承载了郑州地区远古文化发展的完整缩影，影响了周边同一时期的史前文化，参与和见证了中华文明起源、形成、发展的全过程，体现了中华文明的连续性、创新性、统一性、包容性、和平性的文化特性。

大河村文化的连续性。大河村遗址文化层堆积深达 7 米到 12 米，纵贯了仰韶文化时代，包含仰韶、龙山以及夏商等不同时期文化遗存，绵延 3000 余年。大河村遗址每期都有单独地层和各具特征的文化面貌，且每期之间都有明显的一脉相承的发展演变关系。器型沿革轨迹明显清晰，鼎、钵、盆、碗等陶器上承裴李岗文化，下传龙山文化，为考古工作提供了典范素材。

大河村文化的创新性。大河村文化的创新性在彩陶纹饰、天文学、建筑技术等方面都有独到的体现。大河村文化彩陶纹饰中的白衣彩陶、红衣彩陶器型种类繁多，图案独具特色，绘画手法高超娴熟，表现内容丰富多彩，标志着我国史前彩陶文化达到了一个新的高峰。而绘有太阳纹、月亮纹、日晕纹、彗星纹、星座纹的天文星象彩陶片，则反映出大河村先民们在天文学上的创新。一些陶钵上绘有三个月亮图案，体现出先民们可能认识到三个月为一季度的自然规律。大河村绘有天文图案的彩陶片是我国发现最早的天文学资料,比殷商甲骨文所载天文学资料早了2000年左右。大河村文化的建筑技术亦有创新性,房基F1~F4“木骨整塑”而成,首创两面坡式的排房建筑,对我国北方传统民居建筑的基本形制产生了深远影响。

大河村文化的统一性。大河村遗址布局规整统一,尤其是史前聚落形态完整,功能布局明确。城址、环壕、房基、窖穴(灰坑)、陶窑、墓葬等保存完好,数量众多,分布密集、布局完整,形成统一整体。西山古城内外布局错落有致,房址、墓葬等功能分区明晰,城中有大型夯土建筑基址和数百平方米的广场遗存,外围具有夯土城垣、壕沟、外环壕三重防御设施。西山古城开始具有统一守卫氏族、部落的性质,这种围墙加护城河的防御模式开启了中国几千年来城市防御体系的先河。近几年发现的巩义双槐树遗址文化内涵丰富,具有最早的瓮城结构围墙、大型的三重环壕、大型中心居址、大型公共墓地、夯土祭祀台遗迹、北斗九星天文遗迹及家蚕牙雕艺术品等,证实了双槐树遗址是中华文明形成初期规格最高的具有统一性质的都邑聚落。整体来说,大河村文化面貌相似,呈现出一定的统一性。大河村文化影响到以嵩山为中心的区域,文化面貌的趋同统一,为早期文明的发展奠定了基础。

大河村文化的包容性。器型上钵、罐等传承于裴李岗文化,尖底瓶来源于庙底沟,盆形鼎、折腹鼎等吸纳了东方大汶口文化因素,而圈足杯、喇叭形杯来源于长江流域的屈家岭文化。纹饰上传承、吸纳了很多庙底沟文化的纹饰特色,庙底沟文化典型的圆点、钩叶和弧线三角组成的花瓣纹对大河村文化影响显著。大河村彩陶的整体装饰风格与庙底沟彩陶有许多类似之处,都具有典型的几何抽象装饰风格,这些几何抽象图案造型简洁概括,手法随意灵活。基于此,首都师范大学历史学院教授袁广阔认为,大河村文化所处新石器时代晚期偏早阶段,是一个极为重要的文明蝶变期,在承继庙底沟文化深厚文化基因的基础上,大河村文化蓄势中原,吸收并融合周边先进文化因素,走出了一条重民生、务实际的可持续发展道路,迈入中原地区最早的古国门槛,深刻影响了中华文明的延续与发展。

大河村文化的和平性。大河村文化时期,是史前农业快速发展阶段,也体现了原始的和平追求意识。在大河村遗址的仰韶文化地层中,发现了大量的炭化粟和炭化稻壳的痕迹。据同位素碳十三测定,郑州西山城址居民的食谱结构中，粟、黍成分占到90%以上，说明当时人们以粟、黍为主要食物来源。郑州林山寨遗址中出土了“许多类似黍、谷的圆形颗粒”。登封石羊关仰韶遗址发现有粟、稻的遗物。这些都说明在大河村文化时期，郑州地区已经成为发达的史前农业区。与此同时，人们的和平意识或许有了集中的体现。双连壶是史前社会的一种礼器，是氏族、部落间结盟或举行大型活动时首领相互对饮的一种酒器，代表了人类之间平等沟通的一种思想观念。这种思想，或许恰如一部厚重磅礴的歌诀，伴随大河村农耕文明从远古吟咏而来。先秦时期流传的《击壤歌》“日出而作，日入而息，凿井而饮，耕田而食”，描述了乡村闾里人们击打土壤、歌颂太平盛世的情景。这种和平的执念，伴随绵延不绝的农业发展历程，创造了发达持久和长盛不衰的中华优秀传统文化。

（作者单位：河南省社会科学院历史与考古研究所。原文刊发于2023年8月23日《河南日报》第8版）

中原地区文明化历程与演进道路

罗诗谦

通过多学科之间的合作研究，目前学界对于中国各地区文明之间交流互动、汇聚融合，最终形成以中原地区为中心的历史格局过程有了比较清晰的认识。已有资料显示，中原地区成为中华文明的核心经历了一个逐步发展的过程。在这个历史发展过程中，辐辏八方的中原地区汇聚了各地先进的文化因素，并在经过对周邻文化的重新整合之后，最终实现了由史前社会向王朝国家的转变。

仰韶早期至仰韶中期

公元前5000年左右，仰韶文化形成。仰韶文化分布范围内在前仰韶时代至少存在有贾湖文化、裴李岗文化、磁山文化、北福地文化、白家文化、老官台文化以及大地湾文化等考古学文化。这些前仰韶时代的考古学文化在黄河中游地区反复碰撞、交流，并在经过长期的文化融汇与整合之后，最终形成了仰韶文化。

仰韶文化一经形成，很快便继承了之前贾湖文化和裴李岗文化向北向西的扩张势头。凭借着相对于周边的地理环境优势，仰韶文化融汇中原及其周邻地区的诸多本土文化，不断向河北北部、内蒙古、山西、陕西、甘肃及青海等地扩张。仰韶文化向周邻地区的扩张促进了与周边文化的交流以及不同文化类型之间的互动，强化了其自身的文化凝聚力。

经过早期的发展，到庙底沟文化时期，仰韶文化进一步统合诸地方类型,仰韶文化分布区的文化面貌空前一致,到公元前 3300 年前后达到高峰。由此,仰韶文化完成了中国史前文化的第一次整合。这一时期也被称作“文化上的早期中国”或“最初的中国”。自仰韶文化中期开始,仰韶文化成为我国史前时期影响极为深远的主干性文化,中原地区即将或初步步入文明社会,中原地区的早期文明化进程也由此拉开帷幕。

仰韶晚期至龙山早期

随着仰韶文化分布区的不断扩大,这也为周边先进文化因素的涌入提供了条件。到仰韶文化晚期阶段,周邻文化大量涌入中原地区的现象表现尤为明显。

庙底沟晚期阶段,东部大汶口文化对中原地区的影响明显加强。郑洛地区开始出现有大量的白衣红黑彩绘的“三彩”陶器。灵宝西坡庙底沟晚期墓地中的一些大中型墓葬,随葬的釜灶组合具有明显的庙底沟特色,但同时墓中也随葬有大汶口文化特征的彩绘大口缸,在某些墓葬中还发现随葬的有玉石钺和象牙骨雕器。

到仰韶文化晚期,各地史前文化越来越汇聚于中原。东部大汶口文化的西进、南部屈家岭文化的北渐,使得原来高度统一的仰韶文化发展出泉护文化、大地湾文化(中晚期)、马家窑文化、秦王朝文化、大司空文化等多个可称为仰韶文化地方性变体的考古学文化。这些诸地方性变体文化中,尤以郑洛地区的秦王寨文化表现突出。秦王寨文化的社会复杂化程度已经有了一定的发展,表现在聚落形态上就是该区域内出现了巩义双槐树、荥阳青台、汪沟等数个大中型聚落云集的现象。例如,形成于公元前 3300 年前后的仰韶文化中晚期巨型聚落遗址——巩义双槐树遗址中的大型庭院式建筑,采用的是当地常用的版筑夯土技术,但由木骨泥墙式的连排居住房屋发展而来的庭院式建造结构则可能是受到长江中游地区屈家岭文化影响而形成。

伴随着仰韶文化中期以后的大扩张,各地文化开始对中原地区逐步施加影响。周邻文化的涌入也使得中原地区进入到一个分化、动荡、重组的调整阶段。在分化与动荡的过程中,仰韶文化内部发生了很大变化,此前庙底沟期那种高度统一的局面开始瓦解,仰韶文化地方性逐渐增强,甚至分解为不同的考古学文化。这种松散离析的状态持续到公元前2700年前后,中原地区重新进入到一个各种文化重组的复杂阶段,开始迈入到广义的龙山文化早期阶段。豫西、豫中地区在仰韶文化的基础上分别发展起了庙底沟二期文化和大河村五期文化。豫西、豫中地区的这两支文化中见有不少来自东方大汶口文化和一定数量的来自南方屈家岭晚期、石家河早期文化的因素。豫东地区,大汶口文化西进的规模逐渐变大,影响也更为深刻。尤其是到庙底沟二期晚段,中原地区整体呈现出东部大汶口文化和西部庙底沟二期文化东西对峙的局面。

龙山晚期至新砦期

中原地区在公元前2300年前后进入到龙山时代晚期。龙山时代晚期是一个社会大变革的时代。中原地区整体呈现出更大范围和更加多元化的周边文化融入的繁荣局面,重新整合的趋势也日益明显。

龙山时代晚期,作为核心地带唯一没有衰落的区域,中原腹地在广泛吸纳和整合周边文化因素的基础上,形成了王湾三期文化。过去有学者将龙山时代晚期中原腹地所接受的周边文化因素大致归纳为三大类,即东方文化系统(后岗二期文化、王油坊类型以及山东龙山文化)、南方文化系统(主要是继承石家河文化和淮系大汶口文化传统的因素)和西北文化系统(包括河套地区龙山文化、陶寺—三里桥龙山文化和客省庄二期—齐家文化)。这是将王湾三期文化看作一个整体来归纳的。就其内部而言,王湾三期文化本身是有地域差别的。以嵩山为界,可将王湾三期文化南北划分为煤山类型和王湾类型两个地方类型。受所处地理位置的影响,二者在外来成分的构成上有比较明显的差异。嵩山以北的郑洛地区陶器群中见有三里桥文化、后岗二期文化因素的器物,嵩山以南的汝颍地区陶器群中则见有不少江汉平原石家河文化因素的器物。至于东部的山东龙山文化,则对郑洛地区和汝颍地区均有不小的影响。由此可见,周边地区不同考古学文化的影响导致了嵩山南北两个地方类型在文化面貌上呈现出诸多的差异性。

公元前2200年前后，受极端干冷气候的影响，包括北方老虎山文化、西部三里桥文化、东部山东龙山文化在内的周边文化不断向中原地区扩张。公元前2050年前后，在经过嵩山南北地区龙山期遗存的整合，再加上东部造律台文化的共同作用之下，新砦期遗存正式形成。新砦期遗存是嵩山南北地区龙山期遗存、造律台文化，甚至后岗二期文化、石家河文化等多种考古学文化相互整合的产物。

新砦期至二里头文化一期

对于王湾三期文化、新砦期遗存与二里头文化之间的关系，目前我国多数学者认可"二里头文化是从新砦期遗存发展而来的，而新砦期则是王湾三期文化的直接后继者""新砦期遗存和王湾三期文化晚期是夏代前期夏文化"观点。

从遗址的时空分布情况来看，新砦期遗存与二里头文化一期遗存之间存在有时间早晚与地域分布的差异，其中新砦期晚段遗存和二里头文化一期遗存之间存在同时并存的可能。有学者据此推论，新砦期与二里头文化一期是两种不同性质的共时文化，汝颍地区的新砦期晚段遗存可能是王湾三期文化向二里头类型转变过程中的过渡性文化遗存，而伊洛地区的二里头文化一期遗存则是这个转变过程中发生的"局部性部分质变"的文化遗存，当有一定道理。根据伊洛河流域从龙山时代到二里头文化时期的遗址分布情况来看，这场"局部性部分质变"产生的原因很可能与大规模的人口迁移以及由此带来的周边文化的大量涌入有关。

考古调查资料显示，洛阳平原中心地带的伊河、洛河交汇点附近没有发现龙山时代的大型遗址群或大型遗址。然而到二里头时期，洛阳平原中心地带却出现了二里头遗址这一超级中心聚落遗址。这种大型聚落中心的突然出现以及由此带来的人口高度集中现象很可能是由于周边地区的大规模人口迁徙而导致的。有学者根据考古发掘材料指出，二里头遗址中多见有单独或成排的小型墓葬，却几乎不见有那种具有统一规划的大型公共墓地，这表明二里头遗址的居民主要来源于一些彼此之间相互独立的小型血缘集团。这一墓葬材料所反映的情况显然与二里头文化第一期的大规模人口迁徙现象是相互契合的。由此可见,伊洛盆地的二里头文化超级中心聚落遗址的出现应该与人口的大规模迁移有关。这也恰与我国古代文献记载的夏代早期活动中心不在伊洛地区,太康时期才迁于伊洛地区的记载颇为一致。

人口的大规模迁移导致了周边文化的大量涌入。文化因素分析结果显示,二里头文化除继承当地的龙山期文化因素之外,还融入了不少来自东部大汶口—龙山文化系统,西部客省庄二期文化、齐家文化,北部后岗二期文化,以及南部良渚文化的因素。由此可见,公元前1800年前后,伴随着人口的迁徙流动,大量周边文化因素汇聚到洛阳盆地,导致洛阳盆地率先发生转变,在经过对周邻文化的吸纳与整合的基础上,最终形成了二里头文化。二里头文化的出现,标志着夏代国家的形成,同时也标志着中原地区进入到中国早期文明化进程的最高水平。

(作者单位:河南科技大学人文学院。原文刊发于2023年9月1日《河南日报》第12版)

古代中原地区的山川险隘

张晓琳

“得中原者得天下。”长期以来，中原地区一直是全国政治、经济、文化发展的核心区域。清代顾祖禹《河南方舆纪要序》叹：“当取天下之日，河南在所必争；及天下既定，而守在河南，则岌岌焉有必亡之势矣。”由于“无有名山大川之阻”，历代经略中原的统治者便充分利用天然地理屏障，修筑关隘阨塞，遣兵设防，以实现王朝的长治久安。

河网密布：中原地区乃天下粮储和漕运中枢

古代中原地区分布的大型水系有三：其一，黄河沿太行山脉南下至风陵渡附近折为东西向流经河南中北部地区，据《（嘉庆）大清一统志》记载，河水经潼关自阌乡入境，经陕州、河南府、怀庆府和开封府、卫辉府和归德府，在山东与江南接界处出境，自西向东横亘数千里。《水经注》中记录了注入黄河的支流有清水、湛水、洛河、济水、沁水等。其中支流又有不少水道汇入，譬如洛河有伊水、瀍水、涧水、峭水、昌谷水注入；其二，淮水上游发源于河南西南部，《水经注》载，淮水出南阳胎簪山（今太白顶），东北流经桐柏山，又向东过信阳，至固始县北入颍州界。入淮水道（汝水、颍水）及其支流大多发源于西部、南部山地；其三，漳水，位于河南最北端，由自西北而来的浊漳水和清漳水在交漳口汇合后，经临漳出境。三大水系横切中原，且支流众多，水网密集，水量丰沛，又地处平原，水流平缓，既利于农业灌溉，又可进行大型的舟漕运输，黄河两岸大小渡口有数十处，主要渡口有陕津、河阳和延津，负责中原境内的黄河两岸的漕仓转运。陕津,一名茅津,一名大阳津,在今河南陕县西南,《大明一统志》记载:"春秋秦伯伐晋,自茅津济,封崤尸而还,即此。"河阳津在今河南孟州市南,古孟津渡口。延津,又名灵昌津,今河南新乡市东南,《水经注》云,"河水又东北通谓之延津",设有延津关。秦汉时期,为保障和满足京都的粮食供应,需从关东和江南地区大量转输粮食,其所依靠的便是中原地区庞大而强劲的漕运能力。除了源源不断地运粮到京,还在漕运枢纽修建大型粮仓,其中以洛阳附近的敖仓最为著名。楚汉战争中,刘邦与项羽在荥阳、成皋一线鏖战,为的就是争夺敖仓之粟,解决军粮问题。隋朝时期,为实现南粮北运,炀帝修建大运河,将中心枢纽设在洛阳,与黄河形成近似十字的交通枢纽,四方通衢。唐朝之后,经济中心南移,开封继洛阳成为全国水陆交通的中心枢纽。由此可见,古代中原地区在全国交通运输中占据核心领导地位。

名山襟带:中原地区乃关中与关东交往之咽喉

由于东部地区为平原地带,无险可守,无塞可据。因而在今河南省西部的纵列山脉成为古代关中与中原地区之间唯一的天险屏障,其自北向南有太行山、王屋山、底柱、崤山,而崤山之南为秦岭东麓、伏牛山脉,桐柏山、大别山等,这些山脉将今河南西部、西南部分隔为南北两个盆地,即伊洛盆地和南阳盆地,包裹其中。而中部和东部的河流大部分发源西面诸山,或穿山而过,从而形成断裂的河谷孔道,成为关中与关东地区交通往来的咽喉襟要。

太行山脉背负晋冀,俯瞰中原,位于三省交界的冲要之地。《万山纲目》记载:"太行山在陵川县东,河南辉县西五十里,西南跨怀庆,北接彰德,绵亘数千里。"受沁水、漳水、丹水、滹沱、桑干等河流切割,连山中断,形势险峻,这些中断的横谷成为晋豫两地互相往来的重要通道。自春秋时起,三晋地区为沟通太行两侧,在山脉横谷地段疏浚通道,设置关隘,控扼河谷,形成著名的"太行八陉"。

太行山脉往南为王屋、底柱,二山位于晋豫交界之处,《读史方舆纪要》

记载:“王屋山,(济源)县西八十里,与山西垣曲县接境。”底柱,孔安国形容此山,“河水分流,包山而过,山见水中若柱然也。”西汉孝武帝征伐四夷,从山东运粮经中原漕运转输至关中。至隋唐时期,虽采取过整治措施,但唐德宗时期还是出现了“岁漕经底柱,覆者几半”的恶劣情况。故而昔时自洛到陕、自陕到京的舟漕运输皆避开底柱之险,改走陆运。顾祖禹直言:“黄河在山峡之间,龙门为险,而在晋豫之交,底柱为扼也。”

崤山又称三崤,据《水经注》记载,是为盘崤、石崤、千崤之山。在洛宁县,崤水出此山,北流入河,崤谷之底为渑池,并设有崤底关,其与函谷关并称“崤函之塞”,控制着关中进入中原地区的噤咽通道——崤函古道。崤函古道位于今三门峡市及毗邻地区境内,古道早在西周时期就已形成,在贯通两京的交通地理格局中,崤函古道是最为崎岖和险要的一段。西周之后,崤函故道在沟通关中与中原的过程中仍旧发挥着至关重要的作用。

关隘塞阻:中原地区乃古代兵争的防御中枢

中原地区拥有极为优越的粮储、交通枢纽等战略必需条件,故而成为不少王朝建都立业的兵冲要地。如洛阳,“居五诸侯之衢,跨街冲之路”,号“天下之中”,其西经崤函可至关中,南过伊阙而入江汉,东历成皋通往齐鲁,北渡黄河能达幽燕,因而为历代兵家所重视。为提升洛阳的防御能力,光武帝刘秀定都后,在伊洛盆地设置八关以控四方。函谷关在洛阳西面,位于今新安县东部的山谷间,东指洛阳,西望长安,南临涧河,北依邙山,有“一夫当关,万夫莫开”之险,控扼崤函古道。东面是成皋关、旋门关。成皋关又名虎牢关,在今荥阳市汜水镇,所以又称汜水关,是洛阳东面之阻,更是汴、洛之间的咽喉要冲。成皋关西侧为旋门关,二关扼守洛阳盆地东部的成皋道。孟津和小平津则位于洛阳以北的黄河沿岸,从北岸渡河经各津关入洛阳的路径有限,孟津和小平津是渡口中重要的军事据点,小平津又称河阳津,位于汉平阴县城北,旧属孟津。孟津在汉代河阳县地,又称河阳渡、富平津,筑有三城,《河阳三城记》记载:“北城,南临大河,长桥架水。南城,三面临河,屹立水滨。中潬城,水环四周,表里二城,南北相望,黄河两派贯于三城之间。”乃“天下之腰膂，南北之噤喉也”。伊阙关、大谷关、轩辕关位于洛阳南部，镇守伊洛谷地的重要孔道。伊水经伊川盆地流入洛阳，伊阙关位于伊水河谷，从伊水北至洛阳，必经此关。由伊阙入洛阳后，在万安山峡谷之间设大谷(太谷)关。轩辕关则位于万安山与嵩山之间的山谷中。广成关位于八关最南端，处于伊川盆地东南的白降河(大狂水)与汝河的分水岭，备御东南。

广成关东南有两条位于宛、洛之间的车马古道。一是方城路，春秋中晚期，楚国为加强与中原地区的交通往来以及开展军事行动，陆续在南阳盆地的东、北、西三面山麓修建楚方城，从楚都向北穿过南阳盆地，经过今平顶山市的叶县与南阳市的方城县交界处的大关口，便是楚国所修从宛北至颍川的方城路，南北贯通。二是三鸦路，古道由新野沿白河、新店铺北上，渡鸭河，过鲁阳关，经鲁山、临汝最终抵达洛阳。《读史方舆纪要》记载，三鸦路自南阳府北有石川路，一名百重山，即第一鸦；府北七十里分水岭而北，即第二鸦；由故向城而北又八十里有鲁阳关，入鲁山县界，即第三鸦。三鸦镇为北周设立，控守鲁阳关水道，自昔为军事戍守要地。

城口三隘，即古之大隧、直辕、冥阨，三关位于今桐柏山东南，大别山西北之间的信阳与古楚地交界之处，南襟湖广，北蔽中原，地理位置十分险要。《读史方舆纪要》记载，大隧，又名九里关、黄岘关、百雁关，在信阳州南九十里。直辕，又名武胜关、武阳关，在信阳州东南一百五十里。黾阨即冥阨，又称平靖关、恨这关，在信阳州东南九十里，其地有大小石门，凿山通道。自春秋开始，城口三关便是历代为拒守攻战的军事重地，楚国经三关可通北地，渡淮河可达陈、蔡等国。唐宋时期，城口三关为镇守淮西的军事据点。《元史》又记，元兵在河南边郡与宋军对峙，信阳西为桐柏山，东为大别山，两山之间只有城口三关可通南北，所以不论元兵南下，还是宋军北上，都必须经过信阳诸关，实为南北兵争的首夺险陀。

正可谓是山川秀丽，襟带抱负，关阨要塞，气象万千。这些山川险隘奠定了古代中原在全国政治、经济、军事中独一无二的战略地位。

(作者单位：苏州大学社会学院。原文刊发于2023年9月1日《河南日报》第12版)

书礼同轨：考古学视野下的夏文字探索

袁广阔

文字觅踪：古代文献中的夏代文字

1953年郑州二里岗遗址出土一段牛肋骨，上刻3行11字，“乙丑贞：从受……七月又乇土羊”。裴明相、李学勤等学者认为该甲骨应属早商二里岗时期。1990年河南省文物研究所在郑州小双桥遗址祭祀坑中，发现有各种类型的陶缸，其中一些小型陶缸的表面或内壁有朱书文字。这些文字有帚、匕、旬、天、东、父（尹）等，在这些新发现的早商文字材料中，郑州商城骨刻文字是我国迄今发现最早的卜辞，为商后期的甲骨文字找到了源头，而小双桥发现的朱书陶文，表明早商二里岗时期已经发展到了比较成熟的文字阶段。《尚书·多士》周公对殷移民说“惟殷先人，有册有典，殷革夏命。”《多士》，一方面记载着商汤革掉夏命的历史事件；另一方面说明商推翻夏王朝，殷先人把这件事记述在典册之上，时间就是早商。从而证明早商有典册文字。这一点已被二里岗和小双桥遗址的考古发现证实。商前期文字填补了中国文字历史上的一段空白期，为探究夏代文字奠定了坚实基础。

目前发现的二里头文化因其存在时间和分布范围与《史记》《国语》等文献记述的夏朝晚期的年代与活动区域相符，学术界一般认为二里头文化为晚期夏文化。夏代是中国王朝历史的开端，先秦文献中有许多关于夏代的记载。如《尚书》《左传》《诗经》《国语》中，记录了很多的夏代历史资料。殷墟出土的甲骨文也有夏代后裔孑遗如杞、曾国的记述。由此可知，司马迁

《夏本纪》记载的夏朝世系和夏代兴亡的历史过程是有根据的。古代文献记述的夏王朝已经有文字了,在传世典籍中,屡有夏代文献的记载,其名称有《夏书》《夏礼》《夏时》《夏令》等。据李启谦先生的研究,仅《夏书》《左传》引用15次。《墨子·明鬼下》称《尚书》首《夏书》。《国语·晋语》有“阳人有夏、商之嗣典”的记载,《清华简·尹至》说夏桀“虐德,暴童,亡典。”《淮南子·汜论训》载:“夏之将亡,太史令终古,先奔于商。”《吕氏春秋·先识览》:“夏太史令终古出其图法,执而泣之。夏桀迷惑,暴乱愈甚。太史令终古乃出奔于商。”记述夏朝有史官、书籍。可见,在古人的记忆里,夏朝不仅有文字,还有史官和书籍。

考古发现的夏代都邑偃师二里头遗址出土一定数量的具有象形文字特征的符号,这些符号虽然多单独出现,但已经完全具备象形文字的特征,下面我们谈谈二里头文化出土的文字符号。

契刻作书:二里头文化的文字类符号

二里头文化的符号多刻划于陶器表面,2000年以前学界已确认出二里头文化字符64个,2014年《二里头》新报告又公布了40个字符。这些考古新发现也为早期文字的研究引入了源头活水。二里头文化的刻划符号可分为数字类、文字类、图画类等。其中文字类符号又可细分为象形类、会意类和其他类。

(一)象形类。目前象形符号共发现50多例,可分遗迹、遗物、工具、动物、植物等类。分别为自然类、遗迹类、工具类、人体局部类、动物类、植物类、其他类。如车形,洛阳皂角树遗址陶盆上的刻符作车形。两侧的圆较规整,中贯横轴,制如一轴二轮,顶部还有一扁椭圆形制表示车厢。整个刻符应取形于古代的车。字形与荥阳西史村商代遗址陶文“车”字写法一致。淮阳平粮台城址、二里头遗址中,都曾发现过车辙,商代早期遗址偃师商城也有类似发现。夏代有管理制造车子之官,《左传·定公元年》:“薛之皇祖奚仲居薛,以为夏车正。”

动物类中如鱼形,伊川南寨遗址发现了多例鱼形符号,陶器上的多条鱼形，线条生动，鱼尾、鱼头相接，似作前后相继、彼此追逐之状；二里头有一骨片光面的中部契刻一条鱼的形象。植物类中如禾形，二里头陶器（采：28）的陶符，从形态特征来看，明显是禾苗之态。

（二）会意类“射”“钓”等。“射”。二里头的“射”字，发现在陶片上，刻划为在弦上的箭，箭头为三角形，弦为一斜线。“钓”。二里头的“钓”字，位于大口尊颈肩部，刻划出鱼钩和鱼的头部，只是鱼身体下部和鱼竿部分残缺。这些实例，充分展示出部分二里头文化象形符号与商代象形文字间极高的相似性。这表明二里头文化象形符号与商代象形文字间存在有序且稳定的传承关系。换言之，商代的很多象形文字的字源，很可能来自二里头文化时期，二者一脉相承，展现出文字系统的连贯性。

以器造书：二里头文化器物与商代后期铭文“器物字”

目前殷墟二期至四期的有铭青铜器共 5730 余件，其中单字铭文的青铜器接近 2000 件。殷墟青铜器铭文多为族徽类文字，晚商族徽文字中“器物字”作为象形字，部分字形早期的器物形象，尤其是礼器造型，简洁、古雅、写实，展现出先民在文字初创阶段对现实器物直观的造字理念。晚商礼器构成了典型的礼器组合，“器物字”中青铜器爵，玉器牙璋、钺，陶鬲、甗、尊、爵、豆、觚、盉、鼓形壶等字在字形上表现出较为明显的二里头文化器物特征，早于其所属青铜器的年代。其中部分字形与同时代的青铜器有明显差异，却取象于二里头文化中出土量极大的陶礼器、青铜器，如鬲、爵、尊等。如“爵”，金文中的爵，无柱，长流，长尾，深腹，纤细实足。这些特点，均为二里头早期陶爵的器形特征。到二里头文化晚期、早商时期，爵口部开始出现柱，尾部变短，不再具备金文中的爵特征。如《中国考古学·夏商卷》所言，甲骨文中深腹长流的“爵”字，字形上具有二里头文化铜爵的特点，可能在二里头时期就已经创制出来。

尊（酉），金文中的“尊”的酉形体，应当是二里头早期的大口尊，特征为小口、高领、鼓肩、小平底近圜。这一型制的大口尊只流行于二里头文化早期，二里头晚期至早商大口尊已发生形变，尊体颈部变短，口部变大。商代甲骨文和金文中从“酉”的字，如奠、酒、尊、歙、福、富等，字形上都与二里头时期大口尊形细节接近。

觚（同），金文中的“觚”为桶形。形制与二里头文化陶觚形体特征接近。

上述考古发现与文字线索，揭示出晚商金文、甲骨文中的某些器物象形字与同时期的文物存在器形差异，反而取象于年代更早的二里头文化早、中期文化用器；这也为晚商金文、甲骨文的部分用字在二里头时期已进入创造和运用时代提供了重要佐证。

书礼同轨：夏代礼制文明与器物字的关系

以二里头遗址为代表的二里头文化出土了大量规模宏大的建筑基址、大中型墓葬和配套成组礼器，大量遗迹和遗物昭示着夏代已经进入礼制文明时代。二里头文化最核心的青铜礼器只在具有都邑性质的二里头遗址出现。在这些铜器中，以爵、盉为代表的铜器群的出现，反映了酒礼在二里头文化统治阶层中的重要地位。

祼礼是先秦时期的重要礼仪，一般是指以降神为目的的祭祀形式。《诗经·文王》正义：“祼者，以鬯酒灌尸，故言灌鬯也。”《周礼·春官·大宗伯》：“以肆、献、祼享先王。”可见祼礼是商周时期重要的礼仪活动，施行于宗庙祭祀及宾客飨燕诸礼之中。《礼记·明堂位》：“灌尊：夏后氏以鸡夷，殷以斝，周以黄目。”北京大学邹衡认为：“鸡彝这种灌尊，就是夏文化的封口盉，也是龙山文化中常见的陶鬶。”而从考古资料观察，祼礼和“鸡彝”在二里头遗址已经出现，二里头文化墓葬中的漆觚也与祼礼相关。发掘者郑光指出，二里头墓葬的随葬品“爵、盉、觚、鬶、尊、豆、簋、贯耳壶等多为礼器”。这些“器物字”所代表的鼎觚爵豆尊等礼器类型，在二里头文化遗存中已有集中出土，包括陶礼器、青铜器、漆器和玉器等。我们发现二里头文化中礼制活动的关键用字如“龙”、牙璋、爵、尊、觚、豆都已出现。

龙是夏人的图腾，与夏关系最为密切。二里头遗址出土一块陶片上刻出与铜牌饰的“龙”的形象。这是二里头遗址“龙纹”铜牌简化后的图案，也可以说是“龙”字。杜金鹏根据二里头遗址大型墓葬随葬的绿松石龙形器以及青铜龙牌饰等，推测二里头文化有一特殊身份群体主导宗庙管理和祭祖活动的参与者，“手持‘龙牌’列队行礼，或手持‘龙牌’边唱（颂扬祖先功德）边舞”。

觚、爵是裸礼的主要礼器。二里头的大口尊既是酿酒用的一种酒缸，也是一种祭祀用的礼器。二里头文化遗址出土的口沿上或肩部多刻划于大口尊符号的陶器，就是盛酒以祭祀山川鬼神和祖先的祭器。近年来小双桥遗址的发现为朱书文字提供了相关线索。曹建敦认为，小双桥遗址的陶缸上的“这些陶器上朱书数字既然排除是表示基数的意义，那么则为表示序数。我们认为这些朱书数字可能是用来表示举行祭礼时祭器陈列的位置次序”。

这些考古发现表明当时应该存在一个一定规模的巫师集团。其中一些巫师开始结合礼仪需求，在不断使用和实践中，依照礼器的形状创制“器物”字。因此，青铜器中的“龙形”牌，玉器中的璋、戚，陶礼器中反复使用的爵、盉、尊、豆、壶等“器物字”率先出现。这些象形文字最初与祭祀、占卜关系密切。这一阶段礼制仪轨的渐趋完备和文字系统的出现互文，应不是偶然，而是恰恰提供了二里头与商代文字的使用与礼制活动、礼器系统的关联性的重要线索。

总之，从文献记载和考古发现都可以证明夏代已进入文字时代。夏文化没有发现大量的文字，我们认为与文字的载体有关。考古研究表明甲骨文中的“册”，并非龟册，而应为竹简串编的简册。李孝定指出：“小屯殷墟：出土陶片近 25 万片，有字陶片计 82 片，其百分比为 0.0328 强。这一现象可作如下解释：陶器是日常使用的器物，而非书写文字的素材也不像殷墟的甲骨，为了特定的占卜目的，有大量刻写文字的必要，因之，这是陶文数量极少的主要原因。”夏文化文字缺乏的原因也是与木质载体竹简类不易保存有关。

至于夏文字水平有多高，处于什么阶段，还需要继续研究。古文字学家曹定云早在 2004 年的《夏代文字求证——二里头文化陶文考》一文中指出：二里头陶文显然不是最早的中国文字，更不是汉字的源头。在二里头陶文之前，中国文字已经走过了一段路(《考古》2004 年)，山西陶寺遗址发现的朱书陶文应当是对该认识的有力支持。

(作者单位：首都师范大学历史学院。原文刊发于 2023 年 10 月 30 日《河南日报》第 8 版)

从《说文解字》看古黄河生态

李运富

远在传说中的三皇五帝时代,华夏民族便以黄河流域为主要活动区域,直至宋代,黄河流域一直是全国的政治、经济、文化中心,所以黄河是中华民族的母亲河,黄河文化是中华文明的重要组成部分。《说文解字》(以下简称《说文》)是中国第一部全面分析汉字的专书,作者是汝南郡(今河南漯河市)人许慎。就时代而言,许慎生活的东汉正是黄河流域经济、文化发展的鼎盛时期;从地域上说,汝南郡位于黄河中下游地区,与当时的文化中心洛阳相距不远。探讨黄河对《说文》的影响以及《说文》对黄河的记载是黄河文化及《说文》研究的重要课题。在大徐本《说文》中,"河"字共出现 53 次,"河"在这些条目中都是专指黄河。涉"河"条目的内容包括黄河及与黄河相关的地名、水名、方言、物产、引文等,从不同角度反映了东汉以前黄河流域的自然景观及社会文化。

水湍岸阔:黄河的仪容生态

《说文》:"河,水。出焞煌塞外昆仑山,发原注海。"这条解释说明了黄河的源头及终点。古人对黄河的源出有争议,河出昆仑的说法见于《山海经》和《尔雅》。在古人眼中,昆仑雄伟壮观,神仙所居,山上景色壮观、植物高大、动物可带来祥瑞,《说文》中凡涉及昆仑的地方都含褒义,将这样一座神山当作黄河源头,能强化黄河的重要和神圣。

《说文》对"淜"字的解说透露古黄河的壮阔特征。《水部》:"淜,无舟渡河也。”段玉裁注：“《小雅》传曰：‘徒涉曰冯河，徒搏曰暴虎。’《尔雅·释训》《论语》孔注同，淜正字，冯假借字。”古代文献中多借用“冯”字记录“无舟渡河”义，如《周易·泰》：“包荒，用冯河。”孔颖达疏：“冯河者，无舟渡水，冯陵于河，是顽愚之人。”《诗经·小雅·小旻》：“不敢暴虎，不敢冯河。”毛亨传：“徒涉曰冯河，徒搏曰暴虎。”《论语·述而》：“子曰：‘暴虎冯河、死而无悔者，吾不与也。必也，临事而惧、好谋而成者也。’”孔安国注：“暴虎，徒搏。冯河，徒涉。”“暴虎”指徒手搏虎，“冯河”指无舟渡河，二者均是勇力的象征。“暴虎冯河”一词在黄河流域使用广泛。孔子将“冯河”与“死而无悔”连用，孔颖达认为“冯河”是“顽愚”之人所为。可见在古人眼里，“冯河”虽然代表勇力，但同时也是有勇无谋的象征。古人对“冯河”也就是“淜”的态度说明无舟渡河极其危险，间接反映出汉代以前的黄河水域宽阔，水量丰沛，水流湍急。

《说文》中的“州”指水中小岛，“漘”指水的两岸，而皆以黄河为例。《川部》：“州，水中可居曰州，水周绕其旁，从重川。昔尧遭洪水，民居水中高土，故曰九州。《诗》曰：在河之州。”又《水部》：“漘，水厓也。从水脣声。《诗》曰：寘河之漘。”引《诗》以证字，所引都是黄河流域的土风民歌。《诗经·周南·关雎》：“关关雎鸠，在河之洲。”表明汉代以前黄河中有不少小岛可供鸟类栖息。《诗经·魏风·伐檀》：“坎坎伐檀兮，置之河之干兮。河水清且涟猗。……坎坎伐辐兮，置之河之侧兮。河水清且直猗。……坎坎伐轮兮，置之河之漘兮。河水清且沦猗。”诗意为黄河两岸多檀木，可砍伐做车辐和车轮。从《说文》所引两诗，依稀可见黄河宽阔，水中有岛，岛上关雎飞鸣；两岸多檀木，檀木高大，一派生机。

物产丰饶：黄河的环境生态

古黄河不仅自身兼具壮丽与秀美，黄河流域也是物产丰饶，富有生机。侯仁之主编《黄河文化》(1994)指出：“黄河流域在世界上首先驯化了多种粮食作物和蔬菜瓜果。其中有纤维植物，有种类很多的药用植被。就动物种类而言，有可提供肉食的动物，有提供毛皮的动物，有具有极高药用价值的动物。”《说文》中的有关说解可以体现黄河流域的物产情况。

黄河流域的农作物。黄河流域土壤肥沃，水源充足，适宜发展农业，黄河文明在一定程度上就是农业文明。古代文献中所谓“五谷”“六谷”“九谷”，其品物大体已见诸甲骨文。而从《说文》来看，上述各种农作物在黄河流域的种植情况应是以“麦”和“禾”为主。

《说文》中有“杷”字，“杷”训为“收麦器”。“杷”在其他汉代字书中也有收录，如《释名》：“杷，播也，所以播除物也。亦言拨也，拨使聚也。”《说文》与《释名》的说解略有不同，《说文》认为“杷”只是“收麦器”，而《释名》认为“杷”还可以“播除”其他东西。在《说文》诸多农作物的解释中，只有“麦”与“禾”出现了专门的收割农具，表明至迟在汉代已经出现了专门用来收麦、收禾的农具。收麦收禾专用工具的出现，说明麦和禾的种植在汉代已有相当规模。

《说文》对“麦”与“禾”的说解也与众不同，可看出二者的特殊地位：“麦，芒谷，秋种厚薶，故谓之麦。麦，金也。金王而生，火王而死。”“禾，嘉谷也。二月始生，八月而孰，得时之中，故谓之禾。禾，木也。木王而生，金王而死。”《说文》中的植物，只有麦、禾两字被赋予了五行（金木水火土）的属性。这说明至少在汉代，黄河流域的主要农作物是麦与禾，而且麦与禾在人们心中的地位非常崇高。

黄河流域的野生植物。秦汉时期黄河流域还有不少野生植物。《说文》中至少有 2 条材料跟黄河的野生植物相关。见《木部》：“柽，河柳也。”“櫾，崐崘河隅之长木也。”

“柽”在《诗经》中已有使用，《大雅 · 皇矣》：“启之辟之，其柽其椐。”毛亨传：“柽，河柳也。”《汉书 · 西域传》：“（鄯善）国出玉，多葭苇、柽柳、胡桐、白草。”颜师古注：“柽柳，河柳也，今谓之赤柽。”佘太山《两汉魏晋南北朝正史西域传要注》：“柽柳，一般认为即红柳，沙漠中特产，高不过 1.7 米，红茎绿叶，枝叶茂密。”可见柽又名“赤柽”“红柳”。秦汉时期红柳的分布范围当不止沙漠。上引《皇矣》为西周史诗，说明商周时期黄河中游有大量红柳的存在。《左传 · 僖公元年》：“公会齐侯、宋公、郑伯、曹伯、邾人于柽。”杨伯峻《春秋左传注》：“其地当在今河南省淮阳县西北。”以柽作为地名，反映了该地有红柳生长。淮阳县今属周口市，可见春秋时期黄河下游也存在红柳。

魏晋南北朝时期,红柳已经成为珍贵木材。《南齐书·和帝王皇后列传》:“世祖嗣位,运藉休平,寿昌前兴,凤华晚构,香柏文柽,花梁绣柱。”直至今天,红柳仍是黄河中上游最常见的植物,内蒙古地区有一个名为“乌梁素海”的淡水湖泊,“乌梁素”为蒙古语,意思是生长红柳的地方,可见红柳在黄河流域分布很广。

再看“櫾”,“櫾”在传世文献中写作“榣”。许慎说“櫾”是一种生长在昆仑山附近的高大树木,那应该生长在黄河上游,许慎相信黄河源出昆仑。商周时期,黄河流域存在较多的高大树木。邹逸麟《中国历史地理十讲》指出:“在河南安阳殷墟出土大量四不像、鹿、象和竹鼠等喜暖动物的遗骸,证明商代当地有森林、草原和湖泊沼泽的存在。……近年来,在秦安大地湾遗址,发现大量房屋与柱洞,都是用木材建造的,宁夏南部西吉、隆德等地出土了一批胸径达数十厘米的粗大古木,证明宁夏南部及其邻近的黄土山区绝非今日之童山濯濯,而是有着以针叶树种为优势的规模浩大的原始针叶、阔叶混交林。”许慎对“櫾”的说解证明秦汉时期黄河流域也存在高大树木,这为我们了解秦汉时期黄河流域的生态环境提供了参考。

黄河流域的野生动物。《说文·角部》:“觬,角觬曲也。从角兒聲。西河有觬氏縣。”“觬”的本义是角弯曲,觬氏县以“觬”作地名,说明汉代西河地区存在不少牛、羊等有角动物。通过《说文》对“觬”的说解,可以看到秦汉时期黄河流域曾有过弯角草食动物和较为凶猛的食肉动物,这也反映了古代黄河流域的生态与现在有着较大差异。

习近平总书记指出:“九曲黄河,奔腾向前,以百折不挠的磅礴气势塑造了中华民族自强不息的民族品格,是中华民族坚定文化自信的重要根基。”“中华民族向来尊重自然、热爱自然,绵延5000多年的中华文明孕育着丰富的生态文化。生态兴则文明兴,生态衰则文明衰。”《说文》是在黄河文化中孕育产生的,反映了黄河流域灿烂的物质文明和精神文明,其中的有些记载呈现的是古代黄河的生态环境。历史的黄河美景,呼唤当代黄河生态的保护和发展。

(作者单位:郑州大学汉字文明研究中心。原文刊发于2023年10月30日《河南日报》第8版)